ISBN 978-0-282-81448-9
PIBN 10402534

LE STANZE

’ORFEO E LE RIME

DI MESSER

ANGELO AMBROGINI POLIZIANO

RIVEDUTE SU I CODICI E SU LE ANTICHE STAMPE

E ILLUSTRATE

CON ANNOTAZIONI DI VARII E NUOVE

DA

GIOSUÈ CARDUCCI.

—

VOLUME UNICO.

FIRENZE,

G. BARBÈRA, EDITORE.

—

1863.

DELLE POESIE TOSCANE

DI

MESSER ANGELO POLIZIANO

DISCORSO.

“ E rinnova in suo stil gli antichi tempi. „
Stanze per la Giostra, II, 15.

DELLE POESIE TOSCANE

DI MESSER ANGELO POLIZIANO.

I.

Il secolo decimoquinto in Italia.
La letteratura della confederazione.
Firenze, il Medici, il Poliziano.

« Ora è mancata ogni poësia
E vote son le case di Parnaso....
Come deggio sperar che surga Dante,
Che già chi il sappia legger non si trova?....
Sonati sono i corni
D' ogni parte a ricolta:
La stagione è rivolta:
Se tornerà non so; ma credo tardi.[1] »

Così Franco Sacchetti in una deploratoria per la morte del Boccaccio proferiva le novissime parole su la grande letteratura del secolo XIV, e significava insieme il tristo presentimento, radamente vano, che ha de' suoi successori ogni generazione vigorosa. E di vero, come disco su la fine del corso segna ancora per la forza del primo impulso alcuni giri nella rena, poi vacilla, poi cade; così, su 'l declinare del trecento e 'l cominciare del secolo di poi, l' italiana letteratura. La visione allegorica di Dante già scolorata nel *Quadriregio* finisce di abbuiarsi in alcuni poemi a pena nominati dai dotti: il psicologismo elegiaco del Petrarca già svaporato nelle eleganti

[1] F. Sacchetti, in *Rime di Cino da Pistoia ed altri del secolo XIV*, Firenze, Barbèra, 1863, pag. 528 (Ediz. Diamante).

fantasiucce del Montemagno inacidisce tra le frasi sforzate di Cino Rinuccini e svanisce nelle lievi imitazioni di Giusto de' Conti: del Boccaccio chi intese i fini riposti, chi proseguì la vera e larga rappresentazione dei sensibili? rimase lo stile, miseramente balbettato da pochi, nobilmente ripreso da Battista Alberti, cagione ai più di affettazione e di falsità. Nè potea avvenire altramente. Quei tre miracoli del trecento, quantunque traessero intenzioni e modi dall'età loro, tuttavia nella concezione dell'arte e nell'uso della dottrina troppo avanzarono i contemporanei: i quali nè vollero più dopo tanto esempio seguitare le sole tradizioni del medio evo, nè seppero con adeguate forze aiutare e continuare il rinnovamento da quelli operato: si contentarono alle forme, riproducendole per difetto d'attitudine e d'abito contraffatte e immiserite. Ebbe in somma il triumvirato ammirazione amorosa anzi adorazione dagli Italiani, non lasciò scuola.

Subito dopo la morte del Boccaccio [1375] cominciano a dimostrarsi due tendenze e due fatti generali, che svolgendosi per cento anni dipoi costituiscono il carattere letterario del quattrocento. Per una parte, la tradizione popolare e borghese mista di sentimenti religiosi e romanzeschi non senza attingere più di una volta dalla realità pura, già sopraffatta nel trecento dallo splendore del triumvirato, si risente ora, ripiglia forza e si slancia libera e riposata nel campo: indi le leggende sacre e cavalleresche, e, loro novella veste, i poemi in ottava rima e le rappresentanze; indi la satira del Burchiello e de' suoi imitatori; le laude, le ballate, i canti carnescialeschi, le barzellette, gli strambotti; generi tutti che male disprezzati dai critici e dai cercatori d'eleganze son pure il patrimonio poetico proprio del quattrocento e ne rendono la vita e l'arte, ricongiungendosi a un tempo per la ingenuità e la franchezza delle forme al puro trecento. Per un'altra parte, i letterati, consapevoli segretamente a sè stessi della insufficienza loro a emulare gli esempi dei grandi antecessori, si dettero più tosto a tesaurizzare di cognizioni e di scienza, per la quale specialissimamente più che per la potenza delle invenzioni eran venuti in ammirazione alla loro età i tre illustri fiorentini; si dettero a riprendere l'opera della ristorazione romana da quelli con devoto ardore incominciata ma rimasta ben di qua dal termine di perfezione a cui avean condotto il rinnovamento italiano. Ed ecco; per un Petrarca che andava frugando le città *dei barbari*[1] in cerca di qualche opera obliata di Cicerone; per un Boccaccio che salía trepidante di gioia nella biblioteca di Montecassino, e tra l'erba cresciuta grande sul pavimento, mentre il vento soffiava libero per le finestre scassinate e le porte lasciate senza serrami, scotendo la polvere da lunghi anni ammontata su' volumi immortali, sdegnavasi di trovarli mancanti de' quadernetti onde la stupida ignoranza de' monaci avea fatto brevi da vendere alle donne;[2] per uno, dico, ecco sorgerne le diecine, affrontando pericoli di lunghi viaggi, passando monti e mari, peregrinando poveri e soli per contrade inospitali, fra popoli o avversi o sospettosi e de' quali non sapevan la lingua, fra Tedeschi, fra Turchi. Andavano, dicean essi, a liberare i gloriosi padri *dagli ergastoli dei Germani e dei Galli*.[3] E i baroni dai torrazzi del castello e i servi dalla gleba rideano forse a veder passare quegl' Italiani magri, con lo sguardo fisso, con l' aria trasognata, e salire affannosi le scale ruinate di qualche abbazìa gotica, e scenderne raggianti con un codice sotto il braccio: ridevano, e non sapeano che da quel codice era per uscire la parola e la libertà, che dovea radere al suolo quelle torri e spezzare quelle catene; non sapevano che quei poveri stranieri erano i vati d' un dio ancora ignoto ma prossimo successore del dio medioevale, con la cui sanzione voi servi eravate dati cibo ai mastini del barone, e le vostre donne arse per istreghe dai monaci. Anche oggi del fanatismo erudito del quattrocento si ride in Italia con ingiustizia e con ingratitudine da quelli che ne godono i frutti: se ne ride più saporitamente dai più ignoranti. Ma è forza ammirare la fede e la religione che ebbe per la scienza il secolo XV, quando leggesi come il Guarino veronese, perdute per naufragio due casse di libri che avea recati da Costantinopoli, incanutì dal cor-

---

[1] Petrarca, *Senil.*, XV, I.

[2] Benvenuto da Imola, *Coment. Parad.*, XXII.

[3] Poggio, *Oratio in fun. N. Nicoli* [Op. edit. Basil., 1538, pag. 272.]

doglio;[1] come il Panormita per comperare un codice di Tito Livio vendè un podere, forse quel de' suoi vecchi;[2] come gli antichi manoscritti rubavansi con lo stesso senso di devozione che alcuni secoli innanzi le reliquie dei santi;[3] e, a quella guisa che alcuni secoli innanzi l'un re mandava all'altro per dono preziosissimo qualche frammento del legno della croce, così, a questo, la repubblica di Lucca attestava la sua gratitudine al duca Filippo Maria di Milano col presente di due codici;[4] e Cosimo de' Medici per tessera di pace inviava ad Alfonso di Napoli un Tito Livio, aperto subito con avidità grande dal re contro l'avviso de' cortigiani e dei fisici, i quali coi sospetti d'allora lo pregavano badasse bene, in quel libro, dono d'un nemico, potersi nascondere un veleno che solo aspirato uccidesse l'uomo.[5] Veramente fu cotesta una crociata della civiltà; come quella fratellanza negli studi umani per mezzo della lingua latina fu quasi un cattolicismo letterario contro la barbarie e la tirannia spirituale. E altiera testimonianza ne dà Poggio Bracciolini, quando in mezzo a' chierici del concilio di Costanza e a' masnadieri di Sigismondo imperatore osava, solo forse in Europa, venerare la gran figura di Girolamo da Praga dinanzi al rogo e accoglier nel cuore gli ultimi accenti dell'inno che tra il vortice delle fiamme attizzate dallo scettro e dal pastorale il martire del libero esame innalzava al trono di Dio.[6] Ma si oppone: cotesto furore dei quattrocentisti italiani per l'antichità fu intempestivo, venne a interrompere il filo delle tradizioni nazionali nell'arte del medio evo, ne impedì lo svolgimento. Io come italiano non so pur ammettere il dubbio se fosse o no stato espediente alla originalità delle letterature europee che nulla rimanesse nulla si ritrovasse dell' antichità greca e romana: nego poi che il movimento erudito del secolo XV fosse intempestivo e fuori della tradizion nazionale. Nelle rivoluzioni italiane del medio evo tutto fu restaurazione, o almeno come

---

[1] Pontico Virunio, in *Maffei, Verona illustr.*, part. II, pag. 134.

[2] Panormita, Epist., V, 118.

[3] Tiraboschi, *St. lett. it.* MCCCC-MD, lib. I, cap. IV, §§ VII.

[4] Tommasi, al 1430, in *Cantù, St. degl' Italiani*, cap. CXXI.

[5] Crinito, *De hon. disc.*, XVIII, IX.

[6] Poggio, *Opera*, 301-5: Shepherd, *Vita di Poggio*, cap. II.

restaurazione fu sentito e operato dai nostri. Dante credeva nell'impero romano reduce con Cesare, quando che fosse, in Campidoglio, e scriveva latino: come latino scriveva il Petrarca, aspettando che e' ritornasse lingua civile dell'Italia innovata e affrettando co' voti la repubblica degli Scipioni. I cronisti del secolo XIII chiamano Firenze la figliuola di Roma, la dicono fabbricata a immagine di Roma da Cesare, nei feudatari di Fiesole infesti al comune non sanno vedere che i discendenti di Catilina nemici ereditari al senato; i nobili del primo cerchio vantan sè di puro sangue romano: adunque il Poliziano la potea ben anch'egli chiamare città *meonia*,[1] potea ben dire, come avrebbe detto Catullo della Roma de' tempi suoi, essere in essa *trasportata con tutto il suo suolo e con ogni supellettile Atene*.[2] E se i Pavesi celebravano fino al secolo passato offici di santo a Boezio,[3] se Mantova tenea per santo il suo Virgilio e della immagine di lui improntava le monete e le libere bandiere adornava e nella festa di san Paolo cantava un inno ove esso l'apostolo delle genti era introdotto a piangere sul mausoleo del poeta,[4] se Dante d'accordo col tempo suo metteva in paradiso Traiano,[5] qual meraviglia che il Ficino tentasse di frammettere all'ufficiatura ecclesiastica qualche sentenza di Platone?[6] E se Pomponio Leto, per l'amore dell'antichità romana a cui avea consacrato il suo libero e fiero animo e la povera vita, mutava in gentili i nomi cristiani degli ascritti alla sua academia, se partiva il tempo per calende, se nell'annuale dell'edificazione di Roma si prostrava co' suoi dinanzi alla statua di Romolo Quirino; non era ciò una conseguenza, fantastica se volete, ma pur conseguenza, dell'essere stato il rinascimento italiano inauspicato nel nome di Roma antica, fin dal giorno che il monaco di Brescia in cospetto della città degli apostoli e dei martiri gridava al popolo, Rialziamo il

---

1 Poliziano, *Rusticus*, verso il fine.

2 Poliziano, in *Prælect. ad Homer.* [*Opera, Lugduni, ap. Seb. Gryphium*, 1539, t II. E citiamo sempre da questa edizione].

3 Tiraboschi, *St. lett. ital.*, dalla rovina dell'impero occidentale al MCLXXXIII, lib. I, cap. IV, §§ VII.

4 Bettinelli, *Sulle lettere e le arti mantovane*, Disc. I e nota *c*.

5 Dante, Purg. X, 76; Par. XX, 45.

6 Tiraboschi, *St. lett. it.* MCCCC-MD, lib. II, cap. II, §§ XXI.

Campidoglio, si restituiscano il senato l' ordine equestre il consolato i tribuni? Il movimento classico adunque del secolo XV procede dirittamente dal movimento politico del XII, dal risorgimento cioè del principio romano indigeno contro il principio germanico feudale e contro il papato. E quanta sia la gloria in cotesta ultima conseguenza della rivoluzione dei comuni apparirà facilmente a chi ripensi, come l'Italia, nel medesimo tempo che apriva con Colombo un nuovo mondo alle industrie e ai commerci, rivelava pure e restituiva alla ragione alla fantasia all' arte alla scienza il mondo antico; e l' uno e l' altro donava all' Europa.

Così; tra perchè la poesia borghese e popolare trasse a sè le moltitudini al cui intendimento agguagliavasi senza richiederne sforzi, e perchè i dotti non curarono di indirizzarsi al popolo reputando la erudizione sola degna a cui s' attendesse, quando il ricordarsi era ammirato più che l'inventare, e la dottrina pareva creazione; avvenne che nei primi cinquanta o sessanta anni del secolo XV non esistesse letteratura propriamente nazionale in lingua italiana; quella intendo che al di sopra delle divisioni di scuole e di classi si fa specchio al pensiero della nazione, ne sèguita i movimenti, ne rappresenta l' ideale. Del che è a ricercar la ragione anche nelle condizioni politiche.

La letteratura del secolo XIII e XIV, come scintilla dall' attrito di due massi, come fulmine dallo scontro di due nubi, proruppe dai contrasti della chiesa con l' impero, e poi del popolo con la chiesa e l' impero, e poi della plebe col popolo: l' elemento indigeno contro il germanico, la borghesía contro la feudalità, il laicismo contro la chieresía, la ragione contro l' autorità, il reale contro l' ideale, il sentimento contro le convenzioni e il misticismo, ecco i veri moventi di quella letteratura. Ma il papato, diviso per 70 intieri anni fra due o tre contendenti, schiaffeggiato da tutti i principi e dai preti stessi nei concilii di Costanza e Basilea, mentre un soldato di ventura assidevasi nella Marca funesta agl' imperatori del secolo XIII segnando le lettere *Ex Girifalco nostro firmiano invito Petro et Paulo;* [1] il papato,

---

[1] Machiavelli, *Ist. fior.* V.

non che delle ire di Dante e del Petrarca, era riuscito indegno oramai degli sghignazzamenti del Boccaccio e del Sacchetti: *Papa Martino Non vale un quattrino,*[1] questo distico intonato dietro al successore di Gregorio VII d'Innocenzo III di Bonifacio VIII dai ragazzi della guelfa Firenze, ecco il séguito dell'invettiva di san Pietro nel XXVII del Paradiso, ecco la sola poesia degna del papato nel secolo XV. E l'impero? A chi importava più dell'impero in Italia? L'ultimo dei Lussemburghesi, di quella casa che tanti odii e amori di sè aveva eccitato nel secolo antecedente, Sigismondo, mercanteggi pure a sua posta le alleanze, ingrossi gli stati ereditari, faccia il gendarme ai preti di Costanza; l'Italia sa a pena che egli esista. E già la democrazia avea da per tutto ceduto il luogo ai tiranni, che fatalmente escono di lei ov'ella è male ordinata, mutatisi in principi, o la invida e paurosa borghesia le avea levato in contro i signori. Ricordate come finisse Michele di Lando, il Cavaignac dei Ciompi, per merito di aver salvato i borghesi dalle vendette plebee, da essi, come al solito e sempre, cacciato in esilio? La stessa oscurità che è su la fine dell'eroe popolare involge il lento venir meno della democrazia fiorentina. Spaventata co' supplizi, dispersa per gli esilii, lusingata, domata forse con la miseria, la plebe tace s'allontana sparisce; nè si mostra più che per bestemmiare i vinti, per applaudire i vincitori padroni: sottentrano le oligarchie, e quindi la prevalenza d'un uomo, d'una famiglia. Nè i principi ebbero o sentirono più le grandi ambizioni, onde dai politici troppo spesso, e pur troppo anche dai poeti, si fan perdonare la tirannia: niuno di essi dopo Giovan Galeazzo Visconti ordinò al suo gioielliere la corona d'Italia. Battaglie ingloriose degli Angioini tra loro nel mezzogiorno e nel centro, poi d'Angioini e d'Aragonesi; schermaglie tra il senato veneto, la cui cupidigia non può chiamarsi ambizione perchè troppo egoistica, e la debolezza di Filippo Maria Visconti e l'astuzia di Cosimo dei Medici; e scorazzare delle ma-

---

[1] E aggiungevano in lode di Braccio da Montone: *Braccio valente — Che vince ogni gente.* E come se ne sdegnasse il papa vedi in Leonardo Aretino, *De temporibus suis*, pag. 83.

snado di ventura da una parte ad un' altra, e sorgerne un prode o fortunato od accorto e giungere al regno: ecco i fatti della metà prima del secolo, ecco stimoli e occasioni e argomenti per la letteratura nazionale. In verità la sola letteratura possibile a cotesti anni fu quella degli antiquari, che nel fervore dei ritrovamenti e nell' adorazione del passato non avean agio da riguardare al presente, o non se ne accorgevano, o solo ne coglievano le apparenze mobili e false. Pure accenti profondi di sdegno e d'amore, quasi eco d'un altro tempo, a quando a quando s'udirono; che a noi non è dato raccogliere. Del resto quelli stessi antiquari con lo strumento della critica preparavano l'avvenire.

Ma il necessario procedere degli avvenimenti cagionò verso la metà del secolo un mutamento notevolissimo, nè forse avvertito abbastanza, nelle condizioni così civili come letterarie d'Italia. E prima di tutto per la occupazione di Costantinopoli [1453] la patria nostra divenne sola erede e conservatrice della civiltà antica come già era la ordinatrice della nuova. Quindi lo stimolo a una letteratura più operosa e vitale, fatto poi maggiore dalla invenzione della stampa [144... 1450] che ben presto dalla Germania passò fra di noi [1465]. Aggiungasi che il fine dello scisma occidentale [1438] rendè stabile a Roma il papato e una successione di pontefici migliori; che l'impiantamento degli Aragonesi in Napoli [1441] e degli Sforza in Lombardia [1447] e la nuova dignità degli Estensi [1450] e l'affermarsi dei Medici in Firenze determinarono meglio i limiti e le relazioni dei maggiori Stati d'Italia: onde si condusse questa a più pacifico e ordinato vivere, e sotto l'ombra della confederazione si aprirono quei quaranta anni di florida se non gloriosissima indipendenza tanto ricordati e lamentati poi dal Machiavelli e dal Guicciardini. In cotesta quiete, confortata dalla prosperità materiale, rallegrata dai sollazzi dalle feste dalle magnificenze civili e principesche, la poesia italiana risalì dalle strade e dalle piazze nei palagi e nelle reggie; dove strinse o raffermò un' alleanza un po' servile, a dir vero, come avviene ai potentati freschi, con la classica letteratura. E come la confederazione ebbe specialmente tre centri intorno a cui si raccolsero le forze minori, Napoli pel mezzogiorno, Milano pel settentrione, Firenze pel mezzo: così tre scuole o tre capitali ebbe la letteratura della confederazione; Napoli, con isfoggio di erudizione e lussuria di forme procedente stretta nell' imitazione, che diè poi il Sanazzaro; non Milano che troppo poco aveva nel Bellincioni e nel Visconti ed era riserbata capitale ad un posteriore rinnovamento, ma Ferrara co' suoi duchi già ospiti dei trovatori, con le sue tradizioni cavalleresche e l' aria signorile e magnifica, che aprì splendidamente col Boiardo l' età della poesia lombarda; e Firenze in ultimo, sempre democratica per una parte, per l' altra contemperatrice dei diversi elementi nell' arte a quel modo che nell' ordine politico era col Medici conservatrice dell' equilibrio. E questo contemperamento venía necessario e fu, come vedremo a suo luogo, più profittevole che non il famoso equilibrio.

Perocchè bisognava anzi tutto rifarsi da capo, e sveller via il pregiudizio che solo il latino fosse strumento degno dell' arte e l' italiano dovesse abbandonarsi alla plebe o adoperare al più nelle cose da baia. Il quale pregiudizio nato dall' idea, continua in Italia, della ristorazione, per cui amore il volgar nostro fu l' ultimo scritto de' neolatini nè Dante stesso in principio lo reputò atto ad altro che a dir versi di amore alle donne; cresciuto pe' dispregi che il Petrarca e il Boccaccio affettavano verso le opere loro italiane; tanto più acquistava terreno, quanto la gloria dello scriver latino estendevasi, e libri latini uscivano ad illustrare per poco tutto lo scibile, e quella morta favella piegavasi mirabilmente agli usi ai bisogni anche ai piaceri del giorno per opera di veri e forti ingegni come il Poggio e il Pontano. Onde scema la meraviglia che in Firenze stessa eruditi e raccoglitori di codici, come Nicolò Niccoli, si sdegnassero che altri trovasse del mirabile e del raro nel Petrarca e nel Boccaccio e massime in Dante. Come? cotesto *ignorante* [*rerum omnium.... ignarum*], cotesto *spropositato* [*errantem*], cotesto *rozzo che non si vergogna di scrivere così inettamente in latino,* preposto a Virgilio? uno che mostrò *non aver pur toccato quel che al suo tempo rimaneva dei libri pagani,* UNDE MAXIME ARS SUA DEPENDEBAT? uno che avea leggicchiato soltanto *quolibeta fratrum atque huiusmodi molestias?* Fuori il barbaro *dal concilio de' letterati! lascisi ai calzolai ai fornai e a sì fatta gentuccia, dappoichè ha parlato in modo che sembra aver voluto esser dimestico a questa razza di uomini.*[1] (Povero e dotto messer Nicolò, certo fornai e calzolai non leggevano del suo latino). Aggiungasi la generazione dei grammatici che di latino teneano scuola, i quali per quell'amore che l'uom prende alla sua professione o mestiere non si restavano dallo screditar il volgare: onde sin qualche anno al di qua del secolo XV attesta il Varchi che « la lingua fiorentina, come che altrove non si stimasse molto, era in Firenze per la maggior parte in dispregio: e mi ricordo io, quando era giovanetto, che il primo e più severo comandamento che facevano generalmente i padri a' figliuoli e i maestri a' discepoli era, che eglino nè per bene nè per male non leggessono cose volgare, per dirlo barbaramente come loro: e maestro Guasparri Mariscotti da Marradi, che fu nella gramatica mio precettore,.... avendo inteso una volta in non so che modo che Schiatta di Bernardo Bagnesi e io leggevamo il Petrarca di nascoso, ce ne diede una buona grida e poco mancò non ci cacciasse di scuola.[2] »

E tuttavia era pur sempre Firenze che attemperando gli antichi elementi co' nuovi potesse restituire in dignità la lingua volgare; Firenze che, purissimo e fiorito eziandio di nuove eleganze e per nuovi scorci e atteggiamenti vago e potente, conservava su la bocca del suo popolo il parlare del Boccaccio e del Sacchetti; che lo scrivea con freschezza da non invidiare il secol d' innanzi con gli autori suoi popolani, fra' quali candidissimo così in prosa come in versi il Belcari; Firenze a cui eran gloria civile i grandi scrittori del trecento, e fin di su la cattedra ove interpetravasi Omero, in una di quelle prolusioni che composte in squisitissimi versi latini lasciano argomentare quanta fosse la educazione e il gusto de' nuovi ateniesi, amava sentirsene ripetere i nomi a canto a' semidei e vati antichi dalla coloritrice facondia del Poliziano:

« Nec tamen aligerum fraudarim hoc munere Dantem
Per Styga per stellas mediique per ardua montis

---

[1] Leon. Aretino, *Dial. ad Petr. Histrium*, I. [2] Varchi, *Ercol.*, quesito VIII.

> Pulchra Beatricis sub virginis ora volantem;
> Quique cupidineum repetit Petrarcha triumphum,
> Et qui bis quinis centum argumenta diebus
> Pingit, et obscuri qui semina monstrat amoris:
> Unde tibi immensæ veniunt præconia laudis,
> Ingeniis opibusque potens Florentia mater.[1] »

Qualche grammatico adunque o qualche puro antiquario potea in Firenze disprezzare le glorie nuove; non altri. Onde fin dal principio del secolo *lo iscentifico e circospetto uomo* Cino Rinuccini componeva *una invettiva contro a certi calunniatori di Dante e di messer Francesco Petrarca e di messer Giovanni Boccaccio, i nomi de' quali per onestà si tacciono.*[2] E Francesco Filelfo, l'alacrissimo e litigioso Filelfo, il quale comentava Dante in Santa Maria del Fiore, recitò il 21 decembre del 1450 una orazione in difesa dell' Alighieri « chiamato da' miei ignorantissimi emoli poeta da calzolai e da fornai:[3] » il quale Filelfo adornò poi di comenti assai strani anche i Trionfi del Petrarca, e compose XLVIII canti d'ottava rima intorno San Giovanni Battista. E l'Alighieri e il Petrarca erano da Cristoforo Landini illustrati pubblicamente nello Studio fiorentino insieme con Virgilio ed Orazio: e dell'uno e dell'altro tesseva Leonardo Bruni con grande affetto e con sufficiente eleganza italiana le vite. E il Benivieni poteva, salutando la grande ombra del fuoruscito bianco, laudare il popolo fiorentino che

> « . . . . del tuo pregio
> Della tua gloria ognor si fa più bello:
> Quindi non sol gli cuor del suo collegio
> Ma le porte li muri i pavimenti
> Dell' immagine tua s' han fatto fregio.[4] »

In fine Lorenzo de' Medici, prima assai del Castiglione e del Bembo, difese dalle accuse degli eruditi l'uso della lingua toscana, ne celebrò le lodi, discorse dei metri, osò anteporre il Petrarca a tutti gli erotici latini, gloriò come senza comparazione la poesia di Dante, come sola al mondo la invenzione e la copia del Boccaccio, e dei minori e più antichi raccolse le rime

---

[1] Poliziano, *Nutricia.*

[2] Mehus, *V. Ambr. Camaldolensis*, Florentia, ex typ. cæsareo, MDCCLIX, pag. CLXXVI.

[3] Ibidem.

[4] G. Benivieni, *Cantico in laude di D. Alighieri;* Opere, Venezia, Zoppino, 1522.

e le illustrò con una prosa che è primo esempio della critica nostra.[1] Ma già Cristoforo Landino, cominciando a leggere in Studio i sonetti del Petrarca, avea dimostrato che la lingua toscana così nei principii e negli incrementi come nei pregi non differiva dalla latina, che bisognava però sottoporla a regole di grammàtica e di retorica come della latina fu fatto, e con lo studio di questa alimentarla continuamente e afforzarla: quali glorie future se ne avessero con ciò ad aspettare, darne segno abbastanza le glorie passate. E qui disamina le più illustri opere del tre e quattrocento: nè sarà inopportuno riferirne alcuni giudizi « E ne' nostri tempi avete avuto Leonardo Aretino et alquanti altri...... Ma uomo che più industria abbia messo in ampliare questa lingua che Battista Alberti certo credo che nessuno si trovi. Leggete, vi priego, i libri suoi e molti e di varie cose composti; attendete, con quanta industria, ogni eloquenzia composizione e degnità che appresso ai Latini si truova, si è ingegnato a noi trasferire. E Matteo Palmieri ne' suoi dialoghi può, non solamente per la gravità delle sentenze, ma per ordinata disposizione e per ornata e florida elocuzione, ritener gli auditori. Nè è da stimare poco Bonaccorso da Montemagno in quelle concioni le quali in laude di giustizia per antica consuetudine a tutti e' maestrati della città si fanno. E questo in prosa.... Scrisse versi Lionardo già detto, el quale, benchè forse non adempiesse ogni leggiadria, pur, perchè di dottrina e d' arte si vede pienissimo, gioverà più a chi vorrà essere elegante... Ha scritto Battista Alberti egloghe et elegie tali, che in quelle molto bene osserva e' pastorali costumi, et in queste è maraviglioso in esprimere anzi quasi dipignere gli affetti e perturbazioni amatorie. Ha scritto Lionardo detto non solamente in questi nostri usitati d' undici sillabe, ma versi saffici et eroici: il quale, perchè è uomo acutissimo e pieno di leggiadria, ha comodamente potuto tutti gli ornamenti e colori, e' quali sono ne' latini versi in che lui è excellentissimo, porre nella nostra lingua e trasferire. Hanno scritto e forse anche oggi scrivono

---

[1] Lorenzo de' Medici, *Comento alle rime* ed *Epistola al signor Federigo;* nella nostra edizione delle *Poesie,* 1859 (Ediz. Diamante).

alcuni altri; e' quali, perchè non mancano di dottrina, facilmente possono la vena, la quale da natura hanno abondante, redurre a perfezione. Ma questi sono pochi e più radi che le porte di Firenze. Tutta l'altra turba, perchè sanza bussola navica e sanza il timone, può forse delle sette una sola volta, per buono occhio e naturale prudenzia, scorgere il porto e conducersi a salute.[1] Da tutto ciò può inferirsi come in Firenze erano e tradizioni e intendimenti e facoltà per rilevare la lingua italiana nella sua dignità e per elevarla ancora al grado di lingua dotta al pari della greca e della latina.

In secondo luogo gli studi classici troppo erano stati ardenti ed esclusivi, sì che non dovessero potentemente avere influito su quel poco d'italiano che seguitavasi a scrivere da' letterati. Quindi le rimembranze non solo, e le più lontane, degli autori greci e latini, ma il colorito antico le frasi le formule le voci il giro lo atteggiamento del periodo i metri trasportavansi così crudi e secchi nell'italiano, alla cieca, senza ombra di ragionamento nè di gusto; le intiere proposizioni latine si mescolavano alle volgari, anche nelle lettere domestiche. Quanta fosse cotesta confusione e quale la dotta barbarie, meglio che dalle parole, resulterà dagli esempi. E troppi ne somministran le poesie del secolo: anche Feo Belcari, che è la candidezza stessa quando scrive vite di santi e rappresentazioni, diviene goffo e contorto al pari degli altri, se pon mano a scrivere sonetti, cioè a poetar dottamente. Di tali esempi ne riporterò due, dei più significanti per la natura delle composizioni da cui li tolgo. Nel 1441, a' conforti di Leon Battista Alberti e di Pier dei Medici, per sollevare gli animi occupati dalla guerra col duca di Milano e per onorare la presenza di Eugenio IV pontefice, fu dagli officiali dello Studio di Firenze bandita una gara di poesia volgare: argomento, *la vera amicizia;* luogo della recita, Santa Maria del Fiore; premio, una corona di argento lavorata a guisa di lauro; giudici, i segretari del papa. Avvenne la recitazione il 22 di ottobre: eran

[1] Landino, *Orazione quando cominciò a leggere in Studio i sonetti del Petrarca;* in *Miscellanea di cose inedite o rare* per Francesco Corazzini, Firenze, Baracchi, 1853.

presenti la signoria e l'arcivescovo della città, l'ambasciatore di Venezia, gran numero di prelati, il popolo fiorentino. Or bene: in quella chiesa dove spiegavasi al popolo Dante, dinanzi a quel popolo che interveniva alle rappresentazioni del Belcari e ne cantava le laudi, messer Lionardo Dati fiorentino leggeva una sua scena di versi esametri e saffici, ove è introdotto Mercurio che fra l'altre belle cose dice:

« Tra gli celesti, del Nilo e Pallade figlia,
Una dea escelle, che formosissima vince,
O non men che Venus, tanta sua forma decora.
Passeggia il cielo, mo sopra dove l'arduo fende
Eridano, mo donde al cielo le Pleiadi sotto
Cinsero, mo donde gli dii la sguardano tutti
Vestita e nitida, distinta in mille colori,
Dell'iris succinta, il che suo lembo ritesse
Di gemme e d'oro lustro non men che l'Orion:
E circuntesta è d'ogni mirabile fatto.
Questa, suo uffizio, manifesta l'aurea porta
Dell'oceano a quelli alipedi che il putto superbo
Fetonte strinse, di sè mal guida nocente:
Mostra col dito lor qual via girino cauti
Mezzo il Zodiaco, lo sonno e notte fuggendo:
E poscia, quando sizienti bramano posa,
Snoda loro crini, e di suave papavero quelli
Pascendo o di pampineo pendente racemo.
Questa il celso coro chiama Cronissa pudica;
Quando, benchè sia Caron suo coniuge solo
E vecchio e cano e non esorabile sempre,
Pur da mille vaghi miserandi spesso richiesta
Nullo gratifica, sorda, incorrotta, severa:
E più tra l'altre iddee Faturina mareggia.[1] »

Vero è che all'ultimo i preti aggiudicarono la corona d'argento alla chiesa di Santa Maria, cioè a sè stessi. Ancora: Francesco Colonna, monaco autore d'un romanzo allegorico rimpinzato d'erudite lascivie, *Hipnerotomachia Poliphili,* che pare avesse una certa popolarità fra gli eleganti, perocchè il Castiglione su i primi del cinquecento ricorda « alcuni che

[1] Abbiamo seguito la lezione che ne dette il dott. A. Bonucci, ristampando questo fra gli altri componimenti dell'*Accademia Coronaria* nei *Documenti* al suo Discorso *della vita e delle opere di L. B. Alberti* in *Opere Volgari* dell'Alberti, tomo I. Firenze, Galileiana, 1843.

scrivendo e parlando a donne usano sempre parole di Polifilo,[1] » così incominciava descrivendo l'aurora: « Phoebo in quel hora manando, che la fronte di Matula Leucothea candidava fora già dall'oceane onde, le volubile rote sospese non dimostrava, ma sedulo cum gli sui volucri caballi, Pyroo prima et Eoo, alquanto apparendo, ad dipingere le lycophe quadrige della figliola di vermigliante rose velocissimo insequentila non di morava.[2] »

Ora, per tôr via questa strana mistura di due forme, questa superfetazione del morto sul vivo, questa orribile congiunzione mezenziana nell'arte, da cui minacciava uscire un mostro che con la sua gravezza inerte avrebbe soffocato ogni vitalità del pensiero italiano, non bastava ritornare alla tradizione scritta del trecento (pur troppo il Boccaccio, non tanto nel *Decamerone* quanto nei romanzi in prosa minori, avea già avviato i letterati per quello sdrucciolo); bisognava piuttosto attingere alla fonte viva dell'uso, chiedere al popolo di quella forza ed eleganza nativa ch' ei per ventura conservava tuttora. E questo non altrove si potea far che in Firenze. Ma con ciò un nuovo pericolo era d'uopo cansare, e riparare ad un altro inconveniente. Per una parte, il popolo toscano, abbandonato a sè stesso, senza più una norma letteraria che gli venisse dall'alto, aveva nel campo della lingua sbizzarrito a baldanza; certe forme esterne erano state gagliardamente sconnesse; una selva di desinenze che in opera letteraria apparivano men graziose, di elissi e di iperbati che acquistavan vivezza alla parola parlata ma intorbidavan la scritta, di catacresi e di troncamenti a pena avvertiti nella poesia cantata ma duri e strani in quella da leggere, tutto ciò dai poeti popolari passava nei letterati. E per un' altra parte, non essendo più sorto in Toscana per quasi un secolo uno scrittore da trarre a sè l'attenzione di tutta Italia quasi norma vivente dell'uso moderno, i letterati delle altre provincie, come prevalendosi dei diritti della confederazione, trasportavano nelle scritture quanti loro piacevano e occorrevano vocaboli e frasi e idio-

[1] Castiglione, *Il Cortegiano*, III.
[2] *La Hypnerotomachia di Poliphilo:* Venezia, 1545.

tismi del proprio dialetto: basti ricordare un per tutti, il dottissimo e ingegnosissimo Boiardo. Così quella unità impressa alle forme della lingua dai potenti del trecento era rotta; disconosciuta quella supremazia toscana, la quale, senza che niun pensasse ad imporla e nessuno ad avvertirla, era stata volontariamente e concordemente accettata dagli scrittori tutti nel secolo precedente; quella convenienza mirabile delle imitazioni con la novità, dell'uso con la dottrina, del parlare di vena improvviso con lo scrivere nella riflession meditato, della libertà dell'individuo con la norma ideale della nazione, era, o pareva, miseramente perduta. A ricostituirla, il ritornare solamente all'uso di un popolo non valeva, potea forse nuocere; volevasi che sorgesse ad esempio un ingegno di tanto privilegiato, che in lui le facoltà più diverse e ineguali si temperassero a mirabile armonia, imitatore e inventore, improvvisatore e squisito maneggiatore di stile, scrittor popolare e scrittore dotto, poeta e critico.

E non bastava. Imperocchè la dissuetudine dello scrivere italiano avea portato lo stento; e la ricerca delle peregrinità nella imitazione de' classici, lo sforzo: i quali due vizi si mascheravano, come sempre, d'una pretensione che volea esser grandezza ed era tumidità. Al che se aggiungasi la eredità che alla poesia italiana derivava dalle convenzioni già accademiche de' provenzali, dal misticismo de' contemporanei di Dante, dal psicologismo del Petrarca, avremo la ragione delle arguzie delle esagerazioni delle sottigliezze che tanto più fiorirono nella poesia del quattrocento quanto meno era l'intimo fervore con cui essa si coltivava. Che se in ultimo ripenseremo quale ardore di comporre e ricomporre di compilare e tradurre e leggere romanzi invase a quegli anni gl'italiani non affatto letterati, troveremo forse in cotesto genio il principio delle stravaganze e delle sorprese, con cui, trascurando lo stile, volle prendere la mente dei leggitori il volgo dei lirici su 'l finire del secolo. Ecco perchè taluno, posando gli occhi su i canzonieri del Ceo del Notturno dell'Aquilano del Sasso del Cornazzano del Tebaldeo, s'ammira di trovarvi a più luoghi gli antesignani del seicento. E al pervertirsi dello stile e dei sentimenti seguitò, come di ragione, il pervertimento de' giudizi. Così un contemporaneo del Cornazzano lo celebrava *altro Dante o Petrarca ne' versi volgari*[1] e anche al tempo del Varchi rimanevano *di quelli che tenevan più bello stile quel del Ceo o del Serafino che quello del Petrarca o di Dante.*[2] Il Pico poi (ed egli non avea bisogno di accattar favori, nè può supporsi che volesse adulare un suo eguale) mette francamente le rime del Medici innanzi a quanto scrissero Dante e il Petrarca « perchè al Petrarca, dic' egli, mancano le cose cioè i concetti, e a Dante le parole cioè l' eloquenza: » e, com' è curioso a notare l' acutezza di certi appunti che fa al Petrarca, così non è senza utilità l'avvertire che nel confronto ei s'è lasciato prendere più alle appariscenze che alle virtù vere dello scrivere di Lorenzo.[3] E qui a richiamare le menti sviate occorreva più che mai quello uomo di mirabile temperamento, che sapendo distinguere negli scrittori antichi e moderni il vero e il bello dal falso e dal deforme desse alla letteratura cólta un esempio e una norma universalmente accettabile.

E quell' uomo fu Angelo Poliziano. A un più potente di lui; a tale che, essendo collocato nella più alta dignità della sua patria ed esercitando magnificamente verso ogni maniera di letterati e di lettere protezione e larghezza, valea a far accogliere come dettati i suoi consigli, come legge l'esempio; a Lorenzo de' Medici in somma era serbato il vanto di revocare in onore appresso i dotti la lingua italiana: ed egli, cittadino di Firenze, uscito di casa popolare, e nipote a Cosimo che pur tra le severe cure della nuova potenza trovava tempo a compor versi nella lingua materna,[4] e figlio alla Lucrezia Tornabuoni pia e semplice poetessa, compiè questo come gentile dovere verso la patria sua e la famiglia. Ma quel fiore squisito del sentimento che si chiama buon gusto, quell' armonia dell' ingegno che si chiama giudizio, non la dà la potenza e la ricchezza: ed un povero giovinetto venuto a città in cerca di fortuna da un comune del dominio dovea essere il felice dittatore del buon gusto

---

[1] Alberto da Ripalta, in *Script. rer. italic.*, XXIII, 934.

[2] Varchi, *Ercol.*, dopo il principio.

[3] G Pico, *Epistolæ;* Opera, 348

[4] Vedi una canzone attribuita a Cosimo nel *Poligrafo*, Milano, 1813

e del giudizio dall'Italia aspettato: egli, ricongiungendo la nuova letteratura all' ultima tradizione del Boccaccio e le bellezze dei classici rinfrescando nella viva lingua dell'uso, dovea aprire la bella età del perfezionamento e della forma. Questo intese il cinquecento, quando riconobbe quasi concorde il Medici e il Poliziano a suoi precursori, e per bocca del Varchi sentenziò: « Egli [il *Medici*] con messer Agnolo Poliziano furono i primi i quali cominciassero nel comporre a ritirarsi e discostarsi dal volgo, e, se non imitare, a volere o parere di volere imitare il Petrarca e Dante, lasciando in parte quella maniera del tutto vile e plebea.[1] » Con quali instrumenti e per quali modi operasse il Poliziano questa felice reazione nell' arte italiana, mi proverò di mostrare nel séguito di questo discorso. Dove solo quel tanto che conferisca a porre in più chiara luce il poeta italiano riferirò dalla storia dello scrittore latino e dalla vita dell'uomo; perocchè un lungo discorrere del primo troppo sarebbe alieno dal mio argomento; del secondo han trattato a sufficienza il Menchenio[2] il Serassi[3] il Bonafous;[4] e più intieramente sopra documenti e notizie ora per la prima volta raccolte e con severo giudizio raffrontate ne parlerà, spero, fra breve l' amico mio Isidoro Del Lungo.

II.

Le Stanze per la giostra. — L' Orfeo.

Ho detto che il Poliziano congiunse la seconda età letteraria all' antecedente con riprendere la tradizione del Boccaccio. Perocchè quell' accordo tra l' antico ed il nuovo, che era

---

[1] Varchi, *Ercolano*, nelle prime pagine.

[2] Frid. Ott. Menckenius, *Historia vitæ et in literas meritorum Ang. Politiani*, *Lipsiæ*, MDCCXXXVI.

[3] Serassi, *Vita di A. Poliziano*, premessa all' ediz. delle Stanze fatta in Bergamo dal Lancellotti nel 1749 alla comin. del 1765 e a molte altre.

[4] N. A. Bonafous, *De Ang. Politiani vita et operibus disquisitiones*, Paris, Firmin Didot, 1845.

pur nel fondo di tutte le fantasie del medio evo, primo con intenzione d'artista l'avea tentato il Boccaccio; quando nella *Teseide* e nel *Filostrato* vestì gli eroi del tempo degli Epigoni e della guerra troiana con le fogge della Tavola rotonda e dei Paladini, e per converso nel Filocopo drappeggiò classicamente il moresco Florio; e più ancora quando nell' *Ameto* condusse le ninfe di Teocrito e di Virgilio a danzare all'ombra de' pioppi per entro le vallette di Fiesole, fondendo nel terzetto di Dante e nell'ottava il puro esametro di Virgilio e il più eterogeneo di Ovidio. Per egual modo il Poliziano sollevò un avvenimento borghese al tono della tromba epica; su i palchi della rappresentanza, tra gli addobbi provenienti tuttora dalle sagrestie, introdusse i pastori siracusani e la vergine dei misteri traci; e all'inferno terribile e grottesco dei frati e di Dante e dell' Orcagna sostituì il classico inferno delle *Metamorfisi*. Mescolanza di fantasie che necessariamente condusse a una nuova tempera di sentimenti d'immagini e di stile, tra l'arte di percezione e quella di riflessione, fra il puro naturalismo e l'ideale del trecento, tra Omero e Dante, tra Virgilio e il Petrarca, tra Ovidio e il Boccaccio. La mescolanza passò: rimase la tempera dello stile e segnò la nuova età del perfezionamento.

Una giostra in Firenze su'l cadere del secolo XV: misero argomento di poesia esornativa. Vero: ma e quale altro potea eleggerne a tali tempi un tal uomo? Angelo Ambrogini, nato a Montepulciano di onesta ma povera famiglia [14 luglio 1454] e tenero ancora venuto a Firenze in cerca di studi e di fortuna, non ebbe certo quell'arcana e profonda necessità di poesia che assediava di visioni l'anima giovinetta di Dante, che soffermava in un presago desiderio di raccoglimento e di solitudine il Petrarca fanciullo tra le rupi di Valchiusa: non l'ebbe, è troppo candida confessione quella ch'ei fa a quattordici anni nel suo primo epigramma latino. Una volta, egli dice, mi fu caro lo studio: « invida sed me Paupertas laceros terruit uncta sinus: » or dunque, poichè il poeta è favola al volgo, « Esse reor satius cedere temporibus.[1] » Quella vaghezza che dalle lezioni platoniche

---

[1] Politianus, *Epigram. liber:* Opera, ed. cit., vol. II. E di qui innanzi

del Ficino e dalle peripatetiche dell' Argiropulo lo ritraeva ai *blandimenti* di Omero,[1] quel cominciare fanciullo dalla traduzione dell' *Iliade* in versi latini di splendidissima profusione, annunziano più che altro il sentimento della forma del colorito e dell' armonia. Nobilissimo sentimento; ma che ricerca per espandersi nell' opera la quiete e gli agi: *secura quies*,[2] come diceva Virgilio; *ratum pretiosa quies*,[3] come dirà poi anche il nostro nella villetta di Fiesole. Per acquistarsi cotesta quiete, per possedere cotesta villetta, bisognava farsi largo, mettersi in vista, accostarsi ai potenti, perchè *piacere ai potenti è non ultima lode*.[4] Ecco dunque, come Stazio in Roma, così l' Ambrogini in Firenze cercare immagini e suoni per ogni occasione e per ogni fattarello magnatizio; per la morte d' un' Albizzi fidanzata a un Della Stufa; per casa Benivieni, tutta medici e poeti; per Pietro Riario nipote di Sisto IV e cardinal di San Sisto. Nella costui venuta [1473] a prender possesso dell' arcivescovato di Firenze, il tempo era per caso tra nuvolo e sereno; e il poeta canta che il sole vuole e vedere e insieme non offendere Sisto, il massimo Sisto, « Spes hominum prima., primaque cura deûm: » entrato in città, si rovescia un acquazzone che mette fine alla siccità; ed ecco il poeta gridare al miracolo, e « An quisquam neget esse deum te Xyste tenentem Imperium terris imperiumque polo? » Ma ai Medici sopra tutto, ai due giovani eredi della famiglia munifica, si addisse il nuovo Stazio, minore di sei anni a Lorenzo e sol d' uno a Giuliano. E non solamente fu panegirista delle azioni pubbliche buone o no, come il sacco di Volterra, ma e su 'l ritratto della fanciulla *quæ est in deliciis* e su 'l fonte d' Ambra e sur un pioppo rinverdito dinanzi al palazzo di Via Larga, su tutto in somma, fe versi. Vede Lorenzo in villa che con certe frasche di quercia si ripara il capo dal sole? ed egli, lì su' due piedi, all' improvviso: « Quam bene glandifera cingis tua tempora quercu, Qui civem servas non modo

---

citando o riportando versi latini del N. A. senza particolar nota intendiamo di questo libro.

[1] Politianus, *Miscell. cent. I*, sub finem; Opera, edizione cit., vol. I.

[2] Virgilius, *Georg.* II, 467.

[3] Politianus, *Rusticus*; Op. II.

[4] Horatius, *Epist.*, I, XVII, 35.

sed populum. » Arriva a Lorenzo un cane di Spagna il quale strangola le fiere ma non tocca l'uomo? sta bene: questo cane è proprio il fatto vostro, magnifico padrone: « Sic tua nam sontes, Laurenti, pœna coërcet; Sic referunt abs te præmia digna pii. » Una volta il Magnifico, provveduta alla meglio di viveri la città che pativa di caro, se ne va a Pisa; deh, pel bene universale, non vi si trattenga egli di troppo: c'è il risico, s'e' non torna presto, che Firenze tutta desideri d'essere più tosto morta di fame: « Heu quid agis? patriæ, Laurens, te redde gementi: Non facta est donis lætior illa tuis. Mœsta dolet, malletque famem perferre priorem Quam desiderium patria ferre tui. » Per Giuliano, col quale l'aveva meglio dimesticato l'eguaglianza dell'età, faceva anche di più. In nome e in persona di lui innamorato scriveva canzoni eleganti, che in fine riuscivano a questo: « Non m'esser dunque avara Di quel vero piacer che solo è il tutto, E fa' che dopo i fiori io colga il frutto:[1] » ma la mano del poeta adulatore scoprivasi alle lodi soverchie del signore innamorato messe in bocca a lui stesso. Quando poi la bella donna moriva nel fior dell'età, il poeta non solo mettea in versi latini un pensiero suggeritogli da Giuliano per l'epitaffio, ma l'esequie di lei accompagnava con un epigramma degno dell'Antologia; che il lettore vedrà volentieri, trattandosi della Simonetta celebrata nel poema della giostra:

« Dum pulcra effertur nigro Simonetta feretro
  Blandus et exanimi spirat in ore lepos;
Nactus Amor tempus quo non sibi turba caveret,
  Iecit ab occlusis mille faces oculis;
Mille animos cepit viventis imagine risus;
  Ac morti insultans — Est mea, dixit, adhuc;
Est mea, dixit, adhuc: nondum totam eripis illam:
  Illa vel exanimis militat ecce mihi. —
Dixit, et ingemuit: neque enim satis apta triumphis
  Illa puer vidit tempora sed lacrymis. »

Peccato che l'autore di sì eleganti versi volesse poi emulare non solo le scurrilità e le immondezze ma l'improntitudine di Marziale stendente la mano al soldo! A te, scriveva egli un giorno al Medici, a te il mio verso, a te tutto serve il

[1] Vedi in questa edizione fra le *Rime Varie* la canz. I e la nota.

mio ingegno. Ma ride il popoletto, perchè il mio vestito mostra le corde e dalle scarpe rattoppate escon le dita a godere dell' aria aperta: ride e mi tiene per poeta ignorante, che non abbia saputo piacerti. Tu al contrario mi versi lode su lode dal pieno petto. Ora, se vuoi che ti sia creduto e che restin le ciancie, « Laurenti, vestes iam mihi mitte tuas. » Anche Lutero scrivea a non so quale Elettore, che la sua guarnacca era sdrucita, e che gli mandasse del drappo nero per farsene un' altra:[1] ma il frate tedesco non avrebbe chiesto dei soldi col vocabolo proprio e materiale, *æra,* come il canonico di Firenze. Il quale così scherzava su 'l cardinal di San Sisto che pe' due epigrammi riportati più sopra lo avea sol ringraziato: « Verba dedi Xisto, decet hæc dare dona poetam: Æra decet Xistum reddere; verba refert; » e metteva di mezzo Francesco Salviati, quello stesso della congiura de' Pazzi, perchè ricordasse al cardinale che « nullo hic vates est tamen ære gravis; » e in fine con cinica impudenza conchiudeva « Dicenti te Xiste deum si dona dedisses Quæ petit, iam te diceret esse Jovem. » Vergogne queste scusate in parte dal costume letterario del secolo. Ma quanto piace e quanto è onorevole al Poliziano l' affezione sincera e profonda che gli crebbe sempre più per Lorenzo, il quale ne sostentò gli studii e lo ricettò ben presto in sua casa! affezione mista di gratitudine d' ammirazione d' amicizia, in cui si sente e la venerazione dell' inferiore e la tenerezza dell' uguale; affezione di cui il buon poeta diè così ardita prova nel fatto dei Pazzi e che tutta risplende in quel bellissimo epigramma scritto all' improvviso nell' occasione che non potea salutare il Medici di ritorno in Firenze dal pericoloso congresso con Ferdinando di Napoli.

« O ego quam cupio reducis contingere dextram
   Laurenti et læto dicere lætus ave.
Maxima sed densum capiunt vix atria vulgus,
   Tota salutantum vocibus aula fremit.
Undique purpurei Medicem pia turba senatus
   Stat circum: cunctis celsior ipse patet.
Quid faciam? accedam? Nequeo, vetat invida turba.
   Alloquar? At pavido torpet in ore sonus.

---

[1] J. Michelet, *Memoires de Luther.*

Aspiciam? Licet hoc, toto nam vertice supra est:
Non omne officium, turba molesta, negas.
Aspice sublimi quem vertice fundit honorem,
Sidereo quantum spargit ab ore iubar.
Quæ reducis facies! lætis quam lætus amicis
Respondet nutu lumine voce manu!
Nil agimus: cupio solitam de more salutem
Dicere et officium persoluisse meum.
Ite, mei versus, Medicique hæc dicite nostro:
Angelus hoc mittit Politianus, ave. »

Nè meno singolare è quest' altro in cui con ardore quasi di amante canta gli occhi del suo protettore ed amico come fonte a sè d' ispirazione e poesia:

« Nescio quos media cœli de sede petitos
Luminibus radios suspicor esse tuis
Nam quoties oculos in me convertis amicos,
Complector cunctas pectore lætitias:
Tum faciles subeunt musæ, tunc ipse videtur
Purus apollinei sideris esse nitor.
At quoties oculos a me deflectis amicos,
Complector nullas pectore lætitias:
Non faciles subeunt musæ, non ipse videtur
Purus apollinei sideris esse nitor.
Cur ergo avertis, Laurenti, lumina? Redde,
Redde meis, quæso, lumina luminibus;
Lætitias mihi redde meas; redde, invide, musas
Quas tua mi rapiunt lumina; sed propera. »

Dal che tutto è dato rilevare come in quel tempo e a tal uomo una giostra di cui riportò l' onore un de' Medici potesse ben parere degnissimo argomento epico, e si spiegano le adulazioni e i sentimenti insieme di vera affezione per la famiglia dittatoria dei quali è sparso il poema.

Ma quando veramente combattè Giuliano la giostra celebrata, e quando fu scritto il poema? Alla critica del quale rileva, più che a primo tratto non apparisca, la questione cronologica; risoluta, parmi, per ogni parte dall' amico mio Del Lungo nella seguente illustrazione che ha voluto gentilmente concedermi.

« È opinione volgatissima che il Poliziano scrivesse le Stanze fra i quattordici e i quindici anni: li storici e li editori si trasmisero, l' uno all' altro, questa notizia, senza cercarne fondamento ne' fatti e nel testo, anzi neanco curandosi se e fatti e testo la combattevano. Pensando le cagioni di questo universale errore, mi par di trovarle in ciò; che, 1°, si confuse la giostra di Giuliano cantata dal Poliziano con quella di Lorenzo cantata da Luca Pulci, che fu nel 69 quando appunto il Poliziano era su' quindici anni; 2°, furono frantesi ed anche storpiati [1] i versi delle st. 4 e 5, l. I; dove si trovò volentieri una spiegazione della prima fortuna del poeta presso i Medici, della quale non ci restano documenti positivi; 3°, si stette agli editori antichi contemporanei dell' autore, che danno il poema alla sua *prima adolescenza;* le quali parole pur conviene, dinanzi all' autorità dei documenti, dichiarare o inesatte o false. Dubitarono alcuni,[2] a' quali quella non pareva poesia da quindici anni; e congetturarono, ciascuno a modo suo. Di tutti (anche de' recenti, come lo svelto francese signor Bonafous) più coscienzioso il Menke: *scriptorem qui hunc exsolvat nodum, ego quidem scio nullum.*[3] Nè poteva davvero sciogliersi, anche rettificando li errori, senza aiuto di documenti originali ed autentici. I quali io ho trovati; e buoni, credo, a *exsolvere nodum.*

» La bella Simonetta, la leggiadra ninfa del poema, morì la notte dal 26 al 27 aprile 1476 d'etisia. Lorenzo era a Pisa; e riceveva notizie di lei giorno per giorno, e da più d'uno.[4] Dunque le Stanze furono certamente scritte dopo quella data, perchè il cenno della morte di Simonetta [II, 35, segg.] si vede bene esser venuto di getto, non esser una giunta posteriore. Infatti, se messer Angelo avesse scritto le Stanze a quindici anni nel 69, anno della giostra di Lorenzo, perchè sarebbe tornato sette anni dopo a innestar versi in un poemetto rimasto incompiuto? e qual cagione di lasciarlo incompiuto, a lui giovinetto che dicono sperava da quei versi la protezione e il pane? Di più: il Poliziano [I, 6] chiama il trofeo di Giuliano *il secondo;* cioè, come bene spiegano i co-

---

[1] Vedi a pag. 5 di questa edizione, nelle note.

[2] De' quali è giustizia ricordare Ginguené, *Hist. litt. d'Italie,* prem. partie, ch. XX; e Giudici, *St. della lett. ital.,* cap. X.

[3] *Historia vitæ A. P.,* pag. 44.

[4] *Archivio Mediceo avanti al Principato,* filza XXXIII. I documenti che qui si citano saranno pubblicati con le *Prose volgari* del nostro autore.

mentatori, venuto dopo quel di Lorenzo: anzi [II, 6] della giostra del 69 parla come di cosa passata da lungo tempo; e questo anche riconoscono i comentatori. I quali poi trovano ne' versi *E posto il nido in tuo felice ligno Di roco augel diventi un bianco cigno* [I, 5] un desiderio e una preghiera del poeta (un po' da accattone) d'entrare in casa Medici; il che manderebbe veramente le Stanze alla prima giovinezza anzi alla fanciullezza d'Agnolo. Ma que' versi non dicono altro se non che egli desidera di cantar le gesta di Lorenzo, com'ora canta quelle di Giuliano; che concorda con gli altri: *Ma mentre all' alta impresa tremo e bramo E son tarpati i vanni al bel desio, Lo glorïoso tuo fratel cantiamo* [I, 6]. Da'quali, intendendo dell' entrare in casa e non del cantare Lorenzo, non so quale senso sia possibile raccapezzare; perchè un poema è sì un' *alta impresa,* non l'essere ammesso in una corte. E in quel della stanza innanzi, *Di roco augel* ec., quanto meglio s'intende che il soggetto dovesse ispirarlo anzichè la casa! e *ligno* è il lauro stesso, cioè Lorenzo; non la casa, che il poeta proprissimo avrebbe chiamata il campo o il giardino dove l'albero era cresciuto. Ed anco è da osservare rivolgersi il poeta a Lorenzo come a principal cittadino della repubblica [I, 4]; che non lo avrebbe fatto nel 69, vivente il padre di lui Piero. Inoltre v'è chi dice dover esser state scritte le Stanze avanti il matrimonio di Lorenzo con la Clarice Orsini, che fu nel giugno 69, l'anno della sua giostra; e questo perchè il Poliziano accenna liberamente [II, 4] gli amori del Magnifico con la Lucrezia Donati. Ma a chi sa che semplice e innocente cosa fosse presso i nostri antichi amor di poeti, come già quello de' trovatori provenzali, da non destar nè gelosia nelle mogli o nei mariti nè scandalo nel modesto pubblico; a chi ricorda che nè Dante si tolse a musa la moglie sua madonna Gemma, nè il Petrarca mai si dolse che Laura fosse moglie del barone Ugo; a noi dico, che ci ricordiam di questo, qual valore può avere una simile opposizione? Tanto è vero del carattere meramente poetico di quest' amore, che Lorenzo non si cura neanco di parlarne con verità. Infatti nel *Comento sopra alcuni de' suoi sonetti*[1] ei dice che la Lu-

[1] *Poesie di Lorenzo il Magnifico;* Vinegia, Aldo, 1544.

crezia gli piacque la prima volta dopo la morte della Simonetta [a c. 129]; chè certamente è la Simonetta la fanciulla morta d'aprile [a c. 124]. E lo dice, perchè troppo bene gli torna tessere questa gentile istoria, che dalla pietà d'una estinta fa nascere l'amore: non che sia vero; perchè, se fosse, egli non avrebbe rivolto il pensiero e i versi alla Donati se non dopo il 76, laddove che le facesse la corte fin d'avanti il 67 si cava dalla *Giostra* di Luca Pulci [st. VII]. Il quale anche racconta che avanti a quel 67, celebrandosi le nozze di Braccio Martelli, v'intervenne la Lucrezia [*Nuova luce rinata di Piccarda*] con una sua sorella che pare si chiamasse Costanza; ed ivi Lorenzo prometteva a lei, come li antichi cavalieri, di far la giostra, ritardata poi due anni da guerre fiorentine [st. VIII, segg.; e CLVII].

» Ma torniamo alle Stanze; le quali poichè per cagion della Simonetta non possono secondo i documenti essere scritte se non dopo al 76; e le difficoltà che si opporrebbero a questa nuova cronologia, dico le difficoltà nate per colpa de' comentatori, cadono innanzi a uno studio più accurato del testo; vediamo pur con la scorta de' documenti a quale anno dopo il 76 dobbiamo registrarle.

» Però innanzi di procedere a questa ricerca è debito lo avvertire, che, se l'argomento tratto dalla morte della Simonetta non mandasse necessariamente le Stanze al di qua del 76, avremmo e da cronisti [1] trascurati affatto dai dotti contenditori e da documenti [2] che la giostra la quale prese nome da Giuliano, perch'egli n'ebbe il primo premio e vestiva una ricca armadura (ed ho anche il nome del cavallo, *l'Orso*), fu a'28 di gennaio del 75. Sicchè dovremmo conchiudere col Palermo,[3] che questa sia la giostra cantata dal Poliziano. Ma la data della morte della Simonetta, ripeto, ce lo impedisce; non volendo dire, come l'Emiliani Giudici,[4] che il Poliziano scrivesse le Stanze qualche tempo dopo fatta la giostra, perchè ci pare che abbiano molti caratteri di poesia *d'occasione*. Tutt'al più potremmo concedere che il

---

[1] Lionardo Morelli, nelle *Delizie degli Eruditi Toscani;* Benedetto Dei, *ms. magliabechiano.*

[2] *Arch. Med. cit.*, filza XXVI.

[3] *Manoscritti Palatini*, I, 387.

[4] *Storia della letter. ital.*, loc. cit.

Poliziano, incominciate nel 75 per cotesta giostra le sue Stanze, fosse appunto al libro secondo quando la Simonetta moriva. Ma non parrà soverchio ch' egli ponesse da quindici mesi sol nel primo libro, egli che improvvisava l'*Orfeo?* e che dal 76 al 78 non conducesse il poemetto oltre a quel libro secondo? Invece ponendo le Stanze dopo il 76, oltre al rispondere alla data di quella morte, la ragione dell' essere state interrotte si trova nella celebre congiura de' Pazzi; come ero per dimostrare. Ma ho voluto interporre questa osservazione e per giustizia e perchè si vegga come anche da un altro lato potrebbe chiarirsi falsa l' opinione di chi fa scrivere al Poliziano le Stanze nel quindicesimo anno. Or cerchiamo l'anno vero.

» I buoni editori antichi, quelli che pur respingevano le Stanze alla *prima adolescenza,* alla st. 35 del l. II [*Sotto cotali ambagi al giovinetto Fu mostro de' suoi fati il leggier corso,* ec.] pongono per rubrica, *Pronostico verissimo della morte di Iulio:* e i moderni non avvertirono che così, salvo far profeta il poeta, si portano le Stanze dopo la congiura de' Pazzi che fu nel 78. Ma un poema d' amore e di giostre dopo la morte dell'eroe sarebbe stato una sconcezza, e nel Poliziano un vizio ch' ei non ebbe: l' ingratitudine. Quei versi, frantesi dall' antica interpetrazione pe' moderni non rettificata, parlano, chi ben guarda, non della morte di Giuliano ma sempre di quella della Simonetta: *Troppo felice* [Giulio], *se nel suo diletto Non mettea morte acerba il crudel morso;* dove il *suo diletto* morso dalla morte non può intendersi la sua propria vita, ma sì l' amor suo troncato dall' *acerba* fine della Simonetta. Si dirà che incominciare il poema dopo la morte della Simonetta sconveniva tanto quanto scriverla dopo la morte di Giuliano. No: chè, come l' amore non finisce con la morte ma anche oltre la tomba dura e inspira, così può esser cantato; e questo concetto è chiaramente espresso nella visione del l. II, specialmente alla st. 34, dove si vede la Simonetta sviluppandosi dalla nube di morte sorgere in forma di dea lieta e felice; *E prender lei di sua vita governo, E lui con seco far per fama eterno.* Adunque la data del poemetto è fra il 26 d' aprile 1476 che la Simonetta morì e (strana coincidenza) il 26 d' aprile 1478 che fu ucciso Giuliano. Ora da due documenti[1] risulta che ne' primi mesi appunto del 78 fatale fu fatta in Firenze una giostra, per la quale al Magnifico si mandavano cavalli e giostranti da molti signori e condottieri d'Italia; e in questa Giuliano maneggiava un valente cavallo, che, lui morto, era chiesto a Lorenzo per una giostra corsa nel giugno a Ferrara. Chi potrà dubitare, stretti nel breve giro di due anni, che quella fosse appunto la giostra di Giuliano cantata da messer Angelo? la quale dovette, secondo il costume, esser tenuta tra il gennaio e 'l febbraio del 78. Il Poliziano avrà incominciato subito il poemetto: e i due canti furono lavoro de' tre mesi sino all' aprile, quando il pugnale de' Pazzi troncò a un tempo la vita del giovane e il canto del suo amico e cliente. E questa è dell' essere rimasto incompiuto cagione che appaga noi curiosi ricercatori de' tempi passati, e ci par giusta ed onorevole quale sarà sembrata a' contemporanei; laddove chi faccia scrivere le Stanze al Poliziano giovinetto non troverà mai perchè non fosse continuata quella elegantissima poesia. Il Poliziano, dopo il 26 aprile 1478, lasciò la cetra e li allori; e vestito a lutto incise con lo stilo dell' istorico la sanguinosa congiura. Il fedele cortigiano proseguiva l' opera: i suoi eroi erano i medesimi, la forma sola mutata. Abbiam torto a dire incompiuto il poemetto; fu continuato e compiuto, e nell' anno stesso: la sua continuazione è il *Coniurationis Pactianæ Commentarium.* »

Allorchè dunque l' Ambrogini pose mano alle Stanze, egli avea già condotto assai innanzi la versione latina dell' *Iliade:*[2] il che attesta egli stesso su 'l bel principio del poema, dove tocca della intermissione che gli convien fare dell' antica opera per amor della nuova.[3] La quale attestazione se riscontrisi col ricordo che il poeta fa del suo lavoro omerico nell' elegia in morte dell' Albiera [1473] non che all' accenno

---

[1] *Arch. Med. cit.*, filza XXXVI.

[2] Phil. Jac. Bergomensis, in *Suppl. Chronic.*, pag. 435, ricorda *sex saltem Homeri libros ab ipso* [Politiano] *adhuc e græco versos exametris.* Di quattro, cioè del II, III, IV, V, pubblicò la versione dai codd. Vaticani Ang. Mai nello *Spicilegium* Romanum, Romæ MDCCCXXXIX. Pure letterati chiarissimi ritengono tuttavia come perduta questa versione; fra gli altri il Bonafous nelle cit. *Disquisitiones de A. P. vita.*

[3] *St. giostr.*, I, 7.

dell' impresa di Volterra (1472) come recente nel carme onde si accompagna a Lorenzo la versione del IV libro ed in fine colla più solenne allusione alla giostra di Lorenzo [1469] nello altro carme dedicatorio del II

(« . . . . seu tibi numera Martis
Sint animo, effusis ageres sublimis habenis
Cornipedem, toto cedentes æquore turmas
Impellens: meminit simulacra ingentia pugnæ
Area magna Crucis, cum te sublime volantem
Fundentemque equites et magno robore duras
Miscentem pugnas, clypeos galeasque ruentem,
Elato spectabat ovans Florentia vultu; »)

ne riuscirà che la versione dell' *Iliade* fu l' opera perenne e amorosa di quei sette anni della gioventù di Angelo che intercedono dal 1470 al 1478. Non altro che un *giovenile e quasi temerario ardimento*[1] parve quella al poeta, quando fu in lui cresciuta con gli anni la venerazione agli antichi: ma il Ficino rapitone in ammirazione « Tu nutri nelle tue case, scriveva al Medici, quell' omerico giovinetto, Angelo Poliziano, ad esprimere in latini colori la greca persona di Omero. Ed egli la esprime, e, che è mirabile, in sì tenera età di tal guisa la esprime, da far dubitare, a cui non sapesse Omero essere stato greco, qual sia lo originale e quale l' Omero ritratto.[2] » Certo è uno stupore tanta copia di armonia e d' eloquio latino, tanta franchezza di tocchi e facoltà di colorire e di ornare: ma la versione è forse troppo latina, sì che possa rendere intiera l' imagine del vate fatale. Potevasi fare altrimenti? ne dubito. Pure con maggior cura delle forme greche se con minore vivezza tradusse al medesimo tempo [*pene puer adhuc*] l' *Amor fuggitivo* di Mosco, *serbate non solo le sentenze ma i numeri ancora e quasi tutti i lineamenti,*[3] tanto che la versione latina sorpassa di soli tre esametri il testo greco. E scrisse fin dal diciassettesimo anno greci epigrammi: fra i quali lodano gl' intendenti l' orazione a Dio composta nel diciottesimo [1472] e, del vigesimo [1475], i versi elegiaci su la morte di Teodoro Gaza: quello su la Venere emergente,[4] fatto

---

[1] Politianus, *Orat. in exposit. Homeri;* Op. II.

[2] Ficinus, *Epist.*, I.

[3] Politianus, *Epist.*, VII, 14.

[4] Confronta le *St.* della *Giostr.* I, 101.

in prova con gli antichi dell' Antologia e dall' autore stesso eletto fra i pochi che mandò a leggere a Codro Urceo, era vantato dall' Urceo come superiore a' modelli.[1] Di tutti giudicava lo Scaligero,[2] non avere il Poliziano nè pur fatt' uomo scritto egualmente bene i latini; secondo lo Scioppio,[3] non cedono il vanto a niuno de' greci.

E molto anche compose a quella età in poesia latina: ma l' elegia in morte dell' Albiera[4] merita singolarmente che noi vi attendiamo. Scritta nel 1473, diciottesimo anno del poeta, *piena, numerosa, candida, arguta, efficace, degna in tutto di tant' uomo,* tale insomma che lo Scaligero, del quale sono le lodi, *avrebbe voluto averla fatta innanzi a quella che dicesi mandata da Ovidio a Livia su la morte di Druso*[5] (e il paragone con Ovidio torna meglio che quel con Callimaco inventato rettoricamente dal Fabbroni);[6] l' elegia in discorso è proprio l' imagine anticipata del poema per la giostra. La stessa macchina mitologica: qui è la dea Ramnusia che, per odio del soverchio favore onde i mortali circondano la vergine fiorentina, chiama la febbre ed il morbo contro di lei; come là è Cupido che manda la formosa cerva e poi Simonetta a rivocare il superbo Giulio dagli studii di Diana a quelli di Venere. Lo stesso elegante anacronismo del rappresentare costumanze fatti e luoghi patrii e moderni con le tinte d'altro tempo e d' altri paesi: Eleonora, figliuola di Ferdinando di Napoli, venendo sposa ad Ercole duca di Ferrara, s' intrattenne in Firenze il giorno di san Giovanni: ciò è detto nei tre distici appresso:

« Annua pelliti referentem sacra Joannis
  Extulerat roseo Cynthius ore diem:
Cum, celebres linquens Sirenum nomine muros
  Herculeumque petens regia nata torum,
Candida Syllanæ vestigia protinus urbi
  Intulerat, longæ fessa labore viæ. »

---

[1] Politianus, *Epis.*, V, 8.

[2] J. C. Scaliger, *Poetices*, VI.

[3] G. Scioppius, *Parad. liter.*, V, Julio Cæsari Capaccio neap. Anche le epistole greche scritte più tardi parevano ad A. Manuzio [*Epist.* VII, 7] *lavoro non d' uom romano ma d' attico e sempre vissuto in Atene.*

[4] Politianus, Op. II, 259.

[5] J. C. Scaliger, *Poetices*, VI.

[6] Fabbroni, *Elogio di A. Poliziano*, Parma, 1800.

E chi fosse curioso di sapere come si possa dire o non dire nel linguaggio de' classici Borg'Ognissanti e il Prato, oda qua:

« Est via, Panthagiam Syllani nomine dicunt;
  Omnibus hic superis templa dicata micant.....
Quam prope ridentes submittunt prata colores,
  Pictaque florifero germine vernat humus. »

Così nel poema italiano [1] chiama *etrusca Leda* la pia Lucrezia Tornabuoni; ed era antonomasia da non compiacersene troppo il magnifico Piero: così, quando Giulio risvegliasi dal sonno e dalla visione, « Già tutto parea d'oro il monte Oeta; [2] » ove il poeta avrebbe fatto bene a spiegarci che cosa avesse a fare l'Oeta monte di Tessaglia con Giuliano de' Medici dormiente nel palazzo di Via Larga, dalle cui finestre certo non vedea le cime fatte celebri dalla pira di Ercole. Meglio, e con quella solenne gravità latina che a simili casi si affà e che troppo si desidera, colpa forse lo argomento, nelle Stanze, vengono descritte le esequie cristiane:

« Præcedit iam pompa frequens: iam mœsta sacerdos
  Verba canit: sacris turribus æra sonant....
Omnis ceratis radiat funalibus ara,
  Omnis odoratis ignibus ara calet:
Æternamque canunt requiem lucemque verendi
  Sacricolæ et lymphis corpus inane rigant. »

In fine nell' uno e nell' altro poema è il medesimo lusso di descrizione e di personificazioni allegoriche, le stesse tinte accese e il colorir largo e ardito, e il calore e la copia e la verità degli affetti naturali. Certo il lettore ricorda il ritratto della Simonetta nel primo della Giostra: eccogli adesso anche quel dell' Albiera, sorella maggiore, in poesia, della Simonetta:

« Emicat ante alias vultu pulcherrima nymphas
  Albiera, et tremulum spargit ab ore iubar.
Aura quatit fusos in candida terga capillos:
  Irradiant dulci lumina nigra face.
Tamque suas vincit comites quam lucifer ore
  Purpureo rutilans astra minora premit.
Attoniti Albieram spectant iuvenesque senesque:
  Ferreus est quem non forma pudorve movet.

[1] *St. giostr.*, I, 3. [2] *St. giostr.*, II, 38.

Mentibus Albieram lætis plausuque secundo,
  Albieram nutu lumine voce probant....
Candor erat dulci suffusus sanguine, qualia
  Alba ferunt rubris lilia mixta rosis.
Ut nitidum læti radiabant sidus ocelli:
  Sæpe Amor accensas retulit inde faces.
Soluerat effusos quoties sine lege capillos,
  Infesta est trepidis visa Diana feris:
Sive iterum adductos fulvum collegit in aurum,
  Compta cytheriaco est pectine visa Venus.
Usque illam parvi furtim componere Amores
  Sunt soliti et facili Gratia blanda manu,
Atque honor et teneri iam cana modestia vultus
  Et decor et probitas purpureusque pudor,
Casta fides risusque hilaris moresque pudici
  Incessusque decens nudaque simplicitas. »

Ma in tutte le Stanze non è mai tanto affetto quanto nei distici in cui si narrano gli ultimi istanti e gli addii dell' Albizzi: pure da qualche emistichio chi ben guardi vedrà emergere la imagine *della ninfa in triste nube avvolta* e udrà qualche verso sonare le parole d' Euridice ritratta dall'aure aperte all' inferno:

« Iam decima infaustam referebat lampade lucem
  Cynthius et picea texerat ora face:
Cum miseræ extremus iam presserat horror ocellos;
  Fugerat heu vultus, fugerat ore color.
Aspicit illa tamen dulcem moritura maritum,
  Illum acie solum deficiente notat.
Illius aspectu morientia lumina pascit:
  Mens illum e media morte reversa videt.
Quis tibi nunc, Sismunde, dolor, cum virginis artus
  Aspiceres anima iam fugiente mori?
Non tamen illa tui, non illa oblita parentum,
  Te vocat; et tales fundit ab ore sonos.
— Pars animæ Sismunde meæ, si coniugis in te
  Quicquam iuris habent ultima verba tuæ,
Parce, precor, lacrymis. Vixi, cursumque peregi:
  Iam procul a vobis me mea fata vocant.
Immatura quidem morior: sed pura sub umbras
  Discedam, et nullis sordida de maculis.....
Parce, precor, lacrymis, coniux: sic lætus in auras
  Evadet tenues spiritus inde meus.
Mœsta sed amborum nimis ah nimis ora parentum
  Solare. Heu nostro torpet in ore sonus;

Heu rapior. Tu vive mihi, tibi mortua vivam.
Caligant oculi iam mihi morte graves.
Iamque vale, o coniux; charique valete parentes.
Heu procul hinc nigra condita nocte feror. —
Sic ait; et dulcem moriens complexa maritum
Labitur, inque illo corpus inane iacet.
Corpus inane iacet, cara cervice recumbens
Coniugis . . . . »

E perchè queste citazioni mi par che debbano compiere nella mente del lettore la imagine del Poliziano poeta non forse intiera ne' soli versi italiani, riferirò anche l'insigne descrizione del trasporto:

« Iam virgo effertur nigro composta feretro,
Desectas humili fronde revincta comas.
Heu ubi nunc blandi risus, ubi dulcia verba
Quæ poterant ferri frangere duritiem?
Lumina sidereas ubi nunc torquentia flammas?
Heu ubi puniceis æmula labra rosis?
Proh superi, quid non homini brevis eripit hora!
Ah miseri, somnus et levis umbra sumus.
Non tamen aut niveos pallor mutaverat artus,
Aut gelido macies sederat ore gravis:
Sed formosa levem mors est imitata soporem;
Is nitidus vultus oraque languor habet.
Virginea sic lecta manu candentia languent
Liliaque et niveis texta corona rosis. »

Negli ultimi versi il lettore ha di certo notato più d' una reminiscenza della morte di Laura, com' è descritta ne'Trionfi: e altri concetti petrarcheschi si rinvengon più sopra, come: « Ne geme: cum dulce est vivere, dulce mori est » e « Credo ego iam divûm numina posse mori. » Tal congiunzione delle due lingue e delle due poesie, apprese ad ammirare egualmente alla scuola del Landino, annunzia il compositor della Giostra; il quale apparisce già tutto con le sue virtù ed i suoi vizi nell'epicedio latino. E alla scorta mistura delle diverse maniere di Lucrezio di Virgilio e d'Ovidio che è già mirabile nell' epicedio e sarà in più larghe proporzioni meglio mirabile nella Giostra, a quella felicità dell' appropriarsi senza uno sforzo al mondo le più belle imagini e dizioni dei più differenti autori come fossero la natural veste del suo concetto, a quella sapienza dell' imitare rimanendo originale, il giovane da Montepulciano erasi da lunga mano addestrato nella palestra del tradurre l'*Iliade*. Con lo scrivere nelle due lingue classiche ei s'era fatto succo e sangue delle inenarrabili bellezze antiche, le avea pronte e ordinate nella mente da venirgli al primo istante su la lingua e su la penna, come gli utensili della casa all' occhio della massaia diligente. All' uso dell' eleganze più vive e casalinghe era poi fatto sciolto dalla conversazione fiorentina, dallo studio, ben supponibile in uno scolare del Landino protetto dal Medici, dei tre grandi trecentisti, e dal comporre in fine ed improvvisare ballate e rispetti nelle liete brigate. Così su i ventiquattro anni s' intende e si spiega la composizione delle Stanze per la giostra. Ma chi ha creduto alla precocità delle Stanze su qualunque altra prova d'ingegno del giovine scrittore, colui ha creduto un di quei miracoli che la critica dee nettamente rifiutare. È ammissibile, se volete, a quattordici anni quella dovizia delle più riposte erudizioni letterarie; ma non tanta copia di imagini squisitamente delineate, non tanta vivezza e sapienza d'imitazione di refusione di rinnovamento, nel primo saggio di uno scolare. A quattordici anni si potrà scrivere con facile eleganza in una lingua morta, della quale con l'ardore dell' adolescenza si son mandati alla memoria i più purgati scrittori: non si crea però uno stile in una lingua parlata, alla quale due autori come Dante e Petrarca hanno dato impronta propria: un poema, che mutando le forme della poesia nazionale segni una nuova età letteraria, non si fa a quattordici anni.

Educato a tanta eleganza di lettere, è naturale che il Poliziano dovesse anche nell'invenzione e disposizione riuscire al tutto diverso da quelli che nel trattare consimili argomenti lo avean preceduto. Tacendo d'una *Descrizione del giuoco del calcio*,[1] composta su'l principio del secolo XV e affatto borghese nell'argomento e nello stile non senza una tal naturale ed efficace eleganza; abbiamo due descrizioni di nobili giostre sol di qualche anno anteriori a quella del Poliziano; e tutte due, come il *Giuoco del calcio*, in ot-

---

[1] Pubblicata nel *Borghini*, giornale filologico, anno I, num. 1, Firenze, gennaio 1863.

tave; perocchè l'ottava rima era omai il metro della narrazione e della descrizione, massime per li argomenti che più voleansi divulgare. Luca Pulci celebrò la giostra tenuta su la piazza di Santa Croce il 7 febbraio 1468 (stile fiorentino) della quale ebbe il premio Lorenzo de' Medici.[1] L' autore del *Ciriffo Calvaneo* pretese di dare al poemetto una intonazione cavalleresca; ponendo causa alla giostra una ghirlanda di viole, dal giovine Medici in una festa per le nozze di Braccio Martelli domandata in dono a « Quella che il lauro suo giovinetto ama, D' ogni grazia dal ciel sol coronata, Del nobil sangue di Piccarda nata, » a Lucrezia Donati cioè, la donna poetica dello sposo di Clarice Orsini. Ella, sèguita il Pulci,

« Ella rispose con destre parole,
E pregal (ma 'l suo priego gli comanda)
Che gli imprometta, se impetrar la vòle,
Ch' al campo verrà presto armato in sella
E per amor di lei porterà quella.
E misségliela in testa con un riso,
Con parole modeste e sì soave,
Che si potea vedere il paradiso
E sentir Gabriel quando disse Ave.
Costui, che mai da lei non fia diviso
E del suo cor gli ha donato la chiave,
Accettò il dono sì grazioso e degno,
Di prosper fati e di vittoria segno. »

Ma non dura su questo tono: il poeta del *Driadeo* e delle *Eroidi* si ricorda spesso, dopo l' invocazione ad Apollo, della sua mitologia, e sempre sgraziatamente. Paragonisi in prova la st. XXV del Poliziano che tutti abbiamo a mente [*Zefiro già....*] con questa del Pulci:

« Era tornata tutta allegra Progne,
Ben che piangessi la sua Filomena:
Amor suoi ceppi preparava e gogne,
I gioghi i lacci et ogni sua catena;
E Pan sentia sonar mille zampogne:
Era di fiori ogni campagna piena:
Vedeansi Satir dolcemente iddee
Seguir pe' boschi e Driade e Napee. »

1 Luca Pulci, *La giostra di L. dei Medici messa in rima.* La prima edizione è senza nota d'anno e di luogo. Fu ristampata nel 1572 dai Giunti.

Più grazioso e in carattere è il fratello dell' autor del *Morgante*, quando dalla natura sua fiorentina, non ostante la grand' aria che s' è dato, è tratto a scherzare su 'l proprio argomento. Nell' aspettativa del torneo, la loquace curiosità dei fiorentini, mercatanti che non rifinivan di parlare d' armi e colpi di lancia, è finamente voltata in burla.

« A ogni canto ricrescea la voce:
  Chi è chi è il giostrante a Santa Croce?
E tutto il popol correva a vedere....
E si sentian mille vaghe novelle,
  E bugïon di libbra a Rigoletto,[1]
  Al corazzaio, a quel che fa le selle:
  Non si sarebbe un ver per nulla detto.
  Quivi eran gran dispute di rotelle,
  Di reste, di bracciale e di roccetto;
  E molto d' Anton Boscol si parlava:
  E così il tempo lieto oltre passava.
E si diceva di Marin Giovanni,
  Delle sue opre già tanto famose:
  Di Ciarpellone e de' suoi lunghi affanni,
  Come in su 'l campo fe mirabil cose;
  E di molti altri già ne' passati anni
  L' antiche pruove degne e bellicose:
  Ma sopra tutti gli altri a mio parere
  I Burïassi [2] si facean valere.
Era il quinto alimento [3] i Burïassi:
  Non rispondevan più se non per lezio.... »

Pochi momenti innanzi la giostra,

« Eran tutte le dame al dirimpetto:
  Però, prima ch' egli entrino in prigione,
  Credo ch' ogni giostrante, poveretto!,
  Arà voluto un bacio alla franciosa
  Che in ogni guancia lasciassi la rosa. »

---

[1] Cioè: in bottega di Rigoletto e del corazzaio, ec.

[2] « Buriassi si chiamavano coloro i quali mettevano in campo i giostranti e stavano loro d' intorno dando lor colpi e ammaestrandogli, come fanno oggi i padrini a coloro che si debbono combattere in isteccato. » Varchi, *Ercolano*. Anton Boscoli, Giovanni Marino, Ciarpellone doveano essere uomini d' arme in fama a quel tempo.

[3] *Alimento*; fiorentinismo: *elemento*.

E più i *Beoni* che non la Tavola rotonda ricorda un de' giostranti:

« Or ritorniamo al badalone,[1] a Cino;
Che, veggendo Lorenzo non si rizza,
Si pose a bocca un gran fiasco di vino
E bevel tutto quanto per la stizza.....
Ad ogni gioco Cino volea bere..... »

Lunga del resto la enumerazione de' giostranti (fra i quali la mente del lettore si ferma su Francesco e Guglielmo dei Pazzi che ora in un giuoco d'armi come poi in politica tennero infelicemente il campo contro Lorenzo, su Iacopo di Poggio Bracciolini futura vittima anch'egli della congiura, su Bernardo Rucellai il Sallustio di Firenze visitato da Erasmo a cui per timore di barbarismi non volle parlar latino, su Pagol Antonio Soderini il grave oratore della democrazia nel 1495);[2] prolisse e minute, nè qualche capestreria della lingua nativa scema loro fastidio, le descrizioni di tutti i cavalli, e degli arnesi dei fornimenti delle divise oltre ogni credere magnifiche e preziose, e di tante stranissime insegne (in alcuna paion prevenute le burle del Tassoni: Pier Vespucci, a mo' d'esempio, « Aveva nello scudo figurata Un' ancudine in mar che andava a vela. ») La poesia risorge alcun poco all'apparire in campo di Lorenzo dei Medici. Oh il Sacchetti ed il Pucci e i poeti popolari del trecento non si sarebbero compiaciuti poi tanto in cotesto giovine di vent'anni che spendea diecimila fiorini di suggello per una festa, che veniva in giostra adornato della divisa dei fiordiligi donatagli con privilegio da Luigi XI il Tiberio di Francia e vestito delle armi mandategli a posta dal duca Galeazzo il Caligola di Milano, che mutava due cavalli, presente l'uno del re Ferdinando di Napoli e l'altro del duca Borso d'Este. Ma il discendente d'una casa di grandi, il gentiluomo decaduto e fatto cortigiano di mercanti, cantava:

« Dopo tanti splendor veniva il sole;
Dopo la leggiadria, la gentilezza;
La rosa dopo il giglio e le viole;
Lorenzo armato con molta fierezza

[1] *Badalone.* Come non sia soprannome del nominato Cino, varrebbe *ozioso, perdigiorno.*

[2] Guicciardini, *St. d' Ital.,* II.

Sopra un caval che salta quanto e' vòle
E tanto l' aria quanto il terren prezza:
E come giunse in sulla piazza quello,
Chi dice — E' pare Annibal. — chi — Marcello....
E mi parea sentir sonar Miseno,
Quando su 'l campo Lorenzo giugnea
Sopra un caval che tremar fa il terreno:
E nel suo bel vessillo si vedea
Di sopra un sole e poi l' arcobaleno,
Dove a lettere d' oro si leggea
Le tems revient;[1] che può interpretarsi
Tornare il tempo e 'l secol rinnovarsi.
Il campo è paonazzo d' una banda,
Dall' altra è bianco; e presso a uno alloro
Colei che per esempio il ciel ci manda
Delle bellezze dello eterno coro,
Ch' avea tessuta mezza una grillanda,
Vestita tutta azzurro e be' fior d' oro:
Ed era questo alloro parte verde,
E parte secco già suo valor perde....
Vedestu mai falcon calare a piombo
E poi spianarsi e batter forte l' ale,
C' ha tratto fuor della schiera il colombo?
Così Lorenzo Benedetto assale,
Tanto che l' aria fa fischiar pel rombo:
Non va sì presto folgor non che strale.
Dettonsi colpi che parvon d' Achille,
E balza un Mongibel fuor di faville....
E insino al fin, come virile amante,
Tenne la lancia e 'l forte scudo al petto,
Tenne la fede del suo amor costante;
Alle percosse a ogni cosa ha retto
Con animo, che certo al suo adamante
Si potria comparar del giovinetto;
Ch' era al principio del ventesimo anno,
Quando fu paziente a tanto affanno. »

Ma, quando a Lorenzo è aggiudicato il premio, un elmetto fornito d' argento con un Marte per cimiero, la piaggeria lirica del Pulci diviene spropositata come la sua erudizione;

« Ora ha' tu la grillanda meritata,
Lauro mio, de' fioretti novelli:
Ora ha luogo la fede accetta e data
In casa già del tuo Braccio Martelli:

[1] Era il motto preso da Lorenzo per quella giostra.

Or tanto Cirra per te fia chiamata,
Che versi mai non s' udiron sì belli:
E pregheremo il ciel sopr' ogni cosa
Che la tua bella dea ti sia pietosa.
E qualche stral sarà nella farètra,
Che scalderà nel cor questa fenice.
Segnerem l' età tua con bianca pietra,
Che lungo tempo possi esser felice.
Noi sonerem sì dolce nostra cetra,
Che fia ritolta a Pluto Eüridice:
Noi ti farem qui divo e sacro in cielo
E 'l simulacro ancor, come già a Belo.
Abbiti, Emilio e tu Marcello e Scipio,
I tuoi trionfi senza invidia in Roma;
O quel che liberò 'l popol mancipio
E tolse al Capitolio sì gran soma:
Perchè tu fosti, o mio Lauro, principio
Di riportar te stesso in su la chioma,[1]
Di riportare onor vittoria e insegna
Alla casa de' Medici alta e degna. »

Più prolisso versificatore, e infinitamente più noioso del Pulci, è un Francesco fiorentino, *cieco poverello* che abitava in Cento; il quale in ben 204 stanze fece la descrizione del torneamento combattuto in Bologna nel 1470 d' ordine di Giovanni II Bentivoglio.[2] Il poemetto è del genere popolare, ma basso: questa è la mossa del racconto:

« Nella ditta città di tanta fama
Di casa Bentivogli un gentiluomo
(Messer Giovanni il secolo lo chiama:
D' ogni virtù fu l' excellente pomo),
Per inverdir di sua casa la rama,
Ordinò lui, io vi dirò el como,
Un' altra trïonfante e magna festa
Con l' arme in dosso e con l' elmetto in testa.

---

[1] Bisticcio che viene a significare, riportar la corona di lauro; poichè *Lauro* era il nome poetico di Lorenzo.

[2] Il poemetto è stampato senza nota d' anno di luogo e d' impressore e senza titolo. La stampa è delle più rare, tanto che due sole copie se ne conoscono; una nella Vaticana, e una in casa i conti Malvezzi-Campeggi di Bologna. Vedi un discorso del commendator Antonio Bertoloni nell' *Eccitamento,* giornale filologico bolognese, Anno I [1858], novembre. Io per le citazioni mi servo del cod. cart. 604 della Biblioteca universitaria di Bologna.

Aveano i Bolognesi un capitano
Ch' era nell' armi un uomo rubicondo.
Messer Giovanni lo prese per mano
Con un parlare splendido e giocondo,
E sì gli disse — O gentilom soprano,
Vo' che la nostra fama voli al mondo
Per onorar la festa di tal santo
Petronio nostro . . . . »

Ma anche il cieco di Bologna ha la stessa smania che il Pulci per l' erudizione mitologica. Invoca, è vero, secondo il costume dei poeti popolari, la Vergine Maria nel principio e nel mezzo della sua storia; e al Bentivoglio su l' incominciar la giostra fa indirizzare una preghiera a Dio; ma nella stessa ottava non manca di fargli supplicare l' *onnipotente Marte* che gli sia in soccorso, « Come tu fosti al gran troiano Enea, Che per Lavina dette morte rea A Turno re sì potente e gagliardo. » D' un cavaliero per nome Teseo è detto, « Che rinnovò la fama in su lo spazzo Di quel che combattè per Andriana [*Ariadna*] In Creti, per la bella candiana, E dette morte dentro all' alberinto Al maledetto mostro. » In paragone del fornimento d' un altro cavaliere, « Certo Minerva perduto n' aría, E Proserpina con sua leggiadria Non so se avesse fatto tal lavoro. » Altrove il combattimento, prevenendosi una celebre comparazione dell' Ariosto, « La fucina parea di Mongibello, Dove lavora quel fabbro Vulcàno. » Se non che al cantor popolare meglio piace la erudizione mitologica e storica, se mescolata alla cavalleresca o sotto le sembianze della cavalleria mascherata: è la tradizione dei romanzi del secolo innanzi. Udite: « Costui sì rassembrò nel suo venire Un nuovo Arcita in la città tebana, Che per Emilia lui volse morire, Che mai si vide greca sì soprana. » In altro luogo, a rispetto de' cavalieri bolognesi, « Cesare imperador dentro a Tessaglia Assai non si adoprò contro a' nemici, Come scrisse Lucano di gran vaglia Istorico: » ma poi cita subito dopo anche il re Mambrino. Un giostrante, « Pareva Ettorre sopra a Galateo, » e un altro « Alessandro imperier di Macedona Sopra Bucifalasse suo cavallo. » E così séguita tutto in descrizioni ed enumerazioni come il Pulci; se non che ha su questo il vantaggio che fa tenere a' suoi battaglieri dicerie di 22 ottave per volta. Ed al Pulci assomiglia, salvo la maggior goffaggine, nell' adoperarsi a mettere in vista ed in gloria il Bentivoglio, il signore magnifico: povero cieco!

« Ben ti puoi confortare, o vecchiarella
. . . . città ditta Bologna,
C' hai un figliuolo nella tua gonnella
Che ti lieva da dosso ogni vergogna.
Per tutto el mondo di lui si favella:
Risuona la sua tromba e non zampogna;
La sua lucerna accende ogni tuo lume;
Vaso d' ogni virtù e buon costume;
Qual è di te il ver lucente specchio.
È stata la sua casa sempre mai
E sempre mai sarà . . . .
Che in giubilo ti tiene senz' affanni:
Priega che viva el buon messer Giovanni. »

Così i signori, i quali avrebbon voluto ma non osavano ancora chiarirsi principi, quelle feste e pompe facevano, come notò il Machiavelli, per « dare che pensare agli uomini qualche cosa, che levassero i pensieri dello stato.[1] » Più tardi, nel 1495, il Savonarola figurando ai Fiorentini il ritratto morale del tiranno, cioè di Lorenzo de' Medici, queste fra le altre proprietà ne assegnava: « E molte volte, massime in tempo di abbondanza e di quiete, l' occupa [*il popolo*] in spettacoli e feste, acciocchè pensi a sè e non a lui.....: » ancora: « Il tiranno in ogni cosa vuole esser superiore, *etiam* nelle cose minime, come in giocare, in giostrare, in far correre cavalli;.... ed in tutte le altre.... nelle quali accada concorrenza cerca sempre di essere il primo.[2] » E le intenzioni dei tiranni erano per la parte loro aiutate da' poeti, dei quali è colpa troppo frequente lasciarsi abbagliare a quel che appar di fuori e in servizio della potenza e della fortuna disconoscere la verità e la virtù. Che se questa accusa sembrerà troppo generale, le citazioni da' due poemi mostreranno almeno che sarebbe ingiusto aggravarne troppo il solo Poliziano. Del resto, tornando al tranquillo ragionare dell' arte, quelle citazioni non appariranno soverchie a provare che, se

---

[1] Machiavelli, *Istor. fior.*, VII.
[2] Savonarola, *Tratt. circa il reggim. e gov. della città di Fir.*, II, III.

comune era allora l'andazzo delle reminiscenze classiche e della mitologia, dalla moda all'arte ci corre, e che il poema del Poliziano, sebbene scritto quasi a un tempo, lasciando da parte il cieco da Cento, con quello del Pulci, sembra, come ben disse il Roscoe,[1] posteriore d'un secolo in materia di gusto.

Pel genere delle invenzioni e pel modo della trattazione esso è calcato su lo stampo dei carmi encomiastici, misti di favola e di lirica, che abbondano nella letteratura latina da Stazio fino all'ultima decadenza del secolo V. Nel poema toscano come nelle selve latine del nostro autore Stazio e Claudiano appariscono essere fra gli antichi quelli che più abbiano avuto parte nel formare a un peculiar modo di concezioni la sua fantasia. E sarebbe curioso e utile indagare perchè nel medio evo e nel primo rinascimento siano stati sentiti e imitati gli autori della decadenza coi loro difetti che avventano, più che non la squisita verecondia di stile del secolo d'oro; Seneca più di Cicerone, più Ovidio e Lucano che Virgilio e Tibullo, Claudiano più d'Orazio. Il nostro non potea forse per cagione dell'argomento ricorrere ad altri esempii. Ma quanta vivezza e calore e movimento dirimpetto alla rigidità e al tono rettorico de' suoi maestri! quanta varietà nella dovizia delle imitazioni! quanta prontezza e felicità nell'assimilarsi e ricreare l'altrui! Giuliano dispregiator d'Amore e de' suoi seguaci [I, 8-16] è ben l'Ippolito d'Euripide e in parte il Narciso di Ovidio:[2] ma alcune tinte tolte a imprestito dal pittore della bella ritrosa d'Avignone fan perdere all'indagatore le traccie del primo originale. Nelle lodi della vita campestre messe in bocca al cacciatore leggiadro [I, 17-21] sentirai da principio l'eco dell'epodo d'Orazio[3] e della Georgica;[4] ma nel bel mezzo un paesaggio toscano ritratto al naturale con pennello che prenunzia quel de' fiamminghi cancella la prima sensazione. E il soliloquio di Cupido che medita la vendetta [I, 23-24] e la descrizione della caccia [I,25-33] ricorderanno, se volete, un po' troppo, quello il prologo di Venere all'*Ip-*

---

[1] Roscoe, *Vita di L. il Magn.*, c. II.

[2] Ovidius, *Metam.*, III, 388.

[3] Horatius, *Epod.*, II.

[4] Virgilius, *Georg.*, II, 458 et seqq.

polito coronato e la parlata onde Giunone apre la favola dell' Eneide,[1] e questa tutt' insieme la caccia di Didone[2] l' altra del cignal caledonio[3] e la più antica di Ulisse.[4] Che importa? ciò non impedisce che nelle Stanze appresso la invenzione della cerva messa da Amore innanzi a Giuliano per isviarlo dalla caccia e condurlo in parte ov' egli vegga la bella Simonetta [I, 34-37] non trasporti la mente del leggitore per mezzo a' romanzi d' avventura e agli inganni tesi all' amato cavaliere da alcuna bella fata, benchè la immagine della cerva sia composta dello stesso *lieve aere* onde Apollo e Venere presso Omero e Virgilio[5] compongono le false imagini degli eroi da loro protetti per sottrarre i veri alle furie de' nemici. Nel ritratto poi della ninfa e nell' innamoramento di Giuliano par che il poeta abbia còlto da Saffo e da Tibullo, da Virgilio e da Ovidio il purissimo fiore del sensibile: nè gli bastò, che non volesse giovarsi ancora di quel che la sensazione della natura esterna d' accordo col sentimento intimo spirò a' provenzali, e delle astrazioni del Cavalcanti e del misticismo di Dante e del psicologismo del Petrarca; sempre avendo la mente a trascegliere quel che in essi segna come l' ultimo limite della perfezion naturale. Perchè la imagine della Simonetta, delle più belle della nostra poesia, è soavemente colorita quanto l' Alcina e l' Armida, ma non sensuale com' esse; è pura ad un tempo e serenamente pensosa, ma non trasparente troppo ed aerea come quasi sempre la Portinari e talvolta l' avignonese: ella è nella cima del naturale; è una statua greca, una statua di Canova; una Ebe, una Psiche, moventesi col passo di dea per un fiorente paesaggio di primavera. Nella pittura del poeta quattrocentista la natura sente la presenza della dea, o meglio sente la parte di sè deificata: « Ridegli attorno tutta la foresta, E quanto può sue cure disacerba[6] »: « Ogni aura tace al suo parlar divino, E canta ogni augelletto[7] »: « Mosse sopra l' erbetta i passi lenti Con atto d' amorosa grazia adorno; Feciono i bo-

---

[1] Virgilius, *Æn.*, I, 37 et seqq.
[2] Virgilius, *Æn.*, IV, 130 et seqq.
[3] Ovidius, *Met.*, VI, 415 et seqq.
[4] Hom., *Odyss.*, XIX, 428 et seqq.
[5] Homerus, *Il.*, V, 432 et seqq. Virgilius, *Æn.*, X, 635 et seqq.
[6] *St. giostr.*, I, 43.
[7] *St. giostr.*, I, 44.

schi allor dolci lamenti, E gli augelletti a pianger cominciorno; Ma l'erba verde sotto i dolci passi Bianca gialla vermiglia azzurra fassi.[1] » Riguardiamo con amore a questa figura, perchè essa è forse il tipo intiero della poesia del Poliziano; essa testimonia il giovine e puro rinascimento, la dignità restituita alla materia alla carne alla forma contro l'ascetiçismo macerante e l'idealismo estenuante del medio evo: considerandola voi sentite che l'età di Giotto e di frate Angelico, per i quali tutta la vita della figura è confinata nel raggiar della fronte e negli occhi contemplanti, è finita; sentite e riconoscete Masaccio il Rosselli il Perugino e Raffaello: Tiziano, Giulio Romano, Guido Reni verranno più tardi, e con essi o poco innanzi l'Ariosto; verranno i Caracci, ed il Tasso.

Ma non altro che il prologo dell'azione abbiamo veduto fin qui: col volar d'Amore al regno di sua madre [I, 68] parrebbe che dovesse entrarsi in materia. Non è vero: ci si fa innanzi un episodio, cioè una descrizione che sarìa parsa sterminata anche a Ovidio come quella che prende 52 ottave; il più gran difetto e insieme il più gran pregio del poema toscano. È la descrizione del regno e del palagio di Venere [I, 69-120] che il nostro poeta ha trasportato di pianta dalle *Nozze di Onorio e Maria* di Claudiano,[2] se non quanto ha tolto qualche materiale prezioso da Sidonio Apollinare,[3] il pagano vescovo di Clermont che, non potendo eleganza, sfoggiò lusso, com'è de'barbari, ne'suoi epitalamii. Ma i 47 versi di Claudiano, già molti, come han potuto allargarsi a 52 ottave? Per la topografia del *dolce regno,* come per la descrizione degli allegorici abitatori, s'è aggiunta qualche tinta da' Trionfi del Petrarca.[4] Il giardin de' Feaci[5] « che nei versi d'Omero ancor verdeggia,[6] » e il georgico latino ove descrive le piante, e il poeta delle metamorfosi ove di esse e de' fiori narra le origini, hanno ammirabilmente arricchito la flora e le fauna del Poliziano. Il quale, a cantare come animali contrarissimi

[1] *St. giostr.*, I, 52.

[2] Claudianus, *Epith. Honor. Aug. et Mar.*, 47 et seqq.

[3] Sidonius Apollinaris, *Epith. Ruricii et Iber.*, 14 et seqq.

[4] Petrarca, *Tr. Am.* IV, 100 e segg.

[5] Homerus, *Odyss.*, VII, 114 et seqq.

[6] Algarotti, *Epist.*, V.

fra loro di natura e d'istinti vivano in miracoloso accordo nel regno di Venere, ha certo avuto il primo concetto dalle mitiche descrizioni dell'età dell'oro. E una ve n'ha singolarissima nella seconda *Selva d'amore* di Lorenzo de' Medici; fra la quale e le Stanze è in certe descrizioni e similitudini sorprendente la somiglianza: a modo di esempio, la comparazione della tigre a cui sono portati via i figliuoli, celebre in molti poeti latini e che messer Angelo imitò specialissimamente da Claudiano [1] e da messer Angelo l'Ariosto,[2] è pure con le stesse rime nella *Selva* del Medici. Qual prima fosse scritto de' due poemi, non è certo; ma è certo che Lorenzo avanzava di qualche anno il Poliziano, ed è probabile che il cliente volesse lusingare il patrono imitandone la poesia, come fe il Pulci nella *Beca da Dicomano*. A ogni modo, per un altro argomento delle novità dal Poliziano portate nella poesia del suo tempo, si paragonino alle lor sorelle della *Giostra* queste ottave del Medici.[3]

« E si potea vedere in una stoppia
Col lupo lieta star la pecorella,
Senza sospetto l'un dell'altro in coppia;
Non fero il lupo allor, non timida ella.
Nè la volpe era maliziosa e doppia:
E non bisogna che la villanella
Pei polli tenga 'l botol che la cacci;
Ma par, se pur vi vien, festa li facci.

La lepre e 'l bracco in un cespuglio giace;[4]
L'un non abbaia, e l'altro ancor non geme.
Tra il veltro e 'l cavriol e 'l cervo è pace,
Nè alcun ne' piè veloci spera o teme:
Scherzan tra lor, e provocar lor piace
Talor l'un l'altro; e, se corrono insieme,
Non corron per fuggire il fiero morso
Ma sol per superar l'un l'altro in corso....

Non era ancor nel petto de' mortali
Di carne saziar la fera voglia.
Pel nutrimento diventiam bestiali,
Che il sangue uman di sua natura spoglia.
Quinci guerra è tra l'uomo e gli animali:

---

[1] Claudianus, *Rapt. Pros.*, III, 263 et seqq.

[2] Ariosto, *Orl. fur.* XVIII, 35.

[3] L. de' Medici, *Selv. d'am.*, II; pag. 207 della ediz. Barbèra, 1859.

[4] Cfr. *St. giostr.*, I, 88.

Quinci fugge lo uccel di foglia in foglia,
E si lamenta con pietoso strido
Quando non trova i cari figli al nido.
Non si sentiva il doloroso belo
Della madre che perde il caro agnello:
La vacca non empiea di mugghi il cielo,
Tornando senza il figlio dal macello.[1] »

Ma chi di questi paragoni si diletta e vi studia le diverse sembianze del sentimento e del costume letterario d' un secolo ricerchi anche nel *Morgante* le 42 ottave del canto XV ove si descrivono le classi e gl' individui del regno animale come sono contesti nel prezioso padiglione da Luciana donato a Rinaldo. Ora: questo amore alla descrizione, quasi scientifica, quasi a catalogo, delle produzioni diverse della natura, animali, piante, fiori, pietre preziose, è egli una ricordanza o come uno strascico della tradizione del medio evo? il quale, mentre considerava la natura con lo stupore del fanciullo e il terror del selvaggio, preso a mano dalla magia e dall'alchimia fu di su le soglie della curiosità naturale ove si presenta la scienza trasportato nei penetrali della poesia ove delle percezioni imperfette si ricompongono i fantasmi: onde provennero i tanti *bestiarii* della poesia francese del secolo XII e XIII,[2] primi elementi del *roman de renart* e di La Fontaine; e i trattati su la virtù delle pietre preziose, tradotti poi nella poesia allegorica dell' autore dell' *Intelligenza*,[3] e che sì gran parte ebbero ne' palagi incantati de' poemi romanzeschi del secolo XVI. O sì veramente quell' ardore di mettere in mostra a ogni poco quasi l' inventario delle produzioni naturali fatto dalla fantasia più che dalla scienza era egli un presentimento del mondo antico in presenza allo scoprimento del nuovo; il quale con la sua fecondità portentosa dovea di gran lunga avanzare quanto avevano di bello di ricco e di orribile immaginato i filosofi i poeti ed i maghi della Grecia e dei mezzi tempi?

Alla descrizione del giardino sèguita quella del palagio di

---

[1] Cfr. *St. giostr.*, I, 20, 21.

[2] Per esempio, di Philippe de Thaun.

[3] *L' Intelligenza*, poema attribuito a Dino Compagni; in Ozanam, *Docum. ined. pour servir à l'hist. litt. de l'It.*, Paris, Lecoffre, 1850 [*Le sessanta pietre della corona*].

Venere e specialmente degl' intagli che adornan le porte. E già questo ricorrer della poesia alle arti sorelle, che comincia negli scudi di Achille[1] e di Ercole[2] imitati poi in quel d'Enea[3] da Virgilio che pure sa muover le lacrime su la morte di Troilo dipinta nel tempio di Cartagine,[4] era naturale presso un popolo tutto spontaneo intendimento dell'arte come l'italiano: quindi sin dalla fine del duecento l'autore del poema in nona rima per epilogare le imprese romanzesche di tutti i cicli le pone istoriate nelle pitture e negli intagli del palagio della Intelligenza;[5] e chi non ha a mente i versi ove Dante raccoglie da tutta la storia allegorie morali per iscolpirle con la sua penna, fiera come lo scalpello di Michelangiolo, nei balzi del purgatorio?[6] Se dunque di questo bello artificio si erano giovati i contemporanei di Niccolò, di Andrea, di Giotto; ben doveva esso arridere alla fantasia d'un poeta del secolo che si aprì col Ghiberti e con Donatello. E da vero che in cotesti intagli più che altrove mai si dimostrò il Poliziano artista di stile ammirabile. Esiodo e Ovidio, gl' inni omerici e gli epigrammi dell' Antologia, Teocrito e Mosco gli prestano, è vero, le linee elementari; ma come non le riempie egli, per cavarne qua una scena bacchica ove l'endecasillabo tumultua salta e barcolla come i satiri ebri, là un ratto di Europa ove geme come le compagne della vergine fenicia rimaste su'l lido; spirando da per tutto verità e vita la rima del quattrocento, come l'opera di disegno più miracolosa del secolo di poi! Altrove la penna del poeta par cangiata nello stilo greco, e che egli, futuro divinatore della potenza di Michelangiolo a cui sedicenne suggeriva la pugna di Ercole co' Centauri,[7] stupenda prova del titano fanciullo, dalla sua cameretta voglia quasi contender con Fidia e con Prassitele a scolpire la pura imagine della Venere anadiomene, come già Virgilio avea conteso co' tre scultori rodiani a rappresentare in carta il

---

[1] Homerus, *Il.*, XVIII, 478 et seqq.

[2] Hesiodus, *Scut. Herc.*

[3] Virgilius, *Æn.*, VIII, 626 et seqq.

[4] Virgilius, *Æn*, I, 466 et segg.

[5] *L' Intelligenza*, ediz. cit. Fu di recente ristampata da G. Daelli in Milano nella *Biblioteca rara*.

[6] Dante, *Purg.*, X, 31 e segg.; XII, 16 e segg.

[7] Vasari, *Vita di Michelangiolo*, in princ.

faticoso e terribile gruppo del Laocoonte. E di tale onore reso dall' arte della parola a quella del disegno sembra che Raffaello volesse rimeritare il Poliziano, quando da' versi di lui traducea ne' suoi colori la bella Galatea del palazzo chigiano.[1]

Uscendo del lungo episodio e rivenendo alla materia epica, il ritorno di Amore al regno di Venere e i vanti di lui e le lodi e i consigli della madre e la spedizione dei piccoli Amori a destare nei cuori giovanili l' ardore delle giostre [I, 121-II, 21] son tutti espedienti imitati da' poemi epitalamici dei latini, nei quali eran solenni queste cure e viaggi e consultazioni di Venere di Cupido d' Imene per conciliare gli amori e le nozze; tanto che dopo Stazio, che primo gli mise in giuoco,[2] tutto n' è pieno, da Claudiano[3] fino a' tre santi vescovi, Sidonio Apollinare,[4] Felice Ennodio,[5] Venanzio Fortunato.[6] E forse da questa rassomiglianza della *Giostra* con gli antichi epitalami e dall' accenno agli amori di Lorenzo nel lib. II avvenne che il Varillas, confondendo le sue ricordanze e dove non si ricordava inventando, con la franchezza onde molti della sua nazione mascherano l' ignoranza delle cose forestiere, nomina un epitalamio composto dal Poliziano in versi degni del secol d' Augusto per le nozze di Lo-

[1] Dolce, *Dial. della pitt.*, pag. 53; Milano, Daelli, 1863.

[2] Statius, *Sylv.*, I, II, 51 et seqq.

[3] Claudianus, *Epith. Honor. Aug. et Mar.*, 97 et seqq.

[4] Sidon. Apollinaris, *Epith. Ruric. et Iber.*, 53 et seqq.

[5] M. Felix Ennodius, *Epith. dictum Maximo*, v. 53 et seqq. Costui, vescovo di Pavia e santo, così fa parlare ad Amore intorno alla virginità nel senso cristiano:

« Perdidimus, genitrix, virtutis præmia nostræ.
Iam nusquam Cytherea sonat: ridetur Amorum
Fabula, nec proles nascenti sufficit ævo.
Frigida consumens multorum possidet artus
Virginitas fervore novo: sublimia carnem
Vota domant, mundus tenui vix nomine constat.
Primævi tremulos factis imitantur ephebi:
Rara per immensos sæclorum, respice, campos
Coniugii messis: per flores sola vetustas
Exserit albentes ieiuna et pallida canos.
Una fides, rerum nulla dulcedine flecti.
Et, si quid teneros potuit transducere mores,
Præceptis calcare malis: servatur ubique
Institium; culpa est thalamos nominasse pudico. »

[6] Venantius Fortunatus, *Poematum*, V, I, 24.

renzo de' Medici con Clarice Orsini,[1] e il Menkenio con la dabbenaggine d' un tedesco erudito perde il tempo a ricercar le tracce di quell' epitalamio.[2] Del resto nel congresso di Amore con Venere l'autor nostro si tenne stretto a Stazio ed a Claudiano, se non quanto gli avanzò d' eleganza. Come pure dall' invio d' Iride alla casa del Sonno ordinato da Giunone nelle Metamorfosi,[3] se non dalle più solenni fantasie epiche,[4] imitò il moversi di Pasitea per ingiunzione di Venere a mandare i sogni che con le loro imagini dèstino in Giuliano la voglia di mostrarsi armato nel campo [II, 22-26]. Più originale ma senza attrattiva, se non dove a rappresentare la vicina morte di Simonetta conferiscono Virgilio con la serena tristezza della sua Euridice[5] e Dante con i portenti apocaliptici della *Vita nuova,*[6] è la visione di Giuliano [II, 27-38]. Con la quale e con l' orazione a Pallade di lui che svegliato si prepara all' armi finisce [II, 38-46] o, meglio, è interrotto il poema; o sia che il poeta stesso disperasse e s' infastidisse dell' argomento tutto encomiastico e descrittivo; o sia da recarne la causa al pugnale del Bandini che luccicò terribile fra l' encomiato e l' encomiatore. Angelo allora porse la mano *allo stilo dell' istorico,* come dice il Del Lungo, e quindi anche un poco alla cetera d' Orazio. E perchè l' ode a Gentile vescovo d'Arezzo è quasi il compimento della *Giostra;* e perchè a giudizio del latinista Fabbroni « può stare a confronto delle bellissime del cantor di Venosa;[7] » e perchè chi ha letto la biografia del Poliziano scritta in elegante latino dal Bonafous non pianga col benemerito Francese la perdita del *carmen de Iuliani cæde;*[8] eccoti, o benigno lettore, sotto gli occhi quella ode o carme che voglia dirsi:

« Gentiles, animi maxima pars mei,
Communi nimium sorte quid angeris?
Quid curis animum lugubribus teris,
Et me discrucias simul?

---

1 Varillas, *Anecd. de Florence,* l. I, pag. 40; La Haye, 1689.

2 Menckenius, *De vita Ang. Pol.,* pag. 33.

3 Ovidius, *Metam.,* XI, 583 et seqq.

4 Homerus, *Iliad.,* II, in princ.

5 Virgilius, *Georg.,* IV, 496. Confronta la *Giostra,* st. II, verso 33.

6 Dante, *Vita Nuova,* § XXIII. Cfr. *Giostra,* II, 34.

7 Fabbroni, *Elogio del Poliziano,* Parma, 1800.

8 Bonafous, *De A. P. vita* ec., cap. XXIII.

Passi digna quidem perpetuo sumus
  Luctu; qui medijs, heu miseri, sacris
  Illum illum iuvenem vidimus, o nefas,
    Stratum sacrilega manu.
At sunt attonito quæ dare pectori
  Solamen valeant plurima: nam super
  Est qui vel gremio creverit in tuo
    Laurens, Etruriæ caput:
Laurens quem patriæ cœlicolûm pater
  Tutum terrifica gorgone præstitit:
  Quem tuscus pariter quem venetus leo
    Servant et draco pervigil.
Illi bellipotens excubat Hercules.
  Illi fatiferis militat arcubus:
  Illis mittit equos Francia martios,
    Felix Francia regibus.
Circumstant populus murmure dissono,
  Circumstant iuvenem purpurei patres.
  Causa vincimus et robore militum
    Hac stat Iupiter, hac favet.
Quare, o cum misera quid tibi nænia.
  Si nil proficimus? quin potius gravis
  Abstersisse bono lætitiæ die
    Audes nubila pectoris?
Nam, cum iam gelidos umbra reliquerit
  Artus, non dolor hanc perpetuus retro
  Mordacesve trahunt sollicitudines
    Mentis curaque pervicax.[1]

Certo il lettore avrà notato quel *Felix Francia regibus;* desiderio a un tempo e rimpianto. In materia almeno di re la Francia non era più barbara per messer Angelo; a cui non doveano attalentare di molto le città tumultuose ed instabili, ove un bel giorno ai colpi menati di sotto mano alla libertà dagli ambiziosi e dai tiranni i cittadini rispondono con colpi di pugnale o al meno al meno di pietre. I silenzii del dispotismo si affanno meglio agli ozii delle Muse, secondo una comune sentenza dei letterati di corte.

Ma che le Stanze venissero così presto interrotte, io non saprei poi farne tante querimonie. Se il poeta negli altri libri si fosse lasciato andare, come portavalo la natura sua, a quelle lungaggini che nella materia dilettevo-

[1] Politianus, *Epigram. lib.*

lissima del primo si comportano volentieri, non so che sarebbe avvenuto della sua fama: un giuoco d'armi del resto descritto dal classico messer Angelo, posto pure che ei non discendesse mai alle volgari enumerazioni di Luca Pulci, si può tener quasi per certo che non avrebbe retto al confronto dei combattimenti dell'Ariosto e del Tasso, ben altri maestri di arme e con altri eroi tradizionali alla mano. Un panegirico in più canti saría stato un noioso poema di più, letto soltanto dagli eruditi; e già nel secondo libro la poesia scade in paragone del primo. Mentre, così com'è, quel frammento è di fama quasi popolare, e in opera di stile sta veramente fra le rarissime preziosità delle lettere nostre. Non ha l'altissima perfezione delle *Georgiche* e nè men quella dell'*Aminta;* poemi ambedue che segnano il colmo del buon gusto nelle due età più polite della doppia letteratura d'Italia. Oltre le più rilevanti sconvenienze nell'imitazion generale e nell'orditura del poema che dal fin qui discorso dovrebbono risultare a bastanza, qualche piccolo difetto di versificazione e di stile è pur notato nelle Stanze. Altri vi riprende il frequente uso degli sdruccioli, *basso suono in grave argomento:* ma a cui ne' suoni cerca anzi tutto la varietà, a cui le rime sdrucciole piacciono a' lor luoghi in Dante e nell'Ariosto, piaceranno anche nel Poliziano. Altri torce il naso a certe desinenze in *orono* delle terze persone plurali dei perfetti, e appunta messer Angelo che egli imitasse gli antichi più che ad elegante poeta si convenisse: dovea piuttosto accusarlo che egli scrivesse la lingua parlata al tempo suo, perchè allora non era ancor l'Italia, grazie a Dio, caduta sì basso, che ci fosse questa maladizione del dovere imitare anche la lingua. Con più ragione è ripreso di parecchi latinismi; ma nè pure ai migliori è concesso scuotere in tutto il giogo del proprio secolo; e di qualche ridondanza a danno dell'efficacia e della proprietà; e di pochi sgradevoli accoppiamenti di suoni; e della sconvenienza di certe imagini, come là dove assomigliò i pargoletti Amori ad altrettanti galeotti [II, 2].[1] Ma

[1] Per tutti questi appunti vedi Quadrio, *Stor. e rag. d' ogni poes.*, v. I, l. II, dist. I, cap. I, § 1; e c. II, § 12; e dist. III, c. IV. § 1, e c. VIII, § 2; e dist. IV, cap. I, § 2, e cap. III, § 6.

il carattere speciale dello stil della Giostra è in questo, che posto l'autore tra il finire di una età letteraria primitiva e originale così nell'inventare come nello esprimere e 'l cominciare d'una età d' imitazione e di convenienza tiene del rozzo e del vigoroso dalla prima come dell'aggraziato e del morbido dalla seconda. Gli ultimi vestigi della prima età scompariranno mano a mano più sempre nelle *Api* del Rucellai, nel *Tirsi* del Castiglione, nella *Coltivazione* dell' Alamanni: la seconda poi risplenderà tutta pura nella *Ninfa tiberina* del Molza e nello stupendissimo *Aminta:* la *Giostra* apre la serie. Del resto quel misto di grazia e di forza, di finezza e d' ingenuità, conferisce non poco alla originalità nell' imitazione che niuno può disdire al Poliziano. La quale io credo che sia anche aiutata dal metro che il poeta si elesse. Portar tanta ricchezza di rimembranze e d' imitazioni nell' ottava, non veramente fino allora nobilitata, era un dissimularla: più, coi varii ondeggiamenti e movimenti d'armonia che primo il Poliziano fece prendere a quel metro, giunse a ricoprire i suoni diversi dell'esametro antico e della terzina e della canzone che pure dalle molteplici imitazioni dovevano emergere. E questo del perfezionamento dell' ottava è vanto singolarissimo del Poliziano. Prender l'ottava, diffusa e sciolta quale lasciolla il Boccaccio, che nato gran prosatore e specialmente narratore la segnò troppo della sua impronta; stemperata, quale dal Pucci in poi l'avean ridotta i poeti popolari; rotta, quale dal dialogo delle rappresentanze era dovuta uscire; aspra in fine e ineguale, quale sotto il rude piglio del Medici, tiranno anche delle rime, avea dovuto farsi per divenir lirica; prenderla, dico, in simili condizioni, e con l'unità d'armonia darle il carattere metrico suo proprio che ha poi sempre conservato, mettervi dentro tanta varietà concorde, vibrarla, allargarla, arrotondarla, distenderla, imporle il raccoglimento del terzetto e l'ondeggiamento della stanza, la risolutezza del metro finito e la fluidità del perenne, farla eco a tutti i suoni della natura e della fantasia, dal sussurrare delle piante, dal gemere dell'aure, dal canto dell'usignolo, fino al tripudio bacchico, alla foga della galea, alla tromba di Megera; e ciò un giovine, e da sè solo senza predecessori; mentre a condurre la canzone e il sonetto alla sua perfezione dai tentativi di Federigo II e Pier delle Vigne occorse un secolo e due scuole diverse, di Guittone e del Guinicelli, e in fine due uomini come l'Alighieri e il Petrarca: ciò per me è un miracolo più grande che non sarebbe l'avere il Poliziano scritto le stanze a quattordici anni, e tale che, ove ogni altro argomento mancasse, attesterebbe la gran facoltà poetica, almeno esterna, del mio autore. Al Giordani il verso del Poliziano qualche volta pareva duro;[1] nè io il negherò, recandone pure al secolo la cagione: ma certo non è mai dura l'ottava, la quale pare a me che raccolga le due doti diverse di quella dell'Ariosto e dell'altra del Tasso: grave e sonora, ma non tornita e rimbombante come la seconda; libera e varia, ma non soverchio disciolta come la prima; l'ottava del Poliziano, dov'è proprio bella, supera a parer mio, quelle de' due grandi epici; è l'archetipo dell'ottava italiana.

Dopo tutto ciò non si aspetti il lettore che io gli riferisca i diversi giudizi dei critici su le Stanze per la giostra: i più altro non sono che ripetizioni delle stesse formole, e tutti forse li comprende quel del Giraldi: « Furono le prime che comparissero degne di loda e che portassero con esso loro spirito e grandezza poetica. Per le quali merita più lode forse esso Poliziano che per gli altri versi che nella lingua latina scrisse, ov'ebbe de' pari e de' superiori ne' tempi suoi: ma non ebbe egli uno che nelle stanze di gran lunga gli si potesse appressare; di tanto avanzò egli ognuno che insino a' suoi tempi aveva scritto, accompagnando in guisa l'arte colla natura e le sentenze colla elezione delle parole quanto pativa l'età nella quale egli scrisse, che, ancora che nelle descrizioni e negli episodii si diffonda più del giusto, cosa che forse avrebbe corretta se avesse finito l'opera, riuscì meraviglioso.[2] »

Intorno all' *Orfeo* sarà men lungo il discorso; avendo esso con le Stanze una medesima elementare composizione e un egual processo d'imitazioni. L'autore, che volea condannata l'opera sua al fine del protagonista, ad essere lacerata, dice

[1] Giordani, *Lett. al March. di Montrone*, 14 febbr. 1808; Append. alle Opere, Milano, Sanvito, 1862. [2] C. Giraldi, *Disc. romanz.*, 48.

averla composta a *requisizione del reverendissimo cardinale mantovano, in tempo di due giorni, intra continui tumulti.*[1] Ciò, secondo le ricerche del Bettinelli,[2] dovette essere del 1472; quando il cardinal Francesco Gonzaga venne da Bologna, ov' era legato apostolico, in Mantova, e v' entrò in tutta la pompa della nuova dignità il 22 d' agosto, « con trionfi et magnificenzie fatte in quell' anno e nel seguente, con magni pasti e cene. » Così il contemporaneo Schivenoglia citato dal Bettinelli. Il quale dal non ricordare il cronista nelle venute successive del cardinale a Mantova altre siffatte magnificenze deduce che l' Orfeo fosse una di quelle feste del 1472: un po' lestamente, a dir vero. Non però sono molto gravi le difficoltà opposte dal Tiraboschi.[3] Il cronista mantovano, osserva il Tiraboschi, afferma che il cardinale Gonzaga fece la solenne entrata del 1472 in compagnia dei Pichi: ora Giovanni Pico nel 72 contava nove anni; inverosimile che un fanciullo facesse parte dell' accompagnamento. Ma anzi tutto il cronista mantovano nomina i Pichi e non Giovanni Pico: poi, dato pure che non vi fossero i Pichi, ciò non porta che non vi fosse il Poliziano e non potesse scrivere l' *Orfeo.* Pure il Poliziano non aveva allora, séguita il Tiraboschi, che diciotto anni: come potea essere trascelto a comporre una azione teatrale? come poteva sì felicemente riuscirvi? Ma che? l' *omerico giovinetto* il quale traduceva già l' *Iliade,* che l' anno di poi doveva scrivere l' epicedio dell' Albiera, che presto avrebbe improvvisato in greco e in latino fra la calca e passeggiando,[4] che passeggiando avrebbe dettato in pochi giorni la versione d' Erodiano,[5] non sarebbe riuscito a comporre nella lingua materna, congegnando le ricordanze de' classici che più gli facevano al caso, una favola sì semplice come l' *Orfeo* massime nella prima lezione? E perchè non poteva essere trascelto a comporla, egli toscano, scolare del Landino,

---

[1] Poliziano, *Lett. al Canale* preposta all' *Orfeo.*

[2] Bettinelli, *Delle lett. e dell' arti mantovane,* Disc. I e nota II.

[3] Tiraboschi, *St. lett. ital.,* MCCCC-MD, l. III, c. III, § XXXV.

[4] Ricordisi l' epigr. latino pel ritorno di Lorenzo, e vedasi fra i greci quello che ha per argomento « Ædem Reparatæ inambulans amicis stipatus hæc composui ex tempore. »

[5] Politianus, *Epist. Andr. Magnanimo* che precede la versione latina di Erodiano.

cliente dei Medici, con bella fama di poeta nelle due linguo dotte e nella volgare? Certo è ad ogni modo che la composizione non può rimandarsi oltre il 1483, in cui il cardinal Gonzaga morì: sì che, essendo le Stanze composte nel 78 o almeno dopo il 76, ne viene che l' *Orfeo,* il quale tanto fedelmente ne riproduce i modi e lo stile, di poco le precedesse o seguisse, ed ei riman sempre il primo vero tentativo drammatico italiano d' argomento non sacro.

Perocchè le *Rappresentazioni*, cioè a dire i drammi del tempo, per quanto non vi mancassero le parti comiche e profane anzi v' abondasse la satira, mal sapevano ancora staccarsi dalla chiesa, culla, presso ogni nazione, del dramma. Non che le tradizioni del teatro civile fossero spente in Italia; ma gli esperimenti non furono mai altro che letterari, e si facevano in latino. Così andarono perdute per la nazione, lasciando dell' *Achilleide,* la *Ezzellinide* d' Albertino Mussato, argomento nazionale conformato esternamente al modello di Seneca; e, qualunque siasi, il dialogo in prosa su la ruina della città di Cesena [1351] il quale nei manoscritti è attribuito al *laureato* Francesco Petrarca e i dotti vorrebbono dare a Coluccio Salutati;[1] e la tragedia che Giovanni Mangini della Motta afferma aver composta su 'l caso di Antonio della Scala, quando gli fu tolto il dominio di Verona;[2] e l' altra in cinque atti ed in giambici di Lodovico da Vezzano su 'l sostenimento e 'l supplizio di Iacopo Piccinino ordinato da Ferdinando I aragonese [1464], nella quale più che le mutazioni della scena sarebbe curioso a vedere il colloquio fra il re ed il boia.[3] messi a un egual grado come presso a poco avrebbe poi desiderato il De Maistre; e in fine la *Historia boetica,* cioè la presa di Granata narrata a dialogo in prosa latina da Carlo Verardi e rappresentata a Roma in casa del cardinale Raffaello Riario nel 1492, dove nello stesso anno fu recitato anche il *Fernandus servatus* pur ideato dal Verardi e steso in esametri dal nipote di lui Marcellino.[4] Rappresentazioni que-

[1] Giudici, *St. del teatro in Italia,* cap. VI, § 7, n. 1.

[2] Tiraboschi, *St. lett. it.*, MCCC-CCCC l. III, c. III, § XXV.

[3] Napoli Signorelli, *St. crit. de' teatri,* III, 52 La tragedia del da Vezzano è manoscritta nell' Estense.

[4] Ambedue sono a stampa. V. il Tiraboschi, MCCCC-MD, l. III, c. [illegible], § XXXI.

ste di avvenimenti storici e, che più rileva, contemporanei, come in italiano non seppero poi farne, o male, i drammatici posteriori. Ricordansi commedie morali ed allegoriche, ma pure in prosa latina, incominciando dalla perduta *Philologia* che il Petrarca giovine scrisse per sollazzare il cardinale Colonna,[1] e discendendo per una commedia di Pier Paolo Vergerio *ad iuvenum mores corrigendos*[2] e per la *Philogenia* d'Ugolino Pisani di Parma scritta circa il 1430[3] sino a un quasi contemporaneo del Poliziano, Batista Alberti che ventenne compose il *Philodoxos* con eleganza bastante a farlo credere anche dall'Aldo opera d'un Lepido comico antico.[4] Men lontane per l'argomento dalla commedia propriamente detta par che fossero la *Polissena* di Leonardo Bruni,[5] la *Fraudiphila* d'Antonio Tridentone di Parma[6] e i *Lusus ebriorum* di Siccio Polentone tradotti poi in prosa italiana e col titolo di *Catinia* stampati in Trento nel 1482.[7] Ignoro qual sia propriamente l'argomento dell'*Armiranda* di Gian Michele Alberto da Carrara divisa in atti e scene e che in una didascalia alla foggia classica dicesi recitata « Ludis Megalensibus, Calixto III sacerdote max., Friderico III cæsare, Francisco Foscareno Venet. duce, Benedicto Victurio et Leonardo Contareno Patavii prætoribus:[8] » ma certo d'argomento mitologico è la *Progne* di Gregorio Corraro morto nel 1466, edita in Venezia nel 1558 e indi a poco dal Domenichi volgarizzatore spacciata per sua.[9] E in Mantova, ove il Corraro giovinetto di 18 anni scriveva la *Progne* latina,[10] Angelo Poliziano, su la stessa età, pochi o niun forse conoscendo degli esperimenti anteriori, gittava nelle forme italiane della sacra rappresentazione l'*Orfeo*; primo passo a rendere secolare il dramma. Al che, presso un popolo che del

[1] Petrarca, *Famil.*, II, 7; VII, 16.

[2] A. Zeno, *Dissert. voss.*, I, 59. L manoscritta nell'Ambrosiana.

[3] Tiraboschi, MCCCC-MD, l. III, . III, § XXIX.

[4] L. B. Alberti, *Opere volgari*, T. I [Firenze, 1843], pag. CXXIX, e *Discorso proemiale* di A Bonucci.

[5] Tiraboschi, l. c. Fu stampata più volte in Lipsia su' primi del sec. XVI.

[6] Affò, *Scritt. parmig.*, II, 219.

[7] A. Zeno, *Note all' Eloquenza del Fontanini*, I, 358.

[8] Tiraboschi, l. c. Conservavasi nel sec. passato in Bergamo presso Gius. Beltramelli

[9] Tiraboschi, l. c.

[10] Bettinelli, n. G. al Disc. I *Sulle lettere e le arti mantovane.*

teatro civile non aveva notizia, le feste de' principi furono necessarie o utili al meno.

Sia dunque, poichè degli *Amori di Venere e Marte* del Medici [1] non avanza che un frammento nè potrebbesi d'altra parte accertarne l'anteriorità, e poichè non sappiamo che sia il *Iemsale* composto in volgare dal *tragico* Leonardo Dati pel *secondo certame coronario* di Firenze,[2] sia dunque fra le altre lodi d'Angelo Poliziano anche questa dell'aver fatto secolare il teatro. Ma, se la si vuole esagerare fino a riconoscere nell'*Orfeo* il primo esempío del dramma propriamente detto, si corre pericolo di cadere nel falso. Potrete, e per l'argomento patetico e per la catastrofe e per la divisione in atti nella lezione dell'Affò, chiamarlo tragedia. Potrete, per la parte che v' hanno i pastori e le driadi, chiamarlo *favola pastorale* e considerarlo come l'antecedente dell'*Aminta* e del *Pastor fido*. Potrete, per la canzone di Aristeo e pe'cori delle ninfe e delle baccanti, vantarlo il primo melodramma:[3] e un maestro di musica, il signor Germi, potrà vestirlo d'armonie, aprendo forse un nuovo campo o uno obliato riaprendone all'arte sua. E il signor Giovan Battista Mameli, a cui debbo questa ultima notizia,[4] avrà ben ragione di ammirare la creazione di certi caratteri e la sapienza della favola; nel terzo atto, il satiro *Mnesillo,* abbozzo di quelle figure le quali aspettavano intiera vita da Shakspeare, nè uomo nè bruto, che, ammirando in principio lo ingegno e rinnegandolo poi perchè nol può seguitare, rappresenta il volgo degli uomini; nel quarto, spettacoloso e insieme commovente, Orfeo in presenza della morte, come l'arte umana dinanzi alle forze della natura, con l'illusione della vittoria, sin che Tesifone, la realità, non sorga a folgorarlo col vero « Più non venire avanti; anzi il piè ferma; La legge dell'abisso è immota e ferma; » nel quinto, l'uomo

---

[1] L. de' Medici, *Poesie;* Barbèra, 1859, pag. 255.

[2] L. B. Alberti, *Della tranq. dell'animo;* Opere, t. I, ed. cit. La tragedia del Dati si dice esistere nelle Biblioteche di Firenze.

[3] Idee tutte dei critici del sec. passato. Vedi la pref. dell'Affò all'*Orfeo*.

[4] Notizia e giudizii del sig. Mameli ricavo da un ms. da lui inviato alla Direzione del *Poliziano*, giornale che pubblicavasi in Firenze nel 1859: il qual ms. ritrovai tra i fogli di quel periodico di breve vita.

che grande d'ingegno e di sventura si separa dal consorzio umano, apparendogli questo come un baccanale, e ne rompe le leggi, e la società, la quale, attingendo la vita e il piacere da ciò che è principio di dolore a certi uomini fatali, quel loro dolore non intende e del loro disprezzo si vendica; e la vendetta, atroce e orribile nel modo, è pur giusta e legittima. Tutto ciò sarà vero e bello: e nell'*Orfeo* un occhio acuto scorgerà elementarmente i varii generi del dramma. Ma non però cessa l'*Orfeo* di essere in sostanza una rappresentazione: e come tale, invece del progressivo svolgimento dei caratteri e del loro contrasto, non altro dà che una narrazione in dialogo, la quale, dove la passione cresca, assorge alla lirica; e del fatto non è colto il momento supremo per raccogliervi intorno le circostanze secondarie, ma è cronologicamente esposto in tutte le sue parti; e la scena è immobile, e, là dove Orfeo prega dinanzi alle porte dello inferno serrate e Plutone con Proserpina consultano al di dentro, è duplice e parallela: delle unità di luogo e tempo non è pur da parlare. La differenza tra l'*Orfeo* e l'altre rappresentanze è in questo, che il Poliziano alle storie de' due Testamenti e alle leggende ha sostituito la egloga; v'ha portato maggior poesia di forma e di stile, non però maggior verità o passione (i dialoghi tra padre e figlio nel *Sacrificio d'Abramo* e certi luoghi della *Stella* valgon bene gli eleganti lamenti del poeta trace), e più varietà di metri per segnare il passaggio da una condizione di persone a un'altra da uno ad altro affetto; ha dato larga parte alle forme liriche, trattate del resto da gran maestro.

Ma dunque, mi si opporrà, tu non fai nessuna differenza tra il rozzo *Orfeo* delle vecchie stampe e l'*Orfeo* più culto più ragionevole qual fu pubblicato dall'Affò? non rifiutando l'uno o l'altro, come spieghi questa duplicità d'un medesimo componimento, queste due diverse lezioni? L'una e l'altra lezione sostanzialmente sono una stessa cosa, una rappresentazione; se non che nella seconda riconosco qualche variazione e qualche novità puramente accessoria. Io non credo col padre Affò[1] che l'*Orfeo* quale è nelle antiche

[1] Affò, prefaz. all'*Orfeo*, da noi ristampata innanzi al secondo *Orfeo*.

stampe e nel codice chigiano sia un raffazzonamento di taluno che avendo avuto parte o essendo intervenuto alla recita trascrivesse varii pezzi e gli accozzasse a caso, surrogando del proprio ove la memoria falliva. Perchè a cui consideri l' *Orfeo* come una rappresentazione non faran quel gran caso che al padre Affò certe incoerenze e sconvenienze che ei va notando sottilmente nell' antica lezione. A me già non fa caso nè pur che Orfeo venga fuori con la lira in mano a cantare per bocca dell' attore Baccio Ugolini in un' ode saffica le lodi del cardinale di Mantova. Quando il dramma è fatto per le feste dei potenti nè altro diventa il teatro che un' appendice della corte, usò sempre che un dei personaggi, mitologico o storico o di qual tempo si voglia, faccia qualche allusione o indirizzi apertamente qualche tronfia adulazione al monarca, massime su 'l fine nella licenza. Tali anacronismi e sconvenienze non offendono il buon gusto nè pur de' più schivi poeti delle età regolari, ed abbian pur nome Molière Racine Metastasio Monti; allorquando l' unico ascoltatore in cui tutto converga è Luigi XIV o Maria Teresa o Napoleone. Il Poliziano aveva a quei giorni scritta un' ode latina pel cardinale di Mantova; la festa era fatta pel cardinale di Mantova: per escusarsi presso i dotti d' aver composta una favola *in stilo vulgare* e per fare ammirar l' ode a più numeroso uditorio, qual migliore occasione del poetico personaggio d' Orfeo a cui commetterne la declamazione? Dante stesso, oltre i versi latini sparsi qua e là per la commedia, aveva messo un intero terzetto latino nel VII del Paradiso. E gli angeli e i santi delle rappresentazioni non spippolavano di quando in quando in mezzo alle ottave volgari versetti della Bibbia nel latino della volgata? E nelle stesse rappresentazioni i dottori non erano introdotti a parlare un barbaro latino e per di più rimato in versi endecasillabi a foggia d' ottava? [1] E nelle lettere familiari non usavasi mescolare al volgar casalingo il latino più o meno elegante delle scuole? Altro è che una cosa non piaccia a noi del secolo XIX, altro è che non potesse stare nel XV. Io m' immagino i furiosi battimani e il mormorio di ammi-

---

[1] Vedi la *Rappresentazione dei sette Dormienti.*

razione in che scoppiò il dotto uditorio, quando Baccio Ugolini, vestito alla greca della bianca stola sacerdotale, col lauro intorno al capo giovanile e la dotta lira alla mano, scendea dal monte intonando con voce piena e concitata quei saffici elegantissimi:

« Curre iam toto violentus amne,
O sacris Minci celebrate Musis!
Ecce Mœcenas tibi nunc Maroque
Contigit uni!
Iamque vicinas tibi subdat undas
Vel Padus multo resonans olore,
Quamlibet flentes animosus alnos
Astraque iactet. »

Con buona pace adunque del dottissimo padre Affò, io per me ritengo che l' *Orfeo,* qual è nel codice chigiano e in tutte le vecchie stampe con sempre innanzi la lettera al Canale ove l'autore significa il suo desiderio che la favola *fusse di subito non altrimenti che esso Orfeo lacerata,* sia propriamente quello che il Poliziano *in tempo di dui giorni in tra continui tumulti compose.* E con la fretta potrebbero, chi volesse, scusarsi quelle mende che offendean tanto l' Affò. Ma, non ostante la riprovazione severa dell' autor suo, l' *Orfeo* girò, e se ne sparse la fama: e venne tempo che fu richiesto al Poliziano per rappresentarsi magnificamente all' occasione di feste in qualche corte d' Italia. E allora l' autore tornò su l' opera giovenile, la ripulì, la variò, l' accrebbe: qualche sconvenienza che troppo saltava agli occhi fu tolta via; l' ode pel cardinale, che non v' avea più luogo, sparì e fu messo in sua vece l' elegantissimo coro delle Driadi: ma notate che non sparirono mica i versi latini d' Ovidio posti in bocca d' Orfeo uscente dall' inferno, che altri anzi se ne aggiunsero da Claudiano: tanto è vero che il latino non dava noia. Di ciò io suppongo che resultasse la seconda lezione, l' *Orfeo tragedia,* tanto predicata dal benemerito Affò. Ciò dovette essere dopo il 1480, quando Pomponio Leto in Roma facea dai suoi accademici recitare le commedie di Plauto in latino, ed Ercole I duca di Ferrara si compiaceva a veder rappresentati nel cortile del suo palagio i *Menechmi* da sè stesso volgarizzati [1486] e l' *Anfitrione* voltato in terza rima da Pandolfo Collenuccio e la *Casina* e la *Mostellaria* pur in terza rima da Girolamo Berardo, ed altre favole del comico Sarsinate tradotte da Battista Guarino.[1] E chi sa che il Poliziano non racconciasse l'Orfeo a punto in servizio della corte di Ferrara, tutta ardente dall' 86 in poi per le classiche rappresentazioni? Darebbe cagione a sospettarne il fatto che ambedue i codici i quali contengono la seconda redazione sono reggiani, cioè del dominio estense. E così l' *Orfeo* riuscirebbe sempre più collegato con alcune delle favole, che tanto gli somigliano per la forma esterna, composte pure in quel torno ad istanza del duca Ercole e alla corte di lui rappresentate;[2] il *Cefalo,* a mo' d' esempio, di Niccolò da Correggio, diviso per cinque atti d' ottava rima non senza qualche coro [1486]: il *Timone* cavato da un dialogo di Luciano e ridotto in cinque atti di terza rima dal Boiardo; il *Filostrato e Panfila,* che altro non è, mutati i nomi moderni in antichi, se non il *principe di Salerno* ridotto pure in cinque atti di terza rima con canzonette a guisa di cori da Anton da Pistoia, e il *Demetrio re di Tebe* dal medesimo nelle medesime guise versificato. A ogni modo, e nelle ricordate favole, e nel *Melandro* e nel *Riso* scritti da Alessandro Caperano durante il pontificato di Alessandro VI e intitolati *Commedie, boschereccia* l' una, l' altra *pastorale,* e nel *Filolauro* atto tragico di Bernardo Filostrato, e nell' *Amaranta* del Casalio mista di ottava e di terza rima; in tutto in somma quello effimero teatro d' egloghe che occupò le due ultime decadi del secolo XV e fu passaggio dalle rappresentanze sacre un po' meno ecclesiastiche, come il *San Giovanni e Paolo* del Medici, alla *Sofonisba* del Trissino e alla *Rosmunda* del Rucellai; l' *Orfeo* del Poliziano, che è certamente la prima favola composta, dee avere avuto gran parte a determinarne il genere i modi la versificazione.

Ma non avvertita finora dai bibliografi e dagli eruditi è una terza redazione dell' *Orfeo* nel codice riccardiano 2723; dove mancano l' ode e i distici di Claudiano e di Ovidio,

---

[1] Tiraboschi, l. c., § XXXII.

[2] Per tutte queste favole vedi il Tiraboschi nel l. c.; e il *Quadrio, Storia e ragione d' ogni poesia,* libro III, dist. III, cap. IV, partic. I.

mancano le tre ottave (l'una nella preghiera d'Orfeo « Non bisogna per me, Furie, mugghiare » e l'altre in un dialogo fra Plutone e Minos) che nella rappresentanza richiedevano probabilmente duplicità di scena. Questa semplificazione fu forse tentata in servizio del popolo, che non potea nè intendere il latino classico nè sfoggiare di apparati. Perchè l' *Orfeo* (udite qua, o intarsiatori di ballate e poesie popolari condannate a morire asfittiche nei gabinetti delle signore dopo i trenta anni letterate, e voi contraffattori di rispetti e stornelli destinati ad annoiare la gente con l'accompagnatura dell'inevitabile pianoforte) l' *Orfeo* piacque al popolo. E dovea essere: quella discesa all'inferno dovè toccarne la fantasia, perchè facea parte delle sue tradizioni: quella ricchezza e volubilità d'armonia, quella facile scorrevolezza di versificazione, quella colorita e semplice eleganza, è ciò che anzi tutto ricerca nella poesia il popolo italiano. Nè a provare la popolarità che ebbe un tempo l' *Orfeo* io mi appoggio solamente su la redazione del codice fiorentino, che tuttavia non saprei come spiegare altrimenti; perocchè non pare ammissibile una corruzione arbitraria in un codice di Firenze, dimora dell'autore, e de' tempi dell'autore, in un codice così bello compito autorevole. Ma ricordo le varie edizioni che dell' *Orfeo* a parte dalle *Stanze* furon fatte nel cinquecento e da tipografie conosciute negli annali bibliografici per le produzioni di sole quelle opere che avevano spaccio fra il popolo: ricordo che la fama dell' *Orfeo* era passata fin nei conventi delle monache; il che non si può spiegare più colle rappresentanze di corte; tanto che una suora del cinquecento trovava modo di accoppiare alla recita dell'uffizio della madonna le rimembranze un po' profane del coro delle baccanti, scrivendone questa imitazione o copia variata a foggia di brindisi:

« Bacco, Bacco, evoè!
Chi vuol bever venga a me.
I'ho voto già il me' corno:
Volta un po 'l bottaccio in qua:
Questo mondo gira attorno,
E 'l cervello a spasso va.
Ognun gridi qua e là,
Come vede fare a me.

Bacco, Bacco, evoè!
Bacco, Bacco, evoè!

Chi vuol bever, venga a me.
Ognun gridi, Baoco, te;
Ognun Bacco, Bacco, Bacco;
E pur cacci del vin giù:
Po' col sonno farem fiacco.
Bei tu e tu e tu:
I' non posso ballar più.
Ognun gridi, Bacco, te.
Bacco, huè huè huè!
Ognun gridi, Bacco, te! »

Ricordo in fine la redazione popolare dell' *Orfeo* a guisa di *Storia* in ottave semplici ma non ineleganti, alle quali sono frammiste in modo da non produrre sconcio le più splendide stanze del Poliziano. Che la *Historia e favola d' Orfeo* stampata in Firenze presso al Vescovado nel 1558, la quale incomincia « O buona gente, e' fu già un pastore, » sia il più antico esempio d' una siffatta popolar redazione, non oserei affermare; non essendomi avvenuto di vederla mai altro che citata dal Libri in alcuno de' suoi cataloghi.[1] Ma la *Storia d' Orfeo dalla dolce lira* si ristampa tuttodì ne' soliti quadernetti di carta straccia su cui si perpetuano fra le generazioni del contado i poemetti e le leggende del secolo XV: e la più recente edizione è la pratese del 1860. E che la composizione è antica e che certo ha spiriti di poesia e d' eleganza anche ne' luoghi non imitati, lo provano le ottave che quasi introduzione al fatto trasportato intieramente dalla favola del Poliziano contengono lo innamoramento d' Orfeo in Euridice.

« Costui suonava tanto dolcemente
La sua viola, che facea fermare
Del fiume ad ascoltar l' acqua corrente,
Placava i venti e la tempesta in mare:
Uccelli alberi sassi ed ogni gente
Venivano ad udire Orfeo suonare,
E chi stava ascoltar si dolce suono
Lasciava ogni altra cosa in abbandono.....
E principiò dolcemente a suonare,
E cantando dicea queste parole.

[1] G. Libri, *Catalogue* del 1857.

— O ninfa di bellezza singolare
Che splendi più che il bel carro del sole,
E gli occhi tuoi m'han fatto innamorare:
E poi che amore e lo mio fato vuole
Ch'io t'ami sopra ogni altra bella cosa.
Consenti di esser la mia cara sposa.
Sappi ch'io son figliuol del biondo Apollo
E di Calliope di Memone figlia.
Posto m'avete un laccio d'oro al collo;
Chè sol voi amo, e non è maraviglia.
Un cor di sasso si farebbe mollo
Per tua figura candida e vermiglia:
Tu sola sei per cui io vo penando
E notte e giorno Euridice chiamando.
Tu se' colei, che m'hai rubato e tolto
Co' tuoi begli occhi il cuore e l'alma mia.
Volgi vèr me quel risplendente volto,
Qual'è specchio di vera leggiadria:
Chè, pria che sia il nodo d'amor sciolto,
Perderà Giove l'alta monarchia:
In vita ti sarò servo visibile
E dopo morte se sarà possibile.
Io benedico l'arco di Cupido
E la saetta che impiagò il mio core,
Ove la fiamma ha fatto eterno nido,
Acciò ch'io arda sempre per tuo amore:
Ma nel tuo cor gentil tutto mi fido,
Che sol mi accetti per tuo servitore:
Ch'io son figliuol del Sol come t'ho detto,
E per ciò t'amo ancor con puro affetto. »

Per saggio poi del come il redattor popolare riduca in ottave i varii metri del Poliziano, ecco il canto d'Aristeo:

« Diceva: — Gir lontano mi bisogna:
Misero me!, tu non mi vuoi ascoltare.
Dirò ai prati alle selve mie parole,
Poi che ascoltar la ninfa non le vuole.
La bella ninfa è sorda al mio lamento,
Il suon di nostra fistola non cura.
Di ciò si lagna il mio cornuto armento,
Nè vuol bagnar il muso in acqua pura:
Vedi se han di me pastor tormento,
Toccar non vòn la tenera verdura;
Tanto del suo pastor doglia li prende,
Che ognun urlando per selve s'estende.

Ben si cura l' armento del pastore;
 La ninfa non si cura dell' amante,
 La bella ninfa che ha di sasso il core,
 Anzi è di ferro o vero di diamante.
 Per dare ad Aristeo maggior dolore,
 Ella fugge da me sempre volante;
 E non mi val pregar sua dolce faccia:
 Par che sia lupo cui si dia la caccia.
Digli, zampogna mia, come via fugge
 Cogli anni insieme la bellezza snella,
 E digli come il tempo ci distrugge
 E che la persa età mai rinnovella.
 Ora che il fido amante per lei strugge,
 Digli che sappia usar sua forma bella,
 Ed or che luce più che in cielo il sole,
 E che sempre non son rose e viole.
E non è tanto il mormorar piacevole
 Delle fresch' acque che d' un sasso piomba,
 Nè quando soffia un ventolino agevole
 Fra le cime de' pini e quivi romba,
 Quanto la rima mia è sollazzevole;
 E sua dolcezza per tutto rimbomba,
 Salvo all' orecchie sue pietose e degne;
 Che non la senta o par ch' ella si sdegne. »

Nel racconto della morte di Euridice sono francamente innestate due ottave di M. Angelo: ma il rapsodo mostra bene ch' ei sapeva fare anche del suo, e qualche tocco pittoresco della narrazione è forse più potente che non le lamentazioni del dramma:

« Orfeo stava in cima di un bel monte
 Ed aspettava la sua cara sposa,
 Cantando e poi suonando a lieta fronte
 Versi latini con faccia amorosa:
 Fu fatta scura la sua chiara fronte
 Da un' ambasciata trista e dolorosa
 Della sua donna che morta se 'n giace:
 Al che turbata fu ogni sua pace.
Crudel novella ti riporta, Orfeo,
 Che la tua ninfa è già morta e defunta.
 Ella fuggiva l' amante Aristeo;
 Ma, quando fu sopra la valle giunta,
 Da un serpente velenoso e reo
 Ch' era tra' fiori e l' erbe al piè fu punta;

E tanto aspro fu il crudel morso,
Che ad un tempo finì di vita il corso.
Ah, quando intese la trista novella
E vide morta la sua cara sposa,
Pareagli al cor sentir cento coltella;
Doglia non ebbe mai tanto noiosa.
Fortemente di cuor piangeva ella,
Che ogni fredd' alma avria fatta pietosa:
Con lacrime infinite assai si duole,
E piangendo dicea queste parole.
— Dolce mia ninfa, dolce mia donzella,
Cogliendo andavi i fiori intorno al monte:
Giammai Vener non fu come te bella,
Più dolce in atto e più superba in fronte:
Cantando avevi sì dolce favella
Che i fiumi mormorar facevi e il fonte,
Di rose e neve il volto, e d'òr la testa;
Tutta vezzosa sotto bianca vesta.
Cara diletta e dolce mia consorte,
Pace e conforto ch'eri del mio core,
Chi mi t'ha tolta, e chi t'ha dato morte?
Oimè ch'io son privato del mio amore!
Sfortunato destino, infausta sorte,
Perchè oscurato avete il mio splendore?
Oimè dolente lasso e sventurato,
D'ogni mio bene e pace son privato! —
Orfeo in braccio tien morta costei,
Piangendo con parlare assai pietoso,
Dicendo — Teco ïo morir vorrei,
Chè senza te vivrò sempre noioso. —
E risguardando vide al piè di lei
Il morso del serpente velenoso,
Ed aggiunge dolor sovra dolore
E doglia sopra doglia e pena al core.
— Oimè misero, oimè, diceva Orfeo,
Chè in pianto è convertita la mia musa!
Maledetto l'ingegno di Perseo
Che sparse tutto il sangue di Medusa,
Di cui s'ingenerò l'animal reo
Che d'Euridice la vita ha confusa!
Maledetto sie tu crudel serpente,
Che tribolato m'hai eternamente!
Occhi, piangete; e in sospirosi omei
Piangi, cor mio, c'hai lecita cagione,
Piangi e sospira, ch'è morta colei
Ch'era tua pace e tua consolazione.

O puri onnipotenti e veri dèi,
Deh prendavi di me compassione:
Prego la vostra deità gradita,
Che facciate costei tornare in vita. —
Orfeo si mise in terra ginocchione
Pregando li superni e magni dèi,
— Di me, dicendo, abbiate compassione,
Restituite in vita ora colei. —
Ma in vano il suo pregar al fin restòne,
Trovandosi con pene e affanni rei;
E di quel corpo bello e delicato
Rimase Orfeo dolente e abbandonato. »

Nella discesa all' inferno non osò il Poliziano particoleggiare di molto: glie lo vietò forse la forma del dialogo e forse anche il rispetto a certe convenienze classiche. Ma il cantore del popolo, dall' arte cristiana avvezzato ad ammirar con orrore l' inferno nelle tante rappresentazioni così della parola come dei colori, si compiace di allargare e caricare un poco il disegno di quel che egli chiama *l' autore:*

« Nella caverna entrò con bassa fronte:
Sempre gettando gran sospiri andava;
Ed al fiume arrivò dove Caronte
A seder nella sua barca si stava.
Qual disse — Tu non sei delle defonte
Alme, nè puoi passar quest' onda prava.
Tórnati indietro, cominciò a gridare,
Chè qui per niente non si può passare. —
Orfeo vedendo quella faccia orribile
E la barba orrendissima ed oscura,
Quasi temette: ed è cosa credibile,
Vedendo un' aspra e sì brutta figura.
Pur come saggio si mostrò sensibile,
E cantando dicea con voce pura
— O gran Caronte, non ti conturbare,
Ma vogli udire un poco il mio parlare.
Sappi per certo ch' io non son venuto
Vivo all' inferno senza gran misterio.
E' mi bisogna andar dinanzi a Pluto,
Chè di parlarli ho grande desiderio.
Onde ti prego che mi doni aiuto:
Dammi, Caronte, tanto refrigerio,
Di là mi passa con benigno amore
Tanto che parli al benigno signore. —

E tanto dolcemente lo pregò
Con dolce suono e canto sì soave,
Tal che Caronte poi si umiliò
E volentier lo messe nella nave:
Dall' altra banda subito il passò
Sicuramente fuor dell' onde prave.
Orfeo grazie li rese a capo chino,
Lasciò Caronte e proseguì il cammino.
E proseguendo per l' infernal tane,
Per l' aer fosco sentì ben gridare
Dell' anime dannate triste e vane
Che son poste quaggiù pel lor peccare.
Tanto che giunse dove il Cerber cane,
Quando che 'l vide, cominciò a latrare;
Aperse le tre bocche maledette:
Orfeo, vedendol sì orribil, temette.
Pur com' era magnanimo e gentile
Incominciò l' istrumento a suonare,
E cantando dicea con voce umile
— Cerbero cane, non ti conturbare,
Non impedir l' animo mio gentile,
Lasciami in cortesia oltre passare;
Ch' io vo solo a veder la donna mia.
Deh lasciami passare in cortesia.
Pietà senti d' un misero amatore:
Pietà vi prenda, o spiriti infernali.
Quaggiù m' ha scorto solamente Amore,
Volato son quaggiù con le sue ali.
Posa, Cerbero, posa il tuo furore;
Chè, quando intenderai tutti i miei mali,
Non solamente tu piangerai meco
Ma ognuno ch' è quaggiù nel regno cieco. —
Ma non giova ad Orfeo il bel parlare.
Ahi quanto sono le Furie sdegnate!
Chi lo minaccia e par li voglia dare.
Ma Orfeo sempre con parole grate
Favella: e, se non fosse il suo suonare
Che in qualche parte l' avea addormentate,
Certo l' avriano nell' andar percosso.
Chi mostra serpi, e chi dall' ira è mosso.
— Non bisogna per me, Furie, trovare,
Diceva a loro Orfeo, tanti serpenti.
Se voi sapeste le mie doglie amare,
Voi compagnia fareste a' miei lamenti.
Dunque lasciate il misero passare,
C' ha il ciel nemico e tutti gli elementi.

Entrar vorre' a 'mpetrar mercè da morte :
Dunque mi aprite le ferrate porte. —
E tanto fu dolcissimo il suo priego,
Che non gli seppe Cerbero disdire
E non gli fece di andar più niego
Ma lasciollo a suo modo oltre transire.
Orfeo lo ringraziò col capo piego,
E il viaggio si accinse a proseguire ;
E tanto camminò per l' aer grosso,
Che giunse presto dove sta Minosso.
E quel demonio, quando vide Orfeo,
Con voce orribil cominciò a gridare
Dicendo — Ah traditor malvagio e reo,
Che vivo in pezzi ti voglio smembrare. —
Orfeo adoperò il stil pegaseo :
Suonando cominciò così a cantare
— Minosse, abbi di me compassione,
Ch' io qui non vengo senza gran ragione. —
Pluton, sentendo il grande contrastare
E il dolce suono con tanto rumore,
— Che cos' è questo ? cominciò a gridare ;
Pare chi è dentro voglia uscir di fuore.
Andate tutti quanti a riguardare,
Sappiate d' onde vien sì fatto orrore ;
Ch' io vo' sapere che cosa vi sia
Che conturbando va mia fantasia.
Chi è costui che con sì dolce nota
Move l' abisso e con l' ornata cetra ?
Io vedo fissa d' Issïon la ruota :
Sisifo lascia ancora la sua pietra,
E le Belidi stan coll' urna vuota,
Nè più l' acqua di Tantalo si arretra :
Vedo Cerbero con tre bocche intento,
E le Furie acquietar l' aspro lamento. —
— Costui si vien contra legge de' Fati
Che non mandan quaggiù carne non morta,
Minosse dice : o Pluto, ai condannati
Per tôr il regno qualche inganno porta.
Gli altri che similmente son passati,
Come costui, la interminabil porta,
Sempre ferono con vergogna e danno :
Sii cauto, Pluton, chè qui c' è inganno. —
Facea sì dolce Orfeo la melodia,
Che ogni tristezza facea lacrimare ;
E pregava Minos con voce pia,
Dicendo — In carità lasciami andare,

Chè vo' andare a veder la donna mia,
Chè senza lei non posso un' ora stare. —
E furon tanti i preghi, che Minosso
Di lasciarlo passar fu a pietà mosso. »

E in queste ottave paiommi anche curiose e importanti ad avvertire le deformazioni dell' inferno dei gentili operate dal sentimento popolare nel medio evo. Ma il materialismo cristiano passa ogni segno, là dove, per restituire la moglie ad Orfeo, Plutone

« Fece levare a una caverna un sasso,
Donde Euridice fuori fece uscire. »

Nel resto la *storia* popolana dell' anonimo procede di pari passo con la *favola* del poeta di corte.

Così con ambedue i poemi, il descrittivo e il drammatico, il Poliziano, per usare la felice metafora del Giovio, *portò fra il popolo i più stupendi fiori eletti da' greci e da' latini.*[1] Perchè opera di verso al par delle Stanze dottissima è la favola d'*Orfeo,* derivata quasi letteralmente per molta parte da Virgilio e da Ovidio, tutta imitazioni di Teocrito e di Mosco; e il coro delle Driadi e quello delle Baccanti sono nella letteratura italiana i più antichi e più eleganti esempii della lirica propriamente classica; e nell' ultimo i critici del secolo passato riconoscono l' origine della poesia ditirambica, coltivata poi con industria più o meno felice ma sempre eruditissima nelle due età che a noi precedettero. In fine, anche alla favola di *Orfeo* si può applicare quel che delle *Stanze* giudicava Ugo Foscolo: « Gli spiriti e i modi della lingua latina de' classici erano già stati trasfusi nella prosa dal Boccaccio e da altri. Ma il Poliziano fu il primo a trasfonderli nella poesia; e vi trasfuse ad un tempo quanta eleganza potè derivare dal greco. Infatti non v' è lingua che come l' italiana possa imbeversi di quanto v' è di semplice e d' amabile e d' energico nelle forme e negli accidenti della greca, segnatamente in poesia; e se potesse ottenere la stessa prosodia e lo stesso genere di versi e potesse ad un tempo liberarsi dalla necessità degli articoli, forse non avrebbe da invidiare alla greca.[2] » E qui sta la

[1] Iovius, *Elog. doct. vir.,* Basileæ, MDLXI.
[2] Foscolo, *Sulla lingua ital.,* Discorso V; Op. [Firenze, Le Monnier, 1851], IV,

meraviglia; come, non ostante i classicissimi studi dei quali sa pur pompeggiarsi, il Poliziano riuscisse poeta popolare a' suoi giorni, e di fama quasi popolare sieno tuttora le *Stanze;* delle quali come di parecchie ballate la grazia e la bellezza nativa è palese a tutti i leggitori senza bisogno di dissertazioni che insegnino a gustarle. Onde ciò? e come? Notisi bene che in alcuna sua epistola il Poliziano si chiarisce apertamente avverso alla imitazione esclusiva di un solo autore;[1] e che i cinquecentisti alle poesie latine di lui preferivano di gran lunga le poesie del Pontano e del Sanazzaro,[2] perchè in queste gustavano Orazio Tibullo e Virgilio ed in quelle l' erudizione loro sdegnavasi di non rinvenire i vestigi speciali di alcuno. Perocchè il Poliziano, tutti conoscendo da gran filologo gli scrittori antichi e di tutti con l' assimilazione del buon gusto fattosi succo vitale, niuno poi ne imitava particolarmente; forte com' era di dottrina e d'ingegno osava improntare del proprio stampo anche quella morta favella, osava darle movimenti suoi proprii e stendere su'l verso antico un colorito novello. L'uomo dunque che così padroneggiava il latino è facile a immaginare con qual procedimento si facesse imitatore in italiano. Erano bellezze da mille anni antiche, e nel suo verso apparian nate oggi: erano imagini un po' appannate un po' stropicciate dalla man grave degli scoliasti e degli imitatori, e nelle sue rime rifiorivano splendide e fragranti, come rose e viole dopo una pioggia di primavera: Omero prendea la sembianza di Dante, Virgilio quella del Petrarca; e nel tutto era Angelo, l' *omerico giovinetto,* che rinnovava il linguaggio poetico d'Italia. « Tentammo.... di non macchiare la castità latina con le inette peregrinità nè con le figure grecizzanti, se tali non fossero che s'abbiano oramai per accolte; tentammo che le due lingue serbassero la medesima chiarezza le medesime eleganze e il senso e l'indole loro: niuna incresciosaggine di vocabolo, niuna ansietà faticosa.[3] » Qui il critico spiega da vero il poeta: e queste parole onde messer Angelo dichiarava il modo da sè tenuto nel far latino Erodiano segnano la dif-

---

[1] Politianus, *Epist.*, VIII, 16.

[2] Fra i quali il Giraldi ne' *Dialoghi su' poeti latini* [Op. II, 535].

[3] Politianus, *Ad Innoc. VIII*, dedicatoria della versione d' Erodiano.

ferenza che è dal classicismo dell'autor delle *Stanze* a un classicismo più recente di cui la cima e lo sdrucciolo a un tempo sono le *Grazie* del Foscolo.

III.

Bibliografia delle Stanze e dell'Orfeo. Nuove cure date loro in questa edizione.

Que' lettori, se pure una prefazione merita lettori, a cui della bibliografia importa tanto o quanto, possono saltare a piè pari questo capitolo e il quinto. Nei quali io descrivo tutti i manoscritti e le stampe che sono a mia cognizione, per ora delle *Stanze* e dell' *Orfeo*, più avanti delle *Rime*: e ciò per render ragione del modo da me tenuto nel dar novamente alla luce le poesie del Poliziano, e per sodisfazione di coloro che reputano essere la bibliografia rispetto alla storia letteraria quello stesso che la statistica rispetto alla civile.

Codici.

Primo è da notare il cartaceo in foglio che si conserva nella Biblioteca riccardiana di Firenze segnato di numero 2723 e intitolato *Rime del Poliziano, di Lorenzo de' Medici, di Dante, e d' altri.* Oltre le *Stanze* con rubriche e l'*Orfeo* che a quelle sèguita molto più semplice, come già notammo, di quello sia nel cod. chigiano e nelle stampe, contiene molti rispetti e canzoni a ballo del N. A., e l' ode *Iam cornu gravidus* scritta nel 1482 che è fra le opere latine a stampa del Poliziano, la epistola *all' illustrissimo signor Federigo insieme col raccolto volgare mandatogli dal Magnifico Lorenzo* male attribuita al Poliziano e da me già ristampata conforme alla lezione di questo cod. nelle *Poesie di Lorenzo de' Medici* [Barbèra, 1859], poi una breve prosa latina che dicesi composta *pro quodam adolescente in gymnasio pisano de laudibus artium liberalium* e incomincia *Si mea sponte tantum hoc suscepissem,* la quale con siffatto principio non trovasi, ch' io mi sia accorto, tra le opere latine dell'autore, in fine, dopo diverse poesie del Nostro e d' altri, la lettera a Filippo Beroaldo che incomincia *Certiorem me,* prima del l. VI fra le epistole stampate. Questa è certamente autografa, come ricavasi dal confronto d' altri scritti di man del Poliziano e dalle frequenti cassature e correzioni sopra linea di parole e frasi intiere, quali non possono farsi che dall' autore. Il Lami nel Catalogo riccardiano[1] sembra ritenere per autografo il cod. intiero, citandolo sotto la rubrica *Angelus Politianus* in questa guisa, *Rime et Epistola ad Ph. Beroaldum, autographos :* nella quale opinione credo sia solo. A carte 97 tergo trovasi scritto : *1487. Questo libro è di Franc.° di L.° di Bernardo dei Medici e degli amici sua :* ma specialmente negli ultimi fogli il cod. è miscellaneo. Pur questa data ed altre note messe in fronte a certe poesie anonime e di diversa mano su la fine mostrano il manoscritto esser stato compilato nelle due ultime decadi del secolo. Ve n' è del 1488 : la più recente « A dì VIII di febbraio 1496 » sta in fronte a un sonetto caudato allusivo ai turbamenti mossi da frà Girolamo. Tuttavia la scrittura delle *Stanze,* dell'*Orfeo* e d' alcune fra le rime assomiglia, se vuolsi, a quella del Poliziano (il che non fa maraviglia a chi abbia notato come nella seconda metà del secolo XV le varie mani di scrittura per poco non appaiono uguali); ed è certo del medesimo tempo. Ancora, l' osservare nel l. II della *Giostra* non trascritti della st. XII che i primi tre versi e della XIV non più che il primo e lasciato in bianco lo spazio pe' rimanenti faccia sospettare non forse sia il ms. una copia fatta immediatamente dalla scrittura autografa; e che delle lacune sia tale la causa, o che l' autore non avesse in quel primo compiute per anche le due stanze, o che all' emanuense non fosse chiaro lo scritto originale. Mi fa inclinare alla prima opinione il ricordarmi d' aver notato quelle due stesse lacune in un piccol frammento delle *Stanze* che vidi di fuga fra alcune vecchie carte nella Palatina di Firenze. Per tutte queste ragioni credo di non andar lungi dal vero ritenendo il cod.

---

[1] Lami, *Catalogus codicum manuscriptorum qui in bibliotheca riccardiana Florentiæ adservantur ;* Liburni, MDCCLVI.

riccar. 2723 come il più antico e autorevole fra quelli che contengono rime del Poliziano. Peccato che per guasto cagionato dall'umidità manchi la prima carta che conteneva le 6 ottave onde comincia il poema, e nelle 4 carte seguenti sieno danneggiate le estremità inferiori per modo che si desiderano per intero o patiscon difetto in più versi le ottave 9, 12, 15, 18, 21, 24, 27, 30, 33. Tuttavia a questo difetto ripara un altro codice pur cartaceo ed in foglio che si conserva anch'esso nella Riccardiana sotto il n° 1576: è un quaderno rilegato col volgarizzamento delle *Metamorfosi* per Arrigo Simintendi, di lettera meno antica ma non posteriore agli ultimi anni del secolo XV, e contiene solo il primo delle *Stanze*.

Uno de' primi luoghi e forse il primo dopo il riccar. 2723 parrebbe che per ragione di antichità spettasse al cod. reggiano descritto dall'Affò. Conteneva questo in origine oltre l'*Orfeo* anche le *Stanze* barbaramente staccatene per rilegarle in un volume miscellaneo, e fra esse nel l. I una v'era non compiuta come le due del II nel riccardiano. L'Affò, del quale mal saprebbesi desiderare più autorevole giudice, ai caratteri e alla carta lo teneva per copiato « nel più bel fiorire del Poliziano. » Fu in principio del P. Giambatista Cattaneo minor osservante: passò poi nel convento di quell'ordine in Reggio che s'intitolò di Santo Spirito; ove potè osservarlo l'Affò che ne trasse l'*Orfeo* di più larga e corretta lezione. Degli ultimissimi anni del secolo XV o forse dei primi del XVI pare allo stesso Affò un altro codice acquistato e posseduto nel secolo scorso da un amico suo, il dottor Buonafede Vitali da Busseto; e del quale ei ci dice che insieme con molte opere in verso di quel tempo conteneva l'*Orfeo* di lezione quasi al tutto consimile al già citato reggiano. Ma per maggiori notizie sopra ambedue rimando il lettore alla prefazione del padre Affò all'*Orfeo* nella stampa del 1777 fedelmente riprodotta in questo volume.[1] Io, per cercare ch'abbia fatto, non son venuto a capo di conoscere l'esito dei due codd. citati e illustrati dal dotto parmigiano. Veramente sospetto che il cod. reggiano primo sia passato a far parte d'un mi-

[1] Affò P. Ireneo, *Prefazione* all'*Orfeo*: della presente ediz. pag. 123 e segg.

scellaneo conservato nella Palatina di Modena sotto il numero DCCCI, il quale fra parecchi drammi della fine del quattrocento e di poi contiene anche *Angelus Politianus, Orfeo, Tragedia;* che è lo stesso titolo dato alla favola del Poliziano nel ms. veduto in santo Spirito dall' Affò. E il titolo l' ho ricavato dal Catalogo manoscritto della Estense; ove alla parte IV [*Codd. italici*] il codice è descritto « chart. in 4°, partim sæc. XVII et partim XV. » Di più non so; non avendo potuto averlo nelle mani, incassato com' è tuttora con gli altri a causa della traslocazione di quella celebre biblioteca.

Al ms. del Bonafede apparisce essere coetaneo il cod. 51 della Oliveriana di Pesaro, « prezioso e perchè scritto con bella lettera e perchè porta l' autorevole data del 1503. » Salvator Betti, del quale sono queste parole, ne dette le varianti in una sua lettera al conte Francesco Cassi, pubblicata nel *Saggiatore* che usciva nel 1819 in Firenze. E le riprodusse con belle considerazioni nel *Giornale arcadico* [1] in occasione che le poesie del Poliziano furono ristampate dal Silvestri.

Pregevolissimo e de' più ricchi fra' codd. che han versi del N. A. si celebra dagli eruditi il membranaceo in forma di 8°, conservato nella Biblioteca chigiana di Roma sotto il n° 2333 secondo il Serassi, [2] e, secondo il Poggiali, segn. M. 4. 81. [3] Contiene, oltre le rime delle quali non mi occupo per ora, la *Giostra* e l' *Orfeo*. Nel fine, di mano diversa da quella che copiò le poesie, è scritto: *Faxii Julii de Medicis de Florentia.* M. D. XXX. Ma questa data è letta per 1520 dal Poggiali e dai fiorentini edd. delle *Rime* [4] che più volte citano nelle note il cod. chigiano. E qui mi giovi avvertire subito, che, essendomi nel 1858 indirizzato per la collazione di quel codice all' egregio sig. ab. Luigi Fratini che allora dimorava in Roma ed egli prestandosi con tutta gentilezza, alle sue ricerche fu risposto che da circa 20 anni era stato perduto.

---

[1] S. Betti, in *Giornale arcadico*, Anno 1826, t. XXIX, p. 205.

[2] P. A. Serassi, *Vita di Angelo Poliziano* in fine, alla penultima nota.

[3] G. Poggiali, *Serie dei testi di lingua* [Livorno, Masi, 1813], vol. I, pag. 266.

[4] *Rime* di A. Poliziano, con illustrazioni di V. Nannucci e di L. Ciampolini [Firenze, Carli, 1814], t. II, p. 143, nota 183.

STAMPE. — PRIMA ETÀ.

Dividendo le stampe delle *Stanze* e dell' *Orfeo* in tre età principali, a risparmio di parole per me e a render più facili le ricerche degli studiosi; nella prima età comprendo quelle che si fecero dal 1494 al 1541. Delle quali, senza niuna eccezione o con rarissime, tali sono le note comuni. Le *Stanze* hanno sempre rubriche marginali che dichiarano le descrizioni le comparazioni i passaggi ec., come leggonsi pure nel ricc. 2723 e come il Poliziano usava apporre a ogni opera sua: l'*Orfeo* vi è senza distinzione d'atti, col titolo di *Favola* o di *Festa*, più breve e più semplice di quello soglia leggersi dopo l' Affò: oltre a ciò contengono la stanza dell' Eco [*Che fai tu Eco...*] e la ballata che incomincia *Non potrà mai dire Amore*. Così quelle stampe che procedono dalla prima bolognese del Benedetti, e sono le più: alcune altre che derivano dalla bolognese del Bazaleri [1503] contengono anche la canzone *Io son constretto*. La lezione potrebbe affermarsi che è in tutte la stessa; le pochissime varietà, quando non sieno errori tipografici, essendo appena notabili. Per la descrizione mi aiuterò del catalogo del Volpi,[1] non che del Gamba[2] del Brunet[3] del Libri[4] del Batines.[5]

1494. COSE VOLGARE | DEL POLITIANO. In fine. *Qui finischono le stanze cōposte da messer Angelo Politiano facte per la giostra de Giuliano fratello del Magnifico Lorenzo di Medici de Fiorēzi insieme con la festa de Orpheo et altre gentileze stampate curiosamente a Bologna per Platone delli Benedicti impressore accuratissimo del Anno. M. cccc. lxxxx iiii a di noue de agosto.* È in-8° grande a forma di quarto; in caratteri rotondi; di tre ottave per carta; senza numeri nè ri-

---

[1] *Catalogo di alcune delle principali edizioni delle Stanze di A. P. raccolte per lo più da A. Zeno e ora corretto accresciuto ed illustrato da D. G. V;* nella edizione cominiana delle *Stanze* del 1751.

[2] Gamba, *Serie dei testi di lingua*, Venezia, Gondoliere, 1839, pag. 232 e segg.

[3] Brunet, *Manuel du libraire* ec., Paris, Silvestre, 1843, t. III.

[4] *Catalogue de la Bibliothèque de M. L.**** [Paris, Silvestre, 1847], Poètes poligraphes, XVe siècle.

[5] C. De Batines, *Bibliografia delle antiche rappresentazioni italiane*, Firenze, Società tipografica, 1852. Parte II, Serie I.

chiami; di 42 carte segnate A-F. [*Registrum. ABCDEF. Tutti sono quaterni, excepto D che è terno et F che è duerno*]. La prima carta, segnata A, bianca al *verso,* ha il titolo: la seconda, una dedicatoria di Alessandro Sarzio ad Antonio Galeazzo Bentivoglio arcidiacono di Bologna. Vengono in primo luogo le *Stanze* sotto l'ultima delle quali si legge, *La soprascripta opera dallo auctore non fu finita;* quindi su 'l primo foglio della segnatura E, senza titolo alcuno, con la lettera di *Angelo Politiano a messer Carlo Canale,* comincia la *Favola di Orfeo;* sèguitano la stanza dell'*Eco* e la canzonetta di quattro strofe. Tale è la rarissima edizione del Benedetti, che fu d'esempio a tutte le posteriori fino all'Aldo. Qualche varietà è da notare tra la copia posseduta e descritta dal commend. Bertoloni [1] e quella che conservasi nella Palatina di Firenze. La copia del Bertoloni porta nella prima carta il titolo come noi l'abbiam riferito; la copia della Palatina ha in vece *Le cose volgari | de M. Angelo Politiano:* la copia del Bertoloni ha nella seconda carta la lettera dedicatoria come quella veduta dal Gamba; la Palatina, no: QUI *finischono* legge in fine la copia Bertoloni, e con essa quella veduta dal Gamba; QUA *finischono* la copia di Palatina e quella veduta dal Brunet. Di queste differenze giudichino i bibliofili. La lettera del Sarzio, del quale il Poliziano su 'l pubblicare l'anno innanzi l'Erodiano pei tipi dello stesso Benedetti scriveva ad Andrea Magnanimo che per l'opera della correzione « magis idoneum habere magisque ex usu tuo neminem possis quam Alex. Sartium civem tuum, literatum hominem nostrique studiosum, tum.... neutiquam in amici negotio domitantem,[2] » merita d'esser riprodotta anche come documento storico.

---

1 A. Bertol. *Nuova Serie dei testi di lingua descritti secondo la sua propria collezione,* Bologna, Sassi, 1846.

2 Politianus, *Epist. And. Magnanimo,* innanzi alla versione latina di Erodiano.

Alexandro Sartio allo illustre & reverendissimo An tonio Galeazo Bentivogli Protonotario Apostolico & Archidiacono di Bologna Salute.

A questi giorni passati, Reverendissimo Monsignore, mi capitorno alle mani certe stanze del mio & tuo gentilissimo Politiano, non infima gloria della veramente magnifica & nobile famiglia de' Medici sempre con la illustre Bentivoglia felicissima coniuncta; le quale lui già per la giostra del Magnifico Giuliano de' Medici nella sua prima adolescentia compose; benchè per alcuni o rispecti o impedimenti non condusse al fine. Ma pure, così come erano imperfecte & incorrecte, parevano a me molto elegante et belle, piene d' inventione, piene di doctrina & di leggiadria; tanto che io giudicai fusse gran male ch' elle si avessino a perdere nè venissino qualche volta a luce. Per questo le ho date ad imprimere a Plato de' Benedicti, e sotto queste mie grosse ma poche parolette alla Signoria tua Reverendissima intitolate. La qual cosa ho facto per satisfare a quelli che di simile gentileze si dilectano & honorare te mio observantissimo patrone almeno nelle piccole cose, poi che nelle grande non posso. Credo ancora che, se alquanto al Politiano dispiacerà che queste sue stanze da lui già disprezate si stampino, pur all' incontro gli piacerà che, havendosi una volta a divulgare, sotto el titolo & nome di tua Signoria si divulghino; alla quale lui come sono io buon testimone è deditissimo. La festa ancora di Orpheo, quale già compose a Mantova quasi all' improvviso, sarà insieme impressa con epse, perchè è cosa lei ancora a giudicio delli intelligenti molto vaga. L' una & l' altra sono certo che sarà gratissima alla prefata Signoria tua, se non per altro, almeno per la qualità dello auctore; perchè de' valenti huomini ancora e' primi disgrossamenti sogliono piacere. Ma da me ti priego, Reverendissimo mio patrone, volentieri & con serena fronte accepti questo benchè piccolissimo segno di grandissima fede; misurando non la facultà di Alexandro Sartio tuo servitore ma la sua volontà: el quale sempre ti si raccomanda. Vale.

149... Cose vulgare del | Politiano. Tale è il vero titolo, quale lo riporta anche il Libri nel suo Catalogo, sul *retto* della prima carta, di questa edizione senza luogo ed anno, citata primieramente dall'Audifredi[1] che la credè di stampator fiorentino e anteriore alla precedente: il che fu negato dall'Affò e dall'abate Michele Colombo *in una scrittura di cui mandò copia al Gamba.*[2] In 4°; di caratteri tondi; di 24 righe per pagina; di 42 pag. segn. A-F; essa è, salvo il difetto della soscrizione, similissima all'antecedente. Il frontespizio è lo stesso che quel della copia Bertoloni: il titolo delle Stanze in maiuscole rosse, quale lo riporta anche l'Audifredi, STANZE DI MESSER ANGELO PO | LITIANO COMINCIATE PER LA | GIOSTRA DEL MAGNIFICHO | GIVLIANO DI PIERO DE | MEDICI « è, parola per parola e riga per riga, quel medesimo in maiuscole rosse posto in cima alla seconda carta nell'ediz. del 1494. » Così anche il Batines, il quale aggiunge che, se questa edizione esiste di fatto, dee piuttosto essere uscita da'torchi di Bologna che di Firenze, contrariamente all'Audifredi e al Brunet che la credono fiorentina. La edizione esiste certo: oltre la copia citata dal Libri nel suo catalogo, una ne ho veduta nella Biblioteca marucelliana. Ma parmi giusta la osservazione del Libri: « En lisant avec attention ces diverses descriptions, on pourrait concevoir quelques doutes sur l'existence de deux éditions distinctes; et il serait possible qu'un exemplaire défectueux de l'édition de 1494 eût donné lieu à l'annonce de l'édition sans date. »

149.... LA GIOSTRA DI GIVLIANO | DE MEDICI. In fine: FINISCONO *lestanze della giostra di Giuliano de Medici hystoriate & belle, composte da messer Angelo da Montepulciano: & insieme con queste la festa di Orpheo et altre gentilezze, chose certamēte dilectevole et uaghe, come chi leggiera potra chiaramente comprendere.* Di quest'altra ediz. dello scorcio del sec. XV è un bell'esemplare nella Palatina di Firenze, proveniente dal Poggiali[3] che la crede di stampa fiorentina. È in 4°; in caratteri tondi, di 36 versi per pagina, di 30 carte non numerate e segnate *a — diii:* vi sono quattro figure per la *Giostra,* e subito sotto la prima è impressa la lettera

---

[1] Audiffredi, *Specimen historico-criticum. editt. italicarum sæc. XV*, Romæ, ex typographio Paleariniano, MDCCXCIV, pag. 392.

[2] Gamba, *Serie*, l. c.

[3] *Testi*, I, 260.

del Sarzio al Bentivoglio; e sei per la *Favola* che comincia alla c. 6 della segn. *c* senza titolo e con la lettera al Canale.

1503. Cose Volgari del | Celeberrimo Mes | ser Angelo Po | litiano Nota | mente Im | presse. In fine: *Finiscono le stanze della giostra di Giuliano di Medici Composte da messer Angelo da Monte pulciano: & insieme la festa di Orpheo et altre gentilezze, cose certamente dilectevole. Et stampate in Bologna per Caligula di Bazaleri. a dì. 22 di Zug. M. D. III.* È in 8°, in caratteri tondi, col titolo in gotico rosso e il frontespizio storiato; di 39 carte e una bianca in fine, non numerate e segnate A-E4. Alle Stanze precede la lettera del Sarzio al Bentivoglio, nella quale il nuovo stampatore cambiò le parole. *le ho date ad imprimere a Plato de Benedicti,* in queste, *le ho date ad imprimere a Caligula di Bazaleri,* senza curarsi che nella lettera del Sarzio parlandosi del Poliziano come vivo troppo era agevole scoprire la impostura. È la prima edizione che oltre la stanza dell' *Eco* e la canzonetta contenga la lunga canzone: *Io son constretto.*

1503. .... *In Bologna, per Platonem de Benedictis.* In 4° [Audiffredi].

1504. Cose vulgari | del celeberrimo.... *Venetia, Manfrino Bono de Monferra.* In 8° [*Catalogue de M.* L***, 129]. « La quale edizione, comecchè legga alla veneziana alcuni vocaboli. non ha per altro quei brutti concieri delle più moderne edizioni. e potrebbe giovare assai a restituire alle stanze del Poliziano la sua forma natía. Le maniere che il Betti nel suo dotto ed elegante discorso intorno al Poliziano dice aver veduto in un codice di Pesaro, si riscontrano in quella veneziana stampa. » Così il Fornaciari:[1] e la osservazione si può estendere a tutte le stampe precedenti la rivista e corretta da Tizzone Gaietano.

1505. . . . . In fine: *Stampate in Venetia per maestro Manfredo di Bonello de Monferrato 1505 a dì X del mese de octobro.* In 8°. Ristampa dell' edizion Bazaleri: nel titolo in luogo di *Politiano* leggesi *Policiano.*

150. . . . . *In Firenze per Bernardo Zucchetta a peti-*

---

[1] Fornaciari, *Nota I* al *Discorso I del soverchio rigore dei grammatici,* Lucca, Giusti, 1847.

tione di Francesco di Jacopo vocato el Conte. S. A. In 8°. « Rara ediz. de' primi anni del secolo XVI citata dall' abate Zannoni,[1] il qual nota che in questa edizione e nella seguente si trova per l'*Orfeo* qualche ottava più che in tutte le altre, cioè anche le moderne » [Batines]. Si tratta d' un' ottava e mezzo in cui Orfeo accenna ad amori maschili: le quali si trovano non solo nelle due citate dallo Zannoni ma in tutte le vecchie stampe. Furon tolte via dalla edizion cominiana del 1749: l' Affò nel suo nuovo *Orfeo* del 1771 una ne raffazzonò alla meglio, un' altra omise; riferendola però, a mo' de' Gesuiti che facean l' edizioni *in usum Delphini,* nelle note. S' intende che noi nella presente edizione le restituimmo alla sincera lezione e le riponemmo ambedue ai lor luoghi.[2]

1512. Stāze di Miss. An | gelo Politiāo.... Cū Gratia & Pri | vilegio. In fine: *Impresso in Sena per Symione di Niccolò: et Giovanni di Alixandro Librai. El di Carnouale che fu a dì . 9 . di Febraio. M. D. XII.* In 8°, con titolo gotico e frontespizio istoriato, in carattere tondo, di 36 carte non numerate e segn. A-Iii. Erra il Brunet citando questa e la edizione per Bernardo Zucchetta come contenenti il solo *Orfeo.*

1513. Le cose vulgari | del Politiano. In fine: *In Venetia per Zorzi di Rusconi milanese a dì 14 di marzo.* In 8°: dopo il frontespizio ha un epitafio del Poliziano in versi latini *per Jacobum Philippum Pellibusnigris Troianum* ed un sonetto in morte del medesimo: ha pur la lettera del Sarzio nella quale con la solita impostura se gli fa dire ch' ei desse le cose del

---

[1] Ab. Zannoni, nell' *Ape,* n. VIII, marzo 1806.

[2] Quel severissimo moralista di scuola foscoliana, che è il chiarissimo Emiliani Giudici, a questo passo dell' *Orfeo* inveisce contro il Poliziano come panegirista della pederastia. [*St. del teat. ital.,* cap. V]. Ma il Poliziano non fece in quelle ottave altro che seguitare la tradizione di tutta l' antichità, la quale riguardò Orfeo come introduttore del turpe peccato e a questa cagione riportò la sua morte. Bastino quei versi delle *Metamorfosi* [X, 83] « Ille etiam Thracum populis fuit autor amorem In teneros transferre mares citraque iuventam Ætatis breve ver et primos carpere flores. » Oso dir anzi che, se il poeta non accennava a cotesta infamia, non sarebbe secondo le leggi dell' arte giustificata la morte data ad Orfeo dalle Baccanti; la quale, susseguendo subito a que' malaugurati versi sotto gli occhi dello spettatore o del leggitore, salva la morale e rivendica la società.

Poliziano a imprimere a Niccolò Zoppino; dal che si ricaverebbe che questa fosse la prima delle edizioni procurate dallo Zoppino. « Non si può leggere per gl'innumerabili errori, ma pure alle volte ha giovato alla prima cominiana [Volpi]. »

1513. La giostra di Giuliano | de Medici. In fine: *Fine della Giostra di Giuliano de Medici & Lafabula di Orpheo cōposte da . M. Angelo Politiano | Stampate in Firenze per Gianstephano di Carlo da Pavia astāza di ser Piero Pacini da Pescia questo di xv. Dottobre M. D. XIII.* È in 4°; di bel carattere tondo; in ottima carta; materiale ristampa della terza senza data del sec. XV; con lo stesso numero di carte e di figure in legno: in fine stanno le due impronte consuete dell'editore col motto *Piscia.* Questa edizione non *servì di innanzi,* come afferma il Batines, a quella del Comino, sì bene il Comino ne stampò le varie lezioni in calce alla sua edizione del 1751 e del 65. Erra di nuovo il Batines affermando citata dalla Crusca la edizione del Pacini.

1515. . . . . In fine: *In Venetia per Zorzi de Rusconi ad instanza di Niccolò Zoppino e Vincenzo compagno a dì 14 marzo... Gubernante inclyto principe Leonardo Lauredano.* In 8°.

1516. Cose vulgare del celeberrimo | messer Angelo Pollicia | no novamente impresse. In fine: *Stampato in Venetia per Marchio Sessa & Pietro di Ravani bersano compagni. Nel M. D. XVI. a di XI novembrio.* In 8°: séguita l'edizione del Bazaleri 1505: ha l'epitafio di Filippo *Pellibusnigris* e la lettera del Sarzio con la solita finzione dello Zoppino.

1518. Stanze. . . . . In fine: *Impresse in Firenze per Bernardo di Philippo di Giunta. Nellanno del Signore. M. D. XVIII. Septēbre.* In 8°; in carattere tondo, di 36 carte non numerate e segnate A-Iii. L' *Orfeo* comincia alla 4ª c. del foglio *G.* Il Brunet, certo per errore, le assegna sol 35 carte.

1518. Le cose volgari | del....; *zoee stantie e canzone pastorale ed altre cose elegantissime, nuovamente stampate e ben corrette.* In fine: *In Venetia per Zorzi de Rusconi, a di 20 del mese di ottobre.* In 8°. Per *Canzoni pastorali* s'intende l' *Orfeo.*

1519. . . . . *Impresse nell' inclita città di Milano per Giovanni di Castiglione adi 28 di decembre.* In 8° [Volpi].

1520. . . . . *In Bologna per Hieronymo di Benedetti.* In 8° [Brunet e Batines].

1521. STANZE DI MESSER | ANGELO POLITI | ANO COMIN | CIATE . . . In fine: *Fine della Giostra di Giuliano de Medici & la fabula di Orpheo composte da . M. Angelo Politiano Stampate per Nicolò Zopino e Vincentio cōpagno nel . MCCCCC.* XXI. *adi xxx de Agosto Regnante lo inclito principe Messer Antonio Grimani.* In 8°, in carattere corsivo di 40 carte non numerate e segnate A-E*iiii*, l' ultima delle quali bianca ; col titolo inquadrato e una figura in legno innanzi l' *Orfeo* che incomincia alla seconda carta della segnatura D. Sopra la soscrizione è l' insegna dell' impressore, un San Niccolò sedente. La lettera del Sarzio séguita all' *Orfeo,* e dopo v' è l' epitafio del Pellenegri e il sonetto.

1523.... Nella *Biblioteca di G. S.* [Gasp. Selvaggi], pag. 204, *Napoli 1830,* si cita un' edizione di *Venezia, Zoppino,* 1523, da me non conosciuta [Batines].

1524. . . . . *Stampate nella inclita Citta di Venetia, per Nicolo Zopino e Vicentio compagno nel .* M. D. XXIIII. *Adi XII. De Marzo. Regnante lo inclito Principe messer Andrea Gritti.* In 8°. È una ristampa di quella del 1521: ne ricavo l' epitafio latino come documento: il sonetto, oltre che meschinissimo, è orribilmente guasto nella seconda quartina.

EPITAPHIUM

ANGELI POLICIANI

Per Iacobum Philippum Pellibus-nigris troianum.

« Lector ; *Pollicianus* entheatus,
Cuius poeticos legis libellos
Quos hæc tempora nostra....[1] possunt
Antiquis bene comparare libris ;
Qui lusus teneros facetiasque
Scripsit, delicium novem sororum,
Græcæ ac romuleæ pater Thaliæ :
Qui cum Calliope levare tristi
Curas ex animo solebat omnes ;
Unus qui calami severioris
Gaudet nomine ; dormit. En sepulcrum. »

---

[1] Manca qualche piede alla misura del verso.

1537. . . . . *Stampata nella inclita Citta di Venetia per Nicolo d'Aristotele detto Zoppino nel Anno M. D. XXXVII. Del mese di Febraro.* In 8°. Ristampa delle edizioni del 21 e 24.

1539. GIARDI | NO D'AMORE | *di misser Angelo Politiano nuovamente stampato.* In fine: *Venetia. ad instantia di Sigieri fiorentino. MDXXXIX*: in 8°. Sono stampate a parte dal poema. le ottave 69-120 del lib. I della *Giostra* che contengono la descrizione del regno di Venere.

SECONDA ETÀ.

Appartengono a questa età, che può denominarsi aldina, le stampe della *Giostra* uscite dal 1541 a tutto il 1612. Han ciò di comune, che contengono le sole *Stanze* senza le rubriche marginali, senza l'accompagnamento della lettera del Sarzio o d'epitafio latino o sonetto, senza l'ottava su l'*eco* e la canzonetta: la lezione è notabilmente modificata o alterata in tutte, ma non in tutte affatto la stessa; poche e poco conosciute sono in questi 62 anni le stampe dell'*Orfeo*. Dicemmo che la seconda età può denominarsi *Aldina:* ed in vero accettata come norma nelle ristampe, citata dagli accademici della Crusca, cercata predicata gloriata da bibliofili e bibliografi fu ed è per questa e la seguente età l'edizione delle *Stanze* eseguita da' figliuoli d'Aldo nel 1541. Pure gli Aldi non avean fatto che ricopiare un'oscura e ignobile edizione anteriore: la quale, benchè non contenuta proprio nei termini da me assegnati alla seconda età, tuttavia, perchè non avvertita non che imitata nell'età antecedente ma, così com'era, ricopiata dagli Aldi che dettero norma, ripeto, a tutte le posteriori edizioni fino a' nostri giorni, si può e si deve tenere come quella che apre le due età moderne delle stampe della Giostra. Ed è la seguente.

1526. LE STAN | ZE *bellissime* | *di messere An* | *gelo Politiano* | *da messer* TIZZO | NE GAIETANO *di Po* | *fi diligentemente reviste.* In fine: *Impresse in Vinegia ne la fucina di me Giacopo da Lecco ne lanno M. CCCCC. XXVII. et finite hoggi che è il primo di febraro.* In 8°: carte 24, segn. A-F ii, non numerate; 5 stanze per pagina: alcune linee del frontespizio sono in color rosso: dopo la soscrizione v' è figurata in legno la impresa del Pegaso: contiene solamente le *Stanze*. E, poichè tanta è la stima che si ha della stampa d'Aldo di cui questa è l'innanzi, non sarà inutile, benchè nel comento sottoposto alle *Stanze* abbiamo notate le varietà delle diverse edizioni, riferir qui alcuni esempi della grande e goffa licenza che si prese messer Tizzone a correggere le stanze del Poliziano. Nella dedicatoria adunque *allo eccellente signor Mario Savorgnano* messer Tizzone ci fa sapere che, *pervenutegli nelle mani, molto lacerate, le stanze di messere Angelo, egli, avendo apparato ne' primi anni ad esser pietoso, subito vedutele, sapendo usar la pietà, divenne pietosissimo in sanar lor piaghe ingiustamente fatte.* E della pietà resta indelebile argomento lo strazio da lui menato per entro le *Stanze*, come dell'abilità a levarsene correttore la eleganza e la sintassi della dedicatoria. Ma, oltre la presunzione del Gaietano, avea la revisione qualc'altra causa. Dopo il Bembo specialissimamente, la lingua toscana diventò lingua della nazione: se non che, per ridurla a condizione di lingua comune almeno nella scrittura, convenne sottoporla a leggi o regole che furono ricavate non dal popolo toscano ma da due scrittori esclusivamente, il Boccaccio e il Petrarca; nè sempre bene. Ne conseguì che indi in poi la lingua scritta molto perdè dell'agilità e ingenuità primitiva e dovè procedere compassata e guardinga. E il peggio fu che alle nuove regole fu dai nuovi regolatori, i quali sorgevano d'ogni parte e d'ogni maniera, dato, come oggi direbbesi, un effetto retroattivo: e però, a tôr via ogni traccia dell'antica schiettezza che troppo oramai odorava di villa, gli antichi scrittori furono rivisti e corretti a libito de' nuovi Prisciani. E a tal revisione soggiacquero a punto le *Stanze* del Poliziano per opera di messer Tizzone. Tutto quel che sapeva del luogo e del tempo in cui furono composte, i fiorentinismi, gli idiotismi, le irregolarità, si volle spazzar fuori: si volle imporre il giogo della grammatica a chi era nato a dare esempi alla grammatica: dove il numero del verso paresse troppo aspro o languido, fu disteso e rincalzato con nuove parole. Si sa che i Fiorentini usavano terminare in *ono* ed *órono* le terze persone plurali di certi verbi che nella lingua comune escono in *ano* ed *àrono:* e il Poliziano anche in ciò seguitava l'uso fiorentino. Ora questi fiorentinismi putivano al filologo romanesco: e li cacciava a furia. Ma talvolta avvenia che quelle uscite fossero in fine d'un verso e ne dipendessero le rime seguenti o si collegassero loro le antecedenti: e il bravo grammatico allora rifaceva i versi al Poliziano. E come li rifacesse, sentite. Alla st. LXI del I sono in fine dei versi un *erono* e un *schierono* e in mezzo. « Sentito il segno. al cacciar *posa ferono.* » Che fa il correttore? emenda le desinenze fiorentinesche, e con fidenziana eleganza rifà il latino al Poliziano: « Sentito il segno, al cacciar *fine imperano.* » Gli ultimi due versi della LXII dicono: « Le lunghe voci ripercosse abondono, E Iulio Iulio le valli *rispondono.* » Che è questo? grida il franco correggitore: e d'un tratto maestro di penna, « *abondano* E Giulio par che le valli rispondano. » Bravo messer Tizzone! che orecchie! E questo *pare* arride poi spesso al pirronista grammatico. il quale par tema sempre pel genere umano ch' e' non si lasci andar troppo agl' inganni de' sensi. Onde, quando il poeta nella st. CX del I afferma « D'intorno a lui [*Polifemo*] le sue pecore pascono » con un verso la cui lenta armonia lascia la immaginativa spaziare su la distesa del gregge ciclopico, egli all' incontro il da ben critico, per amore d'un *cascono* che è due versi di sopra, inclina a dubitare, e stringendo le labbra e crollando un poco la testa dice: « Presso a sè par sue pecore che pascano: » il quale, come sentite, è verso degnissimo del Poliziano. Finalmente alla st. XXVI del II v' ha un *allacciono* e un *imbracciono,* che fanno rima con *giacciono.* Volevansi levar via, e si fece con questo elegante conciero del v. 2 ove era *giacciono:* « Quando senza sospetto par che giacciano. » Dalle correzioni recate finora nessuno supporrebbe mai che il correttore fosse molto tenero della bella armonia. E pure questa è una delle tante volte in cui le supposizioni riescono men che vere. Egli il correttore esercita su i versi del povero messer Angelo un veramente *superbum aurium iudicium:* avvezzo forse al compassato numero di mons. Bembo, quel che non gli si confà, odia come aspro e cadente. Udite: messer Angelo scrive [II. 6] « L'armi lucenti sue sparger un lampo Che faccia l'aer tremar di splendore. » Ohibò! e' si volea dire « Che faccian tremar l'aere di splendore. » E pure in quella posa inaspettata della sillaba quarta e nella velocità degli altri suoni sentiasi e quasi vedeasi la vibrazione e refrazione dei raggi. Altrove il Poliziano per accompagnare col suono l'imagine di qualcosa di lento di fosco di nebuloso dice stupendamente: « E già de' sogni la compagnia negra: » dove l'armonia strascicata è un artifizio da maestro. Ma quell' accento dissimulato della nona sillaba è in vece pel correttore un peccato mortale: e da bravo accomoda tutto con un arcaismo, « E già de' sogni la compagna negra. » E sì che aveva fresco fresco un esempio di mons. Bembo:[1] « Dolce mormorio di fontana viva » e, che è più, dell' Ariosto: « Che l'alte cime con mormorii lieti Fan tremolar dei faggi e degli abeti.[2] » D'altri guasti non si potrebbe indovinare la cagione, se non recandola all'ignoranza. Per esempio: il Poliziano, descrivendo il cipresso che fu già bel giovine secondo la mitologia, dice, seguitando Ovidio, « Bagna Cipresso ancor pel cervio gli occhi Con chiome or aspre *e già* distese e bionde: » e il correttore racconcia « Chiome or aspre *or già* distese e bionde: » e addio l'allusione delicata al giovine che era richiesta dal verso antecedente, e addio il buon senso. Altrove intorno a Venere emergente il Poliziano seguendo l'inno omerico dipinge « L'*Ore* premer l'arena in bianca veste. » Il correttore pare che non conoscesse nè pur d'udita queste Ore vestite, e sostituisce loro nulladimeno che l'onore: « L'*onor* premer l'arena ec. » Il Poliziano, accennando ad una costellazione diversa da Boote, e dal carro, dice « E già il carro stellato Icaro inchina: » il correttore facendo tutt'uno d'Icaro e di Boote, « E già il carro stellato al coro inchina. » Altra volta il correttore viola egli la grammatica, lasciando sospeso il senso. Venere prega Pasitea che invii a Giuliano il Sonno [II. 22]: « Fa' che mostri al bel Iulio tale imago Che 'l faccia di mostrarsi al campo vago: » e il correttore cambia, « Che faccia dimostrarsi al campo vago. » Questi sono alcuni fra i molti esempi dell' intierezza e legittimità d'una lezione passata agli onori di *vulgata*.

1541. Stanze di messer Angelo | Politiano cominciate....

---

1 P. Bembo, Son. *Paolo v' invita qui*, in *Rime*, Bergamo, Lancellotti, 1753.
2 Ariosto, *Orlando Furioso*, VI, 24.

M. D. XLI. Sopra la data l'impresa dell'áncora. In fine: ABCD. *Tutti sono quaderni. In Vinegia. nell' anno M. D. XXXXI. In casa de' figliuoli di Aldo.* In 8°: di bel carattere corsivo; con tre ottave per pagina e cc. 32 numerate da una parte sola e registr. A-D *iiij;* nella prima sta il titolo, nell'ultima la soscrizione.

1544. E con lo stesso formato e numero di carte e per gli stessi caratteri è ripetuta colla data del *M. D. XLIIII In Vinegia* senz'altra nota. Della presente edizione (faccio tutto uno delle due stampe, perchè nella lezione sono una di fatto) i Volpi dicono che è « nitida e molto più corretta di tutte le precedenti, benchè essa pure abbia i suoi gran nei » e che di essa principalmente si son serviti per la prima loro ristampa. E certo per regolarità di grafía avanza senza paragone tutte le stampe antecedenti. Del resto riproduce fedelmente con giunta di qualche nuovo conciero la edizione rivista dal Gaetano. Pure fu citata dagli Accademici della Crusca, i quali, non ostante la loro schifiltà verso i non toscani, accettaron questa volta per gemme fiorentine i vetri di messer Tizzone da Pofi.

155... La | rappresentazione del | la *Favola d' Orfeo,* | *Composta da messer Agnolo Politiano Nuovamente ristampata.* Senza nota, ma del sec. XVI: in 4°; di carte 5, non num., a 2 col., più una bianca in fine; con 3 fig. Nel retro della prima c. v'è la lettera al Canale senza intitolazione di sorta.

1558. Una ediz. dell'*Orfeo,* forse anteriore, di Firenze, 1558, in 4°, è notata nel *Cat. Payne* del 1827, N° 3731 [Batines]. E di quest'anno il Libri [*Catal.*] cita un' *Historia d' Orfeo* pubblicata in Firenze *presso il Vescovado,* che incomincia « O buona gente, e' fu già un pastore. »

15... *La historia et favola d' Orfeo il quale per la morte di Euridice fu forzato andare nel inferno, et impetro gratia di Plutone. Ad istanza di Iacopo Perini.* In 4°. S. A. Ediz. fior. del sec. XVI, nel *Cat. la Vallière,* n° 3735 [Batines].

1558. Stanze... Vengono subito dopo quelle del Bembo [*Nell' odorato*] in *Stanze di diversi illustri poeti, di nuovo ristampate, con l' aggiunta d' alcune stanze non più vedute, raccolte da M. Lodovico Dolce a commodità et utile de gli studiosi di poesia toscana. In Vinegia, appresso Gabriel Giolito de Ferrari* [in 12°] e in

1560. *Prima parte delle Stanze di diversi illustri poeti, Raccolte da M. Lodovico Dolce* ec. *Nuovamente ristampate et con diligentia riviste & corrette. In Venezia, appresso Gabriel Giolito de Ferrari;* in 12°; e ivi stesso nello stesso formato 1563-65, 1569, 1570, 1575 e [*appresso i Gioliti*] 1581. Queste varie ristampe rispetto alla lezione si possono considerare come una sola edizione, nella quale il Dolce raccolse tutti o quasi tutti i concieri di M. Tizzone e dell' Aldo e n'aggiunse de' suoi. Fu notato dal Volpi, il quale pur s'aiutò delle stampe de' Gioliti per le cominiane: « Ci siamo accorti del troppo ardore del Dolce o di qualch' altro in aver voluto mutar molte voci, che si possono difendere coll'autorità di Dante e d'altri ottimi toscani scrittori, a capriccio: come *labbia* sing. in *labbia* plur., *reddito* in *tornato*, *bobolce* in *bifolce;* come pure in aver dato a qualche verso altro giro. » Il quale ultimo non fu tanto ardire del Dolce quanto di messer Tizzone. Oltre a ciò ebbe il Dolce certi capricci di mutamenti tutti suoi, ne' quali però non da altri fu seguito che dal Sermartelli: per es., alla st. XVI del lib. I legge *obligate vostra alta natura* in vece di *obliate;* alla CXXV dove Venere domanda al figliuolo « Fai tu di nuovo *in Tiro* mugghiar Giove? » egli mette *in toro mugghiar*. Più notevole è la correzione alla st. VII del lib. I, dove il Poliziano, secondo un' antica e poetica tradizione che nelle isole de' beati assegnava la più bella delle eroine al più forte degli eroi, avea scritto: « E se quà su la fama il ver rimbomba Che la figlia di Leda, o sacro Achille, Poi che il corpo lasciasti entro la tomba, Ti accenda ancor d'amorose faville...» Quando mai s'è detto che Achille fosse innamorato di Elena? (pensò il Dolce che avea ridotto Omero in poemi d'ottava rima come Dio vuole): Polissena dovevate dire, messer Angelo. E l'instancabil poligrafo rifece il latino al traduttore d'Omero al poeta dell'*Ambra* al critico delle *Miscellanee* in questo modo: « Che d' Ecuba la figlia, o sacro Achille. » Fa meraviglia però che abbiano approvata e ritenuta nelle loro edizioni la correzion del Dolce uomini dottissimi, come i Volpi comentatori inesauribili di poeti latini, come il Serassi, e, sol però nella prima edizione delle *Stanze* da lui annotata, il Nannucci.

1568. STANZE DI.... FATTE PER.... *Nuovamente ristampate et corrette. In Fiorenza appresso Bartolommeo Sermartelli.* In 8°.

Nella lezione, come notò il Gamba, s'accosta frequentemente all' aldina e più ancora alle stampe del Dolce: non ha di suo che qualche varietà insignificante. Precede alle *Stanze* una dedicatoria dello stampatore che riferiamo come documento storico.

Al molto magnifico M. Bernardino di M. Niccolò de' Medici signor suo osservandiss.

Si come non ha dubbio che il primo il quale altamente cantasse in stanze o vero ottava rima (la quale maniera di versi, come eroici toscani, è oggi sommamente in pregio) fu il dottissimo messer Angelo da Montepulciano, il quale visse ne' felicissimi tempi del magnifico e gran Lorenzo de' Medici, splendore non pure di questa nostra patria ma di tutta l'Italia; così è vero, a giudizio de' migliori, che le dette sue Stanze, fatte per la giostra del Mag. Giuliano, sono e sempre mai saranno, fra le migliori che mai siano state fatte, annoverate. Anzi ardirò dire, per quello che ho molte volte inteso, che fuori quelle del dottissimo Lodovico Martelli e del Bembo (dicano pure che loro piace alcuni) elleno sono sanza contrasto le migliori. E se ben pare che in alcun luogo manchi loro un non so che di grande e d' osservanza che hanno poi ne i loro somiglianti poemi usata gli altri, niuno se ne dee maravigliare; quando è verissimo che pure all' ora cominciarono, in gran parte per opera e studio di esso Poliziano, a rifiorire e risorgere nella nostra dolcissima e leggiadrissima lingua le poesie toscane, state infino allora, per poca cura de' nostri avoli, per ispazio di moltissimi anni, in poco conto. Non è, dico, gran fatto che abbiano gli altri che sono stati dopo messer Agnolo alquanto meglio le loro così fatte rime arricchite & ornate; essendo, come si dice in proverbio, assai facile aggiugnere alle cose da altri state trovate. Ma lasciando oggimai di fare intorno a ciò più lungo discorso; avendo io ristampate le dette Stanze, per compiacere a molti che amano di averle da i volumi dell' altre separate; ho pensato, ragionandosi in esse dei fatti egregi de gli antichi eroi della vostra illustriss. famiglia, ch' elle vadano questa volta fuori sotto il nome vostro. Perciocchè, se bene elle non sono cosa nuova, elle sono tuttavia sì fatte, che sempre come e nuove e dottissime deono essere dagli studiosi delle cose toscane, vome voi siete, e vedute e ricevute volentieri.

Di Firenze, il dì primo d'agosto MDLXVIII.

Di V. molto magnifica Signoria ser.
Bartolomeo Sermartelli.

1577. . . . . Ristampate dallo stesso tipografo e nello stesso formato, col registro A-Dii. Fu creduta dal Volpi l'ultima edizione delle *Stanze* innanzi alla prima cominiana. Ma le abbiamo, e non avvertite da bibliografi,

1612. . . . . *Nuovamente stampate e ricorrette. In Firenze, nella stamperia Sermartelli,* MDCXII. In 8°. Precede una dedica così fatta:

Al molt' illustre sig. cavaliere Pierfrancesco Castelli
signor mio osservandissimo.

La gioventù fiorentina à sempre tenuto in gran pregio le poesie di messere Agnolo Poliziano e particolarmente le Stanze che egli compose per la giostra del magnifico Giuliano de' Medici; perchè sino a quel tempo non si erano vedute ottave rime che tanto valessino come queste. Ora, dovendosi elleno ristampare nella nostra stamperia, dove molt' anni sono furono due altre volte stampate, ò pregato mio padre che si contenti che le portino in fronte il nome di V. S. molt' illustre. E questo ò fatto per mostrargli segno se ben piccolo dell' affezzione ch' io gli porto e del desiderio che ò di servirla come è mio debito; sì come ancora spero con maggiore occasione sodisfarmi, se il signore Dio mi concederà vita. Vostra Signoria gradisca l' affetto e mi tenga nella sua grazia.

Di Firenze, li 13 di maggio 1617.
Di V. S. Molto Ill.

Cugino e Servitore
Bartolomeo Sermartelli.

1617. . . . . . *Firenze.* In 8°. È ristampa dell' antecedente.

1653. *La historia di Orfeo. Trevigi.* In 4°; di 4 cc. a 2 col.; con fig. al frontespizio [Batines].

Terza Età.

Alla terza età, che si può denominare cominiana, appartengono le edizioni delle *Stanze* e dell' *Orfeo* uscite dal 1728 in poi. Le note particolari alle edd. di questa età sono, che nelle *Stanze* è conservata dal più al meno la lezione del testo aldino, nell' *Orfeo* si seguitano i testi antichi fino al 1777 e indi in poi prevale il nuovo testo dell' Affò; si comincia ad aggiungere alle due opere maggiori alcune rime, e dal 1812 in poi si raccolgono tutte o quasi tutte. Ma delle rime non dobbiamo in questo capitolo intrattenerci.

1728. L' elegantissime | Stanze . . . . *ridotte ora col riscontro di varie antiche edizioni alla loro vera lezione, e accresciute di una canzone e di varie notizie. In Padova, presso Giuseppe Comino.* In 8°. L' ediz. è curata dai fratelli Volpi; che seguirono il testo aldino e quel del Dolce 1570, e dissero d' aver avuto sotto occhio anche una stampa fiorentina del 1513, ma non vi ricorsero mai o quasi mai: e fu citata dagli Accademici della Crusca.

1747. . . . . *colla vita del Poliziano scritta dal sig. Abate Pierantonio Serassi. In Bergamo, appresso Pietro Lancellotti.* Ediz. magnifica in 4° gr., in grosso e nitido carattere [Volpi]. Il testo non è che ristampato dall' antecedente: alle *Stanze* va aggiunta la *Ninfa Tiberina* del Molza.

1749. Orfeo | Favola di messer | *A. P.* | *diligentemente corretta* | *e ridotta alla sua vera lezione.* Sta in fine di *Il Ciclope d' Euripide* nuovamente tradotto e illustrato, pubblicato in *Padova, appresso Giuseppe Comino;* in-8°.

La Favola | di | Orfeo composta da m. | A. P. | *e ridotta ora per la prima volta alla sua vera e sincera lezione.* In *Padova. Appresso Giuseppe Comino.* In-8°, di pagg. 24. È la stessa già pubblicata in fine del *Ciclope;* se non che qui precede un avviso dello stampatore e una testimonianza del Menckenio intorno all' *Orfeo.* Nell' *avviso* si dice che la edizione è stata tolta dalla fiorentina del 1513 *a stanza di ser Piero Pacini da Pescia,* «.... in virtù di cui si restituirono parecchi versi, si emendarono più e più errori...., si adottarono varii antichi vocaboli e maniere di dire che allora da' migliori autori si usavano, si sono sbanditi però gli accozzamenti latini delle *ct, et, mp* ec.; come pure l' *el* per *il;* la terminazione in *e* del plural femminino (e. g. *dolce parole*...) » Il Batines avverte: « In quest' anno medesimo si fecero due edd. della Favola d' Orfeo, con lo stesso numero di pagine ciascheduna; e si discernono da questo, che una è segnata solo della lettera A, dove l' altra di A e B. Di questa ediz. ne fu tirata una copia in pergamena, posseduta ora dal march. Trivulzio a Milano, e degli esemplari in carta turchina, in carta fine e in carta romana grande. »

1751. L'ELEGANTISSIME | STANZE..... *Ridotte ora col riscontro di varie antiche edizioni alla loro vera lezione e accresciute d' una canzone e di varie notizie. Edizione II padovana adornata della vita dell' autore scritta dall' ab. P. A. Serassi. Padova, appresso Giuseppe Comino.* In-4° Le varianti sono tratte dalla stampa fior. del 1513 (gli edd. avvertono: « da quella appariranno le Stanze tali e quali uscirono dalla penna del Poliziano. » O allora perchè non ristamparle così a dirittura?) e dalla sermartelliana del 1577. La canz. è *Monti valli antri colli* già pubbl. dal Crescimbeni nell' *Ist. della volgar poesia:* v' è la stanza dell' *eco* e la canzonetta; v' è l' epitafio latino del Pellenegri; e v' è l' *Orfeo,* come fu stampato dallo stesso Comino nel 1749. Segue alla Vita un catalogo delle varie edizioni delle Stanze già raccolto da A. Zeno ed ora accresciuto dal Volpi. Di questa edizione furono fatte due ristampe dai Remondini. Venezia, 1761, 8°; Bassano, 1821, 8°.

1753. STANZE....In *Stanze di M. Agnolo Poliziano, di M. Pietro Bembo, e di M. Luigi Tansillo, riviste e corrette sopra varii antichi testi a penna ed alla loro vera lezione ridotte da un accademico della Crusca. In Fiorenza.* In-8° Può darsi che l' editore cruscante abbia rivedute su vari testi a penna le stanze del Bembo e del Tansillo: certo, quanto a quelle del Poliziano, si attenne strettissimamente alla lezione del Dolce e del Sermartelli.

1765. L'ELEGANTISSIME — STANZE — .... *colla giunta dell' Orfeo e di altre cose volgari del medesimo autore non più stampate. Padova, Comino.* In-8°. Tutto a cura del Serassi. Dopo una dedicatoria dell' autore viene la Vita già dal Serassi dettata e ora nuovamente accresciuta e illustrata; vi sono i soliti testimonii, il catalogo e le varianti del poema come nell'ediz. del 1751. V'è la favola dell'*Orfeo*, ridotta ora veramente la prima volta alla sua sincera lezione secondo il cod. chigiano 2333. Delle altre poesie volgari parleremo altrove.

1769. STANZE ..... In *Raccolta di Stanze dei migliori italiani poeti. Verona, P. A. Berno.* In-8°.

1766. L'ORFEO | TRAGEDIA. | .... *tratta per la prima volta da due vetusti Codici ed alla sua integrità e perfezione ridotta ed illustrata dal R. P. Ireneo Affò, e data in luce dal P. Luigi Antonio di Ravenna. In Venezia, appresso Giovanni Vitto.* « In-4°: di VI-96 pagine, più una carta per l'errata. Eccellente ediz. adottata dai moderni edd.: è accompagnata da varianti tratte da due codd., uno della bibliot. del Convento di Santo Spirito in Reggio, e l'altro posseduto da Buonafede Vitali di Busseto. In fine vi ha delle *Osservazioni* del p. Affò sulla *Favola di Orfeo.* » [Batines.]

1782. STANZE .... In *Poesie di diversi autori. Londra. Si vende in Livorno presso Gio. Tommaso Masi e C.* In-8°

1785. ..... in *Poemetti del secolo XV-XVI, Venezia, Antonio Zatta* [t. X del *Parnaso italiano* raccolto dal Rubbi]. In-8°

1792. LE | STANZE | .... DI NUOVO PUBBLICATE. *Parma, Nel Regal Palazzo, Co' tipi bodoniani.* Splendida edizione, in-4° e in 8° reale, di c. XIX-60: del primo formato furono tirati 162 esempl., dodici dei quali in carta velina e qualcuno in caratteri maggiori; nel formato in-8° uno ne fu tirato in drappo argentino per la Raccolta Poggiali, che trovasi ora nella Palatina di Firenze. Precede una dedica del Bodoni al conte Cesare Ventura e la lettera di Alessandro Sartio.

1794. STANZE..... *riscontrate di nuovo co' testi migliori e diligentemente rivedute. Firenze, Nella Stamperia Granducale.* In 4° gr. Magnifica ediz. che in generale séguita la lezione di Aldo e in alcuni pochissimi luoghi quella delle vecchie stampe.

1797. .... *Parma, Bodoni.* In-8° gr. Terza ristampa bodoniana, della quale furono tirati due esemplari in seta ed uno in pergamena pel duca d'Abrantes.

1797. .... *Venezia, Carlo Palesc.* In-8°. Edizione di lusso per nozze.

1797. .... In *Poemetti Italiani, Dalla Società letteraria di Torino;* t. I. In-8°.

1801. .... [con l' *Orfeo* ed altre rime] in *Poesie del Magnifico Lorenzo de' Medici e di altri suoi amici e contemporanei. Londra, Nardini e Dulau.* In-8°.

1804. .... *Roma, Caetani.* In-8°. « Rara ed eccellente edizione fatta sopra un cod. chigiano [2333] per le cure di varie valenti persone e per quelle singolarmente del dottissimo conte Luigi Biondi » [Betti]. Contiene le *Stanze* e la canzone *Monti, valli* ec.

1805. ..... *Firenze, Molini, Landi e C.°* In fol. [unitamente all' *Aminta* del Tasso, 1804], con ritratto inciso in rame da Pietro Bettelini sopra un disegno di P. Ermini. Precede una dedica al march. L. Giraldi della Pietra e una Vita dell' autore.

1806. .... *Pisa, Società tipografica.* È la stessa edizione in fol., mutata solo la data. Il Gamba dice che fu tirata a 250 esempl., de' quali uno in pergamena.

1806 ..... *Brescia, Niccolò Bettoni.* In-4°.

1808. Le | Stanze | e | l'Orfeo | ed altre poesie. *Milano, Dalla Società tipografica de' Classici Italiani.* In-8°; con ritratto in legno. Per le *Stanze* si seguitarono le edd. cominiane, per l' *Orfeo* quella dell'*Affò* di cui si ristamparono anche tutte le osservazioni: delle altre poesie vedremo altrove. Precede la Vita scritta dal Serassi.

1810. Stanze.... *Verona*, in 12°. [Catal. VIII del sig. Carlo Ramazzotti libraio in Bologna, 1862.]

1812. .... *illustrate per la prima volta con note dell' abate Vincenzo Nannucci del Collegio eugeniano di Firenze. Firenze, Nella Stamperia di Giuseppe Magheri e figli.* In-8°. Il testo séguita le edd. cominiane. Diffuse sono le note, su 'l fare dei vecchi eruditi fiorentini, Salvini, Biscioni, Marrini. Precede al poema *una narrazione tratta dal Roscoe* e la *Vita* del Serassi, e a questa un avviso *ai leggitori* nel quale il celebre filologo ancor giovinetto mostra aver già de' nemici e una gran voglia di combatterli. V' è anche una dedica.

1814. Rime.... *con illustrazioni dell' ab. Vinc. Nannucci e di Luigi Ciampolini. Firenze, presso Niccolò Carli.* Due vol. in picc. 8°, con ritratto inciso in rame alla punta dal Verico di su la pittura di Cristofano dell' Altissimo. S' impressero esemplari in carta velina e due in carta turchina. Il Brunet aggiunge:

« On en cite un'autre de Florence, 1816, 2 vol. en 16°, avec les poésies inédites qui forment le 2° vol. » Non esiste, credo io; o se sì, è una ripetizione della presente. Nel primo vol. sono le *Stanze* secondo i testi cominiani, con innanzi una vita del Poliziano novamente compilata dal Ciampolini, non che una prefazione su 'l tempo della giostra e la narrazione tolta dal Roscoe; quindi l'*Orfeo* secondo la lezione dell'*Affò* con una breve prefazione rifatta su quella del dotto Parmigiano. Alle *Stanze* e all'*Orfeo* seguitano le note del Nannucci; per questo compilate ora la prima volta, riviste e corrette per quelle. Delle *Rime* propriamente dette contenute nel II vol. parleremo altrove.

1819. Opere volgari.... *contenenti le elegantissime Stanze, alcune rime e l'Orfeo colle illustrazioni dell'Affò. Venezia, Vitarelli.* Tomi 2 in un vol. in 18°, con ritratto in acciaio. Alle *Stanze* precede la vita del Serassi: per l'*Orfeo* fu ristampata fedelmente l'edizione dell'Affò 1766 con tutte le illustrazioni.

1820. Stanze.... [con l'*Orfeo* e le altre rime] *Pisa, Sebastiano Nistri.* In 12°, con ritratto in legno. Séguita la fiorentina del 14: aggiunge la Vita del Serassi e la *Ninfa Tiberina* del Molza.

1822. Rime.... *Seconda edizione. Firenze, Marchini.* In 8°, con ritratto inciso dal Giarrè su la pittura dell'Altissimo. È una ristampa, con qualche emendazione sol nelle *Rime* propriamente dette, della fiorentina 1814.

1824. Le Stanze | e | l'Orfeo | ed altre poesie.... *Edizione stereotipa. Cremona, De Micheli e Bellini.* In 8°. Ristampa della ediz. milanese de' Classici 1808.

1825. Poesie italiane.... *Prima edizione corretta e ridotta a buona lezione. Milano, Silvestri, 1825.* In 8°, con ritratto in legno. Furon tirate 12 copie in carta velina, 2 in c. turchina di Parma, una in pergamena che il Gamba vide presso il marchese Fagnani in Milano. Per le *Stanze,* seguìti i testi cominiani, eccetto in pochi luoghi, ove parve al nuovo editore che i Volpi non avessero fatto uso di tutta la loro sagacità, furono ristampate anche le varianti dai Volpi raccolte; per l'*Orfeo* fu accettata la lezione dell'Affò, pur ristampando in fine le varie lezioni, salvo alcune poche rimesse nel testo di su la cominiana del 1749. Precede alle *Stanze* la Vita del Serassi, all'*Orfeo* la prefazione tolta dalla ediz. fior. del 1814. Ma il Betti l'anno di poi mostrò nel *Giornale arcadico* che nè pur questa edizione e nè pur nel solo testo delle *Stanze* potea dirsi perfetta; mostrò l'utile che un futuro editore avria potuto trarre dalla romana del 1804, e pubblicò assai belle varianti dal codice oliveriano. Delle quali si valsero in gran parte gli editori delle

1826. STANZE | E L'ORFEO.... *Milano, Tipografia de' Classici italiani.* In 18°; con una scelta delle rime e il ritratto.

Con la quale stampa può chiudersi il catalogo delle edd. dei due poemi di A. Poliziano; non essendo che riproduzioni dal più al meno corrette e di niuna fama le successive ristampe. A pena meritano di esser ricordate le *Stanze* e le *Rime* che fanno parte delle *Poesie liriche italiane dal I sec. fino al 1700,* in 4° [Firenze, Borghi, 1836; e Le Monnier, 1838], e dei *Lirici del III secolo,* in 4° e in 16° [Venezia, Antonelli, 1844 e 1846], scelte in questi secondo la ediz. Molinari, intiere in quelle secondo la ediz. del 1814 e del 22.

« Ma fra tanto studio che intorno vi hanno posto i migliori nostri, fra tante cure di tipografi eziandio diligentissimi, è poi vero che le *Stanze* del Poliziano vadano affatto scevre da errore? Io non vorrei che mi facessero reo di presunzione confessando sinceramente che a me non pare. » Questa dubitazione del chiariss. Betti per la disamina dei vari testi da me fatta parmi avvalorata e levata al grado di certezza. Che se il Betti aggiunge « Chi dopo la morte del poeta abbia francamente osato por mano nelle elegantissime *Stanze*, nol so;[1] » anche qui la risposta è in pronto: il corruttore fu mess. Tizzone Gaietano da Pofi. Chiarito dunque come messer Tizzone avesse nel 1526 corrotto la lezione genuina del Poliziano, e come le più accreditate edizioni dall' aldina in poi non sieno che una vergognosa riproduzione dei concieri del Tizzone con altri di giunta; chiarito come le stampe anteriori al 1526 concordano mirabilmente ai due codici riccardiani, e con questi concorda quasi sempre e nei luoghi di maggior rilievo il cod. chigiano 2333 riprodotto nella stampa romana del 1804 e

[1] S. Betti, *Giornale arcadico,* XIX, l. c.

l'oliveriano le cui principali varianti furon pubblicate dal Betti nel *Saggiatore* e nell'*Arcadico;* chiarito tutto questo, non v'era più dubbio del modo da tenere in una nuova edizione delle *Stanze.* E fu; prendere a fondamento i codd. fiorentini e le stampe anteriori al 1526, la ediz. romana del 1804 e le lezioni oliveriane; riportare in nota le poche discordanze di questi testi fra loro, e le molte e arbitrarie e turpi della lezione corrotta e comunemente accettata. Per l'*Orfeo* poi; sebbene ci aggradisse e per l'antichità dei mss. ci paresse autorevole assai la nuova lezione in cui lo dètte il p. Affò nel 1776; pure non potevamo tenere l'opinione di lui esser quello il solo legittimo *Orfeo* qual fu dal suo autore composto. Onde ristampammo e il primo *Orfeo* quale dal cod. chigiano lo ripubblicò nella cominiana del 1765 il Serassi, aggiungendo in nota le varianti delle vecchie stampe e del cod. ricc. 2723; e il secondo quale fu dato dall'Affò, con le varianti de' due codd. reggiani da lui riportate, omettendo le altre dell'ediz. comin. e della vecchia lezione già da noi riprodotta poche pagine innanzi. Ma ristampammo e la prefazione e le osservazioni del dotto parmigiano; inserendo nelle note a piè di pagina quelle che toccano lo stile e l'interno congegnamento della favola, lasciando in fine e da sè le più lunghe e di più larga e varia erudizione. E all'*Orfeo* e alle *Stanze* sottoponemmo il comentario onde Vincenzo Nannucci adornava queste nel 1812 e quello nel 1814. L'edizioni di codesti due anni tenemmo innanzi ambedue pel comentario alle *Stanze,* giovandoci specialmente della prima di cui possediamo un esemplare con qualche postilla e aggiunta di mano del comentatore. Sfrondammo un poco, della dicitura più che dei confronti e delle citazioni: i passi greci voltammo in fedelissima prosa italiana: qualcosa anche correggemmo, non per presunzione di maggior dottrina, ma ove la critica dei testi o altra simil ragione lo esigeva; e qualcosa aggiungemmo dal Fornaciari[1] dal Betti[2] e da altri, e, distinguendo sempre con asterisco, anche del nostro. Qui i filologi e i critici alla moda, che i lunghi comentari disprezzano, avran ca-

[1] Annotazioni agli *Esempi di bello scrivere in poesia.*
[2] Cit. memoria nell'*Arcadico.*

gione di ridere alle nostre spalle: ma noi, pure ammirando e venerando i critici e i filologi e la moda quanto meritano, oseremo umilmente osservare, che, se il signor Sainte-Beuve desiderava pel moderno Andrea Chénier un comentario a uso di quei del Boissonade intorno ai greci[1] e se il sig. Becq de Fouquières ha ultimamente adempiuto i voti del critico illustre,[2] dovrebbe a me perdonarsi lo aver ristampato e accresciuto un comentario alle *Stanze* del Poliziano, padre del rinascimento e della poesia d'imitazione. E qui il nome di Chénier mi fa tornare a mente quei suoi versi elegantissimi:

« Ami, Phoebus ainsi me verse ses largesses.
Souvent des vieux auteurs j'envahis les richesses.
Plus souvent leurs écrits, aiguillons généreux,
M'embrasent de leur flamme, et je crée avec eux.
Un juge sourcilleux, épiant mes ouvrages,
Tout à coup à grands cris dénonce vingt passages
Traduits de tel auteur qu'il nomme; et les trouvant
Il s'admire et se plait de se voir si savant.
Que ne vient-il vers moi? Je lui ferai connaître
Mille de mes larcins qu'il ignore peut-être.
Mon doigt sur mon manteau lui dévoile à l'instant
La couture invisible et qui va serpentant
Pour joindre à mon étoffe une pourpre étrangère.
Je lui montrerai l'art ignoré du vulgaire
De séparer aux yeux, en suivant leur lien,
Tous ces métaux unis dont j'ai formé le mien.[3] »

Quel che Chénier verso il suo critico, potrebbe il Poliziano adoperare verso i suoi comentatori: da' quali anche per ciò niuno deve aspettarsi e ripromettersi un lavoro intiero perfetto rispondente a tutte le voglie. Del resto l'opera del Nannucci si raccomanda da sè: io per la parte mia ho fatto quel meglio che m'è concesso.

---

1 Vedasi il Sainte-Beuve, *Portraits littéraires*, Paris, Garnier, 1862; tomo I.

2 Nella *édition critique* delle *Poésies de André Chénier*, Paris, Charpentier, 1862.

3 A. Chénier, *Épître IV, à Le Brun:* cit. ediz. pag. 315.

IV.

Rime varie. — Rispetti continuati e spicciolati. — Ballate.

Che il Poliziano riprendesse e continuasse nell'arte la tradizione del Boccaccio, ci par vero anche rispetto alle liriche. Le quali son tutte d'amore, dovendosi rifiutare le poche rime di vario argomento col nome suo pubblicate e a pena far conto della lauda attribuitagli. Ed è l'amore naturale e dei sensi quello cantato e descritto o vòlto in burla dal poeta della *Giostra,* talvolta con l'accendimento di passione che regna nella *Fiammetta,* tale altra con la grazia e la ingenuità del *Ninfale* e del *Decameron* ove è comico, ed anche con la fine ironia e col sarcasmo del *Laberinto.* E qui specialmente torna in acconcio il paragone, da altri già fatto, del nostro poeta con Valerio Catullo. Al quale non assomiglia soltanto « per la copia di leggiadre immagini, per la eleganza e purità delle forme del dire, per la nativa schiettezza dello stile,[1] » ma più ancora per questo. Che Valerio Catullo, mentre con *Teti* e *Peleo* con la *Chioma di Berenice* con l'elegia *ad Allio* derivando la poesia greca nella lingua romana serbava a questa l'ingenuità propria e gittava l'esametro nel grande stampo di Omero non nei moduli di Alessandria che piacquero ai poeti più culti dell'età susseguente, rimaneva a un tempo tutto romano negli endecasillabi negli epigrammi e forse negli epitalamii, così per la guisa del sentire e per la qualità degli scherzi e dei sali, come per lo stile e la versificazione; onde il numero di lui parve poi rotto ed aspro a cui s'era accostumato con Properzio ed Ovidio, e la lirica perdè al confronto della finissima ma un po' trasmarina eleganza di Orazio. E il Poliziano, trapiantando le bellezze greche e latine nella *Giostra* e nell'*Orfeo* con varietà di numero che fastidì a chi nacque dopo il Tasso e con la lingua del tempo suo che parve mista e li-

[1] Bonanni, prefaz. a *due Canz. a b. di A. P.*, Firenze, Barbèra, 1858.

cenziosa dopo le teoriche del Bembo, fu poi scrittore tutto fiorentino e di popolo nei rispetti e nelle canzoni a ballo, necessariamente obliate quando la popolarità andò nelle lettere perduta e derisa.

Tuttavia anche nelle liriche v' ha qualche saggio della prima maniera classica delle *Stanze* e dell' *Orfeo*. Scrisse il Ginguenè ed altri con lui che la canzone « Monti, valli, antri e colli » sia dopo il Petrarca quella poesia italiana che meglio ne rende il fare.[1] E se ciò s' ha a intendere della versificazione e della conformazione esterna, sta bene. Ma per la sostanza quella canzone è già un' elegia, ove il rapimento dei sensi si esprime con più arditi colori e con men profonde ombreggiature che il Petrarca non soglia. E vie più sempre tiene del l'elegia l'altra canzone « Io son constretto..., » anche pel metro; il quale con le varie pòse delle strofe di quattro versi pur rientranti l' una nell' altra e col settenario susseguente mano mano a due endecasillabi ha quasi l' ondeggiante andare del distico. Che se in luogo della gentil tristezza di Tibullo troverai in queste elegie il calore e gli ornamenti di Properzio e una cotal grazia e facilità tra di Catullo e di Ovidio; a ogni modo le giudicherai superiori alle tante in terzetti che furon fatte di poi. E ti dorrai che il poeta non ne componesse alcun' altra e col mezzo specialmente delle quartine intrecciate non facesse al volgar nostro apprender qualcosa della impareggiabile delicatezza che è nella elegia latina su le viole, la quale fatta a concorrenza co' sonetti del Magnifico su 'l medesimo argomento,[2] sebbene l' autore volesse qualificarla non altro che *uno scherzo della prima adolescenza*,[3] mostra di qual maniera galanteria e buon gusto regnassero nelle sale di Firenze, architettate dal Brunellesco e da Michelozzo e nella lor civile semplicità adorne de' più bei monumenti dell' antica e nuova arte. Chi volesse vederla volgarizzata, lasci da banda il corretto e fedel Perticari co' suoi versi che tengon troppo del Monti,[4] e la cerchi nell' infanzia dello sciolto tra le rime del Firenzuola traduttor puro ar-

---

[1] Ginguenè, *Hist. litt. d' It.*, prem. part., ch. XXII.

[2] L. de' Med., *son.* XLVII e LXXXIII dell' ediz. diamante di G. Barbèra.

[3] Politianus, *Epist.* VII, 15.

[4] Perticari, III, 596; Lugo, 1823

moniosissimo degno del Poliziano.[1] A me piace che i let per compimento e illustrazione alle liriche volgari, la gano nell' originale:

« Formosæ o violæ, Veneris munuscula nostræ,
 Dulce quibus tanti pignus amoris inest;
Quæ vos, quæ genuit tellus? quo nectare odoras
 Sparserunt zephyri mollis et aura comas?
Vos ne in acidaliis aluit Venus aurea campis?
 Vos ne sub idalio pavit Amor nemore?
His ego crediderim citharas ornare corollis
 Permessi in roseo margine Pieridas.
Hoc flore ambrosios incingitur Hora capillos,
 Hoc tegit indociles Gratia blanda sinus;
Hoc Aurora suæ nectit redimicula fronti,
 Cum roseum verno pandit ab axe diem.
Talibus Hesperidum rutilant violaria gemmis,
 Floribus his pictum possidet aura nemus;
His distincta pii ludunt per gramina manes;
 Hos fœtus vernæ Chloridos herba parit.
Felices nimium violæ, quas carpserit illa
 Dextera quæ miserum me mihi subripuit,
Quas roseis digitis formoso admoverit ori
 Illi unde in me spicula torquet Amor.
Forsitan et vobis hæc illinc gratia venit:
 Tantus honor dominæ spirat ab ore meæ.
Aspice lacteolo blanditur ut illa colore,
 Aspice purpureis ut rubet hæc foliis.
Hic color est dominæ, roseo cum dulce pudore
 Pingit lacteolas purpura grata genas.
Quam dulcem labris, quam late spirat odorem:
 En, violæ, in vobis ille remansit odor.
O fortunatæ violæ, mea vita meumque
 Delitium, o animi portus et aura mei.
A vobis saltem, violæ, grata oscula carpam,
 Vos avida tangam terque quaterque manu.
Vos lachrymis satiabo meis, quæ mœsta per ora
 Perque sinum vivi fluminis instar eunt.
Combibite has lachrymas, quæ lentæ pabula flammæ
 Sævus amor nostris exprimit ex oculis.
Vivite perpetuum, violæ; nec solibus æstas
 Nec vos mordaci frigore carpat hyems.
Vivite perpetuum, miseri solamen amoris,
 O violæ, o nostro grata quies animo.

---

[1] Firenzuola, *Elegia* IV; Opere, Le Monnier, 1848, vol. II.

Vos eritis mecum semper, vos semper amabo,
Torquebor pulchra dum miser a domina,
Dumque cupidineæ carpent mea pectora flammæ,
Dum mecum stabunt et lachrymæ et gemitus.[1]

Tale era la galanteria delle sale, ove la elegia, oltre che dagli uomini, potea essere gustata e rimeritata di sorrisi e di lodi da più di una donna; perocchè fossero i tempi in cui la bellissima giovinetta Alessandra Scala declamava l'*Antigone* di Sofocle con tal sicurezza di pronunzia e di prosodia e con tanta verità che i dotti ascoltatori n'eran tutti rapiti, e agli encomi del Poliziano in distici greci ella rispondea respingendoli umilmente però in distici greci.[2] Ma non sempre era così: più di una volta le delicature greche e latine ponevansi da parte: e il Magnifico in persona del Vallera contadino di Mugello cantava la *Nencia,* e il Pulci gli tenea riscontro con le lodi più grossolane della *Beca,* e il Poliziano levato in piedi spicciolava rispetti su le bellezze di madonna Ippolita Leoncina da Prato; e poi tutti di conserva uscian fuori, e, accompagnandosi ad artefici e improvvisatori del popolo men cólti e più vispi, o veniano a contrasto di strambotti fra loro, o al suono della viola e del mandolino andavano nelle sere di estate cantando le varie fortune e condizioni dell' amore per le vie di Firenze e intonando *serenate* e *dipartite* agli usci di bellezze meno acconcie ed altiere ma più vistose delle gentildonne. Così Firenze anche per mezzo della corte medicea continuava verso le lettere l' officio suo tradizionale; che fu di accordare gli esempi antichi al sentimento moderno e popolaresco. Lorenzo de' Medici poi, principe del rinnovamento e fondatore d' una dinastia, del ravvicinare l' arte dei palagi a quella delle vie e delle piazze e de' campi, aveva, oltre il gusto suo di poeta, qualche altra ragione. Per casa Medici, cui erano avversari nati gli Acciaioli i Pazzi i Frescobaldi i Salviati i Soderini, raccostarsi alla plebe valea rinfrescarsi di forze: ma nelle condizioni del tempo il ravvicinamento non potea nè dovea più oramai avere sembianze politiche; co-

---

[1] Politianus, *Epigr. lib.*, ed. cit.
[2] Politianus, *Epigr. græc. lib.; In Alexandrium poetriam*, ec.

testa parte era stata rappresentata da Silvestro da Vieri da Giovanni da Cosimo. Ora, quel che gli avi suoi con l'istrumento della democrazia, Lorenzo lo fece con la poesia popolare: la quale egli non coltivò nè rialzò per solo sentimento di artista, ma per averne cagioni e mezzi di mescolarsi al popolo, e sotto sembiante di eguaglianza civile guadagnarselo e padroneggiarlo corrompendo, e lusingandolo nel suo debole, l'amore delle feste, divertirlo più sempre dagli antichi instituti. Quel che messer Giovanni cominciò col catasto, compiè il magnifico bisnipote con la poesia: fu la prima volta e l'ultima, credo, che catasto e poesia si trovasser d'accordo; congiuravano ambedue alla ruina della libertà.

Desidero che quelli fra i miei lettori i quali sono usi a riguardare la nostra letteratura sol dall'aspetto classico (ed è senza dubbio il più utile a chi vi cerca esempi ed ammaestramenti di stile) non sospettino a questo punto che il mettere in campo la poesia popolare e rappresentare il Poliziano come imitatore del popolo sia delle solite estimazioni postume e prestabilite di cui giovasi più di una volta la critica. Oggi è l'andazzo della letteratura popolare: e tu, per seguitare la moda, ci rappresenti imitatore del popolo il Poliziano. No. Quando abbiamo il fatto dell'apparizione di una forma poetica i cui primi cultori letterati professano chiaramente di imitare la maniera popolare (e così fanno il Medici e il Pulci nella *Nencia* e nella *Beca*); quando in tutti i rispetti più o meno letterari del quattrocento pur noi troviamo come un sistema unico di linguaggio figurato e di formole e di versificazione, sistema che solo ha il suo riscontro nei rispetti cantati tutto giorno nei contadi di Toscana; è forza inferirne che una poesia popolare toscana preesistesse al Medici al Pulci al Poliziano e che essi a quella attingessero; perchè altrimenti bisognerebbe supporre che i rispetti non pur del Valdarno ma delle montagne di Pistoia e del Montamiata siano una imitazione della *Nencia* e della *Beca*, e che i nostri contadini abbiano letto il Poliziano nelle edizioni del Ciampolini e del Silvestri i quali pubblicarono primi la maggior parte dei rispetti di messer Angelo. Che il popolo accettasse dalle feste religiose delle città le rappresentazioni, che qualche storia o leggenda o poemetto accogliesse dai letterati, s' intende; c' è di mezzo il racconto, c' è il dramma. Ma che, quando il Pulci il Medici il Poliziano cantavano o leggevano nelle vie o nelle sale, il popolo illetterato delle campagne si stringesse loro d' intorno, apprendesse il fare di quei canti, e trasportati di poi nelle sue valli gli trasmettesse di generazione in generazione; è un assurdo. E già, che questa poesia popolare ci fosse, è ben naturale: nè qui è il luogo da addur le cagioni perchè si fermasse ella particolarmente su argomenti amorosi. Ora il popolo non può dissertare intorno alla passione nè minutamente analizzarla: egli nota i fenomeni più rilevanti, gli significa con un sospiro con un saluto con una imagine, e basta: dunque non era da lui la canzone. E nè pure posso qui ricercare qual fosse la forma della poesia popolare nel trecento od innanzi. Il fatto è che, a pena trovata l' ottava rima e diffusa coi primi poemi romanzeschi con le prime leggende e rappresentazioni, il popolo se ne impadronì. Era il metro che gli abbisognava, come quello che per dovizia di suoni e di rime più risponde alla coloritrice e armoniosa fantasia italiana e che nelle tre mutazioni rappresentava la ballata e nella volta ultima il madrigale; il metro che può bene formare da sè solo un componimento, e ricevere un' imagine nel suo intiero splendore, e rendere in tutto il suo vigore la significazione d' un sentimento unico e complesso. Così avvenne che la poesia popolare amatoria nel quattrocento prendesse le sue forme determinate; forma generale, il *rispetto;* particolare, lo *strambotto;* ambedue di ottava rima, e sol di tanto diverse quanto eran diversi i concetti che se ne vestivano. Dello *strambotto* il nome e l' uso è più antico, poichè fin re Manfredi « la notte esceva per Barletta cantando strambotti e canzuni, che iva pigliando lo frisco, e con isso ivano due musici siciliani ch' erano gran romanzatori:[1] » del *rispetto* trovasi il nome solo nelle scritture del secolo XV che ne attestano pur l' uso popolare; nel Pulci « Ove son ora i balli e i gran conviti, Ove son ora i romanzi e i rispetti?[2] » e nella *Rappresentazione di un monaco* « dica così, cantando come i rispetti.[3] » Il

---

[1] M. Spinello, in *Script. rer. it.*, v. VII.

[2] Pulci, *Morgante*, XIX, 28.

[3] In Palermo, *Illustraz. Codd. Palatini*, II, 346.

Varchi senza più rassegna l'uno e l'altro fra i *componimenti plebei*.[1] Ma lo strambotto antico, che ottava certo non era, dovea essere qualcosa d'eterogeneo e d'anormale dalle forme metriche; della qual confusione è forse ricordo la denominazione di strambotto nel canzoniere dell'Aquilano data in comune agli *strambotti* propriamente detti e alle *barzellette*, e un indizio è il trasferimento del vocabolo nella lingua spagnola [*estrambote*] a significare quel che si aggiunge fuor delle leggi di convenzione a un pezzo di poesia regolare, come la coda al sonetto. Ond'è forse vera la derivazione che gli assegna il Redi[2] dal vocabolo antico *motto* nel significato di canto o componimento poetico, quasi *stran motto* (e *strammotto* seguitasi a dire in qualche dialetto d'Italia, ed è stampato nel *Tirocinio delle cose volgari* di Diomede Guidalotto bolognese [Bologna, 1504] e nell'*Opera nuova* di Bernardo Accolti [Venezia, 1519]): nè improbabile però è l'altra etimologia da *strambo* che piace più al Crescimbeni,[3] imperocchè negli strambotti si leggano bizzarrissime fantasie ed acutezze. Dei rispetti credo anch'io col Salvini[4] e col Crescimbeni che il nome derivi dalla riverenza e venerazione che i cantori dimostrano verso l'oggetto dell'amor loro e dall'onore che cantando gli rendono, nè saprei acconciarmi a un'altra etimologia dello stesso Salvini, che *rispetti* si chiamino, « quasi canti reciprochi o scambievoli, perchè *rispetti* ancora si dicono quelli che si traggono a sorte per succedere in mancanza o in assenza ai principali uffiziali già tratti. » Dalla etimologia stessa resulta che lo *strambotto* era la forma del capriccio più che della passione, riserbata all'amor leggiero all'ironia all'irrisione; mentre il *rispetto* era quasi la espressione elegiaca e lirica della passione pura profonda esaltata. *Rispetti* sono le ottave ispirate dalla bella Leoncina: ma *lettera in istrambotti* s'intitola dal Poliziano quella fila di consigli un po' cinici alla *pudica d'altrui sposa a lui cara; strambotti* sono le ottave che incominciano « La notte è lunga a chi non può dormire »

---

[1] Varchi, *Ercolano*.

[2] Redi, *Annotazioni al Bacco in Toscana* [al vv. « Trescando intuonino strambotti e frottole »], ediz. Barbèra.

[3] Crescimbeni, *Ist. volgar poesia*, lib. I.; Venezia, 1731.

[4] Salvini, Annotazioni alla *Tancia* del Buonarroti, a. I, sc. IV.

ed alcune altre nelle quali regna un po' troppo l'antitesi ingegnosa (il Salvini però fondò la definizione generale sopra l'osservazione d'una particolarità, quando scrisse che « quei versi che cominciano dalla medesima voce si domandavano strambotti, » benchè molti siffatti abbiane fra i suoi l'Aquilano). Gli *strambotti* finalmente furono più in uso nelle città; e quindi il menestrello del Valentino, Serafino dall'Aquila, li trasportò nelle corti; crebbero nella corruzione e presto disparvero: i *rispetti* all'aere aprico de' monti e nelle valli osservarono maggior castità ed ebbero più lunga vita, che regge tuttora. E perchè ad ogni lettore chiara apparisca la fraternità dei rispetti dell'arte e di quelli del popolo, eccone qui parecchi da un codice magliabechiano[1] copiato nel 1453 del quale diè già un saggio il professor A. D'Ancona.[2] In questi, come avverte il D'Ancona, « per la maggiore inesperienza dell'autore e la sua cultura evidentemente minore a quella di Lorenzo e del Poliziano appaiono in più gran numero e versi e imagini e frasi prese dal popolo e che ancor si rinvengono nei canti del contado. » Cominciamo da un encomio della bellezza nel tono romanzesco e classico del tempo:

« Quando risguardo tua faccia serena
La qual mi pare sopra ogni altra bella,
Parmi veder proprio la bella Elèna
O ver Cassandra adorna damigella
O la sirocchia qual' è Pulissena
La qual riluce più che chiara stella.
E sovra ogni altra tu se' di bellezze:
Gli occhi tuoi vaghi sotto le bionde trezze. »

Ecco qualcosa di più sensuale ma pur delicato, come a punto certi rispetti del contado e i distici del popolo greco moderno

« So' innamorato d' una rosa rossa,
E non mi so da lei 'l giorno partire.
Quando ci passo, il suo bel petto mostra,
Ed è sì bianco che mi fa morire;

[1] Cod. 1008 [Strozz. 638], cl. VII, Var. Sono intitolati *Rispetti per Tisbe copiati*. Bisognerà egli chieder perdono al lettore per le assonanze e per due o tre versi un po' lunghi che certo nel cantare si rendeano alla giusta misura mozzicandoli?

[2] Nella *Rivista contemporanea*, Vol. XXX, fasc. CVI, sett. 1862, Torino.

E l'anima dal corpo si discosta,
Considerato che gli dà martíre.
Chi vuol di quelle rose la vernata
Or baci la tua bocca inzuccherata. »

Nel seguente son da notare le ripetizioni richieste dall'improvvisazione:

« Cara speranza, mi mantien' la vita:
Dolce diletto, nel mio core stai.
E di bellezza se' tutta compita
Più c' altra donna ch' io vedessi mai.
La faccia tua di rose è colorita:
Tapino a me, perchè la viddi mai?
Perchè la viddi mai? perchè, perchèe?
Perchè la viddi mai? tapin a mee! »

Nè mancano quelle quasi dichiarazioni nello stile allora di moda, di cui tanti esempi abbiamo nel Poliziano:

« Se mi potessi tanto groliare
Ch' io m' appellassi per tuo servidore,
E tutte le mie voglie sodisfare,
Sempre salvando, i' dico, il tuo onore;
S' i' fussi certo di potere stare
Nella tua grazia, caro 'l mio signore,
Sare' contento più ched uom che sia;
Se tu m' amassi, dolce anima mia. »

E chi conosce i rispetti più leggieri del Poliziano, come ne avrà già notate molte frasi e il linguaggio figurato nei sopra arrecati, così troverà qualcosa che li arieggia anche di più, salvo la minore eleganza, nella seguente disdetta:

« Non mi volesti per tuo servidore,
E tu te n' abbi il danno, donna bella:
Ch' i' me n' ho presa un' altra per signore
Ch' ell' è pulita e bella damigella,
Nè risguarda gli amanti a tutte l' ore,
Come facevi tu, chiarita stella.
Ella vuol bene a mene e io a lei,
E a lei ho posto tutti i pensier miei. »

Ma tutto il calore de' rispetti più passionati di messer Angelo è qui:

« Soccorremi, per dio; chè più non posso
Tanti crudel martirii sopportare.

Co' gli occhi tuoi mi hai messo il foco a dosso,
Tutto mi abbrucio e non mi posso atare.
Vorre 'ti favellare, e io non posso:
Tu che sai il modo me 'l debbi insegnare.
Merzè ch' io t' addomando al mio tormento,
O tu mi uccidi o tu mi fa' contento. »

Più mestamente delicata e ardita insieme è la espressione dell' amore in questi appresso:

« Tutta la notte dinanzi m' appare
L' angelica figura e 'l bell' aspetto,
E parmi star con teco a ragionare:
Onde per questo ne prendo diletto.
O me, che io non mi vorre' svegliare!
Gigli e vivuole parmi aver nel letto.
O me, ch' io n' ebbi tanta consolazione,
O gentil donna, di tua visïone!
Dè cèrcati nel cuore e nella mente
Quel che vi truovi, dolce anima mia.
E troverra'vi il tuo caro servente
Che in ginocchion vi sta la notte e dia,
E sempre priega Cristo onnipotente
Che facci cosa che 'n piacer ti sia:
Tu se' crudele e a piatà non ti muovi,
E di farmi morir par che tu godi. »

Sempre più s' avvicina ai rispetti che si cantan tuttora il seguente, nel quale è sensibilissima la ripresa del concetto e delle parole negli ultimi versi, che è divenuta la caratteristica del genere:

. . . .
« Aggio perduta la fresca ghirlanda,
Quella che mi donò l' amanza mia.
Come farò, s' ella me la domanda?
Dirò: L' aggio perduta in questa via.
S' ella me la domanda con ragione,
Dirò: L' aggio donata ad un garzone. »

Questo è il principio d' una serenata:

« O dolce case, o pietre prezïose,
Ove dimora la speranza mia;
Per dio vi priego che siate piatose:
Pietà vi prenda della doglia mia.
E quella bella degli occhi amorosi
Priegate ch' io la veggia in cortesia;

Pregatela per dio sì dolcemente,
Ch' abbia pietà del suo servo fervente. »

E questo la fine:

. . . .
« Non creder già ch' io dorma, ma sempre i›
Non finirò già mai di te pensare.
Però ti dico: Amor, statti con dio;
Ciò ch' io ti dico non lo aver per male:
E s' io fallassi di ciò ch' io ragiono,
Statti con dio, e priegoti perdono. »

Ecco una dipartita:

« Dè lasso, quanto dolorosamente
I' faccio questa amara dipartita!
I' mi diparto misero e dolente,
E l' alma si diparte dalla vita.
Rivederotti mai, stella lucente?
Rivederotti mai, rosa fiorita?
Rivederotti mai, cuor del mio cuore,
Gentile e bella e delle rose el fiore? »

Un' altra ne aggiungo un po' più villereccia; dov' è da notare il passaggio senza mezzo da uno ad altro concetto, come avviene nei rispetti tuttora cantati; e la ottava decresce a sestina, che in fine è, con l' aggiunta di due o più code, il metro del rispetto attuale.

« La dipartenza si vuol fare onesta,
Che non ne dica mal lo vicinato.
Ella ha el bel capo con la bionda trezza,
Ella si pare un agnolo incarnato:
Un falcon peregrin no è tanto bello
Quant' è l' amanza mia con un guarnello. »

Ed ecco finalmente una ritornata:

« Vengoti a rivedere, anima mia,
E vengoti a vedere alla tua casa:
Pongomi ginocchioni nella via,
Bacio la terra dove se' passata;
Bacio la terra et abbraccio il terreno:
Se non mi aiuti, bella, i' vengo meno. »

Ma non posso starmi dal riportarne di s' un codice laurenziano della metà del quattrocento[1] un altro che parrà forse anche più fresco e voluttuoso:

« Sta notte lo sognai quello che fosse,
Sta notte lo sognai quello che fia;
Ch' i' ero fra le rose bianche e rosse,
Ch' i' ero in braccio dell' amanza mia.
O sogno vano che inganni la gente:
Strinsi le braccia e non trovai niente. »

Siffatti dovettero essere gli antecedenti e gli esemplari che il Poliziano potè avere nella poesia amatoria dei rispetti. Della quale egli elesse la parte migliore, abbandonando al Medici e al Pulci la parodía che lascia intravedere il riso beffardo del borghese su la gente di villa. Il Poliziano, o raccogliesse in una serie ordinata i rispetti che denominò *continuati* a rappresentare or l' epistola or l' elegía ora la serenata e la dipartita e il dialogo, o nella foga dell' improvviso vibrasse con gli *spicciolati* un' imagine un concetto un sentimento; trattò questo genere sempre su 'l serio. Non che egli dottissimo pensasse mai ad innalzarli alla dignità di componimento classico, come fe' poi l' Accolti aretino trasformandoli in epigrammi a questo modo:[2]

« Gridava Amore — Io son stimato poco,
Anch' io un tempio tra' mortal vorrei: —
Onde a lui Citerea — Tuo tempio è in loco
Che sforza ad adorarti uomini e dèi. —
A l' or lo dio de l' amoroso foco
Disse — Madre, contenta i pensier miei;
Dimmi qual loco per mio tempio hai tolto: —
Rispose Vener — Di Giovanna il volto. — »

Che anzi ei si lasciò andare alla facilità del naturale toscano; ma tanto ingegno ed affetto mise in quelle umili prove, tanta eleganza seppe aggiungere con la cultura alla grazia della lingua nativa, che primo forse in poesia dette l' impronta dell' atticità ai fiorentinismi e la finitezza dell' arte all' espressione famigliare. In grazia di queste virtù i lettori del Poliziano sogliono perdonar volentieri qualche ineguaglianza o durezza e qualche irregolarità e un

---

[1] Plut. LXXXX super., cod. LXXXIX gadd.

[2] B. Accolti, *Comedia e capitoli e strambotti*, in Firenze, MDXVIII.

po' d' anarchia grammaticale e ritmica, massime ripensando che di quei rispetti buona parte passando di bocca in bocca debbono aver patito più d' un' alterazione e altri furono composti veramente all' improvviso. Del che, oltre la natura di tal poesia e la certezza che il Poliziano improvvisasse anco in greco e in latino (« Qui potes extemplo sublimes edere versus, » gli scriveva Gioviano Crasso),[1] abbiamo un indizio in questo luogo d'una sua lettera al Magnifico del 20 giugno 1490: « Udii cantar improviso ierser l'altro Piero nostro, che mi venne assaltare a casa con tutti questi improvisanti: satisfecemi a maraviglia et *presertim* ne' motti et nel rimbeccare et nella facilità et pronuntia, che mi pareva tutta via veder et udire Vostra Magn.[2] » In cotesto assalto di Piero è facile scorgere l' amor proprio del giovane che viene a eleggersi un giudice degno nell' antico improvvisatore, compagno di stravizzi del magnifico padre suo.

Del resto l' uso degl' improvvisi massime in ottave bastò lungamente in Firenze. E qualche volta dovè essere sfogo agli amori alle ricordanze e all' ire politiche; imperocchè il Busini ci abbia lasciato memoria d' un Alessandro Pazzi, il quale degenere dal sangue, cantando improvviso dopo il 1512 con Pietro Paolo Boscoli in camera di Cosimo e Zanobi Buondelmonti, cominciò una stanza in lode dei Medici dicendo *Palle Palle*, a cui Pietro Paolo, che fu rarissimo e virtuoso giovane, soggiunse:

« . . . . E palle palle sièno,
Poi che gli antichi tuoi a questo suono
Morti impiccati e strascinati sono.[3] »

Sotto il principato mediceo si seguitò a improvvisare popolarmente ai Marmi ed altrove; seguitavansi per le bettole e le vie al suono della chitarra e del violino le sfide tra i poeti anche sotto il principato lorenese, e alcuni nomi di improvvisanti rimangono nella tradizione del popolo: ma l' ultimo de' poeti di nome che in gioventù ebbe fama da cotesti canti, stremati però e a pena con un' ombra dell' an-

---

[1] Appr. Bandini, *Cathal. codd. latin. Bibl. med. laur.*, III, 545.

[2] In Roscoe, *Vita di Leone X.* [Milano, Sonzogno, 1816], Docum. d'illustrazione al volume I, n° XIII.

[3] G. B. Busini, *Lettere al Varchi*; X dell' ediz. di G. Milanesi, Firenze, 1860.

tica eleganza, fu l'autore classico della romantica *Pia,* il Sestini. Adesso il canto improvviso toscano, dopo avere languito lungo tempo nell'ottava che l'uditorio della Quarconia e di Borgognissanti imponeva a Stenterello in fine di ogni atto, sta spirando; perocchè gl' improvvisi che si rappresentano come una commedia su le scene non spettano al nostro argomento. Il quale non si potrebbe meglio conchiudere che con questa verissima sentenza del professor A. D'Ancona: « Certo noi non pretendiamo di asserire che i moderni rispetti e strambotti o stornelli siano in tutto ciò che erano al quattrocento: ma, salvo poche modificazioni portate necessariamente dal volger dei tempi e dalla trasmissione orale, potrebbe asserirsi che, per la tenacità dei volghi nel ritenere le antiche usanze, nel loro insieme e nel loro più generale aspetto essi siano i saggi a cui attenevasi per le sue imitazioni la scuola medicea. Invero il popolo nostro al dì d' oggi non canta ma ripete, non inventa ma riproduce un tesoro di versi a cui per tradizione è affezionato: anche credendo di improvvisare ei rimescola e riunisce immagini e versi sparsi in varii componimenti. Questa poesia popolare, di cui adesso si fan raccolte e che è sembrata una rivelazione, non è che l'ultima eco della gioventù di una schiatta; gioventù che si rivela nella ingenua forza, nella energica schiettezza, nella purità primitiva di quei canti, che oggi il popolo nostro non saprebbe più comporre a quel modo, ma che, ricevendoli esso e trasmettendoli di generazione in generazione, va solo leggermente modificando. Noi, radunandone i frammenti dalla viva voce delle montanine, andiamo ritrovando le membra sparse del passato; porgendo orecchio al canto dell' agricoltore, raccogliamo un suono, che ormai quasi perduto nelle pianure e nelle valli dell' Arno si va prolungando nelle ardue cime dell' Appennino, quasi in ultimo riparo ai progressi della incalzante civiltà.[1] »

Passando alle *Canzoni a ballo*, mi bisogna innanzi tutto avvertire che di questo vasto argomento intentato finora fuori che alla superficie mi conviene al presente toccar solo quel tanto che occorra a dimostrare ultimo perfezionatore de'

[1] A. D' Ancona, *La poes. popol. fior. del sec. XV;* Rivista Contemp. l. c.

genere il Poliziano. Ognuno che per poco conosca la poesia del secolo XIII crederà facilmente che il sistema lirico provenzale-siculo sì complesso e artificiale nella sua apparente rozzezza può bene essere stato di moda nei palazzi imperiali di Sicilia nelle corti tiranniche dell' alta Italia e nelle torri dei feudatari ghibellini, ma che nelle piazze delle città meridionali, sotto le logge bolognesi e toscane, nei balli e nelle feste del popolo, non era quella la poesia da essere intesa e gradita. E chi legga di séguito le raccolte di rime del primo secolo dovrà meravigliarsi più volte di trovare parecchie canzoni dissonanti per intiero dal tono generale e nelle quali chiaramente apparisce tutt' altro ordine d' idee di sentimenti e di forme. Il dialogo di Ciullo d' Alcamo [1] e quel di Ciacco dell' Anguillara [2] che hanno che fare, di grazia, con le canzoni di Pier delle Vigne e del Folcacchieri? E il lamento della donna mal maritata sì goffamente intruso in una canzone di Federigo II,[3] e l' altro d' altra donna a cui è sviato lo amante fra le rime di Odo delle Colonne,[4] e quel della innamorata del crociato edito col nome di Rinaldo d' Aquino,[5] eziandio a chi non proceda oltre le forme devono apparire affatto distinti dalle canzoni di scuola provenzale ed aulica: tanta è in queste la uniformità dei concetti e delle formole e del ritmo, tanta la pretensione e lo stento, e per converso così in quelli spigliato l' andare, e l' aria domestica, indigena e vera la espressione, semplice e melodico il metro, e niun vestigio mai d' imitazione. Ma facciamo un altro passo; e svolgiamo i canzonieri di Guido Cavalcanti e di Dante. Qui la vigoría e novità delle immaginazioni, l' altezza e profondità del sentimento, l' armonia del colorito, e la lingua vergine potente severa annunziano la vera arte della nazione. Sta bene: ma quelle trattazioni scolastiche che più d' una volta impediscono il movimento della poesia, quel misticismo che l' adombra, quell' allegorismo che la involge e un

---

[1] Vedilo in Nannucci, *Manuale della letter. ital. del primo sec.*, vol. I, in princ.; ediz. Barbèra, 1857.

[2] Trucchi, *Poesie ined. d'aut. ital.*, Prato, 1846., vol. I; e Nannucci, op. cit., vol. cit., pag. 191.

[3] Ne' *Poeti del primo sec. della lingua*, Firenze, 1817; vol. I. pag. 56.

[4] Nannucci, op. cit., vol. I, pag. 86.

[5] Trucchi, *Poes. ined.*, vol. I; e Nannucci, op. cit., ediz. cit., vol. I., pag. 525.

cotal poco l'ottenebra, tutto ciò era egli per tutti? per le donne gentili, pei giovani, per l'artefice, pel borghese? ne dubito. Voltiamo qualche carta e leggiamo: « Per una ghirlandetta Ch'io vidi mi farà Sospirar ogni fiore, » « Fresca rosa novella, Piacente primavera;[1] » ancora « Era in pensier d'amor, quand'io trovai Due forosette nove » e « In un boschetto trovai pastorella Più che la stella bella al mio parere.[2] » Che differenza fra la pianezza la gaietà e lo scintillare dei sensi e dei colori vivissimo in queste strofe leggiadre e l'astrusa austerità della canzone « Donna mi prega[3] » e « Voi che intendendo il terzo ciel movete![4] » Direbbonsi di tutt'altro autore: e certo bisogna ammettere che queste ultime rime appartengono a un ordine di poesia diverso da quel delle canzoni e dei sonetti. E così è di fatto. Senza essere la poesia popolare propriamente detta, quei primi dialoghi e lamenti siculi e toscani accennano a un'arte che libera da ogni influenza d'imitazione e di sistema svolgevasi in un giro d'idee e di sentimenti derivati o ispirati dalla natura paesana e dalla vita reale, a un'arte che s'accostava al popolo ed erane forse intesa e accettata. Pur non ebbe in principio forme determinate: ma, passato poi il primato poetico dai Siculi ai Toscani massime dopo la battaglia di Benevento e il conseguente prevalere di parte guelfa e popolana, si acconciò facilmente e durabilmente nelle tempre della ballata. Non che sia essa un trovato esclusivamente toscano e dell'ultima metà del duecento: le forme poetiche non s'inventano più da questa che da quella gente e generazione. Che anzi ha molto del vero la sentenza del Minturno,[5] la canzone a ballo esser forse il più antico componimento della poesia volgare. E, da poi che il popolo si mostra per tutto e sempre tenace degli antichi instituti, forse che ella procede da quelle *ballistea e saltatiunculæ* ricordate da Vopisco ove narra come i fanciulli cantassero in quelle alla foggia militare i fatti di guerra d'Aureliano imperatore:[6] *ballistea* e *saltatiunculæ* che

[1] Dante, *Canzoniere*, sec. ediz. Barbèra; pag. 143 e 223.

[2] Nannucci, op. cit. pag. 272-74.

[3] Nannucci, op. cit., 285.

[4] Dante, *Canz.*, ed. cit., 179.

[5] Minturno. *Poetica*, l. III, pag. 170, Venezia, 1563.

[6] Vopiscus, *Aurelianus Augustus*; in *Hist. August.*, Parisiis, 1603; pag. 310.

dovettero essere poesia di popolo in lingua rustica o castrense, e delle quali non sarebbe difficile rinvenire più di una allusione ne' poeti latini: certamente è assai chiaro Calpurnio là ove fa dire ad alcuno de' suoi pastori, « Seu cantare iuvat seu ter pede læta ferire Carmina: nonnullas licet et cantare choreas.[1] » Poco avanza della poesia popolare latina, pur tanto da scorgere come nelle genti più omogeneamente soggette al dominio di Roma sopravvivesse lunga stagione mescolata ai vari usi della plebe, per quindi trasformarsi lentamente in una nuova letteratura. E in questa derivazione della ballata dall' antica poesia latina volgare è la causa del non sapere il Varchi, il quale per poco non la rassegna fra i metri plebei, a qual sorta di componimenti classici antichi si potesse agguagliare.[2] E fu per ciò stesso comune la forma delle ballate a tutti i popoli di lingua latina. Ne hanno i provenzali, perocchè possedessero anche essi separata dalla cortigiana e feudale una poesia più ingenua e domestica; e ne hanno in quello stesso metro che piacque al Medici per molti de' suoi canti carnescialeschi e al Poliziano per la sua ballata *E' m' interviene....*; ne hanno, quel che è più notabile, di assai leggiere e già sciolte da certe convenienze morali, come non osavano farne i nostri dugentisti cittadini di libero comune: indizio anche questo della corruzione troppo precoce in quel popolo così sensibile e armonico ma così profondamente viziato dal feudalismo. La seguente che io traduco dalla scelta del Raynouard potrebbe e pel metro e pei sentimenti e per lo stile far bella comparsa fra le più galanti e libere nelle nostre raccolte del quattro e cinquecento.

« Gentiletta sono, sì che n' ho greve cordoglio
Per mio marito, chè no 'l voglio nè 'l desidero.
Ch' io ben vi dirò per che son così druda,
Perchè tenera sono giovinetta e fanciulla,
E dovrei aver marito onde fossi gioiosa
Col quale ognora potessi giocare e ridere.
Mai Dio mi salvi, se mai ne sono amorosa;
Di lui amare punto non sono cupida,
Anzi, quando 'l veggo, ne son tanto vergognosa,
Che ne prego la morte che 'l venga tosto ad uccidere.

[1] Calpurnius, *ecl.* IV, v. 138.

[2] Varchi, *Ercolano.*

Ma d' una cosa ne son bene accordata;
Se 'l mio amico m' ha suo amore rivolto,
Ecco la bella speranza a cui mi son donata.
Piango e sospiro perchè no 'l veggo nè 'l rimiro.
In questo suono faccio gentiletta ballata,
E prego a tutti che sia lungi cantata
E che la canti ogni donna insegnata,
Del mio amico ch' io tanto amo e desiro.
E dirovvi di che sono accordata:
Da che il mio amico m' ha lungamente amata,
Or gli sarà mio amore abbandonato
E la bella speranza ch' io tanto amo e desiro.[1] »

Certo è però che in Italia la ballata ricevè l'ultima e tipica forma tra le feste del popolo toscano a cielo scoperto. Allo svelto e gaio epodo, al facile svolgersi delle strofe per due mutazioni medie nella volta finale dove torna sempre la stessa armonia e rima, mostra bene ch' ella dovesse essere cantata dai danzatori stessi in ballando o cantata da un altro dovesse temperare i giri del ballo. Così; mentre la canzone fu la veste dell' alta poesia filosofica e mistica e 'l sonetto il metro dell' arte pel quale si riconoscevan fra loro i *dicitori in rima* facendovi lor prove e tenzoni e la rappresentazione fantastica dei fenomeni psicologici; la ballata divenne la forma della poesia più sensibile e colorita, comune al popolo ed ai borghesi non che ai poeti propriamente detti quando al popolo si voleano accostare. E se le canzoni di Dante eran messe in musica da Casella, e da altri maestri i sonetti del Petrarca, a maggior ragione dovean essere, come allora dicevasi, *intonate* le canzoni a ballo. E già fin da' tempi più antichi il Boccaccio ricorda quel Minuccio di Arezzo che intonò d' un suono soave e pietoso una ballata di Mico da Siena fatta in persona della Lisa, e andò a cantarla a re Piero d' Aragona:[2] dal che eziandio si ricava come ballate si facessero anche su 'l vero e intorno ad avvenimenti privati: e molte fra quelle che ne avanzano doveano essere tali, di cui sonosi perdute oggi le allusioni. Ma Guido Dante e Cino, anime soavemente amorose, dettero

[1] Raynouard, *Choix des poésies des troubadours*, Paris, Didot, 1817; II, 242.
[2] Boccaccio, *Decameron*, G. X, n. VII.

alla ballata, pur rimanendo alla espressione dell'amor sensibile e naturale, quella nota di gentilezza delicata che serbò poi per tutto il trecento. Poche e non insigni ne compose il Petrarca, poeta già oltre i tempi suoi riflessivo, che non poteva a quella forma acconciarsi: pure anche quelle poche furon messe in musica. E che celebrità avesse questo genere di poesia nel secolo XIV e come le ballate a pena composte fossero rivestite di note musicali e corressero dall' un capo all' altro d' Italia e in Inghilterra e in Francia, non è questo il luogo da esporre. Ma un argomento della parte che lor si faceva nella vita famigliare e nelle conversazioni l'abbiamo nel modo onde le ballate sono introdotte nel *Decameron* e nel *Pecorone:* che anzi nelle prime edizioni delle *Cento Novelle* si veggono sopra ai versi certi punti che dovean dar la misura della melodia. Tuttavolta con lo scader dei costumi la ballata perdè di quell' ideale che al tempo di Dante si riflettea sin nella forma sensibile; sempre più facendosi volgare, senza però scapitare di grazia di gaiezza d' amenità; finchè Franco Sacchetti primo, o de' primi, l' avvezzò, come autore delle novelle, burlesca e motteggevole. Con tal nuovo abito entrò nel quattrocento; nel qual tempo come altri molti componimenti finì di liberarsi da certe soggezioni della letteratura dotta.

A questo punto la prese il Medici; egli che aveva per suoi fini occupato la poesia del contado, non dovea dimenticare quella dei borghesi, più agevole e già provato istrumento di corruzione. Presela, e con quel suo ingegno versatile irrequieto nè contento mai a imitar solamente le diè tre diversi atteggiamenti, tre forme diverse; e fece di un genere solo come tre generi. Prima cantò i piaceri di un amor sensuale, e il fastidio d' aspettare e il dispetto di non ottenere, con massime d' epicureismo godente; quindi venne a mettere in deriso l' amata e l' amore già celebrato; in fine trascorse aperto e non curante nelle oscenità. Alla gradazione degli argomenti corrisponde la gradazione della forma; prima pianamente lirica, quindi elegantemente comica, in fine malignamente narrativa. E come l' allegoria, sacra al duegento e al trecento, erasi torta, dinrturando coi tempi, all' equivoco osceno; così, intervertiti gli offici di certi metri, forse non senza un tacito intendimento d'irrisione, le strofe quadernarie di endecasillabi con le rime di sèguito pei tre primi e la consonanza dell' ultimo in fine d'ogni strofa, metro dall' andare grave e solenne e già santificato nelle laude del beato Jacopone, furono adattate alla parodía della confessione fatta dal magnifico autore delle laudi spirituali, furono adattate alle ciniche licenze dei canti carnescialeschi. E come la delicatezza e la monda eleganza antica avea ceduto a una cotale nudità proterva; così, in vece della piena armonia delle strofe di sei endecasillabi e della leggiadra mistura di endecasillabi e settenari, si usarono più di frequente le agili e saltanti strofette tutte di settenari e ottonari. Rimasero, è vero, anche le prime, quando la ballata esprimeva se non l'ideale almeno la parte meglio gentilesca dell' amore: ma il sentimento vivo, e tutto ciò che più era vispo ed allegro, e l'ironia o il sarcasmo, e il maligno e grossolano racconto amaron meglio le strofe settenarie e ottonarie. E tanto si allargò l'uso di quella poesia che fin le laudi spirituali divennero non più che una imitazione di canzoni peggio che profane, e quasi sempre ne toglievano l'aria e l'intonazione: onde nelle antiche raccolte di laude interviene assai spesso di leggere « Cantasi come...., » e qui il principio di una oscena ballata. Così i devoti perduravano nel loro istituto, giovarsi delle armi stesse del mondo e della carne per vincere l'uno e domar l'altra: il sistema è pericoloso, ma mette sempre conto che Tartufo si arrischi a sperimentarlo.

Messer Angelo seguitò da buon cliente il Magnifico anche nelle tre maniere diverse ch' ei fece prendere alla ballata. Se non che, adorno com' era d'ogni eleganza delle lettere classiche, più d'una volta ei potè, senza tôrle punto delle sembianze native e del facile andare, innalzar la ballata al movimento ed al tono dell' ode. Anche qui seppe imitare da maestro, rinnovando e spesso superando gli esempi. A chi legge quel mirabile modello di eleganza e morbidezza spontanea e sorridente di veramente rosea facilità che è la ballata su le rose [III], parrà di sentirvi per entro la stessa aura di malinconia e di voluttà che nel contrasto fra il pensiero della morte e della gioia spira dalla poesia della

Grecia, l'aura di Mimnermo e d'Anacreonte. E chi nelle rime del Medici siasi fermato su l'ecloga intitolata *Corinto* rimarrà in dubbio qual fosse l'imitatore e qual l'imitato, leggendo questi versi:

« L' altra mattina in un mio piccolo orto
  Andavo: e 'l sol sorgente con suoi rai
  Uscia, non già ch' io lo vedessi scòrto.
Sonvi piantati dentro alcun rosai;
  A' quai rivolsi le mie vaghe ciglie
  Per quel che visto non avevo mai.
Eranvi rose candide e vermiglie:
  Alcuna a foglia a foglia al sol si spiega;
  Stretta prima, poi par s' apra e scompiglie:
Altra più giovinetta si dislega
  A pena dalla boccia: eravi ancora
  Chi le sue chiuse foglie all' aer niega:
Altra cadendo a' piè il terreno infiora.
  Così le vidi nascere e morire
  E passar lor vaghezza in men d' un' ora.
Quando languenti e pallide vidi ire
  Le foglie a terra, allor mi venne a mente
  Che vana cosa è il giovanil fiorire.[1] »

A ogni modo il Poliziano imitò alcuni epigrammi su le rose d'incerto autore dell' ultima decadenza latina.[2] Ma confrontinsi quelli epigrammi con la ballata toscana: e si vedrà come nel fatto dell'imitazione poetica possa apparir verità quel che fu ciurmería o illusione degli alchimisti, il miracolo di cambiare in oro ogni più vile metallo. E chi pur nelle cose piccole voglia trovare una prova che il senso del rinascimento condotto a sì alto grado in Italia nel secolo XV compenetrò poi tutte le letterature dell'Europa latina, paragoni ai versi del Poliziano questa ode del Ronsard che certo non vide la ballata rimasta nei manoscritti fino al 1813:

« Mignonne, allons voir si la rose
  Qui ce matin avoit desclose
  Sa robe de pourpre au soleil,
  A point perdu cette vesprée

---

[1] L. de' Medici, *Comento;* in *Poesie*, ediz. diamante di G. Barbèra; pag. 236.
[2] Vedi le nostre note alla ball. III, in questa edizione.

Les plis de sa robe pourprée
Et son teint au vostre pareil.
Las! voyez comme en peu d'espace,
Mignonne, elle a dessus la place
Las las ses beautez laissé cheoir!
O vrayment marastre nature,
Puis qu'une telle fleur ne dure
Que du matin iusques au soir!
Donc, si vous me croyez, mignonne,
Tandis que vostre âge fleuronne
En sa plus verte nouveauté,
Cueillez cueillez vostre ieunesse:
Comme à ceste fleur, la vieillesse
Fera ternir vostre beauté.[1] »

E un altro confronto potrebbe mostrare qual sia diversità di spiriti e d'eleganza dal rinascimento al medio evo; quel tra la canzone a ballo *Ben venga maggio,* ove pure del medio evo si continua la tradizione, e i molti canti di trovadori e rimatori antichi su 'l ritorno della primavera, ultimi dei quali i *rondeaux* di Carlo d'Orléans. In fine, a chi comparasse le due ballate del nostro autore che più altamente secondo la natura sensibile cantano della bellezza e dell'amore [VIII, XI] ai sonetti dalla religiosa contemplazione della bellezza spirati al Cavalcanti all'Alighieri ed a Cino, tutte resulterebbero le varie note dell'una e l'altra età, dell'una e l'altra poesia. Come anche da un'attenta disamina delle prime ballate del Poliziano appartenenti alla lirica media si parrà essere Angiolo il solo poeta che rappresenti agli Italiani Anacreonte, il vero Anacreonte greco, il famigliare di Policrate. Le odi anacreontiche del sei e settecento, eleganti talvolta e non di rado spiritose nelle invenzioni, sono pur sempre imitazioni di scuola. Ma nel Poliziano v'è d'Anacreonte, se non l'ingegno, lo spirito l'animo la foga il colorito la facile semplicità. Ed era ben giusto. Ai tempi del Poliziano la poesia indirizzavasi tuttavia al popolo: quelle canzoni il Poliziano le scrivea per essere veramente cantate. Come Anacreonte così il Poliziano non avrebbero mai pensato a chiudersi in una stanza per comporre un'ode o uno scolio a imitazione d'un loro

[1] P. Ronsard, *Odes* I. XVII, in *Oeuvres*, Paris, Macé, MDCIX.

antecessore, pur di fare. La comunicazione del pubblico col poeta ravvivava la poesia, le infondea calore e verità. Anacreonte e il Poliziano rendevano nei loro versi non solo il sentimento proprio, ma, qualunque fosse, quello del loro tempo e del popolo fra cui vivevano: l'uno era il poeta nato della seconda età della lirica greca: l'altro, quale appunto si conveniva a quella primavera del rinascimento italiano che precedè l'infausto 94. E, come ad Anacreonte nella lirica media, così a Catullo per la lirica famigliare nelle ballate della seconda maniera potrebbe paragonarsi il Poliziano, al Catullo degli endecasillabi e degli epigrammi, molle e potente insieme nel tocco. Eziandio in questa parte sono da notare le somiglianze tra certe ballate del Medici ed altre del nostro, per esempio tra le due ove il Magnifico allegorizza assai gentilmente su lo smarrimento del core [*Ecci egli alcuna...* e *Donne belle, i' ho cercato*[1]] e l'altra rilavorata dal Poliziano su lo stesso argomento [XIV]. E più altri paragoni avanzerebbero a fare, da' quali si parrebbe come il Poliziano, sebbene nelle ballate e nei rispetti appaia più che altrove originale, s'aiutasse delle invenzioni e per così dire dell'intonatura di poeti più veramente popolani sì nelle ballate di questa seconda maniera come in alcune poche che rasentano ed anche entrano nella terza che è dell'allegoria oscena. Ma quanta differenza però tra il rozzo cinismo dei racconti e delle allusioni di quei primi, e la candida ingenuità e la malignità bonaria delle due ballate del nostro autore *E' mi interviene...* e *Donne mie, vo' non sapete* [XVI, XVII] che solo possono avere il loro riscontro colle uscite più felici del Berni e di La Fontaine! E che meraviglia a vedere il poeta delle rose entrar nel campo dei proverbi e dei bisticci, e spaziarvi entro a tutto suo agio quasi in proprio dominio, e, come se altro non avesse fatto in vita sua che scrivere di quella foggia, avanzar di gran lunga nella dovizia ed arguzia dei motti, nella scelta dei riboboli, e in armonia e in chiarezza e nel gran movimento lirico che specialmente a cotesta sorta di ballate ei seppe dare, avanzare, dico, non che tutti gli altri anonimi

[1] L. Medici, *Ball.* X e XI dell'ediz. diamante di G. Barbèra.

o meno celebri, ma il Medici stesso, creatore del genere! Leggete le ballate dei predecessori o dei contemporanei, poi quelle di messer Angiolo: e vi parranno dirittamente applicabili agli uni e all' altro quei versi del *Trionfo di Bacco e di Arianna* del magnifico Lorenzo:[1]

« Questi lieti satiretti. . . .
Or da Bacco riscaldati
Ballan saltan tuttavia . . . .
Mida vien dopo costoro:
Ciò che tocca oro diventa. »

In fine, per argomento di quanto perdesse d' ingenuità e freschezza la letteratura italiana perdendo le ballate, si potrebbero paragonare le due canzoni del Medici e quella del Poliziano su lo smarrimento del cuore a parecchi sonetti arcadici dello stesso argomento, specialissimamente ad uno del marchese Gian Gioseffo Orsi, uomo d' ottimo gusto e di miglior dottina nel difendere la poesia italiana dalle accuse dei giornalisti di Trevoux, ma in poesia arcade quanto ce ne entrava. Io non sto a riportarlo, già che è tra gli esempi onde il Muratori confortava la sua nuova idea della *perfetta poesia*:[2] la ricerca e il paragone meritano di essere fatti. Nè far si potrebbero, per seguire le traccie della decadenza, con ballate d' età posteriore; perocchè questo genere mancò al finire del quattrocento, al finire della grande letteratura originale a cui erasi esso accompagnato, modificandosi secondo i vari periodi. Vero è però che per tutto il cinquecento le ballate scritte da' quattrocentisti rimasero nell' uso del popolo: e lo attestano le varie edizioni popolari di quel secolo, tutte a cagione del consumo divenute oggi rarissime; lo attestano i comici mettendo in bocca ai lor personaggi massime della plebe o versi intieri o motti e proverbi tolti e derivati dalle ballate: nel *Granchio* del Salviati,[3] Fanticchio ragazzo motteggia una vecchia cantando la strofa del Poliziano « Una vecchia mi vagheggia, » con l' intercalare. Nè manca forse qualche altro vestigio d' una più lunga popola-

---

[1] L. de' Medici, *C. Carnesc.* I; edìz. cit.

[2] Muratori, *Della perf. poes.* lib. IV, Venezia, Coleti, vol. II, pag. 310.

[3] Salviati, *Granchio*, a. III, sc. IV; Firenze, Torrentino, 1500.

rità delle ballate nei secoli di poi: e Antonio Guadagnoli in certo luogo ricorda « le villanelle che vengono in Firenze a cantar maggio e cominciano una loro canzone, *Ben venga Maggio,*[1] » che è a punto il principio d'una delle più eleganti del nostro autore. A me non è avvenuto mai di sentire cotesta o simile cosa: il metro però delle stanze ottonarie, con l'intercalare obbligato alla fine d'ogni stanza, che altro non è se non la ripresa del primo verso, l'ho sentito anch'io nei *Maggi,* specie di rappresentanze che cantavansi e cantansi tuttora nella maremma pisana. Certo è però che la ballata dopo il quattrocento non ebbe più propria e vera vita: il madrigale che le successe in voga, massime nella seconda metà del cinquecento, e sempre più le ariette del sei e settecento, accennano il rimpiccolimento dell'arte di decadenza. Veramente il Chiabrera, che, se non in altro, nella viva e armoniosa varietà di metri fu poeta, tentò di restaurare la ballata:[2] qualcosa di simile fece ne' suoi scherzi anche il Redi, l'ultimo dei Toscani:[3] ma nel primo è troppo lo studio, e la soverchia eleganza accusa quella greca peregrinità che al Poliziano spiaceva: il secondo ben si vede che componeva le sue ballate per musica e per musica di corti e di palagi. I romantici tra 'l venti e il quaranta, risuscitando il nome di ballata e applicandolo alle loro imitazioni delle imitazioni della prima maniera di Victor Hugo, commisero uno di quei tanti anacronismi onde resteranno famosi, essi che si vantarono di riportare il vero nell'arte e di ricongiunger questa all'istoria. E la ragione salvi i giovani dalle ballate romantiche; le quali, rappresentando un falso oriente e un falso settentrione, un falso medio evo e una falsa cavalleria, una falsa religione e un falso popolo, e falsi sentimenti e falsissimi ghiribizzi di cervellini che si credevano e volevano apparir grandi e robusti, ad altro non riuscirono in somma che a rinnovare una arcadia tanto più nociva quanto più pretensionosa.

E qui in fine, poichè tutta d'amore è questa lirica, par-

[1] Guadagnoli, note al *Menco da Cadecio;* in *Poesie,* Lugano, 1858; vol. II.

[2] Vedi specialmente del Chiabrera gli *Scherzi* e le *Vendemmie di Parnaso.*

[3] Redi, *Poesie;* dell'ediz. diamante di G. Barbèra, pag. 172, 175 e segg.

rebbe richiedersi un cenno degli amori di Angiolo Poliziano. Ma poco se ne sa: nè furon certo di quelli che informano di poesia tutta intiera una vita come quella dei padri d' Italia Dante e Petrarca. Non altro che il nome e la patria ci è noto della Ippolita Leoncina da Prato celebrata con gran calore dal nostro nei versi italiani. Più tardi amò egli l' Alessandra, bellissima e dotta figliuola di Bartolommeo Scala che la diè in moglie al Marullo; onde il Poliziano si guastò con l' uno e con l' altro, perseguitandoli di versi latini acerbissimi, massime sotto nome di Mabilio il secondo. Ma che dell' amore per l' Alessandra scrivesse versi italiani, non credo; sì ne toccò in greco; e mi piace che egli stesso confessi non avere dalla fanciulla avuto mai che parole (« A me che desidero il frutto tu mandi pur fiori e foglie: denotano che in vano io mi travaglio.[1] ») Io, a vero dire, son lieto di non avere a intromettermi nella vita privata del Poliziano: « felice ingegno posto in una forma infelice; nè i costumi di lui furono senza macchia: solo nelle opere letterarie perfetto: » come ne scrisse con acuta brevità un dotto straniero.[2] Però è debito notare che gran parte dei rispetti e delle ballate venner composte nella prima gioventù, e forse prima che il Poliziano fosse eletto priore di san Paolo per favor di Lorenzo, il quale aveva in costume di far canonici i letterati a sè addetti: meglio a ogni modo dei duchi di Este che volean cavallaro l' Ariosto e chiamavano servitore il Tasso. Nè altro che un benefizio secolare con qualche lieve obbligo ecclesiastico era il priorato di san Paolo: e solamente nell' ottantasei fu il Poliziano annoverato fra i canonici della Metropolitana, benchè veramente sacerdote non fosse mai. Ma, uscendo di sagrestia, anche è vero che non poche rime compose il Poliziano ad istanza d' altri: come rilevasi da una lettera del 1490 ove duolsi il da ben priore che la gente assediandolo tuttavia nella sua casetta non gli lasci pure il tempo da dir l' uffizio. « Ecco uno che mi chiede arguzie fescennine [*canti carnescialeshi*] pe' giorni di carnevale, ed uno prediche[3] per le confra-

---

1 Politianus, *Epigr. græc. lib. In Alexandr. pöetriam.*

2 D' Israeli, *Curiosities of literature*, 1835, I, p. 387.

3 Alcune prediche del Poliziano saranno nel vol. delle *Prose volgari*

ternite; altri canzonette pietose da intonar su la viola, altri canti licenziosi per le serenate. Questi, stolto!, viene a raccontare i suoi amori a me più stolto che sto a sentirlo: quegli mi domanda una insegna il cui senso sia chiaro solo alla sua donna, e che eserciti in vano le altrui congetture.[1] » Dal che è dato pur d'inferire come parecchie di quelle rime dovessero essere tirate giù in fretta senza badarvi sopra poi tanto, sol per levarsi d'intorno il fastidio delle domande, e come il Poliziano ne tenesse pochissimo conto. E ciò mentre i contemporanei tenevan in grandissimo conto lui anche come poeta volgare. Standocene alle sole ma eloquenti testimonianze de' poeti, Antonio da Pistoia così incominciava un sonetto su i rimatori del tempo suo:

« Chi dice in versi ben, che sia toscano?
— Di' tu in vulgare? — In vulgare e in latino —
Laurentio bene, e 'l suo figliuol Pierino;
Ma in tutti e due val più il Poliziano.[2] »

Con altro tono cantava Cassio da Narni:

« Tra' più famosi [*poeti*] era il Poliziano
Che con bel modo agli altri recitava
Molte sue stanzie; e il stil terso e soprano
Vedevasi che a tutti dilettava:
De' Medici Lorenzo avea per mano
Che a un medesmo segno seco andava.
Ahi Italia fior del mondo! onde deriva
C' hai simil figli e sei d'ingegno priva?[3] »

E con affezione di amico e con enfasi di poeta ne parlava il buono e ingegnosissimo Luigi Pulci, e in quella ottava ove gli si professa obbligato di notizie intorno il suo argomento (onde Teofilo Folengo[4] e l'irrequieto frataccio Ortensio Lando[5] inventarono che il *Morgante* fosse opera del Poliziano e da lui donata al Pulci), e più ove su 'l fine egli dice di voler porre

---

[1] Politianus, *Epist.* II, XIII.

[2] In *Scelta di Poeti ferraresi*, Ferrara, 1733; pag. 17.

[3] Cassio da Narni, *Morte del Danese;* in Crescimbeni, *Storia della volgare poesia*, Volume II, parte II, libro VI; Venezia, Baseggio, 1730.

[4] Teofilo Folengo sotto nome di Limerno Pitocco, *Orlandino*, cap. I, st. 19 e 20.

[5] O. Lando, nella *Sferza degli Scrittori*.

ano a un nuovo poema, il *Pallante,* allusivo certo a Lorenzo e' Medici.

« E ne ringrazio il mio car Angiolino,
Sanza il qual molto laboravo in vano;
Fida scorta m' è stato al mio cammino;
Onore e gloria di Montepulciano;
Che mi dette d' Arnaldo e d' Alcuino
Notizia, e lume del mio Carlo Mano;
Ch' io era entrato in un oscuro bosco,
Or la strada e il sentier del ver conosco.[1]
. . . .
Quand' io sarò con quel mio serafino,
Io gli [*i nomi*] trarrò fuor forse col cervello:
Perchè questo Agnol vi porrà la mano,
Nato per gloria di Montepulciano.
Questo è quel divo e quel famoso Alceo
A cui sol si consente il plettro d' oro;
Che non invidia Anfione o Museo,
Ma stassi all' ombra d' un famoso alloro;
E i monti sforza come il tracio Orfeo,
E sempre in torno ha di Parnaso il coro,
E l' acque ferma, e sassi muove e glebe,
E a sua posta può richiuder Tebe.
Io seguirò la sua famosa lira
Tanto dolce soave armonizzante,
Che come calamita a sè mi tira;
Tanto che insieme troverrem Pallante:
Perchè, sendo ambo messi in una pira,
Segni farà del nostro amor costante,
D' una morte un sepolcro un epigramma,
Per qualche effetto l' una e l' altra fiamma.
Noi ce ne andrem per le famose rive
Di Eürote e pe' gioghi là di Cinto;
Dove le muse ausonie e argive
Gli portan chi narciso e chi iacinto.
Io sentirò cose alte magne e dive,
Che non sentì mai Pindo o Aracinto:
Io condurrò Pallante a Delfi e Delo;
Poi se n' andrà come Quirino in cielo.[2] »

Ma di cotesta gloria non si curava già il Poliziano. Disprezzando le sue cose volgari con maggior verità che non il

[1] L. Pulci, *Morgante,* XXV, 169.
[2] L. Pulci, *Morgante,* XXVIII, 140 e segg.

Petrarca, il quale vi ritornava ognor sopra con la perfezionatrice pazienza della lima e le inviava a questo e a quello, non le ricordò mai o a pena una volta nelle opere sue,[1] nè mai si diè pensiero che uscissero a stampa, egli che pur di sè altamente sentiva e le sue cose latine pubblicò con grande apparato. Rendere agli immortali antichi di quel lume che avea da essi ricevuto, i luoghi oscuri dichiarando, emendando gli erratí, espungendo le interpolazioni, i difetti adempiendo; e in queste faticose industrie recar lo splendore di un' immaginazione che tutto abbelliva e colorava, fino le questioni filologiche; trasportar dal greco in latino quegli scrittori e quegli scritti che più si porgevan restii al volgo de' traduttori; entrare col *Panepistemon* e con la *Dialectica* nel portico e nel peripàto; collazionando il testo delle pandette, guidar la letteratura ad invadere anche il campo del diritto;[2] salire di ventinove anni la cattedra di eloquenza greca nello Studio fiorentino, e mirarsi intorno raccolta una folla d'uditori che per lui giovane e paesano abbandonavano il vecchio e greco Demetrio Calcondila, e fra quegli uditori vedere assisi più d'una volta il Medici il Lascari il Pico, e fra quegli scolari annoverare i Carteromaco il Volterrano il Crinito, e Guglielmo Grocin professore poi di greco in Oxford ed amico di Tommaso Moro, e il Linacer salutato restauratore degli studi umani in Inghilterra, e Dionigi fratello di Giovanni Reuchlin, e i due giovani Texeira figliuoli del gran cancelliere di Portogallo; e dal re di Portogallo Giovanni II ricever lettere in cui era encomiato e confortato a scrivere secondo le memorie che se gli mandavano le storie latine delle cose operate dal re,[3] e brevi di Innocenzo VIII in cui grazie gli venian rese e compensi assegnati per la versione d'Erodiano;[4] questa per Angelo Poliziano era gloria. E talvolta, in mezzo alla interpretazione dei grandi esemplari, acceso dallo spirito dell' antica bellezza, cotesto retore dal collo storto e mal commesso, dal

---

[1] Politianus, *Miscellaneorum* capit. XXII, a proposito degli *echi*.

[2] Per gli studii di Angelo Poliziano nella giurisprudenza, onde intitolasi e deriva da lui la scuola dei *culti*, vedi il dotto ed eloquente lavoro del professore F. Bonamici, *Il Poliziano Giureconsulto*, uscito ultimamente in Pisa pei tipi del Nistri.

[3] Politianus, *Epist.* X, I, e II.

[4] Politianus, *Epist.* VIII, I e II.

naso enorme, un po' losco dell'occhio sinistro, sorgeva in piedi; e con voce piena sonora e variamente colorita dall'accento della passione recitava versi suoi; i versi che avea composto nella villetta fiesolana, presso una siepe di rose, allo spirare del venticello che veniva dal monte, al mite lume de' tuoi occasi, o soave Toscana. Allora il retore deforme divenia bello d'un tratto: gli splendea su la pallida fronte qualche raggio delle antiche deità: e il silenzio dell' uditorio si facea più solenne, perchè i novelli ateniesi credevano vedersi innanzi risorto un sacerdote di Apollo. Ed egli, se argomento alle dotte lezioni era stato Omero l'amor suo, dopo cantatane la portentosa nascita e la cecità più portentosa, così ne intonava le lodi:

« Huic aras huic templa dedit veneranda vetustas;
Hunc ære hunc saxo fulvoque colebat in auro:
Hunc unum auctorem teneris præfecerat annis
Rectoremque vagæ moderatoremque iuventæ:
Hunc etiam leges vitæ agnovere magistrum:
Omnis ab hoc doctas sapientia fonte papyros
Irrigat: hunc proprias olim gangetica tellus
Transtulit in voces: huius natalia septem
Quæque sibi rapiunt studiis pugnacibus urbes:
Hunc et sithonii patientem iura flagelli
Asseruit patrio vindex Ptolemœus ab amne:
Hunc quoque captivo gemmatum clausit in auro
Rex Macedùm, mediis hunc consultabat in armis,
Hoc invitabat somnos, hinc crastina bella
Concipere huic partos suetus iactare triumphos.
Et nos ergo illi grata pietate dicamus
Hanc de pierio contextam flore coronam,
Quam mihi caianas inter pulcherrima nimphas
Ambra dedit patriæ lectam de gramine ripæ;
Ambra, mei Laurentis amor, quam corniger Umbro
Umbro senex genuit domino gratissimus Arno,
Umbro suo tandem non erupturus ab alveo.[1] »

O Virgilio aveagli toccato la mente e l'animo con la vereconda larghezza del suo stile: ed egli rivolgendosi a' giovani,

« Et quis, io iuvenes, tanti miracula lustrans
Eloquii, non se immensos terræque marisque
Prospectare putet tractus? Hic ubere largo

[1] Politianus, *Ambra*.

Luxuriant segetes, hic mollia gramina tondet
Armentum, hic lentis amicitur vitibus ulmus;
Illinc muscoso tollunt se robora trunco,
Hinc maria ampla patent; bibulis hoc squallet arenis
Littus, ab his gelidi decurrunt montibus amnes;
Huc vastæ incumbunt rupes, hinc scrupea pandunt
Antra sinus, illinc valles cubuere reductæ.
Et discors pulchrum facies ut temperat orbem;
Sic varios sese in vultus facundia dives
Induit, et vasto nunc torrens impete fertur
Fluminis in morem, sicco nunc aret in alveo,
Nunc sese laxat, nunc exspatiata coërcet,
Nunc inculta decet, nunc blandis plena renidet
Floribus, interdum pulchre simul omnia miscet.
O vatum pretiosa quies, o gaudia solis
Nota piis, dulcis furor, incorrupta voluptas,
Ambrosiæque deûm mensæ, quis talia cernens
Regibus invideat? mollem sibi prorsus habeto
Vestem aurum gemmas: tantum hinc procul esto malignum
Vulgus, ad hæc nulli perrumpant sacra profani.[1] »

Ovvero Esiodo e le Buccoliche risvegliavano in lui quel segreto amore della vita campestre, che così spesso prorompe dalla sua poesia e dalla prosa: ed allora, con versi *che non si distinguerebbero da quelli di Virgilio* (il giudizio è di Villemain) *e che ne hanno il libero giro il movimento e l'armonia,*[2] così, invocando Pane, incominciava:

« Pan, ades, et curvi mecum sub fornice saxi
Versibus indulge; medio dum Phœbus in axe est,
Dum gemit erepta viduatus compare turtur,
Dum sua torquati recinunt dictata palumbes.
Hic resonat blando tibi pinus amata susurro:
Hic vaga coniferis insibilat aura cupressis:
Hic scatebris salit et bullantibus incita venis
Pura coloratos interstrepit unda lapillos:
Hic tua vicinis ludit lasciva sub umbris
Iamdudum nostri captatrix carminis Echo.
Felix ille animi divisque simillimus ipsis,
Quem non mendaci resplendens gloria fuco
Sollicitat non fastosi mala gaudia luxus:
Sed tacitos sinit ire dies et paupere cultu

---

1 Politianus, *Manto.*

2 Villemain, *Littérature du moyen age*, leç. XXII. Paris, Pichon et Didier, 1830.

Exigit innocuæ tranquilla silentia vitæ,
Urbe procul, voti exiguus. . . . . . .[1] »

E così terminava:

« Hanc, o cœlicolæ magni, concedite vitam:
Sic mihi delicias, sic blandimenta laborum,
Sic faciles date semper opes. Hac improba sunto
Vota tenus: numquam certe numquam illa precabor,
Splendeat ut rutilo frons invidiosa galero
Tergeminaque gravis surgat mihi mitra corona.
Talia fesuleo lentus meditabar in antro,
Rure suburbano Medicum, qua mons sacer urbem
Mæoniam longique volumina despicit Arni,
Qua bonus hospitium felix placidamque quietem
Indulget Laurens, Laurens haud ultima Phœbi
Gloria, iactatis Laurens fida ancora Musis.
Qui si certa magis permiserit otia nobis,
Afflabor maiore deo: nec iam ardua tantum
Silva meas voces montanaque saxa loquentur,
Sed tu, si qua fides, tu nostrum forsitan olim,
O mea blanda altrix, non aspernabere carmen
Quamvis magnorum genitrix Florentia vatum,
Doctaque me triplici recinet facundia lingua.[2] »

Voto cotesto che formato nel chiudersi della penultima decade del secolo XV non poteva esser pieno: la primavera del rinascimento era su lo sfiorire: altri e nefandi tempi all'Italia si maturavano.

V.

Bibliografia dei rispetti, delle ballate, delle rime varie. Nuove cure date loro in questa edizione.

Codici.

Più ricco e antico d'ogni altro è pur sempre il riccardiano 2723, già descritto al cap. III. Sonovi dopo l'*Orfeo* molti rispetti, copiati in origine senza divisione di sorta in-

---

[1] Politianus, *Rusticus*.

[2] Politianus, *Rusticus*.

sieme ad altri di Lorenzo de' Medici: una mano diversa da quella che fe la copia e forse posteriore aggiunse qua e là alcuni segni distintivi a pena sensibili e le abbreviature *A. P.*, *A. Polit.*, *Pol.*, *Lor. de Med.*: un' altra scarabocchiò nei margini qualche postilla o emendazione per lo più arbitraria. Seguitano parecchie ballate, del Poliziano e del Medici, mescolate insieme; e al Medici si attribuiscono tal volta quelle che certamente sono del Poliziano; e spesso non hanno indicazione o distinzione veruna. Altri rispetti e altre ballate si alternan poi nuovamente, e in mezzo canzoni di Dante; quindi, dopo le varie prose italiane e latine accennate al cap. III, ancora nuovi rispetti, ma d' altra mano.

Quasi ricco come il riccardiano ma più ordinato pare dovesse essere il chigiano 2333 ovvero M. 4. 81 già citato al cap. III. Il Serassi ne estrasse parecchi de' più eleganti rispetti e due canzonette per la cominiana del 1765, e il Poggiali potè collazionarvi alcune delle ballate che pubblicò dai codd. ricc. e laurenz. nella sua *Serie*, e di quelle che vi restavano inedite citò i primi versi.[1] Le quali tutte, fuor che una [*Fortuna disperata*, intitolata « Canzonetta intronata antica » che non m' è avvenuto di ritrovare] si leggono pure nei codd. fiorentini. Il che allevierebbe, se non isminuisce, il danno della perdita di così prezioso codice; quando sia irreparabilmente perduto, come venne asserito.

Nè qui finiscono le perdite della chigiana. Perocchè *da gran tempo non trovasi più in quella libreria, nè si sa certo in qual modo siane uscito,* secondo ne attesta il signor Bonanni, l'altro manoscritto cartac. 2328 da cui il Crescimbeni estrasse la canzone *Monti valli antri colli.* Meno male che un segretario del card. Alessandro Falconieri, l' ab. Niccolò Rossi, gran raccoglitore di codici e stampe antiche, ne copiò alcune poesie che v' erano col nome del Poliziano: e quella copia è nel ms. cartac. di num. 94 della biblioteca corsiniana di Roma, e le poesie ne furono poi pubblicate dal sig. Bonanni nel 1858:[2] di che a suo luogo.

---

[1] Poggiali, *Serie dei testi di lingua* ec., Livorno, 1813; I, 260 e segg.

[2] Bonanni, Prefazione alle *Due Canzoni a b. di A. P.*, Firenze, Barbèra, 1858, pag. 14 e segg.

Anche il codice del dottor Buonafede Vitali del quale giovossi l'Affò per la nuova edizione dell' *Orfeo* [v. cap. III], oltre l' *Orfeo* e fra molte altre rime di contemporanei, conteneva quattro sonetti del Poliziano.[1] Le prove di tal poeta in tal forma di poesia, nella quale nulla conosciamo di lui, sarebbero state cosa ghiotta. Ma a temperarcene il desiderio viene opportuna la nota dell' Affò che uno di quei sonetti [comincia *Il sole avea già l' ombre e le paure*] è dal Crescimbeni[2] attribuito a Bernardo Bellincioni. Forse nè pur gli altri erano veramente del Poliziano: a ogni modo ognuno avrebbe avuto caro di certificarsene. Io certo avrei avuto caro di certificarmi se cotesto cod. Vitali, del quale non m' è riuscito saper altro, fosse per avventura una cosa col DCCCXXXVI. B. 362 [Parte IV. *codd. italici*] della Estense di Modena. È questo, stando alla descrizione del catalogo ms., un piccolo in foglio che contiene, a punto come quel del Vitali, poesie di molti degli ultimi quattrocentisti; per esempio la *Psiche* e vari sonetti di Niccolò da Correggio, cinque sonetti del Toschi ferrarese, cinque di Giovanni Pico, e sei di Angelo Poliziano. Avrei desiderato certificarmi e vedere: ma i codici erano e sono tuttora incassati; e il mio desiderio andò in fumo.

Preziosissimo ne riuscirebbe il cod. cartac. in ottavo oblungo di sessanta fogli che numerato XLIV conservasi nel pluteo XL della Medico-Laurenziana, se dovesse credersi al Bandini « *quoad Politiani carmina, ut videtur, autographus.*[3] » A ogni modo la lezione è per lo più ottima; e la lettera certamente dei tempi di mess. Angelo, anzi della sua gioventù. Dopo molte rime di Dante, contiene del Poliziano la stanza su l' *eco*, cinque ballate, dodici rispetti spicciolati e i rispetti continuati *O trionfante sopra ogni altra....* Del secolo XVI e di bellissima lettera con disegni a penna è l' altro cod. cart. di pag. 81 in foglio che si conserva nel pl. XLI della stessa biblioteca sotto il num. XXXIII. Contiene rime varie del secolo XV; del Poliziano ha la canzo-

---

[1] Affò, *Prefazione* all' *Orfeo*, pagina 124 di questa edizione.

[2] Crescimbeni, *Coment. Stor. volg. paes.*, t. III, pag. 207; Venezia, 1731.

[3] Bandini, *Cathal. Codd. ms. Bibl. Med. Laur.*; vol. VIII: pag. 151.

netta *Questo mostrarsi....*; e senza ragione gli attribuisce *la canzona delle venditore*, *Buona roba abbiam....*, che è del Medici.

Di non minore autorità che il primo cod. laurenz., e dello stesso tempo o più basso di poco, è un cartaceo magliabechiano in 4° oblungo al n. 1034 della classe VII sotto là rubrica *Variorum* e con la intitolazione *Poesie toscane di diversi autori antichi*. Le rime del Poliziano, dieci ballate, son riunite in un quadernetto con altre del Magnifico del Bellincioni e di Giovanni Ridolfi, di buona lettera e di lezione migliore. Brutte per contrario e l'una e l'altra nell'altro magliab. 735, cl. VII *Varior.*, col titolo di *Canti carnascialeschi*, in 4° piccolo e della fine del XV o de' primi del sec. XVI; dove del Poliziano, oltre il male attribuitogli *Trionfo* per la promozione alla porpora di Giovanni de' Medici, sono una canzonetta intonata e qualche rispetto.

Copia di varie poesie del Poliziano di su i manoscritti fiorentini per innanzi descritti è il cod. di n. 27 nella voluminosa raccolta di rime antiche trascritte dal Moucke e dal Biscioni, che acquistata dal marchese Cesare Lucchesini passò poi nella biblioteca di Lucca. Pure anche questa copia ci giovò a qualche cosa, grazie alla gentilezza del nostro amico G. Pierotti che ben volle mandarcene le varianti e qualche postilla.

Sono nel cod. cart. misc. 771 della Riccardiana due cart· di scrittura nitida e corretta, probabilmente del primo cinquecento, già piegate in forma di lettera e indirizzate al GENEROSO AC STRE | *nuo militi: dno meo Colen* | *diss. Dno Andreæ Magnano* | [Magnanimo?] con sotto *Mementote interdum vr' Zenobii Masolini de Prato*. Contengono, con pochi versi latini del nostro autore, fra i quali l'ode *Puella delicatior* e gli elegi *Laetior ut cervus...*, quattro ballate e l'*eco*.

Come quello su 'l quale fu esemplata la prima edizione delle due elegantissime ballate per la Ippolita Leoncina [*Chi non sa...*, e *Benedetto sia 'l giorno...*] ricordiamo il manoscritto di Luigi Poirot, il quale dichiarava al dottore Rigoli, che diè alla luce quelle ballate nel suo *Saggio di rime dal secolo XIV al XVII*, « di averle ottenute in copia moderna dalla libreria del Seminario fiorentino.[1] »

[1] Rigoli, *Note al Saggio di rime di diversi buoni autori dal secolo XIV al XVII*; Firenze, 1825; pag 306.

E le due ultime ballate ed altre dodici delle già edite e i rispetti continuati a foggia di serenata [*O trionfante sopra...*] e quattordici rispetti spicciolati con più cinque inediti sono contenuti anche in un codice, mancante però di qualche carta, del chiarissimo professore Giuliano Vanzolini di Pesaro. Venuto a notizia di questo egregio signore come io intendessi a una nuova edizione delle cose volgari del Poliziano, egli, che pure aveva in animo di riprodurre le poesie del suo codice insieme con la *Giostra* secondo la lezione dell' oliveriano, spontaneamente e senza pur conoscermi mi si fece incontro profferendomi le varie lezioni per lo più pregevolissime e i cinque rispetti inediti di quel suo codice. Gentilezza certamente incognita ai filologi di mestiere, ma naturale in chi ama gli studi e le lettere umane sol per amore di esse, come il Vanzolini che è uomo di elegantissimi studi: al quale insieme con me vorranno certo i lettori del Poliziano essere gratissimi di sì bel dono. In fondo al codice del professor Vanzolini è un *Epitaphio della Lena da Prato chiamata Cento per Zanobi Masolini,* quello stesso che inviava le due carte riccardiane con i versi del Poliziano ad Andrea.

Sol per l' intierezza del catalogo ricordo in ultimo il cod. riccard. cartac. in 4º di n. 2599, che contiene diverse lettere memorie e poesie attenenti o allusive alla casa Medici fatte raccogliere e copiare da Giovanni Mazzuoli detto lo Stradino, celebre nei fasti della poesia burlesca fiorentina del secolo XVI. Da esso codice gli editori fiorentini del 1814 estrassero i capitoli e l' epitaffio in morte del Magnifico male attribuiti al Poliziano.

Stampe. — Prima età.

Questa età, che potrebbe ancora intitolarsi delle raccolte, oltre le stampe della *Giostra* dal 1494 al 1537 che tutte, eccetto la rivista dal Gaietano, contengono la canzonetta *Non potrà mai dire Amore* con la stanza dell' *eco,* e alcune anche la canzone *Io son constretto,* come registrammo a suo luogo, comprende ancora le seguenti raccolte ove sono ballate o canzonette del N. A.

14.... È un in 4° piccolo, di c. 36, non num., registr. *a-fiii*, (*c* ed *e* duerni, *d* ed *f* terni, il resto quaderni) senza nota nè di luogo e tempo nè di tipografo: nel frontesp. ha figurato in legno un ballo di dodici fanciulle su la cantonata (pare) del palazzo Medici, e il Magnifico da una parte che sembra tendere la mano a una giovinetta inginocchiata, e dietro lui una mezza figura che potrebbe prendersi pel Poliziano. Sotto sono questi versi:

« Se intender uuoi della storia leffecto
& di questa brigata qui presente
volgi la charta & leggi quel sonecto. »

E *quel sonecto* segue nella faccia dietro, miserabile indovinello: incomincia

« Per dar dilecto a uoi lector mie pratichi
della madonna. . . . . , »

accenna gli argomenti di alcune ballate, e finisce

« El buon grisel con suo soaui canti
lacciuga col Ciullozo ancor cõsuõna
diparadiso cauerien esancti
Et canton tutti quanti alla carlona
uedi losbracia che lor qui davanti
sequitate col canto in hora buona
Hor su tu che ci dona
Comincianne qui con ladolciata
su chella piaccia a tutta labrigata. »

È in principio della seconda carta la rubrica:

§ Ballatette del
Magnifico Lorẽzo de medi
ci & di messere Agnolo Poli
tiani & di Bernardo giãbur
lari & di molti altri.

Stanno in fine del libro alcune ottave intitolate ***Rispetti d' amore***, le cui ultime parole sono *Dunche prendi partito come saggia*. In questa raccolta, e con titolo a sè [c. 22-26] e mescolate ad altre del Medici, sono molte delle ballate di M. Angiolo; che sempre quasi accordano nella lezione e nella grafia con i codici da me veduti.

149...? Le stesse. *A petitione di ser Piero Pacini da Pescia.* Senz' anno. In 4°. « Sono c. 30 con registro da *a* sin a *d* quaderni, eccettuato l' ultimo ch' è terno. Nel frontispizio sta il legno e stanno i versi dell' antecedente ediz., e così sta pure il sonetto nella seconda faccia. Nel fine del libro veggonsi triplicatamente impresse le armi colla parola PISCIA.... I nomi dei diversi autori, che in altre stampe si leggono talvolta indicati con sole iniziali, cioè ora L ora B ora P ora F, nella presente sono scritti ora LORENZO ora BERNARDO ora POLITIANO, sicchè non lascia in dubbio a chi le ballatette appartengano. Della F non ho trovato spiegazione veruna » [Gamba].[1]

15... *Frottole composte da più autori cioè: Tu ti parli* [sic] *o cuor mio caro....* Senza luogo ed anno. In 4°, di 4 ff. a 2 col.; il f. A 2 contiene al retto 38 linee per colonna. Al retto del pr. f. è una fig. in legno che rappresenta una donna in alto a un balcone, in basso un cavaliere e Amore che ferisce la donna. « A giudicarne dall' aspetto, questa ediz. dovè uscire in Firenze avanti il 1540 » [Libri].

15.... *Frottole diverse da più autori composte.* Senza luogo ed anno. In 8°, di 4 ff. a col. Edizione eseguita probabilmente a Venezia verso il 1550. Ella contiene, con titoli qualche volta differenti, i sette primi componimenti che si vedono nell' edizione posteriore del 1560 [Libri].

1557. *Cazone* [sic] *a ballo: composte da diversi autori, aggiuntoci quella che dice dolorosa meschinella. Firenze, presso al Vescovado.* In 4°, di 4 ff., a 2 colon.; con una bella stampa in legno su 'l retto del primo foglietto. Questo opuscolo estremamente raro contiene poesie di Fr. Sacchetti, di Lor. de' Medici, ec. Il Gamba cita un simigliante libretto posseduto dal march. Trivulzio ma pubblicato nel 1564. L' edizione che noi annunziamo qui pare che sia sfuggita a tutti i bibliografi [Libri].

1560. *Frottole composte da più autori. Fiorenza,* 1560, *del mese di gennaio.* In 4°, di 2 ff. a 2 col.; con una figura in legno al retto del pr. f. Forse è l' edizione originale d' un

[1] Citando il Gamba e il Libri mi riporto sempre alle loro opere bibliografiche accennate nelle note al cap. III.

opuscolo di cui il Poggiali ha citato ristampe del 1562 e del 1614 e un'ediz. senza data [*Testi*, I 225 e II 229]. Le canzoni contenute in questa raccolta differiscono da quelle della seguente [Libri].

1560. *Frottole composte da diversi autori, cioè la Brunettina mia*, ec. *Fiorenza, 1560, a dì 3 di febraro.* In 4° di 2 ff. a 2 col.; con una figura in legno al retto del pr. f. Opuscolo eccessivamente raro, di cui noi non conosciamo altro esemplare [Libri].

1562. *Canzone a ballo composte da diversi autori. Firense, Sermartelli.* In 4°, di cc. 38 numerate con segnat. A-E. « Un bello esemplare di questa ediz. serbasi nella Marciana di Venezia » [Gamba].

1562. *Frottole composte da più autori, cioè. Tu ti parti o cuor mio caro.* ec. In fine: *Stampate in Firenze l'anno MDLXII per Rodolfo Pocaranza.* In 4°, di cc. 4 a due col. Nel frontespizio è la solita figura in legno descritta più sopra: nell' ultima pag. dopo la soscrizione v' è altra figura in legno; un cavaliere e una donzella che ballano in un giardino, un suonatore, una vecchia che guarda dalla finestra d' una casa vicina al giardino. Non son certo se una altra ediz. senz' anno e luogo sia ristampa di questa a cui tanto somiglia, salvo che manca dell' ultima figura, o veramente sia la ediz. forse originale che il Libri crede eseguita innanzi al 1540.

1564. *Canzone a ballo composte da diversi...* In fine: *I* [sic] *Firenze, l' Anno di nostro Signore M. D. LXIII del mese di Luglio.* È in forma di 4°, di sole cc. 4 non num., con intaglio in legno nel frontesp.: e le canzoni sono di Lorenzo de' Medici, del Poliziano e del Pulci. Esiste nella privata libreria del c. Gio. Giacomo Trivulzio [Gamba].

1568. *Canzone a ballo composte dal Magnifico Lorenzo de' Medici et da M. Agnolo Politiano et altri autori insieme con la Nencia da Barberino et la Beca da Dicomano composte dal medesimo Lorenzo.* In 4°, di cc. 42 num., con frequenti sbagli nella numerazione. « Nel frontespizio sta il solito intaglio in legno col ballo delle ragazze: e la data in fine è così: *In Firenze, l' Anno M. D. LXVIII.* Leggesi in questa edizione qualche componimento che manca nelle antecedenti, quantunque più copiose » [Gamba]. « Nell' esempl. passato dalla Magliabech. nella Palatina di Firenze, oltre alle lettere iniziali indicanti i nomi degli autori che si veggono in istampa in alcuni luoghi, si trovano ancora altre lettere iniziali fatte a penna apposte ad altri componimenti che parevano d' incerti [Edd. fior. di L. de' Medici.[1]] » « Sono ormai circa trent' anni da che m' è venuto il capriccio di contraffare quest' edizione e di farne imprimere oltre 100 esempl., stando attaccato possibilmente all' originale, da cui ho ricopiato gli errori e sino qualche accidente della stampa, come non meno l' intaglio in legno che adorna il frontespizio. A fine di distinguere questa contraffazione si osservi la prima lettera iniziale con cui cominciano le canzoni; la quale lettera nell' originale rappresenta due persone azzuffate, una dall' altra atterrata, e nella copia rappresenta un paesetto con fabbriche. In qualche esempl. ho aggiunto al fine 2 cc., le quali contengono quelle canz. che nell' ediz. di Ser Pacini senz' anno e nell' altra del Sermartelli [1562] si ritrovano, ma che sono mancanti nell' ediz. 1568 » [Gamba]. L' edizione delle *Canzoni a ballo* del 1568 è stata citata in tutte le impressioni del Vocabolario dagli Accademici della Crusca: ma con questo inconveniente che l' Accademia nelle citazioni usa l' abbreviatura *Med. L. canz. ball.* per tutte le canzoni della detta impressione, delle quali la maggior parte non sono di Lorenzo. Più: nell' edizione del 68, come in tutte le raccolte di Canz. a b. della seconda metà del sec. XVI, la lezione è un po' ad arbitrio ammodernata.

1578. *Scelta di laudi spirituali di diversi eccellentissimi e devoti autori antichi e moderni.... In Firenze, nella Stamperia de' Giunti.* In 4°. Ve n' è una del Poliziano.

15.... Il Poggiali[2] e gli edd. fiorentini del 1814[3] citano un libretto di poesie di diversi autori, dov' è anche il Mantellaccio e dove sono del N. A. le due ballatette che cominciano

---

[1] L. de' Medici, *Opere*, Firenze, Molini, 1825; vol. I, *Catalogo delle ediz. che contengono alcuna parte delle opere del Magn.*, XVII.

[2] Poggiali, *Serie*; l. c.

[3] *Rime di Angiolo Poliziano*, Firenze, 1814; vol. II, pag. 143, nota 132.

Io vi vo', donne, insegnare e *Io vi voglio confortare*. A me non è avvenuto di trovarlo.

1614. *Canzone bellissime a ballo, nuovamente composte da diversi autori.* E qui i capoversi di parecchie ballate. Poi. *E molte altre Canzone, Nuovamente ristampate, e ricorrette.* In fine: *Stampate in Firenze appresso Agostino Simbeni l' anno 1614.* In 8', di 4 cc. a col.: ha nel frontesp. un intaglio in legno istoriato d' alcune donne che ballano intorno a una colonna su cui è l' arme de' Medici.

Seconda età.

Comprende dal 1698 in giù le varie pubblicazioni di rime inedite o disseppellite dalle antecedenti raccolte, che poi vennero a formare le due ricche edizioni del 1814 e del 1825 e questa ultima nostra che è di tutte la più compita.

1698. L' ab. Giovan Mario Crescimbeni pubblicò la canz. *Monti valli antri colli* nel libro I della sua *Istoria della volgar poesia* stampata a Roma in quest' anno dal Chracas e poi di nuovo nel 1714 e in fine in Venezia nel 1731 pel Basegio. La canzone fu riprodotta nelle cominiane e altre edizioni settecentistiche della *Giostra* registrate al cap. III.

1747. Alle *Stanze* impresse di quest' anno in Bergamo pel Lancellotti [v. cap. III] P. A. Serassi che le curò aveva in animo accompagnare le altre rime del N. A. raccolte dagli antichi libri e dal celebre ms. della Chigiana; e di fatti ne diè alla stampa un volumetto, che poi per iscrupoli non volle pubblicato, anzi distrusse. Ne esisteva una copia di 100 cc. num., con la sola antiporta, veduta dal Gamba nella biblioteca del march. Trivulzio; e conteneva ballate, serenate, strambotti e altre cose fin allora inedite. A più indizii pare che il Monti ed A. M. Maggi se ne giovassero tanto per la critica emendazione che dell' ediz. fior. del 1814 fecero nella *Proposta* come per la nuova edizione silvestriana del 1825.

1756. Tuttavia un saggio delle rime del Poliziano non più stampate dètte il medesimo Serassi nella III ediz. cominiana delle *Stanze* uscita quest' anno; ove, oltre la conzonetta o l'eco impresse nelle antecedenti, mise in luce la *Serenata ovvero lettera in istrambottoli* espungendone però quelle ottave delle quali non può la morale contentarsi di molto, 18 strambotti spicciolati per la Ippolita Leoncina e due ballate; tutto secondo l'ottima lezione del cod. chig. 2233.

1778. Ma la serenata fu riprodotta intiera secondo la lezione del cod. laur. XLIV pl. XL dal can. Ang. Mar. Bandini in quel volume del *Catalogo della Mediceo-Laurenziana* [V. (VIII), 52-56] che esibisce la descrizione dei codici italiani; e furono riprodotti 13 rispetti spicciolati, alcuni de' quali affatto nuovi.

1784. Nei *Lirici antichi seri e giocosi fino al sec. XVI* [t. VI del *Parnaso italiano* raccolto e sopravveduto dall'ab. Andrea Rubbi] impressi di quest'anno in Venezia presso Antonio Zatta in 8° furono accolte fra altre cose liriche del Poliziano anche la ballata *Vaghe le montanine....* che è del Sacchetti e la canzonetta *La pastorella si leva per tempo.* E queste due ed altre ballate e canzonette furono nel 1808 francamente ristampate di su le ultime raccolte del cinquecento, ove stanno senza nome alcuno, dalla Società tipografica milanese dei classici italiani nella edizione delle *Stanze* e dell'*Orfeo.*

1813. Nella *Serie dei testi di lingua* ec. uscita in due vol. in Livorno [I, 260 e segg.] il Poggiali, il quale, procuratesi esattissime copie collazionate ed emendate dei diversi codd. delle rime del Poliziano esistenti nelle biblioteche di Roma e di Firenze, aveva in animo di darne fuora una compiuta edizione, ne anticipò un saggio, pubblicando una ventina di stanze trascelte da quelle in maggior numero del cod. ricc. e cinque ballate tratte dal cit. riccardiano e dal laurenziano e confrontate col chigiano. E da questa edizione del Poggiali furono esemplate le due ballate *I' non mi vo' scusar....* e *I' mi trovai, fanciulle...,* ripubblicate senza nota d'anno in Lugo pe' tipi del Melandri in occasione di nozze dai chiariss. fratelli Ferrucci, e le *Venti stanze* ivi stesso e dagli stessi e per gli stessi tipi in una consimile occasione nel 1826 in 8°.

1814. Quel che si era proposto il Poggiali compiè per gran parte in questo anno il dott. Luigi Ciampolini, il quale e ciò che del Poliziano era stato pubblicato recentemente e che trovavasi nella raccolta di ballate del 1568 e che fornivano i codd. fiorentini ragunò nel II vol. delle *Rime di M. Angelo Poliziano* stampate in Firenze dal Carli, alle quali perciò fu aggiunto la qualificazione di *edizione prima*. Tuttavia sembra ch' e' non conoscesse la stampa cominiana del 1765, perocchè alcuni rispetti ivi pubblicati egli omise; o forse si lasciò trarre in inganno dal maggior cod. ricc. che senza niuna ragione gli attribuisce a Lorenzo de' Medici. Di che guisa fosse condotta l' edizione dal dotto uomo e d'altra parte egregio scrittore del comentario su le guerre de' Suliotti e della istoria del risorgimento greco, non starò a ridir qui; dopo quel che ne dissero il Monti e il Maggi nel vol. III, parte II, della *Proposta,*[1] e dopo quel ch' io stesso n' ho mostrato a' suoi luoghi nelle note alle rime minori. Basti questo: ove il cod. ricc. legge chiaramente « Che *ne lievon* poi un riso » l' edit. del 1814 osò stampare « Ch' *è negl' istrioni* poi un riso. » Ciò non ostante la ediz. fior. del 14 è citata nella V ed ultima impressione del Vocabolario degli Accademici della Crusca; certo perchè più compíta delle antecedenti.

1819. Gli edd. delle *Opere volgari di M. Angelo Poliziano* edite in quest' anno a Venezia dal Molinari, per le ballate già impresse prima dell' antecedente stampa fiorentina, si attennero al testo or dell' una or dell' altra stampa delle *Canzone a ballo* del 1562 e 68, riproducendone e correggendone anche il numero d' ordine per servire alle citazioni del Vocabolario. Per le cose nuovamente impresse affermarono d' aver tolto via le sviste più facili ad emendarsi: in qualche caso ove il buon senso non bastava alla correzione, omisero i passi guasti e manchevoli; e si compiacquero di pretermettere eziandio le cose indecenti. Il Maggi nell' opera dianzi citata afferma, e con ragione, che *quanti errori avea egli registrato nella sua nota tutti furono fedelmente travasati dalla stampa di Firenze del Carli in quella di Venezia del Molinari.*

1822. Anche il Marchini ristampando in Firenze una *seconda edizione* delle *Rime* del Poliziano assicurava che il dott. Ciampolini *avea potuto restituire alla vera loro lezione molte cose*

---

[1] Milano, 1824. Il Monti nella Pausa IV, sc. I, della Farsa *I Poeti*, pag. CV; il Maggi nell' *Append.* I pag. CLXXIX.

sfuggite nell' ediz. del 1814, avendo avuto ricorso a parecchi mss. che si conservano nelle biblioteche fiorentine. Ma il Maggi nella *nota* della *Proposta* mostrava che *a sette soli dei meno importanti si riducono i passi emendati dall' edit. fior. col soccorso dei testi.*

1825. Ed in questo anno usciva pei tipi del Silvestri la ediz. che s' intitolò *prima corretta e ridotta a buona lezione* delle *Poesie italiane di m. Angelo Poliziano.* Spirata dalla critica della *Proposta,* sopravveduta da Anton Maria Maggi ed anche da Vincenzo Monti, la edizion silvestriana è certamente meritevcle di molta considerazione. Accettate, salvo i capitoli in morte del Magnifico reputati indegni e la canzone *Io son constretto* aggiudicata a Giuliano de' Medici, tutte le rime già impresse nelle stampe fiorentine del 1814 e 22; furono, secondo le norme già date nella *Proposta* ed anche su l' autorità di un cod. trivulziano, sanati un buon numero di versi guasti e di rime sbagliate, fu riparato a molte corruzioni di senso di lingua e di sintassi; dando contezza in alcune noterelle a piè di pagina delle emendazioni meno immediate e riportando più d' una volta la variante scorretta. E quelle emendazioni, eccetto qualche ardimento in favore d' una grammatica e d' una prosodia che non era del Poliziano e de' suoi tempi, sono per lo più felicissime: perocchè gli avversari della scuola critica del Monti molte cose potranno negarle o diminuirle, ma non la felicità degl' ingegni francamente e dottamente vividi e arguti. Anche a questa edizione gli Accademici della Crusca fecero l' onore della citazione nella quinta stampa del Vocabolario.

1825. Se il dott. Luigi Rigoli nel *Saggio di rime di diversi buoni autori che fiorirono dal XIV al XVIII secolo* pubblicato in Firenze dalla stamperia Ronchi errò dando per inediti 19 strambotti del Poliziano già pubblicati parte dal Serassi nella cominiana del 1765 e parte dagli edd. fiorentini del 1814, fe certo un preziosissimo dono ai cercatori dell' antiche eleganze mettendo il primo alla luce le due meravigliose ballate per la Leoncina che incominciano *Chi non sa com' è fatto...* e *Benedetto sie 'l giorno...* Anche il *Saggio* del Rigoli per que' componimenti del Poliziano che primo produsse fu citato dagli Accademici nella quinta impressione.

1858. *Due Canzoni a ballo di Angelo Poliziano tratte da un manoscritto della Corsiniana ed ora pubblicate per la prima volta da Domenico Bonanni vice bibliotecario di essa. Firenze, Tipografia Barbèra, Bianchi* e C. Edizione in 4° in occasione delle nozze di D. Tommaso dei principi Corsini Duca di Casigliano con Donna Anna dei Principi Barberini. Precede una elegante e compíta lettera dell' editore sig. Bonanni.

1859. Di quest' anno, chi procura la presente edizione pubblicò nel primo numero del *Poliziano, Studi di Letteratura,* editi in Firenze co' tipi del Cellini, *X stanze d' amore* di su 'l cod. 2723 riccard.; e ripubblicò nel sesto numero certi *Rispetti d' amore* di su l' edizione delle *Ballatette* del sec. XV, i quali credè poter restituire o aggiudicare ad Angelo Poliziano, con IV stanze già edite, ma rese allora per la prima volta a miglior lezione.

Ed ecco ora ultima la presente edizione: per la quale abbiamo non dico vedute ma considerate minutamente quasi tutte le stampe registrate in questo e nel III capitolo. E come per le Stanze tornammo direttamente ai codici, dal confronto loro con le vecchie stampe deducendo la lezione legittima; così per le rime minori. Quanto alle ballate; i codd. e le vecchie stampe, non le ammodernate del cinquecento, benchè anche queste scrupolosamente da me confrontate, ma le anonime del secolo XV, come mi hanno assicurato della lezione genuina, così mi salvarono dal bisogno delle emendazioni arbitrarie a cui gli editori silvestriani qualche volta si lasciarono andare. Perocchè la dizione e la prosodia del Poliziano io ho accettata qual era, senza la pretensione di renderla gramaticale regolare e moderna, ma più tosto provandomi ad illustrarla e dichiararla ne' luoghi veramente oscuri e scabrosi. E dove non potei aiutarmi del confronto tra i mss. e le vecchie stampe, e quel che avevo sotto gli occhi era certamente errato, credei dovermi giovare delle più evidenti e semplici emendazioni del Maggi, osando ancora metterne innanzi qualcuna di mio. Ma di tutto rendei ragione nelle note; dove raccolsi pure le varie lezioni, anche manifestamente errate, di tutti i mss. e di tutti i testi a stampa, con minuzia forse soverchia. Per tal modo il comentario alle rime minori novamente fatto contiene specialmente la critica del testo; non trascurate però le spiegazioni e illustrazioni ove erano più necessarie, massime nelle ballate a riboboli e a proverbi. La distinzione poi tra le ballate e le altre rime legittime e le incerte e le apocrife adottai dietro la disamina de' fonti e delle ragioni che si facean valere per assegnarle a messer Angelo: quella dei rispetti in *continuati* e *spicciolati* e di questi ultimi per serie mi fu imposta e dalla natura di siffatti componimenti e dalla attenta considerazione dei codici e dalla ragione. I lettori delle rime del Poliziano si lamentavano spesso ch' e' non sapessero rinvenirsi per quelli avvolgimenti diversi delle stanze varie. E gli editori si scusavano assai lepidamente: « Noteremo qui una volta per sempre (così l' ediz. Silvestri a pag. 115) che questi componimenti in ottava rima, sotto nome di stanze, strambotti, serenate etc., sono dettati a capriccio, e con tali sbalzi qua e là, che spesso alcune stanze non hanno legame con le altre. » Che è così bonamente un dar del dissennato e dello irragionevole pel capo a messer Angelo. Il fatto sta che i primi editori fiorentini del 14 non seppero sempre e bene distinguere fra rispetti spicciolati e continuati; quelli, ottave a sè, come i canti de' nostri campagnoli, o coppie di ottave; questi, stanze liriche più o meno lunghe; e gli uni e gli altri mescolarono insieme a modo di componimenti seguíti, solo spaccandoli qua e là a colpi come d'accétta: e spesso quel che era diviso congiunsero, e quel che congiunto divisero. Io dunque; dopo osservato che i codici non si accordano mai a dare quei vari rispetti in serie ordinate ma sì li mescolano diversamente; dopo assicuratomi e per le teoriche e per gli esempi che il rispetto e lo strambotto sono componimenti formati d' una sola ottava a sè; dopo notato che pure il Poggiali avea sentito cotesto, allorchè pubblicando nella sua *Serie* venti stanze dal cod. riccard. non le trascrisse di séguito ma le trascelse di qua e di là quasi componimenti staccati; dopo notato in fine nei codici la distinzione certa tra *continuati* e *spicciolati* forse introdotta primieramente dallo stesso Poliziano; deliberai dividere siffatti componimenti in due serie, raccogliendo sotto la intitolazione di *continuati* quelli che così qualificavansi nel codice e che erano trascritti di séguito e con determinate distinzioni a' lor luoghi, e quelli anche che presentavano un ordine certo di pensiero e di sentimento; gli altri, che a voler per forza mostrare sotto il nome di *stanze* quasi come un componimento solo era un dare a'lettori pessima opinione della facoltà discorsiva di messer Angelo, sotto la intitolazione di *Rispetti spicciolati* distinsi per più serie, a seconda delle idee e de' sentimenti che significavano, in modo che il lettore pel confronto e pel ravvicinamento ne gustasse meglio la originale bellezza.

Nè altro ho a dire degli studi miei intorno alla edizione delle poesie volgari di messer Angelo Poliziano: i quali potranno e apparire ed essere manchevoli e difettosi per la infelicità dell'ingegno e delle forze mie, ma non per colpa di volontà leggieri arbitrari presuntuosi: la scrupolosa pazienza onde gli ho seguitati per cinque anni me ne assicura. E qui m'incombe il dovere di rendere pubbliche grazie agli amici miei Isidoro Del Lungo e Carlo Gargiolli che di molto ed efficace aiuto mi soccorsero nel lungo e faticoso lavoro, non che di pregare i conoscitori delle antiche lettere ad ammonirmi e correggermi ove abbia errato e supplire della loro dottrina a' miei difetti.

VI.

Conchiusione.

« Duceret extincto cum Mors Laurente triumphum
  Lætaque pullatis inveheretur equis,
Respicit insano ferientem pollice chordas,
  Viscera singultu concutiente, virum.
Mirata est tenuitque iugum: furit ipse, pioque
  Laurentem cunctos flagitat ore deos.
Miscebat precibus lacrymas lacrymisque dolorem:
  Verba ministrabat liberiora dolor.
Risit; et antiquæ non immemor illa querelæ,
  Orphei tartareæ cum patuere viæ,
— Hic etiam infernas tentat rescindere leges,
  Fertque suas, dixit, in mea iura manus! —

Protinus et flentem percussit dura poetam,
Rupit et in medio pectora docta sono.
Heu! sic tu raptus; sic te mala fata tulerunt,
Arbiter ausoniæ, Politiane, lyræ! » [1]

Con questa fantasia tra splendida e pietosa Pietro Bembo, il veneto che succedeva al toscano nella dittatura letteraria del secondo periodo del rinascimento, rivendicava alla gloria e all' affetto dalle male voci dei repubblicani e dei piagnoni la morte di Angelo Poliziano avvenuta il 25 di settembre del 1494, due anni e cinque mesi dopo quella di Lorenzo. Morte, ove tu riguardi all' età del dotto umanista e alla espettazione che di lui aveva il suo secolo, immatura: ma che facilmente ti parrà venuta a tempo, se ripensi la fama del poeta e le affezioni dell' uomo. Così non fu egli riserbato a lamentare la ruina sì vasta e pur mossa da sì picciolo impulso dell' edificio con tanto faticosa industria innalzato dal suo magnifico protettore. Anche un mese; ed Angelo Poliziano avrebbe veduto chiuse in faccia all' uno de' suoi discepoli le porte di quel palagio ove Lorenzo reduce da Napoli nel 78 era stato con plauso e lacrime accolto; avrebbe veduto all' eccitazioni dell' altro muta o minacciosa e irridente quella plebe che in tanto sangue avea bestialmente vendicato la morte di Giuliano e circondato di sì selvaggio amore il fratello superstite; avrebbe veduto l' oltracotante Piero e Giovanni cardinale e il gentile Giuliano affrettarsi sparpagliati travestiti tremanti per la via dell' esiglio, debito certamente ai tiranni ma pietoso e amaro pur sempre quando i tiranni sono ancor cittadini. Anche un mese; ed Angelo Poliziano avrebbe veduto il piccolo e deforme Carlo di Francia entrare con la lancia alla coscia nella città che avea ributtato la imperial superbia di due Enrichi, e correre tutta l' Italia senz' altro affanno che d' un po' di gesso per segnare gli alberghi alle sue milizie ai barbari ai Galli; dispersa a furia di popolo la libreria di San Marco, calpesti e stracciati quei codici con tanto oro ed amore raccolti da Cosimo da Piero da Lorenzo, quelli stessi che egli, povero filologo!, era andato raccapezzando

[1] P. Bembi *Carmina* in *Opera*, Basileæ, 1556; II, 168.

per la Lombardia e la Venezia; messe a ruba le magnificenze del palagio di Via Larga, quel che avanzò alla cupidità francese abbandonato alla plebe, stupefacendosi il soldato del re di Francia, come già i selvaggi d'Alarico, su la ricchezza e il lavorío dei vasi e degli utensili e ornamenti della casa d'un cittadin fiorentino.[1] E dopo ciò che rimbombo di guerre; che correre e ricorrere di stranieri d'ogni generazione per questo giardino del rinascimento; quanto sangue e quanto fango in questo tempio rialzato alle Muse e alle Grazie dai nipoti di Dante e d'Arnolfo. Riposa in pace, o poeta, nella tua umile tomba di San Marco. Non più nella villa di Carreggi i simposii dell' Accademia intorno al busto inghirlandato del vecchio Platone: non più per le notti di carnevale nelle vie splendide e rumorose i carri e le mascherate ove venivano in gara di magnificenza le arti del disegno e quelle della parola; non più a' rosei tramonti di maggio le danze delle gentili donne su la piazza di Santa Trinita. Anche la poesia, la poesia popolare toscana che fuggì così vezzosa dalle chiese dell' austero duegento e s'avvezzò così vispa e maligna alla scuola di Giovanni Boccaccio di Franco Sacchetti e del tuo Lorenzo, anch'essa nelle paure della morte s'è fatta pinzochera: come al tuo cadavere per ordine di frà Girolamo, così a lei hanno vestito l'abito domenicano. Il *Ben venga maggio* e il *Trionfo di Bacco e d'Arianna* sono obliati: obliati no, abominati come anatema. Oh, se a te fosse dato sentire, un suono cupo lento sinistro ti percoterebbe l'orecchio, il canto oscuramente e minacciosamente allegorico della democrazia monastica:

« Al vaglio al vaglio al vaglio
   Calate tutti quanti;
   E con amari pianti
   Vedrete in questo vaglio
   Sdegno confusion noia e travaglio.
Noi siam tutti maestri di vagliare
   E macinar la gente:
   Se ci è niun discredente,
   Vengasi a cimentare;

[1] Ph. De Commines, *Memoires* ec. VII, IX; Paris, 1580.

E farengli provare
Come si tratta chi entra nel vaglio.
Non ci mandate segala nè vena:
Qui entran biade grosse
Che regghino alle scosse
E sien di miglior mena:
Ed anche a mala pena
Si truova chi rimanga dentro al vaglio.
Chi entra in questo vaglio e chi se n'esce,
Chi piange e chi sospira;
E 'l vaglio sempre gira,
E la forza gli cresce:
Chi del suo mal gl' incresce,
Fugga la furia e 'l pericol del vaglio.
Se mille volte il dì il vaglio è pieno,
Mille volte si vòta:
Pur che 'l vaglio si scuota,
Si vede a mano a mano
Coperto tutto il piano
Di gente ch' esce pe' buchi del vaglio.
Chi non si sente ben granato e forte,
Non faccia di sè prova
(El pentir poi non giova)
Ma cerchi miglior sorte:
Meglio saria la morte,
Che sopportare i tormenti del vaglio.[1] »

E non basta. Se a te fosse dato vedere, la vedresti, o poeta, quella tua popolar poesia ricaduta negli accessi della torbida frenesia del beato da Todi saltellare in un ballo tondo di frati e di donne, di cittadini e di monache intorno al rogo del santo carnasciale, ove i fanciulli del frate gittano a piene mani l'anatema; l'anatema, cioè i libri del Petrarca e del Boccaccio, i tuoi libri, o Poliziano, e quelli di Luigi Pulci e del Medici, con i disegni di nudo di Bartolommeo della Porta e del Credi. E dopo ciò; da poi che il fanatismo religioso, così pronto a distruggere, radamente ricrei e solo ove la materia è affatto rozza; e dopo ciò apri pur la tua tomba e raccoglivi dentro la poesia popolare d'Italia: il frate dell'amore e della vita, Francesco d' Assisi, ne guidò

---

[1] *Trionfo del Vaglio;* pag. 33 di *Tutti i Trionfi, Mascherate o Canti carnescialeschi* ec., Cosmopoli, 1750.

i primi passi: il frate del terrore e della morte, Girolamo Savonarola, l'accompagna alla sepoltura. Vero è ch'ella ne risorgerà, ma per poco e come un'apparizione paurosa, ad annunziare la fine dell'Italia grande, dell'Italia del popolo. Nell'ultimo anno del gonfalonierato di Pier Soderini passerà per le vie di Firenze un gran carro, tirato da bufoli, dipinto a ossa di morti e croci bianche; sopravi la Morte nella spaventosa figura che le dette l'arte cristiana del medio evo; intorno gran numero di cavalieri a foggia di morti su cavalli strutti e spolpati covertati a nero e a croci bianche, ogni cavaliere con quattro staffieri pur a foggia di morti e con torce nere alla mano: uno stendardo nero a teschi e ossa incrociate guiderà la orribile compagnia, la quale si strascinerà dietro dieci stendardi neri intonando *Miserere* a voci tremule e unite: dove ella si fermerà, certi sepolcri condotti con arte mirabile intorno al carro si scoverchieranno, e ne usciran fuori persone vestite di nero con ossature bianche intorno al petto e alle reni e con torce nere alla mano, e si sederanno su i loro sepolcri, e con trombe sorde e con suono roco e morto canteranno: [1]

« Dolor pianto penitenza
Ci tormentan tutta via:
Questa morta compagnia
Va gridando penitenza.
Fummo già come voi sète,
Voi sarete come noi:
Morti siam, come vedete,
Così morti vedrem voi:
E di là non giova poi,
Dopo il mal, far penitenza.
Ancor noi per carnovale
Nostri amor gimmo cantando;
E così di male in male
Venivàm moltiplicando:
Or pel mondo andiam gridando
Penitenza, penitenza.
Ciechi stolti ed insensati,
Ogni cosa il tempo fura:
Pompe glorie onori e stati

[1] Vasari, *Vita di Piero di Cosimo*, in *Vite di pitt. scult. e arch.*; Vol. VII dell'ediz. Le Monnier, 1851.

Passan tutti, e nulla dura:
E nel fin la sepoltura
Ci fa far la penitenza.[1] »

Sì: penitenza per le tante stoltezze dei popoli, penitenza per la tanta corruzione e viltà dei signori, penitenza per le colpe di tutti. La grande Italia sta per morire. In vano Nicolò Machiavelli le si adopera intorno con gli eroici rimedi della disperazione: in vano Francesco Ferrucci vuol rinsanguarla delle sue vene purissime. Ella è già morta, e sua sepoltura è l'alto Appennino: il papa e l'imperatore novellamente dopo sì lunghi secoli si porgon la mano sedendo a guardia della sepolta: solo e, come l' anatomico nel camposanto, freddo e impassibile resta in piedi presso la tomba per istudiare nel cadavere le cagioni della morte il Guicciardino.

D' allora in poi un' arte popolana o che al popolo si accostasse divenne più sempre impossibile. E come di fatto potea durare la poesia municipale del popolo grasso e della plebe artigiana, avvezza all' aria aperta delle vie e delle piazze, dinanzi all' alabarda del soldato straniero impiantato sotto le logge dell' Orcagna e sotto la ringhiera del palagio dei Priori, dinanzi alla trista cera del famiglio dell' inquisizione, schiacciato il municipio nella ferrea stretta del principato accentratore, non rimasta che l' ombra delle corporazioni dell' arti, rinfantocciata di galloni e di frange la borghesia mercatante? E anche qui la bibliografia, chi sappia interrogarla, con la somma delle sue cifre raffrontata a quella degli anni viene a segnar nettamente le vicende dei sentimenti e degli spiriti letterari della nazione necessariamente congiunte a quelle della sua storia civile. Ella ci mostra abastanza sollecita e ripetuta a brevissimo intervallo la impressione delle rime popolari di Angelo Poliziano nelle due edizioni delle *Ballatette* che si succedono rapide probabilmente su 'l principio dell' ultima decade del secolo XV. Poi fin dopo il 1540 più nulla. Del qual silenzio della stampa non solamente è da chiedere la ragione ai superbi fastidi del rinascimento già fazionato alla vita aulica ed accademica dalla scuola vene-

---

[1] A. Alamanni, *Canto della Morte*; pag. 147 dei *Trionfi e Canti Carnescialeschi* dell'edizione di Cosmopoli 1750.

[illegible] fastidii apertamente significati dal Doni [illegible] volgari del Poliziano a' suoi tempi non [illegible] ma anche se ne debbono accagionare [illegible] della democrazia del 94, le angustie del [illegible] di Pier Soderini, i sospetti della ristorazione [illegible] procella della repubblica del 27, i terrori [illegible] del principato novello. Ricominciano verso [illegible] cinquecento le raccolte di frottole e ballate del [illegible] altri, e ben 13 se ne annoverano sino al 1614; [illegible] fiorentine, quasi tutte in edizioni a uso del popolo. E [illegible] rifiorire è facile scorgere l'opera del principato, [illegible] coi sollazzi e gli scioperi volea mostrare d'aver restituito al popolo la lieta vita de' tempi di Lorenzo il vecchio. E il popolo oramai degenerato vi si abbandonava: ma con quanta svogliatezza e con che cera di malato! come era trista cotesta allegria la quale non sapea che ripetere la poesia d'un secolo innanzi, le canzoni dei morti! I letterati del resto non aveano più che fare con quelle raccolte: ragunavansi essi nelle accademie, e sciorinavano di gran periodi al serenissimo duca loro signore, e trinciavano sottilmente in grammatica, e salutavano divino il Bembo, anche commentavano un zinzino il malinconico Tasso. Dal 1614 a mezzo il settecento non una ristampa delle antiche canzonette e ballate: a mala pena se ne imprime una in fine delle *Elegantissime stanze*. E a ragione: all'Italia spagnola dovea putir fieramente di plebea la poesia della cittadinanza fiorentina: ella aveva i madrigali le ariette le anacreontiche: poi venne con le sue ecloghe l'Arcadia. Che se dal 1765 ai nostri giorni s'è mano a mano raccolto quanto più si potè delle rime minori del Poliziano, ciò fu per quell'istinto di critica alessandrina ridestatosi nel rinnovamento italiano, istinto di compiere e ordinare i tesori del passato e di studiarvi specialissimamente la lingua. Ma in fondo la materia e il lavorio di quell'arte rimase incognito ai più: quasi niuno s'accorse che i rispetti e le ballate del Poliziano sorgean pur dalla vena dell'antica poesia popolare italiana.

Nulla dunque o ben poco operarono le poesie minori del

---

[1] A. F. Doni, *La libreria*, Venezia, G. Giolito, 1550; pag. 8.

Poliziano su 'l secondo periodo del rinascimento e su l'età susseguenti della letteratura italiana. Il medesimo si può affermare pur dell'*Orfeo:* il quale, dopo essere stato esempio all'ecloghe drammatiche della corte estense e riprodotto vent'una volta insieme con le *Stanze* negli ultimi anni del sec. XV e nei primi trenta del XVI, perdè fama e valore, quando il teatro classico fu stabilito in Italia per òpera dell'Ariosto del Bibbiena del Machiavelli del Trissino del Rucellai: le quattro sole edizioni e tutte popolari che se ne annoverano dal 1527 a metà del seicento attestano ch'ei rimase un poco in amore al popolo, memore lungamente delle antiche rappresentazioni. La cosa procedè diversa rispetto alle *Stanze:* vent'una edizioni dal 94 al 1540 e tredici dal 40 al 1617, non che le ragionate lodi onde sono accompagnate nella dedica del Sermartelli [1568 e 77] [1] che rende nettamente l'opinione dei letterati del tempo, mostrano bene come la poesia dotta e classica del secondo e terzo periodo del rinascimento riconoscesse i suoi principii e il motivo nella *Giostra* del Poliziano. E già lo spirito di quel secondo periodo [1494-1530], che è dei più tristi e splendidi della storia italiana, emana tutto dall'età antecedente, dall'età che si chiude nel 94 con la discesa di Carlo VIII e con le morti a brevissimo intervallo avvenute del Boiardo del Poliziano di Pico. In quella età hanno lor ragione di essere tutte le glorie dei cinquant'anni di poi: a quelle tradizioni a quei costumi a quegli studi furono educati gli uomini illustri del primo cinquecento, i regolatori del movimento letterario ed artistico. In quell'età erano nati i tre grandi fiorentini che accolsero in sè gli ultimi spiriti della libertà toscana, del 1469 il Machiavelli, del 74 il Buonarroti, dell'82 il Guicciardini; nato pur egli nel 1474 era coetaneo a Michelangiolo l'Ariosto, il Dante del sensibile, l'Omero del rinascimento classico sbocciato di mezzo al forte e rozzo medio evo: quattrocentisti erano i due classici della culta poesia, il Sanazzaro [1458] ed il Bembo [1470]. E questi due nomi ci riconducono al Poliziano: col quale esercitò il Sanazzaro poetiche inimicizie, uno dei tanti indizi dell'avversione fra la scuola aulica di Napoli e

---

[1] Vedila nel cap. III di questo *Discorso.*

la popolaresca toscana; come gli professò venerazione di discepolo e n'ebbe stima di maestro e giudice il Bembo, destinato a dare il suggello storico a quella unione di sentimento e di gusto che nella diversità delle forme è pur tra i veneti e i toscani, i due popoli più puramente latini della penisola. Conservavasi nella Mediceo Laurenziana ed è ora passata nella magliabechiana di Firenze l'edizione di Terenzio del 1475 senza nota d'anno e d'impressore, tutta postillata e supplita anco in alcune carte di mano del Poliziano; dove a pag. 32 in fine dell'*Andria* si legge in margine « Anno 1491 Die 23. Junii vigilia S. Johannis Baptistæ Venetiis conferre cœpi cum vetustissimo codice Petri Bembi Veneti Patricii Bernardi filii. Ego Angelus Politianus, » e a pag. 128 « Ego Angelus Politianus contuleram codicem hunc terentianum cum venerandæ vetustatis codice maioribus conscripto litteris, quem mihi utendum commodavit Petrus Bembus Venetus Patricius Bernardi Jurisconsulti et Equitis filius, studiosus litterarum adulescens.... Ipse etiam Petrus operam mihi suam in conferendo commodavit.....[1] » Chi avrebbe detto al Poliziano che alla sua prossima morte la dittatura delle lettere sarebbe passata da Firenze a Venezia, da sè in quel giovinetto patrizio; il quale con ingegno tanto minore al suo avrebbe compíto un mutamento letterario, se non grande, solenne, avrebbe conseguito nella felicità d'una lunga vita tal gloria qual egli il Poliziano non aveva pure sognato mai, quale niuno in Europa dopo il Petrarca, onorato a gara da papi da re da imperatori e da senati, salutato dai popoli, inchinato unanimemente dalla tumultuaria repubblica de'letterati? Se non che per l'avvenire delle lettere italiane sarebbe stato desiderabile che fosse bastata più lungamente la vita di Lorenzo de' Medici e con essa il primato letterario alla Toscana. Fuori di questa terra, lontano da quest'aere, la letteratura finì di separarsi dal popolo, perdendo di potenza e di vita quanto acquistò di regolarità e dignità: la lingua si estenuò, intisichì: il veneto dittatore che la possedeva per dottrina e non

[1] Vedi anche A. M. Bandini, *Ragion. istor. sopra le collaz. delle fior. Pandette fatte da Ang. Poliz.;* Livorno, 1762; § VIII.

per uso credè doverla trattare come lingua morta, ristringendola agli esempi e alle regole di due scrittori. E il più savio e gentile dei contemporanei lombardi, Baldassar Castiglione, era costretto indi a poco di scrivere: « Non so .. come sia bene, in loco d'arricchir questa lingua e darli spirito grandezza e lume, farla povera esile umile ed oscura, e cercare di metterla in tante angustie che ognuno sia sforzato ad imitare solamente il Petrarca e 'l Boccaccio, e che nella lingua non si debba ancor credere al Poliziano a Lorenzo de' Medici .. e ad alcuni altri che pur sono toscani e forse di non minor dottrina e giudicio che si fosse il Petrarca e 'l Boccaccio.[1] » Tuttavia lo spirito del Poliziano rimase, a informare gentilmente e vividamente il classicismo fiorentino, con Giovanni Rucellai poeta didascalico e de' primi introduttori della greca tragedia, con Luigi Alamanni venusto autore di poemi mitologici d' ecloghe d'elegie d' odi pindariche, con Lodovico Martelli petrarchista squisito e scrittore di lodate stanze, col Casa: rimase, segnatamente in quel che è pregio principalissimo, la congiunzione dell' eleganza antica alla vivezza paesana all' idiotismo, col Firenzuola, che riportò il nome dell' autore delle ballate e nacque un anno avanti la morte di lui [28 settembre 1493] e fu intierissimamente il Poliziano della prosa. E già anche pel magisterio dell'ottava Angelo Poliziano domina tutto il cinquecento, il dotto cinquecento che, morta l'Italia del popolo, innanzi ai barbari che da ogni parte irrompevano meravigliati, attestava la vitalità dell' ingegno italiano; o che coll'Ariosto si rifugiasse dalla trista realità nell' ideale in vano contesoci, o che col Tasso sciogliesse l'elegia dell'individualismo chiudendo splendidamente l' età antica e dischiudendo a un tempo la nuova.

Nel seicento le *Stanze* del Poliziano ebbero la stessa fortuna che la *Divina Commedia* e il *Canzoniere:* due sole riproduzioni d' una edizion cinquecentistica se ne contano; e dei primi anni. Certo la *Giostra* non avea che fare con l' *Adone:* pure la tradizione letteraria di cui quel poemetto è il primo anello seguitava nel Chiabrera e nella sua scuola. E risorse,

---

1 Castiglione, *Il Cortegiano*, I, XXXVII; Firenze, Le Monnier, 1854.

dopo la misera transizione dell' Arcadia, nel rinnovamento italiano inaugurato verso il 1750 dal Parini, chiuso dopo il 1830 da Giacomo Leopardi; rinnovamento, che non ostante qualche accessorio e qualche deviazione fu sostanzialmente e profondamente classico. Dal 1728 al 1826 si contano delle poesie italiane del Poliziano ben 31 edizioni: e ciò dovea di ragione avvenire nell' età che produsse il *Giorno* e le *Odi* del Parini, la *Musogonia* e la *Feroniade* del Monti, le *Grazie* del Foscolo.

A che mirino, per quale strada si avviino, a che sieno per riuscire oggigiorno in Italia le arti della parola, io veramente non so: e nè pur so se avanzerà a molti il tempo e la voglia per leggere in questa nuova stampa le poesie toscane di M. Angelo Poliziano. Le quali a ogni modo rimarranno in onore, fin che viva pur una scintilla dell' antico spirito italiano, fin che della lingua toscana suoni un accento. Del resto, sciagurata quella critica che osasse mai vantarsi di non curare la forma: sciagurata quella nazione la quale affettando di spregiare l' arte, la santa arte de' padri che furono grandi, parlasse di rigenerazione e d' innovamento.

Firenze, 15 ottobre 1863.

Giosuè Carducci.

EMENDAZIONI E GIUNTE.

Compíta la stampa del Volume, ho trovato nel cod. magl. 342 della cl. VII l' *Orfeo*.quale lo pubblicò l' Affò e solo con qualche variante di dizione. Il codice, scritto con assai correttezza sul finire del sec. XV comprende molte rime di autori di quel secolo, per la maggior parte non toscani, e specialissimamente delle provincie soggette al dominio degli Estensi. L' *Orfeo* però è inserito fra le poesie del Tebaldeo; e al Tebaldeo l' attribuisce nell' illustrazione del codice anche il Follini. Ma l' autorità del cod. magliab. è ben poca cosa contro l' unanimità degli altri mss. che attribuiscono al Poliziano l' *Orfeo* nella prima lezione e contro i due reggiani veduti dall' Affò che glie l' attribuiscono pur nella seconda. Tuttavia il fatto del trovarsi l' *Orfeo* in un codice che contiene quasi tutte rime d' autori non toscani, e specialmente di ferraresi modenesi e lombardi, il fatto del trovarsi proprio fra le poesie del Tebaldeo ferrarese, non pare che aggiunga qualche altra probabilità alla mia supposizione che quella favola fosse ricomposta nella seconda redazione per servire alle feste drammatiche della corte di Ferrara?

A pag. XXXV del *Discorso* d' introduzione, lin. 5, invece di *numera* leggasi *munera*.

A pag. LXIX del medesimo *Discorso* ai versetti bacchici della monaca riportati nel testo, si aggiunga la nota:

[1] C. Guasti, *Proemio allo Sposalizio d' Iparchia*, commedia di D. Clemenza Ninci; in *Calendario pratese* del 1850, Prato, R. Guasti.

A pag. LXXIX del medesimo *Discorso*, lin. 28, in vece di *faccia* leggasi *faría*.

A pag. XCIX del medesimo *Discorso*, lin. 26, in alcune copie invece di *Bazzano* leggasi *Bassano*.

A pag. 196, nella prima nota alla *Serenata o lettera in istrambotti*, dopo la linea 5, colonna prima, si aggiunga:

primieramente il Bandini nel *Catal. Codd. mss. Bibl. Med. Laur.*; tom. V *Italicos scriptores exhibens*; pag. 53 e segg., quindi

A pag. 208, nelle note, alla colonna seconda, dopo la linea 5, si aggiunga:

v. 17-24. Questa e le susseguenti stanze quinta e settima furono prima pubblicate da G. Poggiali di su 'l cod. ricc. fra le 20 stanze che stampò del Poliziano nella sua *Serie di testi di lingua* [Livorno, Masi, 1813], t. I, pag. 261-66.

A pag. 211, nelle note, colonna seconda, lin. 5, dopo la parola *codicc.* — si aggiunga:

v. 33 e segg. Questa e la seguente stanza furono pubblicate prima dal Poggiali nella cit. *Serie* ec.

A pag. 212, nelle note, col. prima, dopo la linea 6, si aggiunga:

eccetto la prima già edita dal Bandini nel *Catal. Codd. mss. Bibl. Med. Laur.*, tom. V, pag. 52.

A pag. 214, nelle note, col. seconda, lin. 1, dopo *fore* si aggiunga:

Negli Strambotti dell' Aquilano questo verso si legge così, *Ma quel* c' HO DENTRO *non* MI APPAR *di fore.*

A pag. 215, nelle note, col. seconda, al finire della linea 14, si aggiunga:

Notiamo che la prima di queste ottave fu pubblicata primieramente dal Bandini nel *Catal. Codd. mss. Bibl. Med. Laur.*, tom. V, pag. 52.

A pag. 224, nelle note, col. prima, lin. 6, dopo la parola *prima* si aggiunga:

: e così fu primieramente stampato da G. Poggiali nella cit. *Serie* ec.

A pag. 272, nelle note al Risp. XIV, col. prima, dopo le parole [*pl.* 40] si aggiunga:

; Bandini, *Catal. mss. Med. Laur.*, V, 52;

STANZE

DI

MESSER ANGELO POLIZIANO

COMINCIATE

PER LA GIOSTRA DEL MAGNIFICO

GIULIANO DI PIERO DE' MEDICI

CON LE ILLUSTRAZIONI

DI VINCENZO NANNUCCI

(Firenze, Magheri, 1812; e Carli 1814)
ritoccate e accresciute.

LIBRO PRIMO.

Proposizione.

Le gloriose pompe e' fieri ludi 1
Della città che 'l freno allenta e stringe
A' magnanimi Tóschi, e i regni crudi
Di quella dea che 'l terzo ciel dipinge,
E i premi degni alli onorati studi,
La mente audace a celebrar mi spinge;
Sì che i gran nomi e' fatti egregi e soli
Fortuna o morte o tempo non involi.

St. 1. — *v.* 1. LUDI. Voce lat., *giuochi:* qui, *festa d'armi, giostra.* * Propriamente, *spettacoli pubblici in occasione di feste:* Vettori, Coltiv., V: « avevano vinto i *ludi* principali di Atene. » — *v.* 2. * « Et premere et lassas... dare... habenas » Virg. Æn. I. — *v.* 3. * REGNI. Qui, *comandi, potenza;* latinamente: « Inque meum semper stent *tua regna* caput » dice Properz. alla fanciulla: « Non gli aspri cenni ed i *superbi regni,* Non udisti... » Leopardi. — *v.* 4. DIPINGE: *colora, orna, abbella.* Venere vien collocata nel terzo giro del cielo. — *v.* 5. * STUDI, l'azione di attendere a una cosa e la cosa stessa a cui l'uomo attende; latinamente: « *studiis* asperrima belli » Æn. I: « lo *studio* della caccia » Fior. d'Ital.; e l'Ariosto nella preghiera di Medoro a Diana « ... il mio re... Che vivendo imitò tuoi *studii* santi. » — *v.* 6. « *Audaci* promere cantu *Mens* congesta iubet » Claudian. Rapt. Proserp. I: * « *Fert* animus dicere » Ovid. Met. I. — *v.* 8. « Nulla dies umquam memori vos eximet ævo » Æn. VIII.

Invocazione ad Amore. Effetti amorosi.

O bello iddio ch'al cor per gli occhi spiri 2
Dolce disir d'amaro pensier pieno,
E pàsciti di pianto e di sospiri,
Nudrisci l'alme d'un dolce veneno,
Gentil fai divenir ciò che tu miri,
Nè può star cosa vil dentro al tuo seno;
Amor, del quale i' son sempre suggetto;
Porgi or la mano al mio basso intelletto.

Escusazione dell'Autore.

Sostien tu el fascio che a me tanto pesa; 3
Reggi la lingua, Amor, reggi la mano:
Tu principio, tu fin dell'alta impresa:
Tuo fie l'onor, s'io già non prego in vano.
Di', signor, con che lacci da te presa
Fu l'alta mente del baron toscano

St. 2. — *v.* 1-2. « Amore, amore, che dagli occhi stilli desiderio, inducendo voluttà dolce alle anime di quelli contro cui militi » Eurip. Ippol. * « .... *dolce desio* che Amor mi *spira* » Petr. — *v.* 3. « . . . io *mi pasco di lagrime,* e tu 'l sai » dice Amore al Petr. — *v.* 4. Virg. in proposito d'Amore: « Fallasque veneno. » * « Blandiendo *dulcem nutrivit malum* » Senec. Hypp. « ..sento al cor già fra le vene *Dolce veneno* » Petr. « .... al cor scendea quella *dolcezza* mista D'un secreto *veleno* » Tass. Am. — *v.* 5-6. « Senza il quale (*Amore*) non è cosa alcuna perfetta nè virtuosa nè gentile » Divizio, Caland. — *v.* 6. « Amor pur fonte è d'ogni gentilezza » Luc. Pulci, Giostr. Lor. « Tu se' colui che ingentilisci i cori » Bocc. Am. Vis. Amore fece tale il Petr., « Che mai per alcun patto A lui piacer non poteo cosa vile. » * Concetti comuni nei Lirici antichi: ma Lor. de' Medici, degli occhi della sua donna, « Fan gentil ogni cosa che li miri. » — v. 8. « Deh, porgi mano all'affannato ingegno, Amore... » Petr

St. 3. — *v.* 1. Fascio, metaf., peso, aggravio, carico così d'animo come di corpo. V. C. « Io son sì stanco sotto il *fascio* antico Delle mie colpe » Petr. * Anche in prosa: « Considerando di non poter per loro medesimi sostenere *sì gran fascio* .. si mandarono in Brabante » G. Vill. — * *v.* 3-4. Imitazione delle solenni invocazioni de' vati antichi. « In te finirò e da te comincerò » Omero: « Da Giove incominciamo, e in Giove finite, o Muse » Teocr. « A te principium, tibi desinet » Virg. ecl. VIII. — *v.* 5. Signor. Anche il Petr. in più luoghi chiama Amor suo *signore.* — Che, relat. di qualità e quantità, corrispondente al *qualis* e *quantus* de' latini. — * Lacci. « Un *laccio* che di seta ordiva Tese fra l'erba... Allor fui preso » Petr. — *v.* 6. Barone, Giuliano. * Gli antichi lo dissero anche d'apostoli e santi, anche di romani e greci. — *v.* 7. Chiama Giuliano *più giovin figlio,* perchè era fratello minore di Lorenzo, ambedue figli di Piero figlio

Più gioven figlio della etrusca Leda,
Che rete furno ordite a tanta preda.

Invocazione a Lorenzo de'Medici.

E tu ben nato Laur, sotto el cui velo 4
Fiorenza lieta in pace si riposa
Nè teme i venti o 'l minacciar del cielo
O Giove irato in vista più crucciosa,
Accogli all' ombra del tuo santo stelo
La voce umil tremante e paurosa;
O causa o fin di tutte le mie voglie,
Che sol vivon d' odor delle tue foglie.

---

di Cosimo il vecchio Padre della Patria e di Lucrezia de' Tornabuoni chiamata per eccellenza col titolo di Leda. — *v.* 8. Rete. Delle metaf. *reti* d' Amore così Lucrezio, IV. « Nam vitare plagas in Amoris ne iaciamur Non ita difficile est, quam captum retibus ipsis Exire et validos Veneris perrumpere nodos. » Anche il Petr. « Amor fra l' erbe una leggiadra *rete* D' oro e di perle tese... »

St. 4. — Dedica il suo lavoro a Lorenzo fratello di Giuliano, e prende per il nome di Lorenzo l' allegoria del *lauro*, come fece anche l'Ariost. nella canz. 3. st. 7, e il Petr. per quello di Laura. Anche Orazio, II, od. 5., si servì di simile allegoria: « Longoque fessum militia latus Depone sub lauro mea. » — *v.* 1. * Var. *Ben nato Lauro, e tu:* è un conciero del Dolce e del Sermartelli, che non passò come altri molti in tutte le ristampe posteriori. — * Velo « tegmine fagi » Virg. Ecl. I: e l'Ariosto, ecl. « .... Sotto l' ombroso *velo* D' un olmo antico. » — *v.* 3-4. * Allegoricamente; e forse dee intendersi d' inimicizie politiche, come più chiaramente il P. nella *Nutricia* « Laurens... cuius securus ad umbram Fulmina bellorum ridens procul aspicit Arnus. » — *v.* 5. Stelo, grec. *stele* (*columna* o *cippus*). Noi chiamiamo *stelo* il gambo dell'erbe e de'fiori. * Piacque al Giusti « Dell' albero di Cristo il santo *stelo*. » Qualche stampa antica e l' Aldina, seguitate dalle cominiane e dal Molinari, leggono *ostelo;* errore del primo edit. bologn.; e quel pregare di essere accolto nel palazzo de' Medici sarebbe un chieder limosina con isconcia improntitudine: per ventura, il riccard. 1576 legge chiaramente *stelo* come anche il Chigiano riprodotto dal Biondi nell' ediz. romana (1804). S. Betti notava nel Giorn. Arcad. t. XXIX, 1026. « Bene... il Nannucci » ha restituito... il vero vocabolo » *stelo*, togliendo via quel bruttissimo *ostelo* che deturpa tutte le » altre ediz.; se n' eccettui la fior. » del 1577 pel Sermart., la bergamasca del 1747 pel Lancelotti, la » rara ed eccellente romana del » 1804. » — *v.* 7. * *Principio e fin*, leggono, con l' Aldo il Dolce e il Sermartelli, tutte le stampe posteriori che di qui innanzi chiamerò *la Volgata*. — *v.* 8. * Var. *Chè sol vivo:* Cod. oliveriano, secondo il Betti, l. c. L' Ar. « Quel tósco e 'n terra e 'n cielo amato Lauro... le cui mediche

Deh, sarà mai che con più alte note, 5
Se non contrasti al mio voler fortuna,
Lo spirto delle membra, che devote
Ti fûr da' fati insin già dalla cuna,
Risuoni te dai Numidi a Boote,
Dagl' Indi al mar che 'l nostro cielo imbruna;
E, posto il nido in tuo felice ligno,
Di roco augel diventi un bianco cigno?

Ma, fin ch' all' alta impresa tremo e bramo 6
E son tarpati i vanni al mio disio,
Lo gloríoso tuo fratel cantiamo,
Che di nuovo trofeo rende giulío
El chiaro sangue e di secondo ramo:

---

fronde Spesso alle piaghe d'onde Italia morì poi furon ristauro, Che fece all' Indo e al Mauro Sentir l' odor de' suoi rami soavi. »

St. 5. — *v.* 1. « ... En erit unquam Ille dies mihi cum liceat tua dicere facta? En erit ut liceat totum mihi ferre per orbem... » Virg. ecl. VIII. — *v.* 3. * Lo spirto delle membra, int. lo spirito reggitore conducitore delle membra: « Dum spiritus hos reget artus » Æn. IV. « Spirto gentil che quelle membra reggi » Petr. — *v.* 4. * Da' fati, per disposizione de' fati; latinamente: « *fato* profugus » Æn. I: « Omnia *fatis* In peius ruere. » Georg. I. — * Dalla cuna; latinamente: « usque a cunabulis » Plaut. « E credo dalle fasce e dalla culla Questo rimedio provvedesse il cielo » Petr. — *v.* 5. * Risuoni te, faccia risuonare il tuo nome. « Te lyra... te carmina nostra sonabunt. » Metam. X: che il Simintendi rende « La cetera... sonerà te: gli nostri versi soneranno te ». « Colui, che del cammin sì poco piglia Dinanzi a me, Toscana sonò tutta. » Purg. XI. « Sonetti ti farò che soneranno Tua mala vita. » Belline. — * *v.* 6. Da oriente a occidente. L' oceano atlantico è il nostro ultimo termine occidentale; per ciò, parendo che ivi tramonti il sole, il P. lo chiama il *mar che il nostro cielo imbruna.* — *v.* 7. Ligno invece di *legno*, come il Petr. disse *digno* invece di *degno*, ritenendone la forma latina. Qui, albero: « Venir vedrami al tuo diletto *legno.* » Parad. I. Indica il Poeta la brama che avea di entrare nella casa dei Medici. * « ... io 'l nido di pensieri eletti Posi in quell' alma pianta. » Petr. — *v.* 8. Di rozzo e debil cantore diventi un nobile poeta.

St. 6. — *v.* 1. * Nota i due verbi costruiti col dat. Il Sacchetti fece lo stesso con *sperare*: « alle paterne mura ognun sperava. » — * *v.* 2. Anche Dant. dette i vanni al desiderio, Purg. IV, 29: il Firenzuola « veggendo troncarsi l'ale di così lodevole disio. » — *v.* 4. Giulío per *giulivo*, per la soppressione del V usata sovente dagli antichi. Così *loica* per *logica*. — *v.* 5. * Sangue, la famiglia de' Medici — Di secondo ramo:

Convien ch' i' sudi in questa polvere io.
Or muovi prima tu mie' versi, Amore,
Che ad alto volo impenni ogni vil core.

Escusazione della intermissione di Omero.

E se qua su la Fama el ver rimbomba, 7
Che la figlia di Leda, o sacro Achille,
Poi che 'l corpo lasciasti entro la tomba,
T' accenda ancor d' amorose faville;
Lascia tacere un po' tua maggior tromba

---

della seconda palma della vittoria, perchè la prima fu quella che ottenne Lorenzo in una giostra anteriore. — *v.* 6. Convien ch' io compia l' impresa di cantar le gesta di Giuliano. È simile a quel de' latini *in arenam descendere*: e Gioven. Sat. I: « Cur tamen hoc libeat potius decurrere campo. » * Var. *Convien che sudi:* A. D. S. Volg. In lat. *pulvis* si prende anche pel campo nel quale compiesi l' esercizio; onde Ovid. potè dire metaforicam. « Inque suo noster *pulvere* currat equus. » Fast. II. — *v.* 8. Longo nei Pastorali dice anch' egli che Amore *impenna le anime:* « Amor ch' a' suoi le piante e i *cori impenna* » Petr: * e il Buonarroti « Amore sveglia e muove e impenna l' ale *Ad alto volo.* »

St. 7. — *v.* 1. * Var. *E se qual fu:* D. S... *in ver:* A. — Rimbomba: « la sua voce ancor quaggiù rimbomba » Petr. * E il Tasso ne' sonetti usò *rimbombare* transitivamente: « ... il nome... che i vostri onori Porti e rimbombi. » — *v.* 2. * « Il primo a mutare questa lezione *Che la figlia di Leda* nell'altra *Che d'Ecuba la figlia* fu Lodov. Dolce nella sua *Prima Parte delle Stanze di div. ill. poeti* (Venez. 1570, pel Giolito). Ma il Dolce e tutti coloro che lo seguirono, tra i quali anche i dottissimi Volpi, s' ingannarono. E quella che accendeva *di amorose faville* il Pelide *dopo la tomba* non era Polissena figlia di Ecuba ma Elena figlia di Leda, colla quale, secondo narra Tolomeo Efestione allegato da Fozio, egli contrasse matrimonio fra i morti in un' isola del Ponto Eussino consecrata al riposo degli eroi trapassati (Vedi il Dizion. di Bayle, Artic. Achillea, e le *Osservaz.* del cel. cav. Luigi Lamberti sopra questo passo del Poliz. inserite nel Poligrafo). » Nota dell' *ediz. Silvestri*, Milano, 1825. Il nostro anche nell'*Ambra* « Adde quod et pulchro tradetur pulchra marito Tyndaris Æacidæ stellis fulgentibus ardens. » È inutile aggiungere che i Cod. ricc., il Chigiano e l' Oliveriano leggono *Che la figlia di Leda.* — *v.* 5-6. Si scusa il P. dell' intermissione d' Omero che egli andava allora traducendo in versi latini; la qual traduzione o si smarrì o sta sepolta ancora ne' nascondigli di qualche libreria (* Ne ritrovò i primi libri Ang. Mai). — *v.* 5. * Var. *Lascia un poco tacer:* D. S. — * Tromba, per canto epico; latinamente. Alessandro alla tomba di Ach. « O fortunato che sì chiara tromba Trovasti » Petr. Più simile al nostro il modo del Chiabr. « Bramò l' inclita tromba Del germe invitto del real Peléo. »

Ch' io fo squillar per l' italice ville,
E tempra tu la cetra a nuovi carmi,
Mentre io canto l' amor di Julio e l' armi.

Narrazione.

Vita di Julio innanzi s' innamorasse.

Nel vago tempo di sua verde etate, 8
Spargendo ancor pel volto il primo fiore
Nè avendo il bel Julio ancor provate
Le dolci acerbe cure che dà Amore,
Viveasi lieto in pace e in libertate.
Tal' or frenando un gentil corridore
Che gloria fu de' ciciliani armenti,
Con esso a correr contendea co' venti;

---

v. 6. * Italice: Anche Fazio degli Uberti nelle Canz„ « terre *italice.* » D. e S. seguiti dalla Volg. corressero *italiche.* Un tempo certi puristi non volevan sapere dell' aggett. *italico;* difendevanlo altri, perchè usato dal Cesari. — Ville, città: « Sovra 'l bel fiume d' Arno alla gran *villa.* » Inf. XXIII. * « la villa di Nantes. » Villan. XI: « popolose ville Dell' odorifer' India. » Ariosto. — v. 7. *Temprar la cetra,* unir le voci degli istrumenti e accordargli col canto. * « O, testudinis aureæ Dulcem quæ strepitum, Pieri, temperas! » Horat. « *Temperando* le corde a suono arguto » Volgariz. Boez. — * Armi, combattimenti: « Non sapev' io quanto nell' armi prime Fosse in cor generoso ardente e dolce Il desio della gloria? » Caro, Eneid., XI.

St. 8. — v. 1. « Nel dolce tempo della prima etade. » Petr. *Verde,* giovanile: * « ævum viride » Ovid. « Tutta la mia fiorita e *verde etade.* » « ... nell' età più fiorita e *verde.* » Petr. — v. 2. « ... prima genas vestibat flore iuventa. » Æn. VIII. * « Ante genas dulces quam flos iuvenilis inumbret. » Claudian. « Non avea ancor segnato il primo fiore Del primo pel. » Tassoni. — v. 4. * Catullo, di Amore « Sancte puer, curis hominum qui gaudia misces » e di Venere « Dulcem curis miscet amaritiem. » Anacreonte « E le punte tingea Venere, dolce miele prendendo; e Amore vi mescolava fiele. » Platone nel Timeo « Di piacere e tristezza misto l' amore. » Chi poi non ricorda del Petr. « O poco mèl, molto aloè con fele » e simili? — v. 5. * Var... *in pace e libertate,* qualche vecchia stampa: *in pace, in libertate:* D. S. Volg. — v. 6. *Frenare,* mettere il freno e rattenere. Qui pare che significhi reggere, maneggiare, guidar col freno. * « Un che frenava un gran destriero alato. » Ariost. — v. 7. * Armenti. Servio nel III. Georg. nota « Armentum proprie id genus pecoris dici quod est idoneum ad opus armorum, ut sunt equi et boves: » onde Virg. « Bello armantur equi: bellum hæc armenta minantur. » Æn. III. — v. 8. « Cursuque pedum prævertere ventos » Virg.: * e « contendere cursu » Æn. V; il Foscolo nelle Grazie « E contendeano a correre co' venti. »

Atti egregii di Julio.

Or a guisa saltar di leopardo 9
Or destro fea rotarlo in breve giro:
Or fea ronzar per l' aer un lento dardo,
Dando sovente a fere agro martiro.
Cotal viveasi el giovane gagliardo:
Nè pensando al suo fato acerbo e diro,
Nè certo ancor de' suo' futuri pianti,
Solea gabbarsi degli afflitti amanti.

Parole dell' autore.

Ah quante ninfe per lui sospirorno! 10
Ma fu sì altero sempre il giovinetto,
Che mai le ninfe amanti nol piegorno,
Mai potè riscaldarsi il freddo petto.

Onesti esercizii di Julio.

Facea sovente pe' boschi soggiorno,
Inculto sempre e rigido in aspetto;
E 'l volto difendea dal solar raggio
Con ghirlanda di pino o verde faggio.

St. 9. — *v.* 2. * Gli facea fare una giravolta, « torto stringere *gyro* » Manil. V: « curvo *brevius* compellere *gyro* » Tibul. paneg.: « cervice rotata Incipit effusos in *gyrum* carpere cursus » Luc. ad Pis. — *v.* 3. « *lenta* lacertis Spiculo contorquent. » Æn. VI. *Ronzare*, metaf., per quel rumore che fanno le cose lanciate e tratte per aria con violenza. — *v.* 4. « Qui dare certa feræ dare vulnera possumus. » Met. I. — *v.* 6. * Diro, crudele: « *dira* fortuna. » Firenz. As. d' or. — *v.* 8. * Var. *solo a gabbarsi:* un' antica st. — Gabbarsi, in significaz. neutra, vale farsi beffe, burlarsi.

St. 10. — *v.* 1. « Multi illum pueri multæ petiere puellæ. » Metam. III: * « puellam in flavo sæpe hospite suspirantem. » Cat. LXIV. — *v.* 2-3. « Sed fuit in tenera tam dura superbia forma, Nulli illum pueri nullæ tetigere puellæ » Metam. l. c. E il Rinuccini nella Dafne « Ogni ninfa in doglia e in pianti Posto avea per sua bellezza, Ma del cor l' aspra durezza Non piegâr le afflitte amanti. » — *v.* 3. * Var. *lo piegorno:* A. Volg. e cod. oliveriano. — *v.* 4. * Var. *Nè potè:* D. S. — Riscaldarsi per concepire amore, dal lat. *calesco* usato specialmente da Orazio in egual significato: Terenz. Eun. « accede ad ignem hunc: iam calesces plus satis. » * « ... d'amor mi scaldi il petto » Parad. III. — *v.* 5. Ovid. Met. allo stesso proposito. « Multi illam petiere: illa aversata petentes, Impatiens expersque viri, nemora avia lustrat, Nec quid Hymen quid Amor quid sint connubia curat: » e altrove « ... Fugit altera nomen amantis, Sylvarum latebris captivarumque ferarum Exuviis gaudens innuptæque aemula Phœbes. — *v.* 8. « Pinuque caput præcinctus acuta. » Metam. VIII. * Var. *o ver di faggio:* Cod. ricc. 1576.

Onesti esercizii di Julio.

Poi, quando già nel ciel parean le stelle, 11
Tutto gioioso a sua magion tornava;
E 'n compagnia delle nove sorelle
Celesti versi con disio cantava,
E d' antica virtù mille fiammelle
Con gli alti carmi ne' petti destava:
Così, chiamando amor lascivia umana,
Si godea con le Muse o con Dïana.

Vera pietà di Julio.

E se tal' or nel cieco labirinto 12
Errar vedeva un miserello amante,
Di dolor carco, di pietà dipinto
Seguir della nemica sua le piante,
E dove Amore il cor gli avesse avvinto
Lì pascer l' alma di due luci sante

St. 11. — *v.* 1. * Così i due Codd. riccard. Le vecchie stampe *Poi quando nel ciel parean;* onde la correzione dell'Aldina, che divenne lezion volgata, *E poi quando nel ciel parean.* Il D. legge *ardean* invece di *parean.* — PAREAN: *Parere* vale qui *apparire.* Anche i latini usarono il verbo *parere* per *apparere:* Apuleio *paruerit* per *apparuerit;* e Seneca: « ... Parui certe Jove Ubique dignus. » * Bocc. Am. V: « ogni stella pareva nel cielo. » — *v.* 8. CON DIANA. « ... Ortygiam studiïs ipsaque colebat Virginitate deam. » Metam. VIII.

St. 12. — *v.* 1. * LABIRINTO, error amoroso: « Sull'ora prima il dì sesto d'aprile Nel laberinto entrai. » Petr. — *v.* 2. MISERELLO: Catul. « ... misellæ Ignes interiorem edunt medullam. » — *v.* 3. « La gente di pietà dipinta. » Petr. * Ed è modo caro a' nostri vecchi Poeti per significare l'apparenza dell'interno affetto nel viso dell' uomo. « Di meraviglia, credo, mi dipinsi. » Purgat. IV. PIETÀ qui come nel l. c. del Petr. ha il senso d'*affanno* o *pena*, che Dante dice *piéta.* — *v.* 4. NIMICA SUA. Petr. chiamò Laura *dolce mia guerriera* e *dolce ed acerba mia nemica.* — *v.* 6. PASCER per *dilettare*, come fu detto da' greci: Eurip. Phoenis. « le speranze pascono gli esuli. » * Dante, degli usurai che riguardano nella borsa. « E quindi par che 'l loro occhio si pasca. » Vedi più sotto, *St.* 122. — LUCI SANTE e *viso santo*, frase specialmente del Petr. — *v.* 7. CRUDEL per *crudeli.* Petr. usò *mirabil* per *mirabili* ne' Trionfi, e il Firenzuola *parol* per *parole:* ma queste licenze, dice il Buonmattei, sono scusate nei grandi ma non so se lodate in alcuno. Così più sotto nella *St.* 18, *monton* per montoni. — GOGNE: *gogna*, propriamente luogo dove si legano in pubblico i malfattori; e il ferro stesso, vituperoso indizio del lor misfatto. V. C. Qui vale laccio: * Luca Pulci, Giostr. Lor. « Amor suoi ceppi preparava e *gogne.* » O forse vale vergogna, errore, o simili. « E in questa gogna (intende del mondo) ci convien nostra

Preso nelle amorose crudel gogne;
Sì l' assaliva con agre rampogne.

Parole di Julio a' giovani amanti.
Onde deriva amore.
Che cosa è amore.

— Scuoti, meschin, del petto il cieco errore, 13
Ch' a te stesso te fura, ad altrui porge:
Non nudrir di lusinghe un van furore,
Che di pigra lascivia e d' ozio sorge.
Costui che 'l vulgo errante chiama Amore
È dolce insania a chi più acuto scorge:
Sì bel titol d' Amore ha dato il mondo
A una cieca peste a un mal giocondo.

Contro alle donne e lor

Ah quanto è uom meschin, che cangia voglia 14
Per donna o mai per lei s' allegra o dole!

---

vita menare. » Volg. pist. Senec. — *v.* 8. Agre rampogne « con agre rampogne. » Petr. * « Con agre reprensioni. » Bocc.

St. 13. — *v.* 1. * Var. *dal petto:* A. D. S. Volg. — Scuoti: allontana, rimuovi. — Errore: Amore vien chiamato col nome di *errore:* Virg. ecl. VIII. « Ut vidi, ut perii, ut me malus abstulit error; » e Propert. « Quæ tibi sit felix, quoniam novus incidit error. » — *v.* 2. Così legg. i due Codd. ricc. e l' oliver. cit. dal Betti: ma A. D. S. Volg. legg: *ti fura.* — Fura: *furare* è dal lat. *furari* in egual significato. Propert. « Una meos quoniam prædata est fœmina sensus. » E nella Scrittura, Sam. II, 15. « Furatus est Absalon cor virorum Israel. » — *v.* 3. * Var. *Nè nutrir:* D. S. — Furore. Virg. Æn. IV, di Didone « traxitque per ossa furorem: » e Proper. « Et furor hic toto mihi iam non deficit anno. » * Petr. ne' Trionfi, d' Ippolito « non volle Consentire al furor della matrigna: » anche chiama *furore* l'amor coniugale di Massinissa e Sofonisba. — *v.* 4. Sorge. *Sorgere* per *nascere,* dal lat. *surgere* in egual significazione. Teofrasto chiama l'amore *passione d' anima oziosa:* Diogene il cinico presso il Laerzio lo chiama *il negozio degli sfaccendati.* Seneca, Oct. « ... luxu otio Nutritur inter læta fortunæ bona: » e il Petr. « Ei nacque d' ozio e di lascivia umana, Nudrito di pensier dolci e soavi, Fatto signore e dio da gente vana: » e il Tas. nell' Am. « ... In ozio vivi, Che nell' ozio l' amor sempre germoglia. » — *v.* 5. Il Petr. « Questi è colui che il mondo chiama Amore. » — *v.* 6. Virg. ecl. VI. « Ah virgo infelix, quæ te *dementia* cœpit. » La voce *mainesthai* (*insanire*) per denotare passione d'amore è frequentissima presso i Greci: dice Eurip. che *'Aphroditè* (Venere) è lo stesso che *'Aphrosynè* (stoltezza): e l' Ariosto « E che è altro Amor se non *insania* A giudizio dei savi universale? » — *v.* 8. Cieca peste. Val. Flacco, VII Arg. chiamò Amore *pestem latentem ossibus,* e Virg. « cara *peste* teneri. » — Mal giocondo. Il Petr. « O viva morte, o dilettoso male. »

St. 14. — *v.* 1. * Così i codd. ricc. Ma l' ediz. Bazalieri legge: *Ah, quanto è l' uom meschin che:* le al-

pessima natura.

E qual per lei di libertà si spoglia
O crede a suoi sembianti e sue parole!
Chè sempre è più leggier ch' al vento foglia,
E mille volte il dì vuole e disvuole:
Segue chi fugge, a chi la vuol s' asconde;
E vanne e vien, come alla riva l' onde.

Comparazione verissima.

15 Giovane donna sembra veramente
Quasi sotto un bel mare acuto scoglio,
O ver tra' fiori un giovincel serpente
Uscito pur mo fuor del vecchio scoglio.

---

tre vecchie st. *Ah, quanto è uom meschin chi:* l'Ald., seguito dal D. e S. e dalla Volg., peggiorò correggendo *Quanto è meschin colui che.* — *v.* 8. « ... mi *spoglia Di libertà* questo crudel che accuso (*Amore*) Petr. — *v.* 4. * Var. *o a sue:* D. e S. Volg. — Esiodo. « Qual credè a donna, credè a' ladri. » — *v.* 5. Leggier, troncam. non del femm. *leggiera,* ma di *leggieri* e *leggiere* che sono altresì i primi casi di femmina, onde leggiamo *cosa leggieri, condizion leggiere.* Virg. IV Æn. « .....Varium et mutabile semper Fœmina. » Calpurn. Bucc. 3. « Mobilior ventis o fœmina. » S. Luca chiama la donna *canna agitata dal vento:* e il Tasso nell'Aminta « Femmina è cosa mobil per natura Più che fraschetta al vento e più che cima Di pieghevole spica. » * Machiav. Comm. « Vane e legger vie più ch' al vento foglia. » Un rispetto toscano « Giovanottino fai come la foglia Ch' a tutti i venti si lascia voltare. » — *v.* 6. Terenz. Eun: « Novi ingenium mulierum: nolunt ubi velis, ubi nolis cupiunt ultro. » Tasso, Gerus. « Femmina è cosa garrula e fallace, Vuole e disvuole. » — *v.* 7. Teocr. idil. 6. « E fugge l' amante e il non amante segue: » e un epig. di Macedonio nell' Ant. « E fuggi cui t'ama, e cui non ti ama sèguiti, per fuggir di nuovo anche lui quando ti ami. » — *v.* 8. « Vengono e van com'onda al primo margo. » Ariost. Due versi di quest' ott. sono consimili a due attribuiti al Petr. in una Stanza riferita da Franc. Bonamici come da esso trovata in un MS. di Lorenzo Romuleo. « Perch' ella è più leggier che al vento foglia, E mille volte al giorno cangia voglia. » — Var. *E vane e vien:* A. seguito dalle cominiane e dal Molinari.

St. 15. — *v.* 2. Proverb. lat. « Sub undis placidis saxa exitialia latent. — *v.* 3. Virg. « Latet anguis in herba. » Petr. « Che il serpente tra' fiori e l' erba giace. — *v.* 4. Mo: dal lat. *modo;* ora, testè, poco avanti * « fogliette *pur mo* nate. » Dante. — Scoglio, qui per *iscoglia* (spoglia, scaglia): grec. *scylon.* Alcune edd. accreditate hanno *coglio,* e questa lez. è approvata dalla Crusca. * Ma i codd. ricc. leggono chiaramente *scoglio,* che in questo signific. ha buoni esempii. Dant. « Correte al monte a spogliarvi lo *scoglio* » e parla di anime: il Crescenzio ha gli *scogli* delle *avellane:* l' Ariosto *lo scoglio del serpente* (XVII). Tuttavia il cod.

Ah quanto è fra' più miseri dolente
Chi può soffrir di donna el fero orgoglio!
Chè quanto ha il volto più di beltà pieno,
Più cela inganni nel fallace seno.

Che gli occhi sono prima causa di amore.

Con essi gli occhi giovenili invesca 16
Amor, che ogni pensier maschio vi fura:
E quale un tratto ingoza la dolce esca
Mai di sua propria libertà non cura:
Ma, come se pur Lete Amor vi mesca,
Tosto oblïate vostra alta natura;
Nè poi viril pensiero in voi germoglia,
Sì del proprio valor costui vi spoglia.

Laude della vita rusticana.

Quanto è più dolce, quanto è più sicuro 17
Seguir le fere fuggitive in caccia
Fra boschi antichi fuor di fossa o muro,
E spïar lor covil per lunga traccia!
Veder la valle e 'l colle e l' aer puro,
L' erbe e' fior, l' acqua viva chiara e ghiaccia!

---

chig. (ediz. rom. 1804) legge *spoglio*. L' imagine del serpente è anche in un Risp. tosc. « E fai come la serpe che si spoglia, Poi la sua veste gli convien lasciare. » — *v*. 6. * Orgoglio « Non dico che alla vostra gran bellezza Orgoglio non convegna e stiale bene » Guido delle Colonne.

St. 16. — *v*. 1. * Var. *Con esso gli:* A. D. S. Volg.; riferendo forse *esso* a *volto* del *v*. 7. della *St*. antec. Nella lez. dei codd. e delle vecchie stampe da noi restituita s' intende: Con essi gli occhi giovenili *della donna* Amore invesca *i cuori*, Amore che ec. — *v*. 2. « Che ogni maschio pensier dell' alma tolle. » Petr. — *v*. 3. Ovid. Am. « ... et stomacho dulcis ut esca nocet. » *Esca*, cibo, ma propr. degli uccelli e de' pesci, benchè si dica anche talvolta di quel dell' uomo. V. C. — *v*. 5. Lete, oblio, dall' ant. verb. gr. *léthoo* (*obliviscor*). * È il fiume dell' oblio in inferno: Lucan. « Immisit stygiam... in viscera *Lethen:* » e il Petr. « ... oblio nell'alma piove D'ogni altro dolce, e Lete al fondo bibo: » Tasso: « Amor... Degli affanni e de' guai soave *Lete*. » — *v*. 6. * Var. *obligate:* D. S.

St. 17. — *v*. 1. Anche Silvia nell' Amin. del Tasso piuttosto che seguir l' amore dice dilettarle *Seguir le fere fugaci, e le forti Atterrar combattendo*. — *v*. 2. * Lor. de'Medici nel *Corinto*. « Non ci è pastor o più robusto o dotto A seguir fere fuggitive in caccia. » — *v*. 4. * Per lunga traccia: cioè, dietro i vestigi che lasciano di sè per lungo tratto. — *v*. 5. * Veramente i Codd. ricc. legg. *e l' aer più puro*. — *v*. 7. Svernar, par-

Udir li augei svernar, rimbombar l' onde,
E dolce al vento mormorar le fronde!

Piaceri pastorali.

Quanto giova a mirar pender da un' erta 18
Le capre, e pascer questo e quel virgulto;
E 'l montanaro all' ombra più conserta
Destar la sua zampogna e 'l verso inculto!
Veder la terra di pomi coperta,
Ogni arbor da' suo' frutti quasi occulto;
Veder cozar monton, vacche mugghiare,
E le biade ondeggiar come fa il mare!

Esercizii rurali.

Or delle pecorelle il rozo mastro 19
Si vede alla sua torma aprir la sbarra:
Poi, quando move lor co 'l suo vincastro,
Dolce è a notar come a ciascuna garra.

---

landosi degli uccelli vale *cantare*, ed è propriamente quel cantare che usciti dal verno fanno a primavera. V. C. * Un poeta del primo sec. « E gli uccelletti per amore Isvernano sì dolcemente. »

St. 18. — *v.* 1. * Giova, piace. « ... son un di quei che 'l pianger *giova.* » Petr. « Me questa vita *giova.* » Tass. Am. Dal latino: Lucret. V. « *iuvat* integros accedere fontes. » — Pender. « ... ite, capellæ: ... Non ego vos ... Dumosa *pendere* procul de rupe videbo » Virg. ecl. I. * « *Pender* le capre da un' aerea balza. » Pindem. — *v.* 2. « attondent virgulta capellæ. » Virg. ecl. X. — *v.* 3. Conserta : lat. *consertus :* * vuol dire, ombra prodotta da rami conserti, cioè intrecciati insieme (Fornaciari). — *v.* 5. Inculto « Rustica verba » Tib. « incondita » Virg. — *v.* 7. « Mugientium Prospectat errantes greges. » Horat. — *v.* 8. « E le ondeggianti biade in lieti campi » Sannaz. — * Var. *vacche muggiare :* le vecchie st.

St. 19. *v.* 1. — * Var. *Al rozo mastro.* Cod. ricc. 1576. — Mastro: « oviumque magistros. » Virg. — *v.* 2. Torma, riferendosi agli animali, branco. — * Sbarra, qui vale quei tramezzi che si pongono per impedire il passo, l' uscio dell' ovile (Fornaciari). — *v.* 3. * Var. *Con suo vincastro.* Codd. ricc. 2723. — *v.* 4. * Var. *Dolce è notar.* Codd. ricc. 1576: — *come ciascuna garra:* D. S. — Garra, da *garrire:* degli uccelli, vale *stridere;* degli uomini, sgridare e riprendere quasi minacciando altrui con grida. * Ma qui le parole *come a ciascuna garra* non si potrebbono interpetrare più generalmente, *come a ciascuna pecora dice la sua cosa?* Anche i latini usavano *garrire* per *parlare inettamente* (Fornaciari). E il Sacchetti, in una sua ballata, per amore di certe pastorelle vorrebbe farsi *pastore* e *montanino* e andar dietro le pecore « Et or direi Biondella et or Martino » (soprannomi che i campagnoli danno alle pecore): or non sarebbe

Or si vede il villan domar col rastro
Le dure zolle, or maneggiar la marra;
Or la contadinella scinta e scalza
Star con l' oche a filar sotto una balza.

Qual fussi l' età aurea.

In cotal guisa già l' antiche genti 20
Si crede esser godute al secol d' oro:
Nè fatte ancor le madri eron dolenti
De' morti figli al marzïal lavoro;
Nè si credeva ancor la vita a' venti;
Nè del giogo doleasi ancora il toro:
Lor case eron fronzute querce e grande,
Ch' avean nel tronco mèl, ne' rami ghiande.

---

questo il *garra* del Poliziano? Nota il v. *garrire* costruito col dativo: Barberino, Doc. Am. « Garrigli (*al bambino*) quando corre dietro a uccello. » — *v.* 5. « rastris terram domat. » Virg. — *v.* 7-8. « Levata era a filar la vecchiarella Discinta e scalza » Petr. Redi, in uno scherz. poet. « Una vaga pastorella, ... Semplicetta scinta e scalza, Stava l' oche a guardar sotto una balza.

St. 20. — *v.* 1. * Con egual mossa Virgil. « Aureus hanc vitam in terris Saturnus agebat: Nec dum etiam audierant inflari classica, nec dum Impositos duris crepitare incudibus enses. » — *v.* 2. * Esser godute, aver goduto. Anche il Bocc. disse *goduta sono, essendo goduti, goduti erano,* invece di *ho goduto* ec., in tre luoghi della G. IV. nov. 1 e 3, riferiti con una sua notarella dal Cesari nel Vocab. di Verona. Ma osserva che, quando si adopera *essere* per *avere,* il partic. si accorda in gen. e in num. coll' agente (Fornaciari). — *v.* 3. * Var. *Eran:* A. D. S. Volg: ma *eron,* qui e altrove sempre, leggono chiaramente i codd. e le vecchie stampe: ed è inflessione di questa terza persona, propria del popolo fiorentino specialmente nel sec. XV e XVI, usata anche dal Machiavelli dal Gelli dal Davanzati non che dai comici tutti. Vedi *Saggio de' Verbi anom. e difett.* del Nannucci, il quale aggiunge: « Così tuttora la nostra plebe. Provenz. *eron.* — *v.* 4. * Marzial lavoro, guerra. « Militiam et grave *Martis opus* » Virg. — *v.* 5. * Si credeva: si affidava, si commetteva: è modo dei latini (Fornaciari). « Nunc, et ventis animam committe. » Virg: « animam levibus *credidit* auris. » Senec. Med.: « quelli Ch' al tempestoso mar *credon la vita* « Alam. Coltiv. VI: « ... alle procelle Crede la vita il giovinetto audace. » Tass. Rim. « Credono il petto inerme Gli augelli al vento. » Leop. Avvene esempii del trecento: spiccatissimo questo del Simintendi, volgariz. Metam. « Fu fatto Ceice nuovo uccello, e non si credette al cielo. » — *v.* 6. * « Pressique iugo gemuere iuvenci. » Metam. I. — *v.* 8. « Flavaque de viridi stillabant ilice mella. » Metam. I. « Et duræ quercus sudabant roscida mella. » Virg. Ecl. — *v.* 7-8. * Domus antra fuerunt Et densi frutices et vinctæ cortice virgæ. » Met. I;

Avarizia o cupidità.

Non era ancor la scelerata sete 21
Del crudel oro entrata nel bel mondo:
Viveansi in libertà le genti liete;
E non solcato il campo era fecondo.
Fortuna invidïosa a lor quïete
Ruppe ogni legge, e pietà misse in fondo:
Lussuria entrò ne' petti e quel furore
Che la meschina gente chiama amore. —

In cotal guisa rimordea sovente 22
L' altero giovinetto e' sacri amanti;
Come talor chi sè gioioso sente
Non sa ben porger fede agli altrui pianti.
Bestemmie
Ma qualche miserello, a cui l' ardente

---

e Art. Am. « Silva domus fuerat, cibus herba, cubilia frondes. — *v.* 7. * Così i Codd. ricc., l' oliveriano citato dal Betti, e le vecchie st. Ma l'A. il D. e il S. seguíti poi dalla Volg. corressero: *Lor casa era fronzuta quercia e grande, Ch' avea. Grande* per *grandi* è voce tuttora viva nella bocca della plebe fior. Così trovasi in altri autori contemporanei del Poliz. *minore, gentile* per *minori, gentili*. Si veda il Man. del Nannucci, t. II, facc. VI, (I. ed.) (Fornaciari).

St. 21. — *v.* 1. Scelerata sete « Amor sceleratus habendi. » Metam. I. — *v.* 3. * « ... ætas quæ, vindice nullo, Sponte sua sine lege fidem rectumque colebat. » Metam. I. — *v.* 4. « e il fertile terreno portava il frutto da sè e bello e copioso. » Esiod. Teog. da cui Ovid. Met. I. « Mox etiam fruges tellus inarata ferebat. — * *v.* 5. Var. *A loro quiete:* Cod. ricc. 1576: *Alla lor quïete*, D. S. — *v.* 6. « Protinus irrupit venæ peioris in ævum Omne nefas, fugere pudor verumque fidesque. » Met. I. * « Victa iacet pietas » ivi. — Pietà, « è virtù per la quale alla patria e a' benivolenti e a' congiunti con sangue si dà uficio e diligente culto. » Buti. — *Mettere in fondo*, vale affondare, mandare in perdizione, in rovina, in esterminio, in estrema calamità e miseria. V. C. * Var. *Mise*, A. D. S. e Volg.

St. 22. *v.* 1. — Rimordea: fig. rampognava. * Il Bocc. parla delle prediche fatte dai frati per *rimordere delle loro colpe gli uomini.* — *v.* 2. * Sacri, perchè addetti a così potente Nume com'è Amore. — *v.* 3-4. Sentenza ebraica. « Il sano non crede al dolore dell' ammalato. » — *v.* 5. * Ardente: ecco un altro pl. f. della 3. declin. termin. in *e*. Il Salvini a un luogo di Giusto de' Conti annota: « Il Poliz. nelle St. e altri poeti di quel sec. usarono talvolta secondo il corrotto uso del pop. fior. questa sorta di plur: » dove il Nannucci avverte: « Non solamente nel sec. del Poliz., ma ancora in altri, e sopra tutto negli anteriori, fu usata questa sorta di plur., e non secondo il corrotto uso del pop. fior., ma perchè tale si fu la loro desinenza primitiva e originale. » Ed esso Nannucci al cap. IX della *Teorica*

delli amanti.

Fiamme struggeano i nervi tutti quanti,
Gridava al ciel — Giusto sdegno ti muova,
Amor, che costui creda almen per pruova! —

Parole di Cupido irato.

Nè fu Cupido sordo al pio lamento; 23
E 'ncominciò crudelmente ridendo,
— Dunque non sono io dio? dunque è già spento
Mio foco con che il mondo tutto accendo?
Io pur fei Giove mugghiar fra l' armento,
Io Febo drieto a Dafne gir piangendo;
Io trassi Pluto delle infernal segge:
E che non ubbidisce alla mia legge?

Quanta sia la forza di Amore.

Io fo cadere al tigre la sua rabbia, 24
Al lione il fier rughio, al drago il fischio.
E quale è uom di sì secura labbia,
Che fuggir possa il mio tenace vischio?

---

de' Nomi ne porta di molti esempii e in rima e fuor di rima e in prosa: il Bocc. nella Teseide ha *son vincente:* il Beniv. fuori di rima *ardente rote* e *pungente spine:* il Machiavelli ne'Decennali *corna capace.* — *v.* 6. * Var. *struggeono,* qualche vecchia stampa *struggono,* D. — *v.* 7-8. Il Petr. ad Amore: « Ma, se pietà anco serba L' arco tuo saldo e qualcuna saetta, Fa di te e di me, signor, vendetta: » e altrove « Ove sia chi *per prova* intenda Amore. »

St. 23. — *v.* 3. * Var. *Dunque non sono iddio?* le stampe. — *v.* 4. * In Stazio Amore dice di sè: « Quas ego non gentes, quæ non face corda iugavi? » Var. *tutto il mondo:* Le stampe. — * *v.* 5. In Claud. Venere domanda ad Amore « ... iterumne Tonantem Inter sidonias cogis mugire iuvencas? » — * *v.* 6. Var. *dietro,* qui e altrove sempre la Volg. — * *v.* 7. Var. *dell' infernal:* A. D. S. Volg. — * SEGGE, da *sedes,* mutato il *d* nel *g.* (Nannucci, Teor. II.) Qui veramente è plurale: e il sing. farà *seggia* come *sieda* in Bocc. Am. Vis., e nel parlare del popolo. — *v.* 6-7. Risponde a questi versi un epigr. scolpito sotto un' ant. statua di Cupido: « Sol calet igne meo; flagrat Neptunus in undis; Pensa dedi Alcidæ, Baccum servire coegi. » — * *v,* 8. Var. *E chi:* A. D. S. Volg. *mie legge* qualche vecchia stampa.

St. 24. — *v.* 1. « Armenas tigres et fulvas ille leænas Vicit et indomitis mollia corda dedit » Tib. — * CADERE. « Ira cadit » Liv. II. — *v.* 2. * Var. *Ruggio:* A. S. Vulg. *Al Leone il ruggito:* D. e l' ediz. fiorent. 1755. — *v.* 3. * Var. *Secure labbia:* D. S. prendendo *labbia* per plur. modificato da *labbro.* Ma *labbia* è voce antica che significa aspetto, faccia. Così *os* per *vultus* dissero i latini; come anche *labia* in femm. da cui deriva *labbia* per *viso.* Dante l' usò frequenti volte. Nannucci,

Or, che un superbo in sì vil pregio m' abbia
Che di non esser dio vengo a gran rischio?
Or veggiam se 'l meschin ch' Amor riprende
Da due begl' occhi sè stesso difende. —

Descrizione di primavera.

Zefiro già di be' fioretti adorno 25
Avea de' monti tolta ogni pruina:
Avea fatto al suo nido già ritorno
La stanca rondinella peregrina:
Risonava la selva intorno intorno
Soavemente all' òra mattutina:
E la ingegnosa pecchia al primo albore
Giva predando or uno or altro fiore.

Breve descrizione d'una caccia.

L' ardito Iulio, al giorno ancora acerbo 26
Allor ch' al tufo torna la civetta,
Fatto frenare il corridor superbo,
Verso la selva con sua gente eletta
Prese il cammino (e sotto buon riserbo

Man. della lett. del I sec. tom. I, pag. 248 (Ediz. Barbèra). — * v. 5. Var. *E che:* le stampe.

St. 25. — v. 1. « Zefiro... Le rive e i colli di fioretti adorna » Petr. * « E disgombrava già di neve i poggi L' aura amorosa » Petr. — v. 2. Var. *da' monti:* le st. — * Pruina, brina: e in un senso lato si dice anche della neve, ghiaccio ec. (Fornaciari). Virg. « ... ningit. Intereunt pecudes, stant circumfusa *pruina* Corpora magna boum » Geog. III. Val. Flac. VIII: « Hyperboreæ pruinæ. » Forse per *gelo* o *neve* l' adoperò anche il Petr. « E quando il verno sparge le pruine. » — v. 3-4. * Il Tasso, traducendo Anacr. « Tu parti, o rondinella, e poi ritorni Pur d' anno in anno, e fai la state il nido; E più tepido verno in altro lido Cerchi sul Nilo, e 'n Menfi altri soggiorni. » — * Ora per *aura.* Il Petr. « L' acque parlan d' amore e l'ora e i rami » (Fornaciari). — v. 7-8. Bernard. Baldi: « Mentre predando vanno ai primi albori De' fior le dolci rugiadose stille. » — * Pecchia è lo stesso che *ape*, e sembra derivare dal lat. *apicula*, come pare che da *sororcula* venisse *sirocchia*, da *auricula* venisse *orecchia* (Fornaciari). — v. 8. * Var. *or uno or l' altro:* A. D.

St. 26. — v. 1. Giorno ancora acerbo, giorno non per anche spuntato, lat. *immaturus*. Omero, della caccia di Ulisse « E quando la figlia dell' aere apparve ditirosea aurora, presero ad ire in caccia. » — * v. 2. L. de' Medici descrive con le stesse circostanze quest' ora « Ritornavansi al bosco molto in fretta L' alocco il barbagianni e la civetta. » — Tufo, sorta di pietra dolce scabra e tutta piena di piccole cellule o cavernette (Fornac.) — v. 5. * Riserbo. La Crusca, portando questo passo del Poliz.,

Seguia de' fedel can la schiera stretta);
Di ciò che fa mestieri a caccia adorni,
Con archi e lacci e spiedi e dardi e corni.

Principio della caccia, con diversi accidenti.

Già circundata avea la lieta schiera 27
Il folto bosco; e già con grave orrore
Del suo covil si destava ogni fera;
Givan seguendo e' bracchi il lungo odore.
Ogni varco da lacci e can chiuso era:
Di stormir d' abbaiar cresce il romore:
Di fischi e bussi tutto el bosco suona:
Del rimbombar de' corni il ciel rintruona.

Comparazione.

Con tal romor, qual' or l' aer discorda, 28
Di Giove il foco d' alta nube piomba;
Con tal tumulto, onde la gente assorda,
Dall' alte cateratte il Nil rimbomba:
Con tal orror del latin sangue ingorda

---

interpreta *guardia*. (Fornac.) — *v*. 6. * Var. *fedei can:* S. Volg. — *v*. 7. * Adorni, si riferisce a *gente eletta* (Fornac.) « ... gente di molto valore Conobbi che in quel limbo eran sospesi » Inf. — *v*. 8. Spiedi. Lo *spiede*, quell' arme con la quale si feriscono le fiere salvatiche in caccia, è rammentato da Virg. Æn. IV: * « delecta iuventus; Retia rara, plagæ, lato venabula ferro. »

St. 27. — *v*. 4. * Bracchi: cani che tracciando e fiutando trovano e levano le fiere. (Fornac.) — * Lungo: lontano, che da' bracchi è sentito da lungi (Fornac.) — *v*. 7. « Consonat omne nemus strepitu » Virg. « E quella e degli uomini e de' cani circonda il clamore » Omero, nella caccia di Ulisse. — *v*. 8. Virg. « Et cœlum tonat omne fragore. » Var. *rintuona:* S.

St. 28. — *v*. 1. « Impulsu quo maximus insonat æther » Virg. — Discorda. Intendesi della dissonanza dell' aria prodotta dai diversi strepiti e tuoni. — *v*. 3-4. Cicer. Somn. Scip. « Ubi Nilus ad illa quæ Catadupa nominantur præcipitat ex altissimis montibus, ea gens quæ illum locum accolit, propter magnitudinem sonitus, sensu audiendi caret. » Petr. « ... siccome il Nil d' alto caggendo Col gran suono i vicin d' intorno assorda: » Ariosto « ... alto suon che a quel s' accorda Con che i vicin cadendo il Nilo assorda. » — * Tumulto. Lucano, Phars. X, parlando della stessa cosa usa lo stesso vocab. « primosque sentit perculsa tumultus. — * *Dell' alte*, Var. del cod. ric. 1576 e del D. e S. — * Cateratte. Tra' diversi sign. della voce *cateratta* o *cateratte* (derivando dal gr. *catarasso*) è quello di luogo dirupato e precipitoso nei fiumi d' onde l' acqua impetuosamente cade. (Fornac.) — *v*. 5-6. * Allude a un luogo del VII della Eneide, quando Megera, una delle

Sonò Megera la tartarea tromba.
Quale animal di stiza par si roda;
Qual serra al ventre la tremante coda.

Vari officii di cacciatori.

Spargesi tutta la bella compagna, 29
Altri alle reti, altri alla via più stretta.
Chi serba in coppia i can, chi gli scompagna;
Chi già 'l suo ammette, chi 'l richiama e alletta:
Chi sprona il buon destrier per la campagna:
Chi l' adirata fera armato aspetta:
Chi si sta sopra un ramo a buon riguardo:
Chi in man lo spiede e chi s' acconcia il dardo.

Vari atti di fere.

Già le setole arriccia e arruota i denti 30
El porco entro il burron; già d' una grotta
Spunta giù 'l cavriuol; già i vecchi armenti
De' cervi van pel pian fuggendo in frotta:
Timor gl' inganni della volpe ha spenti:

Furie, per istigazion di Giunone, fa dalla uccisione di una cerva nascer causa di rissa fra i Teucri di recente sbarcati e i Latini: « At sæva e speculis tempus dea nacta nocendi Ardua tecta petit stabuli, et de culmine summo Tartaream intendit vocem: qua protenus omne Contremuit nemus et sylvæ insonuere profundæ.»

St. 29. — *v.* 1. COMPAGNA per *compagnia:* modo usato dagli antichi di levare la *i* a sì fatte voci. Inf. XXV « Sol con un legno e con quella *compagna* Piccola. » * Nè *compagna* si disse solo in poesia, ma anche in prosa: e sono celebri, o meglio direbbesi infami, le così dette *compagne* di soldati masnadieri, che vediamo ricordate anche dal Muratori agli anni 1339 e 1342. (Fornaciari). — *v.* 2. * Variante di qualche vecchia stampa, *alle rete.* — *v.* 3-4. « Vincula pars adimunt canibus, pars pressa sequuntur Signa pedum cupiuntque suum reperire periclum » Ovid. Met. VIII. — *v.* 7. *Stare a riguardo* o *in riguardo*, star vigilante, stare in su gli avvisi, con cautela. — *v.* 8. * Così i due Codd. ricc. cioè: *chi s'acconcia* in mano lo spiede e chi s'acconcia il dardo. Le st. *Chi ha in man.*

St. 30. — *v.* 1. Omero, nella caccia d' Ulisse, del cinghiale « Come gli assalitori furon vicini, e quello di contro dalla selva, arruffata la cervice, e fuoco dagli occhi gittando, stiè lor presso. » E Apollonio, I « e i denti arruota, orrido per le arricciate setole. » E Virg. « Comasque arrexit. » — *v.* 2. BURRON, luogo scoperto dirupato e profondo. — * *v.* 2-4. « Ecce feræ, saxi deiectæ vertice, capræ Decurrere iugis; alia de parte patentes Transmittunt cursu campos atque agmina cervi Pulverulenta fuga glomerant montesque relinquunt » Æneid. IV. — *Spunta*, apparisce, esce fuori. — *v.* 5. * Var. *delle volpe*, alcune vecch. st.; *delle*

Le lepri al primo assalto vanno in rotta:
Di sua tana stordita esce ogni belva:
L' astuto lupo vie più si rinselva,

E rinselvato le sagaci nare 31
Del picciol bracco pur teme il meschino:
Ma 'l cervio par del veltro paventare,
De' lacci el porco o del fero mastino.
Julio. Vedesi lieto or qua or là volare
Fuor d'ogni schiera il giovan peregrino:
Pel folto bosco el fier caval mette ale;
E trista fa qual fera Iulio assale.

Quale il Centaur per la nevosa selva 32
Di Pelio o d'Emo va feroce in caccia,
Dalle lor tane predando ogni belva;
Or l'orso uccide, ora il lion minaccia:
Quanto è più ardita fera, più s'inselva:
Il sangue a tutte dentro al cor s'agghiaccia:
La selva triema; e gli cede ogni pianta:
Gli arbori abbatte o sveglie o rami schianta.

---

volpi, le recenti. — *v.* 6. * Var. *Le lepre:* vecchie stampe.

St. 31. — *v.* 1. « canium... incredibilis *sagacitas narium* » è in Cic. De nat. deor. II; e Seneca nell'Ipp. li chiama *ex nare sagaci.* * Var. *sagace:* qualche vec. st. — * Nare per *nari* e *narici* trovasi anche ne' prosat. (Forn.) « le nare ampie e rincagnate. » B. Lat. Fior. filos. Che avrebbe detto del Poliz. e di Ser Brunetto il Bellini, il quale per quel che ce ne racconta il Gigli nel Diz. cater. « licenziò la sua serva e la mandò irremissibilmente fuori di casa per aver detto: Signor padrone, le *botte* versano; chè *botti* dovea dire. » ? — *v.* 3. Veltro è cane di velocissimo corso, detto anche can da giungere, *lèvriere* dai francesi. — Mastino cane de' pecorai per dare a' lupi. — *v.* 6. * *Pellegrino*, giovine di rare e *pellegrine* qualità (Fornac.) — *v.* 8. Qual, per qualunque.

St. 32. — *v.* 1. * Centaur, come più sopra *Laur*, e come l'Ariosto *Satir.* Gli antichi, nota il Fornaciari, ne' troncamenti delle parole si presero maggiori ardimenti che i moderni. — *v.* 2. * Pelio ed Emo, nomi antichi di due monti, uno nella Tessaglia, l'altro nella Tracia (Fornac.); patria de' centauri, cioè de' primi cavalcatori. Virg. parlando de'Cent. « Homolen Othrymque *nivalem* Linquentes cursu rapido » lib. VII. — *v.* 4. * Var. *al lion minaccia:* Cod. ricc. 2723. — *v.* 6. « Gelidusque coit fomite sanguis » Virg. * Var. *il cor:* Cod. ric. 1576. — *v.* 7. * De' centauri, Virg. VII. « ... dat euntibus ingens Sylva locum, et magno cedunt virgulta fragore. » — *v.* 8. « Gli arbori schianta, abbatte. »

Descrizione di Julio in caccia.

Ah quanto a mirar Iulio è fera cosa! 33
Rompe la via dove più il bosco è folto
Per trar di macchia la bestia crucciosa,
Con verde ramo intorno al capo avvolto,
Con la chioma arruffata e polverosa,
E d' onesto sudor bagnato il volto.
Ivi consiglio a sua bella vendetta
Prese Amor, che ben loco e tempo aspetta;

Che arte usasse amore ad innamorarlo.

E con sue man di leve aer compose 34
La imagin d' una cervia altera e bella,
Con alta fronte, con corna ramose,
Candida tutta, leggiadretta e snella.
E come tra le fere paventose
Al giovan cacciator si offerse quella,
Lieto spronò il destrier per lei seguire,
Pensando in brieve darle agro martire.

Ma poi che in van dal braccio el dardo scosse, 35
Del foder trasse fuor la fida spada,
E con tanto furor il corsier mosse

Inf. IX. Ovid. del cinghiale di Calidonia, Metamorf. VIII: « Sternuntur gravidi longo cum palmite fœtus, Baccaque cum rarius semper frondentis olivæ. » — * Var. *svelle o i rami*, S. D. e qualche st. più recente.

St. 33. — *v.* 1. * Rammenta l'esclamaz. dantesca « Ah quanto a dir qual' era è cosa dura. » — *v.* 2. Rompe la via, si sgombra, attraversa. * Veramente i due Codd. ricc. leggono *romper la via*, non interrompendo il periodo dopo la esclamazione del primo verso. Ma la lezione delle stampe fa molto più viva ed efficace la descrizione. — * *v.* 7. « Una leggiadra sua vendetta » il Petr. d'Amore. — *v.* 8. Petr. « Com' uom che a nuocer luogo e tempo aspetta. »

St. 34. — *v.* 1-2. Questa invenzione sembra che l'abbia al Poliz. somministrata Virg. in quei versi del X dell'En. (* quando Giunone, per distornar da Turno il pericolo di azzuffarsi con Enea, gli mette innanzi una falsa imagine di lui, sì che inseguendolo si allontana dalla battaglia): « Tum dea nube cava tenuem sine viribus umbram In faciem Æneæ » ec. A Virg. poi la somministrò Omero, Il. V: « Ma un' imagine fece Apollo dall'arco di argento Ad esso Enea simile » ec. — *v.* 3. Virg., de' cervi: « Capita alta ferentes » Æn. I; e nell' ecl. « Ramosa cornua cervi. » * Var. *fronte e con:* D. S.

St. 35. — *v.* 1. * Var. *del braccio:* D. S. — *v.* 2. * Foder, troncamento un po' ardito come sopra *Centaur:* fu fatto anche dal Bocc. nel Filostr. — Fida spada, « Fidoque

Che 'l bosco folto sembrava ampia strada.
La bella fera, come stanca fosse,
Più lenta tutta via par che se 'n vada:
Ma, quando par che già la stringa o tocchi,
Picciol campo riprende avanti agli occhi.

Quanto più segue in van la vana effigie, 36
Tanto più di seguirla in van si accende:
Tutta via preme sue stanche vestigie,
Sempre la giugne e pur mai non la prende.
Comparazione di Tantalo.
Qual fino al labro sta nell' onde stigie
Tantalo, e 'l bel giardin vicin gli pende;
Ma, qual' or l' acqua o il pome vuol gustare,
Subito l' acqua e 'l pome via dispare.

Era già drieto alla sua disïanza 37
Gran tratto da' compagni allontanato;
Nè pur d' un passo ancor la preda avanza,
E già tutto il destrier sente affannato:
Ma pur seguendo sua vana speranza,
Pervenne in un fiorito e verde prato.
Ivi sotto un vel candido gli apparve
Lieta una ninfa; e via la fera sparve.

---

accingitur ense » Virg. — *v.* 4. Correva Giulio col cavallo così precipitosamente che parea che fosse in una strada aperta e libera e non in un folto bosco ove è malagevole il correre. — * *v.* 7. Var. *Quanto par :* Codd. ricc. — *v.* 8. « *Togliere* o *prender campo,* prepararsi a combattere col farsi luogo per la battaglia, farsi indietro per assalire con maggior impeto. » Voc. Cr.

St. 36. — *v.* 2. * S' accende: si usa come il verbo *ardere,* per desiderare ardentemente: « ove tornar tu ardi » Dante. E in Orazio il verbo *furere :* « Ecce furit te reperire atrox Tydides; » quest' uso del v. *accendersi* manca nel Vocab. — *v.* 3. *Vestigia premere* fu detto pur da' latini. — *v.* 5. * Var. *a labro:* Codd. ricc. — *v.* 7. * Pome : « Quel dolce pome che per tanti rami » Purgat. XXVII: « ... ne vien quel caro pome » Alam. Colt. III; e il Vettori l' usa in prosa. Gli antichi usarono talvolta terminare in *e* anche i nomin. sing. della terza, per uniformarli a quelli della prima e seconda. V. Nannucci, Teor. de' nomi. — Var. *e il pomo :* D. S.

St. 37. — *v.* 1. Sua disianza, alla cerva ch' egli desiava raggiungere. * *Desianza,* v. ant. per *desiderio :* l' azione del desiderare, per la cosa desiderata. — *v.* 7. * « Sotto candido vel... Donna m' apparve » Dante.

Come Iulio fu preso.

La fera sparse via dalle sue ciglia; 38
Ma il giovan della fera omai non cura,
Anzi ristringe al corridor la briglia,
E lo raffrena sopra alla verdura.
Ivi tutto ripien di maraviglia
Pur della ninfa mira la figura:
Pargli che dal bel viso e da' begli occhi
Una nuova dolceza al cor gli fiocchi.

Comparazione.

Qual tigre, a cui dalla pietrosa tana 39
Ha tolto il cacciator gli suoi car figli;
Rabbiosa il segue per la selva ircana,
Che tosto crede insanguinar gli artigli;
Poi resta d' uno specchio all' ombra vana,
All' ombra ch' e' suo' nati par somigli;
E mentre di tal vista s' innamora
La sciocca, el predator la via divora.

St. 38. — *v.* 1. * Var. *sparve:* Volg. — *v.* 4.* *Verdura:* l'erbe verdi di prati o campi: Dante. « lo sprazzo Che si distende su per la verdura. » — *v.* 6. Pur: tuttavia, lat. *iugiter*. Bocc. X, 10: « .Stando *pur* col viso duro, disse. » Purg. V: « guardar per maraviglia *Pur* me, *pur* me. » — * Var. *Lui tutto:* qualche vecch. st. — *v.* 7-8. Lucrez. « ... Veneris dulcedinis in cor Manavit gutta: » e il Tasso nelle Rime « E pare un lieto raggio Arder ne' be' vostr' occhi Onde pace e dolcezza e gioia fiocchi. — * Var. *il cor gli tocchi:* Cod. ricc. 1576.

St. 39. — Questa similitudine della tigre, a cui sono portati via i figliuoli, è stata trattata da varii, latini e toscani; Sil. Italico, Pun. XII; Val. Flacco, Arg. I; Pet. Apoll. excid. Hieros. III; Magn. Fel Ennodio, Carm. I, 9. Ma il Nostro la imitò da Claud. Rapt Pros. III. « Arduus hircana quatitur sic matre Niphates, Cuius, achæmenio regi ludibria, natos Avexit tremebundus eques: furit illa marito Mobilior zephyro, totamque virentibus iram Dispersit maculis; iam iamque haustura profundo Ore virum, vitreæ tardatur imagine formæ. » Fra i toscani, l' usò l'Ar., Fur. XVIII, 35, meno l' idea dello specchio; e già l'avea usata Lorenzo de' Medici, dal quale il Poliz. prese per fino alcune rime. « Siccome il cacciator che i cari figli Astutamente al fero tigre fura, E, benchè innanzi assai campo gli pigli, La fiera più veloce di natura Quasi già il giunge e insanguina gli artigli; Ma, veggendo la sua propria figura Nello specchio che trova sull' arena, Crede sia il figlio, e il corso suo raffrena. — *v.* 1. Var. *petrosa:* D. S. Volg. — *v.* 2. Var. *cacciator i cari:* D. S. *cacciator suoi cari:* Volg. — *v.* 8. La via divora, Frase latina. Cat. « ... Viam vorabit. »

Prontitudine di Amore.

Tosto Cupido entro a' begli occhi ascoso 40
Al nervo adatta del suo stral la cocca,
Poi tira quel col braccio poderoso
Tal che raggiugne l' una all' altra cocca;
La man sinistra con l' oro focoso,
La destra poppa con la corda tocca:
Nè pria per l' aer ronzando usci el quadrello,
Che Iulio drento al cor sentito ha quello.

St. 40. — *v.* 2. * Al nervo, dell' arco. — Cocca: tacca della freccia nella quale entra la corda dell'arco. — *v.* 3. * Var. *braccio ponderoso:* Stampe ant. A. D. S. — *v.* 4. * Var. *V' aggiunge l' una e l' altra:* Codd. riccard. — * Cocca: qui, l' uno e l' altro capo dell' arco, a cui è legata la corda. — *v.* 5. * Var. *ferro focoso:* A. D. S. Volg. — Su la lezione *oro focoso* (infocato, ardente) così il Betti nel lib. più sopra cit. « Non vorrò già negare che il vocab. *ferro* preso generalmente non » possa anche significare qualunque » arma, sia d' oro e d' acciaio. E » nondimeno a me quadra assai la » lez. del cod. oliver., ... *oro focoso:* perciocchè mi par modo » nuovo ed ardito, e perciò degno » singolarmente del Poliz... Nè qui » veggo nulla di strano: imperciocchè se Virg. disse *oro* un vaso » d' oro (Æn. I, 743), *Et pleno se » proluit auro;* se di nuovo disse » *oro* il freno d' oro de' cavalli... » (Æn. VII, 279), *Fulvum mandunt » sub dentibus aurum;* se *oro* chiamò Gioven. un anello d'oro (I, 28), » *Ventilet æstivum digitis sudantibus aurum;* se *oro coronato* » abbiam nelle Selve di Stazio per » un bossolo d' oro intorniato di » gemme (III, 4), *Ite, comæ,... Ite, » coronato recubantes molliter auro;* » se nelle ant. lapide così spesso » leggiamo *servus ab auro* e *Præpositus ab auro gemmato, ab auro » escario;* perchè con pari sinecdoche non avrebbe potuto il Poliz... » dir *oro* il dardo di Amore?... Aggiungi che questa locuz. sa più » di mitologia; essendo a tutti noto » che i dardi d' amore non sono » d' altro metallo che o d' oro o di » piombo. Aggiungi che il Poliz. » medesimo così fa discorrere Amore... nella st. 5 del lib. II: « Perch' io lei punsi col piombato strale, E col *dorato* lui (Lorenzo). » » Aggiungi in fine quell' altro luogo » della st. 71 del lib. I, dove il P. » nostro arditamente al suo solito » ma non meno gentilmente canta » « Versando dolce con amar liquore, Ov' arma l' *oro de' suoi strali* » Amore. » — *v.* 6. Preso da Virg. Æn. XI « ... cornuque infensa tetendit Et duxit longe, donec curvata coirent Inter se capita et manibus iam tangeret æquis, Læva aciem ferri, dextra nervoque papillam; » e Virg. da Omero. — *v.* 7. Così legge il cod. ricc. 2723, e con mirabile armonia imitativa. Il 1576: *Nè pria di quel ronzando usci.* Le st.: *Nè prima fuor ronzando esce.* — Quadrello, specie di ferro o saetta così detta dalla punta quadrangolare.

Come Julio s' innamorasse, e sua trasmutazione.

Ah qual divenne! ah come al giovinetto 41
Corse il gran foco in tutte le midolle!
Che tremito gli scosse il cor nel petto!
Di un ghiacciato sudore era già molle;
E fatto ghiotto del suo dolce aspetto
Già mai gli occhi dagli occhi levar puolle;
Ma tutto preso dal vago splendore
Non s' accorge il meschin che quivi è Amore.

Non s' accorge che Amor lì drento è armato, 42
Per sol turbar la sua lunga quïete;
Non s' accorge a che nodo è già legato;
Non conosce sue piaghe ancor secrete:
Di piacer, di desir tutto è invescato;
E così 'l cacciator preso è alla rete.
Le braccia fra sè loda e 'l viso e 'l crino;
E 'n lei discerne un non so che divino.

Descrizione delle bel-

Candida è ella, e candida la vesta, 43
Ma pur di rose e fior dipinta e d' erba:

St. 41. — *v.* 2. Virg. VIII. « ... notusque medullas Intravit calor et labefacta per ossa cucurrit. » E Cat. « ... imis exarsit tota medullis. » Saffo, da Cat. tradotta : « ... tenuis sub artus Flamma dimanat. » — *v.* 3. Saffo : « e tremore tutta mi occupa. » e Terenz. Eun. « Totus, Parmeno, tremo horreoque Postquam aspexi hanc. » Dante, con forte espressione : « E s' io levo gli occhi per guardare, Nel cor mi s' incomincia un terremoto Che fa dai polsi l' anima partire. ». — *v.* 4. Saffo : « scorre sudor gelido. » Virg. III Æn. « Tum gelidus toto manabat corpore sudor. » — *v.* 5. Ghiotto : avido, desideroso. * « Gli occhi miei *ghiotti* andavan suso al cielo » Dante. — *v.* 6. Virg., di Didone « Hæc oculis hæc pectore toto Hæret. » e Proper. « ... intentis hærebam fixus ocellis. » — * Var. *levar volle:* D. S. e qualche ediz. recente.

St. 42. — *v.* 1. * Var. *là dentro:* D. S. — *v.* 5. Invescato : presa la metafora dagli uccelli che restano in più modi per industria del cacciatore invischiati. L' Ariosto : « Chi mette il piè nell' amorosa pania, Cerchi ritrarlo e non v' inveschi l' ale. » Siffatti innamorati son paragonati da Teocr. al *mys epì pissei* (topo impegolato.) — *v.* 6. *Airoon éirètai* (captans captus est) : *àpóoleto ypò tés ägras* (in venatu periit.) — *v.* 7. Ovid. « Laudat digitosque manusque Brachiaque et nudos media plus parte lacertos. » Hor. « Brachiaque et vultus teretesque suras ... laudo. » E Ovid. Fast. « Forma placet niveusque color flavique capilli. » — *v.* 8. Dant. Parad. III. « Ne' mirabili aspetti Vostri risplende non so che divino. » — * Var. *discerne non so che:* le st.

St. 43. — *v.* 2. Petr. « Purpurea

lezze della dama.

Lo inanellato crin dell' aurea testa
Scende in la fronte umilmente superba.
Ridegli attorno tutta la foresta,
E quanto può sue cure disacerba.
Nell' atto regalmente è mansueta;
E pur col ciglio le tempeste acqueta.

Seconda descrizione.

Folgoron gli occhi d' un dolce sereno, 44
Ove sue face tien Cupido ascose:
L' aer d' intorno si fa tutto ameno,
Ovunque gira le luci amorose.
Di celeste letizia il volto ha pieno,
Dolce dipinto di ligustri e rose.
Ogni aura tace al suo parlar divino,
E canta ogni augelletto in suo latino.

Terza descrizione.

Sembra Talia, se in man prende la cetra; 45
Sembra Minerva, se in man prende l' asta:

---

vesta d' un ceruleo lembo Sparso di rose i belli omeri vela. » — *v.* 3. * Var. *dell' aurea:* le st. — *v.* 4. * Var. *scende a lo:* D. e S. — *v.* 5. Petr. dice di Laura che faceva « fiorir co' begli occhi le campagne. » * Var. *Ridele intorno:* D. e S. La Volg. *Ridele.* Cino: « Ridendo par che s' allegri ogni loco, Per via passando. » — *v.* 6. Disacerba, leva l' acerbezza, addolcisce, mitiga. — *v.* 7. Lo stesso Poliz. in una Canz. « Regale in atto e portamento altero. » * Dante « Regalmente nell' atto ancor proterva. » — *v.* 8. Il Petr., di Laura: « Acqueta l' aure e mette i toni in bando: » altrove « Ed acquetare i toni e le tempeste. » Virgilio, di Giove: « Vultu quo cœlum tempestatesque serenat. »

St. 44. — *v.* 1. Proper. « Fulgurat illa oculis: » Hor. « lucidum fulgentes oculi: » Ovid. « oculos tremulo fulgore micantes: » Claudian. « dulce micant oculi. » — * *v.* 2-3. « il ciel... in vista si rallegra D' esser fatto seren da sì begli occhi » Petr. — *v.* 4. « Gli occhi pien di letizia e d' onestade » Petr. « E gli occhi avea di letizia sì pieni » Dante. — *v.* 6. « Spargeasi per la guancia delicata Misto color di rose e di ligustri » Ariosto. — *v.* 8. Latino, detto per *linguaggio*, per l' eccellenza della lingua latina o per la riverenza nella quale ella si ha. Così il Salvini a quel v. della Sat. VI del Menzini « ... E tu rispondi Con sermon blando al dolce suo latino. » Cavalc. « E cantinne gli augelli Ciascuno in suo latino. » * L' aut. del poema *L' intelligenza* « Udia cantar gli augei in lor latino: » Arnaldo Daniello « ... auzels qu'en lor latin fan precx (augelli che in lor latino fan preghi).

St. 45. — *v.* 1-4. * Var *e al fianco:* D. e S. Claud. « ... potuitque

Comparazioni.

Se l' arco ha in mano, al fianco la faretra,
Giurar potrai che sia Diana casta.
Ira dal volto suo trista s' arretra;
E poco avanti a lei Superbia basta:
Ogni dolce virtù l' è in compagnia:
Beltà la mostra a dito e Leggiadria.

Compagnia della dama.

Con lei se 'n va Onestate umile e piana 46
Che d' ogni chiuso cor volge la chiave:
Con lei va Gentileza in vista umana,
E da lei impara il dolce andar soave.
Non può mirarle il viso alma villana,
Se pria di suo fallir doglia non ave.
Tanti cuori Amor piglia fere e ancide,
Quant' ella o dolce parla o dolce ride.

---

videri Pallas, si clypeum ferret; si spicula, Poebe: » Ovid. in Her. « Sume fidem et pharetram, fies manifestus Apollo: Accedant capiti cornua, Bacchus eris. » — *v.* 5-6. * « Fuggon dinanzi a lei Superbia ed Ira » Dante. « Dinanzi a te partiva Ira e tormento » Bembo. — Basta, dura, regge. — *v.* 7. Var. *E gli è:* le vecch. st. — *v.* 8. Mostra a dito: «... monstror digito prætereuntium » Hor. « Ond' io a dito ne sarò mostrato » Petr. * Cavalcanti « ... A lei s' inchina ogni gentil virtute, E la Beltade per sua dea la mostra. » Dante, Rime. « Beltade e cortesia sua dea la chiama. »

St. 46. — *v.* 1. Umile e piana: Petr. « dolce riso umile e piano: » dove il Castelv. *piano* spiegò *non aspro*, per traslazione. Il Petr. più diffusamente descrive le virtù dalle quali era accompagnata Laura « Onestade e Vergogna alla fronte era ec. » E Dante: « I' son colui che tenni ambo le chiavi Del cor di Federico, e che le volsi... » — *v.* 5-6. * Var. *mirargli el viso:* Cod. 2723 e le vecc. st.; *mirarle in viso:* A. D. S.; *mirarla in viso,* qualche st. recente. — « E non le può appressar uom che sia vile » Guinicelli. Dante, Rime: «... quando va per via, Gitta ne' cor villani Amore un gelo, Per che ogni lor pensiero agghiaccia e père: E qual soffrisse di starla a vedere, Diverria nobil cosa o si morria; » altrove: « E cui saluta fa tremar lo core, Sicchè, bassando il viso, tutto smuore; E d' ogni suo difetto allor sospira. » — *v.* 7-8. Ancide: dall' ant. lat. *accidere* per *circumcidere* i toscani ant. fecero *ancidere* per *uccidere.* Petr. « Non sa come Amor sana e come ancide Chi non sa come dolce ella sospira E come dolce parla e dolce ride: » e il Casa: « Colà 've dolce parli o dolce rida Bella donna: » Tass. Ger. IV: « Ma mentre dolce parla e dolce ride... Quasi dal petto lor l' alma divide. » I Toscani però hanno imitato Orazio « dulce ridentem Lalagen amabo, Dulce loquentem; » e Orazio, Saffo « Soave parlante ti ode E ridente desiosamente. »

Ell' era assisa sopra la verdura 47
Allegra, e ghirlandetta avea contesta
Di quanti fior creasse mai natura,
De' quali era dipinta la sua vesta.
E come prima al giovan pose cura,
Alquanto paurosa alzò la testa:
Poi con la bianca man ripreso il lembo,
Levossi in piè con di fior pieno un grembo.

Già s' inviava per quindi partire 48
La ninfa sopra l' erba lenta lenta,
Lasciando il giovanetto in gran martíre
Che fuor di lei null' altro omai talenta.
Ma non possendo il miser ciò soffrire,
Con qualche priego d' arrestarla tenta;
Per che tutto tremando e tutto ardendo
Così umilmente incominciò dicendo.

Parole di Julio alla ninfa.

— O qual che tu ti sia, vergin sovrana, 49
O ninfa o dea (ma dea m' assembri certo);

St. 47. — *v.* 2-4. * Così i Codd. ricc. Le vecch. st. leggono: *Di quanti fior creasse mai natura, De' quai tutta dipinta era sua testa.* A. D S. e Volg. ... *contesta: Di quanti fior creasse mai natura; Di tanti era dipinta la sua vesta.* — *v.* 5. * Var. *In prima:* le st. — Pose cura; s' accorse del giovine; pose mente, considerò il giovine. — *v.* 7. * Var. *Riprese:* S. e qualche ed. più recente. Lembo, della vesta. — *v.* 8. * Grembo dicesi « per grembiule o lembo di vesta piegato e acconcio per mettervi entro e portare che che si sia » V. C. Il medes. Poliz. in una sua Canz. « E pien di rose l' amoroso grembo. »

St. 48. — *v.* 4. * Var. *a lui talenta:* A. S. Volg. *null' altra a lui:* D. — Talenta: va a talento, a grado. — *v.* 5. Var. *potendo:* D. S. Possendo: usato dal Bocc. g. X, n. 9, e dal Petr. canz. 38: ma non è più in uso. — *v.* 7. * Per che: per la qual cosa, per lo che. Dante « Perchè l' occhio da presso nol sostenne. »

St. 49. — *v.* 1-3. Preso da quel di Virg., Æn. I. « O quam te memorem, virgo? namque haud tibi vultus Mortalis, nec vox hominem sonat: o dea certe, An Phœbi soror an nympharum sanguinis una. » E Virg. da Omero, Odiss. « Supplico te, regina, o che alcun dio o mortale sii: se in vero un dio sei di quelli che il cielo ampio tengono, te io ad Artemide figliuola del gran Giove, e di forma e di grandezza e d' indole, molto da presso assomiglio: o se alcuno sei degli uomini che in terra abitano... » Ariosto, VI, 29. « Qual che tu sii, per-

Se dea, forse che se' la mia Diana;
Se pur mortal, chi tu sia fammi aperto:
Chè tua sembianza è fuor di guisa umana;
Nè so già io qual sia tanto mio merto,
Qual dal ciel grazia, qual sì amica stella,
Ch' io degno sia veder cosa sì bella.

Attenzione della Ninfa.

Volta la ninfa al suon delle parole, 50
Lampeggiò d' un si dolce e vago riso
Che i monti avre' fatto ir restare il sole;
Che ben parve s' aprisse un paradiso:
Poi formò voce fra perle e viole,

---

donami, dicea, O spirto umano o boschereccia dea; » e Ott. Rinuccini nella Dafne: « Dimmi qual tu ti sei, O ninfa o dea, che tale Rassembri agli occhi miei. » — * Var. *O qual tu ti sia, vergine:* Cod. ricc. 2723. — Var. *mi sembri:* A. D. S. e volg. — Var. *forse sei tu:* Codd. ricc. — *v.* 4. * Var. *che tu sia:* D. — Fammi aperto: fammi chiaro, palese, manifesto. * Da *aprire* che si usa per *manifestare:* così il Bocc. I. 3 « dispose di aprirgli il suo bisogno. » — *v.* 5. « humanam supra formam » Fedro; il n. Aut. in una sua canz. « Lei fuor di guisa umana Mosse; » e il Tasso: « ... non somigli tu cosa terrena. » — *v.* 6-7. * « Qual merito o qual grazia mi ti mostra? » dice Sordello a Virg. Purg. VII. — *v.* 7. * Var. *del ciel:* A. D. S. Volg.

St. 50. — *v.* 2. Museo, di Ero « lampeggiamento mandando dalla graziosa faccia. » Purgat. XXI « ... la faccia tua Il lampeggiar d' un riso dimostrommi. » Petr. « io vidi lampeggiar quel dolce riso; * e nelle Giunte: « E 'l dolce lampeggiar del chiaro volto. » « ... lampeggiava un riso » Tass. Am. — *v.* 3. Iperboli comuni nei nostri poeti. Petr. « ... parole Che farian gir i monti. » Pulci, Morg. XVI, 38 « E gli atti sì soavi e le parole Ch' arien forza di far fermare il sole. » * Var. *avria fatto:* le st. — *v.* 4. Petr. « E il lampeggiar dell' angelico riso Che solea far in terra un paradiso: » e il Pulci, Morg. XVI, 12 « ... volsesi... con un riso Con un atto benigno e con parole Che si vedeva aperto il paradiso. » Ariosto: « quel soave riso Ch' apre a sua posta in terra un paradiso. » * Var. *E ben parve:* D. S. — *v.* 5. Petr. « La bella bocca angelica, di perle Piena e di rose e di dolci parole; » e altrove « Perle e rose vermiglie, ove l' accolto Dolor formava ardenti voci e belle. » Agost. Centurione, Stanze « S' avvien che... in lieto viso Formi tra rose e perle un dolce riso. » * Montemagno « L' ostro e le perle che con tanto odore Movean leggiadre parolette. » Tasso, Rime « Bianche perle e rubini Dove frange ed affrena Amor la voce... » *Perle,* per traslato i denti; *Viole,* le labbra; per la somiglianza del color vermiglio con quella *viola* che in Toscana dicesi anche *garofano* (« ga-

Tal ch' un marmo per mezo avria diviso;
Soave saggia e di dolceza piena,
Da innamorar non ch' altri una Serena.

Risposta della Ninfa.

Io non son qual tua mente in vano auguria, 51
Non d' altar degna non di pura vittima;
Ma là sovr' Arno nella vostra Etruria
Sto soggiogata alla teda legittima:
Mia natal patria è nella aspra Liguria
Sopr' una costa alla riva marittima,
Ove fuor de' gran massi indarno gemere
Si sente il fer Nettunno e irato fremere.

Abitazione della Ninfa.

Sovente in questo loco mi diporto; 52
Qui vengo a soggiornar tutta soletta:
Questo è de' miei pensieri un dolce porto:
Qui l' erba e' fior, qui il fresco aere m' alletta:

---

rofano o *vivuolo* che abbia a dirsi » Magal.): in una lett. in versi d' un montanaro pistoiese (Canti pop. tosc. ediz. Barb.) « Le tue labbra rassembran due viole » — *v.* 6. Petr. « ... parole che i sassi romper ponno. » * Var. *avre' diviso:* qualche v. st. — *v.* 8. Var. *non ch' altro:* qualche v. st.; *Sirena:* A. D. S. Volg. SERENA per *Sirena* dicevan gli antichi: e un canto popolare senese, Raccolta del Tommasèo, « Ho visto la *Serena* a proda al mare. »

St. 51. — *v.* 1. * Var. *non so:* A. D. S. Volg. — * AUGURIA: *auguriare* per *augurare* è del Passavanti del Boccaccio e del popolo: qui vale imaginare innanzi che sappiasi il vero di una cosa. — *v.* 2. « ... haud equidem tali me dignor honore » risponde a Enea Venere sotto forma di ninfa, Æn. I. — *v.* 4. * TEDA fu chiamata ogni face per l' uso che gli antichi facevano dei pezzi di teda (pino selvatico) come di torcie a illuminare le stanze; ma specialmente fu così chiamata quella fiaccola con la quale accompagnavano le spose alla camera nuziale. Onde *teda* usurpasi per lo stesso matrimonio: Ovid., her. IV: « tædaque accepta iugali: » Mart. VI, 2: « Sacræ connubia fallere tædæ: » Bocc. Am. 40: « la quale congiunsono con dolorose tede in matrimonio. » Var. *so soggiogata*, A.; *son.* D. — *v.* 5. * ASPRA LIGURIA, la riviera di Genova. — *v.* 6. COSTA, spiaggia o salita poco repente. — *v.* 7. * Var. *sassi:* D. — *v* 8. * Var. *Nettuno, irato:* S. — NETTUNO: mare od acqua: alla lat. « Si forte morantes (*apes*) Sparserit aut præceps Neptuno immiserit Eurus » Virg. Georg. IV.

St. 52. — *v* 1. * PORTO dicesi figuratamente di luogo ove alcuno si raccolga co' suoi pensieri. Petr. « O cameretta, che già fosti un porto Alle gravi tempeste mie » e « Valli chiuse, alti colli e piagge apriche, Porto delle amorose mie fatiche. » — *v.* 4. * Var. *Qui l' erba e i fiori e il fresco aer:* le st. —

Quinci el tornare a mia magione è corto:
Simonetta.
Qui lieta mi dimoro Simonetta,
All' ombre a qualche chiara e fresca linfa,
E spesso in compagnia d' alcuna ninfa.

Io soglio pur negli ozïosi tempi, 53
Quando nostra fatica s' interrompe,
Venire a' sacri altar ne' vostri tempi
Fra l' altre donne con le usate pompe.
Ma, perch' io in tutto el gran desir t' adempi
E 'l dubbio tolga che tua mente rompe,
Maraviglia di mie belleze tenere
Dove nacque la Ninfa.
Non prender già, ch' i' nacqui in grembo a Venere.

Descrizione della notte.
Or poi che il sol sue rote in basso cala 54
E da quest' arbor cade maggior l' ombra,
Già cede al grillo la stanca cicala,
Già il rozo zappator del campo sgombra;
E già dall' alte ville il fumo esala;
La villanella all' uom suo 'l desco ingombra;
Omai riprenderò mia via più corta:
E tu lieto ritorna alla tua scorta. —

Partita della Ninfa.
Poi con occhi più lieti e più ridenti, 55
Tal che 'l ciel tutto asserenò d' intorno

---

v. 5. * Var. *accorto:* alcune vec. st. e A. — *v.* 7. Var. *All' ombra:* D. S.

St. 53. — *v.* 1. * Var. *ociosi:* Cod. ricc. 2723, le vec. st. A. D. S. — *v.* 5. * Var. *perchè in tutto:* D. — *v.* 7. Solo nella prima coniugaz. vien concesso da' buoni gramm finire in *i* nel soggiunt.: nelle altre coniugaz. osservasi il finire in *a*. Il Bembo però concede che nella seconda pers. del soggiunt. si possa ancora finire in *i*, avendone il Bocc. ed il Petr. dato esempio. — *v.* 8. Sembra che indichi la sua nascita a Porto Venere nel Genovesato.

St. 54. — *v.* 1. * « Come 'l sol volge le infiammate rote » Petr. — *v.* 2. « ... discende Dagli altissimi monti maggior l'ombra » Petr.; e Virg. « Maioresque cadunt altis de montibus umbræ. » * Var. *questi arbor:* Cod. ricc. 2723. — *v.* 4. Petr. « L'avaro zappator l'arme riprende. » — *v.* 5 « Et iam summa procul villarum culmina fumant » Virg. ecl. I. * Var. *delle alte:* Cod. ricc. 1576. — *v.* 6. « E poi la mensa ingombra Di povere vivande » Petr.; e Virg Georg. IV. « ... seraque revertens Nocte domum dapibus mensas onerabat inemptis. » Uom, per *marito*, lat *vir*. — *v.* 7. * Var. *accorta:* le vecch. st. e A. — * Tua scorta: la gente che ti fa compagnia o guardia.

St. 55. *v.* 2. — Petr. « ... quelle

Mosse sovra l'erbetta e' passi lenti
Con atto d' amorosa grazia adorno.
Feciono e' boschi allor dolci lamenti,
E gli augelletti a pianger cominciorno:
Ma l' erba verde sotto i dolci passi
Bianca gialla vermiglia azzurra fassi.

L'autore, di Julio.

Che de' far Iulio? aimè che pur desidera 56
Seguir sua stella e pur temenza il tiene:
Sta come un forsennato, e 'l cor gli assidera,
E gli s' agghiaccia il sangue entro le vene:
Sta come un marmo fisso, e pur considera
Lei che se 'n va nè pensa di sue pene;
Fra sè lodando il dolce andar celeste
E 'l ventilar dell' angelica veste.

Passione che Julio ha della par-

E par che 'l cor del petto se gli schianti, 57
E che del corpo l' alma via si fugga,

---

luci sante che fanno intorno a sè l' aer sereno » e altrove « che 'l ciel rasserenava intorno » * Il Guinic. « ... se apparisce ... Così l' aere sclarisce. » Cant. popol., racc. Visconti: « Chi la rimira sta faccia divina, L' aria, se ci va nuvola, serena: » altro senese, racc. Tomm. « Le nuvile dal ciel fate sparire: » altro, racc. Giunn. « Per venirvi a veder... L' aria tranquilla al ciel rende la pace. » — *v*. 4. Amorosa: generante in altrui amore; Castelv. note al Petr. — *v*. 5. * Var. *Fecero:* D. — *v*. 7-8. Esiod. Teog., di Venere « e l' erba intorno sotto i piè dilicati crescea: » Lucrezio, pur di Venere « ... tibi suaves dædala tellus Submittit flores: » Claud. « ... quacumque per herbam Reptares, fluxere rosæ, candentia nasci Lilia. » * Petr. « ... facea... l'erba... co' piè fresca e superba. » E un canto pop. tosc. « Fiorisce l' erba do' avete a passare; Fiorisce l'erba, le rose e le spine. » E una bella sera, in Firenze, quando ordinavo queste note, sentii da due ragazzi campagnoli, nelle parti più remote della città, cantare « Dove passate voi, l' erba ci nasce: Pare una primavera che fiorisce: » che son più belli de' due del Poliziano.

St. 56. — *v*. 1. * Stella, la bella donna che a lui è come stella. — *v*. 3. *Assiderare* (da *sidus*), agghiacciare, intirizzire. — *v*. 4. * Un rispetto del Montamiata. « Nelle mie vene il sangue si rappiglia. » Var. *intro,* vecch. st.: *il core entro:* D. — *v*. 5. * Var. *fiso:* le st. — *v*. 7. Andar celeste, è del Petr.: e Virg., di Venere « Et vera incessu patuit dea. » — *v*. 8. * Var. *ventillar:* qualche vecch. st. A. D. S.

St. 57. — *v*. 1. Bocc. « Ei pare che 'l cuore mi si schianti, ricordandomi » n. 16. * « E quando io penso..., lo cuore mi si schianta entro il corpo. » VV. SS. PP. Var. *li si schianti:* Cod. ricc. 1576. —

tita della ninfa.

E che a guisa di brina al sol davanti
In pianto tutto si consumi e strugga:

Comparazione.

Già si sente esser un degli altri amanti,
E parli che ogni vena amor gli sugga.
Or teme di seguirla, or pure agogna:
Qui el tira amor, quinci 'l ritrae vergogna.

Parole dell' autore a Julio.

U' son or, Iulio, le sentenzie gravi, 58
Le parole magnifiche e' precetti,
Con che i miseri amanti molestavi?
Perchè pur di cacciar non ti diletti?
Or ecco ch' una donna in man le chiavi
D' ogni tua voglia e tutti in sè ristretti
Tien, miserello, i tuoi dolci pensieri:
Vedi chi or tu se', chi pur dianzi eri.

L' autore a Julio.

Dianzi eri di una fera cacciatore; 59
Più bella fera or t' ha ne' lacci involto:
Dianzi eri tuo, or se' fatto d' Amore:
Sei or legato, e dianzi eri disciolto.

---

v. 3-4. Petr. « ... dolcemente mi consuma e strugge. » * La comparaz. della brina è trita nel Petr. e nei petrarchisti: udiamola in un risp. del Montamiata « Mi si distrugge il cuor come la brina. » — *v.* 6. Teocr.: « Ahi ahi, tristo Amore, perchè a me il nero sangue dal corpo, come zecca palustre attaccandoti, tutto suggesti? » * E il Casa: « Si cocente pensier nel cor mi siede... Ch' io temo non gli spirti in ogni vena Mi sugga. » — *v.* 8. « Timor hoc. pudor impedit illud. » Ovid. Met.

St. 58. — *v.* 2. * Var. *magnifiche, e precetti:* D. S. — *v.* 4. * Var. *più di cacciar:* D. S. — *v.* 5-8. * Così i Codd. ricc. e le vecch. st.: ma l'A. corresse o meglio guastò, seguito dal D. e S. e dalla Volg., così: *Or ecco ch' una donna ha in man le chiavi D' ogni tua voglia, e tutti in lei ristretti Tien... Vedi che or non se' chi pur dianzi eri.* — * Donna in man le chiavi. *Avere, tenere, portare la chiave o le chiavi di un cuore* o di altro; è imagine, che i nostri antichi ebbero comune coi provenzali, a significare padronanza o autorità di persuasione su quel cuore. Vedi anche st. 46, v. 2. Arnaldo di Marsiglia « Amors a pres de mi las claus (Amore ha preso di me le chiavi): » Petr. « Del mio cor, donna, l' una e l' altra chiave Avete in man » e « quei begli occhi soavi Che portaron le chiavi De' miei pensieri: » anche, chiama la donna « Dolce del mio cor chiave » Meglio che il Petr. e il Poliz., dice, in un rispetto pistoiese, dell' amato, la dama « Le chiavi del suo cor le porto in seno » *v.* 8. Var. *chi tu se' or:* v. st.

St. 59. — *v.* 3. Eri tuo, frase greca, *sòs eimi:* anche i lat. l' hanno; Ovid. « Sed tua sum, tecumque

Dov' è tua libertà? dov' è 'l tuo core?
Amore e una donna te l' han tolto.
Ahi come poco a sè credere uom degge!
Chè a virtute e fortuna Amor pon legge.

Descrizione della notte.

La notte che le cose ci nasconde 60
Tornava ombrata di stellato ammanto:
E l' usignuol sotto le amate fronde
Cantando ripetea l' antico pianto;
Ma solo a' suoi lamenti eco risponde,
Ch' ogn' altro augel quetato avea già il canto:
Dalla cimmeria valle uscian le torme
De' Sogni negri con diverse forme.

Fine della caccia.

E' giovan che restati nel bosco erono, 61
Vedendo il ciel già le sue stelle accendere,
Sentito il segno, al cacciar posa ferono:

---

fui puerilibus annis. » — *v.* 5. * Var. *dov' è tuo:* A. D. S. Volg. — *v.* 7-8. * Così leggono con tutte le vecch. stamp. i Codd. ricc.; e l'Oliveriano, per attestazione del Betti che aggiunge: « bellissimo e tutto efficacia è l' epifonema *Ahi come poco* ec., il quale poi ottimamente si lega con tutta la stanza: nè so come le altre edizioni abbian potuto sostituire que' due freddissimi versi, *Ed acciocchè a te poco creder deggi, Ve' che a virtù, a fortuna Amor pon leggi:* » come leggono A. D. S. e la Volg.; eccetto la fiorentina ediz. del 1794.

St. 60. — *v.* 1. Verso tolto di peso da Dante. — *v.* 2. Claud. rapt. Pros. « Stellantes nox picta sinus. » * Var. *manto:* D. S. — *v.* 3-4. * « E Filomena nella siepe ascosa Va iterando le sue dolci querele » Monti, Feron. III. — *v.* 5. * Veramente i Codd. e le vecch. st. qui e altrove leggono *ecco* in vece di *eco:* ma non ci bastò l' animo di rimetterlo nel testo. — *v.* 6. * Var. *augello queto avea:* D. S. — *v.* 7. * Var. *Della cimmeria:* A. S. * Cimmeria valle, la contrada del Bosforo Cimmerio o Bosforo Tracio che i Greci credevano confinante all' inferno e sempre ingombra di tenebre, e ne faceano la sede del Sonno.

St. 61. — *v.* 1. * È inutile avvertire che A. D. S. seguíti dalla Volg. espunsero da questa ottava le fiorentinesche e antiquate terminazioni in *ono* delle terze pers. plur. e vi sostituirono le più comuni *erano, schierano, mercano, cercano:* e per ciò fare anche furon costretti a mutar di lor capo la propria frase *posa ferono* nell' improprio e pesante *fine imperano:* la qual bella gemma è rimasta fino a qui nel tesoro delle eleganze polizianesche rifornito a balía degli elegantissimi del cinquecento. — *v.* 2. Petr. « ... poichè il cielo accende

Ciascun s' affretta a lacci e reti stendere:
Poi con la preda in un sentier si schierono:
Ivi s' attende sol parole a vendere;
Ivi menzogne a vil pregio si mercono.
Poi tutti del bel Iulio fra sè cercono.

Ma non veggendo il car compagno intorno, 62
Ghiacciossi ognun di subita paura,
Che qualche cruda fera il suo ritorno
Non gl' impedisca o altra ria sciagura.
Chi mostra fochi, chi squilla 'l suo corno;
Chi forte il chiama per la selva oscura:
Le lunghe voci ripercosse abondono;
E Iulio Iulio le valli rispondono.

Ciascun si sta per la paura incerto, 63
Gelato tutto; se non che pur chiama.
Veggono il ciel di tenebre coperto;
Nè san dove cercar, benchè ognun brama:
Pur Iulio Iulio sona il gran diserto:
Non sa che farsi omai la gente grama.
Ma, poi che molta notte indarno spesono,
Dolenti per tornarsi il cammin presono.

---

le sue stelle. » — *v.* 4. * Var. *s' affronta... rete :* vecch. st. — *v.* 6. Parole a vendere : intertenere altrui con vani ragionamenti, dar chiacchiere. V. C. * forse qui, spacciar menzogne sul conto della caccia. — *v.* 7. * Var. *prezzo :* A. D. S. Volg. — *v.* 8. Virg. « Amissos longo socios sermone requirunt. »

St. 62. — *v.* 1. * Car: troncamento che ha molti altri esempi nel sec. XV e XVI. — *v.* 2. * Var. *agghiaccia :* D. S. V. — *v.* 3. * Var. *dura fiera :* le st. — *v.* 4. * Var. *Non impedisca od :* A. D. S. V. — *v.* 5. * Così leggono i Codd. ricc. le vec. st. e il Cod. oliv. per attestazione del Betti: ma A. D. S. e la V. *Chi mostra fochi e chi.* — *v.* 8. * I soliti correggitori, A. D. S. seguìti dalla Volg., cambiano *abondono* in *abbondano;* poi vi appiccano del suo questo bel verso, *E Giulio par che le valli rispondano.*

St. 63. — *v.* 3. * Var. *veggendo il ciel :* le st. — *v.* 4. * Così i Codd. ricc., le vec. st., e il Cod. oliv. : ma i correggitori e la Volg. *cercar, benchè ognun.* — *v.* 5. Virg. ecl. VI. « ... ut littus Hyla Hyla sonaret : » e il Sannaz. « Androgèo Androgèo sonava il bosco. » — *v.* 7. * Molta notte, alla latina : « multa nocte, ad multum diem » Cicer. — *v.* 8. * Var. *tornare,* le st. *spesero... presero :* A. D. S. Volg.

Cheti se 'n vanno: e pure alcun col vero 64
La dubbia speme alquanto riconforta,
Ch' e' sia reddíto per altro sentiero
Al loco ove s' invia la loro scorta:
Ne' petti ondeggia or questo or quel pensiero
Che fra paura e speme il cor traporta:
Così raggio, che specchio mobil ferza,
Per la gran sala or qua or là si scherza.

Ma il giovin, che provato avea già l' arco 65
Ch' ogni altra cura sgombra fuor del petto,
D' altre spemi e paure e pensier carco
Era arrivato alla magion soletto.
Ivi pensando al suo novello incarco
Stava in forti pensier tutto ristretto;
Quando la compagnia piena di doglia
Tutta pensosa entrò dentro alla soglia.

Ivi ciascun più da vergogna involto 66
Per gli alti gradi se 'n va lento lento:
Comparazione. Quali i pastor, a cui 'l fier lupo ha tolto
Il più bel toro del cornuto armento;

St. 64. — *v.* 3. Il Dolce cangiò *reddíto* in *tornato:* mutazione inutile e capricciosa, chè *reddíto* l' usò Dant. Inf. X. Purg. I. Par. XI e XVIII. — * E col Dolce il Sermart.: nè pur troppo fu solo questo cambiamento; nè delle più impudenti correzioni si accorse il Nannucci, che, quando giovine di 25 anni illustrava il Poliziano, non potea essere ancora quel consumato filologo che tutti sanno. Le vecch. st. leggono: *Ch' el sia reddito.* — *v.* 5. Virg. « Nunc huc ingentes nunc illuc pectore curas Mutabat versans » e altrove « magno curarum fluctuat æstu: » trad. dal Tasso « In gran tempesta di pensieri ondeggia. » — *v.* 6. Virg. « spemque metumque inter dubii. » — *v.* 7-8. Ovid. Met. IV: « Non aliter quam cum puro nitidissimus orbe Opposita speculi referitur imagine Phœbus. » Virg. VIII Æn. « Sicut aquæ tremulum labris ubi lumen ahenis Sole repercussum aut radiantis imagine lunæ Omnia pervolitat late loca, iamque sub auras Erigitur summique ferit laquearia tecti. » — * Ferza, sferza, percuote: il verbo *ferzare* è del solo Poliziano, ch' io sappia: ma il nome *ferza* è di Dante, e di altri.

St. 65. — *v.* 2. Petr. « ... il gran disio Ch' ogni altra voglia dentro al cor mi sgombra. » — *v.* 5. * Incarco, met. « presi l'amoroso incarco. » Petr.

St. 66. — *v.* 2. Gradi, lat. *gradus,* scaglioni. — *v.* 3. * Var. *il pa-*

Tornonsi al lor signor con basso volto,
Nè s' ardiscon d' entrare all' uscio drento:
Stan sospirosi e di dolor confusi;
E ciascun pensa pur come s' escusi.

Ma tosto ognuno allegro alzò le ciglia, 67
Veggendo salvo lì sì caro pegno:
Comparazione. Tal si fe, poi che la sua dolce figlia
Ritrovò Ceres giù nel morto regno.
Tutta festeggia la lieta famiglia:
Con essi Iulio di gioir fa segno;
E quanto el può nel cor preme sua pena,
E il volto di letizia rasserena.

Quel fece Amore dopo la vendetta. Ma fatta Amor la sua bella vendetta, 68
Mossesi lieto pel negro aere a volo;
E ginne al regno di sua madre in fretta

---

slor: A. D. S. Volg. — *v.* 5. Virg. « Sed frons læta parum et deiecto lumina vultu. » — *v.* 6. * Var. *Nè ardiscono d' entrare:* D. — Drento. Il Salviati negli Avv. sopra il Decam. guarda in cagnesco questa voce, per altro usata da buoni poeti antichi e moderni; * e dal nostro anche fuor di rima, benchè nella volgata le fosse sostituita *dentro.* — *v.* 6. * Di dolor confusi: Dante « di tristizia tutto mi confuse. » — *v.* 8. Var. *si scusi:* le st.

St. 67. — *v.* 2. * Pegno: cosa cara, in generale: Petr., di Laura viva « Amor più caro pegno, Donna, di voi non ave » e a Laura morta « Dolce mio caro prezïoso pegno. » I Latini dicevano *pignora,* quasi pegni del vincolo matrimoniale, i figliuoli e i nepoti, poi anche i parenti più stretti: « Tot natos natasque et, pignora cara, nepotes » Met. — *v.* 4. * Morto regno: Dante chiama *doloroso regno* l' inferno, e *morta* la scritta sull'entrata dell'inferno, e *morta l' aura* sua, e *morta* la poesia che dell' inferno tratta. — *v.* 5. * Famiglia; i servi, alla lat.; ovvero la brigata che accompagnava Giulio. — *v.* 6. * Var. *con esso Iulio:* Baz. e D: *con essa Iulio:* A. S. V. — *v.* 7. Virg. « ... premit altum corde dolorem. »

St. 68. — *v.* 1. * Var. *fatto:* le st. Petr. anch' egli di Amore. « Per far una leggiadra sua vendetta. » — *v.* 2. * Così legg. i Codd. riccard.; perchè, se ben vi ricorda, quando Simonetta s' alzò per tornarsene era già il tramonto; e quando i compagni feron posa al cacciare era già notte. Le stampe leggono *Mossesi lieto per l' aere a volo,* con verso che tutt'altro fa che volare. L' immagine è di Claud. « Risit Amor, placidæque volans trans æquora matri Nuntius et totas iactantior explicat alas » De nupt. Hon. — *v.* 3. « Matrem celeri petit ipse volatu »

Ov' è de' picciol suo' fratei lo stuolo;

Regno di Venere, Beltà, Flora, Zefiro.

Al regno ove ogni Grazia si diletta,
Ove Beltà di fiori al crin fa brolo,
Ove tutto lascivo drieto a Flora
Zefiro vola e la verde erba infiora.

Invoca Erato Musa.

Or canta meco un po' del dolce regno, 69
Erato bella che 'l nome hai d' amore:
Tu sola benchè casta puoi nel regno
Secura entrar di Venere e d' Amore:
Tu de' versi amorosi hai sola il regno:
Teco sovente a cantar viensi Amore;
E posta giù dagli omer la faretra,
Tenta le corde di tua bella cetra.

Descrizione della casa di Venere.

Vagheggia Cipri un dilettoso monte 70
Che del gran Nilo i sette corni vede

Sidon. Apoll. « nel regno di sua madre venne » Petr. — * *v.* 5. Si diletta, prende diletto del dimorare: Guitt. Lett. « Non dilettate nel mondo. » — *v.* 6. * Brolo, provenz. *brolh*, significò una selva cinta di muro per tenervi animali da caccia (dal gr. *peri-bólion*), e orto chiuso, e semplicemente, massime in Lombardia e nel Veneto, orto. Ma Dante, inerendo all'etimologia (*peri-balloo*), « di gigli Intorno al capo non facevan *brolo;* » dove il Buti interpetra *frontale, corona*. Di qui la locuzione del Poliz.: e male la Cr., dopo avere spiegato per ghirlanda di fiori il *brolo* di Dante, interpetra il verso del Poliz. *fa parere la chioma un brolo un giardino.* — *v.* 7-8. * Claud., del regno di Venere « rura... quæ... Perpetuum florent zephyro contenta colono. » Infiora, fa col suo tepore nascer per mezzo l'erba i fiori.

St. 69. — *v.* 1. * Stat., epith. Stel. « Hic. Erato iucunda, doce. » — *v.* 2. Ovid. de art. am. « Nunc, Erato, nam tu nomen Amoris habes. » Dal gr. *'erâin* (*amare*) deriva il nome di Erato. — *v.* 5. * Cioè; hai la supremazia e l' eccellenza dei versi amorosi. Il Foscolo, a Virg. « ... ognun t' adori Re dei versi divini. » Latinamente: Cicer. « sublatis iudiciis, amisso regno forensi » fam. IX; e Asconio chiama Ortensio *rex causarum;* Vulcano in una moneta di Claudio Gotico (presso Eckhel, VII) è appellato *rex artis.* — *v.* 7. * Var. *degli omer:* D. — *v.* 8. * Var. *Tempra le corde:* qualche vecch. stampa.

St. 70. *v.* 1. — * Vagheggia, Dicesi di luogo alquanto alto che domina da amena situazione: « ... un palagio, .. il quale, posto in cima di un colle,... da settentrione vagheggia buona parte di Firenze. » Firenz., Ragionam. — * Corni. Si dicono *corna* de' fiumi i rivi da cui emer-

e di Amore. E 'l primo rosseggiar dell' orizonte,
Ove poggiar non lice a mortal piede.
Nel giogo un verde colle alza la fronte;
Sott' esso aprico un lieto pratel siede;
U' scherzando tra' fior lascive aurette
Fan dolcemente tremolar l' erbette.

Corona un muro d' òr l' estreme sponde 71
Con valle ombrosa di schietti arbuscelli,
Ove in su' rami fra novelle fronde
Cantan i loro amor soavi augelli.
Sentesi un grato mormorio dell' onde,
Che fan due freschi e lucidi ruscelli

---

gono e che poi confluiscono in un letto, o quelli in cui si diramano scaricandosi in mare; forse dalla curvità. Serdonati « L'Indo con due corna si scarica in mare. » — *v.* 3. * Cioè; il punto ove l'orizzonte rosseggia primieramente al mattino; vale a dire l'oriente. Var. *Al primo:* D. S. Volg. — *v.* 4. * Var. *al mortal:* Cod. ricc. 1576 e le vecch. stampe. — * Siede, per dinotare la sua positura in piano. « Siede la terra, dove nata fui, Su la marina » Dante: « Siede Parigi in una gran pianura » Ariosto. « Campo Nola sedet » Sil. Ital. XII. — * Lascive. Lascivo dicesi latinamente di un moto o di un giro non rapido ma contorto e quasi scherzoso. — Quest' ottava è presa quasi tutta da Claudiano, Epital. d'Onorio e Maria: « Mons latus eoum Cypri præruptus obumbrat Invius humano gressu, Phariumque cubile Proteos et septem despectat cornua Nili... In campum se fundet apex. » (* Ove il Gesnero annota che deesi intendere questo monte esser posto nella parte più orientale di Cipro, onde scorgesi più direttamente l'oriente per una parte e per l' altra l'Austro o le bocche del Nilo: valga anche pel Nostro.) E il Petr. Tr. Am. IV, così descriveva l'isola di Cipro: « Giace oltra, ove l'Egeo sospira e piagne, Un' isoletta delicata e molle Più ch'altra che 'l sol scalde o che 'l mar bagne. Nel mezzo è un ombroso e verde colle Con sì soavi odor con sì dolci acque Ch' ogni maschio pensier dell'alma tolle. »

St. 71. — *v.* 1. * Corona: intornia, circonda: Lucret. VI: « Lacum myrteta coronant. » Inf. XXXI: « Montereggion di torri s' incorona. » — *v.* 2. Schietti arbuscelli: Petr. « Schietti arbuscelli e verdi fronde acerbe » dove il Castelvetro nota: *schietti*, aggiunto di bellezza d' arboscelli che mostrano di dover crescere. * Intenderei, lisci, puliti, senza nodi; secondo quel di Dante « Non rami schietti, ma nodosi e 'nvolti » e Dante disse *schietto* il giunco (Purg. I); e 'l Petr. « lauro giovinetto e schietto » — *v.* 3. * Novelle, fresche, di recente spuntate: « fior novelli » Lor. de' Med.: « boschetto nuovo » Petr. « — *v.* 4. E sugli alberi augelletti dolce parlano » Teocr. — *v.* 5. « Risuonan dolce mormorio del-

Versando dolce con amar liquore,
Ove arma l'oro de' suoi strali Amore.

Nè mai le chiome del giardino eterno 72
Tenera brina o fresca neve imbianca:
Ivi non osa entrar ghiacciato verno;
Non vento o l'erbe o gli arbuscelli stanca:
Ivi non volgon gli anni il lor quaderno;
Ma lieta Primavera mai non manca,
Ch' e' suoi crin biondi e crespi all' aura spiega
E mille fiori in ghirlandetta lega.

Amori. Com- Lungo le rive e' frati di Cupido, 73

l' onde I limpidi cristalli freschi e chiari » Lapini. * Lucidi ruscelli: « Lucidus amnis » Ovid. Met. II; « lucidi freschi rivi e snelli » Petr. — *v.* 7. * Liquore, acqua: « liquores perlucidi amnium » Cicer. De n. d. Purg. II: « Cadea dall' alta roccia un liquor chiaro » — *v.* 7-8. Allude il P. al dolce amaro di amore: onde anche il Petr. « Così sol d' una chiara fonte viva Muove il dolce e l' amaro ond' io mi pasco. » Anche quest' ottava è tolta da Claudiano: « ... Hunc aurea sepes Circuit, et fulvo defendit prata metallo... Labuntur gemini fontes: hic dulcis, amarus Alter, et infusis corrumpunt mella venenis; Unde cupidineas armavit fama sagittas. »

St. 72. — *v.* 1. * Chiome del giardino: « nemorum coma » Horat.: « arboreas comas » Ovid. Amor.: « ... le bionde chiome Delle aperte campagne » L. Martelli, ecl. — *v.* 3. * Var. *non usa:* qualche vecch. st. — *v.* 4. * Var. *vento l' erbe:* st. — * Stanca: metaforicamente, come in Dante « come quella (*fiamma*) cui vento affatica; » onde il Niccolini « Non più il vento le selve affatica. » — *v.* 5. Non soffrono alcuna mutazione per volger di cielo. La Crusca riporta questo verso, ma non dà alcuna spiegazione. * La voce *quaderno* in generale significa unione di quattro... : e qui il *quaderno* degli *anni* importa le quattro stagioni, le quali in quel luogo non si avvicendano, come accade altrove, ma sempre vi è primavera. Così pare che Dante, Par. XVII, usasse *quaderno della materia* per i *quattro elementi* (Fornaciari.) — *v.* 6. Ovid. « Ver erat æternum: » e altrove: « Perpetuum ver est. » — *v.* 7. * Navagero: « Iam nitidum os Ver molle auras in luminis audet Proferre... Tempora diversis tollens halantia sertis. » Var. *Che 'l suo crin biondo e crespo:* una vecch. st. — *v.* 8. Amplificaz. anche questa ottava di quel di Claud. « Hunc neque candentes audent vestire pruinæ; Hunc venti pulsare timent, hunc lædere nimbi... pars acrior anni Exsulat, æterni patet indulgentia veris. »

St. 73. — *v.* 1. * Alessandro Afrodiseo nel LXXXVII dei Probl. (traduz. di Ang. Poliziano) « Non est autem unus Amor, sed plures: seu quia diversi rerum sunt amores; aliter enim atque aliter amant; quemadmodum et divinus Plato ait, amorem multorum capitum belluam esse: seu quia sub multos, ut idem

pagni degli amori. Che solo uson ferir la plebe ignota,
Con alte voci e fanciullesco grido
Aguzon lor saette a una cota.
Piacere. Insidia. Piacer e Insidia posati in su 'l lido
Volgono il perno alla sanguigna rota;
Speme. Desio. E 'l fallace Sperar col van Disio
Spargon nel sasso l' acqua del bel rio.

Paura. Diletto. Ire. Paci. Lacrime. Dolce Paura e timido Diletto, 74
Dolci Ire e dolci Paci insieme vanno:
Le Lacrime si lavon tutto il petto,
E 'l fiumicello amaro crescer fanno:
Pallore. Spavento. Magreza. Affanno. Sospetto. Letizia. Pallore ismorto e paventoso Affetto
Con Magreza si duole e con Affanno:
Vigil Sospetto ogni sentiero spia:
Letizia balla in mezo della via.

Voluttà. Belleza. Contento. Angoscia. Errore. Furore. Voluttà con Belleza si gavaza: 75
Va fuggendo il Contento e siede Angoscia:
El cieco Errore or qua or là svolaza:
Percotesi il Furor con man la coscia:

---

ait, amores idem cadit; » e altrove: « Cupidines itaque diversi, quia et plures Veneres, ut vulgivaga et Luperca. » — *v.* 2. * Nel prol. dell' *Aminta* Amore dice « E solo al volgo de' ministri miei, Miei minori fratelli, ella consente L' albergar fra le selve ed oprar l' armi Ne' rozzi petti. » — *v.* 3. * Grido: qui *clamore, schiamazzo.* — *v.* 4. Hor. Od. II, 8. ... « ferus et Cupido Semper ardentes acuens sagittas Cote cruenta. » * Ariosto, VI: « Volan scherzando i pargoletti Amori ... Chi tempra dardi ad un ruscel più basso, E chi gli aguzza ad un volubil sasso. » — * Cota: gli antichi usarono e usa il popolo toscano ridurre alla prima declinazione certi nomi femminili della terza; così trovasi ne' classici e dicesi tuttavia *lapide* e *lapida, canzone* e *canzona: cola* usa anche in prosa il Sacchetti: « siete più poveri che la cota. » — *v.* 4-5. Claud. « Mille pharetrati ludunt in margine fratres, Ore pares, ævo similes, gens mollis Amorum... Hi plebem feriunt. » — *v.* 5. * Var. *Piacere, Insidia:* A. S. Volg.; *Piaceri, insidia:* D. — *v.* 7. Anche il Petr. dà la Speranza per compagna ad Amore, ma in altra positura: « E false opinioni in su le porte, E lubrico sperar su per le scale. » * Var. *Il fallace:* A. D. S. Volg.

St. 74. — * *v.* 2. Veramente i Codd. e qualche vecch. st. leggono a dispetto de' grammatici: « *Dolce ire e dolce pace.* » — *v.* 3. * Si lavon: si bagnano; latinamente: Plaut. « eas lacrimis lavis. » Æn. X: « lavit improba teter Ora cruor. »

St. 75. — *v.* 1. Si gavazza, si rallegra smoderatamente. * Var. *ivi si guazza:* Ald. — *v.* 4. * Il villanello, di Dante, che vede nevata tutta la

Penitenzia. La Penitenzia misera stramaza,
Che del passato error s' è accorta poscia:
Crudeltà. Nel sangue Crudeltà lieta si ficca:
Disperazione. E la Disperazion sè stessa impicca.

Inganno. Riso. Tacito Inganno e simulato Riso 76
Cenni. Con Cenni astuti messaggier de' cori
Sguardi. E fissi Sguardi con pietoso viso
Gioventù. Tendon lacciuoli a Gioventù tra' fiori.
Stassi col volto in su la palma assiso
Pianto. Dolori. El Pianto in compagnia de' suo' Dolori:
E quinci e quindi vola senza modo
Licenzia. Licenzia non ristretta in alcun nodo.

Cotal milizia i tuoi figli accompagna, 77
Venere bella madre degli Amori.
Zefiro il prato di rugiada bagna,
Spargendolo di mille vaghi odori:
Ovunque vola, veste la campagna
Di rose gigli vïolette e fiori:
L' erba di sue belleze ha meraviglia
Bianca cilestra pallida e vermiglia.

---

campagna « si batte l' anca. » Marsilio e Agramante, nell' Ariosto, *si battono* « del folle ardir la guancia. » — *v.* 5. STRAMAZA, in signif. neutro, cade in terra senza sentimenti. * Var. *schiamazza:* una vecch. st. Il Petr. fra i compagni d' amore, ricorda: « Dubbia speme d' avanti e breve gioia, Penitenza e dolor dopo le spalle. » — *v.* 7. SI FICCA. * Forse improprio, ma non senza efficacia.

St. 76. — *v.* 1. * F. Coppetta, in una allegorica cacciata di amore, « Colle reti e col fuoco era l' Inganno Seco e 'l Diletto: io disarmato e solo.... Ben mi soccorse la Vergogna e 'l Danno. » — *v.* 4. Lapini: « Or Fraude aperta ed or celato Inganno Tendon lacciuoli a manifesta Morte. » * Var. *a' giovani:* le St. — *v.* 5-8. Claud.: « Hic habitat nullo constricta Licentia nodo; Et flecti faciles Iræ, vinoque madentes Excubiæ, Lacrymæque rudes; et gratus amantum Pallor; et in primis titubans Audacia furtis; Jucundique Metus et non secura Voluptas; Et lasciva volant levibus Periuria pennis: Hos inter petulans alta cervice Juventas Excludit Senium loco. » * Anche il Petr. nel *Trionf. d'Am.* gli dà altri compagni, non però così esplicitamente personificati.

St. 77. — *v.* 5. * VESTE: « Veste di verde tutta la campagna » Rucellai. — *v.* 7. * Var. *Di sua bellezza l'erba ha,* Bazal: *L'erba di sua bellezza;* le altre st. Rammenta il virgiliano «... arbos, miraturque novas frondes. » — 3-8. Preso da quel di Claudiano, De rapt. Pros. II: «... Ille novo madidantes nectare pennas Con-

Varie guise di fiori.

Trema la mammoletta verginella 78
Con occhi bassi onesta e vergognosa:
Ma vie più lieta più ridente e bella
Rosa. Ardisce aprire il seno al sol la rosa:
Questa di verde gemma s'incappella:
Quella si mostra allo sportel vezosa:
L'altra che 'n dolce foco ardea pur ora
Languida cade e il bel pratello infiora.

L'alba nutrica d'amoroso nembo 79
Viole. Gialle sanguigne e candide vïole.
Iacinto. Descritto ha il suo dolor Jacinto in grembo:
Narciso. Narcisso al rio si specchia come suole:
In bianca vesta con purpureo lembo

---

cutit et glebas fœcundo rore maritat. Quaque volat, vernus sequitur color; omnis in herbas Turget humus, medioque patent convexa sereno: Sanguineo splendore rosas, vaccinia nigro Induit, et dulci violas ferugine pingit. »

St. 78. — *v.* 5. * VERDE GEMMA. Var. *verdi gemme:* A. Volg. « le bocce o sia i bottoni dentro cui stanno fasciate le rose prima di aprire (Fornaciari) » — S' INCAPPELLA. * *Incappellare,* mettere il cappello, coprire. Dante, Par. XXXII: « convien che s'incappelli. » Quasi che la rosa si faccia cappello di quella verde e prominente pellicina che la fascia prima che sbocci. Piacque ancora al Caro, che parlando d'un monte disse: « Di neve alteramente s'incappella. » (En. XII): e il Botta, dello Spluga « monte eternamente incappellato di nevi. » (Fornaciari.) Var. *s' incapella:* Cod. chig. (ediz. rom. 1804). A. D. S. — *v.* 6. * Cioè, comincia ad aprirsi, sboccia (Fornaciari.) Si sente l'imitazione d'un epigr. latino (Burmann. Anth.) « Prima papillatos ducebat... corymbos: Altera puniceos apices umbone levabat: Tertia non totum calathi patefecerat orbem: Quarta simul nituit, mutato tegmine floris. Dum levat una caput, dumque explicat altera nodum.... »

St. 79. — *v.* 1. AMOROSO NEMBO: intendi della rugiada (Fornaciari.) — *v.* 2. * Var. *sanguigne, candide:* A. Comin. Volg. — *v.* 3. Ovid. Met. « Ipse suos gemitus foliis inscribit, et αἴ αἴ Flos habet inscriptum, funestaque litera ducta est. » E da Teocr. il giacinto viene chiamato *iscritto.* * Mosco, nella morte di Bione, rivolgendosi a questo fiore « Ora, o giacinto, esprimi le tue lettere, e più pienamente l'*ahi ahi* accogli ne' petali tuoi. » JACINTO, secondo i poeti, era un giovinetto, il quale, giuocando con Apollo al disco, involontariamente si uccise; e quel dio del sangue di lui fe sorgere un fiore di questo nome, che nelle foglie alcuna volta pare che abbia scritto *ai,* voce di dolore (Fornaciari) — *v.* 4. * NARCISO era un giovane avvenentissimo, il quale, essendosi una volta veduto in un fonte, rimase talmente preso di sua bellezza che non si potè più stac-

Clizia. Si gira Clizia pallidetta al sole:
Croco. Adon rinfresca a Venere il suo pianto:
Acanto. Tre lingue mostra Croco, e ride Acanto.

Mai rivestì di tante gemme l' erba 80
La novella stagion che 'l mondo avviva.
Sovresso il verde colle alza superba
L' ombrosa chioma u' il sol mai non arriva:
E sotto vel di spessi rami serba
Fontana. Fresca e gelata una fontana viva,
Con sì pura tranquilla e chiara vena
Che gli occhi non offesi al fondo mena.

---

care dal vagheggiarsi, e lì sul margine di quel fonte a poco poco si morì dell' amor di sè stesso; e fu mutato in un fiore che ama di crescere lungo i rivi (Fornaciari.) — *v.* 6. * Clizia era una ninfa amante del sole: fu cambiata in fiore detto *elitropio*, che equivale a girasole (Fornaciari.) « Est in parte rubor, violæque simillimus ora Flos tegit: illa suum, quamvis radice tenetur, Vertitur ad solem » Metam. IV. — *v.* 7. * Adone, giovane cacciatore, caro molto alla dea Venere, sendo stato ucciso da un cignale, dal sangue di lui nacque un fiore detto anemone o anemolo. (Fornaciari.) — *v.* 7. Rinfresca, rinnova. — *v.* 8. * Croco, fiore che ha in mezzo un fiocco diviso in tre cordoni di color rosso (*tre lingue*), cui si dà il nome di zafferano (Fornaciari.) Secondo il mito, Croco, amante di Smilace, fu cangiato dagli dei nel fior del zafferano. — Acanto: anche Virg. dà all' acanto l' aggiunto di *ridente* « Mixtaque ridenti colocasia fundet acantho. » * Secondo i Mitologi moderni, fu ninfa da Apollo, per la sua ritrosia, mutata nella pianta che porta quel nome.

St. 80. — *v.* 1. Var. *Nè mai vesti:* D. S. V. — *v.* 3. * Le più delle st. leggono *sovr' esso* o *sovra esso:* noi co' Codd. e con qualche ant. ediz. leggiamo Sovresso, che qui vuol dire *al di sopra:* Dante: *sovr' esso l' acqua.* « È il colle che al di sopra (cioè al di sopra del prato innanzi descritto) alza *l'ombrosa chioma*, ossia la cima degli alberi (Fornaciari.) » — *v.* 4. « Nè quella (*selva*) il sole lucente co' raggi batteva » Odiss. XIX. * « ombra perpetua che mai Raggiar non lascia sole ivi nè luna » Purg. XXVIII. Var. *u' sol:* qualche v. st. — *v.* 5. * Al Dolce e al Serm. dispiacque *E sotto vel*, e sostituirono *E sotto elce:* ricordando forse l' oraziano « cavis impositam ilicem Saxis, unde loquaces Lymphæ desiliunt... » — *v.* 5. Spessi rami, « spissa ramis laurea » Oraz. od. — *v.* 5-8. Preso da quel di Claudiano: « Haud procul inde locus... Panditur, et nemorum frondoso margine cinctus Vicinis pallescit aquis: admittit in illum Cernentes oculos et late pervius humor Ducit inoffensos liquido sub gurgite visus, Imaque perspicui prodit secreta profundi. — * Gli occhi non offesi al fondo mena. Dante, dell' acqua del ruscello nel Parad. ter-

Onde nasce l' acqua.

L' acqua da viva pomice zampilla, 81
Che con suo arco il bel monte sospende;
E per fiorito solco indi tranquilla
Pingendo ogni sua orma al fonte scende:
Dalle cui labra un grato umor distilla,
Che 'l premio di lor ombre agli arbor rende:
Ciascun si pasce a mensa non avara;
E par che l'un dell' altro cresca a gara.

Varie piante. Abeto. Elce. Lauro. Cipresso.

Cresce l' abeto schietto e senza nocchi 82
Da spander l' ale a Borea in mezo l' onde;
L' elce che par di mèl tutta trabocchi;
E il laur che tanto fa bramar sue fronde:
Bagna Cipresso ancor pel cervio gli occhi

---

restre « nulla nasconde; » il Tasso di una fonte « trasparente sì, che non asconde Dell' imo letto suo vaghezza alcuna. »

St. 81. — *v.* 1. Claud. « ... vivo de pumice fontes Roscida mobilibus lambebant gramina rivis. * Var. *di viva:* D. S. — *v.* 2. * Che con suo arco: Riferiscilo alla pomice che formava come un arco (Fornaciari.) — *v.* 3-4. Catullo: « Qualis in aërii pellucens vertice montis Rivus muscoso prosilit e lapide; Qui, cum de prona præceps est valle volutus, Per medium densi transit iter populi. » — * Pingendo ogni sua orma: vuol dire che scorrendo lambiva continuamente una riva seminata di pinti fiori (Fornaciari.) Var. *piangendo;* qualche v. st., forse per errore tipograf. e A: *piegando;* D. — *v.* 4. * Al fonte, cioè alla fontana nominata al v. 6 dell' ottava precedente; la qual fontana si formava dell' acqua ora detta. (Fornaciari.) — *v.* 5. * Var. *destilla:* vecch. st. A. D. S. — *v.* 6. Rende il premio agli alberi delle loro ombre col fecondarli scorrendo intorno alle loro radici, sicchè crescano più fiorenti e più belli. Tasso, Ger. XVIII: « Bagna egli (*il canale d' un fiume*) il bosco, e il bosco il fiume adombra Con bel cambio tra lor d' umore e d' ombra. » * Var. *Che premio:* D. — *v.* 7. * Ciascun albero piglia nudrimento dall' indicato ruscelletto. (Fornaciari.)

St. 82. — *v.* 1. Senza nodo è l' abete dal mezzo in giù, onde anche Ovid. « enodisque abies: » verso la cima è nodoso e duro. Teofr. lo chiama *lunghissimo e diritto sorgente.* * E Virg. « procera abies. » — *v.* 2. È coltivato per antenne ed alberi da navi. Virg. « Casus abies visura marinos. » * Claud. « apta fretis abies. » Sanazz. Arcad. p. I: « Quivi senza nodo veruno si vede il dirittissimo abete nato a sostenere i pericoli del mare. » Il Monti dice del pino (Feron. III): « A sfidar nato su gli equorei flutti D' Africo e d' Euro i tempestosi assalti. » — *v.* 3. « Ilex plena favis » Claud. Rapt. Pros. * Nelle cavità dell' elce fanno le api i lor favi (Fornaciari.) — *v.* 4. * Allude all' uso d' incoronare di alloro i vincitori e i poeti (Fornaciari.) — *v.* 5. * Cipresso o

Con chiome or aspre e già distese e bionde.
Albero. Ma l' alber che già tanto a Ercol piacque
Platano. Col platan si trastulla intorno all' acque.

Cerro. Faggio. Surge robusto il cerro et alto il faggio, 83
Cornio. Nodoso il cornio, e 'l salcio umido e lento,
Olmo. L' olmo fronzuto, e 'l frassin pur selvaggio:
Il pino alletta con suoi fischi il vento:
Avornio. L' avornio tesse ghirlandette al maggio:

Ciparisso fu, secondo i poeti, un giovinetto, il quale, avendo sprovvedutamente ucciso un suo bel cervo, venne in tanto dolore che sarebbe morto, se Apollo impietositone non lo mutava nell' albero di questo nome (Fornaciari.) * ... Gemit ille tamen; munusque supremum Hoc petit a superis ut tempore lugeat omni ... Ingemuit, tristisque deus (*Apollo*) : Lugebere nobis, lugebisque alios, aderisque dolentibus; inquit » Ovid. Met. X. — *v.* 6. * Così leggiamo coi codd. fior.; col chig. [ediz. rom. 1804]; coll' Oliver. per testimonianza del Betti l. c. Male, dopo l'Aldo, la Volg. (eccetto il Dolce e il Serm. questa volta giudiziosi): *Or già distese e bionde.* A proposito di che il Fornaciari: « Vuol dire che, quando Ciparisso non era albero ma garzone, avea le chiome distese e bionde: ora l' ha aspre. Le comuni st. hanno *or già* invece di *e già:* errore che ho corretto su quella del 1503. » Leggendo come il nostro testo e come il Fornaciari, risponde il v. del nostro a quel che dice di Ciparisso Ovidio: « Et modo qui nivea pendebant fronte capilli Horrida cæsaries fieri. » — *v.* 7. * *Arbor* leggono con A. il D. e il S. la Volg. e male. *Albero* è propriamente il pioppo, onde l' Ariosto (III, 25): « Con un gran ramo d' albero rimondo; » e il Sanazz. « l' albero di che Ercole innamorare si solea. » Virg. « Populus Alcidæ gratissima » e « Herculeæque arbos umbrosa coronæ. » — *v.* 8. * Si sa che i pioppi e i platani amano i luoghi umidi (Fornaciari.) « Platanus rivo gaudet » Ovidio.

St. 83. — *v.* 2. * Lento. « Mi fa meraviglia che a tutti i vocabolarii manchi la voce *lento* nel senso in cui i latini dissero *lenta viburna, lentæ genistæ;* nel qual significato, cioè di *pieghevole, flessibile,* è nel Poliz. st. 83; è nell' Alam. Coltiv. « la *lenta* ginestra ... il *lento* salcio; » è nel Rucell. « ... *lenti* salci; » è nell' Ariosto XXIX: « ... molle e *lenta* Una macchia di rubi e di verzura. » E il Molza ... « ramo leggiadretto e *lento.* » (Fornaciari, note al Disc. del soverchio rig. de' grammatici.) Il Manuzzi inserì nel suo Vocabolario gli esempii recati dal Fornaciari; a' quali potrebbesi aggiungere un del Caro che traduce il virgiliano « *lento* vimine ramus » con « un *lento* ramo. » — *v.* 3. * Var. *più selvaggio:* A. D. S. Vulg. — *v.* 4. Teocr. « Dolce un susurro cotesto pino.... risuona; » e Mosco: « spirando forte il vento, il pino canta. » * Var. *suo fischio:* st. — *v.* 5. * Avornio, *cytisus labarum,* fiorisce a maggio, pe' monti, con grappoli o

Acero. Ma l'acer d'un color non è contento:
Palma. La lenta palma serba pregio a' forti:
Ellera. L'ellera va carpon co' piè distorti.

Vite. Mostronsi adorne le viti novelle 84
D'abiti varii e con diversa faccia:
Questa gonfiando fa crepar la pelle;
Questa racquista le già perse braccia:
Quella tessendo vaghe e liete ombrelle
Apollo. Pur con pampinee fronde Apollo scaccia;
Quella ancor monca piange a capo chino,
Spargendo or acqua per versar poi vino.

Busso. Il chiuso e crespo busso al vento ondeggia, 85
E fa la piaggia di verdura adorna:

---

pannocchie di fiori bianchi e gialli spioventi in giù. — *v.* 6. * Forse perchè le prime foglie che mette fuori son rosse, e passano poi al verde: o perchè, come nota Plinio (hist. nat. XVI) vi son più generi di aceri: hannovene dei bianchi, dei rosseggianti, hannovene *crispo macularum discursu* (venati a varii colori.) — *v.* 7. « lentæ victoris præmia palmæ. » Ovid. Met. « palmæ pretium victoribus » Æn. V. * « la orientale palma dolce ed onorato premio de' vincitori » Sann. Arc. — *v.* 8. * « Vos quoque flexipedes hæderæ venistis » Met. X. E il Bembo, Jul. II. pont. « Inflexæque pedem, Bacchica serta, hederæ. » L'ellera, secondo i miti, fu un giovine saltatore di Bacco, Cisso (*cyssos* è il nome greco dell'edera), che caduto in un baratro venne cambiato in quella pianta. Var. *piedi stor-ti:* D. S.

St. 84.— *v.* 3. Mettendo gli occhi. «Et tenues rumpunt tunicas » Georg. II. * Pelle, la buccia. — *v.* 4. * Var. *perdute braccia:* A. D. S. Volg. Il cod. oliver., secondo la testimonianza del Betti, legge conforme a noi. — * Braccia, i rami, specialmente i minori che spuntano da' più grandi: Virg. Georg. II, delle viti: « tunc stringe comas, tunc brachia tonde: » usano questa figura anche i prosatori Plinio e Columella. — *v.* 5. « Et lentæ texunt umbracula vites » Virg. ecl. IX. * « Facean riparo a' fervidi calori De' giorni estivi con lor spesse ombrelle » Ariosto, VI. — *v.* 6. « suisque Frondibus ut velo phæbeos submovet ignes » Ovid. Met. V. E Claud. « Nec teneris audet foliis admittere soles: » lo spagnolo Diego Hurtado: « Las sombras que al sol quitan sas entradas Con los verdes y entretexidos ramos. » * Var. *pampinea fronde:* D. — *v.* 7-8. Monca: tronca; potata. Le viti, allorquando cominciano a buttar fuori, spargono alcune goccie d'acqua che paiono lacrime. * Bembo, Jul. II. pont. « Vinea nec lacrimas falce resecta dabat. »

St. 85. — *v.* 1-2. Claudiano « Fluctuat hic denso crispata cacumine buxus. » — * Busso, o Bosso come legge la volg., è il *buxus semper vi-*

Mirto. Il mirto che sua dea sempre vagheggia
Di bianchi fiori e' verdi capelli orna.
Vari atti di fere. Ivi ogni fera per amor vaneggia:
Montoni, Pecorelle. L' un vêr l' altro i montoni armon le corna;
L' un l'altro coza e l' un l' altro martella
Davanti all' amorosa pecorella.

Giovenchi. E' mugghianti giovenchi a piè del colle 86
Fan vie più cruda e dispietata guerra
Col collo e il petto insanguinato e molle,
Spargendo al ciel co' piè l' erbosa terra.
Cignale. Pien di sanguigna schiuma il cignal bolle,
Le larghe zanne arrota e 'l grifo serra;
E rugghia e raspa, e per armar sue forze
Frega il calloso cuoio a dure scorze.

---

rens de' botanici (« Perpetuoque virens buxus » Ovid. Met. X), ha le foglie crespe e i rami così folti e stretti fra loro che non si distinguono. — *v.* 3. Sua dea, Venere, a cui era sacro: « Formosæ myrtus Veneri » Virg. — *v.* 6. « Inter se adversis luctantur cornibus » Virg. Georg. III.

St. 86. — *v.* 1-4. « Illi alternantes multa vi prœlia miscent Vulneribus crebris: lavit ater corpora sanguis: Versaque in obnixos urgentur cornua vasto Cum gemitu » Virg. Georg. III: e più sotto, del giovenco vinto che preparasi a nuove pugne, « Et temptat sese atque irasci in cornua discit Arboris obnixus trunco, ventosque lacessit Ictibus et sparsa ad pugnam proludit arena. » Il Tasso, Ger. VII, con poca diversità « ... il tauro.... Orribilmente mugge, e coi muggiti Gli spirti in sè risveglia e l' ire ardenti; E 'l corno aguzza ai tronchi, e par che inviti Con vani colpi alla battaglia i venti; Sparge col piè l' arena, e il suo rivale Da lunge sfida a guerra aspra e mortale. » E G. B. Lapini, imitando il N. A.: « E 'l misero torel non mai satollo Insanguinar si vede il petto e 'l collo. » — *v.* 4-8. « Spumas agit ore cruentas » Virg.; e altrove: « Ipse ruit dentesque sabellicus exacuit sus, Et pede prosubigit terram, fricat arbore costas, Atque hinc atque illinc humeros ad vulnera durat: » Apollon. I: « ... rabidas excolligit iras Ore prius dentesque acuit, setaque rigenti Horridus in duris explorat robora truncis: Spuma per obliquos diffunditur albida rictus. » Ed Esiodo, nello Sc. d' Ercole, con più efficacia: « ... Quale, nelle boscose valli d' un monte, cignale fiero a vedere, co' denti dalla bocca sporgenti, volge nell' animo combattere con gli uomini cacciatori, e aguzza curvato il candido dente; e la spuma d' intorno la bocca a lui masticante distilla, e gli occhi suoi a foco splendiente son simili; orrido per le setole dritte sul dorso e intorno al collo. — 7. Var. *rugge:* le st. »

Daini. Provon lor punga e' daini paurosi, 87
E per l'amata druda arditi fansi:
Ma con pelle vergata aspri e rabbiosi
Tigri. E' tigri infurïati a ferir vansi.
Sbatton le code, e con occhi focosi
Leoni. Ruggendo i fier leon di petto dansi.
Biscia. Zufola e soffia il serpe per la biscia,
Mentr' ella con tre lingue al sol si liscia.

Cervio. El cervio appresso alla massilia fera 88
Co' piè levati la sua sposa abbraccia:
Fra l'erbe ove più ride primavera,
Conigli. L'un coniglio coll'altro s'accovaccia.

St. 87. — *v.* 1. * Punga: se qui è in mezzo d'un verso ed è nel Villani scrittore di prosa, Dante non l'usa dunque per necessità di rima, come vogliono i benemeriti comentatori. Vero che *pugna* leggono A. D. S. Volg. — *v.* 3. Vergate si dicono le tigri per essere elle indanaiate e fregiate di alcune pezze oblique e a traverso a guisa di verghe. Così Senec. Hypp. « virgatas India tigres Decolor horret: » e Sil. Ital. Punic. I: « virgato corpore tigrim. » Di qui prenda occasione il lettore di correggere quel luogo di Claud. nel I *De laud. Stil.* che dice « quis Stilichone prior ferro penetrare leones Cominus, aut longe virga transfigere tigres? » e legga « ... longe virgatas figere tigres. » — *v.* 5-6. Petr. « Non con altro romor di petto dansi Duo fier leoni. » E G. B. Lapini: « Ruggendo il fier leon d'orgoglio pieno Con focosi occhi contro l'altro viene: Dansi di petto. » Stazio, Theb. VI: « ... rumpunt obnixa furentes Pectora: » Esiodo, nell'assalto di Ercole e Cicno: « ... Come due leoni, per una uccisa cerva, l'uno all'altro irati si fanno impeto addosso; e crudele fra essi ruggito e sgretolar di denti sollevasi. » — *v.* 7. Zufola: fischia: propriamente de' serpenti. « Il serpente zufolando ingannò Eva » VV. SS. PP. * Var. *Zuffola:* D. S e qualche st. più recente. — *v.* 8. Virg. Æn. II: « Arduus ad solem linguis micat ore trisulcis. » Tasso: « Qual serpe fier che in nuove spoglie avvolto D'oro fiammeggi e incontro al sol si lisce. » Ariosto, X: « O che stia sopra un nudo sasso al sole, Dove le spoglie d'oro abbella e liscia. » * Non posso starmi dal riferire questi versi di una antica Descrizione delle ore delle giornate di estate, dove sono parecchie rimembranze del Poliziano: « Leva la testa su alto la biscia, E con l'occhio prudente guarda intorno, Poi fra' fioretti e l'erbe si si liscia. »

St. 88. — *v.* 1. Ovid. « Et stetit in saxo proxima cerva leeæ: » E Claud. « Massylam cervi non timuere iubam. » * Massila fera: il leone, così detto dalla Massilia, parte della Libia, chiamata da Orazio « leonum Arida nutrix » — *v.* 3. * Primavera: la verdura e i fiori che nascono di primavera. Dant. Parad. « ... rive Dipinte di mirabil primavera, » e Chia-

Le semplicette lepre vanno a schiera
Da' can sicure all' amorosa traccia;
Sì l'odio antico e 'l natural timore
Ne' petti ammorza, quando vuole, Amore.

Vari atti di pesci.

E' muti pesci in frotta van notando 89
Drento al vivente e tenero cristallo,
E spesso intorno al fonte roteando
Guidon felice e dilettoso ballo;
Tal volta sopra l' acqua, un po' guizando,
Mentre l' un l'altro segue, escono a gallo:
Ogni loro atto sembra festa e gioco;
Nè spengon le fredde acque il dolce foco.

Augelli.

Gli augelletti dipinti in tra le foglie 90
Fanno l' aere addolcir con nove rime;

---

br. « La più soave primavera miete. » — *v.* 5. Virg. ecl. 8: « Cum canibus timidæ venient ad pocula damæ, » e Claud. « Concordes varia ludunt cum tigride damæ. » * Var. *Semplicette capre:* un'antica ediz. e A. D. S. Volg. Il Betti osserva: « Nè le lepri serbano niuna cagione di guerra coi cani... il che delle capre non può già dirsi... Vuolsi inoltre sapere che le lepri erano appunto consecrate ad Amore ed a Venere; anzi ne facevano il simbolo... Filostrato I delle *Immagini...* finse una lepre che, in bel giardino e sotto un albero di pomi pascendo, dava di sè diletto ad una schiera di allegri Amorini. » E l' oliv. e il chig. (ediz rom. 1804) legge *lepri.* — *v.* 7. Var. *ad amorosa:* qualche v. st. — 7-8. Imit. forse da quel d'Oraz. « sic visum Veneri, cui placet impares Formas atque animos sub iuga ahenea Sævo mittere cum ioco. » Carm. I, 35. — L' Ariosto, sulle tracce del Poliz. « Fra le purpuree rose e i bianchi gigli Che tiepid' aura freschi ognora serba, Sccuri si vedean lepri e conigli E cervi con la fronte alta e superba: Senza temer che alcun gli ancida o pigli Pascono e stansi ruminando l' erba: Saltano i daini e i capri snelli e destri Che sono in copia in quei luoghi campestri. »

St. 89 — *v.* 2. Vivente. Virg. « vivique lacus. » — Cristallo, l' acqua, per lo splendore. Il Petr. chiamò *cristallo* le lagrime di Laura. — *v.* 3. Roteando: roteggiando, facendo rote, girando (spagn. *rodear*) — *v.* 4. * Ballo. Anacr. pone intorno a Venere i delfini *ballanti.* » — *v.* 6. * A gallo: a galla. — *v.* 8. * Ricorda un epigr. dell' Antol. così tradotto dall' Alam. « Chi scolpío già fra questi fonti Amore, Pensò spegner con l' acqua il suo calore. »

St. 90. — *v.* 1. Augelletti dipinti. Virg. « pictæque volucres; » e l'Alam. « E i dipinti augelletti a lei dintorno Salutavan cantando il nuovo giorno. » * Var. *ripinti:* A. D. S. — *v.* 2. Virg. « ... variæque circumque supraque Assuetæ ripis volucres et fluminis alveo Ætera mulcebant cantu. » * Var. *Fan l' aere:* A. S.

E fra più voci un' armonia s' accoglie
Di sì beate note e sì sublime,
Che mente involta in queste umane spoglie
Non potria sormontare alle sue cime:
E dove amor gli scorge pel boschetto,
Salton di ramo in ramo a lor diletto.

Al canto della selva Eco rimbomba: 91
Ma sotto l'ombra che ogni ramo annoda
Passera — La passeretta gracchia e attorno romba:
Paone. — Spiega il pavon la sua gemmata coda:
Colombi. — Bacia il suo dolce sposo la colomba;
Cigni. — E bianchi cigni fan sonar la proda:
Tortori. — E presso alla sua vaga tortorella
Pappagalli. — Il pappagallo squittisce e favella.

Cupido. — Quivi Cupido e' suo' pennuti frati, 92
Amori. — Lassi già di ferir uomini e dei,

Volg. Il Chig. (ediz. rom. 1804) legge conforme a noi. — * Rime: canti. Dante, Purg. XXVIII: « gli augelletti... con piena letizia l' ore prime Cantando, riceveano intra le foglie Che tenevan bordone alle sue rime. » — v. 6. * Metaforic. vuol dire che pensiero umano non arriva a comprenderne tutta l' alta dolcezza (sì *beate* note e sì *sublime*.) — v. 8. Saltan di ramo in ramo. Teocrit. « volano in ramo da ramo. » * Var. *al lor diletto:* vecch. st.

St. 91. — v. 1. * Canto della selva: il canto degli uccelli su gli alberi della selva trasportato alla selva stessa: così, anche più arditamente, il Pindem. « La valle mugolar, belare il colle. » — v. 2. Oraz. Car. II, 3: « Umbram hospitalem consociare amant Ramis. » — v. 3. * Romba. *Rombare*, per similitudine fare strepito, ronzio, romore o grave sibilo (quasi quello che fanno le vespe le pecchie i calabroni ed anche le cose lanciate e tratte per aria con violenza.) Giunte veronesi. Anche il Caro lo dice di un uccello: « ... venne con l' ali rombando a strisciare. » Am. past. — v. 4. Fedro: « Gemmeam caudam explicas.» Marz. « Gemmatas explicat alas. » — v. 5. Ovid. Amor. II, 7: « Oscula dat cupido blanda columba mari; » e il Tasso, Am. « Mira là quel colombo Con che dolce susurro lusingando Bacia la sua compagna. » — v. 6. Proda, estremità littorale, particolarmente di letto di fiume. * Var. *I bianchi:* Comin. e Volg. — v. 7-8. Che il pappagallo si unisca alla tortora viene asserito da Plinio: onde Ovidio nella lettera di Saffo a Faone: « Et niger a viridi turtur amatur ave. » Squittisce: *Squittire*, stridere interrottamente e con voce sottile e acuta; ed è proprio dei bracchi quando levano o seguitano le fiere.... e per similitudine si trasferisce all' uomo e ad altri animali. V. C.

St. 92. — v. 1. Pennuti Frati: « Pinnati passim pueri » Claud. —

Prendon diporto, e con gli strali aurati
Fan sentire alle fere i crudi omei:
Venere. Pasitea, una delle tre Grazie, moglie del Sonno.
La dea Ciprigna fra' suoi dolci nati
Spesso se 'n viene e Pasitea con lei,
Quetando in lieve sonno gli occhi belli
Fra l' erbe e' fiori e' giovani arboscelli.

Move dal colle mansueta e dolce 93
La schiena del bel monte, e sovra e' crini
Palazzo di Venere.
D' oro e di gemme un gran palazo folce
Sudato già nei cicilian cammini.
Le tre Ore che 'n cima son bobolce
Pascon d' ambrosia i fior sacri e divini:

---

v. 4. * Omei: in forza di sostant. masc. plur.; lamenti, esclamazioni di dolore. Così i vocabolari: ma qui sta veramente per *dolori* o *pene;* come in quel del Morgante: « ... Pampalona fu acquistata Dopo tanti travagli e tanti omei. » — *v.* 5. * Nati, figli; alla latina: Dante: « Israel con suo padre e con suoi nati. » — *v.* 7. Lieve sonno: « Somnos quod invitet leves » Oraz. — *v.* 8. « Mollesque sub arbore somni » Virg. * Var. *e fiori e giovani:* A. D. S. Volg.

St. 93. — *v.* 1. * Move: *movere* per *aver principio* od *origine, cominciare,* dicesi delle vie, de' fiumi, de' monti: « da imo della cerchia scogli Moven » Inf. XVIII. — * Mansueta, per metaf. vale *di facile pendio.* Voc. Tram. — * Dolce: parlando di *monte, salita, scala* e simili, vale: *poco ripida, che non è erta, che si può salire agiatamente.* V. C. — *v.* 2. Schiena del bel monte. Livio « dorsum montis: » e Dante « spalle del monte. — * Sopra i crini, su l' estrema cima. — *v.* 3. « Lemnius hæc (*gli atrii di Venere*) gemmis extruxit et auro » Claud. — * Folce: voce lat. da *folcire* (att. e neut. pass.), *regge, sostiene:* trovasi usato metaforicamente dagli antichi: *suffolcere* e *suffolgere* e loro participii sono in Dante e nell' Ariosto. — *v.* 4. Sudati: latinamente, per *lavorati, fabbricati:* Claud. « ... sudata merito Fibula. » Metast. nel Demof. « ... serici ammanti Sudati già dalle sidonie ancelle. » — Cicilian cammini: « ... siculis an conformata caminis Effigies » Stazio, Selve. * Var. *Sicilian:* D. S. *Camini,* latinamente, *fornaci:* « Cyclopum exesa caminis Antra ætnea tonant » Æn. VIII. Si sa che le fucine di Vulcano erano poste dal mito nelle regioni di formazione vulcanica, e specialmente fra la Sicilia e l' Eolia nelle isole di Lipari. — *v.* 5. Bobolce (femm. plur. di *bubulcus, bifolco*): La Cr., a quel verso di Dante *che fôro A seminar quaggiù buone bobolce,* spiega *buone lavoratrici.* * Qui par debba intendersi coltivatrici. Var. *bibolce;* qualche st. ant. A. e S.: *bifolce.* D. — * Pascon: nutrono innaffiando. « ... l' aura dolce e quieta Pasceva di rugiada i fiori » Benivieni. — 7-8. Tasso, Ger. XVI: « Coi fiori eterni eterno il frutto dura, E mentre spunta l' un l' altro

Nè prima dal suo gambo un se ne coglie,
Ch' un altro al ciel più lieto apre le foglie.

Qual sia dinanzi alla porta del palazzo.
Atalanta.
Filomena.

Raggia davanti all' uscio una gran pianta, 94
Che fronde ha di smeraldo e pomi d' oro;
E' pomi che arrestar ferno Atalanta,
Che ad Ippomene dienno il verde alloro.
Sempre sovr' essa Filomena canta;
Sempre sott'essa è delle Ninfe un coro:
Spesso Imeneo col suon di sua zampogna
Tempra lor danze, e pur le noze agogna.

La regia casa il sereno aer fende, 95
Fiammeggiante di gemme e di fino oro,
Che chiaro giorno a meza notte accende:
Ma vinta è la materia dal lavoro.

---

matura. » — *v.* 8. Così leggiamo coi codd. fior., coll' oliveriano, per testimonianza del Betti, loc. cit., col chig. (ediz. rom. 1804): ma D. e S. legg. *vago al ciel apre sue:* e *al ciel più apre le sue.* A. e Volg.

St. 94. — *v.* 1-2. Arboreæ frondes auro radiante nitentes Ex auro ramos, ex auro poma ferebant. » Met. IV. * È la pianta del cedro che cresceva negli Orti Esperidi di Atlante; così descritta anche dall' Alamanni, Fav. Atl., conforme al nostro: « Non conosciuta ancor dal mondo allora, La pianta eletta che pur d' oro i pomi E di fini smeraldi avea le frondi: » e quindi trasportata a Cipro nel campo Tamaseo sacro a Venere, dove la ripone anche Ovidio « ... medio vivet arbor in arvo, Fulva comas, fulvo ramis crepitantibus auro. » — *v.* 3. * Var. *E pomi:* A. D. S. Volg.: *fero* D. S. *ferno.* A. Vol. — *v.* 4. * Var. *E ad Ippomene diero:* D. S. * Atalanta fu, secondo i poeti, bellissima giovane che non volea concedersi in moglie se non a chi vincesse nel corso lei velocissima: Ippomene, preso d' amor per lei e disperato dell' ottenerla, si rivolse a Venere; che gli diè tre pomi d' oro di quelli del suo giardino di Cipro. Il giovane, venuto a correre in prova con Atalanta e non potendo aggiungerla, le gittò innanzi un di quei pomi: fermatasi a raccòrlo fu trapassata da Ippomene. — * Verde alloro, la vittoria. — *v.* 5. * L' Alam., della stessa pianta: « La suora e Progne Non trovaron già mai più degno albergo. » Var. *sovresso:* Cod. ricc. — *v.* 6. * Var. *sottesso:* Codd. ricc. — *v.* 8. Tempra: regge, ordina, dispone.

St. 95. — *v.* 2. « Regia solis... Clara micante auro » Met. II. L' Ariosto tolse di peso un verso da questa ottava: « Sorge un palazzo in mezzo alla verdura, Fiammeggiante di gemme e di fin oro. » — *v.* 2-4. * « Lemnius hæc etiam gemmis extruxit et auro, Admiscens artem pretio » Claud. — *v.* 4. * « Materiam superabat opus » Met. II. Il Tasso, Ger. XVI, tolse di peso questo verso: « Che vinta è

Sopra colonne adamantine pende
Un palco di smeraldo, in cui già fôro
Sterope, Bronte. Aneli e stanchi dentro a Mongibello
Sterope e Bronte et ogni lor martello.

Le mura a torno d' artificio miro 96
Forma un soave e lucido berillo.
Passa pel dolce orïental zaffiro
Nell' ampio albergo el dì puro e tranquillo:
Ma il tetto d'oro, in cui l' estremo giro
Si chiude, contro a Febo apre il vessillo:
Per varie pietre il pavimento ameno
Di mirabil pittura adorna il seno.

Che sculture sieno nelle porte. Mille e mille color formon le porte 97
Di gemme e di sì vivi intagli chiare,
Che tutte altre opre sarien roze e morte
Da far di sè natura vergognare.
Natura di Venere. Nell' una è insculta la infelice sorte
Del vecchio Cielo; e in vista irato pare

la materia dal lavoro. — *v.* 5-6. « Solidoque adamante columnæ » Æn. VI; e Stazio « Pendent innumeris fastigia nixa columnis. » * Claud. « ... trabibusque smaragdis Supposuit cæsas hyacinthi rupe columnas. » — 6-8. Preso da quel di Staz. nelle Selve: « Effigies lassum Steropem Brontemque reliquit. » E Claud. I. Rap. Pros. « ... nullum tanto sudore Pyracmon Nec Sterops confluxit opus. » * E Sidon. Apoll., cantando pur della casa di Venere: « Lemnius illic Ceu templum lusit Veneri, fulmenque relinquens Hic ferrugineus fumavit sæpe Pyracmon » Epith. Rur. et Ib.

St. 96. — *v.* 2. « Beryllo paries » Claud. — *v.* 3. « Dolce color d'oriental zaffiro » Purg. I. * Var. *del dolce:* A. — * Dì, la luce: come *giorno* nell' Ariosto; e nel Tasso « un negro velo... rapisce il giorno e il sole. — *v.* 5. * Var. *letto d'oro:* leggono le st. ma parmi non se ne cavi senso. — * Giro, della casa; l' ultimo piano. — * Vessillo: il tetto a foggia di padiglione. — 7-8. Mosaico.

St. 97. — *v.* 1. * Mille e mille color: pietre di colori varii: come Dante, dei fiori, alla latina « Traendo più color con le sue mani, Che l' alta terra senza seme gitta. » — *v.* 3. * « Qual di pennel fu maestro o di stile, Che ritraesse l' ombre e gli atti, ch' ivi Mirar farieno ogn' ingegno sottile? » Purg. XII. — *v.* 4. * Tanto belli e vivi erano quelli intagli, che avrebbon fatto vergognarsi delle opere sue la stessa natura. Dante: « intagli tai, che non pur Policleto Ma la natura lì avrebbe scorno » Purg. X. — *v.* 5. * Var. *sculta:* le st. — *v.* 6. Var. *Celio:* le st. Di che il Betti: « Perchè non tornò (il

Suo figlio, e con la falce adunca sembra
Saturno. Tagliar del padre le feconde membra.

Terra. Ivi la Terra con distesi ammanti 98
Par che ogni goccia di quel sangue accoglia;
Furie, Giganti. Onde nate le Furie e' fier Giganti
Di sparger sangue in vista mostron voglia.
D' un seme stesso in diversi sembianti
Ninfe. Paion le Ninfe uscite sanza spoglia,
Pur come snelle cacciatrici in selva,
Gir saettando or una or altra belva.

Di che nacque Venere. Nel tempestoso Egeo in grembo a Teti 99
Mar Egeo. Si vede il fusto genitale accolto
Sotto diverso volger di pianeti
Errar per l' onde in bianca schiuma avvolto;
E dentro nata in atti vaghi e lieti
Una donzella non con uman volto,
Da' zefiri lascivi spinta a proda
Venere sopra un nicchio. Gir sopra un nicchio; e par che 'l ciel ne goda.

Vera la schiuma e vero il mar diresti, 100
E vero il nicchio e ver soffiar di venti:

Nannucci) alla sua lezione legittima anche lo sconcissimo *Celio* che invece di *Cielo* trovasi in tutte le stampe ...? È egli possibile che un idiotismo così sconcio e ridicolo cader potesse dalla penna del Poliz. ?... Certo no: ed il Cod. oliver. n' è apertissimo testimonio. » E i Codd. fior.; aggiungiamo. — Cielo, il più antico di tutti gli dei, figlio dell' Aere e della Terra: fu mutilato da Saturno suo figlio, e di questa mutilazione nacque Venere.

St. 98. — *v.* 1. * Var. *Co' distesi.* Cod. ricc. 1576. — *v.* 1-7. Esiodo, Teogon. « Quante goccie spruzzaron fuora di sangue, tutte accolse la Terra. .. Produsse e le Erini potenti; e i grandi giganti, d'armi lampeggianti, lunghe aste alle mani aventi; e le ninfe che Melie chiamano su l' immensa terra. »

St. 99. — *v.* 1. * Var. *nel grembo:* D. S. — *v.* 4. * Var. *Erra:* D. — *v.* 1-7. Esiodo, Teog. « I genitali.... eran portati pel mare lungo tempo: e intorno bianca spuma dall' immortal corpo sorgeva: e in quella una fanciulla nutrissi: e primieramente a Citera divina navigava; quindi poi pervenne a Cipro intorno irrigata. » — *v.* 7-8. In un inno omerico a Venere: « Cipro... ove lei di zefiro la forza umido spirante trasportò per l' onda del molto strepitoso mare in molle spuma. »

St. 100. — *v.* 1. « Freta vera putares » Met. VIII. * Var. *direste:* A. D. S. Volg. e sotto nelle rime corrispondenti *vedreste, veste.* — *v.* 2.

La dea negli occhi folgorar vedresti,
E 'l ciel ridergli a torno e gli elementi:
L' Ore premer l' arena in bianche vesti;
L' aura incresparle e' crin distesi e lenti:
Non una non diversa esser lor faccia,
Come par che a sorelle ben confaccia.

Giurar potresti che dell' onde uscisse 101
La dea premendo con la destra il crino,
Con l' altra il dolce pomo ricoprisse;
E, stampata dal piè sacro e divino,
D' erbe e di fior la rena si vestisse;
Poi con sembiante lieto e peregrino
Dalle tre ninfe in grembo fusse accolta,
E di stellato vestimento involta.

Questa con ambo man le tien sospesa 102
Sopra l' umide trecce una ghirlanda
D' oro e di gemme orïentali accesa:

---

* Così i Codd. ricc., le v. st., e il Cod. oliver. citato dal Betti. Ma A. D. S. e la Volg. leggono: *Il nicchio ver, vero il soffiar de' venti.* — v. 3. « Fulgurat illa oculis » Proper. — v. 4. * Var. *riderle:* A. D. S. Volg. — v. 5. * Var. *L' Onor.... bianca veste:* A. D. S. *L' ore.... bianche veste:* Comin. Volg. Anche nell' inno omerico mettonsi intorno a Venere emergente le Ore. — v. 6. * Var. *increspar li crin:* A. D. S. Volg. — * Lenti, non raccolti, non stretti in nodo. — v. 7-8. « ... Facies non omnibus una Nec diversa tamen, qualem decet esse sororum » Met. II. — v. 8. * Var. *si confaccia:* Cod.. chig. (ediz. rom. 1804).

St. 101. — v. 2. In un epigr. dell' Antol., trad. da Ausonio, De Ven. anadyom.: « Ut complexa manu madidos salis æquore crines Humidulis spumas stringit utraque comis. » — v. 3. * È l' atteggiamento della Venere medicea. — v. 4-5. * Esiodo, Teog. « E uscì la veneranda bella dea, e intorno l' erba sotto i piè dilicati cresceva. » Var. *D' erba:* le st. — 6-8. Nell' inno omerico a Ven. « ... E lei le d' auree bende insigni Ore accolsero lietamente, e intorno ambrosie vesti vestironle. » Il N. in vece delle Ore mette le tre Grazie.

St. 102. — v. 2. Nel cit. inno omer.: « E sul capo immortale una corona ben fatta posero, bella, aurea; e nelle forate orecchie un ornamento di oricalco e d' oro prezioso; e, intorno al collo dilicato e al petto argenteo, di monili aurei l' adornavano; dei quali pur esse Ore d' auree bende insigni ornate sono, quando vanno al coro amabile degli dei e alle case del padre. » — Orientali. Le gemme d' oriente sono le più preziose. Tib. II, 11: « ... gemmarum quidquid felicibus undis Na-

Questa una perla agli orecchi accomanda:
L' altra al bel petto e bianchi omeri intesa
Par che ricchi monili intorno spanda,
De' quai solean cerchiar lor proprie gole
Quando nel ciel guidavon le carole.

Indi paion levate in vêr le spere 103
Seder sopra una nuvola d' argento:
L' aer tremante ti parría vedere
Nel duro sasso, e tutto 'l ciel contento;
Tutti li dei di sua beltà godere
E del felice letto aver talento;
Ciascun sembrar nel volto meraviglia,
Con fronte crespa e rilevate ciglia.

Vulcano marito di Venere.

Nello estremo, sè stesso il divin fabro 104
Formò felice di sì dolce palma,
Ancor della fucina irsuto e scabro,
Quasi oblïando per lei ogni salma,
Con desire aggiugnendo labro a labro,

---

scitur, eoi qua maris unda rubet: » e il Petr. « Nè gemma orïental, nè forza d' auro. » — * Accesa : illustrata, alla lat. Silio : « Et gemmis galeam et clypeum *accenderat* auro. » — *v.* 4. * Var. *Quella una perla :* A. D. S. Volg. — Accomanda, raccomanda, lega, appende. — 5-6. Esiodo, di Pandora, in Op. e giorni: « E intorno e le Cariti dee e la veneranda Pithoo monili aurei posero al corpo: e lei le Ore dalle belle chiome intorno coronarono di fiori di primavera. » — * Intesa: intenta, affaccendata.

St. 103. — *v.* 1. * In vêr le spere, verso il cielo. Var. *vèr :* A. D. S. — *v.* 2. * D' argento, del color dell'argento. — *v.* 3. * L' aer tremante : il Cavalcanti, di bella donna, dice : « Che fa di clarità l' aer tremare. » — *v.* 3-4. * Di tanta verità e vita è l' intaglio, che ti parrebbe vedere pur nel duro metallo il tremolare dell' aere e la letizia del cielo alla vista di Venere. — 5-8. * Infiniti, retti da *ti parría vedere.* — *v.* 6. Nel cit. inno a Venere : « ... e desiderarono ciascuno ch' ella gli fosse verginale sposa e ch' egli a casa la conducesse. » — *v.* 7-8. « La bellezza ammiranti della di viole coronata Citerea » Ivi. * Ciascuno nell' atteggiamento del volto pareva la meraviglia stessa.

St. 104. — *v.* 1. * Nello estremo: nell' ultimo scompartimento dei bassirilievi d' una imposta. — *v.* 2. * Di sì dolce palma, dall' avere ottenuto Venere in moglie. — *v.* 3. * Var. *dalla fucina :* Cod. ricc. 1576, e chig. (ediz. rom. 1804) — *v.* 4. Salma : peso, incomodo, fatica. — *v.* 5. Bione: « cheìlea cheìlesi mìcsoo (labbra a labbra mescerò); » e Teocr. « cheìlesi cheìlè prosmásscin (a labbra labbra mescolare): » Tasso, Ger. XVIII:

Come tutta d' amor gli ardesse l' alma:
E par vie maggior foco acceso in ello,
Che quel ch' avea lasciato in Mongibello.

Giove convertito in Tauro.

Nell' altra in un formoso e bianco tauro 105
Si vede Giove per amor converso
Portarne il dolce suo ricco tesauro,
E lei volgere il viso al lito perso
In atto paventosa: e i be' crin d' auro
Scherzon nel petto per lo vento avverso:
La vesta ondeggia, e in drieto fa ritorno;
L' una man tien al dorso, e l' altra al corno.

Europa.

Intagli nella porta.

Le ignude piante a sè ristrette accoglie 106

« Giungi i labbri alle labbra, il seno al seno; » e nell' Am. « E giunse viso a viso e bocca a bocca. » — *v.* 7. Ello, v. ant., per *egli.* * Qui *lui.* — *v.* 8. Ovid. epist. Saff.: « Me calor ætneo non minor igne tenet: » * e il Tasso, dell' amor suo, « ... fiamma a quella eguale Che accende i monti in riva al mar Tirreno. »

St. 105. — *v.* 1. * Nell' altra imposta. — * Formoso, « Miratur Agenore nata Quod tam formosus » Met. II: Bel latinismo, a significare bellezza non umana. L' Alam. del cavallo « dove al petto aggiugne, Ricco e formoso » — *v.* 2. * Var. *Si vedea:* Cod. ricc. 1576. — *v.* 3. * Il Monti: « Sul dorso altero di sì bel tesauro Portò per l' onde Europa sbigottita. » « Europa, annota il Fornaciari, figliuola d' Agenore re di Fenicia, la quale mentre scherzava colle compagne sul lito del mare, visto un bel torello, vi montò su; e questo (che era Giove in quella forma) per l' onde la portò via. » — *v.* 4. * Perso, perduto: *litus relictum,* Ovid. Non accettato da' grammatici: « ma, osserva il Fornaciari nei Disc. filol., di questi vocaboli, che si odono tutto giorno nelle bocche dei Toscani, si trova esempi in buon dato in famosi scrittori sì antichi o sì moderni: » e cita del Dittamondo « persi io il sangue, » dell' Orl. del Berni « Persa ha la spada, » dei Salmi di Dante « Ho quasi perso il natural vigore » e dal III del Parad. « ... acque nitide e tranquille Non sì profonde che i fondi sien persi, » dove anche il Tomm. intende *persi di vista.* — *v.* 4-8. « ... Pavet hæc; litusque ablata relictum Respicit; et dextra cornu tenet, altera dorso Imposita est: tenues sinuantur flamine vestes » Met. II: e lib. I « Obviaque adversas vibrabant flamina vestes: » e un poeta ital. « La sottil gonna in preda ai venti resta, E col crine ondeggiante indietro torna. » Mosco: « Ed ella, sedendo sul bovino dorso di Giove, con l' una in vero teneva del toro il lungo corno, e con l' altra mano traeva a sè le porpuree pieghe della veste, in dove la immensa onda del bianco mare bagnava la fimbria attratta. »

St. 106. — *v.* 1. Accoglie: *Accogliere* per *accostare, serrare insieme:* Dante « Lo buon maestro a

Quasi temendo il mar che lei non bagne:
Tale atteggiata di paura e doglie
Par chiami in van le sue dolci compagne;
Le qual rimase tra fioretti e foglie
Dolenti Europa ciascheduna piagne.
— Europa, sona il lito, Europa, riedi: —
E 'l tor nota e talor gli bacia i piedi.

Giove in cigno, oro, serpente, pastore, aquila.

Or si fa Giove un cigno or pioggia d'oro, 107
Or di serpente or di pastor fa fede,
Per fornir l'amoroso suo lavoro;
Or trasformarsi in aquila si vede,
Come Amor vuole, e nel celeste coro

---

me tutto s'accolse » Inf. XXIX. — *v.* 2. * Var. *che non le bagne:* D. S. Volg. — *v.* 3. Dante: « Di lacrime atteggiata e di dolore. » * Var. *paure:* le st. — *v.* 4. « Ipsa videbatur terras spectare relictas Et comites clamare suas, tactumque vereri Assilientis aquæ timidasque recondere plantas » Met. VI. E Virg. « celeres nec tingeret æquore plantas. » Mosco: « Ed ella voltata andava chiamando le care compagne, le mani porgendo: e quelle non potevano aggiungerla. » * Var. *le dolci sue:* Codd. ricc. — *v.* 5. * Var. *le quali assise:* A. D. Volg. — *v.* 6. * Ciascheduna. Il Fornaciari nell' Indice de' suoi Disc. filol., nota sotto ciascuno: « questa voce, come pure *ognuno, qualcuno* e simili, si trova talvolta con un nome plurale innanzi adoperato assolutamente, e nondimeno con dipoi il verbo al sing.; il che avveniva pure dei corrispondenti modi in greco, e può essere avvenuto e avvenire anche in altre lingue. » Fra i moderni, lo Strocchi nella vers. di Call., scrisse: « Ivi le Grazie ciascheduna sorse. » Ed ecco un periodo del Bocc. che corrisponde a questo del nostro: « questi altri, l'uno vincendo le genti vicine levò in maravigliosa grandezza e ampliò il suo regno; l'altro di ventidue nazioni divenuto signore oltre a quarant'anni con grandissima guerra faticò i Romani; » dove nota il Fornaciari « Non rade volte negli scrittori, massimamente antichi (i quali scrivevano obbedendo più alla natura che alla grammatica) si trova il genere o l'idea principale del discorso significata con una parola così posta assolutamente... a principio; seguitata poi da altro vocabolo che grammaticalmente regola il discorso o a cui il rimanente del discorso si riferisce. » — *v.* 8. Var. *Il toro nota e talor bacia i piedi:* A. D. S. Ediz. rom. 1804.

St. 107. — *v.* 2. * Var. *d'un pastor.* Cod. ricc. 2723 e qualche ant. st. Fa fede: non proprissimo, credo, per significare che nella figura assunta rassomiglia a' pastori, *fa testimonianza d'essere un pastore.* Bene il Petr., della sua donna: « E fa qui de' celesti spirti fede. » — *v.* 3. Ovid. Am. « dulce opus peragere: » e Teocr. « Kypridos erga telein (le opre di Venere compiere) » — *v.* 5. * Coro: detto dell' adunanza degli

Ganimede.

Portar sospeso il suo bel Ganimede;
Qual di cipresso ha il biondo capo avvinto,
Ignudo tutto, e sol d' ellera cinto.

Nettuno in montone et in giovenco, Saturno in cavallo, Febo in pastore.

Fassi Nettuno un lanoso montone; 108
Fassi un torvo giovenco per amore:
Fassi un cavallo il padre di Chirone:
Diventa Febo in Tessaglia un pastore;
E 'n picciola capanna si ripone
Colui che a tutto 'l mondo dà splendore;
Nè gli giova a sanar sue piaghe acerbe,
Perchè conosca le virtù dell' erbe.

---

dei, come di quella dei santi dice Dante « beato coro. » — *v.* 7. * Così legg. i Codd. ricc. tutte le vecch. st. e anche per testimonianza del Betti, il Cod. oliveriano, e il chigiano (ediz. rom. 1804.) Ma A. D. S. e la Volg. leggono: *Lo quale ha di cipresso il capo... e sol d'erbetta cinto.* Il Betti osserva: « *Erbetta* nulla dice; ma il nome di *edera* ha in sè un senso chiarissimo di mitologica erudizione. Certo il Poliz. intese qui a denotare lo stato di abitatore de' boschi e l' eterna giovinezza di quel Ganimede, il quale fu detto da *ganos* che in gr. vale *allegria.* E la prima qualità volle significare colla corona di cipresso, pianta sacra a Silvano;... la seconda indicò pel cinto di edera, la quale è una pianta sempre giovane e viva. Laonde gli antichi ne coronarono Bacco, che pur finsero sempre giovane; e ne fecero ghirlande alle Muse; anzi... se ne adornavano parimente coloro che in Sparta santificavano le feste *giacintie* in onore di Apollo. — *v.* 1-8. Giove violò Leda sotto la forma di un cigno: si cangiò in pioggia d' oro per Danae; in serpente per Proserpina; sotto l' abito di pastore violò Mnemosine. * Nelle Met. Aracne ricama nelle sue tele questi furti di Giove « Fecit olorinis Ledam recubare sub alis..., Aureus ut Danaen Asopida luserit ignis, Mnemosynem pastor, varius Deoida serpens. »

St. 108. — *v.* 1-2. Nettuno si trasformò in montone per Teofane figlia di Bisalte; in giovenco per Arne figlia di Eolo. * Nel l. c. delle Met. « Te quoque mutatum torvo, Neptune, iuvenco Virgine in Æolia posuit... aries Bisaltida fallis. » — *v.* 3. Saturno si trasmutò in cavallo per Fillira, dalla quale ebbe Chirone mezz' uomo e mezzo cavallo. * Met. l. c. « Ut Saturnus equo geminum Chirona crearit. » — *v.* 4. * Quando pascè le greggi di Admeto e innamorò di Dafne. — *v.* 5. * Var. *campagna:* Ricc. 2723. — 5-6. * Tibullo. Eleg. II, 3. « Delos ubi nunc, Phœbe, tua est? ubi delphica Pytho? Nempe Amor in parva te iubet esse casa. » — *v.* 7-8. Apollo fu inventore della medicina: Ovid. Met. I. « Inventum medicina meum est; opifexque per orbem Dicor, et herbarum subiecta potentia nobis. » Tib. l. c.: « Nec potuit curas sanare salubribus herbis: Quidquid erat medicæ vicerat artis Amor. » Ovid. Her.: « Amor non est medicabilis

Dafne. Poi segue Dafne, e 'n sembianza si lagna 109
Come dicesse — O ninfa, non ten gire:
Ferma il piè, ninfa, sovra la campagna,
Ch' io non ti seguo per farti morire.
Così cerva leon, così lupo agna;
Ciascuna il suo nemico suol fuggire:
Me perchè fuggi, o donna del mio core,
Cui di seguirti è sol cagione amore? —

Arianna, Teseo. Dall' altra parte la bella Arianna 110
Con le sorde acque di Teseo si dole
E dell' aura e del sonno che la inganna;
Comparazione. Di paura tremando, come sôle
Per picciol ventolin palustre canna;
Pare in atto aver presse tai parole
— Ogni fera di te meno è crudele:
Ognun di te più mi saria fedele. —

Vien sopra un carro d' ellera e di pampino 111
Bacco. Coverto Bacco, il qual duo tigri guidono;

---

herbis. » — *v.* 8. Perchè, usato per *benchè, ancorchè.* * Bocc. Fiamm. « Ora che da amore, perchè io voglia, non mi posso partire. »

St. 109. — *v.* 2. Ovid. Met. I. « Nympha, precor, Peneia, mane! non insequor hostis. Nympha, mane! sic agna lupum, sic cerva leonem, Sic aquilam penna fugiunt trepidante columbæ, Hostes quæque suos. Amor est mihi causa sequendi. » — *v.* 6. * Var. *Ciascuno:* Ricc. 1576. A. D. S. Volg. — *v.* 7. Donna, signora, padrona: da *dominus,* che i latini dicevano anche *domnus.* * Var. *Ma perchè:* D. S. Volg.

St. 110. — *v.* 1. * Arianna, figliuola di Minosse II re di Creta. Teseo, al quale essa avea salvato la vita insegnandogli il modo di uscire dal laberinto, l' abbandonò, mentre ella dormiva, nell' isola di Nasso. Bacco, avutane compassione, la fece sua moglie. (Fornac.) — *v.* 2. * « Thesea crudelem surdas clamabat ad undas » Ovid. Ar. am. I. — *v.* 3. Nelle Eroidi di Ovid., Arianna a Tes. « In quo (litore) me somnusque meus male prodidit et tu, Proh facinus! somnis insidiate meis: » e « In me iurarunt somnus ventusque. » * E Catullo pur d' Arianna « fallaci credita somno » — *v.* 5. Ovid. « Utque levi zephyro graciles vibrantur aristæ. » — *v.* 6. Dante: « Ed avea in atto impressa esta favella. » — * Presse. Così i Codd. fior. e le v. st. ma A. D. S. e la Volg. leggono: *Par che in atto abbia impresse tai parole.* — *v.* 7-8. Ovid. « Mitius inveni quam te genus omne ferarum: Credita non ulli quam tibi peius eram: » da cui l' Ariosto, XIX: « Ma quai fere crudel potriano farmi, Fera crudel, peggio di te morire? »

St. 111. — *v.* 1-2. Horat. IV, 7. « Ornatus viridi tempora pampino

E con lui par che l'alta rena stampino
Satiri, Bacche. Satiri e Bacche, e con voci alte gridono.
Quel si vede ondeggiar: quei par ch' inciampino:
Quel con un cembol bee: quegli altri ridono:
Qual fa d' un corno e qual delle man ciotola:
Quale ha preso una ninfa, e qual si rotola.

Sileno. Sovra l'asin Silen, di ber sempre avido, 112
Con vene grosse nere e di mosto umide,
Marcido sembra sonnacchioso e gravido:
Le luci ha di vin rosse enfiate e fumide:
L' ardite ninfe l'asinel suo pavido
Pungon col tirso; e lui con le man tumide
A' crin s' appiglia; e mentre sì l'aizano,
Casca nel collo, e i satiri lo rizano.

Liber: » Senec. Edip. II: « Turgida pampineis redimitus tempora sertis. » * Virg. « Liber qui pampineis victor iuga flectit habenis. » Var.: A. D. S. e la Volg. leggono al v. 2, *guidano*, al 4 *gridano*, al 6 *quei par che ridano.* — *v.* 4. Ovid. Met. « Bacchæ Satyrique sequuntur » — *v.* 7. Ciotola: vasetto da bere senza piede, di tenuta di poco più di un comun bicchiere. V. C. — *v.* 8. * Var. *e quale rotola:* Codd. ricc. — *v.* 1-8. * Ovid. Ar. am. « Iam deus in curru quem summum texerat uvis Tigribus adiunctis aurea lora dabat. Ecce Mimallonides sparsis in terga capillis: Ecce leves satyri, prævia turba dei.

St. 112. — *v.* 1. Silen. « Te (*Bacco*) senior turpi sequitur Silenus asello » Senec. Edip. II. * Sileno, balio e compagno di Bacco (Fornaciari.) — 2-3. « Silenum... Inflatum hesterno venas ut semper Iaccho » Virg. ec. Nemes « ... venas inflatus nectare dulci Hesternoque gravis semper ridetur Iaccho. — * Mosto, vino nuovo. — *v.* 3. * Marcido. Il Monti, recando questo passo nella *Proposta,* interpetrò *marcido* per *ebro, ubriaco.* — * Gravido. Grandemente pieno, grave del pondo di che egli è pieno. — *v.* 4. * Fumide, piene de' fumi della crapula, de' vapori che il vino manda al capo (Fornac.) — *v.* 6. * Tirso, asta circondata di edera e di pampani, con una punta in cima. Lo portavano le Baccanti (Fornac.). Var. *ed ei con:* Volg. — *v.* 7-8. Metam. IV: « ... titubantes ebrius artus Sustinet, et pando non fortiter hæret asello; » e XI: « titubantem annisque meroque Ruricolæ excepere Phryges. » * Var. *attizzano:* A. D. S. Volg. *Aizzano,* legge, per testimonianza del Betti, l'Oliver. Questa ottava tutta è presa dal I dell' Art. am. « Ebrius ecce senex pando Silenus asello Vix sedet, et pressas continet arte iubas. Dum sequitur Bacchas, Bacchæ fugiuntque petuntque: quadrupedem ferula dum malus urget eques, In caput aurito cecidit delapsus asello; Clamarunt Satyri — surge, age surge pater. »

Quasi in un tratto vista amata e tolta 113
Pluto, Proserpina. Dal fero Pluto Proserpina pare
Sopra un gran carro, e la sua chioma sciolta
A' zefiri amorosi ventilare.
La bianca vesta in un bel grembo accolta
Sembra i còlti fioretti giù versare:
Lei si percuote il petto, e 'n vista piagne,
Or la madre chiamando or le compagne.

Posa giù del lione il fero spoglio 114
Ercole. Ercole e veste di feminea gonna:
Colui che 'l mondo da grave cordoglio
Omfale. Avea scampato, et or serve una donna:
E può soffrir d'Amor l'indegno orgoglio,
Chi con gli omer già fece al ciel colonna:
E quella man, con che era a tener uso
La clava ponderosa, or torce un fuso.

St. 113. — *v.* 2. * PROSERPINA, figliuola della dea Cerere. Mentre coglieva fiori in un prato, fu rapita da Plutone re dell' inferno (Fornac.) — * PARE, apparisce, si vede. Il v. *parere* si trova spesse volte usato in questo senso. « L'angel... Dinanzi a noi pareva sì verace Quivi intagliato » Purg. X. (Fornac.) — *v.* 4. * Veramente i Codd. e le antiche stampe hanno *ventillare*. — *v.* 5. * ACCOLTA, raccolta. — *v.* 7. * Var. *Si percuote ella il petto:* A. D. S. Volg. — *v.* 1-8. « Pene simul visa est dilectaque raptaque Diti, Usque adeo est properatus amor. Dea territa mæsto Et matrem et comites, sed matrem sæpius, ore Clamat; et, ut summa vestem laniarat ab ora, Collecti flores tunicis cecidere remissis » Met. V.: « volucri fertur Proserpina curru Cæsariem diffusa noto, planctuque lacertos Verberat. »

St. 114. — *v.* 2. * ERCOLE, fortissimo eroe della favola. Portava per veste la pelle d'un fiero leone da lui ucciso. La sua arma era la *clava*, grossa e noderosa mazza. Colle sue celebri fatiche liberò il mondo da molti mali. Oscurò tanta gloria, servendo, per amore, ad Onfale regina dei Lidii (Fornac.) I Codd. fior., le vecch. st., il cod. oliv. cit. dal Betti leggono *veste di femminea:* ma *veste femminile gonna*, D. S. Ediz. rom. 1804: *veste femminina gonna*, A. Volg. — *v.* 3-4. * « Oh miracolo altier! quel che già tanto Valea, che diede a' fieri mostri bando E vinse il mondo or dal bell' Ila è vinto » Rainieri. — *v.* 5-6. Ercole sollevò Atlante presso a soccombere sotto il peso del cielo che egli portava. * Var. *Chi con gli omeri già fe' al ciel colonna:* Baz. e qualche st. moderna. — *v.* 7-8. * Var. *Poderosa:* B. A. D. Volg. Ma *ponderosa* legge il Chig. (ediz. rom. 1804); poi, *torce il fuso.* Tasso, Ger. XVI: « Se l'inferno espugnò, resse le stelle, Or torce il fuso: Amor se 'l guarda e ride. »

Gli omer setosi a Polifemo ingombrono 115
L' orribil chiome e nel gran petto cascono,
E fresche ghiande l' aspre tempie adombrono:
D' intorno a lui le sue pecore pascono.
Nè a costui dal cor già mai disgombrono
Li dolci acerbi lai che d' amor nascono:
Anzi tutto di pianto e dolor macero
Siede in un freddo sasso a piè d' un acero.

Ciglio di sei spanne.

Dall' una all' altra orecchia un arco face 116
Il ciglio irsuto lungo ben sei spanne:
Largo sotto la fronte il naso giace:
Paion di schiuma biancheggiar le zanne:
Tra' piedi ha il cane; e sotto il braccio tace

St. 115. — *v.* 1-6. * Var. *ingombrano, cascano, adombrano, Presso a sè par sue pecore che pascano* (verso che gli elegantissimi correttori affibbiarono del suo al Poliziano per odio alle desinenze in *ono*, e, come sentesi, del Poliziano degnissimo), *disgombrano, nascano* (a dispetto della sintassi) A. D. S. Volg. Così anche l' ediz. rom. 1804: ma il Cod. oliver., per testimonianza del Betti, legge con noi. — * Polifemo; figliuolo di Nettuno, del popolo mostruoso de' Ciclopi che abitavano in principio la Sicilia. Vedi Omero e Virgilio. — *v.* 1-2. Ovid. Met. XIII. « ... coma plurima torvos Prominet in vultus, humerosque ut lucus obumbrat. » E altrove ei dice a Galatea: « Nec mea quod duris horrent densissima setis Corpora, turpe puta... hirtæque decent in corpore setæ. » — * Setosi, setolosi. — *v.* 3. * Perchè inghirlandato d' un ramo di quercia. — *v.* 4. Virg. « Stant et oves circum » e altrove: « Lanigeræ comitantur oves. » — *v.* 5. * L' ediz. rom., che nel resto va con la volg., a questo v. legge: *Nè dal cuore di lui giammai disgombrano.* — *v.* 6. * Lai: Voci meste, canti flebili. — * D' amor. Amava Galatea ninfa del mare, dalla quale per altro era stato sempre dispregiato e deriso (Fornac.) Nel bellissimo idil. di Teocr., Il Ciclope: « crudelissima avendo sotto il core la piaga da Venere potente, che il dardo gli avea nelle viscere infitto. » — *v.* 8. Anche nell' id. di Teocr. è sedente sur una pietra. » * Var. *seggia:* A. D. S. Volg. Ma il Cod. chig. (Ediz. rom. 1804) e l'Oliver. per testimonianza del Betti leggono *siede.*

St. 116. — *v.* 1. * Var. *Dall' uno all' altro orecchio:* Codd. ricc. — *v.* 2. — * Il ciglio. I ciclopi avevano un occhio solo e per conseguenza un ciglio solo (Fornac.) — Spanne. Spanna è la lunghezza della mano aperta e distesa dalla estremità del dito mignolo a quella del grosso. V. C. — *v.* 1-3. Così il Ciclopo descrive sè stesso in Teocr. « ... a me irsuto il sopracciglio per tutta la fronte da un' orecchia stendesi all' altra come unica linea, e solo un occhio v' è sotto, e largo il naso sopra le labbra. — *v.* 5. Anche

Zampogna di cento canne.

Una zampogna ben di cento canne:
Lui guata il mar ch' ondeggia, e alpestre note
Par canti, e mova le lanose gote,

E dica ch' ell' è bianca più che il latte 117
Ma più superba assai ch' una vitella;
E che molte ghirlande gli ha già fatte,
E serbagli una cervia molto bella,
Un orsacchin che già col can combatte;
E che per lei si macera e flagella;
E che ha gran voglia di saper notare
Per andare a trovarla in fin nel mare.

Teocr. dà il cane a Polifemo « ... di nuovo ella (Galatea), ecco, trae al cane che ti accompagna custode delle pecore. » — *v.* 5-6. Virg., di Polifemo: « De collo fistula pendet. » e Ovid.: « Sumptaque arundinibus compacta est fistula centum. » Polifemo, secondo Luciano, *è fra le altre cose musico,* e in Teocr. dice di sè stesso: « Sonare della zampogna so, come niun altro qui dei Ciclopi. » — *v.* 7. Teocr. « E al mare guardando tali cose cantava » * Var: *Lui guarda;* qualch. v. st. *E guarda il mar,* A. D. S. Volg. Ediz. rom. 1804. — ALPESTRE (*alpestri,* Volg.) — NOTE: è del Petr., e il Tassoni annota: « S'intende con cattivo numero e canto alla contadinesca. Il Bocc. nell' Urb. disse: *E con alpestre note cantando incominciarono a danzare.* » — *v.* 8. LANOSE GOTE: è di Dante « ... fur quete le lanose gote Al nocchier ec. »

St. 117. — *v.* 1. * I Codd. fior. leggono *Ch' ell' è:* ma *che l'è* le vecch. st. fino al Sermart.; e così piace al Fornac. che ne' Disc. filol. scrive di questo verso: « Gli editori correggevano, o, a parlar più propriamente, guastavano il verso così: *E dica ch'ella è bianca più che il latte;* togliendo per questo modo un certo che di naturale speditezza e, dirò così, di graziosa fiorentinità che mi par di sentire nell'originale scrittura. » — *v.* 1-2. Teocr.: « O candida Galatea... più candida del formaggio a vedere e più morbida di un' agnella, più d' un vitello gaia e più acerba dell' uva agresta: » e Ovidio: « Mollior et cycni pluma et lacte coacto... Lævior indomitis eadem Galathea iuvencis. » — *v.* 3. * Var. *le ha:* Volg. — *v.* 4-5. Nell' idil. di Teocr. le serba *undici cavriuole da figliare e quattro orsacchini.* * Var. *serbale:* A. D. S. Volg. — *v.* 6. * FLAGELLA. Var. *sflagella:* qualch. v. st. « Manca ai vocab. il v. *flagellarsi* nel signif. di *affliggersi, angustiarsi,* come nel poema della Pass. st. 20: « Che di lasciarti il cor mi si flagella. » Si vedano ancora le st. 24, 89, 149. E il Poliz. dice di Polif. amante di Galat. « per lei si macera e flagella. » L'Ariosto, Fur. II, 2. « Ora s' affligge indarno e si flagella. » (Fornac., disc. fil.) — *v.* 7-8. Teocr. « Oimè! che non partorimmi la madre che le alie avessi, che discendessi a te e la mano tua baciassi, se la bocca non vuoi? e ti porterei o gigli bianchi o papavero molle... Ora, o fanciulla, ora a notare imparerò, se qualche forestie-

Due formosi delfini un carro tirono: 118
Galatea. Sovra esso è Galatea che 'l fren corregge:
E quei notando parimente spirono:
Ruotasi a torno più lasciva gregge.
Qual le salse onde sputa, e quai s' aggirono;
Qual par che per amor giuochi e vanegge.
La bella ninfa con le suore fide
Di sì rozo cantar vezosa ride.

Intorno al bel lavor serpeggia acanto 119
Di rose e mirti e lieti fior contesto;
Con vari augei sì fatti, che il lor canto
Pare udir negli orecchi manifesto:
Nè d' altro si pregiò Vulcan mai tanto,
Nè 'l vero stesso ha più del ver che questo:
E quanto l' arte intra sè non comprende,
La mente imaginando chiaro intende.

Epilogo. Questo è il loco che tanto a Vener piacque, 120
A Vener bella, alla madre d' Amore:

---

ro per nave ci capita; che io vegga che gusto avete ad abitare nel fondo. »

St. 118. — *v.* 2. * CORREGGE: qui: semplicemente, regge. — SPIRONO: « doioi d'ana physioontes... delphines (*duoque sursum afflantes delphines*) » Esiod. sc. Erc. — *v.* 4. « E il coro curvo dei pesci sopra l' onde saltellando intorno al corpo della Pafia scherza, dove ella nuota ridente » Anacr. — * LASCIVA: la voce *lascivo*, che oggi comunemente si usa in cattivo senso, fu spesso dai Latini e anco da nostri scritt. usata nel signif. di *scherzevole, festoso* (Fornac.) — *v.* 6. * GIUOCHI, scherzi. Un antico: « il gatto giuoca col topo. » F. degli Uberti « *Giuocano all' ombra delle gran foreste.* » — *v.* 7. * SUORE: le Nereidi, le altre ninfe del mare. — *v.* 8. * Var. *rozo parlar:* Baz. e piacque al Fornaciari.

St. 119. — *v.* 1. * BEL LAVOR: una vecch. st. ha *verde laur.* — ACANTO. Teocr. « E d' ogni parte intorno la tazza vola molle acanto: » Virg. « Et molli circum est ansas amplexus acantho. » * « È una pianta la quale getta dalla sua radice alcune foglie larghe, belle, profondamente tagliate, e le cui estremità s' incurvano naturalmente; e la quale per l' altezza, la grossezza, la pieghevolezza del suo fusto è acconcia ad essere tessuta in festoni, ornati e simili. Di qui il costume di scolpire la forma di lei nei capitelli delle colonne di ordine detto corintio, nei vasi ec.; e d' intesserla nelle vesti, nei veli e simili. La figura pertanto di questa pianta circondava le sculture sopra descritte, con intrecciature di mirti, di rose e di altri fiori. » (Fornac.)

St. 120. — *v.* 1. « Questa è la terra che cotanto piacque A Vene-

Qui l'arcier fraudolente prima nacque,
Che spesso fa cangiar voglia e colore;
Quel che soggioga il ciel la terra e l'acque,
Che tende agli occhi reti e prende il core;
Dolce in sembianti, in atti acerbo e fello;
Giovane nudo, faretrato augello.

Or poi che ad ali tese ivi pervenne, 121
Forte le scosse, e giù calossi a piombo,
Tutto serrato nelle sacre penne,
Come a suo nido fa lieto colombo;
L'aer ferzato assai stagion ritenne
Della pennuta striscia il forte rombo:
Ivi racquete le trionfanti ale,
Superbamente in vêr la madre sale.

In che guisa fu trovata Venere da Cupido.

Trovolla assisa in letto fuor del lembo, 122
Pur mo di Marte sciolta dalle braccia,
Il qual rovescio gli giacea nel grembo,
Pascendo gli occhi pur della sua faccia:

---

re » Petr. Tr. Am. — *v.* 3. * Var. *in prima:* A. D. S. Volg. — *v.* 7. Bione, di Amore « selvaggio, spietato, non simile alla forma l'animo. » * Var. *in atto:* le st. — *v.* 8. Mosco: « Nudo il corpo.... e alato come uccello. » * Var. *nudo, e:* D. S. Volg.

St. 121. — *v.* 5. * Ferzato; metaforic. commosso, agitato. Virg. XI. « Aquila æthera verberat alis. » Ovid. « eliso percussis aëre pennis. » — Assai stagion, assai tempo. * « Per *piccola stagion* vi si ritenne. » Bocc. Tes. I. — *v.* 6. * Pennuta striscia, lo strisciare delle penne (ale) per l'aere. — *v.* 7. * Racquete. Il Dizion. di Bologna spiega: « Cessando d' agitar l'ale, e con quel modo di volo dove muover d'ala non apparisce. « Dante (Par. V.) dice *queta* la *corda* dell' arco quando ha cessato da ogni vibrazione. — *v.* 8. Superbamente. Claud. « Passuque superbior intrat. »

St. 122. — *v.* 1-2. Stazio, Sylv. I. « Alma Venus thalamo pulsa modo nocte iacebat, Amplexu duro getici resoluta mariti. » — *v.* 3. * Var. *gli giaceva in* qualche v. st.; *le giaceva in grembo,* A. D. S. Volg. — *v.* 4. Pascendo gli occhi: *Pascer gli occhi* (* dilettarli, saziarli) è del lat. e dell' ital. Terenz. Phorm. « oculos pascere: » Ovid. II, Amor. « atque oculos pascat uterque suos. » * Ariosto, Capit.: « Pascer la vista or degli occhi divini, Or della fronte, or dell' eburneo petto. » — *v.* 3-4. L' imag. di questa St. la deve il N. A. a Lucrezio « .... in gremium qui (*Mars*) sæpe tuum (*o Venus*) se Reicit..., Atque ita suspiciens, tereti cervice reposta, Pascit amore avidos inhians in te, dea, visus; Eque tuo pendet resupini spiritus ore. Hunc tu, diva, tuo recubantem pectore sancto Circumfusa super ... » * Imi-

Di rose sopra lor pioveva un nembo
Per rinnovargli all'amorosa traccia:
Ma Vener dava a lui con voglie pronte
Mille baci negli occhi e nella fronte.

Sopra e d'intorno i picciioletti Amori 123
Scherzavon nudi or qua or là volando:
E qual con ali di mille colori
Giva le sparte rose ventilando:
Qual la faretra empiea de' freschi fiori,
Poi sopra il letto la venía versando:
Qual la cadente nuvola rompea
Fermo in su l'ali, e poi giù la scotea.

Come avea delle penne dato un crollo, 124
Così l'erranti rose eron riprese:
Nessun del vaneggiare era satollo.
Quando apparve Cupido ad ale tese
Ansando tutto, e di sua madre al collo
Gittossi, e pur co' vanni il cor li accese;
Allegro in vista, e sì lasso che a pena
Potea ben per parlar riprender lena.

---

tato dal Berni nel princ. del II dell' Orl. « Quando a giacer, della tua faccia bella A pascer gli avidi occhi, in grembo l' hai. » — v. 5. Nembo, per moltitudine, modo usato da' Latini. * « ... Nec blandus Amor nec Gratia cessat Amplexum virides optatæ coniugis artus Floribus innumeris et olenti spargere nymbo. » Stazio, Sylv.: Claud., di Stilicone, « .... nec signifer ullus Nec miles pluviæ flores dispergere ritu Cessat purpureoque ducem perfundere nimbo. »

St. 123. — *v.* 1. Stazio, l. c. « Fulcra torosque deæ tenerum premit agmen amorum. » — *v.* 2. Sannazz. « Vegnan li vaghi amori, Senza fiammelle o strali, Scherzando insieme pargoletti e gnudi. — *v.* 5. * Var. *di freschi:* le st. — 5-6. Preso da Claud. (epith. Pall. et Cel.) « Ut thalami tetigere fores, tunc vere rubentes Desuper invertunt calathos, largosque rosarum Imbres et violas plenis sparsere pharetris. » — *v.* 7. * Nuvola per « gran quantità di cose levate in alto e moventesi. » V. C. Dante: « nuvola di fiori Che dalle mani angeliche saliva. »

St. 124. — *v.* 1. * Var. *dalle penne:* st. ant. A. D. S. — 3. * Var. *Nessuno al:* Cod. ricc. 2723. — *v.* 5-6. « Et teneræ matris cervice pependit » Staz. l. c. — *v.* 6. « Admotis tepefecit pectora pennis » Staz. l. c. * Sidon. Apoll. « Oscula sic matris carpens, somnoque refusæ Semisoporæ levi palpabat lumina pennæ. »

Parole di Venere a Cupido.

— Onde vien, figlio? o qual n'apporti nuove? — 125
Vener gli disse, e lo baciò nel volto:
Ond' esto tuo sudor? qual fatte hai prove?
Qual dio qual uomo hai ne' tuo' lacci involto?
Fai tu di novo in Tiro mugghiar Giove?
O Saturno ringhiar per Pelio folto?
Che che ciò sia, non umil cosa parmi,
O figlio, o sola mia potenzia et armi.

St. 125. — *v.* 1. * Var. *quai:* A. D. S. Volg. — *v.* 3. Claud. « quid tantum gavisus, ait? quæ prælia sudas? » Esto, sincop. da *questo:* modo poetico. — 4-5. Claud. « Improbe, quis iacuit telis? Iterumque tonantem Inter sidonias cogis mugire iuvencas? An Titana domas? » * in Stazio, gli Amori domandano a Venere « ... quas ferre faces, quæ pectora figi Imperet; an terris sævire an malit in undis, An miscere deos an adhuc versare Tonantem. » — * Tiro, città della Fenicia, dalla quale Giove rapì Europa. * Mugghiar. Var. *muggiar:* A; *in toro muggiar:* D. S. — *v.* 6 * Pelio, monte della Tessaglia, dove Saturno sorpreso dalla moglie Opi ne' suoi amori con Filira fuggì sotto forma di cavallo. Virg. Georg. III: « Talis et ipse iubam cervice effudit equina Coniugis adventu pernix Saturnus et altum Pelion hinnitu fugiens implevit acuto. » — *v.* 7. * Var. *quel che ciò sia:* A. D. S. Volg. — *v.* 8. Æn. I. « Nate, meæ vires, mea magna potentia solus » Metam. IV. « Arma manusque meæ, mea, nate, potentia: » onde il Tasso, Ger. IV: « .... Itene, o miei Fidi consorti, o mia potenza e forza. » * Stazio: « ... tu, mea summa potestas, Nate. »

LIBRO SECONDO.

Eron già tutti alla risposta attenti 1
E' parvoletti intorno all'aureo letto:
Quando Cupido con occhi ridenti
Tutto protervo nel lascivo aspetto
Si strinse a Marte, e con li strali ardenti
Della faretra gli ripunse il petto,

St. 1. — *v.* 1. Virg. « Conticuere omnes intentique ora tenebant; » e il Tasso, Ger. XVI: « Tacquero gli altri ad ascoltarlo intenti. » — *v.* 4. PROTERVO. Mosco, di Amore: « ed ha protervo l'aspetto. » * *Protervo :* latinamente significa petulanza con disprezzo di ciò che se le frapponga e che quasi calchi (*proterat*) gli ostacoli. Oraz., degli amanti di Lidia: « quatiunt fenestras ictibus crebris iuvenes protervi; » e di Lalage: « proterva fronte petet Lalage maritum. » Seneca dice *protervus furor* l'amore di Fedra, e *protervi* gli strali d'Amore. V. sotto st. XXVIII. — *v.* 5. SI STRINSE A MARTE: si accostò. Inf. XIX: « I' mi strinsi al maestro per sospetto. » — STRALI ARDENTI: Mosco chiamò gli strali d'amore *spiranti fuoco;* e nell'Am. fugg. « i doni suoi di fuoco tutti sono aspersi: » Apoll. Arg. III: « dardo a fuoco simigliante. » — *v.* 6. RIPUNSE, punse di nuovo. — *v.* 7. TINTE DI VELENO: Mosco, del bacio e delle labbra di Amore: « Tristo il bacio, le labbra sono veleno: » e nelle Pastor. di Longo: « Or dunque gustò del veleno Cloe su 'l baciarmi? » * *Tinte,* latinamente; bagnate, asperse: « Spicula felle tincta » Ovid.; e Persio

E colle labra tinte di veleno
Baciollo, e 'l foco suo gli misse in seno;

Risposta di Cupido a Venere.

Poi rispose alla madre — E' non è vana 2
La cagion che sì lieto a te mi guida,
Ch' i' ho tolto dal coro di Dïana
El primo conduttor la prima guida,
Colui di cui gioir vedi Toscana,
Di cui già in sino al ciel la fama grida
In sino agl'Indi in sino al vecchio Mauro;
Iulio, minor fratel del nostro Lauro.

Laude della casa dei Medici.

L'antica gloria e 'l celebrato onore 3
Chi non sa della Medica famiglia;
E del gran Cosmo, italico splendore,
Di cui la patria sua si chiamò figlia?
E quanto Pietro al paterno valore
Aggiunse pregio, e con qual maraviglia

Fuorusciti di Firenze per

« ... libido... ferventi tincta veneno: » « tinti e imbrattati di loto » Varchi. — *v.* 7-8. Æneid. I. Venere a Cupido: « Cum (*Dido*) dabit amplexus atque oscula dulcia figet, Occultum inspires ignem fallasque veneno. » * Var. *mise in seno:* A. D. S. Volg.

St. 2. — *v.* 1-2. Corrisponde a quel di Claud. « Lætare, parens: immane trophæum Retulimus. » — *v.* 3. Togliere dal coro di Diana è ridurre sotto la potestà d'Amore: ed essere nel coro di Diana è conservarsi nello stato verginale. Onde Catul. « Dianæ sumus in fide Puellæ et pueri integri. » Callim. così fa dire Diana a Giove: « Dos moi parthenien aioonion, appa, phylassein; » tradotto da Ovid. « Da mihi perpetua, genitor charissime, dixit, Virginitate frui. » — — *v.* 6. * La fama grida: « La fama, che la vostra casa onora, Grida (*celebra*) i signori, e grida la contrada. » Dante Purg. — *v.* 7. * Indi; posti per lo più da' poeti a significare i popoli dell'oriente in generale. — * Vecchio Mauro; Atlante, fratello di Prometeo, re di Mauritania, del quale dicono i miti che sostenesse il cielo con gli omeri: fu cangiato in monte, nell' interno della Libia. Virg. « ... iacet extra sidera tellus, Extra anni solisque vias, ubi cælifer Atlas Axem humero torquet stellis ardentibus aptum. »

St. 3. — *v.* 3. * Italico splendore. Virg., di Ettore: « O lux Dardaniæ. » — *v.* 3-4. Cosimo per soprannome il *Padre della Patria,* il quale, dice Leandro Alberti, fu in tanta opinione in questa città (*Firenze*) che potea di quella disporre quanto gli parea. Morì nel 1464; e fu sepolto con questa iscrizione: Decreto publico patri patriæ. — *v.* 6. * Var. *N' aggiunse:* Cod. ricc. 2723.

virtù di Pietro.

Dal corpo di sua patria rimosse abbia
Le scelerate man, la crudel rabbia?

Lucrezia madre di Iulio.

Lucrezia dama di Lorenzo.

Di questo e della nobile Lucrezia
Nacquene Iulio, e pria ne nacque Lauro;
Lauro, che ancor della bella Lucrezia
Arde; e lei dura ancor si mostra a Lauro;
Rigida più che a Roma già Lucrezia
O in Tessaglia colei ch'è fatta un lauro;
Nè mai degnò mostrar di Lauro agli occhi
Se non tutta superba e' suo' begli occhi.

Non priego non lamento al meschin vale, 5
Ch'ella sta fissa come torre al vento;
Perch' io lei punsi col piombato strale,
E col dorato lui; di che or mi pento.
Ma tanto scoterò, madre, queste ale,

— * Le scelerate man dei cittadini intesi a portarle danno, o più tosto a disfarsi di Piero de' Medici. Erano i Pitti, gli Acciaiuoli, i Neroni, i Soderini; che nel 1466, fatte venire sul territorio della repubblica le armi di Borso marchese di Ferrara, volevano uccidere Piero e ritogliere a' Medici il reggimento: scoperti per opera di Lorenzo, furono, fuori che Luca Pitti il quale abbandonò la parte, banditi.

St. 4. — *v.* 1. * Lucrezia, Tornabuoni. — *v.* 3. Sappiamo dal Valori (*biografo di Lorenzo*) che questa Lucrezia era della nobil famiglia dei Donati, egualmente distinta per la sua bellezza che per le sue virtù, e discendente da Corso Donati... Le circostanze dell' amore di Lorenzo verso di questa Lucrezia vedile minutamente descritte nel Comm. sopra il primo sonetto che egli scrisse in onor di lei. (* Vedi *Poesie di Lorenzo de' Medici*, Barbèra, 1859, pag. 35-63; e la prefazione a quelle.) — *v.* 4. * Var. *dura ella:* A. D. S. Volg. — 5. * Var. *ch' in Roma:* A. D. S. Volg. — * Lucrezia, la moglie di Collatino. — *v.* 6. Dafne. — *v.* 8. * Ripete per tutta l' ottava le stesse rime; come Dante fa per reverenza nelle terzine del Paradiso ove nomina Cristo, l' Ariosto per necessità nella st. 45 del C. XXVII, e l' Anguillara per istranezza nel I delle Metam.

St. 5. — *v.* 1. Ugolino Verini nella sua *Fiammetta* indirizza alla detta Lucrezia un' elegia, con la quale cerca di renderla pietosa verso Lorenzo. — *v.* 2. Virg. « Stat ferrea turris ad auras. » * Purg. V: « Sta, come torre ferma, che non crolla Giammai sua cima per soffiar di venti. » — *v.* 3-4. Lo strale aurato è quello che fa innamorare; e le quadrella impiombate, disamare. Ovid. Met. I: « Deque sagittifera prompsit duo tela pharetra, Diversorum operum: fugat hoc, facit illud amorem: Quod facit, auratum est et cuspide fulget acuta: Quod fugat, obtusum est et habet sub

Che 'l foco accenderolli al petto drento.
Richiede ormai da noi qualche restauro
La lunga fedeltà del franco Lauro.

Chè tutt'or parmi pur veder pel campo 6
Armato lui, armato il corridore,
Come un fer drago gir menando vampo,
Abbatter questo e quello a gran furore;
L'armi lucenti sue sparger un lampo
Che faccin l'aer tremar di splendore;
Poi fatto di virtute a tutti esemplo
Riportarne il trionfo al nostro templo.

E che lamenti già le Muse ferno, 7
E quanto Apollo s'è già meco dolto,
Ch'i' tenga il lor poeta in tanto scherno!
Laude di Lauro. Et io con che pietà suoi versi ascolto!
Ch'i' l'ho già visto al più rigido verno,
Pien di pruina e' crin le spalle e 'l volto,
Dolersi con le stelle e con la luna
Di lei di noi di sua crudel fortuna.

---

arundine plumbum.» — *v.* 6. * Var. *Che foco accenderolle:* A. D. S. Volg. — *v.* 8. * Franco, ardito, generoso.

St. 6. — *v.* 1. * Allude alla giostra del 17 febbraio 1468, nella quale Lorenzo riportò il primo premio e che fu cantata da Luca Pulci. — *v.* 3. * Menando vampo; infuriandosi: Berni Orl. «contro il conte vien menando vampo.» — *v.* 4. * A gran furore. È proprietà della nostra lingua adoperare, significando modo, *a* per *con.* Dante, Inf. XIX «tòrre a inganno la bella donna:» Par. XI: «... comandò che l'amassero a fede.» Novellino, XXX: «l'accogliesse a grandissimo amore.» *A grande onore* è frequente nei classici; frequentissimo nel parlar famigliare, *venire a bandiere spiegate, seguitare a sproni battuti.* — *v.* 5. Virg. «Æraque fulgent Sole lacessita et lucem sub nubila iactant;» e altrove: «... clypeoque micantia fulmina mittunt.» * Omero: «... movendosi quelli, del bronzo divino un baleno in tutte parti splendente andava per l'aere al cielo.» — *v.* 6. * Così le vecch. st. e, per attestazione del Betti, il Cod. oliv. Il ricc. 2723, *tremar faccin l'aer.* Aldo e gli altri dopo lui fecero un verso da colascione correggendo «*Che faccian tremar l'aere di splendore.*» — * Tremar. Cavalcanti «... fa di clarità l'aer tremare.»

St. 7. — *v.* 1-3. Preso da quel di Stazio, Sylv. I: «... quoties mihi questus Apollo Sic vatem mœrere suum!» — *v.* 5. Stazio, l. c. «Testis ego attonitus, quantum me nocte dieque Urgentem ferat.» — * *v.* 7. Tasso, Ger. VI: «L'innamorata donna iva col cielo Le sue fiamme sfogando... »

Per tutto il mondo ha nostre laude sparte; 8
Mai d' altro, mai, se non d' amor ragiona:
E potea dir le tue fatiche, o Marte,
Le trombe e l' arme e 'l furor di Bellona:
Ma volle sol di noi vergar le carte
E di quella gentil che a dir lo sprona.
Ond' io lei farò pia, madre, al suo amante;
Chè pur son tuo, non nato d' adamante.

Molte cose compose Lauro per amore.

Io non son nato di ruvida scorza, 9
Ma di te, madre bella, e son tuo figlio:
Nè crudel esser deggio; e lui mi sforza
A riguardarlo con pietoso ciglio.
Assai provato ha l' amorosa forza,
Assai giaciuto è sotto il nostro artiglio:
Giusto è ch' e' faccia omai co' sospir triegua,
E del suo buon servir premio consiegua.

Gratitudine di Cupido.

Ma il bel Iulio, che a noi stato è ribello 10
E sol di Delia ha seguíto il trionfo,
Or drieto all' orme del suo buon fratello
Vien catenato innanzi al mio trionfo:
Nè mosterrò giamai pietate ad ello,

St. 8. — *v.* 1-5. Stazio, l. c. « ... Noster comes ille piusque Signifer armiferos poterat memorare labores Claraque facta virum et torrentes sanguine campos: Hinc tibi plectra dedit, mitisque incedere vates Maluit et nostra laurum subtexere myrto. » — *v.* 6. Della Lucrezia Donati, in lode della quale compose buon numero di rime. — *v.* 7. * Pia, pietosa. — *v.* 8. Stazio, l. c. « O genitrix, duro nec enim adamante creati, Sed tua turba sumus. » E il Pulci, Morg. IV, 87, tolse di peso questo verso « Non sarò ingrato a sì fedele amante, Chè pur son tuo non nato d' adamante. »

St. 9. — *v.* 1. Il N. A. in una sua Ball. « Io non nacqui d' una scorza. » * Omero: « Non d' una quercia sei uscito nè d' una pietra. » — *v.* 3. * Var. *ed ei:* A. D. S. Volg. — *v.* 5. Il N. A. in una Ball. « Provat' ho d' amor la forza. » — *v.* 6. * Artiglio metaf. Potere. Petr., pur ad Amore, « Tanto provato avea 'l tuo fiero artiglio. » — *v.* 7. Var. *ch' el faccia,* vecch. st.: *ch' ei faccia:* A. D. S. Volg. — *v.* 7-8. Stazio, l. c. «... at quondam lacrymis et supplice dextra Et votis precibusque viro concede moveri, O genetrix. »

St. 10. — *v.* 2. * Delia. Diana nata nell' isola di Delo. Vedi sopra, st. 2, v. 3. * Var. *seguito ha:* A. D. S. Volg. — *v.* 4. * Petr., Trionfo di Amore: « Vien catenato Giove innanzi al carro. » — *v.* 5. * Mosterrò, idiotismo di cui son frequenti gli esempi negli

Fin che ne porterà novo trionfo;
Simonetta dama di Julio. Ch' io gli ho nel cor diritta una saetta
Dagli occhi della bella Simonetta.

E sai quant' è nel petto e nelle braccia, 11
Quanto sopra il destriero è poderoso.
Pur mò lo vidi si feroce in caccia,
Che parea il bosco di lui paventoso:
Tutta aspreggiata avea la bella faccia,
Tutto adirato tutto era focoso:
Tal vid' io te là sopra al Termodonte
Cavalcar, Marte, e non con esta fronte.

Conclusione di Cupido. Questa è, madre gentil, la mia vittoria; 12
Quinci è 'l mio travagliar, quinci è 'l sudore:
Così va sopr' al ciel la nostra gloria
Il nostro pregio il nostro antico onore:
Così mai scancellata la memoria
Fia di te, madre, e del tuo figlio Amore:
Così canteran sempre e versi e cetre
Gli stral le fiamme gli archi e le faretre. —

Fatta ella allor più gaia nel sembiante 13
Balenò intorno uno splendor vermiglio,

---

scritt. fiorentini del sec. XV e XVI: il Benedetti e l' Aldo seguitati da D. S. e Volg. leggono *mostrerò.* — *v.* 7. DIRITTA, diretta, volta. * Così legge il cod. ricc., l' oliv. per testimonianza del Betti, e le vecch. st.: ma A. D. S. Volg. legg. *nel core dritta.* Anche in Stazio Amore dice: « Hunc egomet tota quondam (tibi dulce) pharetra Improbus et densa trepidantem cuspide fixi. » — *v.* 8. Anacr. « Amore... Degli occhi saettandomi. »

St. 11. — *v.* 1. * Var. *quanto nel:* st. — *v.* 2. PODEROSO: che ha potere; forte, gagliardo. — *v.* 4. * « Questi parea che contro me venesse Con la testa alta... Sì che parea che l' aere ne temesse » Dante. — *v.* 5. ASPREGGIATA, rigida. — *v.* 7. * Var. *el Termodonte* Cod. ricc. 2723. Termodonte, fiume della Cappadocia, che insieme con la Tracia era sacra a Marte. — *v.* 8. * NON CON ESTA (*questa,* qualche vecch. st. e Serm.) FRONTE: cioè, non con questa fronte placida e amorosa che ora posi in grembo di Venere.

St. 12. — *v.* 1. * Var. *questo è;* Cod. ricc. 2723: *l'alma vittoria;* A. D. S. — Var. *el mio:* qualche vecch. st. — *v.* 4-8. * Questi versi son lasciati in bianco nel Cod. ricc. — *v.* 6. * Var. *Di te non fia nè:* A. D. S. Volg. — *v.* 7. Ovid. « Te lyra... te carmina nostra sonabunt. » — *v.* 8. Var. *Strai:* Baz.

St. 13. — *v.* 2. * Dante, di ben altra cosa « ... vento Che balenò una

Da farè un sasso divenire amante
Non pur te, Marte; e tale arde nel ciglio,
Comparazione. Qual suol la bella aurora fiammeggiante:
Poi tutto al petto si ristringe il figlio,
E trattando con man sue chiome bionde
Tutto il vagheggia e lieta gli risponde.

Seconda risposta di Venere. — Assai, bel figlio, el tuo desir m' aggrada, 14
Che nostra gloria ogn' or più l' ale spanda,
Chi erra torni alla verace strada.
Obligo è di servir chi ben comanda.
Pur convien che di nuovo in campo vada
Lauro e si cinga di nova ghirlanda;
Chè virtù negli affanni più s' accende,
Come l' oro nel foco più risplende.

Ma prima fa mestier che Iulio s' armi, 15
Sì che di nostra fama il mondo adempi.
Nota che l'autore, in quel tempo che compose questo, leggeva Omero. E tal del forte Achille or canta l' armi
E rinnova in suo stil gli antichi tempi,
Che diverrà testor de' nostri carmi
Cantando pur degli amorosi esempi;
Onde la gloria nostra, o bel figliolo,
Vedrem sopra le stelle alzare a volo.

---

luce vermiglia. » — v. 3. * Var. *diventare:* A. S. D. Volg. — v. 4. * Var. *ardea:* Bened. A. D. S. Volg. — v. 7. * Var. *Poi trattando.* Cod. ricc. 2723. — Var. *Tutta,* Benedetti.

St. 14. — v. 1. * L' ALE SPANDA. Dante, a Firenze: « per mare e per terra batti l' ali: » e in una canz. attrib. a G. Cavalcanti: « Non speri in alcun pregio spander l' ala. » — v. 3. « Chi smarrit' ha la strada, torni indietro » Petr. — v. 7. Lucan., III: « Crescit in adversis virtus; » S. Paolo, epist. I, Corint. « Virtus in infirmitate perficitur. » — v. 8. Isocrate: « L' oro in vero proviamo nel fuoco; » e Ovid. « ... fulvum spectatur in ignibus aurum. »

St. 15. — v. 1. Venere vuole che Giuliano faccia sue prove in un torneo. * Var. *in prima:* A. D. S. Volg. — v. 2. *Adempiere,* pel semplice *empiere.* * ADEMPI: desinenza della terza pers. del sogg. usata da' classici e sempre viva nel popolo. v. 3. Allude il P. a sè stesso e alla sua traduzione di Omero. — v. 4. * RINNOVA IN SUO STIL. Rappresenta ai moderni uomini nella sua traduzione ec. Var. *rinnova il suo stil:* A. — v. 5. TESTOR. Tessitore, e metaforic. compositore. « Il buon testor degli amorosi detti. » Petr. — v. 7. * Var. *nostra gloria:* le st. — v. 8. * Var. *alzarsi:* le st.

Esortazione di Venere a' fratelli di Cupido.

E voi altri, mie' figli, al popol tósco 16
Lieti volgete le trionfanti ale.
Gite tutti fendendo l'aer fosco;
Tosto prendete ogn'un l'arco e lo strale:
Di Marte il fero ardor se 'n vegna vosco.
Or vedrò, figli, qual di voi più vale:
Giten tutti a ferir nel toscan coro;
Ch' i' serbo a qual fie 'l primo un arco d'oro. —

Comparazione.

Tosto, al suo dire, ogn' uno arco e quadrella 17
Riprende, e la faretra al fianco alloga;
Come, al fischiar del cómito, sfrenella
La gnuda ciurma e' remi, e mette in voga.
Già per l'aer ne va la schiera snella;
Già sopra alla città calon con foga:
Così e' vapor pel bel seren giù scendono,
Che paion stelle mentre l'aer fendono.

Vanno spiando gli animi gentili 18
Che son dolce esca all' amoroso foco;

St. 16. — *v.* 2. * Var. *trionfante ale:* legge il Cod. ricc. 2723 e alcune vecch. st. — *v.* 3. * Var. *Gite:* le st. qui e al v. 7 — *v.* 5. Vosco, dal lat. *vobiscum;* con voi: comune ne' poeti. — Vale: ha valore, virtù; è potente. * Inferno XXII: « A veder se tu sol di noi più vali. » — *v.* 7.* Coro. M. Frescobaldi in una canz. a Firenze « ... avarizia E superbia e lussuria è nel tuo *coro.* — *v.* 8. Preso da quel di Claudiano: « Aurata donabitur ille pharetra. » — * Var. *a qual fier primo:* una vecch. st.: *a chi fier prima:* A. D. S. Volg. *Fier,* contratto da *fere, ferisce.*

St. 17. — *v.* 1. Alloga. *Allogare,* dare il luogo a che che si sia; porre, accomodare in luogo; lat. *collocare.* — Comito: più comunemente *aguzzino:* il suo impiego sulle galere è di dirigere la ciurma e castigare li schiavi. — Sfrenella, significa quel rumore che fa la ciurma nel calare i remi in acqua per salpare. — Voga, corso, viaggio. *Mettere i remi in voga;* remare, remigare. — *v.* 4. * Var. *La nuda ciurma, e i remi mette in voga:* A. D. S. Volg. — *v.* 6. Var. *sopra la città:* Cod. ricc. 2723: *calcan,* A. — Foga « è andamento senza rattenersi e operamento senza tramezzar riposo » Buti. — *v.* 7-8. * Descrive le così dette *stelle cadenti. Æn.* II: « .... de cœlo lapsa per umbras Stella facem ducens multa cum luce cucurrit. »

St. 18. — *v.* 1-2. « Amor che a cor gentil ratto s' apprende » Dante. * Esca: propriam. è « quella materia che si tiene sopra la pietra focaia, perchè si appicchi 'l foco » V. C.; qui è detto metaforicamente dei cuori facilmente infiammabili. —

Sopr' essi batton forte e' lor focili,
E fanli apprender tutti a poco poco:
L' ardor di Marte ne' cuor giovenili
S' affigge, e quelli infiamma del suo gioco:
E mentre stanno involti nel sopore,
Pare a' giovan far guerra per Amore.

E come quando il sole i pesci accende, 19
Tutta la terra è di sua virtù pregna,
Che poscia a primavera fuor si stende
Mostrando al ciel verde e fiorita insegna;
Così ne' petti ove lor foco scende
S' abbàrbica un disio che drento regna,
Un disio sol d' eterna gloria e fama
Che le 'nfiammate menti a virtù chiama.

Che ogni nobile amante cerca la gloria.

Esce sbandita la viltà d' ogni alma, 20
E benchè tarda sia pigrizia fugge:
A libertate l' una e l' altra palma
Legon gli Amori, e quella irata rugge.
Solo in disio di gloriosa palma

---

v. 3. Focili. Inf. XIV: «... la rena s' accendea, com' esca Sotto focile:» Petr. metaf. «... e 'l tacito focile D' amor tragge indi un liquido sottile Foco.» * Bocc. Com. Dante: «Il fucile è uno strumento di acciaio, a dovere delle pietre, le quali noi chiamiamo focaie, fare, percuotendole, uscire faville:» — Apprendere. attaccarsi, appigliarsi. * Forse meglio, *accendere, prender fiamma*. In questo senso è ne' class. ant.; Guinic. «Foco d' amore in gentil cor s'apprende:» Volgariz. Pist. Ovid. «Sono io appresa d' amore.» Ma di *apprendere* neutr. così assolutamente non hanno esempi i Vocab.: il popolo di Toscana però dice «il fuoco ha preso.» — *v.* 6. * Gioco di Marte, la battaglia: «Heu! nimis longo satiate ludo» dice a Marte Orazio nella ode 2 del l. I.

St. 19. — *v.* 2. * Così le vecch. st., il cod. ricc. 2723 e l' Oliver. citato dal Betti: ma A. seguito dal D. S. e Volg. corresse: *Di sua virtù la terra è tutta pregna.* Il Petr. per diverso modo dice lo stesso: «Quando 'l pianeta che distingue l'ore Ad albergar col Tauro si ritorna, Cade virtù dall' infiammate corna Che veste il mondo di novel colore ... Gravido fa di sè il terrestre umore.» — *v.* 3. Var. *poscia Primavera:* A. D. S. Volg. — Si stende, si spiega. — *v.* 4. * Insegna: vessillo, bandiera; metaforic. alludendo al lussureggiare della verdura: o anche, indizio, segno. — *v.* 5. * Var. *il lor foco*, S: *fende*, D. — *v.* 6. S' abbarbica. *Abbarbicarsi;* propr. l' appiccarsi che fanno le piante con le lor radici dentro la terra. Qui, *s' attacca.* * Dino Compagni, III: «abbarbicare la pace.»

St. 20. — *v.* 2. Var. *arida sia:* D.

Ogni cor giovenil s'accende e strugge:
E drento al petto sorpriso dal sonno
Gli spiriti d'amor posar non ponno.

E così mentre ogn'un dormendo langue, 21
Ne' lacci è involto onde già mai non esce:
Ma come suol fra l'erba il picciol angue
Tacito errare o sotto l'onde il pesce,
Sì van correndo per l'ossa e pel sangue
Gli ardenti spiritelli e 'l foco cresce.
Ma Vener, come i presti suoi corrieri
Vide partiti, mosse altri pensieri.

Providenzia di Venere a mandare Pasitea alla casa del Sonno.

Pasitea fe chiamar del Sonno sposa, 22
Pasitea delle Grazie una sorella,
Pasitea che dell'altre è più amorosa,
Quella che sovra tutte è la più bella;
E disse — Movi, o ninfa graziosa,
Trova il consorte tuo veloce e snella:
Fa' che mostri al bel Iulio tale imago,
Che 'l facci di mostrarsi al campo vago. —

Così le disse; e già la ninfa accorta 23
Correa sospesa per l'aer serena:
Quete senza alcun rombo l'ale porta,

— *v.* 6. * STRUGGER. *Struggersi*, per venir meno d'ardente desiderio, che è de' classici (« si struggea d'andare ad abbracciarla » Bocc.), è vivissimo nel popolo di Toscana. — *v.* 7. * Var. *sopito dal sonno:* le st. — * SPIRITI; sensi, sentimenti.

St. 21. — *v.* Vedi 3. l. I. st. 15. — *v.* 6. * SPIRITELLI, d'amore: comune ne' poeti antichi: Dante: « Dice uno spiritel d'amor gentile. » Bocc. Fiamm. « In me ogni tramortito spiritel d'amore facevan risuscitare. » — *v.* 7. Var. *come suo alati corsieri:* Cod. ricc. 2723.

St. 22. — *v.* 3. * Var. *più famosa:* le st. — *v.* 4. * Var. *sovra a:* Cod. ricc. 2723; e *tutti:* S. D. — *v.* 5-8. * Anche nelle Metam. XI, Giunone invia Iride alla casa del Sonno: « Vise soporiferam Somni velociter aulam, Extinctique iube Ceycis imagine mittat Somnia ad Halcyonem.... » — *v.* 8. * Così il Cod. ricc. 2723, il chig. (ediz. rom. 1804), e le v. st.; ma A. D. S. Volg. leggono pessimamente *Che faccia dimostrarsi.* Intendi: che lo faccia *vago*, desideroso, di mostrarsi al campo, nel torneo.

St. 23. — *v.* 2. * Ovid. « veniet tenues delapsa per auras. » Var. *aria serena:* A. D. S. Volg. — *v.* 3. Ovidio, del Sonno: « Ille volat, nullos strepitus facientibus alis. » — * ROMBO, per quel rumore che fanno le

E lo ritrova in men che non balena.
Al carro della Notte el facea scorta,
Casa del Sonno. E l' aria intorno avea di Sogni piena
Di varie forme e stranier portamenti,
E facea racquetar li fiumi e i venti.

Come la ninfa a' suoi gravi occhi apparve, 24
Col folgorar d' un riso glie li aperse:
Ogni nube del ciglio via disparve,
Che la forza del raggio non sofferse.
Ciascun de' Sogni drento alle lor larve
Gli si fe incontro, e 'l viso discoperse:
Ma lei, poi che Morfeo con gli altri scelse,
Gli chiese al Sonno: e tosto indi si svelse.

Indi si svelse, e di quanto convenne 25
Tosto ammonilli: e partì senza posa.

---

ale nel volo, son due volte che lo troviamo nel Nostro; il quale ha pure in simil signific. il v. *romba*. Non havvi altri esempi così spiccati. — *v.* 4. « Mostrava.... 'l dosso E 'l nascondeva in men che non balena. » Inf. XXII; Metastas. Olimp. II. « ... egli vi ascende In men che non balena. » — *v.* 5. * Var. *ei facea*, alc. v. st. e l'oliver. cit. dal Betti; *notte facea*, A. D. S. Volg. — *v.* 6-7. * « Nunc (*Morphæum*) circa passim varias imitantia formas Somnia vana iacent. » * Var. *strani portamenti:* D. S. — *v.* 8. Stat. Sylv. V: « ... simulant fessos curvata cacumina somnos, Nec trucibus fluviis idem sonus. » Tasso, Ger. II: Era la notte allor ch'alto riposo Han l' onde e i venti, e parea muto il mondo. » Var. *e fiumi e venti*, alc. vecch. st.; *i fiumi*, A. D. S. Volg.

St. 24. — *v.* 1. * « Il folgorar d' un riso dimostrommi » Dante. Var. *gli li* A.: *glie le:* D. S. Volg. — *v.* 4. « Ma quella folgorò nello mio sguardo, Sicchè da primo il viso non sofferse » Par. III; e Purg. XII: « ... l' occhio stare aperto non sofferse. » Petr. Tr. Am. « ... l' occhio la vista non sofferse. » * Var. *nol sofferse:* A. D. S. — *v.* 5. * Larve: Buti (Purg. XV, 127) « Le maschere che si mettono alla faccia quelli che si vogliono camuffare o contraffare. » — *v.* 6. * Var. *Le si:* A. D. S. Volg. — *v.* 7-8. * Così il Cod. ricc. 2723: le vecch. st. *Ma lei, poi che Morfeo tra gli altri scelse, Lo chiese:* A. D. S. Volg. *Ma poi ch' ella Morfeo tra gli altri scelse, Lo chiese:* che corrisponde al luogo d' Ovidio qui imitato dal Poeta « cunctisque e fratribus unum Morphea, qui peragat Thaumantidos edita, Somnus Eligit, » ma non s' accorda alla seg. st. ove si parla di *Sogni* in plur.

St. 25. — *v.* 1. Indi si svelse. del Petr. « E con molto pensiero indi si svelle. » — *v.* 1-2. * Così

A pena tanto il ciglio alto sostenne,
Che fatta era già tutta sonnacchiosa.
Vassen volando senza mover penne,
E ritorna a sua dea, lieta e gioiosa.
Gli scelti Sogni ad obbedir s'affrettono,
E sotto nove fogge si rassettono:

Comparazione ed arme.

Quali i soldati che di fuor s'attendono, 26
Quando senza sospetto et arme giacciono,
Per suon di tromba al guerreggiar s'accendono,
Vestonsi le corazze e gli elmi allacciono,
E giù dal fianco le spade sospendono,
Grappon le lancie e' forti scudi imbracciono;
E così divisati i destrier pungono
Tanto ch'alla nimica schiera giungono.

Descrizione dell'ora che il Sonno ap-

Tempo era quando l'alba s'avvicina 27
E divien fosca l'aria ov'era bruna;

---

il ricc. 2723 e il chig. (ediz. rom. 1804): ma il Bened. e vecch. st. *e di questo convenne Tosto ammonilli; e di questo convenne Tosto ammonirlo,* A. D. S. Volg. — *v.* 3-4. * « ... Postquam mandata peregit, Iris abit; neque enim ulterius tolerare soporis Vim poterat; labique ut somnum sensit in artus, Effugit. » Metam. XI. — *v.* 5. * Virg. Æn. V, della colomba: « Aëre lapsa quieto Radit iter liquidum, celeres neque commovet alas. » Dante: « con l'ale aperte e ferme. » — *v.* 8. * Var. *nove forme:* D. S. — Si rassettano, *Rassettarsi,* di nuovo assettarsi, rimettersi in assetto. Si riordinano, si racconciano.

St. 26. — *v.* 2. * Così il Cod. ricc. e le vecch. st.: ma A. D. S. Volg., per odio alle terminazioni in *ono,* racconciarono elegantemente, *par che giacciano,* per farlo rimare con *allacciano, imbracciano.* Il Bened. legge *giacciano* senza mutazione. — *v.* 5. Var. *la spada* D. S. — *v.* 6. Grappon. *Grappare* o *aggrappare,* pigliare o tener forte con cosa adunca. Qui, *dan di piglio, afferrano.* * In un senso affine a questo del Poliziano è nel Volgarizz. En. « grappavi un ramo. » — *v.* 7. Divisati, ordinati: * o forse, vestiti, assettati. Unico esempio nei vocabolari questo del Poliz. — *v.* 8. * Var. *la nemica schiera:* A. D. S. Volg. — *v.* 1-8. La st. è imitaz. da Virg. Æn. VII: « Classica iamque sonant, it bello tessera signum: Hic galeam tectis trepidus rapit; ille frementes Ad iuga cogit equos, clypeumque auroque trilicem Loricam induitur, fidoque accingitur ense. »

St. 27. — *v.* 1. Descrive il Poeta l'ora in cui il Sonno apparve a Giuliano, cioè verso l'aurora, in cui si credono veri i sogni: *l'ora... che la mente nostra pellegrina Più dalla carne e men da' pensier presa Alle sue vision quasi è divina.* (Dante) — *v.* 2. * L'aria *imbruna* all'avvici-

parve a Iulio.

E già il carro stellato Icaro inchina
E par nel volto scolorir la luna:
Quando ciò ch' al bel Iulio il ciel destina
Mostrano i Sogni e sua dolce fortuna;
Dolce al principio, al fin poi troppo amara;
Però che sempre dolce al mondo è rara.

Sogno di Iulio.

Pargli veder feroce la sua donna 28
Tutta nel volto rigida e proterva
Legar Cupido alla verde colonna
Della felice pianta di Minerva,
Armata sopra alla candida gonna,
Che 'l casto petto col Gorgon conserva;
E par che tutte gli spennacchi l' ali
E che rompa al meschin l' arco e gli strali.

Aimè, quanto era mutato da quello 29
Amor che mò tornò tutto gioioso!

---

nar della notte (« E l' aer nostro e la mia mente imbruna » Petr.), è *fosca* nel crepuscolo. Var. Bazal. e qualche v. st.: *o vero bruna*. — CARRO STELLATO. « Notte il carro stellato in giro mena » Petr. — * ICARO, stella della costellaz. di Boote: A. D. S. leggono *al Coro inchina*, intendendo il carro di Boote che volge al tramonto, chè il Coro o Cauro è vento occidentale. — *v.* 5. * Var. *in ciel:* A. D. — *v.* 6. * Var. *mostrando:* A. D. S. — *v.* 7. *Dolce all'entrar, all'uscir troppo amara* legge il Cod. ricc. 2723; le v. st.: *Dolce al principio, al fin poi troppo amara.*

St. 28. — *v.* 2. * PROTERVA, qui, diversamente dalla 1ª stanza, ha il senso italiano di *superba* o al più *ostinata*. Dante: « Regalmente nell' atto ancor proterva; » e Machiav.: « Tu nondimeno stai proterva e dura. » — *v.* 3. * COLONNA, metaf. per fusto o tronco di albero: non ha esempi nei Vocab. — *v.* 4. * L' olivo, sacro a quella dea. — *v.* 6. * CONSERVA, difende, guarda. Intendi: la veste (*gonna*) che insieme coll' egida di Minerva, cuopre, difende il casto petto della donna. Ma alc. vecch. st. legg. *al casto:* e allora l' intelligenza è ovvia. — * GORGONE, lo scudo di Minerva. Virg. Æn. II: « Pallas... nimbo effulgens et Gorgone sæva: » e, VIII, « connexosque angues ipsamque in pectore divæ Gorgona desecto vertentem lumina collo. » Era la testa della Gorgone Medusa, i capelli della quale Minerva, perchè avea violato il suo tempio, cambiò in serpenti; e secondo Ovidio: « Nunc quoque, ut attonitos formidine terreat hostes, Pectore in adverso quos fecit sustinet angues. » — 7-8. Petr. Tr. Cast. « ... queste (*le compagne di Laura*) gli strali E la faretra e l' arco avean spezzato A quel protervo e spennacchiate l' ali. » * Var. *spennecchi:* vecch. st.

St. 29. — *v.* 1-2. Æn. II: « Hei

Non era sovra l'ale altero e snello,
Non del trionfo suo punto orgoglioso:
Anzi merzè chiamava il meschinello
Miseramente, e con volto pietoso
Gridando a Iulio — Miserere mei!
Difendimi, o bel Iulio, da costei. —

Parole di Iulio in sogno ad Amore

E Iulio a lui drento al fallace sonno 30
Parea risponder con mente confusa:
— Come poss' io ciò far, dolce mio donno?
Chè nell'armi di Palla è tutta chiusa.
Vedi i mie' spirti che soffrir non ponno
La terribil sembianza di Medusa,
El rabbioso fischiar delle ceraste
E'l volto e l'elmo e'l folgorar dell'aste. —

Risposta.

— Alza gli occhi, alza, Iulio, a quella fiamma 31
Che come un sol col suo splendor t'adombra.
Quivi è colei che l'alte menti infiamma,
E che de' petti ogni viltà disgombra.
Con essa, a guisa di semplice damma,

---

mihi, qualis erat! quantum mutatus ab illo Hectore qui redit exuvias ornatus Achillis.» Petr.: «Quanto cangiata, ohimè, da quel di pria.» Tasso, Ger. IV: «Quanto diversa, ohimè, da quel che pria Visto.... avea.» * Var. *or tornò:* vecch. st. — *v.* 3. * SOVRA L'ALE ALTIERO. Petr.: «Nova angeletta sovra l'ale accorta; e «destro esser su l'ali.» — *v.* 5. * MERZÈ CHIAMAVA: si raccomandava pregando. Dante, Canz.: «E ciascun santo ne grida mercede.» — *v.* 6. * Var. *Misera mente e con volto pietoso,* A. D. S. Volg. — *v.* 7. * Var. *Gridando: Ah! Giulio:* D. S. — * MISERERE MEI: latinismo de' meno strani in quel secolo in cui era vezzo degli scrittori frammischiare le voci latine alle toscane anche nelle lettere famigliari, come puoi vedere in quelle del nostro alla fine del volume. *Miserere* però è del Petr. «Miserere del mio non degno affanno» e di altri antichi e moderni.

St. 30. — *v.* 1. * FALLACE: falso, manchevole; «ogni altro sogno puote esser fallace» Passav. — *v.* 3. DONNO. Il Tassoni nelle note al Petr. dice che la voce *donno* è degli Spagnuoli i quali dicono *don* invece di *signore*. Ma tanto gli Spagnuoli che gl'Italiani l'han presa dal lat. *dominus*. — *v.* 7. CERASTE, specie di serpente cornuto, dal gr. *cerástes* che vale appunto *cornuto*.

St. 31. — *v.* 3. * COLEI, la Gloria. — *v.* 4. * Var. *da' petti:* Cod. ricc. 2723 e Volg. — *v.* 5. * DAMMA: v. lat. daina.

Prenderai questa che or nel cor t' ingombra
Tanta paura e t' invilisce l' alma;
Chè sol ti serba lei trionfal palma. —

Così dicea Cupido: e già la Gloria 32
Scendea giù folgorando ardente vampo:
Con essa Poesia, con essa Istoria
Volavon tutte accese del suo lampo.
Costei parea che ad acquistar vittoria
Rapisse Iulio orribilmente in campo;
E che l' arme di Palla alla sua donna
Spogliasse, e lei lasciasse in bianca gonna.

Poi Iulio di sue spoglie armava tutto, 33
E tutto fiammeggiar lo facea d' auro:
Quando era al fin del guerreggiar condutto
Al capo gl' intrecciava oliva e lauro.
Ivi tornar parea sua gioia in lutto:
Vedeasi tolto il suo dolce tesauro;
Vedea sua ninfa in trista nube avvolta
Dagli occhi crudelmente essergli tolta.

L' aer tutta parea divenir bruna, 34
E tremar tutto dello abisso il fondo:
Parea sanguigno il ciel farsi e la luna,

---

v. 6. * Questa, la tua donna. — * T'ingombra: nuovo e osservabile uso e costruzione di questo verbo. — v. 7. * Var. *rinvilisce:* qualche vec. st. A. D. S. — v. 8. * Var. *Ch' ella ti serba sol:* A. D. S. Volg.

St. 32. — v. 1. * Var. *Così dice:* qualche ediz. rec. — v. 2. * Vampo: qui forse *baleno:* «lo vampo del fuoco che l' attende in aire» Buti, Parad. — v. 6. * Rapisse: alla latina; *traesse con forza.* — v. 8. * Spogliasse. Il cod. ricc. e qualche v. st. hanno *rapissi, spogliassi, lasciassi.*

St. 33. — v. 1. * Spoglie, della sua donna; cioè delle armi di Pallade spogliate alla sua donna. — v. 3. * Var. *a fin:* S. — v. 5. * Tornar: neut. ass. cambiarsi, voltarsi. Petr. « ... il pianto d' Eva in allegrezza torni. » — v. 7-8. Allude il Poeta alla subitanea morte della bella Simonetta amante di Giuliano. * Vedi il *Discorso proemiale* e il *Comento di L. de' Medici* alle sue rime nella edizione nostra del 1859. Euridice, IV Georg., « Feror ingenti circumdata nocte; » e VI Æn., di Marcello morto giovine: « Sed nox atra caput tristi circumvolat umbra; » e di Laura il Petr.: « Ma le parti supreme Eran avvolte d' una nebbia oscura. »

St. 34. — v. 1. Var. *L' aria:* A. D. S. Volg. — v. 3. * Var. *Parea san-*

E cader giù le stelle nel profondo.
Poi vedea lieta in forma di Fortuna
Sorger sua ninfa, e rabbellirsi el mondo,
E prender lei di sua vita governo,
E lui con seco far per fama eterno.

Pronostico verissimo della morte di Iulio.

Sotto cotali ambagi al giovinetto 35
Fu mostro de' suo' fati il leggier corso;
Troppo felice; se nel suo diletto
Non mettea morte acerba il crudel morso.
Ma che puote a Fortuna esser disdetto,
Ch' a nostre cose allenta e stringe il morso?
Nè val perch' altri la lusinghi o morda,
Ch' a suo modo ci guida e sta pur sorda.

Che nulla può contro di morte, se non la virtù.

Adunque il tanto lamentar che giova? 36
A che di pianto pur bagniam le gote?
Se pur convien che lei ci guidi e mova;
Se mortal forza contro a lei non puote;
Se con sue penne il nostro mondo cova;

---

guigna in ciel farsi la luna: A. D. S. Volg. — *v.* 1-4. Metam. X. « ... Fugit aurea cœlo Luna, tegunt nigræ latitantia sidera nubes, Nox caret igne suo. » * Dante, nella imaginata morte di Beatrice: « E veder mi parea donne andare scapigliate piangendo per via;.. e pareami vedere il sole oscurare sì, che le stelle si mostravano d' un colore che mi facea giudicare che piangessero: e parevami che gli uccelli volando cadessero morti, e che fossero grandissimi terremoti. » E: « Poi mi parve vedere a poco a poco Turbar lo sole ed apparir la stella, E pianger egli ed ella; Cader gli augelli volando per l' aere, E la terra tremare. » — *v.* 7. * Bonacc. Montem. « Gli occhi soavi al cui governo Amore Commise... 'l viver mio. »

St. 35. — *v.* 1. AMBAGI: v. l., circuiti, rivolture di parole. * Qui più propriamente è detto della incertezza della visione. — *v.* 4. * Purgat. VII: « ... parvoli innocenti Da' denti morsi della morte; » Petr.: « ... gli estremi morsi Di quella ch' io con tutto il mondo aspetto Mai non sentii; » e « ... in che di morso Diè chi 'l mondo fa nudo e 'l mio cor mesto; » Bocc. Rime: « libera dal morso Della morte. » — *v.* 6. * MORSO: ferro della briglia, freno. — *v.* 7. MORDA. *Mordere*, met. riprendere con parole pungenti, biasimare. Anche il lat. *mordere* fu usato da Terenzio nell' Eun. in questo signific.

St. 36. — *v.* 1. Petr.: « Il lamentar che vale? » * Ma più ricorda l' altro: « Misero, il tanto affaticar che giova? » — *v.* 2. * Il Cod. ricc. 2723 legge *bagnar; bagnam*, le v. st. — *v.* 3. Var. *lei ne*, vecch. st.; *ch' ella ne*, A. D. S. Volg. — *v.* 5. COVA. *Covare*

E tempra e volge, come vuol, le rote.
Beato qual da lei suoi pensier solve,
E tutto drento alla virtù s' involve !

Che li uomini prudenti e forti non soccombono alla fortuna.

O felice colui che lei non cura 37
E che a' suoi gravi assalti non si arrende !
Ma, come scoglio che incontro al mar dura
O torre che da borea si difende,
Suoi colpi aspetta con fronte sicura
E sta sempre provisto a sue vicende;
Da sè sol pende; in sè stesso si fida;
Nè guidato è dal caso, anzi lui guida.

Descrizione dell' ora che Julio si levò dal Sonno.

Già carreggiando il giorno Aurora lieta 38
Di Pegaso stringea l' ardente briglia;
Surgea del Gauge il bel solar pianeta,
Raggiando intorno con l' aurate ciglia:

---

per met. vale *dominare, tener soggetto.* Dante, Inf. XXVII.: « L' aquila da Polenta la si cova. » * Dove il Buti: « e questo dice, perchè la signoreggia. » — *v.* 6. * Tempra: regola. Machiav. « temperava l' oriuolo di palagio. » Del resto ricorda il dantesco « giri fortuna la sua ruota Come le piace. » — *v.* 7. Solve, latinamente: metaf. *libera.* * « Da questa tema acciò che tu ti solve » Dante. — *v.* 8. * Orazio, Od. l. III: « mea Virtute me involvo. »

St. 37. — *v.* 3. * Æn. X: « Ille, velut rupes vastum quæ prodit in æquor... Vim cunctam atque minas perfert cœlique marisque, Ipsa immota manens; » e VII: « Ille, velut pelagi rupes immota, resistit; » e VI: « Nec magis... movetur, Quam si dura silex aut stet marpesia cautes. » — Dura, resiste, regge. — *v.* 5. * Rammenta l' oraziano « Impavidum ferient ruinæ. » — *v.* 7. * Da sè sol pende: qui, depende. — *v.* 8. * Orazio, Ep. « Et mihi res, non me rebus subiungere conor. »

St. 38. — *v.* 1. * Carreggiando, qui nel senso att. *portando sul carro.* Vero è che il Cod. ricc. 2723 legge *carreggiando il carro.* — *v.* 2. * Pegaso: secondo i poeti, l' Aurora chiese in dono a Giove pe' suoi viaggi questo alato cavallo nato dal sangue di Medusa: e Licofrone ce la rappresenta trascorrente il cielo sulle ale di Pegaso (Cass. 17.) Servio vuole che il cavallo dell' Aurora sia Aetone (Æn. X.) — *v.* 3. * Gange. « Questo è uno dei grandissimi fiumi dell' India e corre contro il nostro levante; per il che favoleggiando i poeti dicono, quando il sole apparisce al nostro emisfero, che egli esce fuori del fiume Gange. » Giambullari, lez. — *v.* 4. * Delle personificazioni umane date al sole, abbondano esempii; ma questa delle *ciglia* par cosa troppo minuta. Pindaro ha la « pupilla della luna » Olimp. II. Il Petr. parla del Sole « già fuor del-

Già tutto parea d' oro il monte Oeta;
Fuggita di Latona era la figlia:
Surgevon rugiadosi in loro stelo
Gli fior chinati dal notturno gelo.

L' ora nella quale Iulio dal sonno si levò.

La rondinella sovra il nido allegra 39
Cantando salutava il novo giorno;
E già de' Sogni la compagnia negra
A sua spelonca avean fatto ritorno:
Quando con mente insieme lieta ed egra
Si destò Iulio, e girò gli occhi intorno;
Gli occhi intorno girò tutto stupendo,
D' amore e d' un disio di gloria ardendo.

Alte e magnanime cogitazioni di Iulio.

Pargli vedersi tutta via davanti 40
La Gloria armata in su l' ale veloce
Chiamare a giostra e' valorosi amanti
E gridar — Iulio Iulio — ad alta voce:
Già sentir pargli le trombe sonanti;
Già divien tutto nell' arme feroce.
Così tutto focoso in piè risorge,
E verso il ciel cotai parole porge:

---

l' oceano in sino al petto. » — v. 5. Lor. Med. « E le cime de' monti parean d' oro. » — * Var. *d'Eta:* vecch. st. *Oeta* od *Eta* è nome d'una catena di montagne in Grecia. — v. 6. La luna. Anche Dante: « ambodue gli figli di Latona. » — v. 7. * Var. *surgean radiosi:* Cod. ricc. 2723. — v. 7-8. Dante: « Quali i fioretti dal notturno gelo Chinati e chiusi, poi che 'l sol gl' imbianca, Si drizzan tutti aperti in loro stelo. »

St. 39. — v. 1-2. Le rondini in un epigr. gr. vengon chiamate *ortholalous* (garritrici mattiniere); e Anacr. in un' ode si duole che siangli tolti i dolci sonni dalla loro *yporthriaisi phoonais* (matutine voci). L' Alam. poi tolse di peso il secondo v. di questa st. « E i dipinti augelletti a lei d' intorno Salutavan cantando il novo giorno. » — v. 3. * L' armonia di questo v., carissima a chi senta di poesia, parve troppo tarda e lenta agli eleganti correttori del cinquecento; e per modificarla vi portarono un arcaismo, leggendo *compagna negra.* Così A. D. S. Volg. — 4. * Var. *avea fatto:* A. D. S. Volg. — v. 7. Virg. Æn. IX: « Obstupuit, magno laudum perculsus amore. » — * Stupendo, stupefatto: partic. pres. da *stupire.*

St. 40. — v. 1. * Tuttavia, ancora, tuttora. — v. 7. * Risorge, pel sempl. *sorge.* — v. 8. * Parole porge: « sapeano bene porgere loro parole » Volg. Cit. di Dio; e *porgere* per *dire,* in Dante: « Udir non potei quello che a lor porse. » Var. *cotal:* vecch. st. e A.

Orazione di Iulio a Pallade.

— O sacrosanta dea figlia di Giove, 41
Per cui il tempio di Ian s' apre e riserra;
La cui potente destra serba e move
Intero arbitrio e di pace e di guerra:
Vergine santa che mirabil prove
Mostri del tuo gran nume in cielo e 'n terra,
Ch' e' valorosi cuori a virtù infiammi;
Soccorrimi or, Tritonia, e virtù dammi.

S' io vidi drento alle tue armi chiusa 42
La sembianza di lei che me a me fura;
S' io vidi il volto orribil di Medusa
Far lei contro ad Amor troppo esser dura;
Se poi mia mente dal tremor confusa
Sotto il tuo schermo diventò secura;
S' Amor con teco a grandi opre mi chiama,
Mostrami il porto, o dea, d' eterna fama.

Parole di Iulio a Venere.

E tu che drento alla infocata nube 43
Degnasti tua sembianza dimostrarmi,

St. 41. — *v.* 1. Invocazione di Giuliano a Pallade, perchè coroni di gloria la sua impresa. Anche in Virg. « Armipotens præses belli Tritonia virgo. » — *v.* 2. A Giano fu fabbricato da Numa un tempio, le cui porte si chiudevano in tempo di pace e si aprivano in tempo di guerra. * Var. *di Jan s' apre e serra;* A: *di Giano s' apre e serra:* qualche v. st. D. S. La lezione volg. *s' apre e si serra* è pur del Cod. ricc. 2723 e dell' oliveriano, secondo ne dice il Betti; ma il chig. (ediz. rom. 1804) legge, con noi e le più delle vecch. st., *s' apre e riserra.* — *v.* 4. * Arbitrio, potestà, autorità, signoria. — *v.* 6. * Nume (*nome* in qualche v. st.) detto latinamente della volontà forza e potenza degli dei. Horat. epod. « ... Nox et Diana, Nunc nunc adeste, nunc in hostiles domos Iram atque numen vertite. » Corn. Nep. Timol. « Nihil rerum humanarum sine deorum numine agi. » Cic. Verr. « Multa sæpe prodigia vim eius (*Cereris*) numenque dederant. » Il Dizionario di Bologna ne portò esempii del Caro (Eneide), ma non, come questo del Poliziano, spiccati.

St. 42. — *v.* 1. * Chiusa, coperta delle armi da difesa per modo da esserne d' ogni parte riparata. I Dizionari non portano esempii di questa locuz.; salvo quel di Napoli, che ha del Tasso « Vien chiuso nello scudo. » — *v.* 2. * Vedi l. I, st. XIII, v. 2. — *v.* 5. * Tremore: qui, sospetto, timore, paura: « nella faccia gela per tremore. » Bocc. Tes. — *v.* 6. Schermo, riparo, difesa. — *v.* 7. * Var. *a grande opra:* Cod. ricc. 2723.

St. 43. — *v.* 1. * Var. *all' affocata,* qualche vecch. st. A. S. Volg.; *dentro*

E ch'ogni altro pensier dal cor mi rube
Fuor che d'amor dal qual non posso aitarmi;
E m'infiammasti, come a suon di tube
Animoso caval s'infiamma all'armi;
Fammi in tra gli altri, o Gloria, sì solenne,
Ch'io batta in fino al ciel teco le penne.

Parole di Iulio verso Cupido.

E s'io son, dolce Amor, s'io son pur degno 44
Essere il tuo campion contro a costei,
Contro a costei da cui con forza e ingegno
(Se ver mi dice il sonno) avvinto sei,
Fa' sì del tuo furor mio pensier pregno,
Che spirto di pietà nel cor li crei.
Ma Virtù per sè stessa ha l'ale corte;
Perchè troppo è il valor di costei forte.

Troppo forte è, signor, il suo valore, 45
Che, come vedi, il tuo poter non cura:
E tu pur suoli al cor gentile, Amore,
Riparar, come augello alla verdura.
Ma se mi presti il tuo santo furore,
Leverai me sopra la tua natura;

---

r affocata: D. — *v.* 3. MI RUBE. metaf. *mi togli.* Dante: « O imaginativa che ne rube Talvolta sì di fuor. — *v.* 4. AITARMI, difendermi: Dante. « Aitami da lei, famoso saggio. » — *v.* 5-6. Imit. da quel d'Ovid. « Ut fremit acer equus, cum bellicus ære canoro Signa dedit tubicen. pugnæque assumit honorem; » e Staz. Theb. « Prosilit audaci Martis perculsus amore, Arma, tubas audire calens. » — *v.* 7. * SOLENNE, per *grande, eccellente, singolare,* è spesso nel Bocc. Vit. Dante: « le divine opere di Virgilio e degli altri solenni poeti. »

St. 44. — *v.* 1. * Var. *E s'io son, dolce Amor, se son:* A. D. S. Volg. — *v.* 2-3. * Var. *contra costei:* A. D S. Volg. — *v.* 4. * Var. *Se 'l ver:* A. D. S. Volg. — *v.* 6. SPIRTO DI PIETÀ. Dante: « Non hai tu spirto di pietate alcuno. » — * LI CREI: Var. *le crei,* A. D. S. Volg. Petr. « ... costei... In me... Cria d'amor pensieri. »

St. 45. — *v.* 1. * Var. *lo suo valore,* Bened. *Troppo forte, signor, è 'l suo,* A. D. S. Volg. — 3-4. G. Guinicelli: « Al cor gentil ripara sempre amore, Siccome augello in selva alla verdura. » * Fior di virtù: « E il bene, che è così continovo, ripara in ciascheduno cuore gentile, come fanno gli uccelli alla verdura della selva. » — *v.* 5. * FURORE, qui in buona parte, *ardore, zelo.* — *v.* 6. * Intendi: mi solleverai oltre il costume e la natura tua, che è gentilezza e dilicatezza: mi farai diverso

E farai, come suol marmorea rota,
Che lei non taglia e pure il ferro arrota.

Con voi me'n vengo, Amor, Minerva e Gloria, 46
Chè 'l vostro foco tutto 'l cor m' avvampa:
Da voi spero acquistar l' alta vittoria,
Chè tutto acceso son di vostra lampa:
Datemi aita sì, che ogni memoria
Segnar si possa di mia eterna stampa,
E facci umil colei ch' or mi disdegna;
Ch' i' porterò di voi nel campo insegna.

---

dagli altri amanti; mi farai, cioè, gagliardo e valoroso in armi. — *v.* 8. * Var. *ch' ella non taglia:* A. D. S. Volg. — *v.* 7-8. * « Fungar vice cotis, acutum Reddere quæ ferrum valet, exsors ipsa secandi. » Orazio. (Fornaciari.)

St. 46. — *v.* 4. * Lampa, splendore. *Lampas*, lat., è lo splendore del sole o del giorno: « prima lustrabat lampade terras Orta dies » Virg.; e anche, splendore semplicemente: «... ipse autem (*somnus*) nec lampade clara Nec sonitu nec voce Deæ perculsus, eodem More iacet. » Stat. Theb. X. Gli esempi che di *lampa* in questo signif. portano i vocab. ital. non sono forse proprissimi: eccoli. Dante, Parad. XVII, 5: « era sentito Da Beatrice e dalla santa lampa; » qui *lampa* è metaforic. l' anima beata. Petr. « Del bel numer una Delle beate vergini prudenti, Anzi la prima e con più chiara lampa; » qui *lampa* è *lampada*, vaso nel quale si tiene acceso il lume d' olio. — *v.* 5-6. * Intendi: ogni memoria conservi eternamente la imagine delle opere mie. È imitazione non proprissima del dantesco « Segnata bene dell' interna stampa » e « Segnato della stampa, Nel suo aspetto, di quel dritto zelo. » * Var. *ne disdegna:* qualche vecch. st.

LA SOPRASCRITTA OPERA

DALLO AUTORE NON FU FINITA.

LA

FAVOLA DI ORFEO

COMPOSTA

DA MESSER ANGELO POLIZIANO

[SECONDO LA LEZIONE DEI CODICI CHIGIANO E RICCARDIANO
E DELLE STAMPE D' INNANZI AL 1776.]

ANGELO POLIZIANO

A MESSER CARLO CANALE

SVO S.

Solevano i Lacedemonii, umanissimo messer Carlo mio, quando alcuno loro figliuolo nasceva o di qualche membro impedito o delle forze debile, quello esponere subitamente nè permettere che in vita fussi[1] riservato, giudicando tale stirpe indegna di Lacedemonia. Così desideravo ancora io che la fabula di Orfeo; la quale, a requisizione del nostro reverendissimo cardinale mantuano, in tempo di dui[2] giorni, intra continui tumulti, in stilo vulgare perchè dagli spettatori meglio fusse[3] intesa, avevo composta; fusse di subito, non altrimenti che esso Orfeo, lacerata; cognoscendo questa mia figliuola essere di qualità da far più tosto al suo padre vergogna che onore, e più tosto atta a dargli malinconia che allegreza. Ma vedendo che[4] e voi e alcuni altri troppo di me amanti, contro alla mia voluntà, in vita la ritenete, conviene ancora a me avere più rispetto allo amore paterno e alla voluntà vostra[5] che al mio ragionevole instituto. Avete però una giusta escusazione della voluntà vostra; perchè, essendo così nata sotto lo auspizio di sì clemente signore, merita d'essere esenta dalla comune legge. Viva adunque, poi che a voi così piace: ma ben vi protesto che tale pietà è una espressa crudeltà: e di questo mio giudizio desidero ne sia questa epistola testimonio. E voi che sapete la necessità della mia obedienzia e l'angustia del tempo, vi priego che con la vostra autorità resistiate a qualunche[6] volesse la imperfezione di tale figliuola al padre attribuire. *Vale.*

---

[1] *fusse,* Comino. [2] *dua,* Cod. riccar. *duo,* Comino.
[3] *fusse meglio,* le st. [4] *che voi,* le st.
[5] Nel Ricc. manca da questo punto fino a *perchè essendo così,* ec.
[6] *qualunque,* le st; eccetto la prima del Bened.

LA FAVOLA DI ORFEO.

MERCURIO *annunzia la festa.*[1]

Silenzio. Udite. El fu già un pastore 1
Figliuol d'Apollo, chiamato Aristeo:
Costui amò con sì sfrenato ardore
Euridice che moglie fu di Orfeo,
Che, seguendola un giorno per amore,
Fu cagion del suo fato acerbo e reo:
Perchè, fuggendo lei vicina all' acque,
Una biscia la punse; e morta giacque.
Orfeo cantando all' inferno la tolse; 9
Ma non potè servar la legge data:
Chè 'l poverel tra via drieto si volse;
Sì che di nuovo ella gli fu rubata:
Però mai più amar donna non volse;
E dalle donne gli fu morte data.

Séguita un PASTORE;[2] *e dice*

State attenti, brigata. Buono augurio:
Poi che di cielo in terra vien Mercurio.

---

[1] MERCURIO *annunziatore della*, Cod. ricc.: *annonziatore della*, Cod. chig. secondo Com. e Affò.

V. 6. — *caso acerbo*, Ricc.

V. 11. — Così il Ricc. e il Chig. Ma le stampe ant.: *Che 'l poverello indrieto si rivolse.*

[2] Il Ricc. e il Chig. leggono: *Séguita un pastore schiavone.* Che c'entri lo *schiavono*, nè io so trovare nè seppe il P. Affò. Come non s'avesse a intendere che fosse di qualche dialetto schiavone la voce *zavolo* che è in cambio di *cielo* nell' ultimo verso di questa ottava, quale leggesi nel Ricc.: *Che di zavolo in terra vien Mercurio.*

MOPSO *pastor vecchio.*

Ha' tu veduto un mio vitellin bianco, 17
Che ha una macchia nera in su la fronte
E duo piè rossi e un ginocchio e 'l fianco?

ARISTEO *pastor giovane.*

Caro mio Mopso, a piè di questo fonte 20
Non son venuti questa mane armenti,
Ma senti' ben mugghiar là drieto al monte.
Va', Tirsi, e guarda un poco se tu 'l senti. 23
Tu, Mopso, in tanto ti starai qui meco;
Ch' i' vo' ch' ascolti alquanto i' mie' lamenti.
Ier vidi sotto quello ombroso speco 26
Una ninfa più bella che Dïana,
Ch' un giovane amadore avea seco.
Com' io vidi sua vista più che umana, 29
Subito mi si scosse il cor nel petto
E mia mente d' amor divenne insana;
Tal ch' io non sento, Mopso, più diletto; 32
Ma sempre piango, e 'l cibo non mi piace,
E sanza mai dormir son stato in letto.

MOPSO *pastore.*

Aristeo mio, questa amorosa face 35
Se di spegnerla tosto non fai pruova,
Presto vedrai turbata ogni tua pace.
Sappi che amor non m'è già cosa nuova; 38
So come mal, quand' è vecchio, si regge:
Rimedia tosto, or che 'l rimedio giova.
Se tu pigli, Aristeo, suo' dure legge; 41

V. 19. — *Et un,* Ricc. e alcune vecchie st. *Ed,* Comin.

V. 21. — *qui stamane,* alcune vecchie st.

V. 22. — *drento al,* Ricc.

V. 25. — *alquanto mie',* alcune vecchie st.

V. 28. — *aveva,* Baz.

V. 36. — *spegnerla presto,* le vecchie st.

V. 40. — *Or che 'l rimediar,* Chigiano.

V. 41. — Così i Codd. Le st.: *sua dura legge.*

E' t' usciran del capo i sciami et orti
E viti e biade e paschi e mandrie e greggie.

ARISTEO *pastore.*

Mopso, tu parli queste cose a' morti: 44
Sì che non spender meco tal parole;
Acciò che il vento via non se le porti.
Aristeo ama e disamar non vôle 47
Nè guarir cerca di sì dolce doglie:
Quel loda amor che di lui ben si dole.
Ma se punto ti cal delle mie voglie, 50
Dè tra' fuor della tasca la zampogna;
E canterem sotto l' ombrose foglie:
Ch' i' so che la mia ninfa il canto agogna. 53

CANZONA.

Udite, selve, mie dolce parole,
Poi che la ninfa mia udir non vôle.
La bella ninfa è sorda al mio lamento 56
E'l suon di nostra fistula non cura:
Di ciò si lagna il mio cornuto armento,
Nè vuol bagnare il grifo in acqua pura,
Nè vuol toccar la tenera verdura;
Tanto del suo pastor gl' incresce e dole.
Udite, selve, mie dolce parole.
Ben si cura l' armento del pastore: 63
La ninfa non si cura dello amante;
La bella ninfa che di sasso ha il core,
Anzi di ferro, anzi l'ha di diamante:
Ella fugge da me sempre d' avante,
Come agnella dal lupo fuggir sôle.

V. 42. — *E' t'uscirà,* Ricc.: *et semi,* alc. vecch. st: *i semi,* altre.
V. 51. — *trai,* Chig.
V. 52. — *E cantarem,* qualche vecchia st: *cantaren,* altre.
V. 54. — *mia,* qualche vecchia st.
V. 59. — *Non,* qualche vecc. ediz.
V. 66. — Così il Ricc. e l' ediz. Bened. Ma altre st., compr. Com.: *anzi di diamante.*

Udite, selve, mie dolce parole.
Digli, zampogna mia, come via fugge 70
Co gli anni insieme la belleza snella;
E digli come il tempo ne distrugge,
Nè l'età persa mai si rinnovella:
Digli che sappi usar suo' forma bella,
Chè sempre mai non son rose e viole.
Udite, selve, mie dolce parole.
Portate, venti, questi dolci versi 77
Dentro all' orecchie della ninfa mia:
Dite quant' io per lei lacrime versi,
E lei pregate che crudel non sia:
Dite che la mia vita fugge via
E si consuma come brina al sole.
Udite, selve, mie dolce parole;
Poi che la ninfa mia udir non vôle.

MOPSO *pastore risponde, e dice così:*

E' non è tanto il mormorio piacevole 85
Delle fresche acque che d'un sasso piombano,
Nè quando soffia un ventolino agevole
Fra le cime de' pini e quelle trombano;
Quanto le rime tue son sollazevole,
Le rime tue che per tutto rimbombano:
S'ella l'ode, verrà come una cucciola.
Ma ecco Tirsi che del monte sdrucciola.

Séguita pur MOPSO.

Ch'è del vitello? halo tu ritrovato? 93

TIRSI *servo risponde:*

Sì ho; così gli avesse el collo mozo!
Chè poco men che non m'ha sbudellato;

V. 71. — *suo' belleza,* Ricc.
V. 79. — *quanto,* alcune vecchie st.
V. 85. — *El non,* Ricc.
V. 88. — *rombano,* Baz.
V. 91. — *Se la l'ode,* una vecch. st.
V. 94. — Così le st.: eccetto quella del Baz. che legge: *Si ho; così che gli avessi el col mozo!* Il Ricc.: *Si ho: così gli avess' io el collo mozo.*

Si corse per volermi dar di cozo.
Pur l' ho poi nella mandria ravviato;
Ma ben so dirti che gli ha pieno il gozo:
Io ti so dir che gli ha stivata l' epa
In un campo di gran tanto che crepa.

Ma io ho vista una gentil donzella 101
Che va cogliendo fiori intorno al monte.
I' non credo che Vener sia più bella
Più dolce in atto o più superba in fronte:
E parla e canta in sì dolce favella,
Che' fiumi svolgerebbe in verso el fonte;
Di neve e rose ha il volto, e d' ôr la testa,
Tutta soletta, e sotto bianca vesta.

ARISTEO *pastore dice.*

Rimanti, Mopso; ch' io la vo' seguire; 109
Perchè l' è quella di ch' i' t' ho parlato.

MOPSO *pastore.*

Guarda, Aristeo, che 'l troppo grande ardire
Non ti conduca in qualche tristo lato.

ARISTEO *pastore.*

O mi convien questo giorno morire,
O tentar quanta forza abbia il mio fato.
Rimanti, Mopso, intorno a questa fonte;
Ch' i' voglio ire a trovalla sopra 'l monte.

MOPSO *pastore dice così.*

O Tirsi, che ti par del tuo car sire? 117
Vedi tu quanto d' ogni senso è fore?
Tu gli dovresti pur tal volta dire
Quanta vergogna gli fa questo amore.

V. 101. — *visto,* alcune vecc. st. e Com.

V. 104. — *Più dolce in atto, più* Baz.

V. 106. — *Che i fiumi,* Ricc.

V. 110. — *di chi,* le st.: *di ch' io,* Ricc.

V. 114. — Così il Ricc. e il Chig.: le st. *provar.* E alcuno, *abbi 'l mio.*

V. 116. — *trovarla,* le st.

TIRSI *risponde.*

O Mopso, al servo sta bene ubbidire;
E matto è chi comanda al suo signore.
Io so che gli è più saggio assai che noi:
A me basta guardar le vacche e' buoi.

ARISTEO *ad* EURIDICE *fuggente dice così.*[1]

Non mi fuggir, donzella; 125
 Ch' i' ti son tanto amico,
 E che più t'amo che la vita e'l core.
Ascolta, o ninfa bella, 128
 Ascolta quel ch'io dico:
 Non fuggir, ninfa; ch'io ti porto amore.
Non son qui lupo o orso; 131
 Ma son tuo amatore:
 Dunque raffrena il tuo volante corso.
Poi che 'l pregar non vale 134
 E tu via ti dilegui,
 El convien ch' io ti segui.
Porgimi, Amor, porgimi or le tue ale! 137

[2]ORFEO, cantando sopra il monte in su la lira e'[3] seguenti versi latini (li quali a proposito di Messer Baccio Ugolino, attore[4] di detta persona d' Orfeo, sono in onore del cardinale mantuano), fu interrotto da un[5] PASTORE nunciatore della morte di EURIDICE.

O meos longum modulata lusus 138
 Quos amor primam docuit iuventam,

---

[1] ARISTEO *ad* EURIDICE, Ricc.

V. 131. — Questo e i due seguenti versi non sono nel Ricc.

V. 135. — *E tra via*, Chig.

[2] Questa rubrica e la seguente ode latina non sono nel Ricc.: il quale ha in vece subito dopo i versi di Aristeo: *Seguitando* ARISTEO EURIDICE, *ella si fugge drento alla selva, dove punta dal serpente grida; et simile* ARISTEO. *Segue poi un* PASTORE *al* ORFEO *così.* E riattacca coi versi: *Crudel novella ti riporto, Orfeo.*

[3] *li*, qualche vecchia st.

[4] *autore*, qualche vecchia st.

[5] *uno*, qualche vecchia st.

Flecte nunc mecum numeros novumque
Dic, lyra, carmen:
Non quod hirsutos agat huc leones;
Sed quod et frontem domini serenet,
Et levet curas penitusque doctas
Mulceat aures.
Vindicat nostros sibi iure cantus
Qui colit vates citharamque princeps;
Ille cui sacro rutilus refulget
Crine galerus;
Ille cui flagrans triplici corona
Cinget auratam diadema frontem.
Fallor? an vati bonus hæc canenti
Dictat Apollo?
Phœbe, quæ dictas, rata fac, precamur!
Dignus est nostræ dominus Thaliæ,
Cui celer versa fluat Hermus uni
Aureus urna;
Cui tuas mittat, Cytherea, conchas
Conscius primi Phaetontis Indus;
Ipsa cui dives properet beatum
Copia cornu.
Quippe non gazam pavidus repostam
Servat œæo similis draconi:
Sed vigil famam secat ac perenni
Imminet œvo.
Ipsa phœbeæ vacat aula turbæ
Dulcior blandis Heliconis umbris:
Et vocans doctos patet ampla toto
Ianua poste.
Sic refert magnæ titulis superbum

V. 145. — Nell' ediz. del Baz. leggesi *auras;* ma è fallo [Affò]. Non in solo il Baz. ma in molte delle vecchie st.

V. 147. — *citheramque*, Baz.

V. 158. — *mittat.* Nell' ediz. delle op. lat. dell'aut. fatta da Aldo, si ha *mutat;* e lo stesso pure nell' Orfeo stampato dal Baz. [A.]; e in tutte le vecchie st.

V. 159. — *primi.* Le edd. d' Aldo, d' Episcopio e di Grifio legg. *sibi.* [A.]

[illegible]
[illegible]
[illegible]
[illegible]
[illegible]
[illegible]
[illegible]
[illegible]
[illegible]
[illegible]
[illegible]
[illegible]
[illegible]
[illegible]
[illegible]
[illegible]

Un[1] Pastore annunzia a Orfeo la morte di Euridice.[2]

Crudel novella ti rapporto, Orfeo,
Che tua ninfa bellissima è defunta.
Ella fuggiva l'amante Aristeo;
Ma, quando fu sopra la riva giunta,
Da un serpente velenoso e rio,
Ch'era fra l'erbe e' fior, nel piè fu punta:
E fu tanto potente e crudo il morso,
Che ad un tratto finì la vita e 'l corso.

Orfeo si lamenta per la morte di Euridice.

Dunque piangiamo, o sconsolata lira,
Che più non si convien l'usato canto.
Piangiam mentre che 'l ciel ne' poli aggira,
E Filomela ceda al nostro pianto.

---

[1] Così, qualche vecchia st. e il Cod. [illegible]

[2] Il Ricc. ha solamente Pastor.

V. 197. — *Che a*, alcune vecc. st.

V. 200. — *poi nel ciel s'aggira*, Ricc.

V. 201. — *Filomena*, Ricc. e st.

O cielo, o terra, o mare, o sorte dira!
Come potrò soffrir mai dolor tanto?
Euridice mia bella, o vita mia,
Sanza te non convien che in vita stia.
Andar convienmi alle tartaree porte 206
E provar se là giù mercè s'impetra.
Forse che svolgerem la dura sorte
Co' lacrimosi versi, o dolce cetra;
Forse che diverrà pietosa Morte:
Chè già cantando abbiam mosso una pietra,
La cervia e 'l tigre insieme abbiamo accolti
E tirate le selve e' fiumi svolti.

ORFEO *cantando giugne* [1] *all' inferno.*

Pietà, pietà! del misero amatore 214
Pietà vi prenda, o spiriti infernali.
Qua giù m' ha scorto solamente Amore;
Volato son qua giù con le sue ali.
Posa, Cerbero, posa il tuo furore;
Chè, quando intenderai tutti i mie' mali,
Non solamente tu piangerai meco
Ma qualunque è qua giù nel mondo ceco.
Non bisogna per me, Furie, mugghiare, 222
Non bisogna arricciar tanti serpenti:
Se voi sapessi le mia doglie amare,
Faresti compagnia a' mie' lamenti:
Lasciate questo miserel passare,
Che ha 'l ciel nimico e tutti gli elementi,

V. 202. — *o terra, o morte,* Ricc.

V. 205. — *Senza,* alc. st. *al mondo tia,* Chig.

V. 209. — *Con,* qualche vecchia t. e il Comino.

V. 211. — *mossa,* qualche vecchia st.

V. 212. — *aviamo,* Ricc.

[1] *Gionge,* qualche vecchia st.

V. 216. — Il Ricc., ma forse per rrore, legge: *sol l'amente Amore.*

V. 219. — Nel Ricc. manca questo verso: e i due seguenti sono cancellati; ma si vede chiaramente che dicevano: *Non per Cerber legar fo questa via, Ma solamente per la donna mia.*

V. 222. — Questa ottava e le tre segg. nel Ricc. mancano: il quale l'ottava antecedente riattacca subito con quella che comincia, *Una serpe tra' fior.*

V. 224. — *mie,* Baz. e Com.

Che vien per impetrar merzò da Morte:
Dunque gli aprite le ferrate porte.

PLUTONE *pieno di maraviglia dice così.*

Chi è costui che con sì dolce nota 230
Muove l'abisso e con l'ornata cetra?
Io veggo fissa d'Issïon la rota,
Sisifo assiso sopra la sua petra,
E le Belide star coll'urna vota:
Nè più l'acqua di Tantalo s'arretra:
E veggo Cerber con tre bocche intento,
E le Furie acquetare al suo lamento.

MINOS *a* PLUTONE.

Costui vien contro le legge de' Fati, 238
Che non mandan qua giù carne non morta:
Forse, o Pluton, che con latenti aguati
Per tôrti il regno qualche inganno porta.
Gli altri che similmente sono intrati,
Come costui, la irremeabil porta,
Sempre ci fur con tua vergogna e danno.
Sie cauto, o Pluton: qui cova inganno.

ORFEO *genuflesso a* PLUTONE *dice così.*

O regnator di tutte quelle genti 246
C'hanno perduta la superna luce;
Al qual discende ciò che gli elementi,
Ciò che natura sotto il ciel produce;
Udite la cagion de' mie' lamenti.
Pietoso Amor de' nostri passi è duce:
Non per Cerber legar fu questa via,
Ma solamente per la donna mia.

Una serpe tra' fior nascosa e l'erba 254
Mi tolse la mia donna anzi il mio core:

V. 228. — *mercè,* Comino.
V. 232. — *ferma,* Comino.
V. 237. — *al più,* Chig. *il suo,* Com.
V. 238. — *leggi,* Comino.
V. 242. — *entrati,* Comino.
V. 251. — Leggo così col Chig. citato dall'Affò. Le st. hanno *di nostri passi:* il Ricc. manca di questa ottava.

Ond'io meno la vita in pena acerba
Nè posso più resistere al dolore.
Ma se memoria alcuna in voi si serba
Del vostro celebrato antico amore,
Se la vecchia rapina a mente avete,
Euridice mia bella mi rendete.

Ogni cosa nel fine a voi ritorna,
Ogni vita mortale a voi ricade:
Qúanto cerchia la luna con suo' corna
Convien ch'arrivi alle vostre contrade:
Chi più chi men tra'superi soggiorna;
Ognun convīen che cerchi queste strade:
Questo è de'nostri passi estremo segno:
Poi tenete di noi più lungo regno.

Così la ninfa mia per voi si serba,
Quando sua morte gli darà natura.
Or la tenera vite e l'uva acerba
Tagliata avete con la falce dura.
Chi è che mieta la sementa in erba,
E non aspetti ch' ella sia matura?
Dunque rendete a me la mia speranza:
Io non ve 'l chieggio in don; questa è prestanza.

Io ve ne priego per le torbide acque
Della palude stigia e d' Acheronte,
Pel Caos onde tutto el mondo nacque,
E pel sonante ardor di Flegetonte;
Pel pome che a te già, regina, piacque,
Quando lasciasti pria nostro orizonte.
E se pur me la nieghi iniqua sorte,
Io non vo'su tornar; ma chieggio morte.

V. 263. — Così leggo col Ricc. e col Chig. Le vecchie st. hanno: *mortal quà giù.*

V. 264. — *suc,* Comino.

V. 267. — Così leggiamo con le vecchie st. Ma il Ricc. e Chig. hanno *Ognuno convien ch' arrivi a.*

V. 273. — *Tagliate,* le vecchie st.

V. 275. — *che la,* qualche vecchia st. e il Ricc.

V. 279. — *et Acheronte,* le vec. st.

V. 280. — *Del Chaos... al,* Ricc.

V. 284. — Così il Chig. e il Ricc.: le vecchie st. *niega.*

PROSERPINA *a* PLUTONE *dice così.*

I' non credetti, o dolce mio consorte, 286
Che pietà mai venisse in questo regno:
Or la veggio regnare in nostra corte,
Et io sento di lei tutto 'l cor pregno:
Nè solo i tormentati ma la Morte
Veggio che piange del suo caso indegno.
Dunque tua dura legge a lui si pieghi,
Pel canto per l'amor pe' giusti prieghi.

PLUTONE *risponde ad* ORFEO, *e dice così.*[1]

Io te la rendo; ma con queste leggi; 294
Ch' ella ti segua per la cieca via,
Ma che tu mai la sua faccia non veggi
Fin che tra' vivi pervenuta sia.
Dunque il tuo gran desire, Orfeo, correggi;
Se non, che tolta subito ti fia.
I' son contento che a sì dolce plettro
S' inchini la potenzia del mio scettro.

[2] ORFEO *ritorna, redenta* EURIDICE, *cantando certi versi allegri che sono di Ovidio, accomodati al proposito.*

Ite triumphales circum mea tempora lauri! 302
Vicimus Eurydicen reddita vita mihi est.
Hæc est præcipuo victoria digna triumpho: 304
Huc ades, o cura parte triumphe mea!

EURIDICE *si lamenta con* ORFEO *per essergli tolta sforzatamente.*

Oimè, chè 'l troppo amore 306
N' ha disfatti ambe dua.
Ecco ch'i' ti son tolta a gran furore,

V. 286. — *mio dolce consorte*, una vecchia st.

[1] Le vecchie st. hanno: *Risposta di* PLUTONE *a* ORFEO.

V. 295. — *Che la ti,* Ricc.

V. 296. — *E che,* le vec. st. e il Com.

[2] Nel Ricc.: ORFEO *vien cantando alcuni versi lieti, e volgesi.* EURIDICE *parla:* e riattacca subito col verso, *Oimè che 'l troppo amore.*

V. 307. — *Ci ha,* Com.

V. 308. — *Ecco che ti,* vecchie st.

Nè sono ormai più tua.
Ben tendo a te le braccia; ma non vale;
Chè indreto son tirata. Orfeo mio, vale.

ORFEO, *seguendo* EURIDICE, *dice così.*

Oimè! se'mi tu tolta, 312
Euridice mia bella? o mio furore,
O duro fato, o ciel nimico, o morte!
O troppo sventurato el nostro amore!
Ma pure un'altra volta
Convien ch' io torni alla plutonia corte.

Vendo ORFEO *di nuovo tornare a* PLUTONE, *una* FURIA *se gli oppone, e dice così.*

Più non venire avanti: anzi el piè ferma; 318
E di te stesso omai teco ti dole.
Vane son tue parole:
Vano el pianto e 'l dolor: tua legge è ferma.

ORFEO *si duole della sua sorte.*

Qual sarà mai sì miserabil canto 322
Che pareggi el dolor del mio gran danno?
O come potrò mai lacrimar tanto,
Che sempre pianga il mio mortale affanno?
Starommi mesto e sconsolato in pianto
Per fin che i cieli in vita mi terranno.
E poi che si crudele è mia fortuna,
Già mai non voglio amar più donna alcuna.
Da qui innanzi io vo côrre i fior novelli, 330
La primavera del sesso migliore,
Quando son tutti leggiadretti e snelli:
Quest'è più dolce e più suave amore.
Non sia chi mai di donna mi favelli,
Poi ch'è morta colei ch'ebbe il mio core.

V. 315. — Così il Ricc. e l' ediz. ed: e altre st. *è il.*

V. 321. — *Vano è il,* Comino.

V. 330-33. — I Volpi nella edizione cominiana omisero questi primi quattro versi.

V. 335. — *Poi che mort' è,* le vecchie st.

Chi vuol commerzio aver de' mie' sermoni,
Di feminile amor non mi ragioni.
Quant' è misero l'uom che cangia voglia 338
Per donna o mai per lei s'allegra o dole!
O qual per lei di libertà si spoglia,
O crede a suo' sembianti o sue parole!
Chè sempre è più leggier ch' al vento foglia;
E mille volte il dì vuole e disvuole:
Segue chi fugge: a chi la vuol s'asconde;
E vanne e vien come alla riva l'onde.
Fanne di questo Giove intera fede, 346
Che dal dolce amoroso nodo avvinto
Si gode in cielo il suo bel Ganimede;
E Febo in terra si godea Iacinto:
A questo santo amore Ercole cede,
Che vinse il mondo e dal bell' Ila è vinto.
Conforto e' maritati a far divorzio,
E ciascun fugga il femminil consorzio.

Una BACCANTE *indignata invita le compagne alla morte d'*ORFEO.

Ecco quel che l'amor nostro dispreza! 354
O o sorelle! o o! diamogli morte.
Tu scaglia il tirso; e tu quel ramo speza;
Tu piglia un sasso o fuoco, e getta forte;
Tu corri, e quella pianta là scaveza.
O o! facciam che pena il tristo porte.
O o! caviamgli el cor del petto fora.
Mora lo scellerato, mora mora!

Torna la BACCANTE *con la testa di* ORFEO, *e dice così.*

O o! o o! morto è lo scellerato! 362
Evoè, Bacco, Bacco! io ti ringrazio.

V. 336. — *commercio*, Comino.

V. 346-53. — Questa ottava che è ne' codici e in tutte le vecchie st. è omessa nella ediz. cominiana, e segnata la lacuna: anche l'Affò la omette nel suo testo, ma la riporta nelle note.

V. 351.— *i mostri*, le vec. st. e l'Affò.

V. 362. — Così abbiamo restituito col Ricc. e col Baz. questo v. che nelle vecc. st. e nella com. non avea niuna misura: *O, o, morto è lo scelcrato.*

V. 363. — Così il Chig. e il Ricc.

Per tutto 'l bosco l'abbiamo stracciato
Tal ch'ogni sterpo è del suo sangue sazio:
L'abbiamo a membro a membro lacerato
In molti pezi con crudele strazio.
Or vada e biasmi la teda legittima!
Evoè, Bacco! accetta questa vittima.

[1]*Sacrificio delle* BACCANTI *in onore di* BACCO.

Ognun segua, Bacco te!
Bacco Bacco, eù oè!
Chi vuol bever, chi vuol bevere, 372
Vegna a bever, vegna qui.
Voi imbottate come pevere.
Io vo' bever ancor mi.
Gli è del vino ancor per ti.
Lassa bever prima a me.
Ognun segua, Bacco, te.
Io ho vôto già il mio corno: 379
Dammi un po 'l bottazo in qua.
Questo monte gira intorno,
El cervello a spasso va.
Ognun corra in qua e in là,
Come vede fare a me;
Ognun segua, Bacco, te.
I' mi moro già di sonno. 386
Son io ebra, o sì o no?
Star più ritti i piè non ponno.
Voi siet' ebrie, ch' io lo so.
Ognun facci com' io fo:
Ognun succi come me:

Le vecc. st. e la comin.: *Evoè, Bacco; io ti ringrazio*. Quella del Baz. però: *Evoè, Dio Bacco, io ti ringrazio*.

1 Ricc. IL CORO DELLE BACCANTE.

V. 371. — *Bacco, Bacco, evohè*, Comino.

V. 376. — Così restituisco col Ricc. e col Chig., col Crescimbeni, col Quadrio e col Mazzoleni, che riportarono questa ballata come esempio del ditirambo italiano. In tutte le altre stampe è offesa la rima, leggendovisi *te*.

V. 377. — *Lascia bere in prima me*, Ricc.

V. 380. — *bottaccio*, Comino.

V. 382. — *Il*, vecc. st.: *e'l*, Com.

Ognun segua, Bacco, te.
Ognun gridi Bacco Bacco,
E pur cacci del vin giù:
Poi con suoni farem fiacco.
Bevi tu, e tu, e tu.
I' non posso ballar più.
Ognun gridi eù, oè;
Ognun segua, Bacco, te.
Bacco Bacco, eù oè!

V. 395. — *co'*, Ricc.

ORFEO

TRAGEDIA

DI MESSER ANGELO POLIZIANO

TRATTA DA DUE VETUSTI CODICI ED ALLA SUA INTEGRITÀ E PERFEZIONE RIDOTTA
ED ILLUSTRATA DAL PADRE IRENEO AFFÒ MIN. OSS.

(Venezia, 1776, appresso Giovanni Vitto)

aggiunte le note

DI VINCENZO NANNUCCI.

PREFAZIONE

DEL

PADRE IRENEO AFFÒ.

Non è di mestieri che io a lungo diffondami nel dimostrare quanto valesse in ogni maniera di lettere Angiolo Ambrogini da Montepulciano comunemente chiamato Angiolo Poliziano, ornamento e splendore del fioritissimo secolo XV; giacchè moltissime antiche e moderne carte ripiene vanno degli encomii a lui ben giustamente dovuti. Si sa abbastanza quanto valesse nel greco,[1] quanto potesse nel latino, e quanto nel volgar finalmente a' suoi contemporanei non che agli antichi fosse maggiore.[2] Laonde, tralasciando io di enumerare

[1] Può vedersi quanto fosse stimato per questo da Emmanuele Adramiteno e da Aldo Manuzio. (*Politian. Epist. lib.* 7, *pag.* (*mihi*) 194, 195.) Egli tenne cattedra di lingua greca in Firenze a competenza di Demetrio Calcondila. (*Jovius, Elog. doctor. vir. num.* XXXVIII.) E Antonio Codro Urceo così, scrivendo al nostro autore, disse: « *Angele mi observande, non tibi blandior, sed ex animo loquor: in aliis quidem non es Græcis inferior; in hoc vero etiam, ut sentio, superior. Quare non te tantum hortor ut edas quæ scripsisti, sed rogo et obtestor. Ede ede quam celerrime; ut et tu gloria, et literarum studiosi tua doctrina frui possint.* » (*Polit. Epist. lib.* 5, *pag.* 149.) Così parlava del libro de' greci epigrammi del Poliziano.

[2] Giustifica tutto questo il celebre Giovanni Pico: « *Rhythmis prætera hetruscis Franciscum Petrarcam et Dantem elegantia et vi poetica, nec scriptura tantum, sed pictura earum rerum quas exprimit, facile æquavit.* »

e le opere e i pregi di lui, non ad altro rivolgerò per ora il pensiero ammiratore che a quella tenera età nella quale seppe divenir con raro esempio eccellente cotanto, laddove altri a stento giungono a perfezionarsi appena nell' avanzata virilità. E veramente l' aver egli quasi fanciullo tradotto dal greco in eleganti versi latini l'*Amor fuggitivo* di Mosco con tanta severità,[1] l' aver tessuto le sue bellissime *Stanze* per la Giostra di Giuliano de' Medici ne' suoi più verd' anni,[2] e l' aver tante altre poesie composte che sono tuttavia la rarità di poche biblioteche doviziose di pregiatissimi codici,[3] ce lo rendono oggetto di maraviglia; sapendo che tutte queste cose sì perfette e leggiadre furono le primizie del suo rarissimo ingegno.

Assai mi giova il considerarlo così provetto nelle scienze fin da' primi suoi anni, poichè favellar deggio d' un' opera che fu appunto una di quelle produzioni che commendano la sua gioventù. Parlo dell' *Orfeo*; che, sebbene sia stato moltissime volte stampato, non ha però mai ottenuto quella integrità e perfezione che diedegli l' autor suo; colpa di quella sorte in-

---

(*Oper. tom.* 2, *epist. lib.* 3, *pag.* 1335.) Antonio Camelli detto *il Pistoia* cantò in un sonetto:

« *Chi dice in versi ben, che sia Toscano? —*
Di' tu in vulgare? — In vulgare e in latino. —
Laurentio bene, e'l suo figliuol Pierino;
Ma in tutti e due val più il Poliziano. »
Rime de' Ferraresi, pag. 17.

1 Nel mandare il Poliziano questa sua traduzione ad Antonio Zeno, scrisse: « Amorem fugitivum, *quem pene puer adhuc e græco in latinum converti, non sententiis modo sed numeris etiam servatis ac lineamentis pene omnibus, cupienti flagitantique diu tibi mitto tandem.* » (Epist. lib. 7, pag. 199.)

2 Federigo Ottone Menkenio, il quale ha scritto diffusamente *Historia Vitæ et in literas meritorum Angeli Politiani* stampata in Lipsia nel 1736, dice che tal giostra fu fatta nel 1468 (*sect.* 2, § 1, *nota* (*a*), *pag.* 492). Allora il Poliziano aveva quattordici anni. L' abate Serassi nella *Vita del Poliziano* osserva che, quando scrisse le Stanze, non era ancora entrato in grazia e in corte de' Medici; laonde era ancor giovine. Onde non è forse iperbole se il signor di Varillas (*Anecdot. de Florence, lib.* 4) dica che d' anni dodici il Poliziano maravigliosamente poetava.

3 Nella biblioteca Chisiana molte rime del Poliziano videro il Crescimbeni ed il Serassi. Io ne ho vedute altre inedite in un codice della Laurenziana di Firenze. Se ne trovano pure nella Riccardiana ed altrove.

felice che corrono l' opere altrui, quando sono pubblicate senza saputa di chi le scrisse.

In Mantova ei lo compose a requisizione del cardinal Francesco Gonzaga in tempo di due giorni e fra continui tumulti, com' egli stesso saper ne fece:[1] e se dell' anno preciso richieggasi, il signor abate Saverio Bettinelli ha già molto probabilmente conchiuso che ciò fosse nel 1472.[2] Imperciocchè quel degnissimo porporato, che l' anno avanti avea con gran pompa fissata residenza in Bologna speditovi dal papa in qualità di legato,[3] volle in allora venire alla sua patria dove ancora era vescovo, onde farsi riconoscere per quello ch' egli era; seco guidando gran comitiva di cortigiani, tra' quali pretendesi avessero luogo Galeotto e Giovanni Pico della Mirandola per altro assai giovinetti,[4] e tra' quali non ripugna punto che si ritrovassero Baccio Ugolino che mostreremo a suo tempo essere stato suo famigliare, e Carlo Canale suo cameriere;[5] i quali ebbero, come vedrassi, ad essere chi attore chi testimonio dell' *Orfeo* colà composto. Aveva in allora il Poliziano diciott' anni: e fu a quel tempo che tra esso e l' Ugolino si strinse quel vincolo d' amicizia che fino alla morte stretti li tenne, e che stima e rispetto concependo verso il Canale trovossi poscia disposto a raccomandargli l'*Orfeo*, come or or si vedrà. Entrò in Mantova il cardinale a' 22 d' agosto, e vi si ritrovò sino a' 9 d' ottobre, come per documenti autentici si è raccolto:[6] laonde in quel tratto di tempo tiensi l' *Orfeo* ivi composto, ed in teatro rappresentato.

---

1 Veggasi la Lettera del Poliziano al Canale, che precederà l'*Orfeo*.

* La mettemmo innanzi all' *Orfeo* della prima lezione: non la riportiamo innanzi al secondo *Orfeo*, non essendovi differenza integrale di lezioni nella edizione del Padre Affò. [Edd. fiorentini.]

2 Nelle note al primo Discorso *Delle Lettere ed Arti Mantovane*, (pag. 34 e 36), impresso in Mantova nel 1774.

3 *Cronica di Bologna*. (*Rer. Italic.* tom. 18, col. 787.)

4 Certamente Giovanni Pico non aveva quell' anno che undici anni, e Galeotto suo fratel maggiore non poteva essere molto avanzato. Sono informato da buona parte che il signor abate Bettinelli ha tolta questa notizia dalla *Storia ms. di Mantova* dell'Amadei. Se fossero questi due giovani in compagnia del cardinale sì o no, altri sel vegga.

5 Che Carlo Canale fosse camerier del cardinal Francesco, l' abbiamo tratto dal testamento di esso cardinale, il qual si trova originale nell'archivio regio ducale segreto di Guastalla.

6 Se ne veggono citati dal padre Donesmondi, *Istor. Eccl. di Mantova* [P. 2, lib. 6, pag. 42 e 43], e nella *Storia* ms. dell'Amadei.

Non è che una inavvertenza del padre Gio. A. Bianchi il dir che l' *Orfeo* composto fosse per le nozze o per la giostra di Giuliano de' Medici:[1] ed è pur fallo del Menkenio il supporlo consegnato dall' autore alle stampe poco dopo che fu tessuto.[2] Era il Poliziano troppo ritenuto in materia di produr le sue cose; ed anzi delle volgari specialmente n' era affatto disprezzatore. Gli amici però ne facevano conserva; e Carlo Canale, fra gli altri, ebbe premura di tener vivo l' *Orfeo* presso di sè, come quegli che aveva più di tutti ammirata la celerità colla quale fu prodotto dal giovine poeta.

Ora, trascorso qualche tempo dacchè aveva questo dramma avuto nascimento, ed avvertito il Poliziano della cura onde Carlo Canale ed alcuni altri pochi lo custodivano, prese argomento di scrivere al detto Canale, manifestandogli quanto egli riputasse indegno dell' altrui sollecitudine quel componimento ch' egli avrebbe piuttosto voluto ricoperto d' eterna obblivione, come imperfetto e sconcio che a lui pareva. Tuttavolta, veggendo ch' egli tanto l' amava e che altri pur lo stesso facevano, di buon grado si protestò di cedere alla volontà di lui; e gliene fece raccomandazione, affinchè, come cosa nata sotto gli auspicii del cardinale, di proteggerlo si compiacesse.

Questo è il tenor vero della lettera che verrà appresso; nè dobbiamo credere che questa sia una dedicatoria messa giammai in fronte all' *Orfeo* dal suo autore. Lochè voglio avvertire, perchè non si creda che tutti gli esemplari che hanno questa lettera in fronte debbano riputarsi tratti dall' originale: chè anzi quelli che non l' hanno possono essere più genovini; non essendo stato l' accoppiamento di questa lettera all' *Orfeo* che un arbitrio de' copisti, i quali presero una lettera di raccomandazione per una dedica. È troppo chiaro che il Canale teneva già l' *Orfeo* presso di sè, perchè non abbiasi a supporre che gli venisse con questa lettera spedito dal Poliziano. Morto poscia il cardinale nel 1483, come vedrassi più chiaro in una delle *Osservazioni* sopra l' *Orfeo*, andò Carlo Canale a Roma a' servigi del cardinal di Parma: e l' anno appresso Lodovico Gonzaga fratello del morto porporato, essendo stato eletto alla Chiesa mantovana ed aspirando al cardinalato, colà pur si recò: e ritroviamo che si teneva caldamente molto raccomandato al Canale per queste pratiche sue, come ho potuto rilevare dalle lettere ori-

---

[1] *Vizi e Difetti del moderno Teatro;* par. 2, ragionam. 6, pag. 331, nelle note.

[2] Loc. cit., nota (*b*), pag. 496.

ginali di questo prelato conservate in vari volumi nell' archivio secreto della città di Guastalla.[1]

L' *Orfeo* adunque rimase nelle mani del Canale così scritto a penna, e si sparse pur anche in mano d' altri. Non v' ha dubbio che la copia del Canale non dovesse essere perfetta e qual l' autore dettolla: ma non possiamo esser certi che gli esemplari che si trascrissero da altri fossero tali. È probabile che alcuni i quali avevano sentito recitare l' *Orfeo* o avevano avuto parte nel rappresentarlo ne trascrivessero i pezzi, accozzandoli poi come loro parve meglio, e surrogando altri versi ed altre formole di dire ove traditi si videro dalla memoria. Non sarebbe questo l' unico esempio di simile avvenimento. Questo nostro pensiero vien fiancheggiato da tre non lievi riflessi; primo cioè, dall' avidità che nascer dovea negli uomini d' aver questo dramma alle mani; secondo, dalla difficoltà che aveva il Poliziano a lasciarlo correre sotto gli occhi altrui; terzo, dai notabili difetti che colle nostre Osservazioni considerar faremo nell' *Orfeo* stampato sino al dì d' oggi. Il primo c' induce a conghietturare che qualcheduno o per dritto o per rovescio s' incapricciasse di volere l' *Orfeo*, il secondo ci persuade che il Poliziano non lo volesse dar fuori, il terzo ci assicura che servendosi il copiatore o della propria o dell' altrui memoria nell' accozzarlo insieme a tale il riducesse da fare all' autor suo vergogna.

Così adunque variati gli esemplari dell' *Orfeo*, era assai facile che, abbattendosene una copia corrotta in mano di chi avesse voglia di darla alle stampe, riuscisse l' opera guasta per sempre, sin a tanto che un esemplar corretto non se ne fosse scoperto, simile a quello che il Canale ed altri pochi amici del Poliziano già possedettero, onde restituirla al primiero decoro e riparar il danno che all' autor suo provenir ne dovea. Di fatti per tal maniera andò la bisogna: imper-

---

[1] Era giunto il vescovo a Roma il sabbato antecedente alla domenica dell' ulivo. Per timor di peste, sulla fine di maggio, si ritirò a Bracciano. Di là in data de' 13 di giugno scrisse al Canale, ringraziandolo degli uffizi che faceva a pro suo col cardinal di Parma, e promettendo mandargli parte delle sue cacce. Qualche volta lo ebbe presso di sè: onde a' 6 d' agosto, stando pure colà, scrisse a Giampietro Arrivabene: « *Dño Carlo Canale non è venuto: pare che non abbia a venire fin domane e forsi l' altro.* » L' anno 1488 a' 19 di febbraio, stando in Sabbionetta, così scrisse a Bartolommeo Erba suo agente in Roma: « *Siamo contenti contrahi in nome nostro compaternità cum m. Carolo Canale, et cussì per questa nostra ti commettiamo e constituamo nostro procuratore, e facciamoti manduto speciale ad tal cosa.* »

ciocchè Alessandro Sarzio, raccoglitore premurosissimo delle cose del Poliziano, ebbe alle mani assai tardi le soavissime Stanze del nostro Poeta, come pure l' *Orfeo*, ma sventuratamente corrotto, che tosto tosto trattener non si seppe dal consegnare alle stampe; indirizzando tutte queste cose con lettera sua a monsignor Antonio Galeazzo Bentivoglio arcidiacono di Bologna.

Non avvenne già questo innanzi al 1494, siccome vien sospettato nel catalogo d' alcune delle principali edizioni delle cose volgari del Poliziano raccolto da Apostolo Zeno ed accresciuto dal Volpi,[1] ma propriamente nell' anno stesso 1494. Siamo tenuti di questa notizia sicura al signor abate don Petronio Belvederi bolognese, che ha con molta diligenza e fatica raccolto un indice di tutti i libri del primo secolo della stampa che si ritrovano nelle biblioteche diverse della dotta Bologna. In quella de' monaci Cassinesi detti di san Procolo egli ha veduto questa prima edizione fatta in quarto di carta reale per opera di Platone de' Benedetti appunto nel 1494 e terminata a' 9 d' agosto.[2]

Per qual cagione il Sarzio desse ad imprimere al Benedetti piuttosto che ad altro stampatore tali cose, egli è ben chiaro. Questo accuratissimo uomo nell' arte sua, il quale adoperò il più bel carattere tondo e nitido che mai si vedesse a que' giorni, era stato l' anno addietro eletto dal Poliziano medesimo a stampar la sua traduzione latina di Erodiano, la qual fu spedita dall' autore con lettera latina ad Andrea Magnanimo bolognese, raccomandandogli che appunto dal Benedetti imprimere la facesse e che operasse in modo che Alessandro Sarzio assistesse alla correzione Così fu fatto; laonde quell' opera uscir fu veduta da que' torchi nel mese d' agosto del 1493.[3] In conseguenza per tanto di questo travaglio credette il Sarzio di non poter procurare alle cose volgari del Poliziano un impressore più diligente ed ancora più accetto al poeta che il Benedetti. Ma, perchè ben sa-

---

[1] Nella terza edizione cominiana, pag. xxxv.

[2] Questa è la data che leggesi in fine di questa edizione: « *Qui finiscono le Stanze composte da messer Angelo Politiano facte per la Giostra de Giuliano fratello del magnifico Lorenzo di Medici de Fiorenzi, insieme con la Festa de Orpheo et altre gentileze stampate curiosamente a Bologna per Platone delli Benedicti impressore accuratissimo dell' anno* M.CCCC.LXXXXIIII *a dì nove de agosto.* »

[3] Questa bella edizione in foglio io l' ho veduta nella biblioteca del nostro convento della Nunziata in Bologna. Trovasi ancora questa traduzione ristampata in Roma.

peva quanto poco fossero dall' autor loro curate queste sue puerili produzioni, ancorchè degnissime dell' altrui stima, guardossi di non manifestare al Poliziano l' intenzion sua, e dielle celatamente a stampare, affinchè la modestia di lui non avesse ad impedir l' esito dell' impresa.[1]

Quand' ecco, uscita appena alla luce quest' opera nè forse giunta pur anche sotto gli occhi del Poliziano, armata implacabilmente la morte a toglier dal mondo nell' età florida di quarant' anni il dottissimo autore, il quale cessò di vivere in Firenze il giorno 24 di settembre dell' anno stesso, vale a dire quarantasei giorni dopo dacchè era stato tirato l' ultimo foglio di quelle poesie.[2] Ognuno ben vede che, se incorrette e non compiute furono in allor pubblicate, la morte dell' autore tolse ogni speranza ch' egli movendosi a compassione di queste cose sue ne procurasse poi una perfetta ristampa.

Così com' erano pertanto furono dalla repubblica letteraria accettate: e gli avidi stampatori a norma della prima edizione sempre le riprodussero. Non tacerò la seconda edizione che ne fu fatta in Bologna da Caligola Bazalieri nel 1503; poichè questa, non men rara che la prima, mi ha servito di qualche lume ad illustrare l' *Orfeo* e a tessere questa mia fatica. Tale ristampa non fu certamente veduta da chi ordinò l' indicato catalogo, e però fu malamente citata. Ne possiede una copia il signor Floriano Cabassi carpigiano: ed io per mezzo del signor Girolamo Colleoni da Correggio, singolarissimo mio padrone ed amico, ho potuto vederla ed esaminarla. Quello che v' è di notabile si è, che questo stampatore, lasciando in tutto come stava la dedicatoria del Sarzio, ardì poi di cangiare quelle parole, *le ho date ad imprimere a Plato de' Benedetti*, in queste, *le ho date ad imprimere a Caligula di Bazaleri;* non accorgendosi che, parlandosi in quella lettera del Poliziano come persona viva,

---

1 Fa testimonio di tutto questo la dedicatoria del Sarzio, ove leggiamo: « *A questi giorni passati, reverendissimo Monsignore, mi capitorno alle mani certe Stanze del mio et tuo gentilissimo Politiano..... Giudicai fusse gran male che elle si avessino a perdere nè venissero qualche volta a luce. Per questo le ho date ad imprimere a Plato de' Benedetti.... Credo ancora che.... alquanto al Poliziano dispiacerà che queste sue Stanze da lui già disprezzate si stampino.... La Festa ancora di Orpheo, quale già compose a Mantova quasi all' improvviso, sarà insieme impressa ec.*

2 Ecco l' epitaffio postogli in San Marco a Firenze: « *Politianus in hoc tumulo jacet Angelus, unum Qui caput et linguas, res nova, tres habuit. Obiit an.* 1494, *sept.* 24, *ætatis* 40. »

sarebbe stata facilmente scoperta la sua impostura.[1] Simile bestialità commise Niccolò Zoppino nella ristampa di Venezia del 1513 fatta per Giorgio Rusconi, e da lui ordinata; fingendo, cioè, che il Sarzio avesse date a lui quelle cose a stampare:[2] e replicolla poi nella nuova produzion che ne fece egli stesso nel 1524, siccome il prelodato signor Colleoni che la possiede me ne assicura.

Basti il fin qui detto a porre in chiaro come nascesse l' *Orfeo* del Poliziano, come se ne spargessero copie e come finalmente venisse in luce. Ora mi è d' uopo mostrare come l' esemplare prodotto dal Sarzio fosse imperfetto e corrotto. Certamente ogni uomo dotto l' ha forse sospettato finora; ma, non potendosene assicurare, ne ha parlato con termini tali che più all' autore che all' editore sembrano ingiuriosi. Il Doni nella sua prima *Libreria* lasciò scritto che queste cose volgari del Poliziano a' suoi tempi, che erano pure i tempi del vero buon gusto, non si leggevano molto.[3] Non potè egli così dicendo alludere alle Stanze, le quali come assai pregiate furono inserite in quasi tutte le raccolte, specialmente impresse dal Giolito e da qualche altro; talchè doveano certo con piacere ed avidità esser lette: ma dovette intendere di parlar dell' *Orfeo* e di qualche altra composizion giovanile del nostro autore, che certamente si videro a quei giorni curate poco. Se non si leggeva molto l' *Orfeo*, segno è che assai difettoso si scorgeva da' letterati. E per tale invero anchè il dotto Quadrio nel secol nostro lo riconobbe,[4] per tacer d' altri che si accordano con esso lui a confessarlo mancante d' ogni buona legge drammatica.

Ma tanta imperfezione di questo dramma come poteva accordarsi colla profonda erudizione del Poliziano? Io deggio confessare che l' *Orfeo* stampato finora è pieno d' inconvenienze, d' inverisimilitudini e di errori, i quali mi riserbo di far vedere nelle mie Osservazioni che verranno dopo l' opera:

---

1 Questa edizione ha il suo frontespizio così: « *Cose volgari del celeberrimo messer Angelo Politiano novamente impresse.* » Nel fine si legge: « *Finiscono le Stanze della Giostra di Giuliano di Medici composte da messer Angelo da Montepulciano, et insieme la Festa di Orfeo et altre gentilezze; cose certamente dilectevole, et stampate in Bologna per Caligula di Bazaleri a dì 22 di zugno* M. D. III. » La forma è in ottavo, il carattere rotondo. Il frontespizio è stampato in rosso con alcuni legni dattorno.

2 Catalogo citato, pag. XXXVI e XXXVIII.

3 *Libreria prima*, lett. A, pag. 8, edizion del Giolito 1550.

4 *Storia e ragione d' ogni poes.*, vol. III, par. 2, lib. III, dist. 3, cap. 4, partic. I.

ma non posso intendere che il Poliziano, anche in età giovanile tanto erudito, potesse così deviare dal buon sentiero poetico. Quel Poliziano che fin da fanciullo era così ne' poeti greci versato, che non solo tradusse, come dicemmo, il breve Amor Fuggitivo di Mosco ma eziandio ardì por mano alla versione del principe degli epici Omero,[1] non doveva forse aver gustata la Poetica d' Aristotele e d' Orazio, e senza forse ancora ammirati gli esemplari del compor tragico d' Euripide e di Sofocle? E se tal frutto degli studii suoi non se gli voglia negare, poteva mai egli, tessendo un dramma anche frettolosamente, perder di vista le regole più principali dell' arte?

Questi non lievi riflessi, mentre riscuotono ammirazione e rispetto al nome immortale del nostro Poeta, deggiono ancora persuadere che l' *Orfeo* qual s' è veduto finora non è genovino parto del Poliziano. Grazie però alla diligenza di quegli antichi, i quali, raccogliendo in particolari codici le cose più belle che uscivano dalla penna de' buoni scrittori, seppero ancora a noi conservare questo pezzo intatto, giaciuto finora inosservato tra i polverosi avanzi dell' antichità. Non posso non arrogare a me una gloria che è pur tutta mia, d' avere scoperto l' *Orfeo* intero e perfetto in un vecchio codice miscellaneo che fu del padre Giambatista Cataneo, Minor Osservante; conservato ora nella scelta e di rarissimi libri fornita biblioteca del nostro convento di Santo Spirito di Reggio, da quel dotto religioso fondata ed arricchita.[2] In esso, tra varie rime di Niccolò da Correggio, di Antonio Tebaldeo e di Timoteo Bendedei ambidue ferraresi, e tutti contemporanei al Poliziano, leggesi l'*Orfeo* col titolo di *tragedia;* la quale scorgesi in cinque brevi atti perfettamente e diligentemente divisa. Non evvi apposto il nome del Poliziano: ma questo non avvenne forse per altro, se non perchè chi ricucì scioccamente quel codice levò dinanzi a quella certi quinternetti, ne' quali col carattere medesimo era scritta la

---

1 Ce ne assicura il Poliziano stesso nella Centuria delle *Miscellanee* sulla fine: « *Dabam quidem philosophiæ utrique operam, sed non admodum assiduam, videlicet ad Homeri poetæ blandimenta natura et ætate proclivior, quem tum latine quoque miro, ut adolescens, ardore, miro studio versibus interpretabar.* »

2 Questo religioso vien lodato dal Muratori nel libro I *Della Perfetta Poesia*, cap. 3, pag. 26, della prima edizione. Ma il ms. delle *Rime* di Simon da Siena, ch' ei vide presso di lui, più non riscontrasi in Santo Spirito. Il codice poi di cui noi ora parliamo è quello stesso citato da Giovanni Guasco nella *Storia Letteraria di Reggio,* lib. I, pag. 43; donde ei trasse quelle *Rime* del Correggio ivi pubblicate.

prima parte intera delle Stanze del Poliziano, in fronte alle quali con cinabro era scritto: *Angeli Policiani in Julium Medicem.* L' *Orfeo* doveva succedere a queste Stanze: e lo comprova la qualità stessa della carta, la forma in quarto, il carattere medesimo e la stessa diligenza di scrivere i titoli e gli argomenti in vivacissimo cinabro: ma le Stanze levate via furono con pessimo consiglio ricucite in altro miscellaneo di scritture e di stampe diverse, che nella medesima biblioteca vien conservato.

Trascrissi tosto questa tragedia, appena che accorto mi fui della diversità che passava tra essa e l' *Orfeo* stampato: indi mi posi a far diligenti ricerche, se mai per avventura trovato si fosse un altro esemplar consimile che fiancheggiasse ed autorizzasse la mia nuova lezione. Portò il caso che quasi nel tempo stesso il signor dottor Buonafede Vitali di Busseto, mio grande maestro e strettissimo amico, fece acquisto d' un altro codice antico, nel quale hanno rime Iacopo Corso, Antonio Tebaldeo, Serafino dall' Aquila, il Cariteo, Iacopo Cieco da Parma, Iacopo dell' Abazia, Bernardo Accolti, Niccolò da Correggio, Girolamo del Vescovo, il nostro Poliziano,[1] Baccio Fiorentino cioè l' Ugolini, Bernardo Bellincione, Agostino Staccoli, Giambatista Corbani, Ciriaco Fiorentino, il Protonotario, forse Niccolò Quercente chiamato comunemente il Protonotario, Panfilo Sasso, Paolo Antonio Fiesco, Gaspar Visconte, Ambrogio da Sanvito, Bernardo Pulci, ed altri incerti. In mezzo a tante rime trovò egli trascritta senza nome d' autore anche la tragedia dell' *Orfeo*, quasi del tutto consimile all' altra da me scoperta e mancante solo della divisione degli atti. Ei, sapendo le mie premure, si prese la pena di trascriverla e spedirmela con qualche sua osservazione intorno alle varianti lezioni.

Poco dopo ebbi agio di veder il codice cogli occhi miei, onde giudicar dell' antichità e del pregio d' entrambi, affine di decidere quale di essi potesse essere più autorevole. Vidi però essere di gran lunga più antico ed eziandio più esatto il codice reggiano. I caratteri certo sono tali in esso, che ricopiato il dimostrano nel più bel fiorire del Poliziano. Il riscontro della sola prima parte delle Stanze di sopra indicate, può comprovare in certo modo l' antichità, mancandovi la seconda che è rimasta imperfetta. La carta, per quella pratica

---

[1] Quattro sono i sonetti che in questo codice vanno sotto nome del Poliziano. Uno però, il qual comincia *Il sole avea già l' ombra e le paure,* viene dal Crescimbeni nel vol. III de' *Comentarii*, pag. 207, attribuito a Bernardo Bellincione.

che ho fatto nell' esame di non poche scritture in diversi archivii, non può dubitarsi che non sia di que' giorni.[1] In somma tutto cospira a renderci molto venerabile la copia reggiana: e in verità chi la trascrisse dovette averne grandissima stima; poichè non solo adoperò ne' titoli e negli argomenti pulitamente il cinabro, ma tinse ancora tutte le iniziali de' versi d' un vago gialletto che ricrea; cosa non usata nelle altre poesie che in quel codice stanno.

Ma il manoscritto del signor Vitali è certamente più recente dell' altro. Eccone l' argomento innegabile. A segnar l' epoca di un codice non può cosa alcuna giovar meglio che i tratti storici che in esso rinvenir si possano. Se un libro incominci col darci notizia d' un fatto accaduto, non può certo il libro essere a quel fatto anteriore. Ciò posto, io ho osservato che il primo sonetto in ordine scritto nel codice è di Iacopo Corso ed è composto sopra la tomba del Magnifico Lorenzo de' Medici, il quale morì l' anno 1493, cioè poco prima che mancasse di vivere il Poliziano. Non fu dunque cominciato a scrivere quel libro che dopo un tal anno. Veggonsi poi i componimenti in séguito scritti alle volte per diverse mani; e la Tragedia non incontrasi che verso il fine: talchè può supporsi che non fosse trascritta se non dopo il 1500.

Queste riflessioni m' indussero a non recedere dal codice reggiano nella meditata correzion dell' *Orfeo*, non trascurando però l' altro esemplare in quelle parti che più esatto sembrato mi fosse. Non interruppi il corso alle mie ricerche, onde trovarne, se fosse stato possibile, qualche altro testo; ed essendomi l' anno 1771 recato a Firenze, non tralasciai di visitare la celebre Laurenziana ed altre di quelle doviziose biblioteche: ma tutto fu indarno. Credendo pertanto potermi bastare i due mentovati codici, m' accinsi a formarne una lezione perfetta; che dimostrasse quante bellezze sieno mancate sino ad ora all' *Orfeo*, e che nelle varianti tanto de' manoscritti quanto delle stampe somministrasse ad un amatore di queste cose quel tutto che poteva in questa parte desiderarsi. E perchè l' impegno mio principale fu di voler persuadere che il vero parto del Poliziano sia questo, ho voluto corredare questa tragedia di varie Osservazioni nel fine: le quali serviranno per un continuo confronto tra l' *Orfeo*

[1] È di quella carta sottile che adoperavasi ordinariamente a scriver lettere. La marca è un basilisco o dragoncello sopra tre monticelli. Di carta simile, ma colla marca del basilisco solo, ho trovato lettere volanti di Lodovico Gonzaga eletto mantovano scritte l' anno 1488.

stampato finora e tra il nostro; e mostrando quanto più giudizioso, verisimile, intero e perfetto riesca ora per la prima volta questo lavoro, giustificheranno, come io spero, presso degl' intendenti questo mio parere.

A quanto potesse qualche critico cavillare intorno al titolo di tragedia e intorno alla divisione degli atti, io mi riserbo a rispondere nelle Osservazioni medesime; ove farò evidentemente conoscere che ben all' *Orfeo* compete quel titolo, e che ben era nota ai giorni del Poliziano la necessaria divisione che aver doveva ogni favola in cinque atti. Per ora io dirò francamente esser questo il primo componimento drammatico regolare che in lingua nostra sia stato composto. E in vero, se riandar vogliamo tutta la storia letteraria e specialmente quella della volgar poesia; o noi non troveremo prima del 1472 alcun dramma toscano; o, se qualche cosa ci dia alle mani che abbia sembianza di poesia teatrale, vedremo essere non altro che una farsa incondita, un dialogo irregolare, un affardellamento di ciance. Ai giorni del Poliziano furono in uso bensì gli spettacoli teatrali: ma chi voleva goderne de' perfetti era costretto far rappresentare qualche commedia di Terenzio o di Plauto o far tradurre alcuna di esse ad uso del teatro: lo che per altro non cominciò a farsi tanto per tempo.[1] Certe rappresentazioni sacre che abbiamo di que' giorni, certe altre favole, sono tutte cianfrusaglie che non hanno, come suol dirsi, nè capo nè coda, e senza star a portarne esempii, e additarne alcune di quelle tante che ci rimangono, lascerò che testifichi tal verità l'eruditissimo Quadrio che tante n'ebbe alle mani. « *Niuna osservazione*, dic' egli, *nè regola in questi componimenti pur si teneva, nè quanto all' unità dell' azione, nè quanto alla durazione del tempo, nè quanto all' identità del luogo, nè quanto ad altro che dalla buona tragica sia richiesto.*[2] »

Vi furono degli uomini di talento in quel torno: ma o di-

---

[1] La più antica traduzione forse è la novella di *Gieta e Birria* tratta dall' *Anfitrione* di Plauto: la quale però non esser del Boccaccio ma di Giovanni Acquettini che fiorì col Burchiello nel 1480, dimostrasi dall' Argelati, *Bibl. de' Volgar.*, tom. 3, pag. 229. Nell' indicate lettere di Lodovico eletto mantovano ne abbiamo una data a' 5 di marzo del 1501, diretta a Timoteo Bendedei, ove dice: « *che usastive omne diligentia per farmi havere due de le comedie di Plauto traducte per m. Baptista Guarino.* » Di queste, ch' io sappia, non è rimasta notizia. Paride Ceresara tradusse pure l' *Aulularia* di Plauto, come da altra de' 22 di giugno ivi raccogliesi.

[2] Vol. III, lib. 1, dist. 1, cap. 4, pag. 57.

sperassero eglino di poter giugnere alla perfezione de' greci e de' latini esemplari, o volessero, come anc' oggi si suole, secondar il gusto del secolo, proseguiron a tesser favole senza metodo. Tra questi io annovero Niccolò da Correggio, personaggio certo di gran sapere a' suoi dì e poeta di buon grido; il quale nell' anno 1486 avendo composto la *Fabula di Cefalo* si protestò nel prologo, che non era nè commedia nè tragedia:

« Non vi do questa già per comedía,
Chè in tutto non se observa il modo loro:
Nè voglio la crediate tragedía,
Seben de nymphe gli vedreti il choro.
Fabula o historia, quale ella se sia,
Io ve la dono, e non per precio d' oro. »

E veramente disse bene, perchè non si sa cosa sia. Tragedie volgari prima del Poliziano non se ne trovano: latine bensì, come l' *Ezzelino* d' Albertino Mussato, la quale è forse l' unica de' secoli bassi. Commedie volgari, nemmeno: abbiamo però la *Catinia* di Sicco Polentone in latino. Ma in volgare, torno a dire, non si trova vestigio nè di tragedia nè di commedia prima del nostro autore. So che il Bumaldi ha scritto che Fabrizio da Bologna, il quale fioriva circa il 1250, fu componitor di tragedie nel nostro idioma: [1] ma, oltre al sapersi già quanti strafalcioni abbia il Bumaldi commesso, vediamo qui l' ignoranza sua nel non aver inteso Dante ove nel libro *Della Volgar Eloquenza* di Fabrizio favella. Dice Dante che Fabrizio fu poeta di stile tragico: ma cosa intendesse Dante per lo stile tragico, è noto a' letterati; poichè così egli fu solito d' appellare lo stil sublime. Luigi Riccoboni parimente dice che la commedia intitolata *Floriana*, tessuta in terza rima e mista d' altri metri, sia dopo i tempi di Dante o intorno al 1400: [2] ma si penerebbe molto a provarlo. Il chiarissimo Scipion Maffei, di essa parlando, non disse che queste parole: « *La Floriana, pur in terzetti con altre maniere di versi, nella seconda edizione del* 1526 *si dice commedia antica; e fu composta nel secolo antecedente.* [3] »
Bene sta che nel 1526 potesse dirsi antica; ma non consta dell' antichità enorme che il Riccoboni le attribuisce.

Quegli altri drammi volgari poi, che di quel secolo si ri-

---

[1] *Biblioth. Bonon.*, fol. 66.
[2] *Histoire du Théât. Ital.*, chap. 4, pag. 32 et 155, *à Paris*, 1727.
[3] *Esame all' Eloq. Ital. del Fontanini*, pag. 54.

scontrano divisi in atti e che perciò sembrano almeno nell' estrinseca forma accostarsi o a tragedia o a commedia; e tutti que' pochi eziandio che di simili titoli vanno o giustamente o ingiustamente fregiati; come la commedia che tratta della *Conversione di sancta Maria Magdalena* scritta da Antonio di Iacopo Alamanni e divisa in cinque atti, il *Filostrato e Panfila, dui amanti*, tragedia d' Antonio Camelli detto il Pistoia, la *Calandra*, commedia di Bernardo Divizio da Bibbiena, che è la prima cosa perfetta di tal genere nata nella nostra lingua ma scritta in prosa; queste, dico, e tali altre cose tutte nacquero dopo l' *Orfeo* del Poliziano. Sicchè conchiuder si dee che la nostra tragedia, per quanto si può dalle antiche memorie sapere, è la più antica delle migliori e ben distinte cose drammatiche italiane che indicar si possa.

Io non soglio tanto apprezzare le mie opinioni, che non tema d' ingannarmi: il perchè non ho mancato di comunicare le mie idee ad uomini dotti ed assennati, affinchè esaminando meglio questa faccenda essi m' illuminassero ove io per mala sorte malamente apposto mi fossi. Ma posso dire d' aver trovato tutti conformi al mio concepito parere. Tra gli altri il signor abate Girolamo Tiraboschi, bibliotecario meritissimo di S. A. S. il signor Duca di Modena, noto abbastanza per la sua *Storia della letteratura italiana*, cui ad insinuazione del chiarissimo signor abate Saverio Bettinelli ho comunicata la mia scoperta onde ritrarne il sentimento suo, in data de' 19 aprile di quest' anno 1775 così mi scrive: « *Finora non ho avuta occasione di esaminare lo stato della poesia italiana teatrale del secolo XV, poichè nella storia di esso non sono ancor giunto a questo argomento. A me par nondimeno che il titolo di* tragedia *non disconvenga all'* Orfeo. *Esso certamente non è una tragedia di Racine o di Corneille; ma pur ha qualche idea di tragedia; ed ha assai più diritto a tal nome, che non il poema di Dante a quel di* commedia. » E in altra data, il primo giorno di maggio: « *Che poi l'* Orfeo *del Poliziano sia non solo il primo dramma italiano diviso in atti ma assolutamente il primo tra gli scritti in nostra lingua, non temerei di affermarlo, almeno finchè un altro non se ne produca certamente più antico. L' Alamanni autor della commedia di santa Maria Maddalena visse certamente più tardi del Poliziano, come ella potrà vedere da ciò che ne dice il conte Mazzuchelli. Tutte le rappresentazioni della Passione di Cristo ed altre somiglianti che vengon citate appena meritano il nome nè di dramma nè di poesia. La* Floriana *non so nemmen io che sia; ma non veggo come si possa provarla più antica dell'* Orfeo. *Non so se si possa affermar con certezza che questo fosse composto nel* 1472; *ma certo non si può differire molto più oltre. E perciò io credo che al Poliziano si debba la lode di aver primo di ogni altro dato all' Italia qualche non infelice esemplare di poesia drammatica.* »

Era ben doveroso che tutte queste cose si ponessero in chiaro a gloria maggiore del nostro immortal Poliziano e ad illustrazione della storia della volgar poesia; e rimarrà conchiuso fino ad altra più sorprendente scoperta che il primo ristoratore o forse eccitatore del teatro italiano fosse il nostro poeta. Nè, in testimonianza di questo vero, discaro potrà essere a' letterati il vedere in questa nuova forma riprodotto l' *Orfeo*. Dico a' letterati; poichè la gente dozzinale, e coloro che si contentano d'una semplice e superficiale scientifica infarinatura, o quegli altri che non salendo mai ad esaminar il genio e la natura dell' antichità stanno di maniera inchiodati al moderno che indi non si possono svellere per modo alcuno, io non li credo abili a giudicare di questo componimento. Io sono di parere che costoro intanto qualche volta si sentono lodar molto le perfette tragedie e commedie de' nostri cinquecentisti, perchè sanno che sono sempre state avute in grandissimo pregio; del resto, se non temessero le fischiate, ne direbbero quello che ne sentono propriamente, vale a dire che quelle sono cose insipide e di poco valore; tanto vanno pregiudicati per certi moderni drammi che altro non fanno che gittar polve negli occhi. Per lo stesso modo, se mai sarà che prendano fra le mani questa tragedia, sono certo che loro produrrà nausea e fastidio; perchè non sapranno formarsi primieramente l' idea del tempo in cui fu composta, d' un tempo cioè rozzo ancora in gran parte, nè sapranno giudicare della sua semplicità troppo amabile, essendo eglino avvezzi ad ammirare gli intralciamenti e le macchine maravigliose che mai a' Greci a' Latini ed a' buoni Italiani non piacquero. A questi dunque io non dono la presente tragedia; ma bensì a que' pochi, i quali, avendo finora amato l' *Orfeo* difettoso com' era pel rispetto grande al suo autore dovuto, meglio saranno per farlo in avvenire, vedendolo ridotto alla sua vera integrità e lezione. A que' tali io lo dono, che pregiando al sommo un quadro di Tiziano o di Correggio, sanno grado eziandio agl' imperfetti disegni di Cimabue. Questi, attenzione facendo alla diversità de' secoli, alla varietà de' costumi, alla dissimiglianza de' genii, e ad essi accomodando il loro intelletto, scopriranno in quest' opera il bello che non saprà vedervi giammai un occhio torbido e pregiudicato; e que' difetti che per fatale necessità vi sono sapranno attribuirli all' età d' un autore, cui se la sorte fosse stata meno contraria, togliendolo sì per tempo di vita, avremmo per avventura l'opere sue da lui stesso emendate.[1]

Forse alcuno amato avrebbe che io dietro a questa mia scoperta mi fossi dato a raccogliere tutte quelle cose volgari che del Poliziano si trovano, onde far parte al pubblico d'una compita collezione delle cose di lui. Io non dirò che tale impresa, qualunque volta voluto avessi, non mi fosse stata agevole a mandar ad effetto; sapendo ben io a quali ripostigli dovessi ricorrere per far di tali cose raccolta, nè mancandomi amici che aiutato mi avrebbero. E infatti tal pensiero lo ebbi già un tempo: ma, riflettendo poi di non potere su le altre poesie tessere quel lavoro tutto mio che ho ordito sopra l'*Orfeo*, deliberato mi sono lasciar tal impresa ad altri, contentandomi d'aver somministrato a tale raccolta che far si potesse l'intero e perfetto *Orfeo*, che d'ora innanzi potrà benissimo andare stampato senza il corredo di queste mie Osservazioni.

Aggiugnerò per ultimo che questo mio lavoro nacque dagli ozii miei d'alcuni anni addietro. Fin l'anno 1769 tessuto io l'aveva colla sola notizia del codice reggiano; ed, essendosi esibito a stamparmelo Giuseppe Braglia che allora presiedeva ai torchi di Mantova, glielo donai: ma ho poi ringraziato Iddio, che non ne facesse nulla. In séguito, col manoscritto del signor Vitali e con altre notizie di mano in mano acquistate, lo migliorai: e, poichè vidi aver il Comino, stampator di Padova, tanta premura per le cose volgari del Poliziano, da lui fino a tre volte colla sua solita accuratezza stampate, a lui l'offersi senza veruno interesse. Volontieri egli accettollo; e in data de' 7 di luglio del 1770, mi scrisse: « *Ho ricevuto a suo tempo la favoritissima sua dei 17 passato, col prezioso manoscritto dell'* Orfeo *del Poliziano, eruditissimamente illustrato da V. P. R. Stia certa che qua esaminato da persona dottissima, ella ne ha ripetuti infiniti applausi.* » D'allora in poi io non ho mai più pensato a questa faccenda; e intanto che ad altre cose ho tenuti rivolti gli studii miei, giaciute sono queste carte dimentiche nello scrigno. Ma il padre lettor teologo Luigi Tuschini ravennate, amico mio singolarissimo, consapevole di questa mia trascuraggine, me ne ha così riscosso e mi ha talmente fatto scrupolo di defraudar così a lungo il pubblico della mia scoperta,

---

[1] Aldo Manuzio, dedicando a Marino Sanudo le Opere latine del Poliziano da lui impresse in Venezia in foglio nel 1498, disse: « *Est igitur dignissimus venia Politianus noster, si quid in ejus scriptis deprehendetur vitii; quandoquidem emendaturus, si licuisset, erat.* »

che mi è convenuto i giorni passati ripigliar tra le mani quest' operetta; cui, dopo altre indagini non men premurose delle prime, ho dato una forma tutta nuova, e alquanto, a mio parer, più metodica. E perchè altre cure al presente mi circondano, che non mi lasciano mezzo o via di pensare a dar fuori quest' operetta, ne ho fatto dono al medesimo; affinchè egli, se vuole, se ne prenda il carico di pubblicarla.

PERSONAGGI.

—

Mopso, Aristeo, Tirsi — Pastori.
Una Driade.
Coro di Driadi.
Orfeo.
Mnesillo, Satiro.
Plutone.
Proserpina.
Euridice.
Tesifone.
Una Menade
Coro di Menadi.

ORPHEI

TRAGŒDIA.

Silenzio. Udite. E' fu già un pastore
Figliuol d'Apollo, nomato Aristeo.
Costui amò con sì sfrenato ardore
Euridice che fu moglie d'Orfeo,
Che seguendola un giorno per amore
Fu cagion del suo fato acerbo e reo;
Perchè, fuggendo lei vicino all'acque,
Una serpe la morse, e morta giacque.

V. 1. — * *Silenzio. Udite.* Formole de' comici latini: Terenzio in vari prologhi: « Date operam, et cum silentio animum attendite ...... Date operam, adeste æquo animo cum silentio. » — *E' fu.* Var. *Che 'l fu:* Ms. Vitali (A). — *v.* 2. Var. *Figliol d'Apol, nominato Aristeo:* MS. Vitali (A). — *v.* 3. Var. *Con disfrenato ardore:* Ms. Reggiano (A). — *v.* 5. Var. *E seguendola:* MS. Reggiano (A). — *v.* 7. *Lei*, usato in caso retto per *ella.* Vedi il Bartoli e il Boccaccio (N). * Il Bartoli (*Tort. e diritto del non si può*, XLII) arreca di *lei* i seguenti esempi del Boccaccio nell'*Am.:* « Lei fu nominata Cotola, ... Lei me 'l fe palese, ... Medea non se ne potè anche lei difendere. » Ma sopra ogni altro, egli continua, che abbia manifestamente usato *lei* in caso retto si è Fazio nel *Ditt.* l. II, c: XIX: « Onde lei per dispetto e per disdegno Gli corse addosso... » Ai quali aggiungo un altro del nostro maggior poeta: « ....lei che di e notte fila Non gli avea tratta ancora la conocchia » Purg. XXI. *Lei* per *ella* dissero i nostri egualmente che i Provenzali, che scriveano nel primo caso *ela, elha, ella, lei, leys, lieys.* Rambaldo da Vachera: « Car so m veda, don mi det aondansa, Leys qu'es gaya cortes' e gen parlans. » (Perchè ciò mi vieta, donde mi dette abbondanza, lei ch'è gaia cortese e gente parlante.) Così presso a poco il Nannucci nelle *Osservaz. intorno al pron. Lei*, Corfù, 1841. Anche un poeta del sec. XVII, regolarissimo se altri mai, il Chiabr., non schifò *lei* in caso retto: « ... fiorisce ad ogni or pompa amorosa, Ove lei posa. »

Orfeo cantando allo inferno la tolse;
Ma non potè servar la legge data:
E chi la diede ancor se la ritolse.
Ond'esso in vita acerba e disperata
Per sdegno amar più mai donna non volse,
E dalle donne morte gli fu data.
Or stia ciascuno a tutti gli atti intento,
Che cinque sono: e questo è l'argomento.

V. 10. * *Servar la legge:* osservare, mantenere. Dante, Purg., XXVI: « ... non servammo umana legge. » Ariosto, XXI: « per servar sua fede a pieno. » — *v.* 11. I due Codici, de' quali servito mi sono, leggono ambidue: *E chi la diede, ancora se la tolse.* Per ischivare la replica viziosa ed inusitata della stessa parola in rima, mi è piaciuto correggere in questa forma (A). — *v.* 13. *Volse* per *volle* è stato usato da parecchi buoni autori toscani (N). * Dante, Inf., II: « .... venni a te così com' ella volse. » Ed è vivo in bocca del popolo toscano. — *v.* 15. *Or stia ciascuno,* ec. Dato ancora che il Poliziano avesse fatto dir questo prologo a Mercurio, a che far vi avea poi quel *Pastore,* anzi *Pastore schiavone* giusta il Ms. Chisiano, che interrompendo il prologizzante esce a dire: « State attenti, brigata; buono augurio; Perchè di ciel in terra vien Mercurio? » Mercurio sarebbe stato benissimo ai manifesti segni dall'udienza conosciuto, senza che questo pastore, il quale ingombra per sì poco la scena, lo ci venisse a dire ch' egli era desso. E poi, come può stare che la venuta di Mercurio a *buono augurio* si ascriva, quando egli si suppone aver annunziato un funesto avvenimento? Eh via, che simili inconvenienze non s' accordano col nobilissimo ingegno del Poliziano. Egli dunque non potè scrivere come si è letto finora; ma bensì dir conviene che l'argomento o sia prologo dell' *Orfeo* fosse da lui composto come si legge nel Ms. reggiano, che va scevro da tanti difetti che hanno finora deturpato questo pezzo d'antica poesia (A).

ACTVS PRIMVS

PASTORICVS.

Interloqvvntur

MOPSVS, ARISTAEVS et THYRSIS.

MOPSO.

Avresti visto un mio vitellin bianco, 17
C' ha una macchia di negro in su la fronte
E un pezzo rosso dal ginocchio al fianco?

ARISTEO.

Caro mio Mopso, appresso a questa fonte 20
Non son venuti in questa mane armenti;
Ma ben sentii mugghiar là dietro al monte.
Va', Tirsi, e guarda un poco se tu 'l senti: 23
Intanto, Mopso, ti starai qua meco;
Ch' io vuo' che ascolti alquanto i miei lamenti.
Ier vidi sotto a quello ombroso speco 26
Una ninfa più bella che Dïana,
Che un giovane amator avea con seco.
Come vidi sua vista più che umana, 29
Subito mi scossò sì 'l core in petto,
Che mia mente d'amor divenne insana:

V. 17-19. Il Meli, poeta siciliano, nell' ecl. I della primavera: « Forse vidisti na vitedda bianca Cu na macchia rossigna 'ntra lu schinu Un' a la frunti? » (N). — v. 22. Var. *là dreto:* Ms. Vitali (A). — v. 30. Var. *mi scossò si 'l cor e 'l petto:* Ms. Vitali (A). * Gli editori milanesi del 1825, pure adottando il testo dell' Affò, rimisero in questo luogo l' antica lez. *mi si scosse.*

Tal ch'io non sento, Mopso, più diletto; 32
  Ma sempre piango, e cibo non mi piace,
  E senza mai dormir giaccio nel letto.

MOPSO.

Aristeo mio, quest'amorosa face 35
  Se d'estinguerla presto non fai prova,
  Presto vedrai turbata ogni tua pace.
Sappi che amor non m'è già cosa nova; 38
  So come mal, quand'è vecchio, si regge:
  Rimedia presto or che 'l rimedio giova.
Chè se pigli, Aristeo, sue dure legge, 41
  Del capo t'usciranno e l'api e gli orti
  E viti e biade e paschi e mandre e gregge.

ARISTEO.

Mopso, tu parli queste cose a' morti; 44
  Sicchè non spander meco tue parole,
  Acciò che 'l vento via non se le porti.
Aristeo ama, e disamar non vuole, 47
  Nè guarir cerca di sì dolci noglie:

V. 33. *Il Petr. « Tutto il dì piango; e poi la notte, quando Prendon riposo i miseri mortali, Trovomi in pianto, e raddoppiarsi i mali. » Del non mangiare parla anche, e piacevolmente, la Cosa innamorata, nella *Tancia*, III. 2: « Amor m'ha messo in un gran pensatoio, Tal ch'io n'ho perso il gusto e 'l lagorare: Condotta son che gnun boccone ingoio, Se non quando io ho voglia di mangiare. » — v. 35. * *face*, qui *incendio*, *ardore*, Petr., del parlare di Laura. « pien di dolci faci. » — v. 38. Var. *non è già*: Ms. Vitali (A). — v. 41. Tutti tre i codici leggono *sue dure* (A) — v. 44. * *parli queste cose a' morti*: come a dire, tu parli a' sordi, parli al vento, parli al deserto. Non me ne sovviene altri esempi. — v. 46. Petr. « Ma il vento ne portava le parole » (N). * Stazio: « Irrita ventosæ rapiebant verba procellæ. » — v. 48. *noglie*. Parrà ad altri che io dovessi qui abbracciare piuttosto la lezione cominiana che ha *doglie* in vece di *noglie*, voce veramente barbara ed impura. Ma poichè improbabil cosa non sembrami che il N. A. possa avere scritto *noglie*, così non ho voluto recedere dalla lezione de' codici. Lodovico Dolce ardì cangiar molte voci nelle *Stanze* del Poliziano; del che viene ripreso dal Menckenio e dallo Zeno. Io non voglio far come lui. Trovo esempi antichi della voce *zoglia* in vece di *gioia* e di *noglia* in iscambio di *noia*. Si veggano le *Lettere* di fra Guittone

Quel loda amor, che più di lui si dole.
Ma, se punto ti cal delle mie voglie,
Fammi tenor con tua fistola alquanto;
E canterem sotto all' ombrose foglie;
Ch' io so che alla mia ninfa piace il canto.

CANTO DI ARISTEO.

Udite, selve, mie dolci parole,
Poichè la bella ninfa udir non vuole.

---

d' Arezzo, raccolte dall' infaticabile monsig. Bottari e stampate in Roma dal Rossi nel 1745; ove tali voci s' incontrano. Guido Cavalcanti ha una canzone entro la *Raccolta* dell'Allacci, nella quale son questi versi: « E va nel ciel dov' è compita zolia Zolioso 'l cor fuor di corrotto e d' ira. » E nella Racc. de' poeti ferraresi ordinata dal Baruffaldi v' è un sonetto d' un frate Anselmo da Ferrara con quest' altro: « Di chi più v' ama che la vostra zoglia. » Nel Ms. regg. che ci ha somministrato l' *Orfeo* avvi un capit. del Tebaldeo con un verso che dice: « E la vecchiezza senza noglia alcuna. » Così parimente lessi io una ballata in un antico codice della libreria della Nunziata in Bologna, ove s' incontra: « E non li pare faticare; Pena non sente e non noglia. » Quindi ho voluto lasciare questa voce come trovasi ne' Mss. indicati: e se ferisse mai l' orecchio delicato d' alcun moderno, farà la scusa al N. A. il discreto Menckenio: « Nec quod usus sit passim in car- » minibus vernaculis, in primis quæ » genere carminis heroico scripsit, » vocibus barbaris et quodammodo » peregrinis, quales nonnullas col- » legit larvatus ille Udienus Nisie- » lius in *Proginn. poet.* vol. IV, » prog. 77, pag. 238; Politiani ma- » gis quam ætatis factum culpa » putabimus. Si quid vero in eo » peccavit noster, id ferat solatii, » quod commune et hoc peccatum » cum ætatis suæ poetis nescio an » omnibus fuerit. (Sect. I, § 13, no- » ta (a), pag. 256 et seq.) » Non è improbabile però che anche a bello studio adoperasse in questo primo atto modi non del tutto propri siccome par quello: « Va' Tirsi, e guarda un poco se tu 'l senti; » perchè, inducendo a parlare pastori, volle forse imitare Teocrito; il quale, per testimonio del Rapino, *de industria tribuit suis pastoribus et sermonis rusticitatem in dorica dialecto et interdum vitiositatem orationis.* (Dissert. de carm. past. pag. 117.) (A). *Gli Editori milanesi del 1825 rimisero nel testo la lezione cominiana *doglie.* — *v.* 50. Var. *Ma se pure ti cal:* Ms. Vitali (A). — *v.* 51. Questo verso e l' altro che rima seco fanno assai più onore al Poliziano di quello che gli altri della ediz. cominiana. Quel *far tenore* è detto assai bene; ed usollo il Petrarca riguardo all' accordare il canto al mormorio d' una fontana là ove disse: « Ma ninfe e muse a quel tenor cantando » (A). — *V.* 54. *Giusto de' Conti: « Udite, monti alpestri, gli miei versi.... O boschi ombrosi,... Udite. » — *v.* 55. Var. *la ninfa mia:* Ms. Vitali. (A.)

La bella ninfa sorda al mio lamento 56
Il suon di nostra fistola non cura:
Di ciò si lagna il mio cornuto armento,
Nè vuol bagnare il ceffo in acqua pura
Nè vuol toccar la tenera verdura;
Tanto del suo pastor gl'incresce e dole.
Udite, selve, mie dolci parole.
Ben si cura l'armento del pastore: 63
La ninfa non si cura dello amante,
La bella ninfa c'ha di sasso il core:
Di sasso? anzi di ferro, anzi adamante.
Ella fugge da me sempre d'avante,
Come l'agnella il lupo fuggir suole.
Udite, selve, mie dolci parole.
Digli, fistola mia, come via fugge 70
Con gli anni insieme sua bellezza isnella;
E digli come il tempo ci distrugge,
Nè l'età persa mai si rinnovella:
Digli che sappi usar sua forma bella,
Che sempre mai non son rose e vïole.
Udite, selve, mie dolci parole,
Portate, venti, questi dolci versi 77
Dentro all'orecchio della ninfa mia:

V. 56. Var. *La ninfa mia è:* Ms. Vit.; e nel v. seg., *E 'l suon* (A) — *v.* 59-61. Var. *bagnar la fronte:* Ms. Vit. (A.) Imit. da quel di Virgilio, ecl. V: « ... Non ulli pastos illis egere diebus Frigida, Dafni, boves ad flumina, nulla neque amnem Libavit quadrupes nec graminis attigit herbam. » Mosco: « ... le vacche appo i tori sbrancate lamentavano e non vogliono pascolare (*nella morte di Bione*) » (N). — *v.* 61. Pare preso da quel di Stazio « Sic vatem mœrere suum » (N). — *v.* 65. Teocr. « O graziosamente guardante, tutta sasso, » e altrove *pais laine* (fanciullo sasseo). E il Buonarroti: « Questo pezzo di sasso, questo ingrato. » *Dante, di una donna, vera o allegorica che sia, « veste sua persona d'un diaspro: » e anche la chiama « questa bella pietra, » e « questa gentil pietra » canz. IX e X — *v.* 67. * *Davanti;* trovasi nei classici congiunto spesso, come qui, al sesto caso: Bocc. « menàti davanti da lei. » — *v.* 68. « Sic agna lupum, sic cerva leonem » Ovid. Metam. I (N). — *v.* 70. Var. *come mi fugge:* Ms. regg. (A). — *v.* 72. Var. *si distrugge:* Ms. Vit. (A). — *v.* 73. * *Persa,* perduta. V. *Stanze:* I, 84 e 105. — *v.* 77-78. Virg.

Dite quante per lei lagrime versi,
E la pregate che crudel non sia:
Dite che la mia vita fugge via
E si consuma come brina al sole.
Udite, selve, mie dolci parole.

MOPSO.

E' non è tanto il mormorio piacevole 84
Delle fresche acque che d'un sasso piombano,
Nè quando soffia un ventolino agevole
Fra le cime dei pini e quelle rombano;
Quanto le rime tue son solazzevole,
Le rime tue che per tutto rimbombano:
Se lei le ode, verrà come una cucciola.
Ma ecco Tirsi che del monte sdrucciola.

ARISTEO.

Ch'è del vitello? hallo tu ritrovato? 92

« Partem aliquam, venti, divùm referatis ad aures; » e Ovid. « Detulit aura preces ad me non invida blandas » (N). — *v*. 79. Var. *dite quanto:* Ms. V. (A). — *v*. 80. Nel Ms. regg. sembra doversi leggere *ella pregate:* ma ci attenghiamo in questa lez. al Ms. Chis. avvertendo che questo v. manca nel Ms. Vit. (A). — *v*. 81-82. Comune nei Lirici nostri. Ma strano nel Petrarca « mi struggo al suon delle parole, Pur com' io fossi un uom di ghiaccio al sole. » — *v*. 84-85. Ovid. Fast. IV: « ex alto desilientis aquæ; » e Omero « fredda discorreva l' acqua d' alto d' una pietra. » E Teocr. « Più soave, o pastore, il tuo canto che quella sonante acqua là, che di su alto da quel masso distilla » (N). — *v*. 86-87. Mosco: « Dove, quando spira molto vento, il pino canta » (N). * E Teocr. « Un cotal dolce sibilo anche, o capraio, quel pino là presso le fonti risuona. » E questi e i superiori versi di Teocr. aveva in mente Virgilio. « Nam neque me tantum venientis sibilus Austri Nec percussa iuvant fluctu tam litora, quam quæ Saxosas inter decurrunt flumina valles » ecl. V. — *v*. 87. *Rombano*. Tutti i testi leggono qui *trombano:* io ho voluto cangiare; e dietro l' ediz. del Baz. m' è piaciuto scrivere *rombano*, come voce più atta a significar quel mormorio o sibilo che mandano le cime de' pini agitate dal vento; il quale non mi par tanto, che possa ad un trombeggiamento paragonarsi (A). — *v*. 88. * *Solazzevole*. Nei primi secoli della lingua non è rara la terminazione in *e* al plurale degli aggettivi femminini della terza. Dante, Par., I. « .... accline Tutte nature » e XV, delle *anime beate*, « a tacer fur concorde. » E abbondano gli esempi anche fuor di rima e in prosa. — *v*. 90. * *come una cucciola*, docile come una cagnolina. *Cucciolo* si dice al cane non ancora finito di crescere. — *v*. 92. *Hallo:* hailo, lo hai. Vedi i gramm. tosc. (N).

TIRSI.

Sì ho. Così avess'egli il capo mozzo,
Chè poco men che non m'ha sbudellato.
Corsemi contro per darmi di cozzo:
Pur l'ho poi nella mandra ravviato:
Ma ben so dirti ch'egli ha pieno il gozzo.

ARISTEO.

Or io vorre' ben la cagione udire,
Per che sei stato tanto a rivenire.

TIRSI.

Stetti a mirar una gentil donzella
Che va cogliendo fiori intorno al monte:
Nè credo mai vedere altra sì bella,
Più vaga in atti e più leggiadra in fronte:
Sì dolce canta e sì dolce favella,
Che volgerebbe un fiume verso il fonte:
Di neve e rose ha il volto, e d'òr la testa,
E gli occhi bruni e candida la vesta.

ARISTEO.

Rimanti, Mopso; ch'io la vuo' seguire;
Perch'essa è quella di cui t'ho parlato.

MOPSO.

Guarda, Aristeo, che troppo grande ardire
Non ti conduca in qualche tristo lato.

ARISTEO.

O mi convien questo giorno morire
O provar quanta forza avrà'l mio fato.

V. 98. I nostri due Mss. dicono in questo verso chiaramente *Or io vorrebbe la cagion udire:* ed essendo questa lezione senza dubbio falsa, m'è piaciuto correggerla (A). — *v.* 106. Petr. « La testa or fine, e calda neve il volto: » altrove: « Quella che ha neve il volto, oro i capelli » (N). — *v.* 111. * *Lato.* Qui semplicemente per *parte* o *luogo;* come il suo plurale in Dante. Par., XXIX. « ... questo vero è scritto in molti lati, » e come l'usa tuttora il popolo toscano.

Rimanti, Mopso, appresso a questa fonte;
Chè voglio ir a cercarla oltra quel monte.

MOPSO.

O Tirsi, e che ti par or del tuo sire? 116
Non vedi tu ch'egli è del senso fuore?
Tu gli dovresti pur talvolta dire
Quanto gli fa vergogna questo amore.

TIRSI.

O Mopso, al servo sta bene obbedire;
E matto è chi comanda al suo signore.
Io so ch'egli è più saggio assai che noi:
A me basta guardar le vacche e' buoi.

ACTVS SECVNDVS

NYMPHAS HABET.

Loqvitvr ARISTAEVS:
terloqvvntur item plangvnt quam flebili cantv DRYADES.

ARISTEO.

Non mi fuggir, donzella; 124
Ch'io ti son tanto amico,
Che più ti amo che la vita e'l core.
Non fuggir, ninfa bella;
Ascolta quel ch'io dico;

V. 116. * *Sire.* Qui per *signore* o *rone,* come non di rado presso antichi. — *v.* 120. Var. Ms. V. *ben l'obbedire* (A). — * *v.* 124 e g. * Confr. Stanze, I. 109. — *v.* 126. Non tanto le stampe ma eziandio il Ms. regg. leggono *E che più t'amo.* Ora mi piace seguire il Ms. V., poichè, lasciando quell'*e*, il senso grammaticale corre assai meglio (A).

Non fuggir, ninfa, ch'io ti porto amore.
Non sono il lupo o l'orso,
Ma sono il tuo amatore:
Dunque rifrena il tuo volante corso.
Poi che 'l pregar non vale
E lei via si dilegua,
E' convien ch'io la segua:
Porgimi, Amor, e presta le tue ale!

UNA DRIADE.

Annunzio di lamento e di dolore,
Care sorelle, la mia voce apporta,
Che a pena ardisce a ricontarlo il core.
Euridice la ninfa al fiume è morta:
L'erbe languono intorno a capo chino,
E l'acqua al mormorar si disconforta.
Abbandonato ha il spirto peregrino
Quel bell'albergo, e lei giace distesa
Come bianco ligustro o fior di spino.
La cagion poscia ho di sua morte intesa,

V. 129. Si avverta che questo v. manca nel Ms. V. (A). — v. 130. Var. *Non sono lupo o orso:* Ms. Vit. (A). Imit. da quel d' Orazi: « Atqui non ego te, tigris ut aspera Getulusve leo, frangere persequor » (N). — v. 137. Eurip. *Ecub.* I, 3: « Di novella assai grave, apportatrice, e a te, donna, nunzia di guai » (N). Da questo v. sino alla fine dell' atto abbiamo un gentil pezzo di poesia non più veduto sin ora nell'*Orfeo*.... Questo parla da sè, onde assicurarci che l'*Orfeo* stampato non era nè intero nè perfetto.... Osservisi prima di tutto come l'azion presente e il motivo del coro di Driadi sia tratto da Virg. ove narra la stessa favola. « Illa quidem dum te fugeret per flumina præceps, Immanem ante pedes hydrum moritura puella Servantem ripas alta non vidit in herba. Ast chorus æqualis Dryadum clamore supremos Implerunt montes.... » Non dovette sembrar convenevole al nostro Poliz. il far correre la fuggiasca Euridice per l'acqua, cosicchè da un idro, serpente acquatico velenosissimo, fosse punta; ma si contentò di rappresentarcela correr fra l'erbe e i fiori, ove da una serpe mortifera, di qualunque specie ella si fosse, venisse morta ed uccisa (A). — v. 139. Virg. « animus meminisse horret luctuque refugit » (N). — v. 141. Nell' epitaf. di Bione; intorno di Adone morto, « i fiori per dolore arrossano » (N). — v. 144. Ms. Vital. *E lei fatt'è distesa* (A). — v. 146. Ms. Vital. *La cagion poi* (A).

Che una serpe la morse al piè nel dito.
Onde il danno spietato sì mi pesa
Che tutte meco a lagrimar v'invito. 149

CORO DELLE DRIADI.

L'aria di pianti s'oda risuonare, 150
Che d'ogni luce è priva:
E al nostro lagrimare
Crescano i fiumi al colmo della riva.
Tolto ha morte del cielo il suo splendore; 154
Oscurità è ogni stella:
Con Euridice bella
Colto ha la morte delle ninfe il fiore.
Or pianga nosco Amore: 158
Piangete, selve e fonti;
Piangete, monti: e tu pianta novella,
Sotto a cui giacque morta la donzella,
Piega le fronde al tristo lamentare.
L'aria di pianti s'oda risuonare.
Ahi spietata fortuna! ahi crudel angue! 164
Ahi sorte dolorosa!
Come succisa rosa
O come colto giglio, al prato langue.

V. 148. Ms. Vital. *Onde il dan dispietato* (A). — v. 149. Ms. Vital. *Al lacrimar ne invito* (A). — v. 153. * Esagerazione dell'esagerazion petrarchesca « Fiume che spesso del mio pianger cresci. » — v. 155. *Oscurità.* Così hanno tutti i testi: ma a noi sembra che *Oscurita* sia la vera lezione (Nota dell' ediz. Silv.). — v. 159-162. Imit. da quel di Mosco nell' epitaf. di Bione: « Flebilmente gemetemi, o clivi, o dorica onda; e, o fiumi, lamentate l' amabile Bione: ora, o piante, lacrimatemi, e, o boschi, ora deplorate: ora imporporatevi, o rose, dal lutto, ora, o anemoni. » E Bione: « I monti tutti dicono e le quercie, ahi Adone; e i fiumi compiangono i lutti di Venere; e le fonti Adone su' monti lacrimano » (N). — v. 166-167. Cat.: « veluti prati Ultimi flos, prætereunte postquam Tactus aratro est. » Virg.: « Qualem virgineo depressum pollice florem Seu mollis violæ seu languentis hyacinthi, » altrove: « Purpureus veluti cum flos succisus aratro Languescit moriens, » così trad. dall'Ariosto: « Come purpureo fior languendo muore, Che il vomero al passar tagliato lassa. » Petr.: « Punta poi nel tallon da picciol angue, Come fior colto, langue » (N).

Fatto è quel viso esangue, 168
Che solia di beltade
La nostra etade far sì gloriosa.
Quella lucida lampa or è nascosa,
La qual soleva il mondo alluminare.
L'aria di pianti s'oda risuonare.
Chi canterà piu mai sì dolci versi? 174
Chè a'suoi soavi accenti
Si quetavano i venti;
E in tanto danno spirano a dolersi.
Tanti piacer son persi, 178
Tanti gioiosi giorni,
Con gli occhi adorni che la morte ha spenti.
Ora suoni la terra di lamenti,
E giunga il nostro grido al cielo e al mare.
L'aria di pianti s'oda risuonare.

UNA DRIADE.

Orfeo certo è colui che al monte arriva 184
Con la cetera in man, sì dolce in vista;
Che crede ancor che la sua ninfa viva.
Novella gli darò dolente e trista: 187
E più di doglia colpirà nel core,
Se è subita ferita e non prevista.
Disgiunto ha morte il più leale amore 190
Che mai giugnesse al mondo la natura,
E spento il foco nel più dolce ardore.
Passate voi, sorelle, alla pastura. 193

V. 168. Ms. Vital. *Ratto è* (A). — *v.* 174. Ms. Vit. *Chi conterà* (A). — *v.* 179. A modo mio ho voluto acconciar questo verso guasto in ambi i codici. Il Regg. dice *Tanti giorni giorni*, e il Vit. *Tanti gloriosi giorni* (A). — *v.* 180. Petr. « E i più begli occhi spenti » (N). — *v.* 189. Così sembra doversi leggere nel Ms. Vit., e mi par meglio che nel Regg. ove si ha *Si subita ferita* (A). Avea detto Cicerone « Minus iacula feriunt quæ prævidentur, » così trad. da Dante « Chè saetta prevista vien più lenta: » e Petr. « Chè piaga antiveduta assai men duole » (N).

Morta oltr'al monte è la bella Euridice:
Copritela di fiori e di verdura.
Io porto a questo l'annunzio infelice. 196

ACTVS TERTIVS

HEROICVS.

ORPHEVS obloqvitvr, DRYAS et MNESILLVS satyrvs.

ORFEO.

Musa, triumphales titulos et gesta canamus 197
Herculis, et forti monstra subacta manu;
Ut timidæ matri pressos ostenderit angues, 199
Intrepidusque fero riserit ore puer.

DRIADE.

Crudel novella ti riporto, Orfeo. 201
La tua ninfa bellissima è defunta.
Ella fuggiva avanti ad Aristeo:
Ma, quando fu sopra la ripa giunta,
Da un serpente velenoso e reo
Ch'era fra l'erbe e' fior nel piè fu punta:
E fu sì diro e tossicato il morso,
Che ad un tempo finì la vita e 'l corso.

V. 194. Ms. Vit. *Mort' è oltre al monte la* (A). — *v.* 195. Virg. VI Æn.: « Manibus oh date lilia plenis; » e nell' Ecl.: « Spargite humum foliis. » — *v.* 197-200. Da Claudiano, Præfat. in II de Rapt. Pros.: « Ille novercales stimulos actusque canebat Herculis et forti monstra subacta manu; Qui timidæ matri pressos ostenderit angues Intrepidusque fero riserit ore puer » (N). — *v.* 203. Var. *fuggiva innanti:* Ms. Vit. (A). — *v.* 204. Var. *sopra a la:* Ms. Vit. (A.) — *v.* 205-206. * Virg. Georg. IV: « Immanem ante pedes hydrum moritura puella Servantem ripas alta non vidit in herba. »

MNESILLO.

Vedi come dolente 209
Si parte quel tapino
E non risponde per dolor parola.
In qualche ripa sola
E lontan dalla gente
Si dolerà del suo crudo destino.
Seguir lo voglio per veder la prova
Se al suo lamento il monte si commova.

ORFEO.

Ora piangiamo, o sconsolata lira; 217
Chè più non ci convien l'usato canto:
Piangiam mentre che 'l ciel ne' poli aggira,
E Filomena ceda al nostro pianto.
O cielo, o terra, o mare, o sorte dira!
Come soffrir potrò mai dolor tanto?
Euridice mia bella, o vita mia,
Senza te non convien che al mondo stia.

V. 209-216. Il Satiro è un attore non ancora veduto far comparsa in questo dramma. Manca questo nelle antecedenti st.: ma era troppo necessario qui un terzo attore su la scena. Orfeo, a pena udito il fatale annunzio, dovea rimaner così attonito che, perdendo ogni lena, abil non fosse a schiuder la voce per lamentarsi; come avviene a chiunque, cui dolorosa novella recata sia. Intanto dunque che Orfeo sopraffatto dall'aspra doglia se 'n tace, perchè la scena vota non resti e interrotta, parla il Satiro, maravigliandosi appunto e commiserando lo stato dell' infelice Orfeo. Su i passi di lui s'aggira e va spiando i suoi movimenti per veder poi se al canto di esso voglia moversi il monte, come di lui si favoleggia. Anche Euripide introdusse i Satiri nel suo *Ciclope.* Quest' uso nelle favole boschereccе e pastorali fu ritenuto dal Giraldi, dal Tasso, dal Guarini e da altri (A). — *v.* 209-212. Simile a quel che dice il coro nell' *Edipo tiranno:* «Or come si partì, stimolata da selvaggio dolore, la moglie di Edipo! temo non da questo silenzio prorompa in alcun male» (N). — * *Sola.* Ricorda il virgiliano « Te, dulcis coniux, te solo in litore secum, Te veniente die, te, decedente, canebat » Georg., IV. E *solo* in forza di *romito, disabitato, deserto,* come notò primo il Leopardi (Annotaz. alle Canzoni, Bologna, 1824), usarono fra gli italiani il Petr.: « fien le cose oscure e sole, » il Casa: « selve oscure e sole, » e molti altri che cita. Noi aggiungiamo l' Ariosto, XXVII: « le rive più sole. »

Andar intendo alle tartaree porte
E provar se là giù mercè s' impetra.
Forse che volgerem la dura sorte
Co' lagrimosi versi, o cara cetra.
Forse ne diverrà pietosa morte;
Chè già cantando abbiam mosso una pietra,
La cerva e il tigre insieme abbiam raccolti
E le selve tirate e i fiumi svolti.

MNESILLO.

Non si volge sì lieve
Dell' empie Parche il fuso
Nè l'aspra porta del ferrato inferno.
Ed io chiaro discerno
Che 'l suo viver fia breve:
Se là giù scende, mai non torna suso.
Nè meraviglia è se perde la luce
Costui che 'l cieco Amor preso ha per duce.

V. 225. * « Tænarias etiam fauces, alta ostia Ditis,... Ingressus manesque adiit » Virg. Georg. IV. « Ad Styga Tænariâ est ausus descendere portâ » Metam. X. — *v.* 229. Var. *forse che ne diverrà:* Ms. Vit. (A). — *v.* 230. Var. *mossa una pietra:* Ms. Regg. (A). — *v.* 230-232. Virg. Georg. « Mulcentem tigres et agentem carmine quercus » di Orfeo; e Orazio, dello stesso: « Arte materna rapidos morantem Fluminum lapsus celeresque ventos, Blandum et auritas fidibus canoris Ducere quercus » (N). — *v.* 238. Anacr. « .... è acconcio non risalirle chi una volta v' è sceso » (N).

ACTVS QVARTVS
NECROMANTICVS.

—

Verbis flebilibvs modvlatvr ORPHEVS, interloqvvntur PLUTO et PROSERPINA, EVRYDICE item et THESIPHO, etenim dvplici actv hæc scena vtitvr.

ORFEO.

Pietà pietà del misero amatore, 241
Pietà vi prenda, o spiriti infernali:
Qua giù m'ha scorto solamente Amore,
Volato son qua giù con le sue ali.
Deh posa, Cerber, posa il tuo furore;
Chè, quando intenderai tutti i miei mali,
Non solamente tu piangerai meco
Ma qualunque altro è qua nel mondo cieco.
Non bisogna per me, Furie, mugghiare; 249
Non bisogna arricciar tanti serpenti;
Chè, se sapeste le mie pene amare,
Compagne mi sareste a' miei lamenti:
Lasciate questo misero passare,
Che ha il ciel nemico e tutti gli elementi,
E vien per impetrar mercede o morte.
Dunque mi aprite le ferrate porte.

PLUTONE.

Chi è costui che con l'aurata cetra 257
Mossa ha l'immobil porta

V. 247. Var. *Non solamente piangerai con meco:* Ms. Vit. (A). — *v.* 257-268. Sempre più si scorge aver l'A. avuto presente il IV libro delle *Georg.*, allora quando scrisse l' *Orfeo.* Ecco il confr. di questo passo: « Ast cantu commotæ Erebi de sedibus imis Umbræ ibant tenues simulacraque luce carentum. Quin ipsæ stupuere domus atque intima Lethi Tartara

E seco pianger fa la gente morta?
Nè Sisifo la pietra
All' alto monte preme,
Nè l'acqua più a Tantalo s'arretra,
Nè Tizio lacerato al campo geme;
Ed è ferma la rota
D'Issïon falso; e le Bellidi estreme
Si stan con l'urna vuota;
Nè s'ode spirto più che si lamenti,
Ma tutti stanno al dolce canto intenti.

PROSERPINA.

Caro consorte, poi che per tuo amore
Lasciai il ciel superno
E fatta fui regina dell'inferno,
Mai non ebbe vigore
Piacer di tanto affetto
Che mi potesse intenerir il core.
Or desiando quella voce aspetto;
Nè mi par ch'altra cosa
Mi porgesse mai più tanto diletto.
Dunque alquanto ti posa.
Se da te debbo aver grazia una volta,
Pósati alquanto, e il dolce canto ascolta.

---

cæruleosque implexæ crinibus angues Eumenides, tenuitque inhians tria Cerberus ora, Atque Ixionei vento rota constitit orbis (A). — Ovid. Metam. X: « Talia dicentem nervosque ad verba moventem Exsangues flebant animæ: nec Tantalus undam Captavit refugam, stupuitque Ixionis orbis; Nec carpsere iecur volucres, urnisque vacarunt Belides; inque tuo sedisti, Sisyphe, saxo. » E Claud. De rapt. Pros. II: « Rumpunt insoliti tenebrosa silentia cantus: Sedantur gemitus Erebi; se sponte relaxat Squalor et æternam patitur rarescere noctem; Urna nec incertas versat minoia sortes: Verbera nulla sonant, nulloque frementia luctu Impia delatis respirant Tartara pœnis: Non rota suspensum præceps Ixiona torquet; Non aqua Tantaliis subducitur invida labris: Solvitur Ixion, invenit Tantalus undam, Et Tytius tandem spatiosos erigit artus » (N). — *v.* 259. Var. *Ecco che pianger fa la gente morta:* Ms. Vit. (A). — *v.* 269-280. Abbiamo veduto Plutone mezzo sconvolto e quasi adirato della novità non più veduta. Se Minos coll' ottava che

ORFEO.

O regnatori a tutte quelle genti 281
C'hanno perduto la superna luce,
Ai qual discende ciò che gli elementi
Ciò che natura sotto 'l ciel produce;
Udite la cagion de' miei lamenti.
Crudele Amor dei nostri passi è duce:
Non per Cerber legar fo questa via,
Ma solamente per la donna mia.
Una serpe tra fior nascosa ed erba 289
Mi tolse la mia donna anzi 'l mio core:
Ond'io meno la vita in pena acerba,
Nè posso più resistere al dolore.
Ma, se memoria alcuna in voi si serba
Del vostro antico e celebrato amore,
Se la vecchia rapina in mente avete,
Euridice mia cara a me rendete.
Ogni cosa nel fine a voi ritorna; 297
Ogni vita mortal qua giù ricade:

---

si legge nelle st. fosse venuto ad empirlo di sospetti e a ricordargli i passati danni sofferti da coloro che vivi erano altre volte calati laggiù; è verisimile che non sarebbe stato cheto e che anzi avrebbe richiamate tutte le forze sue onde porsi in difesa. Nulla però leggendosi di questo, ben possiamo asserire che quell' ottava di Minos non fu qui inserita dal Poliziano. Di più è affatto inverisimile che Minos potesse parlare così: poichè, se il dolce suono della cetra d' Orfeo aveva commossi tutti gli spiriti infernali, non vi è ragione per cui dovesse Minos essere da tal commozione escluso, onde poter suggerire al re d' Averno pensieri di gelosia e di sospetto. La parlata di Proserpina qui in vece di quella di Minos è collocata assai bene; e non togliendo il verisimile mostra di essere assai più che l' altra degna del Poliz. (A). — *v.* 281. Var. *O regnaturi a tutte:* Ms. Vit. (A). — *v.* 289. La voce *nascosa* è tolta dall' edizione cominiana mancando nei Mss. — *v.* 281-296. * Ovid. Met. X. « .... o positi sub terra numina mundi In quem decidimus quidquid mortale creamur.... non huc ut opaca viderem Tartara descendi, nec uti villosa colubris Terna Medusæi vincirem guttura monstri. Causa viæ est coniux, in quam calcata venenum Vipera diffudit crescentesque abstulit annos.... Vicit Amor. Supera deus hic bene notus in ora est: An sit et hic, dubito; sed et hic tamen auguror esse; Famaque si veteris non est mentita rapinæ, Vos quoque iunxit Amor. »

Quanto cerchia la luna con sue corna
Convien che arrivi alle vostre contrade:
Chi più chi men fra' superi soggiorna;
Ognun convien che facci queste strade:
Questo è dei nostri passi estremo segno:
Poi tenete di noi più lungo regno.
Così la ninfa mia per voi si serba,
Quando sua morte gli darà natura.
Or la tenera vite e l'uva acerba
Tagliate avete con la falce dura.
Qual è chi miete la sua mèsse in erba
E non aspetti ch'ella sia matura?
Dunque rendete a me la mia speranza;
Non ve 'l dimando in don; questa è prestanza.
Io ve ne prego per le torbid'acque
Della palude Stige e d'Acheronte,
E pel Caos ove tutto il mondo nacque,
E pel sonante ardor di Flegetonte;
Pel pome che a te già, regina, piacque,

V. 299. * Cioè ogni cosa terrena, tutto ciò che è su la terra. Dante.: «.... ogni contento Da quel ciel c' ha minor gli cerchi sui » e « tutto l'oro ch'è sotto la luna. » — *v.* 301. * Superi: detto alla latina delle cose che sono su la terra o degli uomini viventi, quando si parla dell' inferno o nell' inferno. Seneca, di Ercole, « opima victi regis ad superos refert » Herc. fur. 48: e Val. Flacc., I, 792: « Tune excite, parens, umbris, ut nostra videres Funera et oblitos superum paterere dolores? » — *v.* 297-304. * Ovid. Met. X: « Omnia debentur vobis: paulumque morati Serius aut citius sedem properamus ad unam. Tendimus huc omnes: hæc est domus ultima: vosque Humani generis longissima regna tenetis. » — *v.* 305-306. Metam. l. c.: « Hæc quoque cum iustos natura peregerit annos Iuris erit vestri » (N). — *v.* 307-310. Vedi a questo proposito quel bellissimo epigr. gr. tradotto da Metastasio (N). * Finisce: « Ah, se di ciò che nasce La matura vendemmia a te si serba, Pluto crudel, perchè la cogli acerba? » — *v.* 312. Metamorph. l. c. « .... pro munere poscimus usum » (N). — *v.* 313-315. Metam. l. c. « ...... per ego hæc loca plena timoris, Per chaos hoc ingens vastique silentia regni, Euridices oro properata retexite fata » (N). — *v.* 315. Var. *Per Caos ove tutto:* Ms. Vit. (A). — *v.* 317. Var. *che già a te, regina:* Ms. regg. (A). * Proserpina poteva ritornare al mondo di sopra e alla madre sua, purchè non avesse tocco cibo in inferno: ma « ieiunia

Quando lasciasti su nostro orizonte.
Se pur tu me la nieghi, iniqua sorte,
Io non vuo'su turnar; ma chieggio morte.

PROSERPINA.

Non credev'io, consorte, 321
Che nella nostra corte
Pietà si ritrovasse al nostro regno.
Vedo l'inferno di mercede or pregno;
Pianger vedo la Morte,
Parendo a lei costui di pianto indegno.
Dunque tua dura legge a lui si pieghi
Pel canto per lo amor pe' giusti prieghi.

PLUTONE.

Resa sia, con tal legge 329
Che mai tu non la vegge
Fin che tra' vivi pervenuta sia.
Non ti volgere a lei per questa via,
E te stesso corregge:
Se non, che tolta subito ti fia.
Io son contento che a sì raro impetro
S'inclini la potenzia del mio scetro.

---

virgo Soluerat; et cultis dum simplex errat in hortis, Puniceum curva decerpserat arbore pomum. Sumptaque pallenti septem de cortice grana Presserat ore suo » Ovid. Met. V. — v. 318. Var. *lasciasti su 'l nostro:* Ms. regg. (A). — v. 319-320. Ovid. Met. X: « Quod si fata negant veniam pro coniuge, certum est Nolle redire mihi; letho gaudete duorum » (N). — v. 320. Questo è l' unico verso che domanchi nel Ms. regg. (A). — v. 323. Var *pietà si trovasse:* Ms. Regg. (A). — v. 324. * *Mercede* per *pietà* è comune negli antichi in queste dizioni, *Mercè per Dio, chiedere* o *domandare mercede.* Esempi in cui sia usato così assolutamente non ne porta il dizionario se non un di Guittone, nè così spiccato come questo del N. R. *Pregno di mercede* ci suona male e ci par frase veramente pregna: ma Dante, di sè, Purg., XVIII, « m'ha fatto di dubbiar più pregno. » — v. 335. * Impetro: per *impetrazione, preghiera.* I Vocabolari non ne portano altri esempi che questo del Poliziano: è come *domando,* per *domanda,* di Dante. Nel saggio d'un poemetto del secolo XV, pubblicato ultimamente dal dottor C. Gargiolli (Veglie Letterarie, num. 2), leggesi *molesto* por *molestia:* « Perchè non gli donasse più molesto. »

ORFEO.

Ite triumphales circum mea tempora lauri.
Vicimus Euridicen: reddita vita mihi est.
Hæc mea precipue victoria digna corona.
Credimus? an lateri iuncta puella meo?

EURIDICE.

Ahimè, chè troppo amore
Ci ha disfatti ambidua!
Ecco che ti son tolta a gran furore,

V. 337-340. Versi di Ovidio, el. XII, Amor. « Ite triumphales circum mea tempora lauri. Vicimus: in nostro est ecce Corinna sinu. Hæc est præcipuo victoria digna triumpho » (N). — *v.* 338-339. Nel Ms. Vit. si legge così: *Vicimus: Eurydice reddita vita mihi est. Hæc mihi præcipue victoria digna coronæ* (A). Di questo prorompere d' Orfeo in versi latini si è parlato nell' Osservazione VI. Solo rimane da osservare che ne' due nostri manoscritti questo tetrastico, sebbene alquanto variato, è però tutto di versi di Poliziano, toltone il primo: nelle stampe tuttavia, toltone il secondo, vengono ad essere tutti d' Ovidio, tolti dal primo, terzo ed ottavo distico della elegia XII del libro II degli *Amori*. Nell' atto che veggiamo Orfeo giunto al colmo de' suoi contenti, avendo ottenuta colei che faceva tutta la sua felicità; lo veggiam pure caduto nell' estrema disgrazia, perdendola per sì leggier fallo: e questa è la peripezia, parte cotanto alla tragedia essenziale, onde riscuotere quella compassione, al cui acquisto dee il tragico indirizzar l' arte sua. Questa compassione non si risguarda già come un semplice fine avuto dal tragico, quasi che a lui basti trarre dagli spettatori lagrime e sospiri soltanto; ma si suole aver per un mezzo conducente a purgar gli animi dal vizio ed accenderli alla virtù coll' esempio dimostrato su la scena. Qui il Poliziano s' intese di voler insegnare quanta forza richieggasi in un cuore che giugner voglia al possedimento della sua felicità; poichè non solo egli ha a vincere gli ostacoli esterni, ma con molto più di costanza gl' interni che le passioni ognora gli oppongono. La immoderata impazienza e il non frenato affetto d' Orfeo quello si è, che dopo tanta fatica irreparabilmente lo perde. Chi dunque ascolta questa tragedia faccia senno, e sappia raffrenar sè medesimo alle occasioni. Ecco gli altissimi fini del tragico, non perduti di vista dal nostro Poliziano (A). — *v.* 341-346. Qui pure ritroviamo Virgilio seguito dal nostro Autore: » Illa: Quis et me, inquit, miseram, et te perdidit, Orpheu? Quis tantus furor? en iterum crudelia retro Fata vocant, conditque natantia lumina somnus. Jamque vale, feror ingenti circumdata nocte, Invalidasque tibi tendens, heu non

E non sono or più tua.
Ben tendo a te le braccia: ma non vale,
Chè indrieto son tirata. Orfeo mio, vale.

ORFEO.

Chi pon legge agli amanti? 347
Non merita perdono
Un guardo pien d'affetti e desir tanti?
Poi che rubato sono
E la mia tanta gioia in doglia è volta,
Convien che torni a morte un'altra volta.

TESIFONE.

Più non venir avanti: 353
Vani sono i tuoi pianti e le parole.
Solo di te Euridice si duole,
E ben ha da dolersi.
Vani sono i tuoi versi e vani i canti:
Più non venir avanti; anzi 'l piè ferma.
La legge dell'abisso è immota e ferma.

---

tua!, palmas. » E qui viene il poeta ad accennare la moralità che ricavar si dee da questa favola, di cui abbiamo nella precedente osservazion fatto motto (A). — v. 346. Var. *Orpheu mi, vale:* Ms. Regg. Ma, per non fare che Euridice latinizzi, leggiamo più volentieri queste parole volgarmente (A). — v. 347. Petr. « Chi pon freno agli amanti o dà lor legge? » (M). — v. 348. Var. *E non merita perdono:* Ms. Vit.: ov'è d'uopo leggere *E non merta perdono.* Alla querimonia d'Orfeo, sembra che Virgilio nell'indicato luogo risponda: « Ignoscenda quidem, scirent si ignoscere Manes » (A). — v. 352. Var. *tanta gloria:* Ms. Vit. (A).

ACTVS VLTIMVS

BACCHANALIS.

Lamentatvr ORPHEVS, interloqvvntvr agvnt et cantant MAENADES.

ORFEO.

Qual sarà mai sì miserabil canto 360
  Che pareggi 'l dolor del mio gran danno?
  O come potrò mai lagrimar tanto
  Che pianga sempre il mio mortale affanno?
  Starommi mesto e sconsolato in pianto,
  Per fin che i cieli in vita mi terranno:
  E, poi che sì crudele è mia fortuna,
  Già mai non voglio amar più donna alcuna.
Coglierò da qui innanti i fior novelli, 368
  La primavera del tempo migliore,
  Quando son gli anni leggiadretti e belli.
  Più non mi stringa feminil amore;
  Non fia più chi di donna mi favelli;
  Poi che morta è colei ch'ebbe il mio core:
  Chi vuol commercio aver coi miei sermoni
  Di feminil amor non mi ragioni.
Ben misero è colui che cangia voglia 376

V. 368. I primi quattro versi di questa ottava mancano nelle moderne edizioni (* *intende le Cominiane*). Veggasi l'Osservaz. X (A). — *v.* 376. Vedi la st. 14 del lib. I della *Giostra* (N). Var. *cambia:* Ms. Vit. (A). *v.* 376-383. Questa stanza può servir di prova che le Stanze fatte per la Giostra di Giuliano de' Medici composte fossero veramente dal poeta in sua gioventù prima dell' *Orfeo:* poichè, vedendosi egli in angustia di tempo allora quando ebbe a tessere questa tragedia, nè avendo la mente forse così pronta come avrebbe voluto, aggiunse qui, per impinguar

Per donna o per suo amor si lagna o duole;
O chi per lei di libertà si spoglia,
O creda a suoi sembianti e a sue parole
Che son più lieve assai ch'al vento foglia;
E mille volte il dì vuole e disvuole!
Seguon chi fugge, a chi segue s'ascondo;
Vengono e vanno come al lito l'onde.

UNA MENADE.

O o, oè, sorelle! 384

---

la materia e venir a capo più presto, la quartadecima ottava del libro primo delle Stanze predette, la quale in modo alquanto vario ma di poco momento ivi comincia: *Quanto è meschin colui che cangia voglia.* Il signor dottor Buonafede Vitali, altre volte da me nominato, è di parere che questa stanza sia qui intrusa con poco buon consiglio, come apertamente contraria alle leggi del buon discorso. Orfeo, mi disse già egli, altro qui far non dovrebbe che lagnarsi della sua trista sventura, senza passare a biasimar tutte le donne, dalle quali non ha finora ricevuto alcun oltraggio. Io non saprei che opporre a così forte ragione, se non che tanto ne' codici quanto nelle stampe dell' *Orfeo* costantemente questa stanza riscontrasi; e però non potersi negare che messa non vi fosse dal Poliziano. Per altro, a scusa del mio autore, dirò che, siccome un uomo addolorato facilmente prorompe anche in doglianze non giuste, così, dimostrandoci egli Orfeo soggetto ad una passion violentissima, anzi da più passioni combattuto in un sol punto, potè fargli dir ciò che non avrebbe dovuto nè voluto dire, se la sua ragione non fosse stata offuscata dal veemente trasporto dell'amore, dell'ira e della disperazione. Facendolo sì stranamente parlare, potè poi con ragione dir la Menade alle compagne: « *Non camperà da morte, Poichè le donne tutte quante sprezza.* » Se Orfeo non disprezzò le donne in altra guisa, lo fece indubitatamente non curando i nuovi imenei, come Virgilio preso a seguire in questa favola dal Poliziano ci assicura, onde meritò poi d'essere dalle Menadi lacerato: « *Nulla Venus nullique animum flexere himenæi. Solus hyperboreas glacies Tanaimque nivalem Arvaque rhiphæis numquam viduata pruinis Lustrabat; raptam Eurydicen atque irrita Ditis Dona quærens. Spretæ Ciconum quo munere matres, Inter sacra deum nocturnique orgia Bacchi, Discerptum latos iuvenem sparsere per agros.* » — *v.* 377. Var. *per donna ovver suo amor:* Ms. Vit. Qui correggo il Ms. Regg. che dice *per donna o per amor suo* (A). — *v.* 384. Var. *O o o, oe sorelle:* Ms. Regg. Sembrami non men bella che artifiziosa questa ballata, a confronto dell' ottava finora in suo luogo veduta. Si vede per essa che il Poliziano ebbe mira

Ecco costui che l'amor nostro sprezza!
Oè! diamogli morte.
Tu piglia il tirso; tu quel tronco spezza; 387
La nebride giù getta e quella pelle:
Facciam che pena il scelerato porte.
Convien che il scelerato pena porte: 390
Alle man nostre lascerà la pelle
Spezzata come il fabbro il cribro spezza:
Non camperà da morte,
Poi che le donne tutte quante sprezza.
A dosso, oè, sorelle!

La stessa, già ucciso Orfeo.[1]

Oè oè! o Bacco, io ti ringrazio. 396

---

anche alla esterna bizzarría del ditirambo che ama certa novità nei metri onde si suol comporre. Qui veggiamo tre sole rime in uso poste, e la medesima parola in desinenza sempre due volte ripetuta con ordine retrogrado. Apprendiamo di più qual fosse l'abito in cui le Menadi comparvero su la scena, giacchè vestite si dicono della *nebride*. Ciò che fosse la nebride ce lo dirà Giovanni Ravisio: « *Nebrides vestes erant villosæ factæ pellibus cervorum, quibus in sacrificiis Bacchi utebantur.* » (*Officina, par.* 2, *pag.* 40, *num.* 72) (A). — *v.* 385. Ovid. Met. XI: « E quibus una leves iactato crine per aures, En, ait, en hic est nostri contemptor.... » (N). Var. *Che lo nostro amor:* Ms. Vit. (A). — *v.* 387. Ovid. allo stesso proposito: « .... et hastam Vatis apollinei vocalia misit in ora, Quæ foliis præsuta notam sine vulnere fecit. Alterius telum lapis est.... » E più sotto: « .... vatemque petunt, et fronde virentes Coniciunt thyrsos non hæc in munera factos: Illæ glebas, illæ direptos arbore ramos, Pars torquent silices » Met. XI (N).

1 *Interfecto Orpheo.* Così nel Ms. Regg. Questa semplice indicazione ne può far conoscere che non amasse il Poliziano di far vedere il teatro insanguinato, sapendo ben egli come ciò fosse stato da Orazio severamente interdetto. La morte d'Orfeo non potevasi nè con verisimiglianza nè senza orrore in faccia agli spettatori rappresentare: però egli indusse nella scena una quantità di Menadi, le quali tumultuariamente correndo e dando la fuga al misero Orfeo gli porgessero campo d'innoltrarsi nella boscaglia; donde poi in breve uscendo novellamente la principale delle Menadi racconta che è stato già lacerato. Nell'edizione di Comino in questo luogo: *Torna la Baccante con la testa di Orfeo, e dice così:* la qual cosa a me troppo non piace, perchè il teatro insanguinato rimane. Vero è però che un esempio di simile azione rappresentato ne viene nelle *Baccanti* che è una delle tragedie

Per tutto il bosco l'abbiamo stracciato,
Tal che ogni sterpo del suo sangue è sazio:
Abbiamlo a membro a membro lacerato
Per la foresta con crudele strazio,
Sì che 'l terren del suo sangue è bagnato.
Or vada, e biasmi la teda legitima.
Evoè, Bacco! accetta questa vitima.

CHORVS MAENADVM.[1]

Ciascun segua, o Bacco, te: 404
Bacco, Bacco, oè, oè!

---

d'Euripide, ove mirasi Agave uscir dalla scena colla testa di Penteo lacerato e da lei creduta la testa di un lione. Ma quantunque potesse anzi dovesse Euripide così fare in quel luogo, onde introdursi all' *agnizione*, che secondo Aristotile è una delle parti quasi essenziali alla tragedia; non dovette però essere qui imitato dal Poliziano, poichè non v' era necessità alcuna che la Menade si tornasse col teschio d' Orfeo tra le mani; tanto più che, seguendo egli Virgilio per suo originale, creder dovette che, mentre Orfeo fu lacerato, la testa sua fosse lanciata nel fiume Ebro, su le cui onde ancor semiviva andò ripetendo il nome della cara Euridice: « *Tum quoque marmorea caput e cervice revulsum Gurgite cum medio portans œagrius Hebrus Volveret, Eurydicen vox ipsa et frigida lingua, Ah miseram Eurydicen, anima fugiente, vocabat.* » Ora, se va così la bisogna, non potè ritornar la Menade col sanguinoso teschio nelle mani. — *v.* 397-398. Virgilio, Æn. VIII: « Raptabatque viri mendacis viscera Tullus Per sylvam; et sparsi rorabant sanguine vepres » (N). — *v.* 399-400. Virg. « Discerptum latos iuvenem sparsere per agros » (N).

[1] Così va bene; e così è intitolato questo pezzo ne' nostri codici. Ma il chiamarsi esso nelle stampe *Sacrificio delle Baccanti* comprova sempre più aver avuto mano a guastar l' *Orfeo* qualche sciocco o qualche malevolo. Qual ombra di sacrifizio può scorgersi qui, dove non altro che ballo e canto si rappresenta, e dove non si discorre che d' ubbriachezza e di vino? (A). — *v.* 404. Var. *Ciascun segue:* Ms. Regg.: e così in tutti gli altri luoghi ove si fa ritornello e intercalare (A). — *v.* 405. Dovendo questo verso essere un ottonario tronco, non se ne ode il suono nella lezione cominiana, quando non si voglia pronunziar *evoè* di quattro sillabe. Ritengo la lezione de' nostri codici i quali hanno costantemente *oè oè*, perchè pretese forse il Poliziano di ritenere l' interiezione *ohe* de' Latini adoperata da Marziale in quel verso dell' epigramma 91 del IV libro: « *Ohe, iam satis est, ohe libelle.* » Pure sta assai bene ancora l' *evoè*, purchè si voglia acconciar il verso, replicandolo due volte, con dire *Bacco, Bacco, evoè, evoè*. Questa voce era

Di corimbi e di verd' edere 406
Cinto il capo abbiam così
Per servirti a tuo richiedere
Festeggiando notte e dì.
Ognun beva: Bacco è qui:
E lasciate bere a me.
Ciascun segua, o Bacco, te.
Io ho vôto già il mio corno: 413

---

come un buon augurio che andavano ripetendo le Baccanti ed altre simili furibonde donne ne' giuochi e nelle feste ad onor del nume de' bevitori. Quindi scrive il Patrizio: *Un altro inno pure a Bacco indrizzato era quello che dicono cantare* Evoi, *quasi* bene a te; *di che fa testimonio e Suida e lo scoliaste di Soffocle: e da ciò Dionigio fu cognominato, come si vide,* Evio. (*Poetica,* Deca Istor. lib. 2, pag. 172) (A). — *v.* 406-411. Chi dirà che, dopo tanta purezza di lingua usata dall'autore, volesse poi egli per il bisogno di rima lasciarsi dalla penna sfuggire que' barbarismi *mi ti*, quali si leggono nelle stampe? I nostri manoscritti non solo il purgano di questa taccia, ma ne somministrano qui una strofe tanto più nobile quanto più gaglioffa ne sembra l' altra letta finora in questo coro. Dissi nell' Osservazione V che nel rappresentarsi il coro un solo autore cantava, e il restante poi ripeteva l' intercalare. Questa verità qui si vede assai chiara, poichè ella è una Menade sola che parla e canta nel decorso delle strofi. Degno è d' osservazione in questo coro altresì l' uso de' versi tronchi tanto adoperati nelle canzonette del nostro secolo. Il Poliziano forse si sarebbe fatto scrupolo di troncar le voci a mezzo, come in oggi si usa per far che insieme rimino *amore* ed *ancora,* dicendo *amor, ancor:* però egli non adoperò che voci naturalmente tronche e desinenti in vocale d' accento acuto (A). — *v.* 410. Pare che il Ms. legga *ogn' uom,* giacchè sta scritto *oghom.* (A). — *v.* 413. Mai non iscordasi il Poliziano del *costume* tanto da Aristotele al tragico raccomandato; pel quale non tanto s' intende che gli attori debbano pensare ed operare giusta le circostanze de' tempi in cui vissero, ma che eziandio loro attribuir si debbano gli usi di quelle cose che servivano allora alla vita comune. Qual maggiore stravaganza sarebbe quella di chi volesse condurre Achille in campo armato di moschetto e pistole? Egli dunque dà alle Menadi il corno per vaso da bere, poichè, siccome attesta Ateneo, gli antichi ebbero appunto l' usanza di bere nelle corna: *Priscos fama est homines cornibus olim bibisse bovum.* (*Dimnosophist,* lib. II.) La qual cosa pur si raccoglie da sant' Ambrogio (*Lib. de Elia et ieiunio,* cap. 17) e da Dempstero, presso il quale Pindaro ne commemora de' formati d' argento: *Ex argenteis cornibus bibentes lascivierunt.* (*Dempster. Antiq. Rom..* lib. V, pag. 528, 530, 531.) Tal sorta di bicchieri in uso venne, giusta lo scoliaste di Nican-

Porgi quel cantaro in quà.
Questo monte gira intorno,
O 'l cervello a cerchio va.
Ognun corra in qua o in là,
Come vede fare a me:
  Ciascun segua, o Bacco, te.
Io mi moro già di sonno:
Sono io ebra o sì o no?
Più star dritti i piè non ponno.
Voi siet' ebri; ch' io lo so.

---

dro, dal pingersi Bacco cornuto; credendosi atto di religione il bere entro un arnese che adornava la fronte di quel nume. Lo che se è vero, non mai tanto doveasi ber nelle corna, quanto nelle feste sacre a Bacco: laonde molto giudiziosamente diede qui il Poliziano alle Menadi il corno; siccome fece pur anche ai Satiri ed alle Baccanti nelle sue Stanze, dicendo nella CXI del I libro: « *Quel con un cembal bee; quei par che ridano: Qual fa d' un corno, e qual delle man ciotola* » (A). — *v.* 414. L' essersi finora in questo verso nominato il *bottaccio* in vece del *cantaro,* egli è lo stesso che aver fatto saltare il Poliziano dagli usi antichissimi ai recenti, cioè dall' uso che si faceva del corno presso gli antichi onde bere a quello che i nostri contadini fan del bottaccio. Questa però è una stravaganza troppo madornale. Quanto è sciocca la lezion di *bottaccio,* altrettanto è saggia ed erudita quella del *cantaro.* Tal voce significava due cose, cioè una certa specie di navilio ed una specie di vaso per bere; del che fa fede Macrobio: « *Cantharus et poculi et navigii genus esse supra diximus... et pro poculo quidem nota res est vel ex ipso Virgilio qui aptissime proprium Liberi patris poculum assignat Sileno.* » (*Saturnal.* lib. V, cap. 21.) Il passo di Virgilio, cui Macrobio allude, si è questo: « *Silenum pueri somno videre iacentem, Inflatum hesterno venas, ut semper, Jaccho. Serta procul tantum capiti delapsa jacebant; Et gravis attrita pendebat cantharus ansa.* » (*Eclog.* 6, vers. 14 e seguenti.) Tal vaso che, giusta Celio Rodigino (*Lection. Antiq.*, lib. 24, cap. 27), era di terra, doveva essere un grande ciotolone fatto sul modello del navilio con cui aveva comune il nome; ed il Ravisio pensa potersi ciò dedurre dal citato Macrobio: « *Nomen autem sumpsit a similitudine navigii eiusdem nominis; nam cantharum nomen esse navigii ostendit Macrobius ex Menandri testimonio.* » (*Officina,* par. II, num. 30.) Essendo pertanto il cantaro un vaso da bere tanto antico e proprio di Sileno nume degli ubbriachi non men di Bacco; assai convenientemente più del bottaccio venne alle Menadi bevitrici attribuito (A). — *v.* 423. Qui si ritiene la lezione delle stampe. I nostri Ms. *Voi siete ebbri, o io non so* (A). — Τελος. Il fine. Così in caratteri greci sta scritto in ambidue i Codd. Regg. e Vit. Molti sono

Ognun faccia com'io fo:
Ognun succe come me:
  Ciascun segua, o Bacco, te.
Ognun gridi Bacco Bacco; 427
E pur cacci del vin giù:
Poi col sonno farem fiacco.
Bevi tu e tu e tu.
Io non posso ballar più.
Ognun gridi oè oè:
  Ciascun segua, o Bacco, te.
Bacco, Bacco! oè, oè!

---

i codici vetusti che in lettere greche hanno indicata la finale dell'opera. Lo stesso osservasi ancora in qualcheduna delle primitive stampe (A).

ΤΕΛΟΣ.

OSSERVAZIONI

DEL PADRE IRENEO AFFÒ

SOPRA VARII LUOGHI

DELL' ORFEO.

OSSERVAZIONE I.

DEL TITOLO DI TRAGEDIA DATO ALL' ORFEO.

[Pag. 133.]

Nascer può dubbio se il Poliziano desse il titolo di *tragedia* a questo suo dramma. Alcuno potrebbe forse non crederlo, persuaso in contrario dalla lettera diretta a Carlo Canale in cui contentossi di chiamarlo *favola*. Ma io dico non essere questo tale argomento che convincer ne possa. La denominazione di *favola* è comune ad ogni poema epico e drammatico: ma il denominarli così non toglie che non possano avere il loro specifico titolo. Il Poliziano stesso chiamò *favola* la *Medea* d' Euripide ove di essa parlando scrisse: *Sic igitur in ea fabula cum matronis Corinthi loquens inducitur Medea.* [1] E chiamò pur *favola* i *Menemmi* di Plauto, così scrivendo al Comparino: *Rogasti me superioribus diebus ut, quoniam fabulam Plauti* Menæchmos *acturi essent auditores tui, prologum facerem genere illo versiculorum qui sunt comœdiæ familiares.* [2] Ciò non ostante

---

[1] *Centur. Miscellan.*, cap. 27.
[2] *Epistolarum*, lib. 7, epist. 15.

sapeva ben egli che la prima era una perfetta tragedia, e gli altri una commedia. Del pari potè dar all' *Orfeo* il titolo di *tragedia;* ed occorrendogli poi di averne famigliarmente a ragionare in una lettera potè chiamarlo *favola,* onde servirsi di un vocabolo generico e comune. E ben mi quadrano qui le parole molto a proposito di Luigi Riccoboni: *Il s'est donc contenté de donner à sa pièce le nom général de* Favola, *qui se donnait de son temps à presque toutes les espèces de poëme:*[1] e mi giova molto nel tempo stesso il vedere un autore, cui sebbene noto non fosse l' *Orfeo* salvo che nella maniera onde si è stampato finora, tuttavia ebbe tanto lume di collocarlo nel catalogo delle tragedie italiane. Di fatti, quantunque non possa dirsi l' *Orfeo* una tragedia del tutto perfetta, non può negarsi però che il soggetto non sia tragico e di funesto fine; nè può dissimularsi che non abbia parti bellissime, le quali, se piaciute sono finora così com' erano guaste e rotte, molto più incontreranno in appresso l' aggradimento de' letterati ridotte alla loro natía bellezza ed integrità. Dovremo pertanto credere che il titolo dato all' *Orfeo* dall' autor suo sia quello di tragedia, siccome i nostri codici ne hanno abbastanza chiarito. Però non converrà concedere al Quadrio che i primi drammi usciti *ora con titolo di* tragedia *ora con titolo di* atto tragico[2] siano il *Filolauro* di Demone Filostrato o veramente il *Filostrato e Panfila* d' Antonio di Pistoia; poichè queste e simile indigeste farse piuttosto che tragedie vennero senza dubbio composte dopo l' *Orfeo,* siccome io sono di costantissimo parere: ma farà d' uopo segnar l'epoca della prima origine della tragedia italica coll' *Orfeo* dell' ingegnosissimo Poliziano. E perchè questo dramma è misto ancora di pastorale, se pure tutto dir non si voglia di tal natura, lascerò ch' altri si vegga se giustamente Agostino Beccari ferrarese pretendesse il primato nello scrivere favole pastorali per quella intitolata *Sacrificio* ch' ei pubblicò l'anno 1555. Ma il Beccari non solo era stato prevenuto dal Poliziano bensì ancora da Giambatista Giraldi Cintio, che dieci anni prima avea dato fuori l' *Egle,* cioè nel 1545, intitolandola *Satira* pei Satiri che v' introdusse, ma vera favola pastorale in essenza.

---

1 *Histoire du Théât. Ital.,* Catalog. des Trag, pag. 123.

2 *Stor. e Rag. d' ogni Poes.,* vol. 3, lib. I, pag. 58.

OSSERVAZIONE II.

Dell' Argomento.

[Pag. 133, v. 1-16.]

Questo egli è argomento e prologo insieme, o sia uno di que' prologhi i quali manifestano la traccia della favola. Se al Castelvetro giunse mai sotto l' occhio l' *Orfeo* stampato, dovette piacergli il veder questo prologo messo in bocca a Mercurio; poichè egli fu di parere che i prologhi, pe' quali si manifesta la serie dell' avvenire, non potessero mai essere detti da uomini mortali ma doversi riputar fatti dagli dii, come coloro che stendono anche sul futuro il loro vedere. Per questo fù ch' egli biasimò Terenzio che sempre da uomini fece prologizzare; e lodò assai Plauto, perchè servissi de' numi. Io però, avendo mente a quel precetto d' Orazio

Nec Deus intersit, nisi dignus vindice nodus
Inciderit,[1]

dirò parermi cosa molto impropria il condurre senza necessità un dio sulla scena ad annunziar ciò che avvenir debba fra i mortali. Osservo che il principe de' tragici, Euripide, di diecinove tragedie che di lui ci rimangono, non ne ha che cinque in cui prologizzino i dèi; e sono l' *Ippolito*, l' *Alceste*, le *Baccanti*, le *Troiane*, e il *Gione:* ma rifletto altresì che que' numi che operano di tale guisa sono anche impegnati ed hanno interesse ed azione in tutta la favola. Nell' altre vediamo sempre dagli uomini far il prologo. Ciò posto, chi non vede che l' ingegnosissimo Poliziano non poteva guidar Mercurio sul teatro ad annunziar gli avvenimenti tragici di Orfeo, poichè Mercurio non avea che far nulla entro l' azione? Diremo forse noi ch'ei non sapesse tra i molti esempi scegliere i migliori? Lo dica chi vuol dirlo; ch'io per me ho troppo concetto del mio autore: e tanto più mi fermo nel pensiero ch' ei non facesse dir questo prologo a Mercurio, quanto i due manoscritti non fanno cenno veruno di ciò. Può confermarci nella sicurezza dell' opinione ch' egli aver dovea de' prologhi quello che spedì al Comparino da premettersi ai *Menemmi* di Plauto, che non altramenti posto in bocca a verun dio si scorge ma bensì apparisce recitato da un giovane studioso. Qui le stampe ed

[1] *De Arte Poetica,* vers. 191.

il manoscritto chisiano variano di titolo all' *Orfeo*; chè, dove prima era stato chiamato *favola*, ora lo vediamo denominato *festa*, dicendosi: *Mercurio annonziatore della festa*. Questo nuovo titolo non potè uscir dalla penna del Poliziano; chè le feste non erano altrimenti della natura di questo nostro dramma, consistendo la principal forza di esse in balli, moresche, giostre, torneamenti e macchine; servendo la poesia più d' intermezzo che d' altro. Ma nell' *Orfeo* abbiamo un' opera veramente teatrale, esclusiva di quelle sollazzevoli rappresentanze che per lo più negli steccati far si solevano: e laddove la poesia che accompagnava le feste consisteva per lo più in qualche cantata o dialogo di due o tre attori, come sarebbe, per cagion d' esempio, mezzo il *Tirsi* di Baldassar Castiglione e di Cesare Gonzaga, noi nell' *Orfeo* scorgiamo una vera favola, di principio e fine tragico, rappresentata da' vari interlocutori, distinta in atti, e accompagnata da cori; talmente che non debbasi ella confondere colle semplici feste.

OSSERVAZIONE III.

Della distinzione in Atti.

[Pag. 134, v. 15-16.]

. . . Parmi di sentir qualche critico a mettere in dubbio se così potesse scrivere il nostro Poliziano. E chi non sa (odo sussurrarmi all' orecchio) che il celebre Mureto riconobbe cotesta distinzione di atti ne' drammi per una capricciosa invenzion de' moderni, e condannolla? [1] Tu che allegasti in un tratto della tua prefazione il padre Bianchi, non ti ricordi d'aver letto presso di lui che la division degli atti che si scorge nell' *Ezzelino* tragedia latina di Albertino Mussato il quale fiorì tra il secolo XII e XIII,[2] *non può mai essere stata fatta dall' autore che la compose, sapendosi che questa distinzione di scene e divisione di atti non solo non fu usata dagli antichi Greci e Latini ma neppure da' nostri poeti toscani che furono i primi a compor tragedie in nostra lingua; come apparisce dalla* Sofonisba *del Trissino, dall'* Oreste *del Rucellai, dall'* Edipo *del Giustiniano, dalla* Merope *del Torelli*.[3] Prova questo

[1] *Epist.* 95 ad Hieron. Zoppium, et *Epist.* 78 ad Petrum Lupicum.
[2] Veramente nella prima metà del sec. XIV. (Gli Edd. fior.)
[3] *Vizi e Difetti del moderno Teatro*, par. I, ragionam. 4, pag. 185, nelle note.

scrittore l' opinion sua con addurre varie antichissime stampe di Terenzio e di Plauto che non hanno tale divisione: onde non è probabile che il Poliziano così distinguesse l' *Orfeo*. Ma andiamo un poco a bel bello con questa critica. Chi è mai tra gl' iniziati a pena nella poetica scuola che non abbia letto il precetto d' Orazio, in cui severamente comanda che ogni dramma non abbia nè più nè meno di cinque atti?

Neve minor quinto neu sit productior actu
Fabula quæ posci vult et spectata reponi. [1]

A chi note non sono le esposizioni di Asconio Pediano contemporaneo di Virgilio sopra alcune orazioni di Tullio? Egli scrive fuori di enimma: *Fabula sive tragica sive comica quinque actus habere debet.* [2] Come dunque può dirsi che gli antichi non conoscessero punto la distinzione impugnata? Nè mi si dica che Acrone comentatore antico di Orazio, il quale visse verso il secolo VII dell' era volgare, interpretò gl' indicati versi così: *Idest, non loquatur in fabula plus quinque personis:* [3] poichè certamente egli errò, mentre degli attori quivi non parla Orazio, il quale si riserbava a dirne più a basso ove poi scrisse: *Nec quarta loqui persona laboret.* Acrone senza dubbio si servì d' esemplari corrotti; o, a dir meglio, non fu egli autore di que' commenti, come dottamente a provar diedesi Giano Parrasio in una sua lettera a Gaetano Tiene. [4] Così non ispiegarono quel passo l' Ascensio, Enrico Glareano, e tanti altri antichi e moderni scrittori che le cose d' Orazio illustrarono; giacchè è tanto chiaro, che nulla più; e congiunto poi coll' autorità di Asconio giunge all' ultimo grado di evidenza. Non può dunque dubitarsi che i Latini non conoscessero la distinzione degli atti, la quale tolsero ad imitare da' Greci, avendola costantemente usata Euripide fin nella Satira del *Ciclope*, come osserva il dotto Quadrio. [5] Io veggo che Aristofane, giusta la versione latina che delle sue commedie intraprese Andrea Divo Giustinopolitano, divise il *Pluto* in otto atti; la qual cosa, benchè sia fuori di regola, non lascia di confermare l'assunto. Con qual sicurezza poi pretendasi affermare che Albertino Mussato non potesse dividere il suo *Ezzelino* in cinque atti, io

---

[1] *De Arte Poetica*, vers. 189, 190.
[2] Super quartam *in Verrem*.
[3] Acron. *Comment. in Poet. Horatii.*
[4] *Epist.* 5; apud Gruterum, *Thesaur. Critic.*, tom. I, sylloge 4, pag. 734.
[5] Vol. 3, par. I, dist. 5, cap. I, partic. I, pag. 308.

certo nol veggo. L'Osio che fu il primo a pubblicarlo e il Muratori che lo riprodusse nel tomo X degli *Scrittori delle cose d' Italia* lo confrontarono co' manoscritti, uno de' quali era del 1378, l'altro del 1390, per tacer degli altri: e par bene che uomini tanto ingenui, i quali non erano per nulla impegnati in questa presente quistione, non volessero alterar per nulla un' opera data fuori al solo fine d' arricchire la storia civile e politica non già la storia poetica: quindi, non avvertendoci essi del contrario, dobbiamo supporre che l' *Ezzelino* anche ne' manoscritti fosse diviso in cinque atti. In quanto poi agli antichi esemplari di Terenzio e di Plauto, o manoscritti si vogliano o stampati, io vorrei ben essere inteso da' miei contradditori. Altro è che qualche volta non vi si apponesse *Actus primus, Actus secundus;* altro è che scrivere non vi si dovesse. Oh! la sarebbe pur bella che, per non vedersi negli originali del Petrarca separati i quadernari e le terzine ne' sonetti e le strofi nelle canzoni, negar si volesse che mai il Petrarca non distribuì il sonetto e la canzone in membri o comprensioni In quegli esemplari dove tale distinzione era ommessa vi si sottintendeva; e ben i saggi sapevano in qual luogo cadesse il termine d' ogni atto. Nel farsi barbara a poco a poco l' Italia, e nella decadenza delle lettere, cominciò ad obbliarsi ciò che prima ben s' intendeva. Questi poeti drammatici, come riputati dannosi da' primi padri della Chiesa, da pochi si leggevano, e dall' incuria de' librai facilmente erano guasti, lasciandosi fuori anche ciò che talvolta sarebbe stato più necessario: quindi non era che gli atti non vi fossero in Terenzio ed in Plauto, ma era solo che non si potevano facilmente distinguere da chi non era molto in queste cose versato. Di ciò ne assicura Elio Donato, antichissimo gramatico, il quale nel quarto secolo fu precettore in Roma di san Girolamo, mentre nell' argomento dell' *Andria* di Terenzio da lui comentata scrisse: *Divisionem actuum in latinis fabulis internoscere difficile est.* Ecco ciò che si debba rispondere a questi sofistici che acchetar non si vogliono alla luce del vero. Ma dall' antichità primiera scendiamo un poco ai tempi più prossimi al Poliziano, e vediamo se di questi benedetti atti si conservasse più la semenza. Il chiarissimo signor abate Girolamo Tiraboschi nella seconda sua lettera, che io indicai nella prefazione, a me diretta, scrive: *Questa biblioteca* (del serenissimo signor Duca di Modena) *non ha edizioni molto antiche di Terenzio e di Plauto, ma ne ha parecchi codici manoscritti; e veramente nella più parte non v' è la divisione, ma pur vi è in alcuni; e uno cartaceo singolarmente vi ha di Terenzio, scritto, come si legge al fine, nel* 1448, *nel quale gli atti sono chiaramente divisi, e le scene an-*

cora; benchè a queste comunemente non si ponga in fronte il nome di scena, ma sol si distinguano l'una dall'altra col porre nel mezzo i nomi degli attori che parlano in ciascheduna. Ne abbiamo un altro assai bello in pergamena dello stesso poeta, in cui non si vede segnato l'anno, ma che al carattere si conosce essere certamente del secolo XV, anzi forse ancora più antico, perchè è scritto come se le commedie fossero in prosa e non in versi: e in questo ancora si veggon distinti in margine collo stesso carattere gli atti e per lo più ancora le scene col loro proprio nome. Io poi, avendo spesi alcuni giorni del carneval di quest'anno in Reggio a visitar l'archivio del nobilissimo signor conte Cristoforo Torello, il quale si è molto cortesemente degnato d'influire alle mie storiche ricerche sopra Guastalla, di cui ebbero già i suoi antenati il dominio, ho ammirato tra le altre rare e preziose cose possedute da lui un bellissimo Terenzio in pergamena, che a mio giudizio antecede per certo l'anno 1450. Questo è corredato di note interlineari e marginali prese da vari antichi comentatori e specialmente d'un certo Iacopino da Mantova, del quale sono ancora i preludi che ad ogni commedia vanno avanti: e in quello che va a capo di tutta l'opera ho letto queste parole: *Habet autem comœdia certos limites prolixitatis et brevitatis; non enim debet actibus pluribus vel paucioribus constare quam quinque: et idem de tragœdia intelligendum est: unde Horatius in Poetica:*

> *Neve minor neu sit quinto productior actu*
> *Fabula quæ posci vult et spectata reponi.*

Est autem actus illa continua recitatio quæ sine interpolatione et temporis intervallo fiebat in scena et ad populum in theatro congregatum. Ad ogni commedia poi, sebbene nel testo il quale è in bellissimo e grande carattere non siavi il titolo degli atti, le postille di Iacopino accennano sempre dove comincino e dove abbiano fine. Per esempio, al primo verso dell'*Andria*, che comincia *Vos istæc*, la postilla dice: *Hic primus actus*, ec.; e dove leggesi poi, *Quid ais, Byrria?* ec., la postilla soggiugne: *Hic incipit secundus actus, et durat usque, Jubeo Chremetem.* Siccome poi questo postillatore viene qui riferito insieme colle postille e note di altri che aveano lavorato sopra Terenzio assai prima che scritto fosse quel codice, così dobbiamo tenere quel Iacopino per antico scrittore e alla meno del secolo XIV. Intorno a quest'uomo ho consultato il signor abate Saverio Bettinelli, dopo ch'egli ha dato in luce i suoi due Discorsi *Delle Lettere ed Arti Mantovane:* egli però mi ha significato con sua cortesissima lettera de' 14 di marzo del corrente anno 1775 non aver di lui trovato menzione, ma che forse è stato equivoco de' padri Quetif ed Echard il chiamarlo *Gioannino*, potendo essere lo stesso che quel Gioannino da Mantova domenicano, di cui parlano essi,[1] il Tiraboschi,[2] ed egli stesso,[3] come d'uomo il qual visse fin verso il 1350 e poetò e postillò antichi scrittori. Or ecco ben nota la necessità di dividere i drammi in atti prima assai che nascesse il Poliziano. Facciamoci ora a que' tempi ne' quali egli scrisse l'*Orfeo*. Chi non sa quanti grammatici vivessero a que' dì? Io tacerò di molti, ma non già di Giorgio Merula morto contemporaneamente al nostro poeta ma assai più vecchio di lui; il quale comentò Plauto, e ben vi divise e distinse gli atti com' era d' uopo: lo che ognuno osservar può in tante ristampe che abbiamo di que' comenti. Mirabil cosa per altro! che, occorrendo stampar que' comici antichi, anche da coloro i quali erano persuasi della necessità di tale divisione questa si ometteva per un certo genio di uguagliar con quelle nobilissime prime edizioni la fedeltà di qualche manoscritto. Io posso far di tal uso apertissima fede, avendo veduto nella libreria di San Francesco di mia patria un testo magnifico di Plauto, stampato in foglio da Uldarico Scinzenzeler in Milano l' anno 1490, senza comenti e senza divisione di atti, ma con una lettera in fine di Eusebio Scutario vercellese a Giorgio Merula indirizzata, in cui somme lodi gli attribuisce per aver egli saputo distrigar gli atti nelle commedie di tal poeta, dicendo che, se prima era difficile il saperli distinguere, era avvenuto per la negligenza ed ignoranza dei librai: *Horum inscitia quibusdam in comœdiis actus internoscere divisionemque, quam clarissimi grammatici existimant scitu intellectuque in hoc genere præcipuam, quæ per prologum prothasin epithasin et catastrophen fieri solet, vix percipere poteramus.* Del pari ho veduto nella nostra libreria della Nunziata di Bologna un bel Terenzio in foglio, stampato in Trevigi per maestro Paolo Ferrari ai 5 di luglio del 1481, con i commenti del mentovato antichissimo Elio Donato che accenna ove debbansi gli atti distinguere, senza che poi lo stampatore abbiali nel testo separati. Anzi vi è di notabile in quest' opera, che il comentatore deduce motivo di distinguere atto da atto dal testo medesimo di Terenzio. Questi nel prologo dell' *Hecyra* si lagna che, avendo un' altra volta messa in teatro questa commedia e rappresentatosene a pena il primo atto, sparsa

[1] *Biblioth. Scriptorum ord. prædicator.*, tom. I, pag. 511.
[2] *Storia della Letteratura ital.*, tom. 5.
[3] *Note al primo discorso*, pag. 28.

voce fra gli uditori che si dava in quel punto a' gladiatori la mossa, tutta la gente si partì di platea:

> *Primo actu placeo: cum interea rumor venit*
> *Datum iri gladiatores. Populus convolat,*
> *Tumultuantur, clamant, pugnant de loco.*
> *Ego interea meum non potui tutari locum.*

Alle quali parole Donato prontamente soggiugne: *Primo actu placeo: rationabiliter dixit* primo, *quia quinque sunt actus, partes fabulæ.* Per tal modo spiegò anche tali parole Guidone ne' commentari suoi che ho veduti impressi colla commedia in Venezia nel 1508 a spese di Lazzaro de' Soardi. E queste dunque saranno quelle antiche edizioni e quegli inappellabili esemplari che vengono accennati dal padre Bianchi a favor della stitica opinione e della pedanteria ch' egli credette poter essere da ragion sostenuta? Se il Trissino, il Rucellai, il Giustiniano, e qualche volta il Torelli che non sempre trascurò la divisione degli atti, e se anche lo Sperone, e tra' moderni lo scrupolosissimo e religiosissimo Lazzarini, ebbero tale distinzione per nulla e non ne fecero caso; potevano forse per questo annullar quelle poetiche leggi che l' uso e l' autorità e la serie de' secoli aveano già stabilite? Questi sì non curarono la distinzion degli atti, ma ne furono ancora da Gregorio Giraldi giustamente ripresi: *Quinque sunt actus fabularum apud Latinos; tametsi hodie nonnulli hoc parum observant, multo contractiores fabulas actitantes, et præcipue in Hetruria.*[1] Ma, per non diffondermi più che non conviene in cosa tanto chiara, basti l' aver provato che tanto prima quanto in tempo del Poliziano i drammi in cinque atti si dividevano: la qual cosa non potendo essere da lui ignorata, dovette benissimo esser mandata ad effetto nell' *Orfeo*. Tal cosa, ripiglio, non poteva essere da lui ignorata; laonde fece poi menzione degli atti ove lasciò scritto aver la tragedia origine da' poemi d' Omero: *Idem et tragœdiæ summus habetur auctor, cum nihil profecto videri aliud Homeri poemata possint nisi actus quidam et dramata.*[2] Divise egli dunque l' *Orfeo* in cinque atti; e, per servire alla varietà e perchè diversa ne riescisse la condecorazione e la musica, fece il primo atto *pastorale*, il secondo *ninfale*, il terzo *eroico*, il quarto *negromantico*, e il quinto *baccanale*. Non fa ostacolo il veder il codice Vitali privo di tal divisione; primo, perchè non è il più antico, sic-

---

[1] *Poet. Antiq.*, dial. 6, pag. 241.
[2] *Prælect. in Persium*, pag. 489 editionis Episcopii.

come già dimostrai; secondo, perchè apparisce tal divisione ommessa a bella posta, come sono in esso tralasciati i due versi dell'Argomento che l'accennano. Tengasi pur dunque l'*Orfeo* in cinque atti diviso dall'autor suo; ed abbiasi per la prima delle tragedie volgari di tal pregio fornite.

OSSERVAZIONE IV.

Della Fistola.

[Pag. 137, v. 51.]

Qui nominata veggiamo la *fistola*, dove prima additavasi la *zampogna*. Il peggio nelle stampe dell'*Orfeo* si è poi, che una volta la zampogna, un'altra volta la fistola viene indicata: cosa che non va bene; poichè o che Mopso suonava la zampogna, e sempre zampogna chiamar si doveva; o che dava fiato alla fistola, e fistola mai sempre aveasi a dire; essendo questi due strumenti in realtà tra loro diversi. La fistola si è quell'organetto che da più canne dispari di misura e di suono congiunte insieme risulta; onde Virgilio

Est mihi disparibus septem compacta cicutis
Fistula.[1]

In tal maniera fu pure da Polluce descritta: *Fistula est calamorum compositio lino et cera coniuncta, aut tumultuario et rudi opere Tibiæ multæ, singulæ paullatim sub singulis desinentes a maxima ad minimam arundinem, ex altera parte sibi invicem propter inæqualitatem suppositæ; ut res non sit absimilis alæ avis. Quemadmodum enim in ala pennæ superiores sunt longiores quam quæ sequuntur, earum ordo semper decrescit usque ad minimam pennam; ita et in fistula plures sunt calami impares, cera iuncti per ordinem; sensim decrescunt, ut inferiores semper breviores sint.*[2] Lucrezio ascrive al caso l'invenzion della fistola, dicendo che il vento soffiando per entro le canne potè far conoscere l'effetto armonico che avrebbero prodotto.[3] Apollonio ne fece ri-

---

[1] *Eclog.* 2, vers. 36.
[2] Presso il padre Filippo Bonanni, *Gabin. Armon.*, num. XXII pag. 60.
[3] *De Natura Rerum*, lib. 5.

trovatore Mercurio:[1] ma più comunemente se ne dà lode a Pan dio de' pastori. Il sopraccitato Virgilio disse:

Pan primus calamos cera coniungere plures
Instituit.

E a lui consentì il Molza con una bellissima stanza della sua *Ninfa Tiberina.*[2] La *zampogna* poi è molto diversa dalla fistola; mentre è istrumento d'una semplice canna a vari fori, aprendo o chiudendo i quali per opera delle dita si eccita suonando varia modulazione. Udiamo Dante in testimonio del vero:

E come suono al collo della cetra
Prende sua forma, e siccome al pertugio
Della sampogna vento che penètra.[3]

Quindi sentiamo l'antico suo commentatore Cristoforo Landino che fu maestro del Poliziano: *Et come pe' pertugi, cioè buchi, della zampogna o zufolo o piffero, el vento, idest el fiato che vi mette el sonatore, piglia sua forma di voce, penetrando, idest trapassando, per detti buchi.* Così parimente Bernardino Daniello: *Et sì come al pertugio della sampogna prende sua forma il vento, cioè il fiato, che per quello penetrando col chiuder colla mano e scoprir del piffero forma il suono.* Nè meno è da considerarsi un passo di Lorenzo de' Medici:

Sentirai per l'ombrose e verdi valli
Corni e sampogne fatte d'una scorza
Di salcio o di castagno.

Nè manco l'espressione di Iacopo Sannazzaro nel discorso diretto alla sampogna in fine della sua *Arcadia,* ove dice: *Conciossiachè a me conviene, prima che con esperte dita sappia misuratamente la tua armonia esprimere, per malvagio accidente dalle mie labbra disgiungerti.* Ben però si appose il Menagio, quando dedusse la voce *sampogna* da *sambuca;* giacchè la sambuca non era diversa per nulla dall'istrumento finora descritto, come la pittura fattane da un certo Damio presso Ateneo nelle *Meccaniche* ci manifesta. So bene per altro, che alcuni hanno pensato che la sambuca fosse strumento da corde, derivandola da *sambyce* voce greca

---

[1] *De Deor. Origin.,* lib. 3.
[2] *Ninfa Tiberina,* stan. 19.
[3] *Paradiso,* cant. 20, vers. 22.

presso Porfirio: nel quale sentimento concorrono Celio Rodigino[1] ed il Calmet.[2] Il Quadrio però avverte *che si debbe esser letto negli antichi scrittori non di raro per errore* sambyce *in vece di* iambice. E la *iambice* era realmente un istrumento da corda, come da Polluce allegato da Giovanni Ravisio si apprende: *Julius Pollux multa instrumenta ad hanc artem facientia enumerat. Inter ea quæ pulsantur, inquit, sunt Lyra, Cythara, Barbiton, Psalterium, Phœnix, Spadix, Lyrophœnicium, Clepsyambus, Pariambus, Jambice, Scindapsus, Epigoneum, Hypospadius.*[3] Supposto dunque per indubitabile che la sambuca fosse strumento da fiato (che per tale anche l'Ariosto la ebbe, come veder si può nel canto 17 del *Furioso* ove parla dell'Orco), e veduto come da sambuca venga sampogna, e indicata la differenza che passa tra questa e la fistola; conviene tener per fermo che fistola e zampogna non è lo stesso, e che non si può una voce per l'altra adoperare: laonde con molto accorgimento il padre Filippo Bonanni le distinse nel suo *Gabinetto Armonico*, parlando della fistola al num. XXII e della zampogna al num. XXVII. Ora il vero testo del Poliziano esser non può quello che si è stampato finora, giacchè malamente vi si confondono questi due istrumenti: ma sarà bensì quello che noi abbiamo scoperto, poichè, sempre la fistola accennandosi, non s'incorre in alcuna disconvenienza che possa far torto alla erudizione dell'autore.

OSSERVAZIONE V.

Del coro delle Driadi.

[Pag. 143, v. 150-183.]

Il coro delle Driadi da Virgilio accennato egli (*il Poliziano*) eseguillo, ma con arte mirabile; compiacendosi d'imitare in esso i canti a ballo de' Greci. Scrive Galeno che questi, *quoties cantando aram a dextra circuibant,* strophen *vocabant; cum vero redibant a sinistra,* antistrophen: *demum, cum in cospectu dei consisterent et cantici reliquum peragerent, id* epodon *dicebant.*[4] Perchè poi il ballo tanto a

---

[1] *Lection. Antiq*, lib. 9, cap. 4.
[2] *Diction. Biblic.*, artic. *Musica.*
[3] *Officina*, par. 2, pag. 38.
[4] *Galenus, de Usu Partium*, lib. ult.

sinistra quanto a destra era di ugual tempo, e la posata d'un altro; così la strofe e l'antistrofe nel canto si tessevano d'un egual numero di versi disposti coll'ordine stesso, e nell'epodo tenevasi un'altra legge diversa. Il Poliziano intendentissimo delle regole poetiche volle comporre questo coro di varie comprensioni, ognuna delle quali avesse strofe antistrofe ed epodo; con questo però, che la strofa fosse sempre la stessa e servisse ad un tempo d'intercalare e di ripresa. Adunque il presente coro sul teatro dovette essere cantato e ballato insieme; giacchè, come osserva Dempstero, *dicebatur* chorus *multitudo canentium et saltantium cum tibicine.*[1] Ma, se il coro era composto da una moltitudine di attori, si potrebbe ricercare da quante Driadi potesse questo essere rappresentato. Potrà soddisfarci di questo dubbio lo stesso Poliziano, il quale altrove lasciò scritto: *Erant autem tragicis comicis satyricisque poetis communia quædam: nam quadratum habebant chorum.... Chorus item tam satyræ quam tragœdiæ sexdecim personis constabat; cum essent in comœdia quatuor et viginti.*[2] Sicchè converrà credere che da sedici Driadi dovesse questo coro cantarsi. Oltre a tutto questo si potrà chiedere se tutte cantassero le Driadi del coro alla rinfusa o con qualche ordine. A questo si dice che non poteva il Poliziano ignorare la legge prescritta da Aristotele, che un solo attore debba sostenere la parte principale del coro: *Chori summam penes unum dumtaxat ex histrionibus esse oportet.*[3] Una sola Driade cantar doveva e la turba tutta poi ripetere nella posata l'intercalare: la qual legge tenuta si scorge anche nell'ultimo coro delle Menadi. Per intender meglio ancora come si distribuissero talvolta i cori dagli antichi, osserveremo una lettera di Filippo Pigafetta, il quale, narrando come l'anno 1585 si recitò nel teatro Olimpico di Vicenza l'*Edipo Tiranno* di Sofocle tratto dal greco da Orsatto Giustiniano, dice che *il coro era formato di quindici persone, sette per parte, ed il capo loro nel mezzo; il qual coro in piacevol parlare ed armonia adempì l'uffizio suo.*[4] Intanto poi volle il Poliziano comporre questo coro di Driadi, in quanto che, siccome ben dice il Quadrio, i cori dovevano sempre esser da coloro rappresentati *che verisimilmente erano stati presenti e interessati o verisimilmente dovevano o potevano esser presenti e interessati nell'azione*

---

1 *Antiquit. Roman.*, lib. 5, cap. 9, pag. 463.

2 *Prælect. in Persium*, pag. 513, edit. Episcopii.

3 *Poetic.*, cap. 18.

4 *Raccolta Milanese del* 1756, foglio 35.

esposta sulla scena: [1] nel che si mostrò assai più giudizioso di Seneca o di qualunque altro si fosse l'autor di quelle tragedie che vanno attorno sotto il nome di Seneca; poichè in esse tal legge troppo trascurata si scorge.

OSSERVAZIONE VI.

Della Ode latina che leggevasi nelle stampe dell'Orfeo, di Baccio Ugolini, e de' versi latini intramessi ai toscani.

[Pag. 145, v. 197-200.]

L'ode che in vece di questo tetrastico si legge nell'edizion di Comino e nell'altre stampe è la seguente:

O meos longum modulata lusus ec. [2]

Nell'opere latine del Poliziano stampate per Aldo per l'Episcopio pel Griffio e per altri quest'oda tiene l'ultimo luogo tra gli epigrammi dell'autore con questo semplice titolo: *In laudem Cardinalis Mantuani:* nè si può mettere in dubbio che scritta non fosse in lode del cardinal Francesco Gonzaga, a cui richiesta fu anche composto l'*Orfeo.* Ma nell'*Orfeo* stampato dal Benedetti e poscia nelle altre edizioni fino all'ultima cominiana le si fanno precedere queste parole: *Orpheo, cantando sopra il monte in su la lyra e' seguenti versi latini, li quali a proposito di messer Baccio Ugolino actore de dicta persona d'Orpheo sono in honore del Cardinale mantuano, fu interrotto da uno pastore nuntiatore della morte de Euridice.* Correggasi primieramente la stampa cominiana, ove *Braccio* in vece di *Baccio* malamente si legge; e poi si osservi come abbiasi quivi per certo che l'Ugolini in Mantova si ritrovasse quando fu rappresentato la prima volta l'*Orfeo;* e di più, ch'egli fosse il principale attore nella tragedia: la qual cosa non è certamente improbabile, anzi può fiancheggiarsi per l'apparenza di assai buona ragione. In fatti noi abbiamo per certo che fosse già famigliare del mentovato cardinale, come raccogliesi da una lettera di Lodovico Gonzaga Eletto mantovano, da noi altre volte citato, la quale è data a Ruffino di Gabbioneta, suo

---

1 Vol. 3, lib. I, pag. 356.

2 Vedila nella prima lezione dell'*Orfeo* a pag. 102 di questa edizione (Gli Edd.)

agente in Roma, il giorno 10 di gennaio del 1485. Eccone le parole: *Quando lo Baccio nostro Ugolino, al quale, per le virtute e meriti suoi, e per essere stato affectionatissimo servitore della bo: me: del reverendissimo Cardinale nostro observandissimo fratello e padre, e de tutta la casa, com' egli è etiam de presenti, portiamo singular amore, voglia stare in quella casa nostra, et havere una camera honorevole et apta a sè per allogiamento suo; senza renitentia e dilatione veruna assignategliene una, e fateli buona compagnía, perchè così è totale intentione nostra.* Non ripugna dunque che nel 1472 esser potesse in Mantova in compagnía del cardinal Gonzaga. Da ciò si convalida il parer del Menckenio [1] che disapprova l' opinione del Clausio, dove pretende che l' Ugolino fosse discepolo del Poliziano: [2] poichè, se il Poliziano in età d' anni diciotto trovossi in compagnía dell' Ugolino dietro al cardinal di Mantova, almeno almeno dovevano essere ambidue della stessa età; e quantunque più giovine l' Ugolino suppor si voglia, non era però il Poliziano in istato di essere precettore d' altrui, non per mancanza di sapere, ma per difetto d' età e d' autorità. Questi veramente chiamossi *Bartolommeo,* ma poi fu detto *Baccio* all' uso fiorentino, giacchè di Firenze nato egli era: e di tal cosa abbiam testimonio nelle lettere del mentovato Eletto mantovano, ove ora all' un modo ora all' altro suol nominarsi. Vari elogi di lui veder si possono tra le epistole di Marsilio Ficino, di Giovanni Pico mirandolano, e del Poliziano nostro, specialmente in una che scrive a Francesco Pucci, ove tra' molti suoi pregi quello si annovera d' essere stato eccellentissimo improvvisatore. [3] Fu molto caro al Magnifico Lorenzo de' Medici, che se ne servì poi in varie ambascerie ed onorevoli uffizi: e di lui alcune rime si trovano in qualche antica raccolta e ne' manoscritti; avendosene saggio ancora in quello del signor dottor Buonafede Vitali, nome a me oltremodo carissimo. Stando però al proposito dell' oda, io non dubito che scritta non fosse nell' occasione in cui fu scritto l' *Orfeo,* nè dubito che non fosse recitata in un pieno consesso davanti al cardinale o da Baccio o da chiunque altro: ma nego bene che fosse fatta pronunziar dalla persona di *Orfeo* in su la scena nel mezzo della tragedia. Io non mi scorderò mai ciò che ho letto in Aristofane comico greco:

Oportet poetam virum ad fabulas
Quas oportet facere et repræsentare, ad has mores habere. [4]

---

1 Sect. I, § 5, nota (*p*), pag. 90.
2 *Dissert. de Angelo Politiano,* cap. 9, pag. 22.
3 *Politiani Epist.,* lib. 6, pag. (*mihi*) 171.
4 *Cerealia,* pag. (*mihi*) 475.

Il costume, parte della drammatica non mai abbastanza raccomandata, è troppo necessario. Intendiam per costume, che gli attori su le scene debbono pensare parlare operare come avrebbero pensato parlato ed operato a que' giorni ne' quali vivevano. Se un attore antico si fa pensare parlare ed operare alla moderna, tutto è sconvolto il buon ordine e il verisimile: e facilmente s' adira l' animo ben formato dello spettatore, se vegga Achille, in vece di gran targa e di lancia, armato di pistola e di moschetto. Del pari è troppo disaggradevole che un uomo vissuto da molti secoli addietro veggasi venir a parole con uno de' tempi nostri; poichè allora commettesi quell' intollerabile anacronismo che è sconvolgitor non tanto del costume quanto d' ogni altra buona legge di poetica di critica e di qualunque cosa si voglia, e che troppo meritevolmente vien condannato da un moderno Francese.[1] Molto più ciò è degno di biasimo, se quell' attore s' induca a favellar di cose delle quali nè potè nè dovette aver idea veruna. Ora siamo nel caso. Se voglia supporsi che l' oda riferita fosse posta in bocca d' Orfeo, eccoci un antico il quale favella ad un moderno qual era il cardinal Francesco: ecco un uomo che parla di cose che al suo tempo non erano ancora, poichè dice di Virgilio e indica il nome di Mecenate e discorre della famiglia Gonzaga, cose tutte recenti al paragone de' tempi d' Orfeo: ecco finalmente ch' egli accenna il cappel rosso de' cardinali, che non fu dato loro se non se da Paolo II sommo pontefice morto un anno prima che questa tragedia composta fosse:[2] ecco che fa menzion del triregno cui augura al Gonzaga: cose tutte delle quali per niun conto può supporsi che Orfeo avesse la menoma idea. Quindi, se creder si voglia che Orfeo su la scena condotto recitasse quest' oda, non possiamo non tacciare il Poliziano d' inavveduto e di poco giudizioso, e lo dovremmo confondere colla feccia de' più abbietti componitori di favole e di rappresentazioni: tra' quali io avrò sempre in memoria un tale Agostiniano, di cui non mi ricordo il nome, essendomi stato gentilmente rubato quel libro; il qual compose in ottava rima una Passione di Cristo teatrale, ove indusse Gesù benedetto a far testamento, il qual si legge rogato da san Giovanni Evangelista, con dentro sparsivi alcuni testi latini ai quali ei si riporta, ed uno specialmente tolto dal Simbolo di santo Atanasio. Ma no, che il Poliziano non merita d' andar a fascio con simil razza di poetastri: e tanto meno lo merita, quanto da' nostri due codici viene purgato del tutto dalla taccia in cui debb' essere

---

1 Veggasi la *Telemacomania*, o sia Critica al Telemaco.

2 Platina, in *Vita Pauli II*.

stato finora presso degl' intendenti che avranno creduto l' *Orfeo* scritto dal Poliziano come si è letto finora. Indusse egli adunque Orfeo su la scena in atto di cominciare un inno ad Ercole, cosa corrispondentissima al costume di quell' antico Trace: il qual inno, se gli fosse stato lasciato finire, sarebbe forse stato brevissimo, non dovendo ignorare il Poliziano ciò che aveva scritto Pausania degl' inni di Orfeo; giacchè Pausania, come ci assicura il Patrizi, *scrive essere stato picciolo negl' inni suoi e di somma brevità.*[1] Ma e come, dirà taluno, fu in vece di questo tetrastico inserita nell' *Orfeo* quell'oda? Io già ne ho indicato il modo nella prefazione. Questa tragedia fu malamente raccolta a memoria ed accozzata coi frammenti delle distribuite parti o col sussidio di qualcheduno che vi aveva agito in rappresentarla. Non avendosi tutto a mente, e restando assai cose obbliate, e tra le altre il presente tetrastico; fu creduta bellissima cosa porre in bocca ad Orfeo l' oda riferita, come cosa nata in quelle medesime circostanze in cui apparve l' *Orfeo*: e fu più facile il riporvi questa, come cosa più nota e di cui l' autore non doveva essere stato tanto geloso, come dell' *Orfeo* si dimostrò. Che se non piaccia questo sistema, eccone in pronto un altro forse più plausibile. Quell' esemplare che diè norma a tutte le stampe fatte finora era stato probabilmente lacerato in una carta che tutta mancava, e nella quale tutta la passata azion delle Driadi ed il tetrastico doveasi contenere. I secondi copiatori, trovandovi questa laguna nè indovinar sapendo ciò che esser vi dovesse e ricordandosi unicamente che in questo luogo cader doveano certi versi latini cantati da Orfeo, cacciaronvi l' oda, come quella che poteva benissimo contenere lo spazio d' un' intera carta; e così credettero d' aver supplito al difetto dell' esemplare. Parmi ora dovere l' accennar qualche cosa intorno a questo miscuglio di latino e di volgare. Ad alcuni, i quali con occhio più indifferente del mio l' osserveranno, parrà impropria la mistura che qui si vede. Io non darò loro il torto onninamente; ma gli esorto a riflettere un pochetto a quel secolo non ancora dirozzato affatto in certe cose: sebbene, riflettendo io alquanto su di questo, trovo onde potere il nostro autor iscusare. Io mi figuro ch' ei pensasse così. Quando Orfeo agisce in tutto il dramma, parla non meno di quello che parlino gli altri; e il parlar suo, benchè messo dal tragico in versi, si dee però suppor famigliare. Qui facendo mestieri guidar Orfeo su la scena agitato dall' estro e in aria di poeta che va attualmente cantando, bisogna farlo parlar in modo che si conosca esser

[1] Patrizi, *Poetica*, Deca Istoriale, lib. I, pag. 19.

egli veramente sorpreso dalla sua poetica smania: lo che non si potrà far meglio che facendolo verseggiare latinamente. Di tal maniera cred'io che pensasse il Poliziano quando scrisse questa poesia. Anche Dante aveva operato così, facendo intuonar un canto ad uno spirito celeste, al principio del canto 7 del *Paradiso*, in lingua latina:

> Osanna, sanctus Deus sabaóth,
>   Superillustrans claritate tua
>   Felices ignes horum malaóth.
> Così volgendosi a la nota sua
>   Fu viso a me cantare essa sustanza
>   Sopra la qual doppio lume s'addua.

Matteo Visconte da San Canziano ebbe in venerazione questo miscuglio di latino e volgare fatto dal Poliziano, e lo addusse a propria giustificazione, perchè innanzi alla *Storia Veneta* d' Antonio Sabellico da lui riportata in volgare, scrivendo a Oldrado Lampugnano, disse: *Ho visto molte cose latine e vulgare insieme mixte*, e scrivendo eziandio a Niccolò Gambo così si espresse: *Ridebis forsan, Gambe diserte, quod latinum miscuerim vulgaribus: sed contine risum, amicorum lepidissime. Legas Politiani ornatissima dictata, quæ utroque stylo mixta reperies. An non licet mihi facere quod ille?* Questa traduzione fu certamente veduta in sogno dall' Argelati; poichè nella sua *Biblioteca de' Volgarizzatori* scrisse aver detto il traduttore che s' era inteso d' imitar il Poliziano nel trasportar le opere altrui di latino in volgare; cosa nè da lui detta nè mai fatta dal Poliziano.

OSSERVAZIONE VII.

Della duplicità di scena nell' atto IV.

[Pag. 118.]

Le parole che sono nel testo reggiano e che dicono, *Etenim duplici actu hæc scena utitur*, mi paiono alquanto stravaganti; e credole errate dall' amanuense. Tengo che debba leggersi, *Etenim duplici actus hic scena utitur*; vale a dire, che in quest' atto fossero rappresentate allo spettatore due apparenze di scena nello stesso tempo, una diversa dall' altra. Non aveva già l' antico teatro un solo viale in cui sempre si vedessero gli attori e in cui a forza di versatili ordigni potesse farsi disparire la scena per indurvene un'altra, siccome accade nel teatro moderno. Allora lo spettatore, in qualunque punto si fosse messo, aveva il piacere di vedersi aperti allo sguardo tre viali; uno de' quali rappresentava, a cagion d'esempio, una strada, l'altro una reggia, l'altro una prigione. Così ce li dipinge Lorenzo Beyerlinck: *Dextra scenæ parte peregrini et hospites egrediebantur; in sinistra carcer erat; medium locum regia obtinebat Mediæ parti duæ præterea portæ adiunctæ erant;*[1] e ciò per passar comodamente, occorrendo, da un luogo all' altro. Anche Dempstero[2] così descrive l'antico teatro: e i disegni di esso, che abbiamo in Vitruvio illustrato da Daniel Barbaro e riportati dal Quadrio e dal Bianchi, non ci lasciano in dubbio di questa verità. Quindi è che, commemorando Plinio,[3] e con lui Alessandro degli Alessandri,[4] quel teatro che Scauro *in ædilitate fecerat triplici scena*, intendiamo subito come fosse costrutto. Il celebre Palladio volle con eguale architettura innalzare il celebre Teatro Olimpico di Vicenza, di cui veggiamo il disegno presso il Riccoboni che in tal guisa ne parla: *Les sçavans ne peuvent pas comprendre comment dans plusieurs endroits des comédies de Plaute des acteurs se trouvent sur la scène tous les deux avec empressement et qu'il disent plusieurs répliques l'un et l'autre sans se voir. Le Théàtre Olympique nous met au fait de tout cela.*[5] Uno di questi luoghi di Plauto è certo l'atto quinto dell'*Asinaria*, ove Argirippo Demeneto e Filenia si veggono far tempone entro una casa, e dall'altra parte si scorge Panfago con Artemona moglie di Demeneto su la strada venir all'uscio della casa ed osservar ciò che dentro si faccia; veggendosi dall' uditorio in un tempo stesso operare tanto gli uni quanto gli altri; insino a tanto che Artemona soffrir non potendo più le dissolutezze del vecchio marito spingesi dentro la casa, e sfoga con detti amari la collera sua Ciò premesso, io dico che il teatro ove fu recitato l' *Orfeo* in Mantova dovette essere costrutto in modo, che giusta i prescritti esempi aprisse in questo luogo agli uditori due rappresentazioni di scena, una delle quali rappresentasse la via che faceva *Orfeo* accostandosi all' inferno, l'altra mostrasse l' inferno stesso in cui si veggono agire Pluto e Proserpina rapiti dal nuovo canto che vien di fuori. E qui bisogna notare che, piacendo

---

1 *Theat. vitæ hum.*, tom. 7, tit. *Tragœdia*, pag. 191.
2 *Antiquit. Roman.*, lib. 5, cap. 10, pag. 461.
3 Lib. 36, cap. 15.
4 *Dies Geniales*, lib. 4, cap. 25, pag. 650.
5 *Hist. du Théât. Ital.*, Catalog. des Trag. pag. 175.

assaissimo in quel secolo le maravigliose rappresentazioni e le macchine sorprendenti, delle quali abbiamo descrizioni assai vive in molti scrittori d'allora, si dee supporre che nella scena rappresentante l'inferno vi fossero in bell'ordin disposti ne' loro tormenti e Sisifo e Tantalo e Tizio ed Issione e le Belidi, che poi al cominciar del canto di Orfeo veggonsi arrestare da' loro martirii, siccome pur si vede che la porta d'Averno spalancasi spontaneamente, giusta ciò che indicato viene per la prima parlata di Pluto. Lo scorgere come Euridice venga messa fuori del regno tartareo e come poi di nuovo sia' ad Orfeo rapita per non aver serbata la legge data, sempre più mi conferma che due rappresentanze di scena in quest'atto allettassero la vista degli spettatori. Pertanto le indicate parole latine sono state per certo malamente scritte nel codice; e legger si debbono: *Etenim duplici actus hic scena utitur.*

OSSERVAZIONE VIII.

Del polimetro usato dal Poeta in questa Tragedia.

[Pag. 148 e seg., v. 257-268.]

I nostri codici ci danno questa parlata, come anche l'altra di Proserpina, in foggia di madrigale; laddove le stampe ce la somministrano in ottava. Potè benissimo il Poliziano in questi due passi cangiar metro, perchè vi avesse luogo un tuono di musica più patetico e corrispondente alla qualità di chi parla. Io so che il chiarissimo signor abate Serassi non approvò troppo il consiglio del Poliziano, scritto avendo egli nelle Annotazioni alle Rime di Baldassar Castiglione: *Nel Poliziano si leggono terze rime, canzonette, ballate, e per sino un' ode latina; che se non fossero così belle naturali e gentili come elle sono, certo non potrebbe piacere tanta varietà di metro in un solo componimento.*[1] Ma negar non potendosi che questa tragedia non fosse alla musica accomodata, egli è ben chiaro che niuna diversità di tuoni si sarebbe potuto agevolmente porre in uso, se tutta fosse stata legata o in ottava rima; massime allora quando la musica era semplice ancora, nè avevano pur anche i mastri di cappella imparato a far gorgheggiare un quarto d'ora sopra una sillaba sola ed a guastar i versi de' poeti dimezzandoli tras-

---

[1] *Poes. di Baldass. Castigl.*, pag. 58.

portandoli e ripetendoli al rovescio, per farli servire alle loro capricciose cantilene. Tutti i versi e tutti i metri hanno la propria loro armonía, richieggono il loro determinato tempo e fors' anche diverso tuono. Ma questa verità, che al dì d' oggi non si vuol da' musici intendere, ben si capiva in allora, quando l' arte prendeva sua norma dalla natura. Allora il musico serviva al poeta e secondava col canto le armoniche note del linguaggio poetico. Al Poliziano adunque componitor dell' *Orfeo* spettava il ritrovar metro vario, acciocchè varia e più dilettevole riuscisse la musica; e tanto egli fece lodevolissimamente al parer mio. Io non so poi per qual legge abbiasi a voler un dramma tutto d' un metro, quando non mancano esempi in Euripide in Aristofane ed in altri, che approvano chiaramente la pratica della sempre piacevole varietà. A' nostri giorni lo sciolto ha deciso abbastanza sul modo di scriver tragedie; ma, quando il Poliziano viveva, non si era pensato ancora a questo saggio ripiego: ond' egli dovevasi attenere a quanto poteva essere giudicato migliore nelle circostanze de' suoi tempi, e specialmente in occasione di tessere un dramma applicabile alla musica.

OSSERVAZIONE IX.

Della intitolazione dell' Atto V (Baccanale).

[Pag. 155.]

Il Baruffaldi, soggetto notissimo alla repubblica letteraria, non ebbe notizia alcuna del titolo che il Poliziano mise in fronte a questa ultima porzione dell' *Orfeo:* ciò non ostante, discostandosi alquanto dal Crescimbeni che l' aveva riconosciuta per ditirambica,[1] egli la ripose tra le bacchiche o vogliam dir baccanali.[2] Alcuni prima di lui non avevano ben distinto la poesia ditirambica dalla baccanale, com' egli fece: non essendo però la legge ch' egli dà rigorosa di modo che non si possano in certa maniera confondere queste specie di poesia, io la considero tanto per ditirambica quanto per baccanale, affine di uniformarmi alla dottrina del Poliziano istesso, che mostrò l' una e l' altra poesia aver per tutt' uno là ove scrisse: *Athenienses festis Liberi patris, quæ* Dionysia *illi, nostri*

---

[1] *Comentari*, vol. I, lib. 4, cap. 14 e 15.
[2] *Proginnasmo* avanti a' suoi *Baccanali*.

Baccanalia *seu* Liberalia *vocitarunt*, ec.[1] Dico che qui il Poliziano tiene che ditirambo e baccanale sia lo stesso; giacchè le feste, o sia le poesie intorno le lodi di Bacco, che da Platone furono appellate *ditirambi*,[2] egli dice che da' nostri si chiamarono *baccanali*. Avendo poscia intitolato *baccanale* quest'atto ove rappresentati vengono gli stravizzi delle Menadi in onore di Bacco, apparisce maggiormente che non si diè pena di mettere distinzione fra ditirambo e baccanale; giacchè il titolo di *baccanale* usato da lui a caratterizzare le saltazioni e i canti delle Menadi adoperollo ancora ad accennare ciò che da Platone fu distinto col titolo di *ditirambo*. Ripetiamo ora l'intero senso dell'interrotte parole già allegate dal Poliziano, e veggiamo ciò ch'egli ne insegni: *Athenienses festis Liberi patris, quæ* Dionysia *illi, nostri* Baccanalia *seu* Liberalia *vocitarunt, cum pöesis alia genera, tum in primis veteres comœdias in queis vitia hominum sanarentur, adhibuerunt, quod hunc præcipue deum purgandis præesse sensibus opinabantur*. I Greci dunque nelle feste di Bacco rappresentavano, giusta il nostro autore, le antiche commedie, le quali, come a bella posta ordinate ad onor di quel nume, saranno state ditirambiche. Ma così avveniva parimente delle tragedie, le quali, giusta l'insegnamento di Martin del Rio, erano a' primi tempi parte satiriche, vale a dire istruttive e correggitrici del costume, parte ditirambiche.[3] Saggiamente però il Poliziano, dopo aver dato alla sua tragedia la parte istruttiva, compiacquesi di compirla colla ditirambica, onde meritarsi poi la gloria d'essere stato il primo a scrivere ditirambi volgari. Udiamo ad onor suo ciò che ne scrive il Menckenio: *Et, ut certius constet quid incrementi Politianus vernaculæ poetices studiis attulerit, refert Crescimbenius in* Istor. della Volg. Poes. lib. 1, pag. 17 et 170, *et in* Comentar. intorno l'Istor. della Volg. Poes. vol 1, lib. 3, cap. 14, pag. 151, *omnium primum a Politiano ex Græcia in Italiam accersitum esse illud carminis genus, quod* dithyrambum *vocatur, nec latinis unquam nec italicis antehac metris accomodatum. Dithyrambi hanc constat rationem esse, ut quædam in eo omnium metrorum sit permixtio; in verbis et actionibus licentiæ locus detur; non cohæreat, non ad regulam afficta sit oratio; sed quasi dithyrambico, hoc est Bacchi, afflatu concitatus videatur poeta. Quæ causa est cur carminis hoc genus in Bacchi maxime honorem, aut quod rectius cernas de rebus quibusque ludicris et*

---

1 *Prælectio* in Persium.

2 Plato, *de Legibus*, lib. 3.

3 *Syntagma tragœd. latin.*, lib. I, cap. 3.

iocosis, effundi soleat. Hujusmodi cantiunculas patrio sermone primus condidit Politianus, etsi hanc ei gloriam dubiam facere conatus sit Benedictus Florettus, solertissimus ille sub initium sæculi XVII italici sermonis emendator, qui unum illum, quem libro III suorum Progymnasmatum Poeticorum (Proginnasmi Poetici) *sub nomine Udeni Nisieli editorum attulit, dithyrambum omnium primum venditavit qui intra fines nati sint italicos. Confer Crescimbenium lib. c. Sed, huic si contigisset esse tam felicem ut in eorum quæ tot annos ante ipse cantaverat Politianus notitiam venisset, nihil ad se pertinere inventionis huius laudem intellexisset facile. Idem dicendum adversus Ptolomæum Nozzolinum, qui parum gnaras eorum quæ a Politiano sunt composita dithyrambicæ compositionis gloriam primus perperam Francisco Mariæ Gualterotto tribuit in carmine italico.* Il Verme della Seta, *notatus eo nomine a Josepho Blanchino in Præfatione libelli* Brindisi di Antonio Malatesti e di Pietro Salvetti, *et a Dominico Maria Mannio in Commentario* de Florentinis Inventis, cap. 45, pag. 87. *Extant enim huius generis versiculi in fabula Politiani* Orfeo *inscripta.*[1] Questo primato di poeta ditirambico o baccanalesco vien conceduto al Poliziano anche dal Baruffaldi e da molti altri moderni. Il Crescimbeni però fu in questa parte poco avvertito; poichè, dopo aver assegnata al Poliziano una tal gloria, gliela tolse poi senza accorgersene, battezzando per ditirambo un componimento d'incerto, da lui riscontrato nella Raccolta dell'Atanagi, il qual comincia:

Passando con pensier per un boschetto;

credendolo egli scritto assai dopo i tempi del Poliziano; nel che s'ingannò.[2] Questo componimento fu la prima volta tratto dai codici della Vaticana da Basilio Zanchi bergamasco, il quale sommistrollo all'Atanagi,[3] da cui l'anno 1566 fu pubblicato nella detta Raccolta.[4] Ma ventidue anni dopo, cioè nel 1588, comparve alla luce in Firenze la *Storia della Famiglia Ubaldini*, scritta da Giambatista di Lorenzo Ubaldini ed impressa dal Sermartelli; ove si vide prodotta novellamente quella poesia sotto il nome di Ugolino di Azzo Ubaldini, il quale fioriva circa il 1240 e dolcissima lingua nelle rime adoperò. Frattanto, capitata essendo alle mani del Crescim-

---

1 Loc. cit., sect. I, § 13, nota (*a*), pag. 254.
2 *Comentari*, vol. I, lib. 3, cap. 14.
3 Mazzoleni, *Rime Oneste*, tom. 2, pag. 402; e Atanagi, nell'Indice.
4 Atanagi, *Rime di diversi*, par. 2, car. 171.

beni la *Storia de' Poeti Toscani* scritta a mano dal Zilioli, ed essendo per esso illuminato del tempo in cui fiorì l'autore del componimento, non volle più che si credesse ditirambo:[1] nel che, a mio parere, errò non poco; posciachè, se quella poesia era veramente ditirambica, doveva dirsi tale, o foss' ella più antica o più moderna, non dipendendo la natura d'un poema dal tempo in cui fu dettato. Ma, sebbene ancora il Quadrio quasi di proprio capriccio fra i ditirambi la collocasse, non parve però tale all' Atanagi, che l'appellò semplicemente *piacevolissimo scherzo* ed ancor *gentil frottoletta*; nè parve pur ditirambo al Mazzoleni che nella sua pregevolissima Raccolta delle *Rime Oneste* tra gl' idilli la collocò. A me pare sanissimo e prudente il consiglio di questi, potendosene persuadere chiunque detta poesia legger vorrà. Consiglio però chi leggere la volesse con vantaggio a confrontar la lezione dell' Atanagi con quella dell' Ubaldini; o, se non ha l' Ubaldini, adopri il Quadrio o il Mazzoleni; poichè vi troverà notabilissime varietà. Vorrei ancora che il mio osservatore non omettesse di prendere fra le mani le poesie di Baldassar Castiglione arricchite di note dall' abate Serassi; poichè nella nota XIII al *Tirsi* vedrà riprodotta questa cosa medesima come non più stampata, benchè tante e tante volte veduta si sia, e sentirà come intitolandosi *Caccia di Franco* attribuita venga a Franco Sacchetti. Il libro è stampato in Roma dal Pagliarini nel 1760. Ora, non essendo questo componimento nè ditirambo nè baccanale, non toglie al nostro Poliziano il vanto di primo scrittor ditirambico in versi volgari.

OSSERVAZIONE X.

Di alcuni versi espunti dall' atto V nell' edizioni cominiane.

[Pag. 155, v. 386.]

Nelle moderne edizioni veggiamo espunti qui li quattro primi versi di questa ottava; e dopo la susseguente veggiamo otto stelluzze che ci avvertono esserne ivi stata un' altra che viene ommessa. Chiunque argomenterà che queste siano due lacune rimaste per non essersi potuto rilevar le parole del testo. Ma no: la modestia ha voluto che tanto questi quattro versi quanto l' altra ottava si tralasciassero. Nell' edizione

---

[1] *Comentari*, vol. 2, par. 2, lib. I, pag. 33.

del Benedetti e in quella del Bazalieri si leggono così:

Da qui innanzi vo' côrre i fior novelli, ec.[1]

L'ottava poi interamente lasciata è come segue:

Fanne di questo Giove intera fede, ec.

Ognuno, senzach' io più parli, vede l'infame vizio che qui a seguir si propone, per cui già piovette alla sozza Pentapoli fuoco distruggitore dal cielo. Prima di tutto viene a ricercarsi se il Poliziano potesse avere scritto tai versi. Io tengo che sì, perchè non riconosco troppo perfetto in linea di virtù morali il nostro poeta; nè potè essere del tutto finta o maligna la fama che di lui pervenne al Giovio, che cel dipinge di quel costume reo che negli accennati versi viene inculcato.[2] Per quanto lo difendano dalla taccia d'irreligioso il Vossio il Menckenio ed il Serassi, parla abbastanza del corrotto suo cuore quel prologo da preporsi ai *Menemmi* di Plauto, che egli indirizzò al Comparino;[3] ove mette in ridicolo que' religiosi i quali zelantemente riprendevano que' vizi ond' egli si dilettava. Viene poi, oltre di questo, a ricercarsi se tali versi scrivesse per dare, come suol dirsi, nel genio al suo Mecenate; quasi che per la corruttela universal di quel secolo fosse portato il cardinale a que' laidi trastulli. Certamente abbiamo scrittori che lasciate ci hanno memorie poco vantaggiose al cardinal Gonzaga in materia di costume: ma io non ardirò mai di credere che un cardinale e vescovo di Mantova, per vizioso che esser potesse, volesse sopra un pubblico teatro alzato a sua requisizione permettere che si dicessero cose offensive della pietà e della modestia: laonde, benchè il Poliziano avesse scritto così, dovette poi ordinargliene la correzione; la quale consistette nel cangiamento de' primi quattro versi e nella soppression dell' ottava, come si vede ne' due nostri codici. Non dovette mal volentieri scendere il Poliziano a tale cangiamento, poichè dovette accorgersi che facendo parlar *Orfeo* di tal guisa offendeva il costume di quell' antico venerabile personaggio, di cui fu scritto che avesse colla voce col canto e coll' esempio ritratti gli uomini dalla vita brutale; onde Orazio cantò:

Silvestres homines sacer interpresque deorum
Cædibus et victu fœdo deterruit Orpheus;
Dictus ob hoc lenire tigres rabidosque leones.

---

[1] Vedi questi versi e i segg. nella prima lezione dell'*Orfeo* a pag. 109 della nostra edizione (Gli Edd. fior.)

[2] *Elog. Doctor. Viror.*

[3] *Politiani Epist.*, lib. 7, pag. (*mihi*) 202.

Rimasto però quel pezzo com' era stato composto prima e conservato in memoria da chi è solito correre con troppa ansietà

. . . . ove più versi
Di sue dolcezze il lusinghier Parnaso;

fu poi inserito nell' *Orfeo* qual nacque, non qual fu corretto: così che, laddove in tutto il rimanente molte cose furono ommesse e molte guaste e corrotte, qui con poco decoro si volle conservato intatto in una parte che fu rigettata dall' autor suo. A giustificar poi la fama del Poliziano, prova assai bene il Serassi come contrito delle sue colpe morisse. Io farò lo stesso del cardinale, che morì in Bologna li 21 d' ottobre del 1483, per mezzo d' una lettera di Lodovico Eletto mantovano fratel suo diretta a sua sorella Barbara contessa di Wittemberg sotto il giorno 20 di gennaio del 1484. *Confessose e communicose piu volte in quella suoa infirmitate. E pur lo dì medesimo che piacque a Messere Domenedio de chiamare a se la benedeta anima suoa la note seguente circa le quatro hore, e fu lo vigesimo primo de octobre, in Bologna, nel palazio de la residentia de suoa reverendissima signoria, tuolse fra li altri sacramenti lo corpo de Cristo gloriosissimo cum tanta devotione, cum tanto zelo et fervore, et cum tanta demonstratione de mala contenteza de' peccati commessi, dimandandone tuta via perdonanza a l' altissimo Idio, che ugnuno chi era lì presente, erumpeva, vedendo tali signi et acti di penitentia, in habundantissime lacrime.*

RISPETTI CONTINVATI

DI

MESSER ANGELO POLIZIANO.

I.

RISPETTI D' AMORE.[1]

O trïonfante donna al mondo sola,
Le tua bellezze poi che ne farai?

---

[1] Sono stampati in fine d'un rarissimo libretto in quarto, di carte 36, senza nota del luogo e del tempo dell'impressione, che contiene ballatette di Lorenzo de'Medici del Poliziano di Bernardo Giambullari e di altri (Vedi il *Discorso* in principio del volume.) Chi cura questa edizione gli riproduceva nel fascicolo VI del *Poliziano*, giornale letterario che pubblicavasi in Firenze nel 1859-60, con questa nota: « Degli scrittori i cui versi leggonsi nel libro, chi potrebbe rivendicar per suoi questi *Rispetti?* Bernardo Giambullari no certo: il quale che garbo avesse a comporre ottave vel dica la continuazione al *Ciriffo Calvaneo* di Luca Pulci: fra la ruvida asprezza la rottura inelegante la trivialità di quelle e i *Rispetti* che abbiamo a mano non è parentela, cred' io. E nè pure si possono sospettare del Medici: chè il rude piglio delle ottave di Lorenzo, benchè nuovo e non volgare, troppo differisce dalla pianezza di queste. Il che è a dire anche per Luigi Pulci. Si potrebbe, uscendo dagli autori nominati nella vecchia raccolta, pensare a Serafino Aquilano, se al fior castigato dell' eleganza e al profumo del toscanesimo desser mai luogo le scapestrataggini e i barbarismi di quel pur facile e ricco improvvisatore. Chi altri, in fine, potea su lo scorcio del secolo XV comporre di questi versi, se non l' ameno scrittore de' Rispetti continuati e spicciolati? E che di lui sieno ci fa sicuri la intonazione spontaneamente lirica, l' armonia piena variata famigliare, la forma elegantemente popolare, popolarmente toscana; ce ne fanno sicuri le rimembranze e ripetizioni di concetti frasi imagini ed emistichii e versi, che sono in altre rime da tutti riconosciute del Poliziano; ce ne fa sicuri la riproduzione d' intiera un' ottava ch'è fra le altre spesso ristampate del nostro. Che se ne' codici toscani dove si sa essere rime del Poliziano non si rinvengono queste; anche qualche ballata non è ne' codici, che pure è a stampa. A ogni modo, le si posson credere fattura degna del Poliziano

Vedi che 'l dolze tempo se ne vola
E per pentirsi non ritorna mai:
Morte crudele ogni piacere imbola:
Ogni diletto al fin poi torna in' guai.
Pèntiti adunche, e non voler al tutto
Perder di giovaneza el fiore e 'l frutto.

Ascolta, donna, un po' le mia parole,
Chè d' ogni cosa el savio pensa al fine.
Le tua belleze fuggon come il sole
Quando s' asconde nell' onde marine:
Ove le son testè rose e vïole,
Saranno sterpi e secche poi le spine.
Usa, madonna, tua bella età verde:
Chi ha tempo e tempo aspetta, tempo perde.

Però quel brieve tempo che ti resta
Usalo, donna, accortamente e bene;

---

più queste, che non le scempiate e corrottissime *stanze* aggiudicate a lui dall' illustratore del cod. riccardiano 2723 e stampate ultime dagli Edd. fior. del 1814 e 22 (incominciano *Molti hanno già nel lor principio detto*, e finiscono *Tu pari il sole in mezzo delle stelle*). »

V. 1. Ne' *Rispetti* che seguono: « O trïonfante sopra ogni altra bella. » — *v.* 2. Costruzione irregolare che i grammatici direbbero per *anacoluto*. Ne abbondano gli esempi latini e nostrali. Terenz. *Hec.* III, 1: « .... nos omnes, quibus est alicunde aliquis obiectus labos, Omne quod est interea tempus priusquam id rescitumst, lucrost. » Fr. Giordano: « L' uomo al cominciamento gli diede Iddio .... grandissimi doni. » Amm. Ant. « Quelli che ornati di grande signoria menan lor vita in altezza, i loro fatti ognuno li sa. » — *v.* 3-4. Nell' *Orfeo:* « Digli .... come via fugge Con gli anni insieme sua belleza isnella, ... Nè l' età persa mai si rinnovella. » Ne' citati *Rispetti:* « Chè 'l tempo vola, e non s'arrestan l' ore, E la rosa sfiorita non s' apprezza. » — *v.* 9. *mia* qui e sopra al v. 2 *tua*, e altrove in queste rime *sua*, sono terminazioni che la plebe fiorentina dà ai plurali di *mio, tuo, suo;* frequenti negli scrittori del secolo XV, e anche in alcuni del XVI che non seguivan grammatica, p. e. il Cellini. — *v.* 13-16. Nell' *Orfeo:* « Chè sempre mai non son rose o vïole: » ne' Rispetti: « E dove furon già vïole e gigli Son fatti aridi sterpi pruni e stecchi. E guai a quel che si rifida al verde! Quel che speme nutrica il tempo perde. » Altrove: « ... invan trapassa la stagion tua verde. In fin si lascia il tempo che si perde. » *Testè;* ora, adesso, di presente. Cecchi, *Figl. prod*, I, 1: « Madonna sì, ch' io ve lo dissi: ma testè non ve ne ricordate. »

Usalo dolcemente in canto e 'n festa
Per cavar te e 'l tuo servo di pene.
Trarsi una voglia par pur cosa onesta,
Nè veggo o penso mai quel che ti tiene:
Tu sai e puoi, e màncati el volere;
Potra'ti poi di te stessa dolere.
Se non mi vuoi servir per conscïenza,
Maggior peccato fai s' un per te muore.
S' all' onor tuo vuo' avere avvertenza,
Pígliati un saggio et onesto amadore,
Che abbi luogo e tempo e pazïenza
E che ti sappi conservar l' onore.
Se per viltà lo fai, or te ne spoglia
E sappi contentar qualche tua voglia.
Veggo cambiare el tuo vago sembiante:
La tua belleza come un fior si fugge:
Tu non se' quella ch' eri poco avante;
Il tempo tua biltà consuma e strugge.
Chi felice non fa qualche suo amante
Al mondo è come un fior ch' è nato all' ugge,
Che lungo tempo sta senza far frutto:
Chi gode un tempo non lo stenta tutto.
I' ho sì poca grazia con Amore,
Ch' i' non m' ardisco addimandar merzede;
E son sì sventurato servidore,
Ch' altro che morte a me non si richiede.
I' sento tanta pena dentro al core,

V. 21-22. Altrove: « Che ti bisogna aver tanti riguardi Per contentar un tuo disire onesto? » — *v.* 23-24. Altrove: « Chi non fa quando può, tardi si pente. » — *v.* 25. *per conscienza;* cioè per iscrupolo di coscienza, per timore di commetter peccato. — *v.* 27-30. Ne' *Rispetti* segg. « E se tu pur restassi per paura Di non perder la tua perfetta fama, Usa qui l' arte; e poi molto ben cura Che ingegno o che cervello ha quel che t' ama: S' egli è discreto, non istar più dura. » — *v.* 33-36. Ne' *Risp. spic.* « Lasso! mirando nel tuo aspetto fiso, La faccia tua non è com' esser suole: Dov' è fuggita tua belleza cara? » E « .... beltà come un fior s' appassa e strugge. » — *v.* 38. *all' ugge,* all' ombra; ombra grave e fredda.

Ch' i' maladisco Amore e chi gli crede:
 Non val ne bestemmiar nè maladire,
 Che a mio dispetto me 'l convien seguire.
Vorre' saper quel che ragion ne vuole
 Furare il core a un fedele amante
 E pascerlo di sguardi e di parole
 Sanza pietà delle sue pene tante.
 Non ti maravigliar s' altri si duole,
 Ch' i' non son di diaspro o di diamante.
 Se non vuoi t' accusi innanzi Amore,
 Fammi contento o tu mi rendi il core.
Rendimi lo mio cuor, falsa giudea,
 Chè più pietosa donna me 'l domanda.
 E s' io non t' amo come amar solea,
 Amor per tua dureza me 'l comanda:
 Per van pensieri e per tua voglia rea
 Amor non vuol che 'l tempo indarno spanda.
 Rendimi il cor, che me 'l furasti in prima,
 Chè dar lo voglio a chi ne fa più stima.
Ingrata, se tu m' hai furato il core,
 Non sa' tu ben che render te 'l conviene?
 S' esser isciolta vuoi del tuo errore,
 Rendimi il cuore e fa'mi qualche bene.
 Non sa' tu che t' è infamia e disonore
 Tenere il servo tuo in tante pene?
 Rendimi il core, e non mi far penare;
 Chè troppo dura cosa è l' aspettare.
Prendi bel tempo, innanzi che trapassi,
 Gentil fanciulla, el fior degli anni tuoi:

V. 49. Un *Risp.* comincia: « Vorre' saper per qual ragion si sia. » — v. 51, *Ball.* « Poi di parole e sguardi lo pascete. » — v. 55. Ne' *Risp. spicc.* « Sai tu che ti farò, se sarai cruda? Io mi dorrò di te innanzi Amore. » *Ball.* « L' alma afflitta e sbigottita Piange forte innanzi a Amore. » — *v.* 57-58. *Risp. spicc.* « Rendimi il core, o giudea dispietata, Chè a più pietosa donna il vo' donare. » — v. 63-64. *Risp. spicc.* « Rendimi il cor; che tu non gli dai posa: Chè il vo' donare ad una più pietosa. » — v. 73-74. Altrove: « Come non pensi al dolce tempo omai? Chè in van trapassa la stagion tua verde. »

Se 'l dolce tempo trapassar lo lassi,
Prima pentuta tu ne sara' poi
E prima piagneran gli occhi tuoi lassi:
El pentirsi da sezo non val poi:
Tristo a colei che crede ristorare,
Quando e' capei cominciono a 'mbiancare.
A che ti gioverà tanta belleza,
Se tu con altri non ne tra' diletto?
Che frutto àrai di tanta tua dureza,
Se non pentirti in vano? àrai dispetto.
Non ha sempre a durar tua gentileza:
Rammentera'ti ancor quel ch' io t' ho detto.
Parmi che come un fior tuo' biltà caggia:
Dunche prendi partito come saggia.

V. 79. *ristorare*, riparare, rimettere il tempo perduto in gioventù. — *v.* 81 e segg. Son ripetuti con qualche variante ne' Rispetti che cominciano « Da poi ch' io vidi il tuo leggiadro viso. » — *v.* 87. *Toio* e *tuoio*, *meo* e *mieio*, *soio* e *suoio*, per *tuo*, *mio*, e *suo*, sono dell' antico dialetto fiorentino: onde gli accorciamenti del Poliziano e d' altri poeti non grammatici del secolo XV; *tuo' biltà*, *tuo' fede*, *mie' core* o *mie' pena*, *tuo' colpa* ec.; come anche oggi il popolo fiorentino dice *la to' donna*, *il me' babbo* o *la me' mamma*, *la so' casa*, ec. Si potrebbero moltiplicare gli esempii scritti: ma non importa. Ciò valga anche per gli altri luoghi di queste rime ne' quali il lettore si avverrà in simili idiotismi.

II.

SERENATA

OVVERO

LETTERA IN ISTRAMBOTTI.[1]

O trïonfante sopra ogni altra bella,
Gentile onesta e grazïosa dama,
Ascolta el canto con che ti favella
Colui che sopra ogni altra cosa t'ama;
Perchè tu sei la sua lucente stella,
E giorno e notte el tuo bel nome chiama.
Principalmente a salutar ti manda,
Poi mille volte ti si raccomanda.

E priègati umilmente che tu degni
Considerar la sua perfetta fede;
E che qualche pietà nel tuo cor regni,
Come a tanta belleza si richiede.
Egli ha veduto mille e mille segni
Della tua gentileza, et ogni or vede:

[1] Primo da un cod. chigiano la pubblicò P. A. Serassi nella Cominiana del 1765, monca, per iscrupolo, delle ultime sei stanze; intiera la diede dal Laurenz. 44 (plut. 40) W. Roscoe nelle Appendici al vol. III della *Vita di Lorenzo de' Medici;* poi gli edd. fior. del 1814 dal medesimo Laur. e dal Ricc. 2723.

V. 2. *Dama,* donna amata; che i latini *domina,* e i trecentisti e cinquecentisti dissero *donna;* è nel Pulci: « Caduto son dirimpetto alla dama, D'onde ho perduto il suo amore... » (Morg. VII); ed è communissima al popolo toscano di città e di contado. Rispetto popolare: « Giovine bella, ti vorrei per dama » — *v.* 3-4. In una serenata del Monte Amiata: « Ascolta quel che dice il tuo diletto. » — *v.* 7-8. Nelle *Lettere* dei montanini pistoiesi (Racc. Tigri) « Vi do tanti saluti immantinente » — « E di saluti ve ne mando io Quanti ve ne possiate imaginare. »

Or non chiede altro el tuo fedel suggetto,
Se non veder di que' segni l' effetto.
Sa ben che non è degno che tu l' ami,
Non è degno vedere i tuo' begli occhi;
Massime avendo tu tanti bei dami,
Che par che ogn' un solo el tuo viso adocchi:
Ma perch' e' sa che onore e gloria brami
E stimi poco altre frasche e finocchi,
E lui sempre mai cerca farti onore,
Spera per questo entrarti un dì nel core.
Quel che non si conosce e non si vede,
Chi l' ami o chi l' apprezi non si truova:
E di qui nasce che tanta suo' fede,
Non sendo conosciuta, non gli giova;
Chè troveria ne' belli occhi mercede,
Se tu facessi di lui qualche pruova;
Ogn' un zimbella, ogn' un guata e vagheggia,
Lui sol per fedeltà esce di greggia.

V. 19. *Dami.* « Nelle dichiarazioni della Comm. del Moniglia, *La serva nobile,* s' osserva, che, siccome le amate giovani furon chiamate *dame,* esse vollero contraccambiare un tale onore fatto da'loro amanti con chiamargli all'incontro *dami,* cioè loro *signori* e *donni,* e che dipoi la voce *damo* si fece tra noi comune, ma più nel contado, dagli antichi non usata. » Marrini, note al *Cecco da Varlungo.* « Non saprà chi gliela manda. È il suo *damo* sì pulito » Lorenzo de' Medici. « A un tratto damo e sposo mi ti fai » Buonar. *Tanc.* « Durasse tanto la foglia agli ulivi, Per quanto i dami dureranno a me » Risp. toscani. — *v.* 20. *al tuo viso:* edd. fior. 1814. — *v.* 21. *gloria t' ami,* leggono i Codd. fior., il Roscoe e gli editori del 14: *brami,* che abbiam riposto nel testo per evitare la ripetizione della rima, è del Chig., seguito dal Serassi e dal Silvestri, e del Cod. del signor G. Vanzolini. — *v.* 22. *Frasche e finocchi:* vanità, apparenza, bagattelle. Pandolfini. « comunicare con voi altro che parole e frasche. » — *v.* 23. *Ed ei sempre mai,* leggono grammaticalmente il Serassi e il Silvestri: ma l' idiotismo del *lui* soggetto piacque al Machiav., nè dispiacque al Giusti « ... servitore ... Che suol fare alla roba del padrone Come a quella di tutti ha fatto lui. » — *v.* 26. *mai non trova,* Cod. Vanzolini. — *v.* 29. *troverre' ... merzede,* Cod. Vanzolini. — *v.* 31. *Zimbella.* Qui non par che significhi *alletta, lusinga,* come metaforicamente in altri casi; ma che figuri gli atti e i modi dell' amante leggiero e instabile, paragonato all' uccello che serve a uso di zimbellare. — *v.* 32.

E s' e' potesse un dì solo soletto
  Trovarsi teco sanza gelosia
  Sanza paura sanza niun sospetto,
  E raccontarti la suo' pena ria;
  Mille e mille sospiri uscir del petto
  E' tuo' begli occhi lacrimar faria:
  E s' e' sapessi aprir bene il suo core,
  Ne crederebbe acquistare el tuo amore.
Tu sei de' tuo' begli anni ora in su 'l fiore,
  Tu sei nel colmo della tua belleza:
  Se di donarla non ti fai onore,
  Te la torrà per forza la vecchieza;
  Chè 'l tempo vola, e non s' arreston l' ore,
  E la rosa sfiorita non s' appreza:
  Dunque allo amante tuo fanne un presente:
  Chi non fa quando può, tardi si pente.
El tempo fugge, e tu fuggir lo lassi,
  Chè non ha 'l mondo la più cara cosa;
  E se tu aspetti che 'l maggio trapassi,
  In van cercherai poi di côr la rosa.

Accettammo nel testo questo verso come da altri codd. riportarono in nota gli edd. fior. del 14. Il Laur. seguíto dal Roscoe legge « *I' sol per fedeltà esco;* » il Serassi e il Silvestri, pur correggendo il *lui*, stampano secondo il Chig. conformemente a noi *Ei sol* ec. Il cod. Vanzolini ha, « *Che sol per fedeltà esce di greggia:* » non chiaro. Gli edd. del 14 stampano « Ma fuor che lui ogni altri ti dileggia, » com' è nel Ricc., sebbene di carattere diverso da quello degli altri versi e sebbene in vece d' *ogni altri* abbia *ogn' uno*. — v. 34-35. *senza;* le stampe, qui e altrove sempre. Ma *sanza* era comune agli antichi e al popolo fiorentino, nè è disparito affatto da tutti i dialetti toscani. — *v.* 37. *Mille, mille,* edit. del 1814. — v. 39. Accettammo nel testo la lez. del Ser. e del Silv. derivata dal cod. chig. e che è pur quella del cod. Vanz. Il Ricc. legge: « *E s' e' sapesse bene el suo core;* » il Laur. seguito dal Roscoe: « *E se sapessi bene aprire il suo core;* » gli edit. del 14 credettero aver tutto acconcio pel meglio, stampando « *E se sapesse bene aprire il core.* » — v. 42. *del colmo,* codd. Laur. e Ricc. — v. 43-44. Teocr. id. 23: « E bella è la forma puerile, ma breve vive. » (Edd. del 14.) — *v.* 51-52. Teocr. id. cit. « E la rosa è bella, e il tempo la putrefà. » Ausonio: « Hæc, modo quæ toto rutilaverat igne comarum, Pallida collapsis deseritur foliis. Miratur celerem fugitiva ætate rapinam. Et dum nascuntur consenuisse rosas. »

Quel che non si fa presto, mai poi fassi:
Or che tu puoi, non istar più pensosa;
Piglia el tempo che fugge pel ciuffetto,
Prima che nasca qualche stran sospetto. 56
Egli è nello in tra due pur troppo stato,
E non sa s' e' si dorme o s' e' s' è desto
O s' egli è sciolto o s' egli è pur legato:
Deh fa' un colpo, dama, e sie per resto.
Hai tu piacer di tenerlo impiccato?
O tu l' affoga o tu taglia il capresto.
Non più, per dio: questa ciriegia abbocca:
O tu stendi omai l' arco o tu lo scocca. 64
Tu lo pasci di frasche e di parole,
Di risi e cenni, di vesciche e vento,

(Ed. del 14.) Un epigr. dell' *Anth. lat.* del Burmanno « Dic, quid agis, formosa Venus, si nescis amanti Ferre vicem? perit omne decus, dum deperit ætas. Marcent post rorem violæ; rosa perdit odorem; Lilia post vernum posito candore liquescunt. Hæc metuas exempla, precor: tu semper amanti Redde vicem:... » Seraf. Aquilano, ne' suoi *Stramb.*: « Riguarda, donna, come il tempo vola Ed ogni cosa corre alla sua fine: In breve si fa oscura ogni viola, Cascan le rose e restan poi le spine.... Dunque conosci il tuo tempo felice... » — *v.* 53. così i Codd. fior. e quello del Vanzolini. Le st. *mai non fassi.* — *v.* 55. *Pigliare il tempo pel ciuffetto,* vale goderlo: Orazio, *carpe diem.* Così abbiamo *tener la fortuna pel ciuffetto* per *averla seconda, favorevole. Ciuffetto* si dice a' capelli che soprastanno alla fronte e che sono più lunghi degli altri. Iacopo Soldani nella sat. contro i filosofi dà questo nome di ciuffo alla chioma della Fortuna: « Per afferrar lo sventolante ciuffo Di lei che fugge e poi s' attende in vano. » (Ed. del 14.) — *v.* 57. In tra due. Frase anche de' greci: Callim., I: *'en doiē mála thymós;* che il Salvini traduce « in due è il cuore. » (Ed. del 14.) Petr. « D' abbandonarmi fu spesso in tra due. » Sostantivamente l' usò anche M. Vill. « Stando in questo in tra due. » — *v.* 58. *se si dorme o se s' è desto,* Edd. fior. del 14. — *v.* 60. *pel resto,* le st. Forse è locuzione simile a *fare resto* che vale *terminare, finire;* o a *far del resto* che per metafora tratta dal giuoco vale *arrischiare il tutto.* Pare che si debba intendere, *falla finita.* — *v.* 63. *imbocca,* cod. ricc. e edd. fior. 1814. *questa ciriegia abbocca:* pare che figuratamente debba significare: metti mano a quest' opera, comincia l' impresa. — *v.* 65-66. *Pasci di frasche.* Vedi sopra, verso 22. Galateo: « animi nobili che non si pascono di frasche e d' apparenze. » *vesciche,* ciarle. *Pascer di vento* significa dar chiacchiere, trattenere con cose vane (Edd. fior. del 14). « Dietro a queste fra-

E di' che gli vuoi bene e che ti duole
Di non poterlo far, dama, contento.
Ogni cosa è possibile a chi vuole,
Pur che 'l foco lavori un poco drento.
Non più pratiche omai; faccisi l'opra,
Prima che a fatto questo amor si scopra.
Ch' egli ha deliberato e posto in sodo,
Se gli dovessi esser cavato il core,
Di cercare ogni via ogni arte e modo
Per côrre e' frutti un dì di tanto amore.
Scior gli conviene o tagliar questo nodo;
Pur sempre intende salvarti l'onore.
Ma e' convien, dama, che anco tu aguzi,
Per venire ad effetto, e' tuo' ferruzi.
E se tu pur restassi per paura
Di non perder la tua perfetta fama,
Usa qui l'arte e pon molto ben cura
Che ingegno o che cervello ha quel che t' ama.
S' egli è discreto, non istar più dura,
Chè più si scopre quanto più si brama;
Cerca de' modi, truova qualche mezo,

---

sche andarmi pascendo di vento. » Bocc. — *v.* 70. Purchè l'amor tuo sia così possente e sentito da indurti a far qualche cosa per me. *Lavorare* dicesi di ciò che ha virtù ed efficacia ad operare: Cavalc., « In vano s' affatica la lingua..., se lo spirito santo non lavora dentro nel cuore. — *v.* 71. Non più maneggi, non più trattati; veniamo al fatto. Var. *Non più pratiche: omai,* le st., fuorchè la Comin. — *v.* 72. *Egli ha deliberato,* Serassi e Silvestri. *Posto in sodo:* sinonimo di *ha deliberato,* secondo il Varchi nell' *Ercol.:* « avea deliberato, o, come dicono i villani, posto in sodo di voler fare alcuna cosa. » — *v.* 79-80. *all' effetto,* Ser. e Silvestri. *Aguzzare i ferri* o *i ferruzzi:* assottigliare l' ingegno (lat. *omnes nervos intendere*): adoprar tutti gli strattagemmi, tutte le finezze, tutte le astuzie. Pulc. Morg. « Iscrisse dunque la regina a Gano Che dovesse aguzzar tutti i ferruzzi » (Edd. fior. del 14). — *v.* 83. Correggemmo colla lezione dei MSS. Trivulziani recata da G. A. Maggi nell'Appendice al vol. III, p. II della *Proposta* di V. Monti e accolta dal Silvestri; lez. ch' è pur quella del cod. Vanzolini. I codd. fior. e gli edd. del 14 leggevano: *e poi molto ben cura.* — *v.* 84. *e che cervello,* Silvestri. — *v.* 87. Ecco, in barba ai compilatori de' cataloghi di francesismi e modi

E non tener troppo el cavallo al rezo.
Se tu guardassi a parole di frati,
I' direi, dama, che tu fussi sciocca.
E' sanno ben riprendere e' peccati,
Ma non s' accorda el resto colla bocca:
E tutti siam d' una pece macchiati.
Io ho cantato pur; zara a chi tocca.
Poi quel proverbio del diavolo è vero,
Che non è, come si dipigne, nero.
E' non ti diè tanta belleza Iddio,
Perchè la tenga sempre ascosa in seno;
Ma perchè ne contenti, al parer mio,
El servo tuo di fede e d' amor pieno.
Nè creder tu che sia peccato rio,
Per esser d' altri, uscire un po' del freno;
Chè, se ne dài a lui quanto è bastanza,
Non si vuol gittar via quel che t' avanza.
Egli è pur meglio e più a Dio accetto

---

errati e di tutti i tirannelli che vorrebber ristringer la lingua nei limiti della loro presuntuosa ignoranza, ecco un autorevolissimo e fiorentinissimo esempio di *mezzo* nel significato di *modo*, *espediente*, *partito* ec. — *v*. 88. Il Monti nella *Prop.* interpetra *tenere al rezzo* per *tenere in ozio*. — *v*. 89-90. Lorenzo de' Medici nella burlesca confessione, « Io mi ricordo ancor d' altri peccati: Che per ir drieto a parole di frati Molti dolci piaceri ho già lasciati: Di questo ancora i' mi fo coscienza » — *v*. 93. Petr. « Che tutti siam macchiati d'una pece. » (Edd. fior. del 14.) Proverbialmente, vale *avere i medesimi difetti*. — *v*. 94. *contato*, le st., eccetto Roscoe. — *zara a chi tocca*. Proverbio che vale *a chi ella tocca, suo danno*. Pataff. « Zara a chi tocca: i' ho vôto il borsello. » (Edd. fior. del 14.) Buti, Comment. Purg. VI: « questo giuoco si chiama zara per li punti divietati, che sono in tre dadi, da sette in giù e da quattordici in su: però quando veggono quelli punti, dicono li giocatori zara. — *v*. 95-96. Modo proverbiale per significare che la cosa non è poi tanto grave come si dà a credere. Cant. carnesc. con maggior novità: « E poi chi vede il diavol da dovero Lo vede con men corna e manco nero. » — *v*. 97. *E non ti diè*, le st. — *v*. 101-102. *Non creder*, cod. ricc. e stampe. *Per esser d'altri*, cioè, perchè tu sia d' altri, quantunque tu appartenga ad altri. Arieggiano a questa ottava certi versi di Seraf. Aquilano. « T' ha data qualche grazia la natura, Che la trionfi e che la stimi cara: Però vendemmia l' uva ch' è matura, E non esser di te a te stessa avara. » — *v*. 103. *è a bastanza*, cod. Vanz.

Far qualche bene al povero affamato,
Che, appresentato nel divin cospetto,
Cento per un ti fia remunerato.
Dàtti tre volte della man nel petto,
E di' tuo' colpa di questo peccato.
E' non vuol troppo; e' basta che ragruzoli
Sotto la mensa tua di que' minuzoli.
E però, dama, rompi un tratto el ghiaccio,
Assaggia anche tu il frutto dello amore.
Quando l' amante tuo ti arà poi in braccio,
D' aver tanto indugiato arai dolore.
Questi mariti non ne sanno straccio,
Perchè non hanno sì infiammato el core:
Cosa desiderata assai più giova;
E se nol credi, fanne pur la pruova.
Questo mio ragionare è un vangelo,
Io t' ho cantato apertamente tutto.
So che nell' uovo tu conosci il pelo,

V. 107. Il Roscoe, gli edd. fior. del 14 e lor seguaci leggono in onta alla sintassi *ha presentato*, e *presentato* poi, quando questa ottava è ripetuta in un de' seguenti componimenti. Col Maggi e Silvestri e coll' autorità de' codd. che hanno *apresentato*, abbiamo corretto. Di lor arbitrio e male gli editt. del 22: *Che, s' hai prestato.* Il cod. Vanz. *che presentato.* — *v.* 108. *ti sia*, edd. fior. del 14: *rimeritato*, cod. Vanz. — *v.* 110. *di' tua colpa, di' questo peccato*, Edd. fior. del 14. Correggemmo col Silvestri. Allude profanamente al *confiteor*, e ricorda quel di frate Rinaldo nella n. III, g. VII, del Dec. « Io non dico ch' e' non sia peccato: ma de' maggiori perdona Iddio a chi si pente. » — *v.* 111. *Raggruzzolare*: mettere insieme, ammassare. (Edd. fior. del 14.) — *v.* 113. *donna*, Cod. laur. e st. — *Rompi un tratto el ghiaccio.* Monosino, lib. 5: « Se alcuno mette mano per primo a qualche affare e così apre in un certo modo la via agli altri, dicesi di lui: *Egli ha rotto il ghiaccio.* » (Edd. fior. del 14.) Dicesi anche *rompere il guado*, e vale *aprir la strada o il passo in alcuna congiuntura difficile.* Ovidio consiglia l' amatore « cera vadum tentet. » — *v.* 115. *l' amante tuo arai poi*: cod. Vanz. — *v.* 117. *straccio*, figuratamente vale *nulla, punto*, massime coi verbi *fare* e *sapere.* Berni, Orl. XXXII: « Credeva il pover uom di saper fare Quello esercizio, e non ne sapea straccio. » — *v.* 119. *giova*, piace. — *v.* 121. *È un vangelo*, dicesi di cosa o sentenza che sia o si creda verissima. — *v.* 122. *t' ho contato*: cod. laur. e st. — *v.* 123. *Conoscere o vedere o trovare il pel nell' uovo* vale *saper considerare ogni minuzia*: latinamente, *venturam per*

E sapra'ne ben trarre el ver construtto.
E s' io arò punto di favor dal cielo,
Forse ne nascerà qualche buon frutto.
Fàtti con Dio, chè 'l troppo dire offende:
Chi è savia e discreta presto intende.

III.[1]

Oimè, signora mia, perchè t' adiri

---

dioptram prospicere. Malmant. III, 50: « Ma quella che conosce il pel nell' uovo S' accorge che son tutte invenzioni. » Giusti, Sortil. « .. un ser Vicario già n' era avvisato Famoso per trovare il pel nell' uovo. » — *v.* 124. *Construtto,* qui, il sentimento, la conclusione vera. — *v.* 125. *punto favor,* cod. Ricc. e Vanz. — *v.* 127. *Fàtti con Dio,* formula di saluto e di congedo che gli antichi usavano volentieri come noi oggi *addio.* — *v.* 128. Una serenata tosc. popol. finisce: « Ascolta quel che dice e quel che vuole: A buono intenditor poche parole. Ascolta quel che dice e quel che manda: Al buono intenditor s' arracomanda. »

1 Furono pubblicate da chi cura questa edizione nel primo quaderno del giornale letterario *Il Poliziano,* con innanzi le seguenti parole: « Queste dieci stanze ho copiato da un codice cartaceo in foglio, 2723 de' riccardiani, scritto negli ultimi anni del secolo XV; dove stanno a c. 43 *retro,* dopo ed innanzi ad altre che sono conosciute da tutti come del Poliziano. Hanno in fronte le iniziali *L. M.* Ma nè il Roscoe o chi per esso cercò nelle scritture di Lorenzo de' Medici, nè gli edd. fior. del 1825 che tanti e tanti codici di esso Medici poterono agevolmente vedere, trovarono che mai fossero attribuite a lui queste. Di più; il cod. ricc. è liberale al Medici di cose non sue; gli dà la ballata *Questo mostrarsi adirata di fore,* certamente del Poliziano e per autorità di altri codici e per somiglianza di maniera; gli dà altre due ballate, *Chi non sa com' è fatto il paradiso,* e *Benedetto sie 'l giorno e l' ora e 'l punto,* composte per Ippolita Leoncina da Prato, la quale non si sa che fosse amoreggiata e cantata dal Magnifico, da messer Angelo sì; e di fatto col nome di Angelo Poliziano le pubblicò poi da un manoscritto del seminario fiorentino l' accademico Rigoli nel suo *Saggio di rime inedite dal XIV al XVIII secolo* (Firenze, Ronchi, 1825). Ciò tutto insieme mi fe sospettare non quelle stanze fossero del Poliziano; tanto più che la maniera efficace e aspra, la forma rude e scheggiata del Magnifico io non ci trovavo; sì le sentivo piene fluenti abbandonate, e la rosea facilità del Poliziano (talora popolarmente non mai rozzamente e barbaramente scorretta) mi vi splendeva dentro. E il sospetto si fe certezza,

Col tuo servo fedel sanza cagione?
Perchè gli dai ognor nuovi martiri
Sanza difetto e contro ogni ragione?
Tu tien mia vita in lacrime e sospiri
Per poca fede e falsa opinione:
Lascia, ti prego, ogni ragion . . . ;
Che solo al mondo t'amo, e tu lo . . .
Nè morte nè mai altro potrà fare
Ch'i' non t'abbi nel core a tutte l'ore:
Nè cosa alcuna potrà mai mutare
Quel voler che t'elesse per signore.
Nè resterò già mai di lacrimare,
Poi che sol pianto disia el mio core:
Nè cosa alcuna sia che mi conforte,
Sol ch'io speri trovarti o in vita o in morte.
Quando riveggo el tuo leggiadro volto,
Vie più s'infiamma el mio misero core.
Io mi solevo andar libero e sciolto,
Or nelle forze sue mi tiene Amore.

---

almeno per me: quando ci trovai tanti concetti e frasi e forme, tante cominciature e chiose ed emistichi di versi, come già mi si erano appresi alla mente dalla lettura delle rime del Poliziano; e in ultimo anche un'ottava ripetuta fra altre del nostro autore e nel codice stesso e nelle stampe del 1514 in giù. E deliberai pubblicarle; portando in nota certe congetture di restituzione dove per guasto del codice il testo è manco, e alcune delle somiglianze che mi è avvenuto di osservare fra questi e altri versi del poeta nostro a stampa. »

V. 2. *Servo fedel.* Spesso l'usa il Poliziano: *Vedreste questo servo sì fedele: .... nella fossa Vedrai sepolto il tuo servo fedele: Il servo tuo di fede e d'amor pieno.* — v. 7-8. Forse è da restituire così: *ogni ragion di lui: .... e tu lo sai.* — v. 9-10. Cominciamenti d'altre stanze. *Nè morte potria far ch'io non t'amassi.* e *Non potrà mai tanta vostra durezza Dal petto trarsi l'amoroso fuoco:* fine di una stanza. *E non potrà però mai fare il cielo Ch'io non t'onori ed ami di buon zelo.* — v. 12. *Signore.* Spesso il Poliziano dà questo ipocorismo alla donna amata: *E se' sempre il mio signore: Deh, pietà di me, signore,* e ... *penso a te, gentil signore.* Così anche gli altri autori contemporanei di canzoni a ballo, per uso venuto dai provenzali e da' duecentisti che dicevano *dolce meo sire* a madonna. Anzi Cino in alcun luogo chiama *lei cavaliere* una bella donna. — v. 17-24. È la 40 nella serie di stanze che nelle altre stampe co-

Ben credo ch' i' sarò prima sepolto,
Ch' i' esca mai di tanti affanni fore:
Poi che questo m' è dato in dura sorte,
Disposto sono a portarne la morte.

Per dio, madonna, donami soccorso,
Perch' io non mora giovinetto amando:
Tu hai le redini in man del duro morso,
E di me puoi disporne al tuo comando.
I' son per te in tal dolor transcorso,
Che son per dare alla mia vita bando:
Ben potrai tener cara tua belleza,
Se. . . l' amante che tanto t' appreza.

Soccorrimi oramai, prima che morte
Chiuda questi occhi e li spiriti lassi;
Muta la voglia dispietata e forte,
Chè le mie voci avrian già mossi i sassi.
S' a te servire il ciel mi diè per sorte,
Per che sanza ragion morir mi lassi?
Soccorrimi oramai: merzè chiamando
Finir mi sento il core in te sperando.

Che debbo io più, meschino!, omai pensare
D' aver riposo in questo mondo o pace?

---

minciano *I' seminai il campo:* differenti nelle già edite gli ultimi due versi. — *v.* 17. Altri Rispetti cominciano, *Da poi ch' io vidi il tuo leggiadro viso.* — *v.* 23-24. Nota la rima *orte* ripetuta in fine a due ottave di séguito. Frequente nel Poliziano, specialmente con *morte* e *forte: Dato dal ciel mi fu questo* PER SORTE; *Ch' i' fussi vostro in vita e dopo morte* (dove tu vedi anche somiglianza di parole e modi): *Che questo è solo a me* DATO PER SORTE, *Nè scior mi può da lei se non la morte*: *E poi che vuol così mia* DURA SORTE, *Fermo son di servire in fino a morte:* e altri molti. — *v.* 24. Altrove, *I' son contento morte sofferire.* — *v.* 25. Altrove, *Soccorrimi, per dio ... Pietà, donna, per dio.* — *v.* 27. Altrove, *Morte torrà dal core il* DURO MORSO. — *v.* 29-30. Quante volte anche nelle rime! Vedi ediz. Silvestri, pag. 118 e 119, 125 e 126, 135, 139. — *v.* 32. Forse: *se* muor. — *v.* 34. Altrove, *Questi occhi chiusi Da morte.* — *v.* 36. Altrove, *Io ho mossi a pietà già questi sassi.* — *v.* 37. Vedi sopra la nota al verso 23 e 24; e nota la rima *orte* nuovamente a mezzo l' ottava, come spesso nei versi già editi. — *v.* 39. Nota la ripetizione *soccorrimi*, e vedila anche a pag. 145 e 146 dell' ediz. Silvestri, st. 19 e 20. — *v.* 41-48. I concetti di questa e della seguente stanza sono gran

A chi mi deggio, lasso!, richiamare
Di tanto foco che 'l mio cor disface?
A chi verrà pietà del mio stentare?
O cruda morte, o lacrime vivace,
A voi ritorno; poi ch' ogni altra cosa
A me meschino, misero!, è noiosa.
In mille modi io ho provato e pruovo
Volger la voglia tua ch'è tanto dura;
Di giorno in giorno più crudel ti truovo:
Languir mi vedi, e di me non hai cura:
El mio servire e 'l mio pregar t' è nuovo,
El mio penar con te non ha ventura.
Donna non vidi mai sotto le stelle
Più bella in vista e nel cor più. . . .
Se tu sapessi el duol che l' alma attrista
E mostrar ti potessi el tristo core,
So che saresti più dolce in vista
E ti dorresti del tuo lungo errore.
Per crudeltà già mai gloria s' acquista
Nè per far consumare un servitore:
Benchè sie mio signore, io servo umile,
Quanto più umana tanto più gentile.
Se morte o tua merzè non viene ormai
A trar quest' alma dall' ardente foco,
Girò disperso per sfogar mie' guai
Piangendo il mio destino in ogni loco:
E tu, donna crudel, cagion sarai

---

parte delle rime del nostro autore: e chi ha l' orecchio avvezzo all' armonia dell' ottava del Poliziano ne sentirà qui e nella seguente tutti i toni e le gradazioni. Avvertasi anche al v. 46 quel *virace* femminile nel numero del più; sgrammaticatura, secondo l' odierno rigorismo, in cui ci siamo giu avvenuti e ci avverremo di nuovo. — *v.* 56. Forse: *più* ribelle. — *v.* 57. Intonazione simile all' altra *Se tu sapessi quant' è gran dolcezza.... Tu porresti da parte ogni durezza.* — *v.* 59. Il verso è monco o almeno inarmonico: forse innanzi al *più* era un *vie;* e chi scrisse il codice lo lasciò, come spesso altre parole. — *v.* 60. Altrove, *Tu ti dorresti aver tanto indugiato.* — *v* 63-64. Così nel codice: nè so cavarne costrutto. *Servo umile:* Altrove, *Al tuo servo tanto umile.*

Ch' i' mi consumi e strugga a poco a poco.
Però, se m' ami come m' hai mostrato,
Non sia cagion ch' i' mora disperato.
Piangete, occhi dolenti, e non restate;
Piangete sempre, accompagnate il core;
Piangete sempre, per fin che lasciate
Li spiriti affannati in gran dolore:
E quando il corpo stanco abbandonate,
Piangendo andate bestemmiando Amore:
E siate esemplo a chi spera merzede
. . . . . in cui non è nè fu mai fede.

IV.[1]

E' mi convien da te spesso partire,
Poi che la mia infelice sorte vuole;
E non potendo il suo voler fuggire
Son sforzato a far quel che più mi duole
Lassoti il cor che non mi può servire,

V. 72. *sia:* qui seconda persona singolare dell' imperativo. — *v.* 73. Altre stanze cominciano *Piangete, occhi, da poi* ... e *Piangete, occhi dolenti, e il cor con voi Pianga.* — *v.* 74. Altrove gli occhi *fanno al cor dolente compagnia.* — *v.* 75-80. Gli occhi che devono *lasciare gli spiriti, abbandonare il corpo, andare bestemmiando amore, essere esempio,* a molti non piaceranno: ed io non darò già il torto a quei molti. — *v.* 80. Forse diceva *Da* o *In donna.*

[1] Dal Cod. riccardiano 2723. Crediamo dover inserire queste stanze fra i *Rispetti continuati.* L' ediz. flor. del 1814 seguita da tutte le posteriori le mescolò (pag. 78-86) ad altre che sono evidentemente *Rispetti spicciolati.* Un accenno a qualche distinzione l' abbiamo anche nel cod.; il quale dopo la ottava che nella serie dell' ediz. flor. è IX (pag. 81) manca di due carte; ricominciando poi con le stanze. *Quand' io ti cominciai* e *Non so per qual ragion,* alle quali séguita quella che è prima di queste nostre. Ma la ottava *Quand' io ti cominciai* è il principio di altro componimento che riporteremo per innanzi: l' altra non ha attenenza alcuna con l' argomento di queste otto, che è un lamento in occasione di partenza dalla donna amata; dunque la riserbammo pei *Rispetti spicciolati.*

V. 2. *il vuole,* le st.

Che resta incatenato ove si suole.
Così parton da te mia membra spesso:
Ma lo spirito ogn' or, donna, t' è presso.
Tu pensi ch' i' mi sia da te rimosso,
Non mi vedendo; e pur son teco ogni ora:
E s' i' volessi ben fuggir, non posso,
Nè viver sanza te, madonna, un' ora.
Le catene crudel ch' i' porto a dosso
Mi terranno prigion per fin ch' i' mora:
Nè so, poi che la carne fia sotterra,
Se lo spirto uscirà di tanta guerra. 16
Tal' or il corpo mio da te si parte
Seguendo suo' crudel disavventura
Contro a cui non mi vale o 'ngegno o arte,
Sì è la sorte mia spietata e dura:
Ma ti resta di me la miglior parte.
Dunche, com' hai del mio partir paura?
Se alle volte da te il cor si move,
L' anima sai che non può stare altrove. 24
Perchè hai tu, donna, il mie' partire a sdegno?
Chè sai pur com' io vo contro a mia voglia,
E per sin ch' a vederti non rivegno
Non sarà la mia vita altro che doglia.
Non ha' tu di mia fede il cor in pegno
Con sicurtà che mai da te si scioglia?
Perch' è ne' lacci tuoi stretto sì forte

V. 9-16. Si noti la somiglianza che con questa e in parte con le antecedenti stanze hanno i seguenti versi d' un montanino pistoiese pubblicati dal chiarissimo prof. Giuliani per nozze: benchè ne' versi del montanino parrà ad alcuni di trovare maggior gentilezza d' affetto e di numero. Eccoli: « Benchè lontano sia, benchè distante Dagli occhi vostri questo cor dolente. La lontananza non sarà bastante Ch' io mi scordi di voi, stella luciente: Bench' io non veda il vostro bel sembiante, Dove l' occhio non può, verrà la mente: Verrà la mente, se l' occhio non puole. A rivedere voi, luciente sole. » — v. 22. *Dunque*, le st. — v. 23. *il mio cor*, le st. Ma l' aggiunta è inutile; chi sappia che dopo un monosillabo l' elisione della sillaba che segue cominciante per vocale non è necessaria, anzi non è quasi mai fatta dagli antichi. — v. 24. *L' anima hai tu*, le st.

Ch' a pena il può far libero la morte.
Quando penso, amor mio, che 'l giorno è presso
Che prender mi convien sì lunga via,
E con sospiri abandonar me stesso
Lassando la tuo' dolze compagnia,
E che il ben che speranza m' ha promesso
Come polvere el vento porta via,
Son costretto a portare invidia al core;
Ch' i' parto, e lui rimane al mio signore.
Già non m' incresce di lasciare il core
Che resta volentier col suo disio;
Ma che sie poco accetto al mio signore
Che già mi si mostrò clemente e pio.
Questo raddoppia il mio grave dolore,
Questo fa troppo acerbo il partir mio,
Questo è cagion che mai sarò contento;
Ch' i' vo con pena e 'l cor sta con tormento.
Passo senza dormir le notti tutte
Mentre te, donna, sospirando chiamo;
Nè ho del pianto mai le luci asciutte.
Perch' io lascio i begli occhi ch' i' tanto amo.
Le membra sento indebilite e strutte,
Tal che per manco mal la morte bramo:
E certo i' non sarei vivo quest' ora,
Se non ch' i' spero rivederti ancora.
Se non fusse che spero venir presto
Ov' io possa vederti, anima mia,
El viver sanza te m' è sì molesto

V. 40. *E lui riman tuo servitore*, ediz. fior. 1814. La dizione *tuo servitore* leggesi in margine del cod., ma d' altra mano, forse di qualche sopracciò in grammatica, cui pareva sconcordanza il *signore* riferito a *donna*. Il grammaticale Silvestri legge *Ed ei riman tuo servitore*. — *v*. 48. Nè pur questa volta accettiamo la correzione marginale del cod. che porta *resta in tormento*, perchè è evidente che *sta con tormento* è detto per contrapposizione a *vo con pena*: ma l' accettarono le altre stampe. — *v*. 49-52. Il montanino sopra citato: « Alla mattina appena fatto giorno Mi venne l' ora di dover partire: La notte non potei dormire un sonno, Chè la mia vita sentivo languire. » — *v*. 53. *indebolite*, le st.

Che già sol di dolor morto saría.
Pur col bene sperar contento resto,
Nè credo sempre aver sorte sì ria:
Le gravi pene e 'l gran foco ov' io ardo
Mi può levare un tuo benigno sguardo.

V.[1]

Poi che in pianto in sospir passo il dì tutto,
La sera al men mi riposassi un poco,
E stessi un' ora sol col viso asciutto
Non sentendo l' ardor dell' empio fuoco,
Che m' ha si consumato il core e strutto
Che non mi vale or mai tempo nè loco.
Ma ogni grazia in vano ad Amor chieggio:
Sto male il giorno e poi la notte peggio.
Godi, donna crudel, poi che tu m' hai
Condotto amando in miserabil loco;
Trionfa or delle pene che mi dài,
Del dolor che mi strugge a poco a poco;
Prendi gloria e diletto de' mie' guai;
Pasci ben gli occhi tuoi del mio gran foco:
Quando l' animo àrai del mio mal sazio,
Forse t' increscerà di tanto strazio.
Merzede or mai, ch' i' mi consumo et ardo
Aspettando al mie' mal qualche conforto;
Che s' è per mia disgrazia a venir tardo,

V. 63. *e 'l grave fuoco ov' ardo*, le st.

[1] Queste ottave stanno nel cod. ricc. tutte di séguito, sì veramente che sono unite all' ultime due del componimento antecedente; che è manifesto errore di chi molto dopo al tempo in cui il cod. fu scritto volle e non seppe distinguere i rispetti copiati da prima senza niun segno distintivo.

V. 4. Non so come gli edd. fior. del 1814 leggessero *Non s' accendi l' ardor dell' empio foco*. Il Maggi indovinò la vera lezione del codice. che fu ammessa nella stampa del Silvestri. — *v.* 19. Accettammo la correzione del Silvestri: il cod. e

El viver mio sarà doglioso e corto.
E se non fusse alcun soave sguardo
De' tuo' begli occhi, i' mi sarei già morto:
Con questo a stento si mantien mia vita;
Però conviemmi aver maggior aita.

Ben saría tempo, Amore, avere scosso
Dal collo il giogo tuo molesto e grave;
Poi che 'n tanti martír piegar non posso
Quella a cui dètti del mio cor la chiave.
Ma so che pria sarò da me rimosso
Che 'l mal ch' i' ho per lei non sia suave:
Così dura come è nel cor la porto:
Di lei son vivo e suo voglio esser morto.

Se di questo crudel strazio e dispetto
Ti risultassi commodo et onore,
Arei tanto piacer del tuo diletto
Che mi parría suave ogni dolore:
Ma perchè a torto uccidere un subietto
È iattura et infamia del signore,
M' incresce assai del mio mortale affanno
Ma molto più di tuo' vergogna e danno.

Vinto dalla dureza del tuo petto
Ov' io non seppi ancor trovar merzede,
Ho cerco in altra trasferir l' affetto
La mia devota servitute e fede:
Ma è ne' lacci tuoi mio cor sì stretto
Che di spiccarsi alcuna via non vede:
E poi che vuol così mie' dura sorte,

---

le st. fior. del 1814 leggono *Che se per* ec. — *v.* 20. Accettammo la correzione del Silvestri: il cod. e l'ediz. fior. 1814 leggono *venir mio.* — *v.* 25. E qui pure accettammo la correzione proposta dal Maggi e passata nell' ediz. Silvestri: il cod. e l' ediz. fior. 1814 leggono *Ben sarà tempo.* — *v.* 29. Gli edd. fior. 1814 stampavano *Ma se pria sarò* ec.: il Silvestri riparava ai danni del metro ma non del senso, correggendo *Ma se prima.* E pur la lezione nostra bella e chiarissima è quella del codice. — *v.* 34. Il cod. legge *Tu risultassi commodo et onore:* gli edd. fior. 1814 stamparono *Tu risultassi con modo ed onore:* onde le querele della Critica in quella farsa del Monti che è nel vol. III, parte II, della *Proposta.*

Fermo son di servire in sino a morte.
Foss' io pur certo nella morte al meno
Poter l' aspra catena all' alma tôrre,
Ch' io ardirei con ferro o con veneno
Queste languide membra in terra porre!
Ma chi sa se morendo Amor vien meno
O se può stringer l' alma e 'l corpo sciorre?
Vivendo il ciel mi sforza esser tuo' preda:
Nè so dopo el morir quel ch' io mi creda.

VI.[1]

Da poi ch' io vidi el tuo leggiadro viso,
Tutta la vita e' mie' pensier cangiai.
Da' tuo' begli occhi usci sì dolce riso
Ch' altra dolceza al cor non senti' mai;

V. 50. *l' aspre catene,* le st. Questa e la stanza 2ª del presente componimento trovansi con qualche varietà anche fra gli *Strambotti* dell' Aquilano.

1 Queste ottave, che furono prima pubblicate dagli edd. fior. del 1814, le troviamo così di séguito tanto nel cod. laurenz. 41 come nel riccar. 2723: se non che nel laurenz. innanzi alle ultime due ne sono interposte due altre (*Io ho sentito el tuo duro lamento* e *Io benedisco ogni benigna stella*) che non legano colle precedenti. L'ordine nel quale le diamo noi è quello stesso del riccardiano; salvo che ivi si aggiunge un' ottava in fine, ch' è fuor di materia (*Allor che morte arà nudata e scossa*). A questa serbiamo luogo più opportuno fra i *Rispetti spicciolati:* le due del cod. laur. le vedremo al suo posto nel seguente componimento. Notiamo anche che le st. 2 e 3 sono le stesse che la 13 e 14 della *Serenata o Lettera in istrambotti* ripetute con qualche piccola varietà; e lo stesso è della terza, che abbiamo già trovato ultima nei *Rispetti d' amore.* Ma ambedue i codd. fiorentini le hanno, e noi le riproduciamo fedelmente. Nulla di più facile che l' autore trattando un argomento consimile, per servire alle richieste e agli spassi de' suoi giovani amici, senza nessuno intento letterario, si giovasse del già fatto altra volta.

V. 1-8 Questa stanza è anche nel cod. Vanzolini: il quale al v. 3. ha la var. *E de' begli occhi.* — *v.* 4. Il Laur. e gli edd. fior. del 14 leggono *Altra dolcezza:* ma il cod. ricc. e quello del sig. Vanzolini hanno *Ch' altra dolcezza,* insieme col Trivulziano cit. nell' Append.

Tanto ch' io fui da me stesso diviso,
E mille volte Amor ne ringraziai.
E fu tanto soave ogni tormento,
Ch' i' arsi et ardo e son d' arder contento.

Tante belleze non t' ha dato Iddio
Perchè le tenghi sempre ascose in seno,
Ma perchè ne contenti al parer mio
L' amante tuo che di gran doglia è pieno.
Nè creder tu che sia peccato rio,
Poi che se' d' altri, uscire un po' del freno:
Che se ne dài a lui quant' è a bastanza,
Non si vuol gittar via quel che t' avanza.

Egli è pur meglio et a Dio più accetto
Far qualche bene al povero affamato,
Che presentato nel divin cospetto
A cento doppi fia remunerato:
Dàtti tre volte con le man nel petto,
E di' tua colpa d' ogni tuo peccato.
Troppo non chieggio: e' basta s' i' raggruzolo
Sotto la mensa tua qualche minuzolo.

A che ti gioverà tanta belleza,
Se tu o altri non ne trae diletto?
Che frutto àrai di tanta tuo' dureza
Se non pentirti in vano ira e dispetto?
Non ha sempre a durar tuo' giovineza:
Rammentera'ti ancor quel ch' io t' ho detto.
Parmi che come un fior tuo' biltà caggia:
Dunque prendi partito come saggia.

Deh, vogli un po' che Amor me' ti consigli
Di tanta tua dureza anzi che 'nvecchi.
Veduti ho bianchi fior gialli e vermigli
In brieve tempo farsi passi e secchi:

---

al vol. III, parte II, della *Proposta* di V. Monti. — v. 9-10. *Tanta bellezza .. la .. ascosa,* le st. — v. 14. *dal freno,* le st. — v. 15. *quanto è bastanza,* cod. laur., conforme alla lezione della *Serenata.* — v. 20. *sia rimunerato,* edd. fior. 14. — v. 22. *tua colpa ed,* le st. — v. 23. *e basta,* le st. — v. 26. *trai diletto,* cod. laurenz. — v. 30. *Rammenteratti,* edd. fior. 14.

E dove furon già vïole e gigli,
Son fatti aridi sterpi pruni e stecchi.
E guai a quel che si rifida al verde!
Ciò che speme nutrica, el tempo perde.
S' i' ti credessi mai esser nel core,
I' sare' degli amanti il più contento:
Ma quel ch' è drento non si par di fore,
E questa è la cagion del mio tormento.
Tu sai ch' io ti amo con perfetto amore;
Ma se tu ami me, questo non sento:
E benchè i' creda in te esser clemenza,
I' vorre' pur vederne esperïenza.
E' tuo' begli occhi m' han furato el core:
La tuo' dureza il fa da te partire.
S' i' piango, tu non senti il mio dolore:
Sanza speranza non si può servire.
Che val belleza adunque sanza amore,
Se non tuo danno a far altrui morire?
Per tanti prieghi Amor facci un cosa,
O che tu sia men bella o più pietosa.
I' so ben che tu 'ntendi el cantar mio,
E so ben che tu sai quel ch' io vorrei:
Ma, se 'l tuo core intendessi un po' el mio,
Le pene ch' i' ho tante non l' arei.
Se ti piacessi, caro signor mio,

---

v. 39. *Rifidarsi*, aver fidanza, confidare. (Edd. fior. 1814.) — v. 41-48. Questa stanza, che è pure stampata fra gli strambotti di Serafino Aquilano, è con qualche variante in meglio anche ripetuta fra altri *Rispetti spicciolati* del nostro autore nel cod. ricc.; e così ristampata dagli edd. fior. del 1814. Noi accettiamo o accenniamo le varianti, e non la ripeteremo. — v. 41. *credessi pure.* — v. 43. *non si par di fore.* Abbiamo accettato questa variante nel testo: i due codd. portavano, *non si vede fore.* — v. 44. *la ragion.* — v. 45. *Tu sai ch' io t' amo.* Abbiamo accettato questa variante: i due codd. leggevano, *I' so ch'io t'amo.* — v. 46. *E se tu.* — v. 47. *Benchè conosca.* — v. 48. *I' ne vorrei pur vedere esperienza.* — v. 54 A. M. Maggi nella cit. Appendice della *Proposta* consiglia di emendar questo verso così: Se *nel* tuo danno *è* fare altrui morire? — v. 55. *faccia una*, le st.: ... *preghi, amor, fammi una*, cod. laur. — v. 59. *intendesse*, le st.: ... *intendessi el mio*, cod. laur.

D' esser tuo servo mi contenterei.
Se vuoi alleggerir queste mie pene,
Deh, fammi certo se tu mi vuoi bene.

VII.[1]

AMANTE.

E' dolci accenti del cantar ch' io sento
Al pianto mio raddoppiano el vigore:
Et ogni festa a chi non è contento
A chi sanza speranza è del suo amore
È come raddoppiare el suo lamento:
Et io di pianto sol pasco il mio core.
Ma solo una speranza mi conforta;
Che 'l core ancor sì v' amerebbe morta.

DONNA.

Io ho sentito el tuo crudo lamento,
E veggio ben quanto ti sforza amore:
E s' i' ti fu' mai cruda me ne pento,

---

[1] Le quattro ottave qui sopra, le quali nell' ediz. fior. del 14 e del 22 e nella milanese del 25 sono il principio d' una congerie informe e discorde a cui venne appiccato il nome di *Stanze*, nel cod. ricc. 2723, chi sappia ben guardare e vedere, sono disgiunte dalle altre, che nelle stampe le seguono, per la diversità della mano di scritto e pel cessare della numerazione. Anche, chi sappia ben vedere nota che in esso codice a lato delle due ottave di mezzo, la 2ª e 3ª, è segnato in margine un D, che ci sembra dover significare DONNA. Ne sospettarono anche gli edd. del 14; i quali in una nota alla 2ª ottava avvertirono *Pare che risponda l' amata*, e in altra alla 4ª *Riprende l' amante.* Il codice del sig. Vanzolini ha le due stanze intermedie, e ad ambedue la rubrica GOSTANZINA (che è il nome della donna introdotta in questa tenzone d' amore). Con siffatti indizi, e con l' aiuto d' una bella variante del cod. laur. 44 nell' ultimo verso della prima stanza, abbiamo creduto dover ridurre queste quattro ottave nella forma d' un dialogo: e che la seconda ottava sia una risposta alla prima, ce lo fa vedere anche l' esser riprese in questa le rime di quella.

V. 8. Così il cod. laur. 44, pl. 40: il riccard. 2723 seguito da tutte le st. *Che il core è in ciel con la sua donna morta*, con iscapito del senso per le seguenti stanze. — *v.* 10. *ti sforzi*, Cod. Vanzolini.

Benchè di dolce fiamma ardessi el core.
Io spero ancor che tu sarai contento,
E sarà conosciuto il nostro onore.
Amante, poni al tuo pianto silenzio;
Chè più si gusta il mèl dopo l'assenzio.
Io benedisco ogni benigna stella
Sotto la qual felice al mondo nacqui,
Poi che tra tante donne io fui sol quella
Che tanto agli occhi tuoi benigni piacqui.
E non essere stata assai più bella
Per tua cagione a me sempre dispiacqui:
E s' i' credessi sol sarei beata
Che quant' io t' amo da te fussi amata.

AMANTE.

Non creder, donna, per esser crudele
E per tenermi in pianti e in sospiri,
Che io non t' ami e non ti sia fedele;
Pur che vêr me un tratto gli occhi giri,
Gli occhi che son duo stelle alle mie vele,
Che fanno dolci tutti e' mie' martíri:
Volgi quegli occhi a me benigni, e ridi;
E poi contento son, se ben m' uccidi.

VIII.[1]

I' t' ho donato il core; e non ti piace,

V. 12 *ardesse*, le st. — v. 14. *onore:* così il cod. laur. e quello del sig. Vanzolini Il Riccardiano seguito da tutte le stampe, *amore*. — v. 21 *E di non esser stata*, cod. laur.: *E di non esser suta*, cod. Vanz. — v. 24. *si re' amata*, cod. laur. — v. 29. *due*, le st. — v. 30. *E fanno*, cod ricc. e stampe: *fanno lievi*, cod. Vanz.

[1] Queste venti stanze dagli edd. fior. del 14. che primi le pubblicarono di sul cod. ricc. 2724. furono riunite o meglio confuse ad altre con cui non hanno attinenza veruna nella serie che incomincia *I' seminai il campo* ec. Non è difficile scorgere che in queste si continua un ordine di pensieri. mentre le altre che nelle stampe le precedono sono *Rispetti spicciolati*.

V. 1. *I' t' ho dato*, il cod. — v 1-3

E per isdegno l' hai gettato in terra.
Nello ardente disir che lo disface
Amor per tua beltà lo stringe e serra,
E se non debbe aver tregua nè pace,
Meglio è l' uccida che tenerlo in guerra.
E 'l maggior fallo che mai il mio cor tene
È d' averti voluto e voler bene.

I' son costretto a dimandar merzede
E discoprir quest' amorosa fiamma.
I' mi consumo, donna, ognun se 'l vede:
Il tristo core altro che te non brama:
Amor mi sforza e stringe a tanta fede.
A tua belleza che ogni ora m' inflamma,
A te m' arrendo; e prego il tuo valore,
Che non ispregi e strazi il lasso core.

I' son più fermo e più constante e saldo
Al dolce amor ch' io t' ho portato e porto
Che mai non fussi e del voler più caldo.
Ogn' or mi trovo al disperar conforto;
E mille fiate ogn' or più mi riscaldo.
Altro non voglio, in sin ch' io sarò morto,
Se non servirti e farti cosa grata,
Benchè i' ti pruovo ogn' or più dispietata.

Ricordano due versi d' un sonetto del Petrarca « V' aggio donato il cor, ma a voi non piace Mirar sì basso con la mente altiera. » E v' è uno stornello popolare toscano che dice « Viole a mazzi: Mi chiedesti il mio core, io te lo detti: Ora che tu l' ha' avuto, lo strapazzi. » — v. 3. Il cod. e le stampe leggono *Quello ardente disir.* La nostra corzione è semplicissima ed evidente. — v. 4. *Amor per sua beltà,* il cod. e la ediz. fior. 1814. Accettammo la correzione del Silvestri. — v. 7. L' ediz. Silvestri corregge, *E il maggior fallo che il mio cor mai tene.* Non ce n'era bisogno. — v. 12. *bramma,* le st.: cioè, in vece d'un' assonanza, che non sarebbe la prima nelle rime del Poliziano, una licenza di pronunzia non punto toscana. — v. 19. Ho accolto la correzione proposta dal Maggi e passata nella ediz. Silvestri: il Cod. e le stampe leggono *E che mai fussi.* Gli edd. fior. del 1814, non mettendo punto fermo o altro segno di distinzione in fine di questo verso, e con ciò legandolo pel senso al seguente, rendono, parmi, oscurissimo e incerto il significato; che emerge chiaro dalla interpunzione del Silvestri da me adottata. —

Quant'è maggio il trionfo e l'allegreza,
  Tanto più doverresti esser pietosa:
  Altro non manca alla tua gran belleza,
  Se non esser benigna e grazïosa:
  Non regnò in niuna mai tanta dureza.
  Se tu ti tieni al tuo servo nascosa,
  Se altro in questo mondo non puoi darmi,
  Puoi di buone parole contentarmi.
Tu se' bella leggiadra e giovanetta,
  Vaga, gentil vie più che in ramo fiore,
  Di gentileza e di beltà perfetta,
  Ben che non sai che cosa sia amore.
  E quando ha da ferir la sua saetta
  Il tuo siccome ogn'altro gentil core,
  Assai più bella e più gentil sarai,
  E de' miei pianti non ti riderai.
Che ti bisogna aver tanti riguardi
  Per contentare un tuo disire onesto?
  Mentre che a questa e quella cosa guardi,
  Il tempo passa e vassene via presto.
  Tu te ne pentirai, ma e' sarà tardi;

V. 25. Il cod. ha *maggior:* noi con gli edd. fior. del 14 stampiamo *maggio*, che fu proprio in antico de' fiorentini ed ha molti e illustri esempi. — *v.* 26. *doveresti*, le st. — *v.* 27. Nel cod. manca *gran*, che è delle stampe. — *v.* 30. *altro servo* legge il cod. e l'ediz. fior. del 14. Noi accettammo la correzione dell' ediz. fior. 1822, passata anche nell' ediz. Silv. — *v.* 32. E qui accettammo la correzione del Maggi e dell' ediz. Silvestri: il codice e gli edd fior. leggono *Sol di.* — *v.* 36. Il cod. legge: *Vien che tu non sai che cosa sia amore.* Gli edd. fior. del 14 crederono di correggere, leggendo: *Vien perchè tu non sai che cosa è amore;* e furono seguíti da tutte le stampe. La mia correzione, mentre restituisce il senso, che nelle stampe è per lo meno incertissimo, è forse meno arbitraria. Facilissimo che il copista scambiasse il *ben* in *vien:* chi poi ha esperienza dei manoscritti di rime antiche sa come spesso i pronomi personali sovrabbondano a danno della misura del verso. — *v.* 37. Il Maggi corresse, e il Silvestri stampò *Ma quando ferirà.* Se non inopportuna, mi par troppo ardita emenda. — *v.* 40. *di miei pianti:* il cod. e l'ediz. fior. 14. — *v.* 42. *Per conservare*, il cod. e l'ediz. fior.: qui la correzione del Maggi e del Silvestri (*contentare*) è richiesta dalla logica. — *v.* 43. *a questa a quella*, il cod.

Nè gioverà se ti fia poi molesto.
Amar chi t' ama fôra onesta cosa,
Perchè ogni gentil donna è grazïosa.
Come non pensi al dolce tempo omai?
Chè in van trapassa la stagion tua verde;
E lacrime e sospir e tèner guai
. . . .
Tardi dell' error tuo te ne avvedrai;
Chè in fin si lascia il tempo che si perde;
Chè beltà come un fior s' appassa, e strugge
Il buon voler che per vecchiaia fugge.
Lasso, quanti sospiri e quanti omei
Escon del miser petto per tuo amore!
Ogn' or più sorda al mio gridar tu sei,
Mostrando non udir mio tanto ardore:
Ah! che non vedi Amor negli occhi miei
Che t' appresenta l' alma e 'l tristo core?
A te m' ha dato; e tuo convien che sia
In vita e dopo, se possibil fia.
Io ho amata tua cara belleza

V. 47. *sarà onesta cosa,* le st. — *v.* 52. Il v. mancante è nel cod. e nell' ediz. fior. 1814 lo stesso che il 54: che certo fu dal copista trascritto qui per errore, non essendo questo il suo luogo. — *v.* 53. *t' accorgerai,* le st. — *v.* 55. *Biltà che,* il cod. Il Maggi, nella cit. *Appendice*, crede che nel *v.* 54 al *si lascia* vada al sicuro sostituito *si piange,* e che quanto al verso perduto non andrebbe forse lungi dal vero chi lo supplisse con quello che poniamo qui: « Come non pensi al dolce tempo omai, Che invan trapassa la stagion tua verde? *Per* lacrime e sospiri e *trayger* guai *Più non ritorna indietro nè rinverde.* Tardi dell' error tuo t'accorgerai, Chè infin *si piange* il tempo che si perde » ec. Il Silvestri accolse nella sua ediz. la correzione *si piange.* — *v.* 58. *Escon dal,* le st. — *v.* 61. Questo *Ah* è aggiunto nelle stampe: nel cod. manca, e manca con esso la misura del verso. — *v.* 62. Il cod. legge *s' appresenta:* e gli edd. fiorentini del 1814, che pur altre volte avean messo le mani ove non importava, per conservare questa lezione errata, leggevano, seguiti da tutte le altre edizioni: « Ah che non vedi, Amor, negli occhi miei Che s' appresenta l' alma e 'l tristo core? » E il senso? La nostra correzione ci par ragionevolissima e appoggiata dal verso che segue. — *v.* 63. *eppur convien che sia* leggono il cod. e l'ediz. fior. del 1814. Ho accettato la correzione del Maggi passata anche nell' ediz. Silvestri.

Tanto ch' i' posso annoverar molt' anni:
Col cor fedele, che è quel che più si spreza,
Sofferto ho molte ingiurie e molti inganni:
Cresciuto ho i pianti e .... la tua dureza
Quanti sdegni ho sofferti e quanti affanni!
E pur con questi affanni e questi guai
Sarai ancora a tempo, se verrai.
Io isperar vo', quando tu m' arai
Fatto di me lo strazio che tu vuoi,
Che ancor pietosa in vèr di me sarai,
E pentira'ti de' peccati tuoi,
E che in te stessa poi tu pensarai
Ch' i' t' aggi' amato tanto tempo, poi
Dello istraziarmi aver fatto gran torto:
E con questa speranza mi conforto.
Se tu prendi piacer del mio morire,
Convien che piaccia a'me quel che a te piace:
I' son contento morte sofferire,

V. 66. Gli edd. fior. del 14 non pongono alcun segno di distinzione 'n fine di questo verso. — v. 67. Il Maggi *per onore della fedeltà* vorrebbe si mutasse *si spreza* in *s' appreza*; e il Silvestri mette a effetto il consiglio. Non ce n' è bisogno, chi guardi al verso seguente. — v. 69. *e .. la tua dureza*. Non si legge altrimenti che così nel codice. È evidente che dopo la congiunzione manca una preposizione. e agli edd. fior piacque leggere *entro:* e tutte le stampe gli hanno seguiti. Non era meglio *e per la tua dureza?* — v. 73. *Io isperaro*, il cod. e l' ediz. fior. Come rispondente al resto della stanza in cui le cose sperate sono significate col futuro, accettammo la correzione del Maggi e degli edd. fior. del 22, passata nell' ediz Silv. Se non che il Maggi e gli altri leggono, *Io sperar vo' che:* ma quel *che*, oltre essere arbitrario, è inutile alla sintassi, perchè ripetuto al v. 75; ed è inutile alla prosodia, perchè la sillaba che vuolsi con esso dare a compier la misura del verso è rappresentata nel codice dell' *i* eufonico di *isperaro*. Dopo ciò, le stampe leggono in questo stesso verso *n' arai*. — v. 76. *pentiraiti*, le st. — v. 78. Adottammo l' interpunzione del Silvestri. Gli edd. fior. mettono punto e virgola in fine del verso dopo *poi*. Ma un sospetto mi nasce, non si contenga forse in questo verso una strana trasposizione, escusata in parte dalla fretta con che il poeta scriveva se non anche dalla foga onde improvvisava; e che insomma si debba ordinare e intender così: .... *penserai, poi ch' io t' aggio amato tanto tempo, aver fatto gran torto dello istraziarmi.*

Pur che per questo i' m' abbia teco pace.
O signor mio, nïuno altro desire,
Se non seguirti, dentro al mio cor diace:
Nè posso creder che sì bella cosa
Non sia ancor, più che non è, pietosa. 88

S' i' non ti veggo ogn' or, donna giulìa,
I' ho una morte con molto tormento:
E, quando giungo poi dove tu sia,
Per amor de' tuoi occhi i' ne fo cento;
Chè quanti amanti passan per la via
Tutti gli guardi per maggior mio istento;
E già non pensi che non t'è onore
Di pigliare ogni giorno un amadore. 96

I' veggo ben, signor, ch' io non son degno
D' amar nè riverir la tua biltade:
Ma pur la grave pena ch' io sostegno
Mi fa pigliare in te gran sicurtade.
O lasso a me! che riverente i' vegno
Sol per pregar la vostra umanitade,
Che a compassïone tu ti muova!
Chè in ogni cor gentil pietà si truova. 104

Quando riveggo il tuo leggiadro volto,
Vie più s' infiamma lo mio miser core.
I' mi solevo andar libero e sciolto,
Or nelle forze sue mi tiene Amore.

V. 84. *i' m' abbia* è delle st. Il codice legge *per questo abbia.* — *v.* 85. Accettammo la correzione del Maggi passata nell' ediz. Silvestri. Il cod. e gli edd. fior. leggono *non ho altro disire.* — *v.* 86. *diace.* Il Maggi, come quegli che scriveva nella *Proposta,* naturalmente corresse *giace:* e *giace* stampò l' editor milanese. E in vero perchè un lombardo avrebbe fatto grazia a questa sguaiataggiue della plebe toscana? Ma il popolo del nostro contado dice tuttavia *diacere* e *diacente.* E tanto è naturale lo scambio del *g* nel *d*, che in rime non plebee del sec. XIII e XIV, cioè in una canzone di Pucciandone Martelli e nella ballata su la rotta di Montecatini, si legge *redína* per *regina.* — *v.* 89. Accettammo la correzione del Maggi adottata pur dal Silvestri: il cod. e gli edd. fior. leggono *Se non ti veggo ancor.* — *v.* 98. *D' amare e,* le st. — *v.* 99. Adottammo la emenda del Silvestri: il cod. e gli edd.. fior. leggono *Ma per la.* — *v.* 106. *il mio misero,* le st.

I' credo ch' io sarò prima sepolto,
Ch' io esca mai di tanti affanni fore.
E non ti gioverà l' essermi ingrata,
Nè per questo sarai in ciel beata.
El dì che Amor ne' suoi lacci mi prese
Mi fe cangiar di mia vita sembiante.
E quando Amor per forza l' arco istese
Non vale a' colpi suoi cor di diamante:
Fugge la maraviglia a chi lo intese.
Poi che mi feci al suo signor costante,
Poi che m' ebbe fedito col suo strale,
Ben par che la si goda del mio male.
Amor non vien se non da gentileza,
Nè gentileza regna sanza amore.
Ogni altra cosa si divide e speza,
Salvo costei ch' io porto drento al core.
A che ti può giovar tanta belleza?
Per esser sempre ingrata al servidore?
Deh, moviti a pietà, di me t' incresca,
Poi ch' io ardo d' amor per tua dolc' esca.
Or ch' è l' età più bella e più fiorita
E che la tua belleza più s' appreza,
Pensa che un giorno sparirà la vita
E morte torrà via la tua belleza.
Cosi la faccia tua lieta e pulita
Piangerai forse ancor nella vecchieza;
E vedrai, cruda, quanto è bella cosa
Al suo servo fedele esser pietosa.
Sai tu che mi farò se sarai cruda?
I' griderò dinanzi al mio signore

V. 113. *E'l,* edd. fior. del 14: *il,* ediz. Silvestri. — *v.* 117. Gli edd. fiorentini pongono una virgola in fine di questo verso, e in fine del seguente due punti. Noi seguitiamo l' interpunzione dell' ediz. Silvestri. — *v.* 118. *suo signor.* Che il poeta scrivesse *mio signor?* Soli, non osiamo in questo punto correggere. — *v.* 119. *ferito,* le st. — *v.* 125-126. Seguitiamo l' interpunzione del Silvestri. Gli edd. fior. pongono una virgola in fine del 125, riserbando l' interrogativo al 126. — *v.* 137. Così le stampe: ma il cod. *Sai ch' io che mi farò tu sarai cruda.*

E dirò quanto se' di pietà ignuda,
E lasceronne far vendetta Amore.
Orsa crudele che in selva s' inchiuda
Non tien sì aspro e si maligno core,
Come tu fai quando tu parli o ridi:
Co' tuo' begli occhi ridendo m' uccidi.

Dolce isperanza mia, fido sostegno,
Quanto sarian felici i nostri amori,
S' i' fussi istato dello amore degno
E d' un pari voler fussin due cori!
Ma 'l mio cor generoso e 'l troppo sdegno,
Questo mi scaccia dal tuo albergo fuori.
Ben mi ricorda già, donna, più volte,
Che ne' boschi lontan le rose ho colte.

E se tal volta un' amoroso isguardo
Contro a tua voglia t' è furato e tolto,
Non è minore il foco donde i' ardo
Nè per minor pietà chinato ho il volto:
Ma spesso il tuo furor fa il tuo cor tardo,
Per non lasciarti il fren libero e sciolto.
S' i' t' amo o se non t' amo sallo Amore,
Che in pegno tien per sicurtà il mio core.

IX.[1]

Miser' a me! quando ti vidi in prima,

V. 140. *vendetta a Amore,* le stampe. — *v.* 142. Nel cod. manca il *sì* dinanzi ad *aspro.* — *v.* 146. Così le stampe: il cod. *sarebbe felice i.* — *v.* 150. *Presto,* le st. — *v.* 155. Nel cod. manca *i'* innanzi ad *ardo:* ma è in tutte le st. — *v.* 159. Il codice veramente ha *S' i' t' amo e se non t' amo:* ma per cavarne un senso bisogna leggere *o* con tutte le stampe.

[1] Cod. ricc. 2723: edd. fior. 1814. Queste quattro ottave nelle stampe vanno unite ad altre dieci che le seguitano, e che per l' argomento e per lo stile son ben differenti (*Molti hanno già nel lor principio detto*): vedi il componimento seguente. Nelle presenti parla una donna: quelle altro non sono che una serenata a una donna. Nel codice sono distinte anche pel carattere.

V. 1. *Misero, ahimè!* le st. Questa stanza si trova pur in altro

I' non sapea che cosa fussi amore;
I' non facea del mio inimico stima,
In fin che giunse drento al freddo core.
Ma poi che fu della mia vita in cima,
L' ho riverito come mio signore:
Ben che faccia di me cotanto strazio,
Ben mille volte il dì ne lo ringrazio.

I' ti mando il mio cor, dolze mio bene,
Da poi che sol con teco si contente,
S' a parlar teco alcuna volta viene,
Da ch' io te l' ho donato interamente;
Chè sol questa speranza lo mantiene,
E sai che vita suo amor m' acconsente.
Tu lo puoi ben lasciar libero e sciolto,
Ch' è a te fedele e mai ti sarà tolto.

Siccome Tisbe già piangendo forte
Volse morir pel suo fedele amante,
Non mi saria per te grave la morte;
E so ch' io non sarei manco costante.
Poi che tu fusti a me dato per sorte,

---

luogo del codice fra' *Rispetti spicciolati:* e ci giova per correggere l' una con l' altra lezione. Nell' altro luogo il primo verso leggesi: *Quand' io ti cominciai amare in prima.* Trovasi anche nel cod del sig. Vanzolini e pur fra i *Rispetti spicciolati;* e il primo verso vi si legge *Tapino a me* ec. — *v.* 3. *E non facea,* altra lezione: *E non face',* cod. Vanz. — *v.* 4. *Fin che non giunse nel mio freddo core,* altra lezione, e cod. Vanz. — *v.* 5. Le stampe insieme col codice in questo luogo leggono *Ma poi ch' io fui;* e addio il senso. Noi potemmo correggere con l' altra lezione e col cod. Vanz che legge *Ma quando e' fu.* — *v.* 7. *E ben che faccia di me tanto,* cod. Vanz. — *v.* 9. *dolce,* le st. — *v.* 10-12. Le st. mettono punto e virgola o punto fermo dopo il decimo verso, e legano l' undicesimo col dodicesimo; leggendo invece di *Da ch' io, Di ch' io.* Ma il codice ha chiaramente *Dal che,* che io correggo in *Da ch':* e intendo. ti mando il mio cuore, dappoi che esso si contenta solo con te, se qualche volta può venire a parlarti. — *v.* 14. Così leggo con la ediz. fior. del 1822: quella del 12 ha *E sai che vita per suo amor m' acconsente:* il codice, *E sai che la vita per suo amor* ec. Il Silvestri andò troppo oltre correggendo: *E sol che viva per tuo amor consente.* Pur questa è la sola lezione onde si cavi qualche costrutto. — *v.* 19. *Non mi sarebbe,* il cod.

Non t' amando i' sarei di dïamante:
Ben mi si può fortuna contrapporre,
Ma ch' io non t' ami non mi potrà tôrre.

Se mille volte Amor me 'l comandassi,
Che può far di me istrazio quanto vuole;
Tanto potrebbe far ch' io non t' amassi,
Quanto potrebbe far fermare il sole;
E se mille altri amanti mi mostrassi,
Sarebbon tutte in van le lor parole.
Tu mi chiedesti il core, i' tel donai;
Nè d' altri che di te non sarà mai.

X.[1]

Molti hanno già nel lor principio detto
— Dàtti la buona sera, gentil dama. —
Ma già questo principio io non aspetto,
Chè maggior foco istrugge quel che t' ama;
E 'l medesimo foco iscalda il petto
Di te, o donna, e di chi tace e chiama.
El nome di costui mia lingua dice:
Ascolta e odi un po', donna felice.

V. 24. non mi potrai, le st.

1 Questi Rispetti a modo di serenata nel cod. ricc. 2723 stanno con altre poesie d' incerti e d' ignoti dopo quelle del N. A., ma senza niuno argomento a crederli di lui, se non un dubbio dell' illustratore del codice il quale con un *forse* nomina M. Angelo. Ad A. M. Maggi, autore dell'*Appendice* alla p. II, t. III della *Proposta*, queste ottave *non sembrano cosa del Poliziano.* Lo stesso ne pare agli edd. milanesi del 1825, che di più aggiungono: *certamente son corrottissime.*

V. 2. Datti la buona sera. Vale, datti bel tempo (Edd. fior. 1814). Ma che dovesse leggersi: *dotti la buona sera?* È saluto che nelle serenate de' nostri campagnoli non di rado si sente: « La buona sera, o stella mattutina Desiderata da tutti gli amanti! » Racc. Tigri, Barbèra, 1856. — *v.* 3. Il *già* è aggiunto nelle st. — *v.* 6. Così la ediz. fior. del 1822 presso Filippo Marchini: gli edd. del 1814 fedeli al cod. mancante leggevano *Di te Donna:.. chi tace e chiama:* i milanesi del 1825 correggevano liberamente *Per te, donna, a colui che tace e brama.* — *v.* 8. Seren. popol., Racc. Tigri: « Statemi ad ascoltar, persona cara:

S'alcuna cosa ch' io dicessi in rima,
I' non sono io, ma egli è sol colui,
Che di te, donna, ne fa tanta istima,
Che tutti i visi e' chiama ispecchi sui.
Déstati, donna delle donne prima,
Ecco il servo ch' è messo in forza altrui;
Chè, se pur servo a quel servo sono io,
Ora incomincia e odi nel dir mio. 15
Se mai gran cosa al mio animo venne
Parlando per oggetto o per figura,
I' prego Apollo che sia il dir solenne
Quanto esser può con ordine e misura.
Come un uccel che ha tarpato le penne,
Che vuol volar come gli dà natura,
Così son io; e ogni basso ingegno
È pure alcuno aiuto al mio disegno. 24
. . . .
. . . .
. . . .
. . . .
Però mestier, donna, trovar saría
Più alto istile e virtù che 'l distingua.

Per mia consolazione guardo l'aria. Statemi ad ascoltar, persona pura: Per mia consolazion guardo le mura. » — *v.* 11. *fanne tanto*, le st. — *v.* 12. *sui*. Parrebbemi meglio *tui:* è delle st., chè nel cod. manca. — *v.* 13-14 In una seren. popol. (Racc. Tigri) che non par recente « Risvégliati un pochino, e sentirai Tuo servo che per te fa un gran lamento: Risvégliati, madonna.... » Più affettuosi questi: « Svégliati, core mio, chè sentirai D' un dolce canto e d' un fiero lamento » — « Rizzatevi dal letto e uscite fuora, Venite a vede' il cielo quanto è bello! » — « Se dormi o se non dormi, viso adorno, Alza la bionda e delicata testa; Ascolta lo tuo amor che tu hai d'intorno.... » — *v.* 15. *io* è delle st. — *v.* 16. *incomincia: forse incomincio.* — *v.* 25-28. I due secondi versi dell'ott. si desiderano anche nell'ediz. fior. del 1814; ed è notato « i versi che mancano si trovano corrottissimi: » i primi due vi si leggono così: *Quale ajuto chieggo qual misura fia, Che ajuto prese la mia roca lingua;* nè altrimenti posson leggersi nel cod. Con miglior consiglio la fiorentina del 1822 e la milanese del 25 tralasciarono pur questi. — *v.* 30. *e virtù*. L' *e* fu aggiunta nelle st., come pure *le* innanzi a *sue bellezze* nel v. 32.

Dunche prestate a me la voce, o cieli,
Sicchè le sue belleze a voi non celi.
Or chi fusse venuto per udire
Alla distesa sue beltà cantare
Può dar la volta indreto e puossene ire,
Chè Apollo nè Orfeo nol potrà fare.

. . . .

E guai altrui lo dovean sopportare.
La vita degli amanti aspra e pietosa
È quando ogni animal dormendo posa.
El giorno i' penso qual sarà quell' anno
Che Amor collo istrale ultimo il cor tocchi.
E allor le mie pene fine aranno
Che il mar si secchi o nell' alpe trabocchi.
Tu porti in man due saette che vanno
Nel cor a chi risguarda e' tua begli occhi
Lucenti più che non in cielo stella,
Nè so se tu ti sai quanto se' bella.
Bella se' tanto che l' Italia grida:
Lieta famosa e gloriosa terra
Una sì bella donna drento annida,
Ove tante bellezze il mio cor serra.

V. 33. *Or* è delle st. — *v.* 38 *le dovean*, le st. — *v.* 41. *Il giorno penso*, le st. — *v.* 43. *E allora*, le st. — *v.* 44. Gli edd. fior. del 1814 e del 22 leggevano col cod. *Che il mar si secchi nell' alpe tra' boschi*: di che la Critica in quella farsa filologica del Monti intitolata *I poeti dei primi secoli della lingua italiana* (Proposta, vol. III, p. 11) gridava « Poffar Dio! rimar *boschi* con *tocchi* e con *occhi*, e non saper leggere *Che il mar si secchi o nell' Alpe trabocchi*, per indicare che le tue (la Critica parla al Poliziano) pene amorose non avranno mai termine coll' ipotesi di due cose impossibili, il seccarsi del mare e il suo traboccarsi sulla cima delle Alpi! » La correzione del Monti passò nel testo dell' ediz. milanese 1825: e anche noi l' abbiamo accettata; non già per amor della rima; che non sarebbe questa la prima assonanza di cui si fosse giovato il Poliziano. — *v.* 46. *i tuoi begli*, le st. — *v.* 49-52. Quel *grida* intendo, *risuona della fama di tua bellezza*: e il v. 50 lo prendo non per un aggiunto d' *Italia*, ma sì per oggetto d' una seconda proposizione, intendendo *terra* per *città*. Così un senso da questi quattro versi si cava; ma nulla venivano a dire punteggiati com' erano nelle st. *Bella se' tanto che l' Italia grida* (*Lieta,*

Matt' è colui che in sua forza si fida
Guardar negli occhi tuoi senza aver guerra;
Che hai uno stral di foco, e sanza altr' armi
Arder faresti gli uomini di marmi.

Lo marmo bianco è gelido a scaldarsi.
Armata contro Amor col pronto iscudo,
E' raggi del tuo viso bene isparsi
Furon di foco, e ritrovârmi ignudo;
E la tua esca sì m' ha arso ed arsi:
Pietà non ebbe il vostro animo crudo.
S' io potrò dir vostre bellezze in brieve,
Il dirò, donna, le son sol di neve;

Dove è mischiato con perle e rubini
Il tuo bel viso d' immortal figura:
Le bionde trecce e' dorati confini
Di sopra istanno, come fè natura.
E Febo quando isparse e' sua be' crini,
Pungono i raggi suoi contro a misura.
Chi ode tue bellezze o può vederle,
Vede insieme rubin neve oro perle.

La bocca è di rubin, e perle e' denti;
E 'l viso è neve, e le trecce son d' oro;
Gli occhi duo stelle per modo lucenti
Che perde il sole al paragon di loro.
Dunche natura e 'l cielo e gli elementi
Mostroro quanta forza ebbono in loro
A formar cosa sopra all' altre belle.
Tu pari il sole in mezzo delle stelle.

---

famosa e gloriosa terra». Una sì bella donna dentro annida ec. — v. 54. E poco si raccapezzava da questo v. leggendo come, a dispetto del cod. qui chiaro, le st. *Guardando gli occhi tuoi.* — v. 56 *faresti*, così leggo coll' ediz. milanese del 25: le altre st. e il cod. hanno *facesti* — v. 60. *a ritrovarmi:* le st. — v. 61. *la è* delle st — v. 64 *Dirò, donna, le son sole.* le st. — v. 69. *quando sparge.* le st. — v. 72. *e perle,* le st. — v. 78. *mostraro.* le st.

RISPETTI SPICCIOLATI

DI

MESSER ANGELO POLIZIANO.

PAN ED ECO.

I.

Che fai tu, Eco, mentr' io ti chiamo? — Amo.
Ami tu dua o pur un solo? — Un solo.
Et io te sola e non altri amo — Altri amo.
Dunque non ami tu un solo? — Un solo.
Questo è un dirmi: Io non t' amo — Io non t' amo.
Quel che tu ami amil tu solo? — Solo.
Chi t' ha levata dal mio amore? — Amore.
Che fa quello a chi porti amore? — Ah more!

È nei codd. ricc. 2723 e 771 e nel laurenz. 44 (pl. 40) tra i Rispetti spicciolati. È pure in tutte le antiche stampe delle *Stanze* e dell' *Orfeo*, posto immediatamente dopo quest' ultimo, ma con la rubrica *Stanza ingeniosissima del prefato autore fuor di materia*. L' intitolazione noi l' abbiamo accettata dalla rarissima edizione di Bergamo procurata dal Serassi. — *V.* 1. Alcune delle vecchie stampe, le cominiane, gli edd. fior. del 14 leggono: *Che fai tu, Eco, mentre ch' io ti chiamo? — Amo:* che fa crescere il verso d' una sillaba. I codici ricc. ed alcune stampe leggono qui come nelle Stanze *Ecco* in vece di *Eco*. — *v.* 2. *duo*, ricc. 771, alcune delle vecch. st., Com., Silvestri: *due*, edd. fior. 1814. — *v.* 3. *Et io te sol*, alcune delle vecch. stampe: *E io te solo*, Comin. e Silvestri: *Ed io te solo*, editori fiorentini, 1814. — *v.* 7. *t' ha levato*, riccardiano 771 e le stampe. — Imitò il Poliziano questo ingegnoso componimento da un esempio antico di Gaurada poeta greco, ch' ei cita nel cap. XXII della prima centuria *Miscellaneorum*. Dove anche definisce gli echi « versiculi quidam sic facti, ut in extremis responsitationes ex persona ponantur Echûs, sententiam explentes et morem tuentes illius ultima regerendi. » Ed aggiunge « Quales etiam vernaculos ipsi quospiam fecimus, qui nunc a musicis celebrantur Henrici modulaminibus commendati, quosque etiam abhinc annos ferme decem Petro

Contareno veneto patritio non inelegantis ingenii viro mire tum desideranti nonnullisque aliis literarum studiosis dedimus. » Con che il Poliziano si asserisce la gloria d'aver primo trasportato nella poesia italiana questi siffatti ingegnosi trastulli. Fu presto imitato da Serafino Aquilano; e da molti poi dopo la prima metà del secolo XVI, a mano a mano che l'amor delle arguzie cresceva: nè il Tasso e il Guarini sdegnarono gli echi.

PER MADONNA
IPPOLITA LEONCINA
DA PRATO.

II.

Amor bandire e comandar mi fa,
Donne belle e gentil che siete qui,
Che qualunque di voi un cor preso ha
Lo renda o dia lo scambio in questo dì:
Se non, ch' una scomunica farà.
Quest' è un cor che pur ieri si smarrì;
E fu veduto, quando qui calò,
Ch' una di voi col canto l' allettò.

Cod. riccard. 2723: ediz. fior. 1814. — *v.* 1-8. Questo smarrimento e rubamento del core è cantato anche nella ballata di Lorenzo de' Medici che incomincia « Donne belle, i' ho cercato Lungo tempo del mio core ec. » e nell' altra del N. A. « Donne, di nuovo il mio cor s'è smarrito. » — *v.* 7-8. La metafora è presa dalla caccia al paretaio.

III.

Chi vuol veder lo sforzo di natura
Venga a veder questo leggiadro viso
D' Ipolita che 'l cor cogli occhi fura,
Contempli el suo parlar, contempli el riso.
Quand' Ipolita ride onesta e pura,
E' par che si spalanchi el paradiso.

Gli angioli, al canto suo, sanza dimoro,
Scendon tutti del cielo a coro a coro.

Cod. ricc. 2723. Questo ed altri sei Rispetti; *Solevon già col canto...; Per mille volte ben trovata...; Costei per certo è...; Gli occhi mi cadder giù...; Pietà, donna, per Dio...; Io arei già un' orsa*; da noi distribuiti sotto i numeri IV, VI, X, XV, XXV, LIV; nel cod. ricc. vengono di séguito, e sono da mano posteriore distinti con la intitolazione *Di L. de' Med.* Onde gli edd. fior. del 1814 gli omisero nella loro stampa. Del resto così questo come i cinque seguenti con altri furono pubblicati prima dal Serassi di sul cod. chig. nella st. com. del 1765; poi dal Rigoli, che li credeva inediti, di sur una copia moderna nel *Saggio di Rime di diversi buoni autori*, Firenze, 1825 — *V.* 1-2. Rammenta il petrarchesco « Chi vuol veder quantunque può natura E 'l ciel tra noi, venga a mirar costei. » — *v.* 7. *Dimoro*, in grazia della rima, in vece di *dimora, indugio, trattenimento* (Rig.) Voce antica, ch' è anche di Dante « Dimandò 'l duca mio senza dimoro » Inf. XXII. — *v.* 8. *dal cielo*, Comin., Rig.

IV.

Solevon già col canto le sirene
Fare annegar nel mar e' navicanti:
Ma Ipolita mia cantando tiene
Sempre nel foco e' miserelli amanti.
Sol un rimedio truovo alle mie pene,
Ch' un' altra volta Ipolita ricanti:
Col canto m' ha ferito e poi sanato,
Col canto morto e poi risucitato.

Cod. ricc. 2723: Comin., Rigoli. — *V.* 1. *Solevan*, le stampe.... *serene*, cod. Vanz. — *v.* 2. *naviganti*, le st. — *v.* 3. Il cod. ricc. legge con errore *che sempre tiene*. — *v.* 4. *miseri gli amanti*, cod. Vanz. — *v.* 5. *E truovo un sol rimedio alle*, cod. Vanz. Come sta nel nostro testo, ricorda il petrarchesco « Sol un riposo truovo in tanti affanni. » — *v.* 8. *risuscitato*, le st.

V.

Che meraviglia è, s' i' son fatto vago
D' un sì bel canto e s' i' ne sono ingordo?
Costei farebbe innamorare un drago,
Un bavalischio, anzi un aspido sordo.

I' mi calai; et or la pena pago,
Ch' i' mi trovo impaniato com' un tordo.
Ogn' un fugga costei quand' ella ride:
Col canto piglia, poi col riso uccide.

Codd. ricc. 2723 e Mouke lucch.: Comin., edd. fior. del 1814, Rigoli. — *V.* 4. Babaliscmio: basilisco, specie di serpente velenoso detto anche regolo (Rig.). Aspido sordo: specie di serpente velenoso. Credevano (*gli antichi*) che per non udir l' incanto metteva l' aspide un' orecchia in terra e l' altra la si turava con la coda. Onde il nostro proverbio: far come l' aspide sordo, turarsi gli orecchi per non sentire. Il Petr. « .... trovò pietà sorda com'aspe » (Edd. del 1814). — *v.* 5. I' mi calai: presa la similitudine dagli uccelli che calano nelle reti (Edd. del 1814). Var. *ed or*, le stampe. — *v.* 6. « Mi ci han trovato i vostri occhi amatori, E mi hanno preso come il tordo al laccio. » Canti popolari toscani. — *v.* 7. *fugge*, cod. Mouke, Rig. — *v.* 8. *e poi*, cod. Mouke e st.

VI.

Per mille volte ben trovata sia,
Ipolita gentil, caro mio bene,
Viva speranza, dolze vita mia.
Deh guarda quel che a riveder ti viene;
Deh fàgli udir la tuo' dolce armonia;
Dà questo refrigerio alle suo' pene.
Se 'l tuo bel canto gli farai sentire,
Allor allor contento è di morire.

Cod. ricc. 2723: Comin., Rigoli. — *V.* 2. Qui e altrove le stampe hanno sempre *Ippolita*. — *v.* 3. *dolce*, le st.

VII.

Io mi sento passar in fin nell' ossa
Ogni accento ogni nota ogni parola:
E par che d' altro pascer non mi possa,
Ch' ogni piacer questo piacer imbola:
E crederrei, s' io fussi entro la fossa,
Risucitare al suon di vostra gola:

Crederrei, quando io fussi nello inferno,
Sentendo voi, volar nel regno eterno.

Cod. laur. 44, pl. 40: Comin., edd. fior. del 1814, Rigoli. — *V.* 1. *insin*, Com. Rig. — *v* 3. Il cod. laur. la comin. e gli edd. fior. 14 leggono per errore *nascer*. — *v.* 4. *m' involа*, le st. — *v.* 5 e sotto *v.* 7. *crederei*, le st. — *v.* 6. *risuscitare*, le st.

VIII.

Non m' è rimaso dal cantar più gocciola:
L' amor mi rode come el ferro ruggine.
Canti costei che ben te la disnocciola,
Che pare lusignuol fuor di caluggine.
Ell' è la cerbia, et io sono una chiocciola:
Ell' è il falcone, i' sono una testuggine.
Della matassa non ritruovo el bandolo:
Però dipana tu, ch' i' farei scandolo.

Cod. ricc. 2723 e Mouke lucch.: Comin., edd. fior. del 1814, Rigoli. — *V.* 1. *rimasto*, edd. fior. 14: *di cantar*, cod. Mouke. — Più gocciola. Forse *più lena, forza, fiato.* (Rig.) *Gocciola*, per metafora, e nella lingua scritta e in qualche dialetto italiano, vale *nulla, punto.* — *v.* 2. Il cod. ricc. Il Mouke e gli edd. fior. 14, con manifesto errore, leggono *la moglie rode.* — *v.* 3. *se la*, cod. Mouke: *dinocciola*, Comin.e Rig. Il Rigoli annotò: *Dinocciolare* manca al Vocabolario: forse *spianare, spiegare, dichiarare.* — *v.* 4. *l' usignol*, edd. fior. 14: *un usignuol*, le altre st. — Caluggine: quella prima peluia che gli uccelli cominciano a mettere nel nido (edd. fior. 14). — *v.* 6-7. *Ella la.... Ella il*, cod. Mouke. — *v.* 7-8. Metaforicamente: Io non so come seguitare nel canto, non so come cominciarmi, come trarmene fuora; sono imbrogliato. Però (rivolgendosi a un altro cantore o improvvisatore, o forse alla fanciulla stessa che canta) séguita pur tu, ch' io farei ridere.

IX.

Se non arai a sdegno il nostro amore,
Ippolita gentil, fior delle belle,
Farotti co' mie' versi un tale onore
Che tutto il mondo n' udirà novelle.
Ma sie contenta conservarmi il core
Co' tuo' begli occhi, anzi duo vive stelle,

Contentami del canto e del bel riso;
Et abbisi chi vuole el paradiso.

Dal cod. del signor Giuliano Vanzolini dov'è intestato: *Ang. Politiano.*

BELLEZZA.

X.

Costei per certo è la più bella cosa
Che 'n tutto 'l mondo mai vedesse il sole;
Lieta vaga gentil dolce vezosa,
Piena di rose, piena di vïole,
Cortese saggia onesta e graziosa,
Benigna in vista in atto et in parole.
Così spegne costei tutte le belle,
Come 'l lume del sol tutte le stelle.

Cod. ricc. 2723: Comin., Rigoli. Vedi nota al Risp. III. — *V.* 2. *vedesse sole*, cod. ricc. — *v.* 5. *e graziosa*: l'*e* che manca nel ricc. e nelle st. ce la dà il cod. Vanz. — *v.* 7. SPEGNE. *Spegnere*, cioè *oscurare*, *estinguere* (Rig.) Bonagiunta Urbiciani: «... il suo visaggio Che ammorza ogni altro viso e fa sparere.» — *v.* 7-8. Petr. «Col suo bel viso suol dell'altre fare Quel che fa il sol delle minori stelle.»

XI.

Costei ha privo el ciel d'ogni belleza
E tolti e ben di tutto el paradiso,
Privato ha il sol di lume e di chiareza
E posto l'ha nel suo splendido viso,
Al mondo ha tolto ogni suo' gentileza
Ogni atto e bel costume e dolce riso.
Amor l'ha dato il guardo e la favella
Per farla sopra tutte la più bella.

Cod. ricc. 2723: ediz. fior. 1814. — *V.* 1-5. Giusto de' Conti, canz. 2: «E 'l ciel d'ogni bellezza Fu privo e di splendore D'allor che nelle fasce fu nudrita,» e più sotto «Negli occhi il sol s'ascose.» Un rispetto toscano: «Bella, c'hai tolto le bellezze al sole, Hai fatto in terra un nuovo paradiso; Ed hai tolto alla luna lo splendore, Agli angeli del ciel l'incanto e 'l riso. » — v. 7. le st.: *dato sguardo*, cod. ricc. e ediz. fior. 14. Accettammo la correzione dell' edizione Silvestri.

XII.

I' ho veduto già fra' fiori e l' erba
Seder costei che non par cosa umana,
E in vista sì isdegnosa e superba
Ch' i' ho creduto che la sia Dïana
O ver colei ch' al terzo ciel si serba,
Tanto sopra dell' altre s' allontana:
Et ho veduto al suon di sue parole
Fermarsi già per ascoltarla il sole.

Cod. ricc. 2723: ediz. fior. 1814. — V. 1. *tra'*, le st. — v. 3. *sì sdegnosa e sì superba*, le st.

XIII.

Non è ninfa sì gaia in questi boschi
Sì destra sì leggiadra sì pulita;
Nè quanto gira questi fiumi tóschi
Donna non fu mai come te gradita.
Dïana temo non ti riconoschi,
Perchè tu se' dal suo coro fuggita.
Oh chi, vedendo sì leggiadre prede,
Arebbe in ciel rapito Ganimede?

Cod. ricc. 2723: ediz. fior. 1814. — V. 2. *Sì destra, leggiadretta*, le st. Il cod. ha *Sì destra, sì leggiadretta.* Abbiam creduto dover sacrificare il diminutivo alla ripetizione del *sì* che aggiunge tanta grazia a questo verso.

AMORE.

XIV.

Visibilmente mi s' è mostro Amore
Ne' be' vostr' occhi, e volea morte darmi:
Ma sbigottito si fuggì el mio core
Gittando in terra tutte le sue armi,

Perchè Amor lancia con tanto furore
Che 'l ferro speza e' dïamanti e marmi.
Ma pur la vista vostra è tanto vaga,
Che 'l cor ritorna aspettar questa piaga.

Cod. laur. 44, pl. 40: Comin., ediz. fior. 1814, Rigoli. — *V.* 6. *e i diamanti e i marmi,* le st. — *v.* 8. *a spettar,* ediz. fior. 1814.

XV.

Gli occhi mi cadder giù tristi e dolenti,
Com' i' vidi levarsi in alto el sole:
La lingua morta s' addiacciò fra' denti
E non potè formar le suo' parole:
Tutti mi furon tolti e' sentimenti
Da chi m' uccide e sana quand' e' vôle:
E mille volte el cor mi disse in vano
— Fàtti un po' innanzi e toccagli la mano. —

Cod. ricc. 2723: Comin. Rigoli. Vedi nota al Risp. III. — *V.* 3. *m' addiacciò,* Rig.

XVI.

Questa fanciulla è tanto lieta e frugola,
Che a starli a lato tutto mi sminuzolo.
Ciò che la dice o fa mi tocca l' ugola:
Ogni suo atto ogni suo cenno aggruzolo.
I' son tutto di fuoco, e 'l mio cor mugola:
Vorrei della sua grazia uno scamuzolo.
Tant' ho scherzato come pesce in fregola,
Che tu m' hai 'ntinto, Amor, pur nella pegola.

Cod ricc. 2723: ediz. fior. del 1814, Rigoli. — *V.* 1. Frugola, fem. di *frugolo,* e dicesi di chi è continuamente in moto come i bambini: qui forse *vivace* (Rig.) — *v.* 2. *starle,* le st. — *v.* 3. *Ciò ch'ella,* le st.:.. *rintocca l' ugola,* edd. fior. del 14; i quali dichiararono, *piace estremamente.* — *v.* 4. Aggruzolo. *Aggruzzolare* manca al Vocabolario: forse da *gruzzolo,* raunamento di denaro ed anche di qualunque altra cosa: onde *aggruzzolare* per *raunare insieme.* (Rig.) — *v.* 6 Scamuzzolo. Minima parte di che che sia, quasi un minuzzolo (Edd. fior. 14). — *v.* 7. *come il pesce,*

Rig. — FREGOLA è quell' atto che fanno i pesci nel gettar l' uova fregandosi su pe' sassi (Rig.) — *v.* 8. Così col Rigoli: il cod. ricc. e gli edd. fior. leggono, *Amore, nella pegola.* — PEGOLA vale *pece* (Rig.)

XVII.

O singular beltà che agli occhi miei
Mostrasti in un momento il paradiso,
E del bel sangue principio tu sei
Che nacque allor che vidi el tuo bel viso:
Qual grazia in ciel, qual altro ben vorrei,
Se non morte, da te stando diviso?
Chè, solo un giorno ov' è ch' io non ti veggio,
Bestemmio il cielo e mille morti chieggio.

Cod. ricc. 2723: ediz. fior. 1814. — *V.* 3. *bel* è delle st., ma nel cod. manca. Di questo e del seguente verso non vorremmo affermar legittima la lezione nè sapremmo indovinare la interpetrazione. — *v.* 6. Così le st.; il cod. legge: *Se non sol morte istando da te diviso.*

XVIII.

Il primo giorno che ti vidi mai,
E disposi d' amarti fedelmente.
Se tu vai, io vo; sto, se tu stai;
E quel che fäi tu fo similmente:
I' son contento, se tu letizia hai;
E se tu hai mal, ne son dolente;
Se piangi, i' piango; e se tu ridi, i' rido.
E questo me 'l comanda Amor Cupido.

Cod. ricc. 2723: ediz. fior. 1814. — *V.* 1-2. *Dal primo giorno ch' io ti rimirai,* le st.; e pongono una virgola in fine del secondo verso. Crediamo non siavi bisogno di cambiare l' *il* del primo verso in un *dal* e far un solo periodo di sette versi; purchè l' *E* del secondo si prenda per intensiva, spiegando: Il primo giorno che ti vidi, anche disposi, disposi pure, d' amarti fedelmente. — *v.* 3. *Se tu vai, donna, io vo; sto se tu stai,* le st. Il cod. veramente ha *Se tu vai i' vo, e sto se tu stai.* Conoscendosi un poco della prosodia antica, si vede l' inutilità dell' aggiunta, *donna.* Lo stesso dicasi del v. 4. dove le st. leggono *E quel che tu fai tu.* — *v.* 7. Qui abbiamo accettato la lezione delle st.: il cod. legge *E se piangi, i' piango, e se ridi, i' rido.* — v 8. Amor Cupido. Modo preso dai Greci, i quali hanno detto *Phoîbos'Apóllon, Pallás'Athéne* (Edd. fiorentini 1814).

XIX.

S' i' vo, s' i' sto, o in qual modo mi sia,
Sempre mai penso a te, gentil signore;
E hotti sempre nella fantasia,
Che me' non ne farebbe un dipintore;
E parmi parlar teco tutta via
E raccontarti in parte il mio dolore,
Dicendoti — I' sto mal, come tu vedi;
E tu non te ne curi e non me 'l credi.

Cod. ricc. 2723: ediz. fior. 1814. — *V.* 2. *gentil signore,* vedi *Risp. contin.* III; v. 12 — *V.* 3-4. Iacopo da Lentino: « Com' uomo che tèn la mente In altro esemplo e pinge La simile pintura, Così, bella, facc'eo: Dentro allo core meo Porto la tua figura. » Petrarca: « Aver dentr' a lui (*core*) parmi Un che madonna sempre Dipinge e di lei parla. »

XX.

Bramosa voglia che 'l mio cor tormenta
Mi fa prosuntuoso a voi venire.
L' ora ch' i' non vi veggo è 'l par ch' i' senta
Amara doglia che mi fa morire:
E sol si truova l' alma mia contenta
Dove e vostri occhi debbono apparire.
In questa voglia sempre starò forte,
Fin che mia vita dura, et alla morte.

Cod. ricc. 2723: ediz. fior. 1814. — *V.* 3. *è al par chi senta,* ediz. fior. 1814: *è al par ch' i' senta,* ediz. fior. 1822. Il Maggi nella citata *Appendice* propose che si leggesse *el par ch' i' senta,* e il Silvestri nella sua ediz. del 1825 stampò *e' par ch' i' senta.* Il cod. ricc. legge chiaramente come abbiamo stampato noi: e pare che si possa spiegare: Quando io non vi vedo è come s' io sentissi, è lo stesso che io senta, tal doglia da morirne. Il *par ch' i' senta* del critico e dell' editore milanese ci apparisce fredduccio anzi che no. — *v.* 8. In margine del cod. ricc. è d' altro carattere questo verso, *Fin che la vita mia serra la morte,* che è pur riportato col titolo di varia lezione nel cod. moukiano di Lucca.

XXI.

Uno amoroso sguardo un dolce riso
Mi fanno un tempo star lieto e contento:
Ma, se tal' ora disdegnosa in viso
Vi veggio, resta il cor tristo e scontento.
Così or sono in vita ed ora ucciso,
Siccome veggio in voi far mutamento:
E in questi duo contrari è dubbio il core
Qual maggior sia o 'l piacere o 'l dolore.

Cod. ricc. 2723: ediz. fior. 1814. Fu con altre Stanze del N. A pubblicato prima di su 'l ricc. da G. Poggiali in *Serie dei testi di lingua* (Livorno, Masi, 1813, t. I, p. 261-266). — *V.* 1. In un risp. popolare toscano: « Un dolce riso, un amoroso sguardo. » — *v.* 8. *il piacere,* le st.

XXII.

Occhi leggiadri e grazïoso sguardo
Che fusti i primi che m' innamoraro;
Occhi sereni d' onde usci quel dardo
Che passò il core e non valse riparo;
Occhi, cagion del foco in qual sempre ardo,
Sanza li quali il viver non m' è caro;
A voi ne vengo a dimandar se mai
Sperar debbo merzè di tanti guai.

Cod. ricc. 2723: Poggiali: ediz. fior. 1814. — *V.* 1. *Occhi leggiadri, o,* ricc.: *Occhi leggiadri, grazïoso sguardo,* ediz. Silv. Ho accettato la lezione del Poggiali — *v.* 2. *fuste,* le st. — *v.* 5. *in cui sempre,* Silv.

XXIII.

Occhi che sanza lingua mi parlate
L' onesta voglia di quel santo core,
E sanza ferro in pezi mi tagliate,
E sanza man mi tenete in dolore,
E sanza piedi a morte mi guidate
Lieto sperando e cieco per amore;

Se voi siete occhi e l'altre forze avete,
Perchè del foco mio non v' avvedete?

Cod. ricc. 2723: ediz. fior. 1814.

XXIV.

O conforto di me che ti mirai
E del mio tristo cor pace e riposo,
O rimedio solenne de' mie' guai,
O viso pellegrino e grazïoso;
O tu che sempre sospirar mi fai,
Perchè di chiamar te già mai non poso;
Pietà per dio, pietà, pietà; ch' i' moro,
Se non m' aiuti, o caro mio tesoro.

Cod. ricc. 2723: ediz. fior. 1814. — *V.* 3. *solenne:* grandissimo (Edd. fior. 1814). — *v.* 6. Il *te* che è in tutte le st. manca nel codice.

XXV.

Pietà, donna, per dio! deh, non più guerra,
Non più guerra, per dio! ch' i' mi t' arrendo.
I' son quasi che morto, i' giaccio in terra:
Vinto mi chiamo, e più non mi difendo.
Legami, e in qual prigion tu vuoi mi serra;
Chè maggior gloria ti sarò vivendo.
Se temi ch' io non fugga; fa' un nodo
Della tua treza, e legami a tuo modo.

Cod ricc. 2723: Comino, Rigoli. Vedi nota al Risp. III. — *V.* 1. *deh,* manca nel ricc. — *v.* 1-2. Anche in una serenata popolare: « Dov' è costei che si rinchiude e serra E dentro le sue mura si fa forte?... Mi son disposto di moverli guerra.... Arrenditi. amor mio - Mi son arresa.. » — *v.* 3. *io iacio,* ricc. — *v.* 6. *ti farò,* Rig. — *v.* 8. *treccia,* Rig.

XXVI.

Acqua, vicin! chè nel mio core io ardo.
Venite, soccorretelo, per dio.

Chè c' è venuto Amor col suo stendardo,
Che ha messo a foco e fiamma lo cor mio.
Dubito che l' aiuto non sia tardo:
Sentomi consumare: oi me, oh dio!
Acqua, vicini! e più non indugiate;
Chè il mio cor brucia, se non l' aiutate.

Cod. ricc. 2723: ediz. fior. 1814. — *V.* 1. *vicini... core ardo,* le st. — *v.* 5. *fia tardo,* Edd. fior. 1814. — *v.* 6. *ahimè,* Silvestri.

AMMONIMENTI.

XXVII.

Deh, non insuperbir per tuo' belleza,
Donna; ch' un breve tempo te la fura.
Canuta tornerà la bionda treza
Che del bel viso adorna la figura.
Mentre che il fiore è nella sua vagheza,
Coglilo; chè belleza poco dura.
Fresca è la rosa da mattino, e a sera
Ell' ha perduto suo' belleza altera.

Cod. ricc. 2723: ediz. fior. 1814. — *V.* 1-2. « Non superbire; chè presto ti passerà, siccome sogno, la gioventù. » Teocr. id. 27. (Edd. fior. 1814.) — *v.* 3. « Et tibi iam cani venient, formose, capilli. » Ovid. Art. am. II. (Edd. fior. 1814). — *v.* 7. *di mattino,* le st. — *v.* 7-8. Iacopone da Todi: « Lo fior la mane è nato, La sera il véi seccato. »

XXVIII.

Mentre negli occhi tuoi risplende il sole,
Dispensa il tempo che 'ngannato ha molti,
Prima ch' e' freschi gigli e le vïole
Caschin dal giardin tuo sanza esser còlti.
E chi del fallo suo tardi si dôle
Ben si può lamentar fra gli altri stolti.

A bella donna crudeltà non piace;
E 'l perder tempo a chi più sa più spiace.

Dal codice del signor Vanzolini, dov'è fra altri Rispetti di messer Angelo. — v. 8. È verso di Dante, Purg. III, 78.

XXIX.

Se tu sapessi quanto è gran dolceza
Un suo fedele amante contentare,
Gustare e' modi suoi la gentileza,
Udirlo dolcemente sospirare;
Tu porresti da canto ogni dureza,
E diresti — Una volta i' vo' provare. —
Quando una volta l'avessi provato,
Tu ti dorresti aver tanto indugiato.

Cod. ricc. 2723: ediz. fior. 1814.

XXX.

Che crudeltà sarebbe ch' i' t' amassi
E fedelmente ti donassi el core,
E tu, donna, la morte mie' cercassi
Et odio mi rendessi per amore,
Vorrei che qualche volta ci pensassi;
E vederesti se tu se' in errore.
Non vedi tu che la giustizia offendi,
Se per fedele amore odio mi rendi?

Dal cod del sig. Vanzolini, dove sta fra altri Rispetti del Poliziano.

ACCORGIMENTI E ARTI AMOROSE.

XXXI.

Voi vedete ch' io guardo questa e quella,
E forse ancor n' avete un po' di sdegno.
Ma non possa io veder mai sole o stella,
S' io non ho tutte l' altre donne a sdegno.

Voi sola agli occhi miei parete bella,
Piena di grazia, piena d' alto ingegno.
Abbiatene di questo mille carte:
Ma per coprire el vero, uso quest' arte.

Questo e i due segg. furono prima pubblicati dal Serassi, di sopra un cod. chigiano, nella Cominiana del 1765; poi dagli edd. fior. del 1814, di sul cod. laur. 44, pl. 40; e anche dal Rigoli di sur una copia moderna nel *Saggio di Rime*. Noi seguitiamo la lezione del laur. — *V*. 6. *grazia e piena:* le st. — *v*. 7. Abbiate di questo mille assicurazioni (edd. fior. 14).

XXXII.

Io vi debbo parere un nuovo pesce
Tal volta, donna: e forse ne ridete.
Ma chi non fa così nulla riesce:
E mille esperienzie ne vedete.
A me d' esser gufato non m' incresce,
Pur che la pania poi tenga o la rete.
E per vedervi sol ridere un tratto
Sarei contento esser tenuto matto.

V. 1. Nuovo pesce. « Si dice d' uomo semplice e che agevolmente lasci ingannarsi; tratta la metafora da' pesci che noi chiamiamo *avannotti*,... cioè nati dell' anno che si pigliano, che sono pesciolini e agevoli a esser presi. » V. C. — *V*. 4. *esperienze*, le st. — *v*. 5. *non incresce*, le st. — Gufato. Intenderei: dileggiato con ammicchi e con cenni della testa (v. Risp. seg. *v*. 4-5), come quelli che fa il gufo. Il nostro nelle Canz. a ballo: « A te par toccar il cielo, Quando un po' mi gufi e gabbi. » — *V*. 6. Tenga. Della pania, della pece, della colla, e d' altre materie siffatte, dicesi con special significato che *tengono*, quando appiccican bene e sono *tenaci*. Qui metaforicamente, come nel Caro, Lett. ined. « Veggo che questa pania non tiene, per tirar questo bruco fuora. »

XXXIII.

Non son però sì cieco ch' io non vegga
Che voi mettete tutti e' vostri ingegni
Per far che dello amor vostro m' avvegga,
E fatene a ogni ora cento segni,

Tanto che nella fronte par si legga.
Ma voi sapete ch' i' n' ho mille pegni:
Dunque operate discrezione e senno
In ogni vostra guatatura e cenno.

V. 4. *ad ognora*, le st. — v. 5. *colla fronte*, ediz. fior. 1814.

FUGA.

XXXIV.

Non so per qual ragion, donna, si sia,
O s' egli è pur disgrazia o mio difetto,
Che quand' io passo, donna, per la via,
Che tu fuggi dinanzi al mio conspetto
E non vuoi ch' io ti vegga come pria.
Se tu m' avessi per altro a dispetto
E ch' i' non sia di questo amor ben degno,
Se non me lo vuoi dir, fammene un segno.

Cod. ricc. 2723: ediz. fior. 1814. • Nel codice è nuovamente trascritto più avanti, con qualche varietà nella seconda lezione; della quale ci gioviamo per la correzione. — V. 1-2. *Vorrei saper per qual ragione e' sia, S' egli è per mia disgrazia e mio difetto*, seconda lezione. — v. 4. *tu ti fuggi innanzi*, le stampe e il cod. nella prima lezione. Noi accogliemmo nel testo la seconda lezione. Il secondo *che* par superfluo: ma è officio di siffatti pleonasmi d' impedire che si dimentichi la relazione fra due proposizioni congiunte da una particella, quando un' altra proposizione secondaria intercede fra loro. Ve ne ha di belli ed efficaci nel Boccaccio e in Dante: così, Inf. XXVI. 23: «Sì che, se stella buona o miglior sorte M' ha dato 'l ben, *ch'* io stesso nol m' invidi.» — v. 6-7. Abbiamo accettato nel testo la seconda lezione: la prima è *O se m' avessi per altro a sospetto E s' io non fussi del tuo amor ben degno.* — v. 8 *Se tu non me 'l vuoi dir*, seconda lezione.

XXXV.

I' non ebbi già mai di tuo' belleza
Se non tal volta poterti vedere.
E se questo me 'l to' la tua dureza,
Al mondo non mi resta altro piacere:
E morte il filo di mia vita speza,

Poi ch' io non posso questo bene avere.
Tu fuggi, donna, e col fuggir m' uccidi;
E per mio maggior mal tu te ne ridi.

Cod. ricc. 2723: ediz. fior. 1814. — *V.* 3. To': toglie (edd. fior. 1814).

XXXVI.

Che credi tu di farmi per fuggire,
O me!, crudel che abbandonato m' hai?
I' voglio amarti in fino al mio morire
A tuo dispetto; e fuggi, se tu sai.
Rincresce e duolmi che il mie' ben servire
A te non piace: e, se pur grato è assai,
Sie quel che vuole, i' mi starò pur forte,
E sempre voglio amarti in fino a morte.

Cod. ricc. 2723: ediz. fior. 1814. — *V.* 2. *Oimè,* le st. — *v.* 6. Pare che la vera lezione dovrebb' essere, *e sebben grave è assai* (cioè, che non piaccia il mio servire), *Sie quel che vuole.* (Nota dell' ediz. Silvestri). — *v.* 7. Così le stampe: il cod., *si starà pur.*

SPERANZA.

XXXVII.

I' non ardisco gli occhi alti levare,
Donna, per rimirar vostra adorneza;
Ch' io non son degno di tal donna amare
Nè d' esser servo a sì alta belleza.
Ma se degnassi un po' basso mirare
E fare ingiuria alla vostra grandeza,
Vedresti questo servo sì fedele
Che forse gli sareste men crudele.

Cod. ricc. 2723: ediz. fior. 1814: cod. lucch. Mouke. Fu edito prima dal Serassi nella Comin., poi anche dal Rigoli nel cit. *Saggio.*— *V.* 1. *alto,* Rig. — *v.* 2. ADORNEZZA. Adornatura, adornamento [Rig.] — *v.* 4. *di tanta bellezza,* cod. Mouke. — *v.* 5. *degnaste,* edd. fior. 14, Rig. e Silv. — *v.* 7. *Vedreste,* le st. — *v.* 8. *sareste,* Comin.

XXXVIII.

Non son gli occhi contenti o consolàti,
Ma fanno al cor dolente compagnia;
Perchè d' ogni lor ben gli hanno privati
Amor fortuna invidia e gelosia.
Ma tôr però non mi potranno e fati
In alcun tempo la speranza mia:
Chè s' altro aver del mio amor non spero,
N' arò pur la dolceza del pensiero.

Cod. laur. 44: ediz. fior. 1814. Fu edito la prima volta dal Serassi nella Cominiana, poi dal Rigoli nel cit. *Saggio.* — *V.* 1. *e consolàti*, le st.

XXXIX.

S' i' non credessi il tuo viso turbare,
Ben mille volte il dì ci passerei.
Ma pens' a quanto è duro il sopportare
Di non amarti, e so che non potrei;
Se non ch' io spero al fine per ben fare
Avrai qualche pietà de' sospir miei.
Ragion vuol che punito sia il peccato
Et ogni ben servir remunerato.

Cod. ricc. 2723: ediz. fior. 1814. — *V.* 2. *Ci passerei*, cioè avanti la tua casa. (edd. fior. 1814.) — *v.* 3. *pensa quanto*, le st. — *v* 4 Nel cod. manca il *che*: lo prendiamo dalle st. — *v.* 7-8 Così leggiamo con le st. Il cod ha: *La ragion vuol che punito il peccato Et* ec.

XL.

Io son la sventurata navicella
In alto mar tra l' onda irata e bruna,
Tra le secche e gli scogli, meschinella,
Combattuta da' venti e da fortuna,
Sanza àlbore o timon; nè veggio istella,
E il ciel suo isforzo contro mi rauna:
Pure il cammin da tal nocchier m' è scorto,
Ch' i' spero salvo pervenire in porto.

Cod. ricc. 2723: ediz. fior. 14. — *V.* 5. *arbore*, le st. — *V.* 6. *suoi sforzi*, Silv.

XLI.

Pietà vi prenda del mio afflitto core,
Pietà; se pietà alcuna in voi si serba:
Muovavi l' esserv' io stato amadore
Dal dì che vostra etade era anche in erba.
Or che nell' arbor aprire ogni fiore
Veggio e già 'l frutto che si disacerba,
Del bell' arbore aspetto il frutto côrre,
Se vostra crudeltà non me 'l vuol tôrre.

Cod. ricc. 2723: ediz. fior. 1814. — *V.* 2. Accettiamo l' interpunzione dell' ediz. Silv. e della fior. 1822: gli edd. fior. del 1814 fanno *Pietà* oggetto di *muovavi*. — *v.* 3. *l' esservi stato*, edd. fior. — *v.* 4. In erba. Era anche giovane e fresca (edd. fior. 14).

XLII.

Dopo tanto aspettar verrà mai l' ora,
Verrà mai il giorno tanto desiato?
Chè se mai venir deve, tempo fôra
Venisse avanti i' fussi sotterrato.
Il mio servir non conosciuto ancora
Sarà cagion ch' io mora disperato?
Nè troverrà pietade el mio lamento?
O pure al fin mi farà amor contento?

Cod. ricc. 2723: ediz. fior. 1814. — *V.* 7. *troverà*, le st. Gl' interrogativi da noi messi ai vv. 6, 7 e 8 ci paiono richiesti dal senso, il quale nelle altre stampe che sono di quelli prive è mal chiaro e non senza contraddizione.

XLIII.

Questi tanti sospir ch' al cor si stanno
Amor forse porrà tosto lor fine;
Chè, s' io ben veggio, pietose si fanno
In vêr di me quelle luci divine,
Gli occhi che ancora speranze mi danno
Ch' io corrò el fiore in mezo a tante spine

E che tosto sarò lieto e contento
D' aver sofferto tanto di tormento.

Cod. ricc. 2732: Poggiali, *Serie* ec. ediz. fior. 1814. — *V.* 5. *E gli occhi che ancor sperano in mio danno*, le st.: e addio il senso.

XLIV.

Contento in foco sto come fenice,
E come cigno canto nel morire;
Però ch' i' spero diventar felice,
Quando sofferto arò pena e martire.
Amore, tu vedrai quanto non lice
Esser crudele allo mio ben servire;
Chè, conosciuta la mia pura fede,
Spero che arai di me qualche merzede.

Cod. ricc. 2723: Poggiali, *Serie* ec. ediz. fior. 1814. — « Canterò in frigii numeri come alcun cigno di Caistro » Anacreonte. Ovid., Met., « Carmina jam moriens canit exequilia cycnus. » Quest' augello sacro ad Apollo prevedendo il momento della sua morte, secondo che ce ne hanno lasciato scritto gli antichi, manda un soavissimo canto. I cigni de' nostri giorni sembrano aver cangiato natura. Delille nei suoi *Giardini*, c. III, ha detto « Le cygne à qui l'erreur prêta des chants aimables. » (edd. fior. 14.) — *V.* 8. *avria*, il cod.: *mercede*, le st. Trovasi questo Risp. pur fra gli *Strambotti* dell'Aquilano: dove al v. 6 leggesi AL *mio* LEAL *servire*; al 7 E, *conosciuta*.

COSTANZA.

XLV.

Non potrà mai tanta vostra dureza
Del petto trarmi l' amoroso foco;
Chè l' alma è già sì ne' tormenti avveza,
Che il sospirar per voi gli è festa e giuoco.
L' amor d' ogni altra donna il cor dispreza,
Il cor ch' a tal piacer mai non dà loco;
Anzi gli è in odio quel che a voi dispiace
Et ama sol quel che a' vostri occhi piace.

Cod. ricc. 2723: ediz. fior. 1814.

XLVI.

Nè morte potria far ch' io non v' amassi:
Chè, poi che 'l spirto fussi uscito fôra,
Converría, donna, che con voi restassi
Per fin venisse di voi l' utim' ora,
E poi nell' altro mondo seguitassi
L' ombra mia sempre la vostra ombra ancora.
Dato dal ciel mi fu questo per sorte,
Ch' i' fussi vostro in vita e dopo morte.

Cod. ricc. 2723: ediz. fior. 1814. — V. 4. *l' ultim' ora*, le st. Accettammo l' aggiunta dell' articolo dagli edd. fior. Del resto, *utimo* per *ultimo* è idiotismo comune nelle scritture fiorentine del quattrocento e tuttor vivo nelle bocche del popolo toscano. *v.* 5-6. Un Rispetto popolare: « E dopo morte gli spiriti miei Ti verranno a cercar dove tu sei. »

XLVII.

Fammi quanto dispetto far mi sai,
Dammi quanto tu vuoi pena e tormento,
Ríditi del mio male e de' mie' guai,
Guastami ogni disegno ogni contento,
Móstramiti nimica come fai,
Tienmi sempre in sospetto in briga e stento;
E' non potrà però mai fare el cielo
Ch' io non ti onori et ami di buon zelo.

Cod. laur. 44: ediz. fior. 14. Fu pubblicato prima dal Serassi nella Cominiana, poi anche dal Rigoli nel cit. *Saggio*.

XLVIII.

Fanne quanto tu vuoi dispregio e strazio,
Chè ti son più contento d' ubbidire.
I' non ti chieggo, amor, tregua nè spazio
Nè brevilegio del mio ben servire,

Se non che faccia solo il tuo cor sazio;
Chè per constante amore è bel morire.
Ma guarda ben quel che tu cerchi, amore;
Chè chi perisce per virtù non more.

Cod. ricc. 2723: ediz. fior. 1814. — V. 3. *E non ti,* le st. — v. 4. *brivilegio,* le st.

XLIX.

Non arà forza mai tuo' crudeltade,
Donna, che sempre i' non ti sia suggetto;
Già mai non mancherà mie' fedeltade,
Mentre che l' alma fia nel miser petto.
Forse che ancor ti moverà piatade
Di tuo' belleze e di me poveretto,
Del mio fedel servire in van perduto,
E del tuo fior, quando sarà caduto.

Cod. ricc. 2723: ediz. fior. 1814. — V. 5. *pietade,* le st. — v. 8. *fior ch'allor quando,* il cod.

L.

Se gli occhi son contenti e consolati,
Tutto lo resto del mio corpo istenta.
Se l' alma afflitta e dolorosa pate,
Che galdio o che piacer vuo' tu ch' i' senta?
S' i' sto in prigione o fuor di libertate,
Amor lo vuole, e tu ne se' contenta.
Ma, sia che vuol, con tutto il suo potere,
Io son tuo servo, e così vo' morere.

Cod. ricc. 2723: cod magl. [cl. VII] 735: ediz fior. 1814. — V. 3. *afritta dolorosa,* cod. magl. — v. 4. *O che galdio o piacer,* cod. magl.: *gaudio,* le st. — v. 5. *S' i' son prigione,* cod. magl... *e fuor,* le st. — v. 6. Così le st., ma i due codd. leggono: *Amor lo vuole, e io ne son contenta.* Accettammo la lezione delle stampe in ossequio al riccardiano. che all' ultimo verso ci da chiaramente per maschio il personaggio che parla. — v. 7. *Ma perchè vuol,* le st. — v. 8. *tua serva sono, e così,* cod. magl.: *Così son tuo servo*, cod. ricc., con danno del verso. Noi delle due lezioni diverse ne abbiam fatta una che ci par la migliore possibile: le st. leggono, *Io son tuo servo e per te.* — MORERE per *morire*. Gli antichi solevan dare ai verbi della terza la piegatura di quei della seconda coniugazione. *Pentère* è in Dino Compagni e nel XXVI dell' Inf.: *venére* nel Tesoretto del Latini « .... degnò venére La maestà sovrana. »

LI.

I' possa rinnegar la vera fede
E morir come cane in Barbería,
E Dio non abbia mai di me merzede,
Se mai ti lascio per cosa che sia:
E giuro per lo Iddio che tutto vede,
S' io t' abbandon, sia allor la fine mia.
E se il tuo duro cor non me lo crede,
Sappi nessun si salva sanza fede.

Cod. ricc. 2723: ediz. fior. 1814. — *V.* 1-2. Un rispetto popolare toscano: « E se credessi turco diventare, Passar lo mare e andare in Turchia, Davanti al Turco mi vo' inginocchiare E la vo' rinnegar la fede mia.... Ho rinnegato la fede per voi. » — *v.* 3. *mercede*, le st. — *v.* 4. *lasci*, ediz. fior. 1814. — *v.* 6. Il troncamento del verbo *abbandon* fatto qui da scrittore toscano valga contro la Crusca a difesa dell' *io ti perdon*, che è una medesima cosa, del tanto perseguitato epico italiano. (Nota dell'ediz. Silv.) Se pure non va letto col cod. Mouk. lucch., *S'io t'abbandono, sia allor la fin mia.*

LII.

I' griderò tanto misericordia,
Che la mia voce sarà in cielo udita,
Tanto ch' io faccia con costei concordia
Per sempiterno e fermo istabilita.
E di metter nessun fra noi discordia
Guardi, per quanto egli ha caro la vita.
Chè questo è solo a me dato per sorte,
Nè sciôr mi può da lei se non la morte.

Cod ricc. 2723: ediz. fior. 1814.

PREMIO DELLA COSTANZA.

LIII.

Fra tutte l' altre tue virtù, Amore,
Questa si legge manifesto e scorto:
Colui che face sempre al mondo onore
Ella insegna ad amar, non che sia morto,
Nè che troppo costante al suo signore
Sia di sua corte isbandeggiato a torto.
Tu che miei versi dolorosi canti,
Sappi che questo è il premio degli amanti.

Cod. ricc. 2723: ediz. fior. 1814. *V.* 1. *virtudi,* le st. — *v.* 2-6. Per cavare un senso da questa ottava, corrottissima nel codice e nelle st., abbiamo accolto le correzioni messe innanzi dal Monti nella sua Farsa *I Poeti,* pausa IV, sc. I. [*Proposta*, vol. III, p. II] e passate anche nell' ediz. Silvestri. Nel cod. e nella stampa fior. del 14 al *v.* 2. leggesi *Questo;* al *v.* 4. *amar nè dir ch'è morto;* al *v.* 5. *E che;* al 6. *Fu di.* Ecco poi la spiegazione che fa il Monti nel l. c.: « Amore, fra altre virtuose tue leggi manifestamente e scortamente dettata si osserva questa, che insegna ad amare l'amante che fa onore al mondo colle sue opere, non a volere che per la crudeltà della sua donna sia condotto a morire, nè che a torto sia sbandito dalla corte del suo signore per essere stato troppo costante. » — *V.* 4. Nel cod. Mouke lucch. leggesi così, *E l' insegna d' amor ne diede è morto,* sottolineate le ultime quattro parole: accanto nel margine è scritto, « Forse: *di che si è morto.* » Altri vegga di cavarne costrutto, a me pare impossibile. — *v.* 7-8. Par che Amore risponda: quando pur non debbasi intendere che il poeta si rivolge al cantore del suo rispetto.

RIMPROVERI.

LIV.

Io arei già un' orsa a pietà mossa;
E tu pur dura a tante mie querele.
Ch' ara' tu fatto, poi che nella fossa
Vedrai sepolto el tuo servo fedele?
Ecco la vita, ecco la carne e l' ossa!
Che vuo' tu far di me, donna crudele?

È questo el guidardon delle mie pene?
Donque m' uccidi perchè ti vo' bene?

Cod. ricc. 2723: Comin., Rigoli. Vedi nota al Risp. III. — *V.* 3. *E tu pur dura:* modo efficace del parlar familiare toscano, che resulta in questo e in casi consimili dall' elissi della seconda persona del verbo *essere, stare, rimanere,* o simili. Per citare un esempio moderno, nella novella di A. Guadagnoli *La lingua d' una donna alla prova* il curato si affanna a predicare. « Vedi? e principi e duchi e cavalieri Al par di chi sta in umile abituro Devon morire ignudi. — E Gosto, duro. » — *v.* 5-6. Anche in una Ball. « Ecco l'ossa, ecco la carne, Ecco il core, ecco la vita: O crudel, che vuoi tu farne? » — *v.* 8. *Dunque... perch' io,* le st.

LV.

Or credi tu ch' io sempre durar possa
A tante villanie a tanto strazio?
O pur deliberato hai nella fossa
Di tuo' man sotterrarmi in poco spazio?
Vuo'mi tu mangiar crudo in sino all' ossa
Per far de' miei tormenti el tuo cor sazio?
Vuoi tu berti el mio sangue per le vene?
Vivi tu d' altro che delle mie pene?

Cod. laur. 44: ediz. fior. 1814. E fu prima pubblicato dal Serassi di su 'l cod. chig. nella Cominiana del 1765, poi anche dal Rigoli nel cit. *Saggio di rime.* — *V.* 2. *villanie e,* edd. fior. 1814.

LVI.

Rendimi il cor, giudea e dispietata;
Chè a più pietosa donna il vo' donare.
Non vo' che il goda donna tanto ingrata
Che piacer piglia di farlo istentare:
E se l' anima mia i' t' ho ben data,
Non ti piacendo, non dovei accettare.
Rendimi il cor, chè tu non gli dài posa,
Chè il vo' donare a una più pietosa.

Cod. ricc. 2723 e Mouke lucch.: ediz. fior. 1814. — *V.* 1. Così il cod. lucch.: il ricc., *core, o giudea e dispietata,* con soverchio iato: *o cruda e dispietata,* le st. I poeti antichi usavano con crudele e incivile metafora *giudeo* per *incredulo* (Messer Cino, degli occhi della sua donna, « O voi che siete vêr me sì giudei Che non credete il mio dir senza pruova »), e per *ostinato, feroce* (Cecco Angiolieri « Oimè, il suo cor com' è tanto giudeo! » M. Frescobaldi, in caso consimile a quel del nostro poeta, « Amanti e donne, correte a pregare Questa giudea che rendami il cor mio, Che non mi faccia, come fa, penare »). Tanto è vero che la letteratura, e la poesia in specie, è, più che lo specchio, il serbatoio puro ed impuro così delle credenze e delle aspirazioni nobili e onorevoli, come delle superstizioni e degli odii parziali e selvaggi dei tempi a cui ella appartiene. — *v.* 2. *dure,* il cod.; con evidente errore. — *v.* 8. *ad una,* le st.

LAMENTI E PREGHIERE.

LVII.

Io ho maggior dolor, ben che stia cheto,
Ch' altri che getta suo' parole al vento:
Perchè non cresca il duol sto mansueto,
Perchè poco mi val s' i' mi lamento.
Per non manifestar quel c' ho segreto,
Tal volta rido, non ch' i' sia contento;
Chè chi palesa e' sua segreti affanni
Non sminuisce il duol ma cresc' e' danni.

Cod. ricc. 2723: ediz. fior. 14. È anche tra i Rispetti dell'Aquilano con queste varietà: al *v.* 1 *stia* QUIETO, al 3 E PER NON CRESCER DUOL, al 5 *ho* IN SECRETO, al 7 I SUOI SECRETI *affanni.*

LVIII.

E' non fu al mondo mai più sventurato
Amante o più di me tristo e scontento;
Ch' io porto pazïenza del peccato
Ch' altri ha commesso con mio detrimento.
Ecci chi crede di farsi beato
Con tener me in infernal tormento,
Nè sa ben quanto a Dio dispiace forte
Colui che cagione è dell' altrui morte.

Cod. ricc. 2723; ediz. fior. 14. — *V.* 3. *pazienza,* così il cod. e le st. Sospetto debba leggersi *penitenza.* — Secondo P. Fanfani [*Ric fil.,* 1847, III. pag 40] vale *patimento, dolore* in questo v. e nel pen. del X Purg. « E qual più pazienza avea negli atti Piangendo parea dicer: Più non posso. »

LIX.

Ogni donna di me pietosa fassi
Et ogni fera ch' oda el mio lamento:
Io ho mossi a pietà già questi sassi
Ne' quali or poso il mio corpo scontento.
E non fu mai alcun che donna amassi
Che stessi com' io fo all' acqua al vento:
In voi sol, donna, e' mie' pianti non ponno
Rompere el vostro dolce e leggier sonno.

Cod. ricc. 2723: Poggiali, *Serie* ec.: ediz. fior. 1814.

LX.

Se 'l vostro cor pietà non mostra or mai
Agli occhi che più lacrime non hanno;
De' mie' prieghi pietosa e de' mie' guai
Si facci morte, e traggami d' affanno.
E ben che io creda che piacere assai
Arete del mio strazio e del mio danno,
Non sia però non si dica che a torto
I' sia da voi sol per amarvi morto.

Cod. ricc. 2723: Poggiali, *Serie* ec. e ediz. fior. 1814. — *V.* 3. Abbiamo aggiunto un *e* dopo *pietosa* secondo la proposta di A. M. Maggi e con l' ediz. Silv. — *v.* 4. Il cod. e gli edd. del 1814 hanno *trarrammi:* abbiamo accettato la lezione proposta dal Maggi e seguita dall' ediz. Silvestri. — *v.* 7. *non si dirà,* leggono gli edd. del 1814. Il Maggi proponeva e il Silvestri stampava *nè dicasi.* Noi seguitiamo la lezione vera del codice.

LXI.

Mentre ch' ogni animal dormendo posa,
Raddoppio e pianti e rinnuovo e sospiri;
E sol priego ch' Amor facci una cosa,
Ch' alquanto delle fiamme el cor respiri.
Nè tu ti fai però di me pietosa,

Mentr' io piango cantando e mie' martiri;
Anzi nascondi el tuo amoroso volto:
Rendi agli occhi mie' i lumi c' hai lor tolto.

Cod. ricc. 2723: ediz. fior. 1814. — *V.* 8. Così il cod.; *miei,* gli edd. fior. Il Maggi nella cit. *Appendice* osservava: « La collocazione delle parole, certamente sconvolta dai copisti, rende aspro questo verso. Poi il dire *rendi agli occhi i lumi* è lo stesso che se detto si fosse *rendi agli occhi gli occhi;* poichè *lumi* plurale è presso i poeti sinonimo di *occhi.* Vuolsi però correggere *il lume,* cioè la *vista:* e il Poliz. stesso più avanti, st. 9, [* in questa ediz., rispetto LXIII], ci addita questa correzione, dicendo: Piangete, occhi, da poi che Amor ci ha tolto La dolce vista di Madonna nostra. Ed il soprannotato verso deve stare al sicuro così: Rendi *a' miei occhi il lume* che hai lor tolto. » Noi non vediamo questa necessità, e non ci spiace il *rendere gli occhi agli occhi.* Ma la lezione proposta dal Maggi passò nell' ediz. Silvestri.

LXII.

E' non è mai sì carco di tormenti
El mio afflitto e 'ndebilito core,
Che, se rivede e begli occhi lucenti,
Non riprenda le forze e 'l suo valore.
Ma tu glie ne se' avversa e no 'l contenti,
Che per non rivederli sol si more.
Al cor la vista de' begli occhi rendi,
Tanto che dalla morte si difendi.

Cod. ricc. 2723: Poggiali, *Serie* ec.: ediz. fior. 1814. — *V.* 5. *nol consenti,* le st.

LXIII.

Donna, s' i' debbo mai trovar merzede
Ne' be' vostri occhi o punto di pietade,
Se mai esser pagata la mia fede
Debbe con altro che con crudeltade;
A' be' vostri occhi il cor questo sol chiede,
Che venga pria che morte usi impietade.

Al giusto priego non gli siate avara,
Chè per servirvi sol la vita ha cara.

Codice riccardiano 2723: edizione fiorentina 1814. — *V.* 1. *mercede*, le st. — *v.* 2. *Nelli vostri*, le st. — *v.* 5. *il cor solo vi chiede*, edd. fior. 14; *il cor solo richiede*, ediz. Silv.

LXIV.

Piangete, occhi, da poi ch' Amor n' ha tolto
La dolce vista di madonna nostra:
Tristi piangete, poi che sì bel volto
Pietade alcuna vêr di voi non mostra:
Piangete, poi ch' Amore in pianto ha vòlto
Il riso e 'l canto e la speranza nostra.
Deh sospira, cor mio, tua crudel sorte,
Fin che pietà di te vegna alla morte.

Cod. ricc. 2723: Poggiali, *Serie* ec. ediz. fior. 1814. — *V.* 1. *ci ha*, le st. — *v.* 6. *il canto*, le st. — *v.* 7. *Deh ispira*, il cod. e gli edd. fior. Accettammo la correzione del Maggi passata pure nell' ediz. Silv.

LXV.

Piangete, amanti, insieme al mio dolore;
Piangete fin che a pietà lei si muova:
E se pietà non ha, pregate Amore
Non voglia far di me più lunga pruova
Ma che mi renda libero el mio core
O che da lei tal crudeltà rimuova,
E che or mai e' sia contento e sazio
Di veder tanto mio crudele strazio.

Cod. ricc. 2723: ediz. fior. 1814. — *V.* 2. Nell' ediz. Silvestri si corresse grammaticalmente: *Piangete fin ch' ella a pietà si mova*. Noi, che nè pure in grammatica vogliam despotismi, lasciamo come legge il codice.

LXVI.

Io mi dorrò di te innanzi Amore,
Dicendo come tu mi fai morire:

I' gli dirò ch' i' son tuo servidore,
E fai mie' vita per pianti finire:
Dirògli che tu m' hai ferito il core,
E i mie' prieghi non gli vuoi udire.
Io so che ti sarà dato ogni torto,
Veduto al tutto che per te son morto.

Inedito finora: è fra altri Risp. del Poliziano nel cod. del signor Vanzolini.

LXVII.

Soccorrimi, per dio; chè il tempo passa.
Vedi, madonna, crudeltà mi sfida:
Soccorri all' alma mia misera e lassa
Che nella pietà tua sola si fida:
Soccormi; chè costei morir mi lassa,
Poi che mi vede al mondo sanza guida:
Soccorrimi per dio, non esser tardo;
Chè in vita può tenermi un sol tuo sguardo.

Cod. ricc. 2723: ediz. fior. 1814. — V. 2. Pare che faccia una sottile astrazione fra madonna e la crudeltà di lei della quale si richiama: astrazione di cui abbondano esempi nei poeti antichi. Così il Cavalcanti: « Se mercè fosse amica a' miei desiri, E 'l movimento suo fosse dal core Di questa bella donna...; » e Dante « Convenemi chiamar la mia nemica, Madonna la pietà che mi difenda. » — V. 8. Come accorda questo *tardo* con *Madonna?* Veggano i grammatici se potesse tenersi per usato a modo di avverbio. Potrebbesi supporre che il poeta s' indirizzasse ad Amore: e allora al v. 2 bisognerebbe leggere, *madonna e crudeltà,* o, ironicamente, *madonna crudeltà;* come Dante disse *Madonna la pietà.*

LXVIII.

Soccorrimi, per dio; ch' io son condutto
Presso all' estremo punto di mia vita:
Amor raddoppia in me suo' forza in tutto,
Tal ch' io non posso alla crudel ferita.
Vedi il mio corpo doloroso e strutto:
Chè, se la tua merzede or non l' aita,

Morte sarà che mi trarrà di guai:
E più mi duol che te ne pentirai.

Cod. ricc. 2723: ediz. fior. 1814. — *V.* 4. Non posso. Non reggo più. — *v.* 6. *mercede*, le st.

LXIX.

O sacra iddea col tuo figliuol Cupído,
Che collo stral fedisti Giove e 'l Sole
E 'l cor passasti alla reina Dido
Udendo del troian l' alte parole;
Disserra l' arco in cui solo mi fido,
E ferisci costei che udir non vuole
D' amor favella e me conduce a morte,
Se non provvedi alla mia trista sorte.

Cod. ricc. 2723: ediz. fior. 1814.— *v.* 2. *feristi*, le st. — *v.* 6. Gli edd. fior. del 14 mettono una virgola in fine di questo verso.

LXX.

I' non ti chieggo, Amor, altra vendetta
Di questa cruda tua nemica e mia,
Se non che lei tu nelle mie man metta
Sola soletta e sanza compagnia.
Al petto i' la terrei serrata e stretta,
Tanto ch' io la farei vêr me più pia;
E per vendetta degli oltraggi ed onte
La bacerei ben mille volte in fronte.

Cod. ricc. 2723: ediz. fior. 1814. — *V.* 2. *nemica*. Così le st.: il codice, *amica*. — *v.* 4. « Taciti, soli, e senza compagnia » Dante (edd. fior. 14). — *v.* 6. Accolsi la correzione proposta dal Maggi nella cit. *Appendice* e passata nell' ediz. Silvestri. Il cod. legge *Tanto ch' in vêr di me i' la farei più pia;* l' ediz. fior. del 1814 .... *in vêr me i' la farei.* — *v.* 7. *vendetta*. Ho preso questa parola dall' ediz. fior. 22, e da quella Silvestri, nella quale passò dalla cit. *Append.* Nel codice si legge *viltà:* l' ediz. fior. ha *viltade*.

LXXI.

Prima ch' io mi conduca a disperare,
Vorrei saper di voi l' utima voglia;
E, s' i' non veggo in voi pietà regnare,
La morte poi al fin non mi fia doglia.
Dimmi, madonna, quel che deggio fare
A non voler che la morte mi doglia;
Dégnate a' prieghi mia farmi risposta.
Un grazïoso riso poco costa.

Cod. ricc. 2723: ediz. fior. 1814. — V. 2. *ultima*, le st. — *v.* 3. *che morte mi sia doglia*, gli edd. fior. del 14. Il Maggi, nella cit. *Append.*, scrisse: « Poichè *doglia* nel secondo verso è nome, forz' è che sia verbo nel quarto, » e propose si correggesse *A non voler che morte si mi doglia:* la qual correzione passò nell' ediz. Silvestri. A noi dette lume per la vera correzione la lezione del codice che ha *A non voler che la morte mi sia doglia:* dove è evidente che *sia* è un errore di sovrabbondanza pel ricordo del v. 4. — *v.* 8. Accettammo la correzione del Maggi passata nell' ediz. Silvestri: il codice e gli editori fiorentini del 14 leggono *D' un grazioso riso che poco costa.*

ASPETTAR TEMPO.

LXXII.

La notte è lunga a chi non può dormire,
Ma ancora è breve a chi contento giace:
Se 'l giorno è grande a chi vive in sospire,
Presto trapassa a chi il possiede in pace:
Vero è che la speranza e lo desire
Più volte a ogn' un di lor torna fallace;
Ma, quando l' aspettare al fin poi viene,
Già mai non giunge tardi il vero bene.

Cod. ricc. 2723: ediz. fior. 1814. — V. 2. *chi in contento*, le st. — *v.* 3. *Lo giorno è ... in martire*, le st. — *v.* 5. Veramente il cod. ha *loro desire:* ci parve meglio seguitare le stampe.

LXXIII.

Non sempre dura in mar grave tempesta,
Nè sempre folta nebbia oscura il sole:
La fredda neve al caldo poco resta,
E scuopre in terra poi rose e vïole:
So ch' ogni Santo aspetta la sua festa,
E ch' ogni cosa il tempo mutar suole:
Però d' aspettar tempo è buon pensiero,
E chi si vince è ben degno d' impero.

Cod. ricc. 2723: ediz. fior. 1814. — *V.* 1-2. Horat. carm. II, 9: « Non semper imbres nubibus hispidos Manant in agros, aut mare Caspium Vexant inæquales procellæ Usque. » — Questo rispetto trovasi pur negli *Strambotti* di Sĕrafino Aquilano con la piccola differenza che al verso 4 legge CHE *scuopre in terra*, ec., e al *v.* 8, CHE *chi* SÈ *vince* BEN DEGNO È.

LXXIV.

Ogni pungente e venenosa ispina
Si vede a qualche tempo esser fiorita:
Crudel veneno posto in medicina
Più volte torna l' uom da morte a vita:
E 'l foco che ogni cosa arde e ruina
Spesso risana una mortal fedita:
Così spero il mio mal mi sia salute,
Chè ciò che nuoce ha pur qualche virtute.

Cod. ricc. 2723: ediz. fior. 1814. — *V.* 1. *spina,* le st. — *v.* 8. Il cod. legge *Che non che nuoce.* Ho accettato la correzione del Maggi nella cit. *Append.*: correzione passata nel testo dell' ediz. Silv. 1825. Anche questo Risp. è fra gli Strambotti dell' Aquilano; se non che al v. 3 legge *posto* A, al 4 TAL VOLTA, al 7 FIA SALUTE, all' 8 CH' OGNI COSA *che nuoce ha pur virtute.*

CONSIGLIO PRUDENTE.

LXXV.

Chi si diletta in giovenile amore,
Compera la ricolta in erba verde;

Chè sempre il frutto non risponde al fiore,
E spesso la tempesta la disperde.
Tristo a chi si confida in bel colore,
Che dalla sera alla mattina perde!
Però laudi ciascuno il mio consiglio,
S' io disprezo le fronde e 'l frutto piglio.

Cod ricc. 2723: Poggiali, *Serie* ec.: ediz. fior. 1814. — *V.* 3. « Nimium ne crede colori. » Virg. ecl. 2 (edd. fior. 14).

I VOTI COMPITI.

LXXVI.

I' ti ringrazio, Amor, d' ogni tormento
Che io soffersi e di tanti mie' affanni,
E sono in fra gli amanti il più contento
Che fussi mai alcun già fra mille anni;
Poi che mia nave spinta da buon vento
Il porto prende, requie a tanti danni.
Reggi la vela, Amor; chè il vento spinga,
Mentre che ancora intorno il mar lusinga.

Cod. ricc 2723: ediz. fior. 1814. — *V.* 1. Il nostro poeta ha cominciato una ballata « Io ti ringrazio, Amore, D' ogni pena e tormento » (edd. fior. 1814.) — *V.* 2. *Che io,* così stampiamo per la migliore armonia del verso; ma il cod. e le st., *Ch' io soffersi.* — *V.* 4. *fusse,* le st — *v.* 5. « Siccome nave pinta da buon vento » Dante. (edd. fior. 1814.) — *v.* 6. *Il porto vede,* le stampe.

DISGRAZIA IN AMORE.

LXXVII.

Il buon nocchier sempre parla de' venti,
D' arme il soldato, il villan degli aratri,
L' astrologo di stelle e d' elementi,
L' architetto di mole e di teatri,
Di spirti il mago, il musico d' accenti,
D' oro gli avar, d' eresia gl' idolatri,

Di bene il buon, di fede l' alme fide;
E io d' amore, perchè amor m' uccide.

Cod. ricc. 2723: ediz. fior. 1814. — *V.* 1 e segg. « Navita de ventis, de tauris narrat arator; Numerat et miles vulnera, pastor oves » Tibullo. (edd. fior. 14.) — *v.* 8. *Ed io*, le st.

LXXVIII.

Rida chi rider vuol, ch' a me conviene
Per forza per ragion l' angoscia e 'l pianto:
Canti chi vuol cantar, ch' alle mie pene
Non è conforme l' allegreza e 'l canto:
Speri chi vuol sperar, chè sanza ispene
Ogni pensiere mio posto ho da canto.
Come rider cantare o sperar voglio,
Se perso ho il ben d' onde allegrar mi soglio?

Cod. ricc. 2723: ediz. fior. 1814. — *V.* 5. *spene*, le st.

LXXIX.

Delle fatiche mie el fiore e 'l frutto
Ogni altri coglie, e io ne son di fora:
El seme ch' i' ho sparso è perso tutto
In questa terra ingrata, che ristora
Al suo cultore acerba doglia e lutto.
Questo interviene a chi in fede adora:
E questo è quel per che 'l mio cor si spoglia,
Che il seme ch' i' ho sparso ogni altri el coglia.

Cod. ricc. 2723: ediz. fior. 1814. — *V.* 2. *ed io*, le st. — *v.* 4. Ristora: nel significato, pare, di *rende in cambio*. Vedi Rispetto LXXXIII, v. 5-6. — *v.* 6. Il Maggi nella cit. *Appendice* proponeva si correggesse: « a chi *di* fede adora; » ovvero: « a chi *con* fede adora. » Il Silvestri accettò il primo conciero. In verità non ce n' era bisogno. — *v.* 7. Si spoglia. Strano uso di questo verbo: pare debba sottintendersi qualche cosa; come *di gioia, di speranza;* o simili.

LXXX.

I' seminai il campo, e altri il miete;
Aggiomi spesa la fatica in vano:
Altri ha gli uccelli, e io tesi la rete;
Solo la piuma m' è rimasto in mano:
Altri è nell' acqua, e io moro di sete:
Altri è salito, e io disceso al piano.
Pianger dovrian per me tutte le priete;
Ch' i' seminai il campo, e altri il miete.

Cod. ricc. 2723: ediz. fior. 1814. — *V.* 1. *ed altri,* le st. — *v.* 3. *ed io,* le st. — *v.* 4. *Solo*... *m' è rimasto,* le st. — *v.* 5 e 6. *ed io,* le st. — *v.* 7. *priete* in vece di *pietre,* per metatesi (edd. fior. 14). L' iperbole è ardita, ma non come quella di Dante, che d' un tremore amoroso sopravvenuto gli dice « E per la ebrietà del gran tremore Le pietre par che gridin: muoia, muoia. » — *v.* 8. *ed altri,* le st. — Questo Rispetto trovasi poi ripetuto nel codice con qualche varietà. Eccolo qui sotto.

LXXXI.

I' seminai il campo, un altro il miete;
E aggio ispeso la fatica in vano:
Altri è nell' acqua, e io moro di sete:
Altri è salito, e io rimasto al piano:
Un altro ha preso, e io tesi le rete,
E sol la piuma è a me rimasto in mano.
Fortuna a torto fa sua voglie liete;
Chè per voi ardo, e non mi soccorrete.

Cod. ricc. 2723: ediz. fior. 1814. — *V.* 1. *e un altro,* le st. — *v.* 2-3. *ed,* le st. — *v.* 4. L' ediz. Silv. legge col Maggi *ed io rimasi al piano.* — *v.* 5. *ed io,* Silv. Questo verso è una rimembranza del petrarchesco « E la rete tal tende che non piglia. » — *v.* 6. La piuma è a me rimasto. Qui il participio non accorda col nome, rimanendo quasi indeclinabile: come di rado avviene quando va unito al verbo *essere.* Petrarca, Canz. I: «... sentendo... Infin allor percossa di suo strale Non essermi passato oltre la gonna » e Bocc, Dec., g. IV, n VI « Nè perciò cosa del mondo più nè meno me n' è intervenuto. » — *rimasto,* Silv.

LXXXII.

El bel giardin che tanto cultivai
Un altro il tiene, e si ricava il frutto:
E la preda ch' io presi e guadagnai
Un altro a torto me n' ha privo in tutto:
E pascomi di pianti e doglie e guai,
Perchè chi può mi vuol così distrutto:
E ho perduto il tempo e la fatica,
E sono in preda della mia nemica.

Cod. ricc. 2723: ediz. fior. 1814. — *V.* 1. *coltivai*, le st.

LXXXIII.

Del bel campo ch' arai con sudor tanto
Un altro ha preso le ricolte in erba:
Della vite ch' io posi all' alber santo
Un altro ha vendemiato l' uva acerba:
E 'l frutto ch' io ricolgo è doglia e pianto
Che lo 'ngrato terreno al cultor serba.
Or di rabbia si strugge el cor e rode:
Un altro ha il frutto e del mio stento gode.

Cod. ricc. 2723: ediz. fior. 1814. — *V.* 1. *El bel campo*, il codice. Accettammo la lezione delle stampe. — *v.* 7. *si strugge e'l cor si rode*, le st. È pure tra i Rispetti dell' Aquil. con queste varietà: al *v.* 1. IL BUON *campo* CHE, al 2 *Un altro* A PIENO L' HA RICOLTO, al 3 LA *vite ch' io* GIÀ *posi all' ARBOR*, al 4 *ha* VENDEMMIATO, al 5 IL *frutto*, al 7 e 8 COSÌ PASSANDO LA MIA VITA *rode*, CHE UN ALTRO INDEGNO LI MIEI STENTI *gode*.

DISPERAZIONE.

LXXXIV.

Madonna, e' saria dolce la mia pena,
Dolce il pianto i sospir, dolce il tormento,
S' i' fussi certo che questa catena
Sciogliessi un giorno per farmi contento.

Ma perchè il corpo si sostiene a pena
E' be' vostri occhi non fan mutamento,
Sciorrà questa catena un giorno morte
E porrà fine alla mia trista sorte.

Cod. ricc. 2723: Poggiali, *Serie ec.*: ediz. fior. 14. — V. 3. Il cod. legge: *di questa catena.* — v. 4. *Sciogliesle*, Silv. — v. 6. *E be'*, ed. fior. 14; *e i bei*, Silv.

LXXXV.

Se pure il vostro cor non è ancor sazio
Di vèder tanto mie' crudel tormento,
I' prego morte mi die tanto spazio
Ch' io possa far vostro disio contento.
E, se non basta ciò, per più mio strazio
Mora, e sia data la polvere al vento:
Chè più dolceza mi saria morendo
Per contentarvi, donna, che vivendo.

Cod. ricc. 2723: ediz. fior. 1814. — V. 3. *mi dia*, le st.

LXXXVI.

O me! chè 'l troppo amore a morte mena
Il cor sanza speranza di soccorso.
Morte sciorrà l' amorosa catena,
Morte torrà dal core il duro morso.
Nè so però se mancherà la pena
Allor ch' i' sarò in braccio a morte corso.
Nè saria questo già contro a mia voglia,
Se per amarvi stessi sempre in doglia.

Cod. ricc. 2723: ediz. fior. 1814. — V. 1. *Ohimè*, le st.

LXXXVII.

Creduto io non arei crudeltà tanta
Regnar potessi in sì gentile aspetto:
Ma or bene me n' accorgo, e veggio quanta
È vana la speranza ch' io aspetto.

E bene è vero che ogni bella pianta
Non tutta volta fa il pomo perfetto.
Così intervien a qual di noi non crede:
Ma savio è quel che tosto se ne avvede.

Cod. ricc. 2723: ediz. fior. 14. — V. 1. *avrei*, le st. — v. 5. *che*, manca nel cod. — v. 7. Nel cod. leggesi *Così spesso intervien qual di noi non crede*: abbiamo accettato la correzione delle stampe.

LXXXVIII.

Come può lo mio cor mai rallegrarsi?
Se possedessi quanto el ciel possede,
Solo alla pena che ha di ricordarsi
Di quanto ben si vede o mal si vede,
Pericoloso sta per pricolarsi:
Se già per grazia el ciel non mi provede
Che la fortuna or mai mi concedessi
Che, perso un tanto ben, morte mi dessi.

Cod. ricc. 2723: ediz. fior. 1814. — V. 1. Accettiamo la interpunzione dell'ediz. fior. 1814: la fiorentina del 1822 e quella del Silvestri 1825 mettono una virgola in fine del primo verso e l'interrogativo in fine del secondo. — v. 2-5. « Dal secondo al quinto verso, nota il Maggi nella citata *Appendice*, havvi tale stravolgimento che non si può sanare nemmeno per probabile congettura. Era però dovere dell'editore il notarlo. » Al v. 3 nell'ediz. Silvestri si nota: « Questo e i due segg. versi sono veramente enigmatici. *Pericoloso sta per pericolarsi* pare che sia un modo volgare, il quale in sostanza si risolva nel dire *è pericoloso*. Il passo trovasi, così com'è stampato, nel cod. ricc. donde gli edd. fior. trassero queste stanze. » Noi notiamo che al v. 4 nel cod. leggesi *or mal* in vece di *o mal* che hanno le stampe. — v. 6. Così gli editori fiorentini del 14: il codice è errato e ridondante. — v. 7-8 *concedesse . . . desse*, le st.

LXXXIX.

Vedete, amanti, a quale estrema sorte
I' son ridotto sol per donna amare,
Ch' i' sento al cor già vicina la morte
Nè posso a tanto danno riparare.

Merzè chieggio a colei piangendo forte,
Che d' este pene lo vogli cavare:
E lei che vede che morte m' uccide
Non se ne cura e del mio mal si ride.

Cod. ricc. 2723: Poggiali, *Serie* ec. ediz. fior. 1814. — *V.* 5. *Mercè,* le st. — *v.* 6. *lo voglia,* ediz. Silv. — *v.* 7. *Ella che vede,* ediz. Silv.

XC.

Lasso me, lasso! o me! che deggio fare
In questa vita sanza alcun conforto?
O deggio sempre al mondo lacrimare
Nè mai uscir di questo orribil porto?
O sorda morte, omai più non tardare:
Soccorri a' prieghi miei, non mi far torto.
Ch' altro rifugio a me non si richiede,
Poi che per me non è pietà nè fede.

Dal codice del signor Vanzolini, ov' è fra altri Rispetti del Poliziano.

XCI.

Piangete, occhi dolenti, e 'l cor con voi
Pianga suo' libertà ch' Amor gli ha tolta:
Piangete el dolce e 'l bel tempo da poi
Ch' Amor nostra letizia in pianto ha volta:
Piangete le lusinghe e' lacci suoi
Ond' io preso mi trovo e ella è sciolta:
Piangete, occhi dolenti, alla fin tanto
Che morte stagni el vostro amaro pianto.

Cod. ricc. 2723: Poggiali, *Serie* ec. ediz. fior. 14: magl. 735. — *V.* 2. *l'ha,* cod. ricc. e l' ediz. fior. 14. — *v.* 6. *ella disciolta,* ediz. Silv. Noi accettammo la lezione del magliabechiano. Col riccardiano leggevano gli editori fiorentini del 14, *e lei disciolta.* — *v.* 7-8. Il magliab.: *Piangete, o occhi afflitti, el mio duol tanto, Acciò che pietà truovi el vostro pianto.* — È pure fra gli Strambotti dell' Aquilano con queste varietà: al *v.* 4 *Amor* VOSTRA FORTUNA, al 6 ED *ella sciolta:* il 7 e l' 8 accordano col magliab., se non che leggono IL *mio* MALE e *trovi* PIETADE IL NOSTRO.

XCII.

Voglio morir, se morte mi vuol tôrre,
Da poi che 'l mio disio non può aver loco.
Meglio è morir che sempre con dolore
Irsi struggendo come cera al foco.
Chi mi può sovvenir non mi soccorre
Anzi si piglia i miei martíri in gioco.
Però la morte per soccorso chieggio,
Po' che mi vedo andar di male in peggio.

Cod. ricc. 2723: ediz. fior. 1814. — *V.* 3. « Qui non havvi rima ma semplice assonanza. Nelle note dell' ediz. fior. del 1814 si riporta, come variante del quarto verso susseguente, il verso del Petrarca *Come al sol neve, come cera al foco:* quindi l'autore della Proposta [*cioè l'autore dell'append. al vol. III part. II della *Proposta*], tenuta ferma questa lezione, emenda per congettura: « Meglio è morir che sempre *il cor disciorre* Come al sol neve ecc. » (Nota dell' ediz. Silvestri). Il vero è che gli edd. fior. del 14 riportano quel verso del Petrarca non come variante, ma per confronto al verso del Poliz. Ma l' emendazione potea cercarsi negli *Strambotti* dell' Aquilano, fra i quali questo è riportato, e dove al v. 3-4 leggesi: *Meglio è* LA STANCA CARNE IN TERRA PORRE CHE GIR...

PENSIERI E IMMAGINI DI MORTE.

XCIII.

Quando tu mi vedrai questi occhi chiusi
Da amore ch' a tutt' ora al fin mi sprona,
Tutta affannata da pensier confusi
Dirai — Per me questa alma s' abbandona; —
E, se arai chi 'l tuo peccato accusi,
Nessuno troverrai che te 'l perdona:
Cosi andrai piangendo in ogni lato
Dolente di me' morte e tuo peccato.

Cod. ricc. 2723: ediz. fior. 1814. — *V.* 2. *Da morte che talora,* le st. — AL FIN. Intendi della vita. — *v.* 4. Gli edd. fior. del 1814 annotano: « Ai versi 2, 4, 6 trovansi nel margine del ms. delle correzioni, ma in così miserabile stato che anche le persone più perite, da noi consultate per decifrarne il senso, si sono dichiarate incapaci di riuscirvi. Dopo di ciò noi ci siamo presi l' arbitrio ben piccolo e non inutile affatto di leggere *s'abbandona* in luogo di *sbandonata* come sta scritto. » Le correzioni, ben posteriori all'età del Poliziano, sono per tôr via la rima in *ona* e mutare al congiuntivo la seconda dell'indicativo, *perdona*, che non parea buona concordanza. — *v.* 8. Il Maggi nella citata *Appendice* metteva innanzi la correzione *il tuo peccato*, che il Silvestri accoglieva poi nella sua edizione. Non ve n'è bisogno, sol che s'intenda: *dolente della mia morte e* del *tuo* peccato, cioè della morte mia *che è* tuo peccato.

XCIV.

Quando questi occhi chiusi mi vedrai
E 'l spirito salito all' altra vita,
Allora spero ben che piangerai
El duro fin dell' anima transita:
E poi se l' error tuo conoscerai,
D'avermi ucciso ne sarai pentita:
Ma 'l tuo pentir fia tardo all' utima ora.
Però non aspettar, donna, ch' i' mora.

Cod. ricc. 2723: ediz. fior. 1814. — *V.* 2. *E lo spirto*, le st. — *v.* 4. Gli edd. fior. 14 annotano: « nel margine: *tradita*. » A noi in quella correzione parve dover leggere *partita*. — *v.* 7. *ultim' ora*, le st.

XCV.

Allor che morte arà nudata e scossa
L' alma infelice delle membra sue
E ch' io saro ridutto in scura fossa
E sarà ombra quel che corpo fue,
Verran gl' innamorati a veder l' ossa
Ch' Amor spogliò con le crudeltà sue;
— Ecco, diran tra lor, come Amor guida
A strazio e morte chi di lui si fida. —

Cod. riccard. 2723, laurenz. 44 [pl. 40], ediz. fior. 1814. — *V.* 2. *dalle*, cod. ricc. e stampe. — *v.* 3. *serò*, e *v.* 4. *serà*, cod. laur. — *v.* 5. Il riccard. legge *Verran gli amanti a veder l' ossa*. Gli edd. fior. del 14 corressero *Verran gli amanti a riveder quest' ossa*, (e la correzione passò in tutte le st.) senza notare che qui non era luogo al *rivedere*; perchè il povero poeta, per quanto travagliato da quella forca d' Amore, sarà stato proprio uno scheletro, gli si vedessero l' ossa nude, prima d' esser *ridutto in scura fossa*. Il cod. laur. ci ha porto la lezion vera.

XCVI.

— *Requiescat in pace!* in pace posi
(Dica ciascun che mi passa davante),
Costui ch' è morto ne' lacci amorosi
E patito ha dolor e pene tante. —
Sopra me pianti tristi e dolorosi
Facci ciascun che si può dire amànte,
E dica — Tu che morto in terra giace
Vinto dal crudo Amor, riposa in pace. —

:od. ricc. 2723: ediz. fior. 1814. V. 1. Ricorda la fine d' un risp. ol. tosc. « Se non mi prendi per teco menarmi, Le sentirai cantar le requie e i salmi. » — v. 5. *Faccia ciascun*, Silvestri.

XCVII.

Venite insieme, amanti, a pianger forte
Sopr' al mio corpo morto e steso in terra;
E vederete la mia crudel sorte
E quanto è tristo el fin della mia guerra.
Per troppo amore i' son condotto a morte.
Tristo a colui ch' Amor crudele afferra!
Quest' è del mio servir sola merzede,
Che mortal cosa amai con tanta fede.

od. ricc. 2723: ediz. fior. 1814. V. 2. *Sopra il*, le st. — v. 6. *sto è colui*, le st. — È questo ɔetto una iscrizione bella e buo- da mettere su la porta della :sa ove si facesse il mortorio del povero poeta. E trovasi pure fra gli *Strambotti* di Serafino Aquilano, con queste varietà: — V. 1. *Venite, amanti, insieme*; — v. 2. *Sopra* IL; — v. 6. *Tristo colui*; — v. 7-8. *Questo del*... E *mortal cosa* AMAR *con* TROPPA...

XCVIII.

Pigliate esemplo, voi ch' Amor seguite,
Dalla mie' morte tanto acerba e dura;

Chè 'l traditor con suo' crudel ferite
M' ha fatto diventare un' ombra scura:
E ben che l' ossa mie sien seppellite,
Non è ancor l' alma dal martir secura.
Fuggite Amor, per dio, miseri amanti;
Chè dopo morte ancor restate in pianti.

Cod. ricc. 2723: ediz. fior. 1814. — V. 1. *esempio,* le st. — v. 4. *fien,* le st. — Questo Rispetto è come un epitafio da iscriver su la tomba d' un amante disperato: e trovasi pur fra gli *Strambotti* dell'Aquilano, con questa sola notevole varietà al verso 8, *Che* DA POI *morte ancor* SI RESTA...

VECCHIEZZA.

XCIX.

Dove appariva un tratto el tuo bel viso,
Dove s'udiva tuo' dolce parole,
Parea che ivi fusse el paradiso;
Dove tu eri, pare' fussi il sole.
Lasso!, mirando nel tuo aspetto fiso,
La faccia tua non è com' esser sôle.
Dov' è fuggita tua belleza cara?
Trist' a colui ch' alle sue spese impara.

Cod. ricc 2723: Poggiali, *Serie* ec. ediz. fior. 14. — V. 2. *tue dolci,* le st. — v. 3. *Pareva che ivi,* le st. — v. 4 *parea fusse,* le st. — v. 8. *Trist' è,* le st.

C.

Già collo sguardo facesti tremare
L' amante tuo e tutto scolorire:
Non avea forza di poter guardare,
Tant' era el grande amore e 'l gran disire.
Vidilo in tanti pianti un tempo stare
Ch' i' dubitai assai del suo morire.
Tu ridevi del mal che s' apparecchia.
Or riderai di te che sarai vecchia.

Cod. ricc. 2723: ediz. fior. 1814. — V. 4. *il gran disire,* le st.

CANZONI A BALLO E CANZONETTE

DI

MESSER ANGELO POLIZIANO.

[LEGITTIME.]

I.[1]

Non potrà mai dire Amore
  Ch' io non sia stato fedele.
  Se tu, donna, se' crudele,
  Non ci ha colpa il tuo amadore.
Non c' è niun maggior peccato
  Nè che più dispiaccia a Dio,
  Quanto è questo, esser ingrato,
  Come tu, al parer mio.
  Ogn' un sa quanto tempo io
  T' ho portato e porto fede:
  Se non hai di me merzede,
  Questo è troppo grande errore.
Io non vo', gentil fanciulla,
  Da te cosa altro che onesta;
  Chè chi vuol per forza nulla

---

[1] È, col titolo di *canzonetta* e insieme alla *stanza ingeniosissima* dell'eco, in fine di tutte le edizioni delle *Stanze* e dell'*Orfeo* che precedono l'Aldina del 1541; dalle quali fu poi riportata nelle cominiane del 1751 e 1765 e via via nelle posteriori. Ed è anche fra altri versi latini e rime toscane del N. A. nel cod. ricc. 771.

V. 11. *mercede,* stampe recenti. — *v.* 14. ALTRO CHE: qui, *se non*. Decam., g. II, n. 2. « ... giammai non m'avvenne che io perciò altro che bene albergassi. — » *v.* 15. NULLA: qui ha senso affermativo, come quando si usa per via di domandare ricercare e simili casi. Boccaccio, Dec., g. II, n. 5: « che mostrasse se egli volesse nulla: » M. Franco, Son. « E sono al tuo piacer, se tu vuoi nulla. »

Senza nulla poi si resta.
Da me non sarai richiesta
D' altro mai che gentileza;
Ch' io non guardo tua belleza,
Basta sol la fede e 'l core.
Sempre 'l fren della mia vita
Terra' sol tu, donna bella;
Ch' io son fatto calamita,
Tu se' fatta la mia stella.
Per Cupido e suo' quadrella
Pel suo arco affermo e giuro,
Ch' io t' ho dato el mio amor puro
E se' sempre il mio signore.

II.[1]

I' non mi vo' scusar s' i' seguo Amore,
Chè gli è usanza d' ogni gentil core.

V. 17. *Non sarai da me,* Silv. — *v.* 22. *terrai,* st. rec. — *v.* 25-8. « Questi quattro versi in tutte le ediz. [* cioè, nelle due comin. e nelle altre che seguirono alle comin.] sono staccati da' precedenti e portano in fronte il seguente avvertimento: *Pare che risponda l'amata.* Ma che ciò non sia vero viene dimostrato nel III vol. par. II della *Proposta..,* pag. CLXXIX, ove sta così scritto [Nota dell' ediz. Silvestri]: « Egli è l' amatore che séguita le sue amorose proteste e chiama *suo signore* la sua donna, secondo l' uso degli antichi nostri poeti ad imitazione de' Provenzali. Così Iac. da Lentino: « Dolce mio sir, se intendi, Or io che deggio fare? » Così Dante da Maiano: « Per deo, dolce mio sir, non dimostrate. » E così il medesimo Poliziano, parlando sempre alla sua donna: « Deh pietà di me, signore, Per la tua molta bellezza » « Se ti piacessi, caro signor mio. D' esser tuo servo mi contenterei » «Sempre mai penso a te, gentil signore » « I' veggo ben, signor, ch' i' non son degno D' amare e riverir la tua beltade. » [G. A. Maggi, *Append.* cit.] — *v.* 25. *sue,* le st. rec., eccetto le cominiane e quella del Molinari. — *v.* 26. *Del suo,* stamparono gli edd. fior. del 14, ricopiando un errore di alcune delle vecchie stampe; e furono seguíti dalla ediz. fior. del 22 e da altre.

[1] Fu primieramente pubblicata dal Poggiali nella *Serie dei testi di lingua* [Livorno, Masi, 1813, tomo I, 268] di su'l cod. laur. 44 [pl. 40]; e ripubblicata su cotesta stampa in Lugo per nozze dai fratelli Ferrucci, e nell' ediz. fior. 14: è anche nel riccardiano 2723. Parla una donna.

V. 2. *Ch' egli,* Pogg.: *Che egli,*

Con chi sente quel fuoco che sent' io
Non convien fare alcuna escusazione,
Chè 'l cor di questi è sì gentile e pio
Ch' i' so ch' arà di me compassïone:
Con chi non ha sì dolce passïone
Scusa non fo, chè non ha gentil core.
I' non mi vo' scusar. . .
Amore et onestate e gentileza
A chi misura ben sono una cosa.
Parmi perduta in tutto ogni belleza
Ch' è posta in donna altera e disdegnosa.
Chi riprender mi può, s' io son pietosa
Quanto onestà comporta e gentil core?
I' non mi vo' scusar. . .
Riprendami chi ha sì dura mente
Che non conosca gli amorosi rai.
I' priego Amor che chi amor non sente
No 'l faccia degno di sentirlo mai;
Ma chi lo serve fedelmente assai
Ardagli sempre col suo fuoco el core.
I' non mi vo' scusar. . .
Sanza cagion riprendami chi vuole;
Se non ha 'l cor gentil, non ho paura:
Il mio costante amor vane parole
Mosse da invidia poco stima o cura:

---

le altre stampe. — *v.* 5. *cor di questa,* laur.: *cor di questo,* Pogg. — *v.* 6. *Che so,* Pogg.: *Ch' io so,* le altre st. — *v.* 9. *ed onestate,* le st. eccetto Pogg. — *v.* 9-10. Rimembranza del dantesco « Amore e cor gentil sono una cosa. » — *v.* 11. *perduto,* laur. .... *in tutta,* edd. fior. 14. — *v.* 14. *Quando onestà,* ricc. — *v.* 15-16. *Riprendermi chi ha sì dura mente Che non conosca gli amorosi rai?* Così gli edd. fior. 14 seguiti dal Molinari e dalla seconda ediz. fior. 1822. Il Maggi (*Appendice* cit.) mise innanzi la vera lezione (quella dei codd. fior. da noi restituita nel testo) anche con l' autorità d' un cod. trivulziano e della rara edizione di Bergamo del Serassi: ed essa lezione fu ammessa nell' ediz. Silvestri. Rai: qui gli splendori, gli ardori. Il Casa, alla sua donna, « Danno ... Fuggir mi fora il vostro ardente raggio, Bench' io n' avvampi. » — *v.* 17. *prego Amore,* laur. e Pogg. — *v.* 18. *Non faccia,* laur. e Pogg. — *v.* 21. *Sanza ragion,* Pogg. — *v.* 22. *ha cor,* laur. e Pogg.

Disposta son, mentre la vita dura,
A seguir sempre sì gentile amore.
I' non mi vo' scusar. . .

III.[1]

I'mi trovai, fanciulle, un bel mattino
Di mezo maggio in un verde giardino.
Eran d' intorno vïolette e gigli
Fra l'erba verde, e vaghi fior novelli
Azurri gialli candidi e vermigli:
Ond' io pòrsi la mano a côr di quelli
Per adornar e' mie' biondi capelli
E cinger di grillanda el vago crino.
I'mi trovai, fanciulle. . .
Ma poi ch' i' ebbi pien di fiori un lembo,
Vidi le rose e non pur d' un colore:
Io corsi allor per empier tutto el grembo,
Perch' era sì söave il loro odore
Che tutto mi senti' destar el core
Di dolce voglia e d' un piacer divino.
I'mi trovai, fanciulle. . .
I' posi mente: quelle rose allora
Mai non vi potre' dir quant' eran belle:

V. 25. *Disposto son,* laur. e ricc.

[1] Publicata prima dal Pogg. nella cit. *Serie* ec., I. 269, di su 'l cod. ricc. 2723; e, come la precedente e nella stessa occasione, ripubblicata dai fratelli Ferrucci; poi nell' ediz. fior. 14. È anche nel laur. 44 [pl. 40], nel magl. 1034 [cl. VII], e nel vanz. Nel quale ultimo ha questa rubr.: *Canzona d'Ang. Politiano. confortando le fanciulle a côrre la rosa quand' ella è fiorita.*

V. 2. *mezo aprile,* vanz. — v. 3. *Erano intorno,* codd. laur. e ricc., e Pogg. *Eron,* magl. — v. 4. *Per l'erba,* vanz. — v. 5. *Azzurri e gialli,* magl., vanz. e st., eccetto Pogg. — v. 7. *adornarne,* laur., vanz. e Pogg.: *e' mia,* magl. — v. 8. *grillande,* vanz.: *ghirlanda,* magl. e le st., eccetto Pogg. — v. 9. *Da poi,* ricc. — v. 10 *rose non,* vanz. — Non pur: non solamente Boccaccio, Filoc., II: «Non pur le forti braccia vincono le battaglie, ma i buoni e sani provvedimenti.» — v. 11. *Io colsi,* ricc. e laur.: *Ne colsi,* Pogg. — v. 12. *suave,* Pogg. — v. 13. *sentii,* le st. — Destar: commovere. — v. 14. *di dolce voglie,* vanz. — v. 15. *Io posi mente a quelle rose allora,* le st. — v. 16. *Ma non,*

Quale scoppiava della boccia ancora;
Qual' erano un po' passe e qual novelle.
Amor mi disse allor: — Va', cô' di quelle
Che più vedi fiorite in sullo spino. —
I' mi trovai, fanciulle. . .
Quando la rosa ogni suo' foglia spande,
Quando è più bella, quando è più gradita;
Allora è buona a mettere in ghirlande,
Prima che sua belleza sia fuggita:
Sicchè, fanciulle, mentre è più fiorita,
Coglián la bella rosa del giardino.
I' mi trovai, fanciulle. . .

---

vanz.: *eron*, ricc. — *v.* 17. *Quale scoppiavan*, vanz.: *dalla boccia*, laur. e Pogg. — Scoppiava: è propriamente l' *erumpere* dei latini. Boccia: il bottone del fiore; che in Toscana dicesi delle rose più gentilmente *bocciuolo*. Quel che il Poliziano in un verso, l' Ariosto lo disse in due, ma degni di lui: « Come rosa che spunti allora allora Fuor della boccia e col sol nuovo cresca » Fur., X, 11. — *v.* 18. *Quale erono*, magl.: *Qual eran passe e qual eran novelle*, vanz. — Passe. Dicesi dell' erbe che patiscono per soverchio calore (« L' erbe per lo sole passe » Boccaccio, Am.), e anche de' fiori e de' frutti quando han *passato* il punto della loro floridezza o la stagione della maturità; e allora più che di *patire* crederei fosse participio accorciato di *passare*. — *v.* 19. *Allor mi disse Amor*, vanz.: *côi*, magl. e le st. *Cô'*, *cogli* (edd. fior. 14) — *v.* 20. *Che più fiorite vedi*, vanz.: *fiorir*, ricc. — *v.* 22. *quanto è ... tanto è ...*, vanz. — *v.* 23. *a metterla in grillande*, vanz. — *v.* 24. *Nanzi che suo' biltà si sie*, vanz. — *v.* 25. *mentre ch' è fiorita*, vanz. — *v.* 26. *cogliam*, le st. Ma è vezzo fiorentino il terminare in *àno* le prime persone plurali del presente indicativo e congiuntivo. N' abbiamo esempi in rima e prosa, frequentissimi ne' Canti carnescialeschi e ne' Comici del cinquecento; non radi ne' trecentisti. Volgariz. Guido Delle Colonne: « Abbiàno dati loro tanti termini dannosi... » Bocc. Ninf. « ... noi abbiàno Andar ciascun di qui molto lontano. » — « Cogliam le rose in sul mattino adorno » Tasso, *Ger.* XVI, 15 (Edd. fior. 14). E Lor. de' Medici: « Cogli la rosa, o ninfa, quando è il tempo. » E vedi pure le ultime terzine del capitolo di esso Lorenzo, *La luna in mezzo alle minori stelle*, che hanno molta somiglianza e con la presente ballata e con la st. 78 del I della *Giostra*. Ma il concetto e la forma di questi versi è ben più antica. Scelgo da certi epigrammi della bassa latinità che sono nell' *Anth. latina* del Burmanno: « O quales ego mane rosas procedere vidi! Nascebantur adhuc, neque erat par omnibus ætas... Dum levat una caput dumque explicat altera nodum, Huic dum virgineus pudor extenuatur amictu, Ne pereant, lege mane ro-

IV.[1]

I' mi trovai un dì tutto soletto
In un bel prato per pigliar diletto.
Non credo che nel mondo sia un prato
Dove sien l' erbe di sì vaghi odori.
Ma quand' i' fu' nel verde un pezo entrato,
Mi ritrovai tra mille vaghi fiori
Bianchi e vermigli e di mille colori;
Fra' qual senti' cantare un augelletto.
I' mi trovai un dì. . .
Era il suo canto sì söave e bello,
Che tutto 'l mondo innamorar facea.
I' m' accostai pian pian per veder quello:
Vidi che 'l capo e l' ale d' oro avea:
Ogni altra penna di rubin parea;
Ma 'l becco di cristallo e 'l collo e 'l petto.
I' mi trovai un dì. . .
I' lo volli pigliar, tanto mi piacque:
Ma tosto si levò per l' aria a volo,
E ritornossi al nido ove si nacque:
I' mi son messo a seguirlo sol solo.

---

sas: cito virgo senescit » e « Venerunt aliquando rosæ. Proh veris amœni Ingenium! una dies ostendit spicula florum, Altera pyramidas nodo majore tumentes, Tertia jam calathos, totum lux quarta peregit Floris opus. Pereunt hodie, nisi mane leguntur. »

[1] Fu pubblicata la prima volta dal Poggiali nella cit. *Serie* ec., I. 268, di sul cod. ricc. 2723, collazionato col chigiano ove dicesi « fatta a Prato; » è ristampata poi nell' ediz. fior. del 14. È anche nel magl. 1034. e nel vanzoliniano con questa intestazione: *Canzona d' Ang. Politiano: nella quale descrive l' Ippolita Leoncina cantante.*
V. 3. *sie*, vanz. e magl. — v. 4. *di più souvi odori*, vanz.: *sian erbe di sì vaghi*, Pogg. — v. 5. *quand' io fui*, le st., eccetto Pogg. che legge *Quando fu' nel verde impero* (!) — v. 7. *cento colori*, ricc., vanz. e Pogg — v. 8. *Fra' quai sentii*, le st.: *ugelletto*, magl. e vanz. — v. 10. *innamora' facea*, vanz. — v. 14. *il collo*, vanz. e Pogg — v. 15. *Volli* per *desiderai*; come in greco *thelo*, *volo et desidero* (Edd. fior. 1811). — v. 17. *dove nacque*, magl. e stampe.

Ben crederrei pigliarlo a un lacciuolo,
S' i' lo potessi trar fuor del boschetto.
I' mi trovai un dì. . .
I' gli potrei ben tender qualche rete:
Ma da poi che 'l cantar gli piace tanto,
Sanz' altra ragna o sanz' altra parete
Mi vo' provar di pigliarlo col canto.
E quest' è la cagion per ch' io pur canto,
Che questo vago augel cantando alletto.
I' mi trovai un dì. . .

V.[1]

Or toi s' Amor me l' ha bene accoccato,
Ch' i' sie condotto a 'nnamorarmi a Prato! 2
Innamorato son d' una fanciulla
Ch' a' giubilei si vede alcuna volta;
Sì ch' arte o prieghi con lei non val nulla.

V. 19. *crederei ... ad un*, ricc. e st. — *v.* 20. *se lo potessi*, stampe. — *v.* 22. *Ma da po' che cantar*, Pogg. — *v.* 23. Ragna. « Sono altre reti che si chiamano *ragne*, molto sottili sicchè nell' aria appena si veggono, colle quali si pigliano molti uccelli e tendonsi ritte in aria legate a due pertiche in luogo donde gli uccelli soglion passare. » (Cresc. X, 19). — Parete. Rete che si distende in sur un' aiuola del paretaio, con la quale gli uccellatori pigliano gli uccelli coprendogli (Edd. fior. 1814). — *v.* 25. *per che pur*, Pogg. — *v.* 26. *E' questo*, magliab. e stampe.

[1] Fu primieramente pubblicata dal Poggiali nella cit. *Serie*, pag. 267, di su 'l cod. ricc. 2723: esso Poggiali afferma che è pur nel chigiano, dove *si dice che questa ballata fu fatta a Prato.* Ed è nel magliab. 1034 [cl. VII] e nel cod. del sig Vanzolini, dove ha questa intitolazione, *Canzona d' Ang. Politiano contra l' amore.*

V. 1. Toi, togli: a modo d' interiezione, come dire: Or vedi, Mira un po', Senti ec. Lasca, *Gelos.* III, 11 « Togli: ei brava anche. » *Accoccarla ad uno* vale fargli danno o beffa: v' è un proverbio che dice « Tal ti ride in bocca Che dietro te l' accocca. — *v.* 2. *Ch' io sia condotto a innamorarmi*, le stampe. — *v.* 4. Gli edd. fior. del 14 seguiti da tutte le posteriori edizioni stampavano *Che giubbilar si vede*, e mettevano in nota « Alcun codice legge *Ch' a giubbileo si vede alcuna volta.* » Noi in vece di quell' insensato *a giubbilar* accettammo la lezione del magliab. e del vanzoliniano *a' giubilei.* Il riccard. legge *a giubileo.*

Invidia e gelosia me l' hanno tolta:
Però sanza speranza di ricolta
Mi veggio avere il campo seminato.
Or toi s' Amor. . .
Se tal' or cerco di vederla un poco
O di pigliar del cantar suo diletto
Per ammorzare alquanto il crudel foco,
Ogni cosa mi par pien di sospetto.
O canto di Serena maladetto
Che fra sì duri scogli m' hai tirato! 14
Or toi s' Amor. . .
Sie maladetto il giorno e l' ora e 'l punto
Ch' i' mi condussi della morte a rischio.
O sciagurat' a me, che ben fu' giunto
Al dolce canto come 'l tordo al fischio!
Miser' a me, che 'n sì tenace vischio
Sanza rimedio alcun sono impaniato! 20
Or toi s' Amor. . .
S' almen non fussi constretto al partirmi,
Cangerei di mie' vita el duro stilo.
Poi ch' i' non spero più, farò sentirmi,
Chè troppo mi trafigge questo assilo:
Se 'l mondo si tenessi per un filo,
Convien che sie per le mie man troncato. 26
Or toi s' Amor. . .
Io metterò la mia fama a sbaraglio,
Non temerò pericol nè sciaura:

V. 7. *Si che senza*, vanz. — v. 10. *del canto suo*, ricc. — v. 12. Ogni cosa ... pien. Non concorda apparentemente: ma qui *ogni cosa* ha senso neut. Bocc. « Veggendo ogni cosa così disorrevole e così disparuto. » — v. 13. *Sirena*, le st. — v. 14. *dubii scogli*, vanzol. — v. 15. *sia*, le st. — v. 16. *al rischio*, ricc. e st. — v. 19. *Misero me*, le st.: *che a si*, Pogg. — v. 21. *a partirmi*, ricc e st. — v. 24. Assilo: assillo: insetto che tormenta i bestiami e vive del lor sangue: qui, per metafora, travaglio, pena, ec. Usasi in questo senso in molte parti di Toscana, specialmente nel senese. Un anonimo senese del sec. XIII, *Conti morali*: « ... infermo là ove è malvagi vanno ad assillo. » — v. 25. *si tenesse*, le st., eccetto Pogg. che legge *si venisse*. — v. 26. *che fia*, edd. flor. 14: *che sia*, le altre st. — v. 28. *sciagura*, le st.

Far mi convien per forza qualche staglio:
Chi nulla spera di nulla ha paura.
Io mosterrò quanto suo' vita cura
L' amante offeso a torto e disperato. 32
Or toi s' Amor. . .

VI.[1]

Questo mostrarsi adirata di fore,
Donna, non mi dispiace,
Pur ch' i' stia in pace poi col vostro core. 3
Ma, perch' io son del vostro amore incerto,
Con gli occhi mi consiglio;
Quivi veggio il mie' bene e 'l mie' mal certo:
Chè, se movete un ciglio,
Subito piglio speranza d' amore.
Se poi vi veggio in atto disdegnosa,
Par che il cor si disfaccia;
E credo allor di non poter far cosa,

V. 29. *sbaglio,* le st., eccetto Pogg. che legge *questo staglio.* — Staglio è nell' uso comune un computo fatto alla grossa, da *stagliare* che vale *tagliare alla grossolana.* Ma qui pare che abbia un significato particolare; come di *colpo decisivo* o simili. — *v.* 30. *Chi in nulla,* vanz. — *v.* 31. *mostrerrò,* vanz.: *mostrerò,* le st. — Mosterrò per *mostrerò:* catacresi propria del dialetto fiorentino: ne abbondano gli esempi negli scrittori popol. dei sec. XV e XVI; nè mancano degli anteriori. Cavalca, Volg. Fatt. Apost. « mosterrò segni e prodigi. »

[1] Fu pubblicata la prima volta dal Poggiali nella *Serie* ec., I, 266, di sul cod. laur. 33 [pl. 41] collazionato col chigiano dov' è intitolata *Canzonetta intronata*; e fu poi ripubbl. nell' ediz. fior. 14. Ed è pure senza nome d' autore nel cod. magliab. 733 [cl. VII]; e nel vanzoliniano dove ha questa rubrica: *Canz. d'Ang. Politiano: dicendo che non si cura che la dama gli faccia buono viso: purchè l' ami col core;* e nel cod. Mouke 27 della pubblica bibliot. di Lucca; non che in un codice del Magliabechi da cui la ricopiò Salvino Salvini nelle giunte mss. al Negri che si conservano nella bibliot. maruc. di Firenze.

V. 3. *Purchè sia,* copia del Salv.: *stia in pace drento nel vostro core,* magliab.: *sia in,* vanz. — *v.* 4. *del vostro core,* vanz. — *v.* 5. *Cogli occhi i' mi,* vanz. — *v.* 6. *Ivi veggo 'l mio,* cod. lucch. e vanz. ... *il mio bene o il mio mal,* le st. — *v.* 7. *se movessi,* cod. lucch. — *v.* 9. *Poi s' i' vi veggo,* vanz.: *tanto disdegnosa,* magl. — *v.* 11. *allora di non fare,* magl.

Donna, che mai vi piaccia:
Così s'addiaccia et arde a tutte l'ore. 13
Ma, se tal'or qualche pietà mostrassi
Negli occhi, o diva stella,
Voi faresti d'amore ardere e' sassi:
Pietà fa donna bella,
Pietà è quella onde amor nasce e muore.

V. 12. *Che mai, donna*, vanz.: *mai che*, cod. lucch. — v. 13. *s'agghiaccia*, vanz.: *e arde*, cod. lucch. e le st., eccetto gli edd. fior. 14. — v. 14. *piatà*, magl. — v. 15. *o viva stella*, copia del Salvini e st. — v. 16. *fareste*, magl.: *li sassi*, laur.: *i sassi*, vanz.: *fareste d'amore andare*, edd. fior. 14, certamente per errore tipografico: chè *ardere* hanno tutti i codd., compresi i trivulziani citati dall'autore dell'*Appendice* alla Proposta, dove fu primamente messa innanzi la emendazione. — v. 17. *Piatà*, vanz. — v. 18. *Pietate*, vanz.: *Pietade*, le st., eccetto Poggiali.

Nel citato cod. moukiano della biblioteca lucchese hannovi alcune canzoni a ballo, che riprendono le rime d'altre del Poliziano e contrastano loro nei concetti. Fra queste la seguente, che è come una palinodia della stampata nel testo e che, a giudizio del sig. Bongi, « potrebbe benissimo essere dello stesso Poliziano: » benchè dal maggior numero di stanze onde si compone la palinodía non vorremmo col signor Bongi conchiudere che la già stampata, a cui la inedita risponde, sia « incompiuta e mozza. » Nulla le manca nel concetto e nella condotta: e l'enfasi sentenziosa degli ultimi due versi mostra la chiusa. E, quel che più monta, i codici concordano nel darcela quale anche noi ora ultimamente l'abbiamo stampata. Ecco intanto la *palinodia* del codice lucchese:

Questo mostrarsi lieta a tutte l'ore
Non so se si mi piace,
Perch' io non trovo pace
In essi sguardi e 'n quel ch'appar di fòre.

Ma, se di me, qual mostrate, vi cale,
Datene un vero segno.
El vedervi senz' altro a me che vale?
Io non uso già sdegno,
Ma questo sol non basta a chi arde e more.

Io così ardo e moro, ogn'un se 'l vede;
Tanto è grande el mie' foco;
Ben che maggiore è la mia pura fede,
Quale in ciò non ha loco,
Perchè non regna ove non arde el core.

Il core unite colla lingua vostra;
Perchè gli è gran difetto
Portare scritto nella fronte vostra
Quel che non è poi 'n petto,
E 'l tener l'uom fra la speme e 'l timore.

Gli occhi il volto e' sospiri e le parole
Vi fanno fede assai
Del mie' core, ov' i' ardo, ove mi duole
E dorrà sempre mai,
Fin vi mutiate o i' cangi altro amore.

Canzonetta d'amor, non far partita,
Ch accetta non saresti
A madonna ov' alberga la mia vita:
Altrove gir potresti;
Ma i' non cerco e bramo altro signore.

VII.[1]

Io ti ringrazio, Amore,
D' ogni pena e tormento,
E son contento omai d' ogni dolore. 3
Contento son di quanto ho mai sofferto,
Signor, nel tuo bel regno;
Poi che per tua merzè sanza mio merto
M' hai dato un sì gran pegno,
Poi che m' hai fatto degno
D' un si beato riso,
Che 'n paradiso n' ha portato il core. 10
Io ti ringrazio, Amore.
In paradiso el cor n' hanno portato
Que' begli occhi ridenti,
Ov' io ti vidi, Amore, star celato
Con le tue fiamme ardenti.
O vaghi occhi lucenti
Che 'l cor tolto m' avete,
Onde traete si dolce valore? 17
Io ti ringrazio, Amore.
I' ero già della mia vita in forse:
Madonna in bianca vesta
Con un riso amoroso mi soccorse,
Lieta bella et onesta:
Dipinta aveà la testa
Di rose e di vïole,
Gli occhi che 'l sole avanzan di splendore. 24
Io ti ringrazio, Amore.

---

1 Fu pubblicata prima dal Ser. di su 'l cod. chig. nella Comin. del 1765, col titolo di *Canzonetta intonata;* poi dagli edd. fior. del 1814 di su 'l cod. ricc. 2723. È anche nel cod. del sig. Vanzolini senza veruna intestazione.

V. 6. *tuo' merzè,* vanz.: *tua mercè,* st. recenti. — *v.* 7. *M' ha' dato,* vanz. — *v.* 17. *sì dolce splendore,* vanz. — *v.* 19. *Ma donna,* vanz. — *v.* 21. *ed onesta,* st. recenti. — *v.* 24 Gli occhi che. È oggetto retto dal verbo *avea* del v. 22. Il Maggi nella citata *Appendice* emendava, portando anche l' autorità de' codici trivulziani, *Gli occhi il sole avanzavan:* e la emendazione passò nell' ediz. Silvestri. — *avanzon,* ricc.

VIII.[1]

Chi non sa come è fatto el paradiso
Guardi Ipolita mia negli occhi fiso.
Dagli occhi della Ipolita discende
Cinto di fiamme uno angiolel d'amore,
Ch' e' freddi petti come un' esca accende
E con tanta dolcezza strugge il core
Che va dicendo in mentre ch' e' si more
— Felice a me, ch' i' sono in paradiso. —
Chi non sa come. . .
Dagli occhi della Ipolita si move
Virtù che scorre con tanta fiereza
Ch' i' l' assomiglio al folgorar di Giove,
E rompe il ferro e 'l dïamante speza:
Ma la ferita ha in sè tanta dolceza
Che chi la sente è proprio in paradiso.
Chi non sa come. . .
Dagli occhi della bella Leoncina

---

[1] È cit. dal Poggiali nella *Serie* ec., I, 270, come esistente col nome del N. A. nel cod. chigiano; e fu pubblicata dal Rigoli di su copia moderna nel *Saggio di rime* ec., con questo titolo: *Ballata fatta per Ippolita Leoncina, di Angiolo Poliziano.* È nel cod. ricc. 2723 fra le ballate del N. A., ma attribuita contro ogni ragione a Lorenzo de'Medici con nota [L. M.] di mano che par posteriore al tempo del ms.: ed è, con la rubrica *Canz. d' Ang. Politiano,* nel codice del signor Vanzolini. — *V.* 4. Angiolel: quí (e di nuovo, XIII, v. 36) è lo stesso che *Angioletto.* Non è usato, quanto il suo femminile *Angiolella,* dagli scrittori antichi toscani. A M. Agnolo, nato in Montepulciano, questo vocabolo dovè sonare alle orecchie dal dialetto dell' Umbria ove tuttora è vivo. Ed è vivo pur nei Canti popolari dei Marchigiani: e gli reser vita letteraria ai dì nostri due pesaresi, il Perticari e il Mamiani. Nel cinquecento non dispiacque al Varchi: Rime, 261. — *v.* 5. *Che i,* Rig. — *v.* 7. *dicendo mentre,* Rig. Ma *in mentre* [mentre che] è frequente nell'uso toscano: e piacque al Bocc. « in mentre che 'l vedeo » Ninf. Fies.; e al gentilissimo Firenzuola « In mentre che io così sospeso aspettava » Asino. — *v.* 15-16. Più sensualmente il Tasso « E pare un lieto raggio Arder ne' bei vostr'occhi, Onde pace e dolcezza e gioia fiocchi. » Ma il mistico amatore di Beatrice « E da' suoi raggi sopra 'l mio cor piove Tanta paura che mi fa tremare. » Il Montemagno « Pioggia di rose dal bel viso

Piove letizia tanto onesta e grave
Ch' ogni mente superba a lei s' inchina,
E par la vista sua tanto soave
Che d' ogni chiuso cor volge la chiave;
Onde l' anima fugge in paradiso.
Chi non sa come. . .
Negli occhi di costei biltà si siede
Che seco stessa dolce parla e ride:
Negli occhi suoi tanta grazia si vede,
Quanta nel mondo mai per uom si vide:
Ma qualunque costei cogli occhi uccide
Lo risucita poi guardandol fiso.
Chi non sa come. . .

IX.[1]

Deh udite un poco, amanti,
S' i' son bene sventurato.
Una donna m' ha legato,
Or non vuole udir mie' pianti.
Una donna el cor m' ha tolto,
Or no 'l vuol e non me 'l rende;
Hammi un laccio al collo avvolto;
Ella m' arde, ella m' incende:
Quand' io grido, non m' intende;
Quand' io piango, ella si ride:

---

piove Di questa ... » E nota il verbo *piovere* che molto piacque in metafora ai poeti antichi, massime al Cavalc.: « Par che nel cor mi piova Un dolce amor; ... » « ... E' piove Fuoco d'amore in nui » ec. — *v.* 16. *tanta onesta*, vanz. — *v.* 18. *suave*, vanz. — *v.* 24. *Quanto nel*, vanz. — *v.* 25. *qualunche*, ricc. e Rig. — *v.* 26. *risuscita*, Rig. Ma *risucitare* per *risuscitare* è degli antichi (« per lo calore di quel sangue risucitano » Volgariz. Tes. Lat.), ed è comune al popolo di Toscana.

[1] Cod. ricc. 2733 e magl. 1034 [cl. VII]; *Ballatette del magnifico Lorenzo de' Medici e di messere Agnolo Politiano* ec., ediz. anonima del sec. XV, dove è però senza nota particolare d' autore; e *Canzone a ballo* ec. del 1562 e 68.

V. 6. *or non me 'l rende*, ricc. — *v.* 7. *al cor avvolto*, Ballat. sec. XV e Canz. a b. 1562 e 68. — *v.* 10. *quando piango*, ricc.

Non mi sana e non m' uccide;
Tienmi pure in dolor tanti. 12
Deh udite . . .
È più bella assai che 'l sole,
Più crudele è ch' un serpente:
Suo' be' modi e suo' parole
Di dolceza empion la mente:
Quando ride, immantenente
Tutto il ciel si rasserena.
Questa bella mie' sirena
Fa morirmi co' suo' canti. 20
Deh udite . . .
Ecco l' ossa, ecco la carne,
Ecco il core, ecco la vita:
O crudel, che vuo' tu farne?
Ecco l' anima smarrita.
Perchè innovi mie' ferita,
E del sangue mio se' ingorda?
Questa bella aspida sorda
Chi verrà che me la incanti? 28
Deh udite . . .

V. 11. *m' ancide*, edd. fior. 14. — v. 12. Nel cod. ricc. sopra la voce *pure* è scritto d' altra mano *pene*. — v. 13. *ch' un sole*, le stampe. Petr. « Una donna più bella assai che 'l sole » (edd. fior. 14). — v. 16. *Di piacer m' empion*, Ballat. sec. XV e Canz. a b. 1562 e 68, Molinari e Silv.: *le mente*, magl. — v. 17. *immantanente*, Ball. sec. XV e Molinari: *immantinente*, edd fior. 14 e Silv. — v. 18. *cielo si serena*, Ballat. sec. XV.: *cielo s' asserena*, edd. fior. 14. — v. 19. *Questa mia bella*, Molinari e Silv.: *serena*, Ballat. sec. XV, Canz. a b. 1562 e 68 — v. 20. *con suo'*, Ballat. sec. XV e Canz. a b. 1562 e 68: *con suoi*, Molinari. — v. 21. *le carne*. Ballat. sec. XV. — v. 25. *Perchè rinnuovi*, Ballat. sec. XV e Canz. a b. 1562 e 68, con pregiudizio del verso. — v. 27-28. Credevano gli antichi che l' aspide crepasse per via d' incanto. Virg., ecl. VIII. « Frigidus in pratis cantando rumpitur anguis; » ed Ovidio nelle *Metam.* lib. VII: « Vipereas rumpo et verbis et carmine fauces. » Di questa credenza degli antichi, così Plinio, XXVIII, 2: « Non pauci etiam serpentes ipsos recantari credunt, et hunc unum esse illis intellectum, contrahique Marsorum cantu etiam in nocturna quiete. » (edd. fior. 14) Della sordità attribuita agli aspidi vedi *Risp. spicc.* V, v. 4.

X.[1]

I' conosco el gran disio
Che ti strugge, amante, il core:
Forse che di tanto amore
Ne sarai un dì giulío.
Ben conosco la tuo' voglia,
So ch' i' son da te amata:
Tanta pena e tanta doglia
Sarà ben remunerata.
Tu non servi a donna ingrata:
Provat' ho d' amor la forza:
I' non nacqui d' una scorza,
Son di carne e d' ossa anch' io.
I' conosco. . .
Tu non perdi in vano el tempo,
Toccherai bene un dì porto:
Ci sarà ben luogo e tempo
Da poterti dar conforto.
Non ti sarà fatto torto,
Chè conviene amar chi ama
E rispondere a chi chiama:
Sta' pur saldo e spera in Dio.
I' conosco. . .
A chi può me' ch' all' amante
Questo amore esser donato?
Chè se gli è fermo e constante,

---

[1] Cod. ricc. 2723 e magl. 1034 [cl. VII]: *Ballatette* del sec. XV e *Canzone a ballo* 1562 e 68. In questa ballatetta s' introduce la donna amata a rispondere all' amatore.

V. 2. *ti stringe*, ricc. — *v.* 6. *so ch' io sono*, Canz. a b. 1562 e 68, Molinari e Silv. — *v.* 9. *servi donna*, le st. eccetto gli edd. fior. 14. — *v.* 11. Cfr. *Giostra*, l. II, st. 9, v. 1. — *v.* 12. Bocc. giorn. II, nov. 9: « che la moglie tua è femmina e che ella è di carne e d'ossa come sono le altre. » (Edd. fior. 14). — *v.* 15. *Vi sarà*, edd. fior. 14. — *v.* 16. *a poterti*, Ballat. sec. XV e Canz. a b. 1562 e 68, Mol. e Silv. — *v.* 18. Petr. « Proverbio ama chi t' ama è fatto antico. » — *v.* 20. *pur forte*, Ballat. sec XV e Canz. a b. 1562 e 68, Mol. e Silv. — *v.* 23. *s' egli è*, edd. fior. 14.

Col suo prezo l' ha comprato.
Statti pur così celato
E ritocca el tuo zimbello:
Calerà ben qualche uccello
Alla rete, amante mio.
I' conosco. . .
Non t' incresca l' aspettare;
Ch' i' non sono, amante, il corbo;
Quando è tempo, i' so tornare;
Nè formica i' son di sorbo.
Non è ver ch' Amor sia orbo,
Anzi vede in fino a' cuori:
Non vorrà che questi fiori
Sempre mai stieno a bacío.
I' conosco. . .

V. 24. *Con suo*, Ballat. sec. XV e Canz. a b. 1562 e 68, Mol. e Silv. — *v.* 25. *colà celato*, edd. fior. 14. — *v.* 25-28. Zimbello dicesi « quell' uccello che si lega per un piede al lato al boschetto de' paretai o altri luoghi dove si tende per pigliare uccelli, che, tirandogli quella cordicella che ha legata al piede, si fa svolazzare per incitare gli altri uccelli a calarsi (Minelli, annotaz. al *Malmantile*, st. 76, canto VII.) Qui dunque dee valere presso a poco: Séguita ad accennare e richiamare, chè il momento d' essere esaudito pur qualche volta verrà. — *v.* 30-31. È detto con allusione al racconto del Genesi, che il corvo mandato da Noè fuor dell' arca a prender segno del come si metteva il tempo non tornò più. È frequente negli scrittori toscani, massime antichi, il modo figur. « Aspettar il corbo » detto di chi aspetta invano. « Aspettavano il corbo; chè, quanto più aspettavano l' amico, più si dilungava » Sacchetti, nov. 154. — *v.* 31. *Quando ho*, Ballat. sec. XV, Canz. a b. 1562 e 68, Mol. — *v.* 32. *formica son*, magl., edd. fior. 14, Mol. e Silv. — Formica ... di sorbo. Le formiche stanno ne' tronchi e ceppi d' alberi vecchi, e, percuotendoli, escono fuori; salvo però quelle che vivono ne' sorbi. Da ciò è nato il proverbio *fare la formica* o *il formicon di sorbo*, che equivale a *fare il sordo*. « Questi tali che stanno sodi al macchione si chiamano formiche di sorbo. » Varchi, Ercol. (Edd. fior. 1814). Lasca, Sonetti: « Simon, voi siete un formicon di sorbo Che non isbucan mai così per fretta. » Sacrif, Comm. degli Intron. « Voi sete formiche di sorbo, che non uscite per bussare. » — *v.* 33. *sie orbo*, magl. e Ballat. sec. XV. — *v.* 35-36. Bacío. Nome di sito o piaggia vòlta a tramontana o riparata dal sole: contrario di *solatío*. Voc. Cr. Questi due versi vengono allegoricamente a significare: Non vorrà che l' affetto che tu mi porti rimanga senza le sue conseguenze; Questo flor dell' amore pur una volta produrrà il suo frutto.

XI.[1]

Benedetto sie 'l giorno e l' ora e 'l punto
Che dal tuo dolce amor, dama, fu' punto.
I' non ho invidia a uom ch' al mondo sia,
I' non ho invidia in cielo alli alti dèi,
Poi ch' i' ti sono in grazia, anima mia,
Poi che tutta donata mi ti sei;
Anzi contento nel foco morrei
Vedendo el tuo bel viso in su quel punto.
Benedetto sie 'l giorno. . .
E' non ha 'l mondo uom più di me felice,
E' non ha 'l mondo uom più di me contento.
Son come fra gli augelli la fenice,
Son come nave pinta da buon vento.
Di dolcezza disfar tutto mi sento,
Quand' io penso a colei che 'l cor m' ha punto.
Benedetto sie 'l giorno . .
Quand' io penso a quegli occhi a quel bel viso
Del qual m' ha fatto degno el mio signore,
L' anima vola in sino in paradiso
E fuor del petto vuol fuggire el core.
Ond' io ringrazio mille volte Amore
Che sì ben ristorato m' ha in un punto.
Benedetto sie 'l giorno. . .

---

1 Quello stesso che dicemmo della Ballata VIII è da ripetersi per intiero di questa XI. La quale è anche nel ricc. 771 con altri versi di M. Angiolo; e nel cod. del sig. Vanzolini ha questa rubrica, *Canz. d'Ang. Politiano, lodando un altro amore che quello ch' egli aveva.*

V. 1. *sia el,* vanz. e ricc. 771: *'l giorno, l' ora,* ricc. 2723 e Rigoli. — *v.* 3. *ad uom,* Rig. — *v.* 3-4. Catullo, traducendo da Saffo « Ille mi par esse deo videtur, Ille, si fas est, superare divos Qui sedens adversus identidem te Spectat et audit. » — *v.* 11. *fra gli augelli o la fenice,* ricc. 771. — *v.* 12. *spinta da,* Rig.: *piena di,* ricc. Noi seguitammo la lezione del vanzoliniano e del ricc. 771, perchè conforme al verso dantesco *Si come nave pinta da buon vento,* di cui questo del Poliziano non è che una riproduzione. — *v.* 13. *tutt' i' mi,* ricc. 771. — *v.* 14. *Quando penso,* ricc. e Rig. — *v.* 15. *Quando penso,* ricc. 771. — *v.* 16. El mio signore. Cioè Amore. — *v.* 20. *m' ha 'n un punto,* vanz. e ricc. 771. — Ristorato

Amor, tu m' hai ristorato in un tratto
  Di sı lungo servir, d' ogni fatica;
  Tu m' hai d' un uomo vile uno dio fatto:
  Onde sempre convien ch' i' benedica
  El tuo bel nome e con voci alte dica
  — Sia benedetto Amor che 'l cor m' ha punto. — 26
      Benedetto sie 'l giorno. . .

XII.[1]

Dolorosa e meschinella
  Sento via fuggir mia vita,
  Chè da voi, lucente stella,
  Mi convien pur far partita.
  L' alma afflitta e sbigottita
  Piange forte innanzi Amore:
  Sospirando par che 'l core
  Per gran doglia si consumi.
Occhi miei che pur piangete,
  Deh guardate quel bel volto,
  De' begli occhi vi páscete:
  O me, tosto ci fia tolto!
  Or fuss' io di vita sciolto,

M' HA. Mi ha risarcito, ricompensato, rimeritato delle pene sofferte. Decam., g. IV, n. 9: « Io son venuto a ristorarti de' danni, li quali tu hai già avuti per me. » — v. 21. *ristorato un tratto*, cod. ricc. 2723: *'n un tratto*, ricc. 771: *a un tratto*, Rig. — v. 23. *d' un uom ben vile uno dio*, ricc. 2723: *d' un uom ben vile un dio*, Rig. — v. 25. *i' dica*, Rig.

[1] Tolta dal cod. 1034 magl.: e trovasi scritto sopra ad essa: *D. Ang. Po che si canta come Lacrimosa.* [Edd. fior. 14.] È anche nelle *Ballatette* del sec. XV fra quelle comprese sotto la rubrica *di M. An. Poli.* e nelle *Canzoni a ballo* del 1562 e 68.

V. 2. *Sento già*, Canz. a b. 1562 e 68, Molinari e Silv., edd. fior. 1822. — *v.* 3. *Se da voi*, le st., eccetto gli edd. fior. 14. — *v.* 6. *a Amore*, edd. fior. 14. — *v.* 7. *pure al core*, edd. fior. 14. — *v.* 8. *mi consumi*, Canz. a b. 1562 e 68. — *v.* 9. *Occhi mia*, Ballat. sec. XV. — *v.* 10. *Dè, sguardate*, magl. — *v.* 12. *O me, tosto vi fie*, Ballat. sec. XV: *O me, presto vi*, Canz. a b. 1562 e 68 e Mol.: *Oimè, presto vi*, Silv.: *O me, tosto vi*, edd. fior. 14: *Oimè, tosto vi*, edd. fior. 22.

O morissi or qui piangendo,
Prima che da voi partendo
Per gran doglia mi consumi.
Ogni spirto in foco ardente
S' andrà sempre lamentando.
O mio cor tristo dolente,
Rivedremla ? e come ? e quando ?
Converrà che 'n vano amando
Lacrimoso ti distempre,
Converrà che ardendo sempre
Per gran doglia ti consumi.

XIII.[1]

Ben venga maggio
E 'l gonfalon selvaggio :

V. 14. *Or morissi qui,* Canz. a b. 1562 e 68, Mol. e Silv. — *v.* 15. *Prima ch' io,* magl. e edd. fior. 14 e 22. — *v.* 16. *io mi consumi,* Canz. a b. 1562 e 68, Mol. e Silv. — *v.* 17. Spirto. È difficile definire questi *spiriti* che han tanti movimenti e officii diversi nella poesia psicologica de' nostri antichi, massime del finiente secolo XIII, e massime di Dante e del Cavalcanti. Quest' ultimo, per lontananza dell' amata, diceva anch' egli : « Pien d' ogni angoscia in loco di paura Lo spirito del cor dolente giace. » Forse cotesti *spiriti* e *spiritelli* altro non sono che personificazioni della parte immateriale della sensazione e della percezione. — *v.* 19. *O mie' cor,* Ballat. sec. XV : *O me cor,* Canz. a b. 1562 e 68 e Mol. : *tristo e dolente,* le st. — *v.* 20. *Rivedremla ? come e,* le st., eccetto gli edd. fior. 14 e 22.

[1] È nel cod. vanzolin. con questa rubrica, *Canzona d'Ang. Politiano di maggio : la quale s' aveva a cantare per donne nell' entrare de' giostranti in campo, et, coronandogli, per loro amore giostravono.* Ed è anche nelle *Ballatette* ec. del sec. XV sotto la rubrica *di M. A. Politiano ;* come pure fra altre del N. A. nelle *Canzone a ballo* 1562 e 68. Anzi gli edd. fior. del 1814 notano che in un esemplare dell' ediz. 1568, *di cui ha fatto uso la Crusca, questa ballata viene attribuita al N. A. ed avanti alla medesima trovasi scritto a penna d' antico carattere,* Angelo Poliziano. Ciò non ostante in alcune stampe moderne è attribuita a Lorenzo de' Medici.

V. 2. Gonfalon selvaggio. È il *maio* (*maggio* a' nostri giorni), cioè quel ramo di alloro o di altra pianta che in certe parti di Toscana attaccasi tuttavia il primo giorno di maggio dinanzi alle porte o alle finestre delle ragazze dai giovanotti amatori

Ben venga primavera
Che vuol l' uom s' innamori.
E voi, donzelle, a schiera
Con li vostri amadori,
Che di rose e di fiori
Vi fate belle il maggio,
Venite alla frescura
Delli verdi arbuscelli.
Ogni bella è sicura
Fra tanti damigelli;
Chè le fiere e gli uccelli
Ardon d' amore il maggio.
Chi è giovane e bella
Deh non sie punto acerba,
Chè non si rinnovella
L' età, come fa l' erba:
Nessuna stia superba
All' amadore il maggio.
Ciascuna balli e canti
Di questa schiera nostra.
Ecco che i dolci amanti
Van per voi, belle, in giostra:
Qual dura a lor si mostra
Farà sfiorire il maggio.
Per prender le donzelle
Si son gli amanti armati.
Arrendetevi, belle,

---

o anche solamente cortesi. È detto dal N. A. *gonfalon selvaggio* con bella metafora; quasi bandiera o insegna della selva fiorita. — v. 4. *Ch' ognun par che,* Canz. a b. 1562 e 68, st. rec. — v. 8. Gli edd. fior. 14, seguendo le st. del 1562 e 68, mettono in fine di questo verso un punto fermo; con che guastano la sintassi. — v. 10. *arboscelli,* edd. fior. 14 e 22. — v. 12. Damigelli. Giovinetti amatori. Pecor. « con quanta allegrezza Mi veniva a veder quel damigello » Berni, Orl. inn. « Fu Narciso al suo tempo un damigello » — v. 16. *sia,* edd. fior. 14. — v. 23-24. *Ecco e' dodici amanti Che per voi vanno,* Canz. a b. 1562 e 68 e st. recenti; se non che Mol. e Silv. leggono *i dodici.* — v. 25. *dura allor,* Canz. a b. 1562 e 68, edd. fior. 14 e 22, Molinari. — v. 29. *o belle,* edd.

A' vostri innamorati;
Rendete e' cuor furati,
Non fate guerra il maggio.
Chi l' altrui core invola
Ad altrui doni el core.
Ma chi è quel che vola?
È l' angiolel d' amore,
Che viene a fare onore
Con voi, donzelle, al maggio.
Amor ne vien ridendo
Con rose e gigli in testa,
E vien di voi caendo.
Fategli, o belle, festa.
Qual sarà la più presta
A dargli e' fior del maggio?
Ben venga il peregrino.
Amor, che ne comandi?
Che al suo amante il crino
Ogni bella ingrillandi;
Chè le zitelle e grandi
S' innamoran di maggio.

XIV.[1]

Donne, di nuovo el mio cor s' è smarrito;
E non posso pensar dove sie ito.

---

fior. 14 e 22, Silv. — *v.* 34. *Ad altri,* Canz. a b. 1562 e 68 e st. rec. — *v.* 38. *a maggio,* vanz.: *il maggio,* edd. fior. 14. — *v.* 41. Caendo. Cercando. Voce antiquata: forse dal lat. *quærendo.* — *v.* 44. *el fior,* Canz. a b. 1562 e 68: *il fior,* edd. fior. 14: *i fior,* st. rec. — *v.* 46. *ne domandi,* Canz. a b. 1562 e 68. — *v.* 49. *li zitelli e grandi,* vanz.: *le zitelle e i grandi,* edd. fior. 14 e 22 e Silv.

[1] Fu pubblicata prima dal Serassi di su 'l cod. chig. nella Comin. del 1765, poi dagli edd. fior. del 1814 di su 'l ricc. 2723 e di su 'l magl. 1034 [cl. VII]. Lo smarrimento o il rubamento del core fu tema di graziose allegorie ai poeti popolari del quattrocento; come poi di stucchevoli rifritture negli Arcadi. Qui l' allegoria è presa dai falconi che si allevavano per la caccia.
V. 2. *sia ito,* le st.

Era tanto gentil questo mio core,
Che ad un cenno solea tornar volando;
Perch' i' 'l pascevo d' un disio d' amore:
Ma una donna l' allettò cantando;
Pur poi lo venne tanto tribolando,
Che s' è sdegnato e da lei s' è fuggito.
Donne, di nuovo. . .
Questo mio core avea sommo diletto
Di star sempre fra voi, donne leggiadre:
Però, fanciulle, io ho di voi sospetto,
Ch' i' non dubito già di vostre madre;
Ma voi solete de' cuori esser ladre,
Per quant' io n' ho, fanciulle mie, sentito.
Donne, di nuovo. . .
Se pur voi lo sapessi governare,
I' direi — Donne, fra voi si rimanga: —
Ma voi lo fate di fame stentare,
Sì ch' e' s' impicca e dibatte alla stanga;
Onde convien che poi tutto s' infranga:
E, s' egli stride, mai non è udito.
Donne, di nuovo. . .
Poi di parole e sguardi lo pascete,
Ch', a dire il vero, è un cattivo pasto;
Di fatti a beccatelle lo tenete:
Tanto che mezo me l' avete guasto.
Datel quà, ladre: e se ci fia contrasto,
Alla corte d' Amor tutte vi cito.
Donne, di nuovo. . .

---

v. 4. Ch' a un cenno, magl. — *v. 7. tanto lo venne tribulando*, magl. Gli edd. del 14 annotano: *Tribolando*, affliggendo, travagliando. — *v. 9. cor avr*, Comin. — *v. 10. tra voi*, ricc. Com. Mol. Silv. — *v. 12. vostra madre*, edd. 1814. — *v. 14. Per quanto io ho*, le st. — *v. 15. Se voi pur*, magl. — *v. 18. Si che s' impicca*, edd. fior. 14. — Stanga. La pertica su la quale si tengono i falconi. Decam. g. IV, n. 9: « il suo buon falcone, il quale nella sua saletta vide sopra la stanga. » — *v. 19. convien poi che*, cod. ricc. — *v. 22. Ch' a dirvi*, cod. magl. e edd. fior. 14 e 22. — *v. 23.* Beccatella: piccol pezzuol di carne che si getta per aria al falcone quando gira sopra la ragnaia. (Edd. fior. 14). — *v. 25. Date qua*, edd. fior. 14: *ci fie*, magl; *ci sia*, edd. fior. 14 e Silv.

XV.[1]

In mezo d' una valle è un boschetto
  Con una fonte piena di diletto. 2
Di questa fonte surgon sì dolce acque,
  Che chi ne gusta un tratto altro non chiede:
  I' fu' degno gustarne, e sì mi piacque
  Ch' altro non penso poi; chè, alla mia fede,
  Questa dolceza ogni altro dolce eccede,
  Per chi d' ir sia a tanto bene eletto.
      In mezo d' una valle. . .
Già non voglio insegnarvi ov' ella sia,
  Chè qualche animal bruto non v' andassi:
  Son ben contento di mostrar la via,
  Onde chi vuole andarvi avanzi e' passi.
  Per duo cammini a questa fonte vassi,
  Chi non volessi far certo tragetto. 14
      In mezo d' una valle. . .
Vassi di sopra per un certo monte
  Che quasi par di bianca neve pieno:
  Truovasi andando dreto in verso il fonte
  Da ogni parte un monticello ameno,
  E in mezo d' essi un vago e dolce seno
  Che adombra l' uno e l' altro bel poggetto. 20
      In mezo d' una valle. . .

---

1 Cod. ricc. 2723: ediz. fior. 1814.
V. 3. *dolci acque,* le stampe. — *v.* 6. Il cod. ha, con guasto del verso, *pella mia fede.* Gli edd. fior. del 14 e 22 leggevano, *Che altro non penso poi che alla mia fede.* Noi abbiamo accettato la interpunzione proposta dal Maggi nella cit. *Appendice* e adottata dal Silvestri. — *v.* 8. Il cod e gli edd. fior. del 14 e 22 leggono: *Purchè a dirvi sia a tanto bene eletto.* Il Maggi credè che a mettere in chiaro la buia sentenza fosse d' uopo emendarlo per congettura così, *Per chi sia d' ire a,* ec.: e la emendazione passò nell' edizione Silvestri. Noi l' accogliemmo, pur tenendoci più stretti alla lettera. Benchè ad altri potrebbe anche piacere di leggere *Purchè a dir sia di* ec. — *v.* 9. *brutto,* le st. — *v.* 12. *vuole andare,* le st. Il cod. ha, *andarvi anzi e'.* — *v.* 14. *volesse,* le st.

Seguitando el cammin di mano in mano
Si passa per un vago monticello
Un' erta che è sì dolce che par piano,
E 'l poggio è netto e riunito e bello:
Nascon poi duo vallette a' piè di quello,
E in mezo a questo è 'l luogo ch' i' v' ho detto.
In mezzo d' una valle. . .

XVI.[1]

E' m' interviene, e parmi molto grave,
Come alla moglie di Pappa le fave
Ch' a fare un bottoncin sei dì penò:
Venne un galletto e sì gliele beccò.
E come quella chiocciolетta fo
Che voleva salire a una trave:
Tre anni o più penò la poveretta,
Perchè la cosa riuscissi netta:
Quando fu presso, cadde per la fretta.
E' m' intervien, come spesso alle nave
Che vanno vanno sempre con buon vento,
Poi rompono all' entrar nel porto drento.

V. 24. *netto riunito*, le st. — Netto: forse, senza macchie o non sassoso. — Riunito. Veram. il ccd. legge *rimunito* e non *riunito:* ma *rimunito* qui che vuol dire? Più, questo participio e il suo verbo non sono nei vocab., almeno per ora. — *v.* 25. *due*, le st.

[1] Codd. ricc. 2723 e laur. 44 [pl. 40]: di su i quali fu prima pubblicata dagli edd. fior. del 1814, che non seppero pur distinguerne le stanze e le dettero l' intercalare, che tal maniera di ballate generalmente non hanno. È anche nel codice del sig. Vanzolini; dove ha questa rubrica, *Canz. d' Ang. Politiano, dolendosi delle cittadine, promettendo di dare opera alle schiave.*

V. 4. *gliel*, ricc. — Gliele. Composto dal pronome *gli*, che qui rappresenta il dativo vuoi maschile o femminile ma sempre singolare, e dal suffisso *le*, che rappresenta l' accusativo sì dell' uno che dell' altro genere e numero. Piacque agli antichi (« quello che puoi prestare ad altrui, non gliele promettere due volte » Libro di Cato), e fu usitatissimo dal Bocc. (eccolo in posizione eguale alla nostra: « i denari che l' altr' ieri mi prestasti non m' ebber luogo; e perciò io gli recai qui di presente alla tua donna, e sì gliele diedi. » G. VI, n. 4.) — *v.* 6. *volèa*, laur..... *ad una*, le st. — *v.* 8. *riuscisse*, vanz. e Silv. — *v.* 12. *del porto*, vanz.

Di queste cittadine me ne pento:
E da qui innanzi attender voglio a schiave.

XVII.[1]

Donne mie, voi non sapete
  Ch' i' ho el mal ch' avea quel prete.
Fu un prete (questa è vera)
  Ch' avea morto el porcellino.
  Ben sapete che una sera
  Gliel rubò un contadino
  Ch' era quivi suo vicino
  (Altri dice suo compare):
  Poi s' andò a confessare,
  E contò del porco al prete.
El messer se ne voleva
  Pure andare alla ragione:
  Ma pensò che non poteva,
  Chè l' aveva in confessione.
  Dicea poi tra le persone:

V. 13. *i' me ne pento*, vanz. — *v.* 14. *Et a qui innanzi*, laur.

[1] È citata dal Poggiali, *Serie* ec., I, 270, come esistente col nome del Poliziano nel cod. chigiano di Roma; ed è fra altre rime del N. A. nel cod. riccardiano 771, non che a stampa nelle *Ballatette* ec. del sec. XV sotto la rubrica *di messer An. Poli* e nelle *Canz. a ballo* 1562 e 68. E in un esemplare di questa ultima ediz. del 68, del quale ha fatto uso la Crusca, notano gli edd. fior. del 1814 che innanzi alla presente ballata « trovasi scritto a penna d' antico carattere, *Angelo Poliziano.* »

V. 2. *Che ho*, cod. ricc. 771. — *v.* 3. *e questa*, ricc. 771. — *v.* 8. *Alcun dice*, ricc. 771. — *v.* 12. ANDARE ALLA RAGIONE: Andare a chieder ragione [giustizia] dove ella s' amministra: andare al tribunale. L' antico volgarizzatore di Valerio Massimo traduce il *forum* del suo originale in *corte della ragione*, VI, 1. Nel Voc. Cr. è riportato questo esempio del Poliziano; ma, come tutti gli altri cavati dalle Ballate del N. A., sotto il nome di Lorenzo de' Medici. — *v.* 13. *E pensò*, ricc. 771. — *v.* 14. *avea*, st. rec. *Avere in confessione* è detto elegantemente d' una notizia che i sacerdoti tengano dal sacramento della confessione e non possono rivelare. — *v.* 15. *Dice poi*, ricc. 771 e Ball. sec. XV.: *fra le*, st. rec.

— Oimè, ch' i' ho un male,
Ch' io nol posso dire avale. —
Et anch' io ho il mal del prete.

XVIII.[1]

Egli è ver ch' i' porto amore
Alla vostra gran belleza;
Ma pur ho maggior vagheza
Di guardare el vostro onore.
Egli è ver, donna, ch' i' ardo;
Ma per tema del dir male,
Non pur altro, i' non vi guar lo.
E' ci son certe cicale
Che l' acconcion sanza sale
E vi tengon sempre a loggia:

V. 17. *non posso*, edd. fior. 14. — Avale. Avv. di tempo che signif. *ora, adesso*. Lor. de' Med., *Nencia*, XIV: « Io t' ho recato un mazzo di sprunneggi Con coccole ch' io colsi avale avale. » — *v.* 18. *E anch' io*, st. rec.

1 È citata dal Poggiali, *Serie* ec., come esistente fra altre rime di m. Angelo nel cod. chigiano. È nel cod. magliab. 1034 [cl. VII] e nel ricc. 2723. Ed è a stampa nelle *Ballatette* del sec. XV sotto la rubrica *di m. A. Politiano*, e nelle *Canzoni a ballo* 1562 e 68.

V. 4. *salvare el*, Ball. del sec. XV e Canz. a b. 1562 e 68., Molin. e Silv.: *guardare al*, edd. fior. 14 e 22. — Guardare. Preservare da ogni mala voce. — *v.* 7. *Nè per altro*, le st. eccetto le Ball. del sec. XV.: *io non riguardo*, Canz. a b 1562 e 68 e Molinari. — *v.* 8. *Chè ci son*; le st. — Cicale: cicala e cicalone dicesi d' uomo e di donna che ciarli con importunità curiosa dei fatti e degli affari altrui. Lor. de' Med., *b. Carn.* « L' altrui bene hanno in dispetto Gl' invidiosi e le cicale: Poi si sfogan con dir male Le cicale che vedete. » — *v.* 9. *l' acconcian*, Canz. a b. 1562 e 68 e st. rec. — L' acconcion senza sale, la tiran giù senza riguardo o considerazione veruna, e, forse, anche senza fondamento. — *v.* 10. Vi tengon... a loggia. *Tenere a loggia* vale propriamente *tenere a bada* o *in disagio*, come in quel luogo del Berni (Orl. inn., XIX): « A loggia m' ha costui tre dì tenuto, Ed è un solo e non è già gigante. » Ma secondo il Varchi (Ercol. 54) significa anche *gabbarsi d' alcuno*; cioè beffarlo; come s' intende chiaramente in questo verso del Poliziano e in quel del Cecchi (*Dote*, I, 1): « .... Certi gnaton che ti ghignano in bocca Poi ti tengono a loggia. »

Tutti son popon da Chioggia,
D' una buccia e d' un sapore. 12
Egli è ver. . .
Costor son certi be' ceri
C' han più vento ch' una palla:
Pien d' inchini e di sergeri
Stanno in bruco et in farfalla,
Col benduccio in su la spalla,
Tutta via in zazera e 'n petto,
Sempre a braccia e dirimpetto,

V. 11-12. *Come i poponi du Chioggia, tutti d' una buccia e d' un sapore;* si dice in proverbio per denotare somiglianza e conformità di costumi (Edd. fior. 14). Allegri, Rime piacevoli: « La cicala e Marchin son per l' appunto, Come si dice de' popon da Chioggia, D' un sapor, d' una buccia e d' una foggia. » — *v.* 13. BE' CERI. « *Bel cero*... dicesi di tal fantoccio senza garbo o che si vanagloria d' un affettato portamento della persona. E questo modo di dire viene dall' uso dell' adornare i ceri da portarsi in offerta alle chiese o santuari con bei lavori di pittura e oro, e con nastri, orpello e fiori e simili cose; i quali vengono portati pari e con ogni riguardo, acciocchè siano bene osservati e non si guastino. » Biscioni, annotaz. al Malmant., c. I, st. 31. — *v.* 14. Ariosto, Cass. I, 5: « ... più gonfi Di vento ch' una palla. » — *v.* 15. Il Maggi nella cit. *Appendice* con un lungo discorso propose si mutasse la lezione di questo verso così, *Pien d' inchini da ser Geri;* e la mutazione passò nell' ediz. Silvestri, sol di tanto modificata che vi si leggesse *sergeri.* Noi abbiamo stampato come portano i codici e le vecchie edizioni (eccetto quelle delle *Canzoni a ballo* 1562 e 68 che certo per error tipografico leggono *e di segreti;*) intendendo *sergeri* per *ossequi leziosi* o, come oggi popolarmente direbbesi, *salamelecchi.* Nell' etimologia di questo nome non entriamo, contenti ad arrecare un passo del Machiavelli (Mandr. prol.) che basta a interpetrare il verso del Poliziano: « Non istima persona, Ancor che facci e' *sergeri* a colui Che può portar miglior mantel di lui. » Perocchè in questo passo del Machiavelli io credo debba con le antiche edizioni leggersi *e' sergeri* e non con le più recenti *el sergieri.* Dopo *sergeri* le edizioni Mol. Silv. e fior. 1822 mettono due punti. — *v.* 16. BRUCO dicesi d' uomo che stia male in arnese; e FARFALLA, d' uomo di poco cervello, volubile, leggiero. Ma questa forma *stare in bruco e in farfalla* è un po' nuova e oscura: quando non volesse dire che sono miseri e a un tempo vani; o vero, che hanno il pensiero qui e là, tratta la metafora dalle varie forme di sviluppo di certi insetti. — *v.* 17. BENDUCCIO. Propriamente piccola striscia di panno lino che si tiene appiccata alla spalla o cintola de' bambini (Edd. fior. 14).

E talor fiutando 'l fiore.
Egli è ver. . .
Giovanastri anzi pieroni,
Nessun sa quel ch' e' si pesca:
Van con gli occhi a procissioni,
Vagheggiando alla pazesca.
Ti so dir che la sta fresca
Chi con lor non è salvatica:
E' non sanno uscir di pratica,
Poi salmeggion di lei fore.
Egli è ver. . .
I' per me so' innamorato,
E 'l color mio ne fa fede:
Ma chi m' abbi a sè legato
Quella 'l sa che 'l mie' cor vede.
Ecci ben chi d' altra crede,
Perch' or questa or quella adocchio:
Ma sottecchi ho sempre l' occhio

V. 20. *un fiore*, magliab., Canz. a b. 1562 e 68 e st. posteriori. — *v.* 21. Pieroni: forse, vanarelli, buffoncelli. Manca ne' Dizionari; e non ne conosco altri esempi. — *v.* 22. *quel che*, edd. fior. 14. — Quel che si pesca: in questi e simili casi vale, Quel che si faccia. Ne abbondano gli esempi. — *v.* 23. Vale andar guardando in qua e in là (Edd. fior. 14). — *v.* 25. La sta fresca. Maniera ironica: la è concia bene, è condotta a buon partito! Gelli, Capr. Bott. « Io ti so dire che chi si piglia affanno di tutto, sta fresco. » — *v.* 26. Salvatica: non affabile, non gentile. È del Bocc. e della lingua popolare: « Tancia, tu se' salvatica e malea » Buonar., *Tanc.*, II, 3. — *v.* 27. *Et non sanno*, Ball. del sec. XV e Canz. a b 1562 e 68: *E non sanno*, edd. fior. 14 e 22 e Molinari. — Pratica, coi versi *tenere*, *mantenere*, si dice anche d' un trattato o negozio amoroso — *v.* 28. *salmeggian*, edd. fior. 14 e 22, Silv.: *forte*, lessero per errore passato dall' una nell' altra tutte le stampe; eccetto la silvestriana del 1825, dietro l' avvertenza del Maggi nella cit. *Appendice*. E il Maggi annota « *salmeggiar fuore* vorra dire lo stesso che tagliare i panni dietro le spalle. » — *v.* 29. So' per *sono*, usato altre volte dall' autore e da altri (Edd. fior. 14). I codd. e le antiche st. con pregiudizio del verso leggono *sono*. — *v.* 30. Ovidio ha detto: « Palleat omnis amans » (Edd. fior. 14). *Il color*, edd. fior. 14 e 22, Mol. Silv. Nelle Canz a b. 1562 e 68 leggesi, forse per errore tipografico, *El cor mio*. — *v.* 35. *sott' occhi*, Canz. a b. 1562 e 68, edd. fior. 14 e 22, Molinari: *sott' occhio*, Silv. — Sottecchi o *Sottecche* (e usasi quasi generalmente

A colei che m' arde il core.
Egli è ver. . .
Ben vi prego, o donna cara,
Che coll' occhio onesto e cheto
Non vogliate essermi avara
D' uno sguardo mansueto
O d' un risolin discreto,
Che per or mi tien contento:
Et io sempre sarò intento
A guardare el vostro onore.
Egli è ver. . .

XIX.[1]

Già non siàn, perch' e' ti paia,
Dama mia, così balocchi:
Conosciàn che c' infinocchi
E da tutti vuoi la baia.

---

con verbi che significhino azione di *guardare* o simili) vale *furtivamente, di nascosto, cautamente*, quasi con occhio socchiuso. Luigi Pulci, *Beca*, XIX: « .... un fancello Che ti gaveggia, Beca, di sottecchi. » — *v.* 37. *priego, donna :* le st. — *v.* 38-42. « E quando c' è la gente, non parlare: Solo mi basta uno sguardo segreto » Risp. popolare. — *v.* 43. *Ed io,* st. rec.: *Et sempre,* Canz. a b. 1562 e 68. — *v.* 44. *A salvare,* ricc. e st.

[1] È citata dal Poggiali in *Serie* ec. come esistente fra altre del N. A. nel cod. chigiano. È nel cod. ricc. 2723, e in quello del signor Vanzolini con questa rubrica, *Canzona d'Ang. Politiano, dicendo che l' ha troppi dami e che l' è la favola e l' è dileggiata.* Ed è a stampa nelle *Ballatette* del sec. XV sotto la rubrica *di M. A. Politiano* e nelle *Canzoni a ballo* 1562 e 68.

V. 1. *siam,* Canz. a b. 1562 e 68 e le st. posteriori: *per ch'a te,* vanz.: *perchè ti,* Canz. a b. 1562 e 68 e edd. fior. 14.—Perchè. Benchè (Edd. fior. 14). — Siàn per *siamo;* e più sotto *Conosciàn* per conosciamo: vedi nota alla Ball. III, v. 26. — *v.* 2. *donna,* ricc. — Balocchi. Balordi, che si lasciano baloccare, tenere a bada con parole senza effetto. — *v.* 3. *conosciam,* le st. — C'infinocchi. « Quando alcuno vuol mostrare a chicchessia di conoscere che quelle cose le quali egli s' ingegna di fargli credere sono ciance bugie e bagattelle, usa dirgli: Tu m' infinocchi, o Non pensare d' infinocchiarmi. » Varchi, Ercol. — *v.* 4. *E di tutti,* Canz. a b. 1562 e 68, Molinari, edd. fior. 22, Silv. — Vuoi la baia.

Già credetti essere il cucco,
  So che 'n gongolo ti tenni:
  Ma tu m' hai presto ristucco
  Con tuo' ghigni attucci e cenni.
  Pur del mal tosto rinvenni,
  E son san com' una lasca.
  Anch' i' so impaniar la frasca,
  Ben che forse a te non paia.
      Già non siàn. . .
Tu solleciti el zimbello,
  E col fischio ogn' uno alletti;
  Tireresti a un fringuello:
  Ma indarno omai ci aspetti.
  Quanto più, per dio, civetti,

« Quando uno cerca pure di volerci persuadere quello che non volemo credere, per levarloci dinanzi e tôrci quella seccaggine dagli orecchi, usiamo dire: Tu vuoi la baia o la berta ec. » Varchi, Ercol. — *v.* 5. *essere io il*, vanz. — Cucco. voce puerile (è il cucco della mamma, lat. *matris deliciæ*). *Essere il cucco* vale essere il prediletto (Edd. fior. 14). « Fingeva Esdram che questo sia 'l suo cucco. » Cir. Calv III. 99. — *v.* 6. *che in gongon*, Ball. sec. XV, Canz. a b. 1562 e 68, Molinari: *io ti tenni*, le st. — Gongolo. Da *gongolare*, che è « giubbilare strabocchevolmente, tutto commosso da interna gioia: onde dicendosi a uno, come usa, in qualche felicità: Tu gongoli, non può dirsi di più. » Così un comento inedito al Pataffio cit. dal Biscioni nelle note al Malmant., VII, 100. Secondo i Deputati al Decamerone, annotaz. LXXXV, è voce « che par finta da suono: e non manca chi crede che sia presa da un certo mormorio, più che voce, di galline: il che sarebbe secondo la natura di cotai voci finte e da cosa nota e dimestica, e donde la lingua ancora ha cavato *schiamazzare* e *galloria*. » Negli antichi testi del Decam. è scritto *gogolare*. — *v.* 7. Ristucco. *Stuccare* e *Ristuccare*; nauseare, o saziare fino alla nausea (Edd. fior. 14): siccome fanno i cibi troppo grassi e i discorsi prolissi e di poca o punta conclusione. Minucci, N. al Malm., VII, 45. — *v.* 8. Attucci. Diminutivo di atti, in significato di lezii (Edd. fior. 14). — *v.* 9. *rinvienni*, ricc.: *presto rivenni*, Canz. 1562 e 68, edd. fior. 14 e 22; *presto rinvenni*, Mol. e Silv. — *v.* 10. San com' una lasca. D' intiera e perfetta sanità. Giovenale « pisce sanior, » più sano d' un pesce (Edd. fior. 14). — *v.* 11. Preso dalla caccia alle panie. E par che voglia dire: Anch' io so burlare chi crede di burlar me. — *v.* 13-15. Preso dalla caccia al paretaio. Vedi Ball. X, v. 26-28. — *v.* 15. *a un firinguello*, vanz.: *ad un*, edd. fior 14 e 22, Silv. — *v.* 16. *ormai*, Canz. a b. 1562 e 68 e st. posteriori — *v.* 17. *altri civetti*, Canz. a b. 1562 e 68 e st.

Tanto più d' ogn' un se' gufo.
Deh, va' ficcati in un tufo
Cheta; e fa' ch' e' non si paia. 20
Gia non siàn. . .
Tutti questi nuovi pesci
Hanno un po' del dileggíno;
E pur priegan ch' i' rovesci
Del sacchetto il pellicino:
Ma, s' i' scuoto un pochettino,
Tanta roba n' uscirebbe,
Ch' ogn' un poi se n' avvedrebbe;
E megli' è ch' e' non si paia. 28
Già non siàn. . ..
Tant' è, dama, a parlar chiaro:
Tu vagheggi troppo ogn' uno,
Sanza fare alcun divaro
Se gli è bianco o verde o bruno:
Me' faresti a tôrtene uno

---

posteriori. — Civetti. *Civettare*, fare atti di vanità e di leggerezza, imitare i moti che fa col capo la civetta allettando gli uccelli (Edd. fior. 14). — *v.* 18. Se' gufo. Sei lo scherno, lo scherzo (Edd. fior. 14); come il gufo pe' suoi goffi movimenti è lo scherno degli altri uccelli. — *v.* 19. Tufo. Specie di terreno arido e sodo (Edd. fior. 14), prescelto dalle civette a nidificarvi e abitare. — *v.* 22. Dileggíno. Che dileggia; che si piglia gusto di fare l' innamorato e non l' è (Edd. fior. 14). Tancia, III, 2: « Ma tu da quand' in qua le vuo' tu bene? Tu eri già tenuto un dileggíno. » — *v.* 23. *priegon ch' io rivesci*, vanz. — *v.* 23-24. *Rovesciare* o *vuotare il pellicino del sacchetto* e simili, vale Dire ad altrui senza rispetto e ritegno tutto quello che l' uom sa (Edd. fior. 14.) « Pellicini sono quei quattro come quasi orecchi d' asino che si cuciono nella sommità delle balle, due da ogni parte, affine che elle si possano meglio pigliare e più agevolmente maneggiare: il che si fa ancora molte volte nel fondo dei sacchi. E perciò si dice non solo *vôtare* e *scuotere il sacco*, ma ancora *i pellicini del sacco*, ne' quali entrano spesse volte e si racchiuggono delle granella del grano o d' altro di che il sacco sia pieno. » Varchi, Ercol. Matteo Franco, son.: « I' piglierò pe' pellicini il sacco E scuoterò sì le costure e 'l fondo, Ch' i' so che n' uscirà polvere un mondo. » — *v.* 28. *meglio è*, Canz. a b. 1562 e 68 e st. post. — *v.* 29. *donna*, ricc. — *v.* 31. Divaro per *divario*. Usavano gli antichi levare l' *i* ad alcune voci: così *varo* per *vario* usato da Dante (Edd. fior. 14). — *v.* 32. *bianco, verde*, vanz.

(E sarei proprio buono io),
A quest' altri dire a dio;
E saresti fuor di baia.
Già non siàn. . .

XX.[1]

Canti ogn' un, ch' io canterò,
Dondol dondol dondolò.
Di promesse io son già stucco,
Fa' ch' omai la botte spilli.
Tu mi tieni a badalucco
Con le man piene di grilli.
Dopo tanti billi billi
Quest' anguilla pur poi sdrucciola.
Per dir pur — lucciola, lucciola,

V. 34. *buon io*, le st. — *v*. 35. *a dire*, ricc.

1 È citata dal Poggiali, *Serie*, ec., come esistente fra altre del N. A. nel cod. chigiano; ed è nel cod. del sig. Vanzolini con questa rubrica, *Canzona d'Ang. Poliziano alla dama, che facci fatti et non dimostrazioni*. È pure a stampa nelle *Ballatette* del sec. XV sotto la rubrica *di M. An. Poli*, e nelle *Canzoni a ballo* 1562 e 68.

V. 2. *Dondolo, dondolo, dondolò*; le stampe con oltraggio alla misura del verso. — *v*. 4. Spilli. *Spillare* è trar per lo spillo il vino dalla botte: qui è metafora ma senza equivoco osceno, come vorrebbero gli edd. fior. e i compilatori del Vocab. Tramater: significa, Fa' che si venga a qualche conclusione. — v. [illegible] *ai badalucco*, vanz. — Badalucco. Trastullo, trattenimento piacevole, passatempo. (Edd. fior. 14.) Qui *tenere a badalucco* è lo stesso che *tenere a bada*. — *v*. 6. *Con le mane pien de'* Canz. a b. 1562 e 68: *Con le mane pien di*, edd. fior. 14 e 22. — Piene di grilli. Cioè vuote. *Grilli* diconsi metaforicamente le fantasie e i ghiribizzi senza consistenza. — *v*. 7-8. Billi Billi. Il Vocab. della Crusca, che sotto questa voce cita i due versi presenti sempre col nome di Lorenzo de' Medici e leggendo all' ottavo *pur si sdrucciola*, che non è in niun testo da me veduto, spiega Billi Billi per *moine carezze* e simili. Io, almeno in questo luogo, per deduzione dal contesto, e in quel del Morg. XXII, 101 [« Rispose Astolfo: tanti billi billi, Che nol di' tu che Gan l' ha imburiassata? »] intenderei *chiacchere, cicalecci, discorsi senza effetto*. Il *v*. 8. significa: Non si viene mai al fatto La conclusione sfugge, come l' anguilla sdrucciola fuor delle mani a chi la tiene. — *v*. 9-10. Lucciola, Lucciola ec. Son parole d' am

Vieni a me, — a me che pro?
Pur sollecito pur buchero
Per aver del vino un saggio.
Quando tutto mi sollucbero,
Egli è santo Anton di maggio.
Tu mi meni pel villaggio
Per lo naso come el bufolo;
Tu mi meni pure a zufolo
E tamburo: or non più, no.
Tanto abbiàn fatto a cu cu,
Che qualc' un già ci dileggia:
E, se 'l gioco dura più,

---

canzoncina de' bambini, quando, nelle belle serate di giugno che l'aria luccica tutta di quegli animaletti, essi corrono sporgendo cappelli e berretti per acchiapparli, e come per allettamento cantano: Lucciola, lucciola, vieni a me; Ti darò del pan del re, ec. Mirate fin dove si ficcano i re e la pagnotta! — *v.* 11-12. Séguita alla metafora del v. 4. — BUCHERO. Intendi del foracchiare e succhiellinare per fare *spillar la botte.* — *v.* 13. MI SOLLUCHERO. Mi commuovo, m' intenerisco: vocabolo del contado (Edd. fior. 14). — *v.* 15. *per villaggio,* Canz. a b. 1562 e 68. — *v.* 16. *Pello,* Ball. sec. XV: *Per el,* Canz. a b. 1562 e 68: *per il,* le st. rec.: *com' un bufolo,* vanz. Questi due versi vengono a dire: Tu mi aggiri e conduci con finzioni e promesse a fare quel ch' io non vorrei, e mi rendi spettacol ridicolo alle genti. Ambra, Cof. IV, 15: « M' hanno aggirato com' un arcolaio, E menato pel naso com' un bufolo. » — *v.* 17-18. *Zuffolo,* come al verso di sopra *buffolo,* Canz. a b. 1562 e 63, edd. fior. 14 e 22. E questi mettono un punto e virgola sul fine del verso. — TU MI MENI.... A ZUF. E TAMB. Preso forse dai giocolieri e altri siffatti che menano le bestie strane su per le fiere e i mercati, e a suon di zufolo e tamburo le fanno ballare e ragunan gente a vederle. — *v.* 19. *abbiam fatto cu cu,* Canz. a b. 1562 e 68 e st. rec. ABBIAM FATTO A CU CU. Buonarr. *Tanc.* III, 11: « .... *Tanc.* Io sto: Che guardi tu? *Cecc.* Guardo se Preto intorno fa cu cu. » Dove il Salvini annota: « Cioè, fa la civetta, alzandosi e abbassandosi e spalancando tanti d' occhi; dal verso della civetta. » E così spiega il vocab. Tramater questo luogo del Poliziano. Dove io però crederei che s' alluda a certo giuoco di ragazzi, che uno od alcuni si rimpiattano, altri vanno cercandoli, e i rimpiattati metton alcun poco fuori il capo facendo *cu cu* e ne lo ritraggon poi subito, incitando quasi e dileggiando al tempo stesso i ricercatori. E tale è fare a *cu cu;* voce questa, non imitativa della civetta, come leggesi in alcuni Dizionari, ma del cuculo.

Vedrai bella cuccuveggia.
Tu sai pur che non campeggia
La viltà ben con l' amore:
Che l' è dentro e che l' è fore
Fa' da te; ch' i' non ci fo.

XXI.[1]

I' son, dama, el porcellino
Che dimena pur la coda
Tutto 'l giorno e mai l' annoda:
Ma tu sarai l' asinino.
Chè la coda par conosca
L' asinin, quando non l' ha:
Se lo morde qualche mosca,
Gran lamento allor ne fa.
Questo uccello impanierà,

V. 22. CUCCUVEGGIA: Civetta. Vedrai che bella civetta farai! *Civetta* dicesi anche « una specie di giuoco, dove quegli che sta nel mezzo non può esser percosso quand' egli tocca terra con mano; e però ora alzandosi ora abbassandosi batte or l' uno or l' altro, e questi a vicenda s' ingegnano colle percosse di fargli cascare con un colpo il cappello o la berretta dalla testa, che è il fine del giuoco. » Voc. Tramater. — *v.* 23. CAMPEGGIA. Sta d' accordo. Si dice anche de' colori, quando sono spartiti talmente che spicchino con vaghezza l' uno dall'altro. (Edd. fior. 14.)

[1] È citata dal Pogg. nella *Serie*, ec., come esistente col nome del N. A. nel chigiano: è nel cod. ricc. 2723, nel laurenziano 44 [pl. 40] e in quello del sign. Vanzolini. Ed è a stampa nelle *Ballatette* del sec. XV sotto la rubrica *di M. A. Politiano* e nelle *Canzoni a ballo* 1562 e 68.

V. 1. *son, donna*, ricc. Come l'animale nominato dal poeta pur dimenando sempre la coda non giunge mai ad annodarsela, così il poeta adoperandosi a venire all' effetto delle sue intenzioni non vi riesce. — *v.* 4. *l' asino*, ricc. — *v.* 6. *l' asin*, ricc. e laur... *quand' e' non*, Ball. sec. XV. — *v.* 8. *allor fa*, ricc. Con questo paragone dell' *asinino*, non certo galante, viensi a dire alla dama che ella conoscerà il suo bene quando ella ne sarà priva e non potrà più ottenerlo Così nel Morg. XXII, 118, Astolfo, rimproverando Carlo Magno che cacci via Orlando e ponga tutta la sua fiducia nel traditore Gano, gli dice: « E fai, come si dice, l' asinello, Che sempre par che la coda conosche, Quando e' non l' ha, che se 'l mangian le mosche. » — *v.* 9. IMPANIERÀ. Intransitivo. E intendi: Questo uccello che ora dileggia la civetta pure alla fine darà nelle panie, rimarrà preso alla pania.

Ch' or dileggia la civetta.
Spesse volte el fico in vetta
Giù si tira con l' uncino.
I' son, dama. . .
Tu se' alta, e non iscorgi
Un mio par qua giù tra' ciottoli,
E la mano a me non porgi
Ch' i' non caggia più cimbottoli.
Or su dianla pe' viottoli
A cercar d' un' altra dama:
Perchè un oste è che mi chiama,
Ch' ancor lui mesce buon vino.
I' son, dama. . .
Del tuo vin non vo' più bere;
Va', ripon' la metadella;
Perchè all' orlo del bicchiere
Sempre freghi la biondella.

V. 11. Il fico in vetta. Il fico che è in cima dell' albero. — *v.* 12. *oncino*, le st. moderne. — *v.* 13. *none scorgi*, laur. e Ball. sec. XV. — *v.* 14. *un mie' par*, vanz.: *par fra ciotoli*, ricc.; e dopo *fra* v' è scritto d' altra mano, di sopra, *giù*. — *v.* 15. *le mani*, Canz. a b. 1562 e 68 e st. post. — *v.* 16. *caggi più ciambottoli*, edd. fior. 14 e 22. — Cimbottoli. Cascate: colpi che dà in terra chi casca. Varchi, Ercol.: « cadendo, fa un tombolo, o vero un cimbottolo. » — *v.* 17. *andiam là pe' viottoli*, legge il Silv. su l' autorità dell' ediz. di Bergamo curata dal Serassi. — Dianla pe' viottoli vale, *mettiamoci pe' viottoli, andiam pe' viottoli:* ed è costruzione figurata simile al *darla* o *darsela a gambe*. — *v.* 18. *di qualche dama*, Canz. a b. 1562 e 68 e st. post. — *v.* 19-20. Metaforicamente: C' è altra donna, e bella, che cerca di trarmi a sè. — *v.* 20. *Ch' ancor ei*, Silv. — *v.* 21. Séguita la metafora dell' oste. — *v.* 21. *i' non vo' bere*, laur. e ricc. — *v.* 22. Metadella. Misura, che, quando serve per le cose liquide, tiene la metà del boccale: e dicesi in Toscana più comunemente *mezzetta*. — *v.* 23. Biondella. Leggiamo in un Diz. di scienze naturali, Firenze, Batelli, 1832, vol. III, pag. 533: « *Biondella*. In Toscana ha questo nome volgare la *gentiana centaurium*, L., o *erytræa centaurium*, *Rich.;* detta così, secondo il Dalechampio, per essere stata usata per render biondi i capelli. Vi son pure indicate con questo nome la *daphne gnidium* e la *reseda luteola*, capaci di dare una tinta gialla. » Redi: « La centaurea minore..., perciocchè cotta nella liscía fa biondi i capelli, chiamiamo noi in Toscana *biondella*. »

Non intingo in tua scodella,
Chè v' è dentro l' aloè.
Ma qualcun per la mia fè
Farà più d' un pentolino.
I' son, dama. . .
Tu mi dicevi — Apri bocchi, —
Poi m' hai fatta la cilecca.
Or mi gufi e fámi bocchi.
Ma c' è una che m' imbecca
D' un sapor, che chi ne becca
Se ne succia poi le dita:
Con costei fo buona vita
E sto come un passerino.
I' son, dama. . .
A te par toccare il cielo,

V. 25. *drento*, ricc. — v. 28. *Fare pentolinio de' pentolini* il Vocab. spiega con Vivere sottilmente, venire in miseria. In questo luogo del Poliziano e in quello de' Cant. Carnesc. citato nel Vocab. « Ma chi lo [*il tempo*] perde, come molte [*donne*] fanno, Convien che faccia poi de' pentolini » parrebbe che s' avesse a intendere così, Se ne avrà a pentire, Gli toccherà a vivere in difetto di quel che potea avere. — v. 29. APRI BOCCHI. Qui leziosamente per *bocca*. — v. 30. CILECCA. Beffa che si fa altrui mostrando di dargli che che sia e non glie ne dando. Del proverbio *far la cilecca* così il Varchi nell' Ercol.: « Quando si mostra di voler dare qualche cosa a qualcuno e fargli qualche rilevato benefizio e poi non se gli fa, si dice *avergli fatto la cilecca;* la quale si chiama ancora *natta* e talvolta *vescica* o *giarda.* » (Edd. fior 14). — v. 31. MI GUFI. Mi beffi. Uccellar come un gufo: Plauto: « Albis dentibus irridere. » — FAMI per *mi fai.* Alcune voci, quando non sono intere, come osserva il Bartoli, ma tronche, pèrdono nell' affisso la vocale ultima. Così abbiamo in Dante *levàmi, vedràmi,* che vagliono *mi levai* ec. : nel Passavanti *dati, hala,* per *ti dài, l' hai:* e nel Boccaccio *vuotù, fàmi,* per *vuoi tu, mi fai. Far bocchi,* aguzzar le labbra in verso uno in segno di dispregio, a guisa che fa la bertuccia (Edd. fior. 14). — v. 32. *E' c' è una,* laur.: *c' è uno,* ricc. — IMBECCARE, propriamente mettere il cibo nel becco agli uccelli che non sanno per loro stessi beccare (Edd. fior. 14). — v. 34. SE NE SUCCIA POI LE DITA. È lo stesso che il più usitato *Leccarsene le dita;* che dicesi d' ogni cosa che piaccia molto, anche metaforicamente. — v. 36. COME UN PASSERINO. Per rispetto alle blandizie amorose. Plauto, Asin., III. 3: « Dic me tuum passerculum. » — v. 37. Qui vuol dire, Ti par d' essere fortunata e contentissima.

Quando un po' mi gufi e gabbi:
Ma nessuno ha del mio pelo,
Ch' i' del suo anche non abbi.
E' ci fia poi pien di babbi
Dove credi sia el pastaccio.
Tutta via la lepre traccio,
Mentre lei fa il sonnellino. 44
I' son, dama. . .

XXII.[1]

I' ho rotto el fuscellino
Pur un tratto e sciolto il gruppo;

V. 38. *m' uccelli o gabbi*, vanz.: *mi gufi o gabbi*, le st. — *v.* 39-40. E' non mi fu fatta ingiuria che io non me ne vendicassi. « Nemo impune abiit, qui me ausus sit lædere: » « Non mi morse mai cane ch' io non avessi del suo pelo. » (Edd. fior. 14). Anche questi due versi sono nella Crusca attribuiti a Lorenzo de' Medici. Al *v.* 40 il vanzoliniano legge *C' ancor io del suo non abbi.* — *v.* 41-42. Nei Vocabolari manca Babbi usato com' è in questo luogo dal N. A., e Pastaccio v' è nel senso di uomo materiale e semplice. Qui pare che voglia dire: Nella pasta che credi agevole a dimenare o ben dimenata, e' vi sarà più d' un bioccolo: cioè Vi saranno delle difficoltà in quel che credi agevole, il burlarmi: in somma, Non son pastricciano come ti dài ad intendere. — *v.* 43. Tracciare vale *seguitar la traccia* (Edd. fior. 14). — *v.* 44. *la fa*, ricc. Questi due versi vengono metaforicamente a significar questo: Io séguito pure nella mia impresa, mentre altri non ci bada più, credendo che io me ne sia rimasto.

1 È citata dal Pogg., *Serie* ec., come esistente tra altre del N. A. nel cod. chigiano; è nel ricc. 2723, e in quello del sig. Vanzolini, con questa intitolazione, *Canzona d'Ang. Politiano: come dice alla dama che, poi che no le vuol più bene, che gli sta meglio.* Ed è a stampa nelle *Ballatette* del sec. XV sotto la rubrica *di M. A. Politiano* e nelle *Canz. a ballo* 1562 e 68.

V. 1. Oggi direbbesi, L' ho rotta, Ci siamo rotti; sottintendendo dell' amicizia o famigliarità o dell' amore. E il modo del nostro poeta, che è solo citato nel Dizionario, al solito sotto nome di Lorenzo de' Medici, sta come a significare che si vuol divisa al tutto quella comunanza d' affetti ed interessi che prima si aveva, sino a un fuscellino. — *v.* 2. *Per un tratto*, Canz. a b. 1562 e 68, edd. fior. 14, Molinari. — Pur un tratto: Pur una volta, Pur al fine. I Dizionari han solamente *d' un tratto, a un tratto,* e simili; che spiegano per *di subito, subitamente.* Sciolto il gr. — Con

I' son fuor d' un gran viluppo,
E sto or com' un susino.
Una certa saltanseccia,
Fatta come la castagna
C' ha ben bella la corteccia
Ma l' ha drento la magagna,
Fe insaccarmi nella ragna
Con suo' ghigni e frascherie;
Poi di me fe notomie,
Quando m' ebbe a suo dimino. 12
Io ho rotto....
Ella m' ha tenuto un pezo
Già colla ciriegia a bocca;

---

altra metafora viene a dire quello stesso che al *v.* 1: ho sciolto il nodo dell' amore. — *v.* 3. *E son*, Canz. a b. 1562 e 68 e le st. post. Significa: Son fuor d' un grande intrigo. — Viluppo materie filate, come lana, seta ec., ravvolte insieme in confuso (Edd. fior. 14). Il Bocc. pur parlando dell' amore, « quando fuori di questo viluppo sarai dislacciato » Laber. — *v.* 4. *come susino*, edd. fior. 14. — *v* 5. Saltanseccia: Uccelletto, di quelli che vivono di bacherozzoli: metaforicamente si dice di persona volubile e leggiera (Edd. fior. 14). — *v.* 5-8. Modo proverbiale tuttor vivo [dicesi « .... come la castagna: Di fuori è bella e dentro ha la magagna], allusivo all' ipocrisia e alla simulazione. — *v.* 7. *Che ha bella*, Canz. a b. 1562 e 68 e le st. post. — *v.* 8. *Poi ha*, vanz.: *dentro*, Canz. a b. e st. post. — *v.* 9. Insaccarmi. *Insaccare* « si piglia propriamente per *entrare in un luogo con pericolo di non poterne uscire:* e credo venga dall' entrare che fanno gli uccelli ne' sacchetti della ragna; poichè, quando ciò succede ad alcuno, si suol dire: *Egli è insaccato.* » Così il Biscioni nelle annotaz. al Malm. VI, 20; e cita il presente verso del Poliziano sotto il nome di Lorenzo de' Medici. — Ragna: qui metaforicamente rete d' amore (Edd. fior. 14): vedi sopra IV, 23. — *v.* 10 *e frascheria*, edd. fior. 14.: *e smancerie*, vanz. — Frascherie: qui scherzi graziosi ma leggieri e vani. — *v.* 11. *notomia*, edd. fior. 14. — Fe notomie: fece strazio. Male i Vocabolari riportano questo verso, al solito col nome di L. de' Medici, al vocabolo *Notomia* sotto la rubrica *Considerare minutamente* e fra altri esempi in cui il *far notomia* è usato nel senso di quella rubrica. — *v.* 12. Dimino e *diminio*, lo stesso che *dominio* (Edd. fiorentini 14). — *v.* 13-14. Mi ha tenuto colla speranza presente di sodisfare a' miei desiderii: a quel modo che si tiene a' bambini una ciriegia a fior delle labbra, facendo mostra di dargliene, e non se gli dà. — *v.* 14. *in bocca*, ricc.

Ma pur poi mi son divezo,
Tal che mai più me l' accocca:
Mille volte in cocca in cocca
Ha condotto già la pratica;
Poi fantastica e lunatica
Piglia qualche grillolino.
Io ho rotto. . .
Sempre mai questa sazievole
È in su' lezi e smancerie,
Una cosa rincrescevole
In suo' borie in suo' pazzie:
Paga altrui di villanie,
Quando tu gli fai piacere.
Or su, il resto vo' tacere
E serbar nel pellicino.
Io ho rotto. . .

XXIII.[1]

Una vecchia mi vagheggia
Viza e secca in sino all' osso:

V. 15. *Ma pur or*, vanz. — *v.* 17. In cocca in cocca. In cima in cima: figuratamente, presso al termine. — *v.* 18. *Ha condotta*, Canz. a b. 1562 e 68 e st. posteriori. — *v.* 19. *Lunatico*, colui il cui cervello patisce alterazione secondo il variar della luna (Edd. fior. 14). — *v.* 20. Grillolino. Capriccetto: fantasiuccia di sdegno. — *v.* 21-22. *Sempre sta questa sazievole In su borie e smancerie*, cod. Vanz. — Sazievole. Fastidiosa, importuna, increscevole; quasi che generi sazietà; che anche diciamo stucchevole. — Lezi. Attucci e gesti svenevoli che si fanno per lo più dalle donne col viso e con la bocca, che si chiamano anche smorfie. — Smancerie. Lezio, leziosaggine, atto increscevole e noioso (Edd. fior. 14). — *v.* 23. *cosa stomachevole*, vanz. Sottintendi l' *È* del verso di sopra: l' ediz. Silvestri arbitrariamente legge *È una cosa* — *v.* 24. Così leggiamo con i due codd. (*in suo lezi*, vanz.): malamente le st., *In su borie, in su pazzie;* eccetto Silv. che ha *In sue borie, in sue pazzie.* — *v.* 26. *le fai*, vanz. e Silv. — *v.* 27. *i' vo'*, vanz. — *v.* 28. Pellicino. Qui *serbar nel pellicino* vuol significare lo stesso che tacere, non vuotare il sacco. (Edd. fior. 14). Vedi Ball. XIX, v. 23-24.

[1] Cod. ricc. 2723 e magl. 1034 [cl. VII]: ed è a stampa nelle *Ballatette* del sec. XV sotto la rubrica

Non ha tanta carne a dosso,
Che sfamasse una marmeggia.
Ell' ha logra la gingiva;
Tanto biascia fichi secchi,
Perchè fan della sciliva
Da 'mmollar bene e' pennecchi:
Sempre in bocca n' ha parecchi;
Che 'l palato se gl' invisca:
Sempre al labbro ha qualche lisca
Del filar ch' ella morseggia. 12
Una vecchia. . .
Ella sa proprio di cuoio
Quand' è 'n concia o di can morto
O di nidio d' avvoltoio,
Sol col puzo ingrassa l' orto
(Or pensate che conforto!);
E fuggita è della fossa.
Sempre ha l' asima e la tossa,
E con essa mi vezeggia. 20
Una vecchia. . .
Tutta via el naso le gocciola:
Sa di bozima e di sugna:
Più scrignuta è ch' una chiocciola.
Poi, s' un tratto el fiasco impugna,
Tutto 'l succia come spugna:

---

di messer Ang. Politiano e nelle *Canz. a ballo* 1562 e 68.

V. 4. Marmeggia. Piccolissimo vermicello che nasce nella carne secca e la rode. Voc. Cr. — *V.* 5. *ha logor la,* magl.: *logora la,* Ball. sec. XV. Noi accettammo *logra* del cod. ricc.: che è sincope usata anche dal Caro, Erc. VII, 449. Il ricc. ha in margine d' altra mano *le gingía* e al *v.* 7. *scilia.* — *v.* 7. Sciliva. Idiotismo per *saliva.* — *v.* 8. Pennecchi « quella quantità di lino o lana o cosa simile che si mette in sulla rócca per filarla. » Minucci. annot. al Malm. X, 23. — *v.* 9. *vi ha,* edd. fior. 14.: ed è forse error tipografico. — *v.* 12. *che la morseggia,* Canz. a b. 1562 e 68 e edd. fior. 14 — *v.* 15. *nido,* magl. e edd. fior. 14 e 22. — *v.* 18. *dalla fossa,* edd. fior. 14. — *v.* 21. *gli gocciola,* Canz. a b. 1562 e 68 e st. post. eccetto Silv. — *v.* 23. Scrignuta. Che ha lo scrigno: Gobba (Edd. fior. 14). *d' una,* edd. fior. 14.

E vuole anco ch' i' la baci.
Io le grido — Oltre, va' giaci: —
Ella intorno pur m' atteggia.
Una vecchia. . .
Non tien l' anima co' denti,
Chè un non ha per medicina:
E' luccianti ha quasi spenti,
Tutti orlati di tonnina.
Sempre la virtù divina
Fin nel petto giù gli cola.
Viza e secca è la suo' gola,
Tal ch' un becco par d' acceggia.
Una vecchia. . .
Tante grinze ha nelle gote
Quante stelle sono in cielo:
Le suo' poppe vize e vote
Paion proprio ragnatelo:
Nelle brache non ha pelo,
Della peccia fa grembiule:

V. 27: *la sgrido*, magl. e Ball. sec. XIV: *la grido*, le altre st.: *va a giaci*, edd. fior. 14. — *v.* 29-30. Si dice *E' tien l' anima co' denti* di chi è sì rifinito di carne e di forze, che par ch' esalerebbe l' anima se non la ritenesse collo stringere i denti. Ma la vecchia della ballata non può pure far ciò, perchè non non ha nè meno un dente che gli serva di *medicina*, di rimedio, cioè, a non esalar l' anima. — *v.* 30. *non n' ha*, Silv. — *v.* 31. Luccianti. Occhi: così detti per gergo (Edd. fior. 14.) — *v.* 32. Si dissimula con la metafora quel che sarebbe poco piacevole e agevole a dir chiaramente. Così anche l' Ariosto nel prol. della Cass.: « gli occhi che le fodere Rivescian di scarlatto. » — *v.* 33. Virtù divina. Giuoco di parole: il vino. — *v.* 34. *le cola*, Silv. — *v.* 36. Acceggia. Uccello noto, di becco lungo, e di penne simili alla starna: dicesi anche beccaccia (Edd. fior. 14). v. 40. *un ragnatelo*, ricc., edd. fior. 14. e Silv. — *v.* 42. Peccia. Pancia (Edd. fior. 14): « sebbene (avverte il Minucci nelle annotaz. al Malm., VI, 101), della parte che è dallo stomaco al pettignone, *peccia* pare più verso lo stomaco, *pancia* più verso il *pettignone*. » — A cui regga lo stomaco può vedere un simile di questa ballata nell' altra attribuita comunemente a Lorenzo de' Medici, e che è di Bernardo Giambullari, la quale incomincia « Questa vecchia rimbambita » e trovasi nelle raccolte da noi spesso citate di Ballatette e Canzoni a ballo.

E più biascia che le mule,
Quando intorno mi volteggia.
Una vecchia. . .

XXIV.[1]

Io vi vo' pur raccontare
(Deh, udite, donne mie)
Certe vostre gran pazzie:
Ma pur vaglia a perdonare.
Se voi fussi più discrete
Circa al fatto dell' amore,
Ne saresti assai più liete
Pur salvando el vostro onore.
Non si vuole uno amadore
Sempre mai tenere in gogna:
Chè al meschino al fin bisogna
Le suo' pene appalesare.
Io vi vo' pur. . .
Quando e' vede che tu impeci
Pur gli orecchi, e' grida forte;
Chè non può coprire e ceci
Chi fa 'l dì ben mille morte.
Voi dovresti essere accorte
A stralciare e sciorre el nodo,

---

[1] È nei codd. ricc. 2723 e magl. 1034, e, mancante de' primi versi, in quello del signor Vanzolini: ed è a stampa nelle *Ballatette* del sec. XV sotto la rubrica *di messer Ang. Poliz.* nelle *Canz. a ballo* del 1562 e 68.

V. 3. *nostre*, Ball. sec. XV, Canz. a b. 1562 e 68, edd. fior. 1814. — *v.* 7. *sareste*, edd. fior. 14 e 22, Silv. — *v.* 8. *conservando*, magl., edd. fior. 14. — *v.* 10. Gogna. Vedi *Giostra*, I, 12. — *v.* 11. *Al meschino alfin*, magl. e edd. fior. 14 e 22. — *v.* 12. *sua pene*, magl.: *sue pene*, Canz. a b. 1568 e st. rec. — *v.* 13. *Quando vede*, magl. e edd. fior. 14. — Impeci ... gli orecchi non vuoi ascoltare, fai la sorda. — *v.* 16. Così leggiamo con i codd. magl. e ricc.: il vanz. e le stampe tutte hanno *Che fa....* — *v.* 17. *Voi doverresti*, Ball. sec. XV.: *Doveresti* Canz. a b. 1562 e 68, edd. fior. 1814 e 22: *Dovcreste*, Silv. — *v.* 18. Metaforicamente: diminuire e toglier via le difficoltà.

A mostrare il tempo e 'l modo
Ch' e' vi possi un po' parlare. 20
Io vi vo' pur. . .
Quando poi siate alle strette,
Ordinate el come e 'l quando,
Sanza far tante civette,
Sanza avere a metter bando.
Non bisogna ir poi toccando
Fra le gente piede o mano:
La campana a mano a mano
In un gitto si può fare. 28
Io vi vo' pur. . .
Sonci mezi ancor da mettere,
Se voi fussi sospettose.
Chi sa legger, con le lettere
Potre' far di molte cose.
Ma ci son certe leziose
C' han paur della fantasima,

V. 20. *Che vi possa*, ricc., Canz. a b. 1562 e 68, edd. fior 14.: *Ch' e' vi possa*, Mol., edd. fior. 22, Silv. — *v.* 21. *siate poi*, cod. Vanz.: *poi siete*, ricc. e st. — Siate alle strette: cioè, in su lo stringere il trattato, in su 'l conchiudere. — *v.* 22. *come e quando*, cod. Vanz.: *el che e 'l quando*, le vecc. st., Mol. e Silv. — *v.* 23. Civette. La spiegazione di questo verso è nelle note che facemmo al vocabolo *coccoveggia* della ball. XXI, v. 22. — *v.* 24. *averne*, ricc. — Metter bando. Farlo sapere a tutti, pubblicarlo; come si facea delle leggi, dei decreti o bandi, che si notificavano pubblicamente in su le piazze o in su le vie dai banditori a suon di tromba. — *v.* 26. *Tra le genti piedi*, ricc.: *Tra la gente o piedi*, Ball. sec. XV: *Tra le gente o piedi*, Canz. a b. 1562 e 68, Mol., Silv.: *Fra la gente o piede*, edd. fior. 1814 e 22. — *v.* 27-28. Forse questo modo allegorico è imitato dal proverbiale *far la campana d' un pezzo* che vuol dire *finir un suo fatto senza intermissione.* Non ne ho trovato altri esempi. — *v.* 29. *Sonci ancor mezzi*, cod. Vanz. — *v.* 31. *Chi sa leggere, con lettere:* Canz. a b. 1562 e 68, edd. fior. 1814 e 22, Mol., Silv. — *v.* 32. *potria*, Canz. a b. 1562 e 68, edd. fior. 14 e 22, Mol., Silv. — *v.* 33. *E' ci son*, magl. e vanz. — *v.* 34. Tronchiamo *paur* con le stampe del 1562 e 68 e con tutte le moderne. I mss. e le vecchie st. l' hanno intera, a scapito del metro. Del resto certi troncamenti non eran poi tanto inusitati agli antichi. Iacopo da Lentino ha *madon'* per *madonna*. E in un poemetto di Angiolo Claudio Tolomei sanese in lode delle donne di Bologna stampato nel 1514,

Ch' a vederle mi vien l' asima,
Nate proprio per filare.
Io vi vo' pur. . .
Una donna ch' è gentile
Sa ricever ben lo 'nvito:
Quand' ell' è da poco e vile,
Non sa mai pigliar partito;
Poi si morde in vano el dito,
Quand' ell' ha viza la pelle.
Sicchè, mentre siate belle,
Attendiamo a trionfare.
Io vi vo' pur. . .

XXV.[1]

Io vi vo', donne, insegnare
Come voi dobbiate fare.
Quando agli uomin vi mostrate,
Fate d' esser sempre acconce;
Benchè certe son più grate,

---

cioè posteriore al Poliziano e composto nel più bel fiore della cultura classica, si legge « Stan tre sculptur di lucido berilo. » Il magliab. ha *fantasma* e nel v. seg. *asma. E' vien l' asma a vedere.., a fare.., ec.*, o *Fa venir l' asma*, si dice delle persone lente indugevoli sospettose o degli affari lunghi incerti intralciati. — *v.* 39. *da poca*, magl. — *v.* 40. *La non sa*, magl. — *v.* 41. Atto di chi si pente con rabbia o dolore di non aver fatto che che siasi. — *v.* 43. *in mentre*, ricc.: *siete*, st. rec. eccetto Mol. — *v.* 44. Così leggo con le antiche stampe seguite anche dal Molinari. Il ricc. legge *Attendete a*, ed è seguito dagli edd. fior. del 14 e 22 e dal Silv.: il magl. e il vanz. hanno tutt' altro verso, *Si vuol bene il tempo usare*. — TRIONFARE. Qui *godere, darsi bel tempo;* per metafora tratta dalla gioia de' trionfi: ed è usato spesso in questa significazione ne' *Canti Carnescialeschi* nelle *Commedie* ec.; sebbene dicasi più spesso del mangiare e bere.

[1] Cod. laur. 44 [plut. 40] e ricc. 2723. Ed è a stampa nelle *Ballatette* ec. del sec. XV sotto la rubrica *di messer Ang. Poliz.* e nelle *Canz. a ballo* del 1562 e 68.

V. 4. ACCONCE. Bene assette, ben vestite; con bella accomodatura di capo; linde e adorne. (Edd. fiorent. 14). — *v.* 5. *sien più*, ricc.

Quando altrui le vede sconce.
Non si vuol colle bigonce
Porsi el liscio, ma pian piano:
Quando scorre un po' la mano,
Una cosa schifa pare.
Fate pur che 'ntorno a' letti
Non sien, donne, mai trovati
Vostre ampolle e bossoletti;
Ma tenetegli serrati;
E' capei ben pettinati.
Se son biondi, me' ne giova:
Che non paia fatto in pruova
Di vedergli un po' sconciare.
State pur sempre pulite,
I' non dico già strebbiate:
Sempre el brutto ricoprite:
Ricci e gale sempre usate.
Vuolsi ben che conosciate
Quel ch' al viso si conviene:
Chè tal cosa a te sta bene,
Che a quell' altra ne dispare.

V. 6 Sconce. Lat. *inornatæ, inconcinnæ* (Edd. fior. 14): cioè il contrario di acconce. Giambullari, *Sonaglio delle donne*, « Se tu vedessi una donna per casa, Quand' ella è sconcia e non è rassettata, L' è verde e gialla ed è pelata e rasa, Che pare una versiera scatenata. » — *v.* 9. *corre*, edd. fior. 14. — *v.* 13. *bussoletti*, edd. fior. 14 e 22. — *v.* 15. E' capei. Cioè, *e* tenete *ben pettinati i capelli*. L' ediz. Silv. ha punto fermo alla fine del v. 14, e punto e virgola alla fine di questo. — *v.* 16. Me' ne giova: più piacciono. Le st. hanno *me ne giova*. — *v.* 17. In pruova. A posta, volontariamente. Passav.: « cose fatte dagli uomini studiosamente ed in pruova. » — *v.* 18. *vedegli*, laur.: *vedelli*, ricc. — sconciare: usato in questa posizione intransitiva e in questo particolar significato non ha esempi nei vocabolari. E intenderei: che i capelli biondi, per quel loro colore più vivace e risplendente, piaccion più a vedergli sciolti e negletti, purchè non paia fatto apposta ec. In un Risp. popol. del Montamiata: « Se vuoi vedere il tuo servo morire, Testi capelli non te li arricciare; Giù per le spalle lasciateli ire, Che paion fila d' oro naturale. » — *v.* 20. Strebbiate. *Strebbiare*, stropicciare, pulire: ed è proprio quello che fanno le donne in lisciandosi (Edd. fior. 14). Bocc. Laber.: « .. S' era il viso e la gola e 'l collo con diverse lavature strebbiata. » — *v.* 24. *Che quell' altra*, Ballat. sec. XV. — Dispare, fa brutta vista, scomparisce, non sta bene. Castiglione, Corteg. II: « Non si conviene e dispare assai vedere un uo-

Ingegnatevi star liete
  Con be' modi et avvenenti:
  Volentier sempre ridete,
  Pur ch' abbiate netti e' denti:
  Ma, nel rider, certi accenti
  Gentileschi usate sempre,
  Certi tocchi, certe tempre,
  Da fare altrui sgretolare. 34
Imparate e' giuochi tutti
  Carte e dadi e scacchi e tavole,
  Perchè fanno di gran frutti,
  Canzonette versi e favole.
  Ho vedute certe diavole,
  Che pel canto paion belle:
  Ho vedute anche di quelle,
  Che ogn' un l' ama per ballare. 42
El sonar qualche stormento
  Par che accresca anche belleza:
  Vuolsi al primo darvi drento,
  Perch' ell' è più gentileza:

---

mo di qualche grado. vecchio...... cantare in mezzo d' una compagnia di donne » — v. 32. Gentileschi: qui *graziosi*, con *gentilezza*. — v. 33 *tocchi e*, le st. — Tempre: qui *maniere*. — v. 34. *altri*. Canz. a b. 1562 e 68 e st. post. — Sgretolare: è il *confringere* dei latini; usato qui metaforicamente per *far sdilinquire altrui di dolcezza*. — v. 36. *Carte, dadi, scacchi*. Canz. a b. 1562 e 68 e st. moderne. — v. 37. *Perch' e' fanno*, ricc. — v. 38. *Ho veduto*. Canz. a b. 1562 e 68 e st. moderne. — Diavole. Il Vocab. lascia questa voce: ha bensì *diavolessa* per donna oltre misura impertinente e riottosa. Il Cecchi nella *Moglie*, 4. 1: « Oh che ne dice mona diavola? » e nel *Corredo*. 1. 4: « Che 'l capitan ci messe il fuoco in casa A darci questa diavola » e nel *Donzello*. 1: 4. « Che vorrà far questa diavola? » E il Moniglia nel dramma *Tacere et amare*, 5. 20: « ... questa diavola In terra me la getta e la sminuzzola » (Edd fior. 14). — v. 41. *Ho veduto ancor*. Canz. a b. 1562 e 68 e st. moderne. — v. 42 *per ballare*, le st. — v. 43. *strumento*. Canz. a b 1562 e 68 e st. moderne. — v. 44. *anco*. Canz. a b. 1562 e 68. Molinari, Silv.: *ancor*, edd. fior 14. — v. 45. Al primo: sottint. invito o cenno. — Darvi drento: cominciare: e dicesi più volentieri dei suoni e canti: Cant Carn « Su, tamburi e trombette. Datevi dentro. » — v. 46. *Perchè l' è*. Canz. a b. 1562 e 68. edd. fior. 14 e 22, Mol.

Molto veggo che s'appreza
Una dama c'ha el piacevole:
Io per me queste sazievole
Non le posso comportare.
Le saccente e le leziose
A vederle par ch' i' muoia:
Le fantastiche e le ombrose
Non le posso aver più a noia.
A ogni un date la soia,
A ogni un fate piacere:
El sapere entrattenere
Sempre stette per giovare.
Non mi piace chi sta cheta,
Nè chi sempre lei cinguetta,
Nè chi tien gli occhi a dïeta,
Nè chi quà e là civetta.

V. 48. *Una donna*, le st. — *v.* 50. *Nolle*, laur. — *v.* 51. *Le saccenti*, Canz. a b. 1562 e 68 e st. moderne. — « SACCENTE: che sa: ciarliera: che pretende di parlare e di saper meglio d' ogni altro qualunque cosa. Dall' antico verbo *saccio*, fatto dal latino *sapio*, si forma il participio *saccente* cioè *sapiente*; e in questo sentimento trovasi *saccente* appresso antichi scrittori. Prendesi per *astuto*, *sagace*; ma per lo più per *presontuoso*, *impertinente*, e per quello ancora che i Latini dicono *sciolus*. [Dichiarazioni al *Potestà di Colognole* di Gio. Andr. Moniglia.] » (Edd. fior. 14).— *v.* 53. *fantastiche et*, Ball. sec. XV e Canz. a b. 1562 e 68: *fantastiche ed*, Mol. e Silv.— OMBROSE: sospettose. Così diciamo *s' è ombrato*, cioè *s' è insospettito*, de' cavalli sospettosi che hanno paura dell'ombra (Edd. fior. 14). Dante, Inf., II: « .. lo rivolve, Come .... falso veder bestia quand'ombra. — *v.* 54. *Più non posso averle*, Canz. a b. 1562 e 68 e Mol. — *v.* 55-6. *Ad ognun*, Canz. a b. 1562 e 68 e st. moderne. — DATE LA SOIA. *Dar la soia*, adulare, piaggiare, lodare smoderatamente o per adulazione o per beffe (Edd. fior. 14). Ma il Salvini nelle annotaz. alla *Tancia*, IV, 4, spiega *la soia ti dà* per *ti fa le carezze*. E piacerebbemi meglio. — *v.* 57. *Che 'l saper ben*, Canz. a b. 1562 e 68 e st. moderne. — ENTRATTENERE. Qui, tenere a bada con speranze e lusinghe. — *v.* 58. *Sempre istè*, ricc. — STETTE. Stare, usato qui in significazione di essere. — *v.* 60. *E chi*, laur.: *sempre mai*, Canz. a b. 1562 e 68 e st. moderne. — CINGUETTA, *Cinguettare*, il parlare dei fanciulli, quando e' cominciano a favellare; ciarlare istucchevolmente di bagattelle e di cose vane (Edd. fior. 14). — *v* 61. TIEN GLI OCCHI A DIETA: fa a risparmio di occhiate e di sguardi. — *v.* 62. CIVETTA. *Civettare*, qui nel sen-

Sopra tutte mi saetta
Quella ch' usa qualche motto,
Che vi sia misterio sotto
Ch' io lo sappia interpretare. 66
Se tu vai o stai o siedi,
Fa' d' aver sempre maniera:
Muover dita e ciglia e piedi
Vuolsi sempre alla smanziera.
Fa' a tutti buona cera,
Fa' che mai disdica posta:
Ma di quel che non ti costa
Fanne ogn' un contento andare. 74
Fatti sempre partigiani,
Dove sei, fino alle gatte,
Fino a' topi, fino a' cani:
Non far mai volentier natte,
Lascia farle a certe matte.
Abbia sempre una fidata,

---

so di volger gli occhi intorno con curiosità e vanità e con allettative femminili: a quel modo che il Pulci nel *Morgante*, XXIV, 41, usò *far la civetta* (dagli attucci che suol fare col capo cotesto uccello) « Non ti vid' io parlar con Bianciardino Nell'orto e in qua e in là far la civetta? » L'uno e l' altro modo son vivissimi nell' uso toscano. — *v.* 63. MI SAETTA. Oggi giorno direbbesi, con men d' efficacia e alquanto di barbarie, *mi colpisce, mi fa un' impressione*. — *v.* 67. *vai, stai*. Canz. a b. 1562 e 68 e Mol. — *v.* 69. *dita, ciglia*, Canz. a b. 1562 e 68 e st. moderne. — *v.* 70. ALLA SMANZIERA. Da *smanziere*, vago di fare all' amore o drudo (Edd. fior. 14). Le stampe moderne hanno una virgola o un punto e virgola alla fine di questo verso, e leggono insieme con le antiche *Fare* in principio del v. seguente, dopo il quale mettono un punto fermo. — *v.* 71. BUONA CERA. Buon viso. *Cera* per *volto*, usato dagli antichi anche in alto stile, è comunissimo nel parlar famigliare toscano. — *v.* 72. POSTA, Occasione, opportunità: o meglio forse. quella somma di denaro che i giuocatori concordano che corra volta per volta nel giuoco; usato però metaforicamente. E il *disdire* è *rifiutare* qui, che che ne dicano certi linguaioli maestri nostri. — *v.* 76. *Dove sie*, ricc. — *v.* 78. FAR NATTE: secondo il Varchi, nell' *Ercol.*, è lo stesso che far le cilecche. *Natta* dicesi per *beffa* o *burla*, metaforicamente, da una specie di tumore, a quel modo che adoperasi nello stesso senso *vescica*. Cirif. Calv. III, 79: « .... nessuno Guarda non ne facesse truffa o natta. » — *v.* 80. *Abbi sempre*, Canz. a b. 1562 e 68 e st. moderne.

Che ti sappi una imbasciata
Una lettera portare. 82
Fuggi tutti questi pazi,
Fuggi fuggi gli smanzieri:
Fa' la casa te ne spazi:
Non ber mai con lor bicchieri.
Oggi qui e colà ieri,
N' hanno a ogni stringa un paio:
L' asinin del pentolaio
Fanno: e sànti anche rubare. 90
Pigliate uomin ch' abbin senno
E che sien discreti e pratichi
E che 'ntendino a un cenno
E non sien punto salvatichi:
Come veggo ta' lunatichi
Muffaticci goffi e rozi,
Certi gnaffi, certi ghiozi

V. 81. *sappia... ambasciata*, laur. — *v.* 84: *fuggi o gli smanzieri*, cod. laur. — *v.* 86. *co' lor:* le stampe. E questo verso viene a dire: Non volere aver che fare nulla con loro. — *v.* 87. *quivi*, le st. — *v.* 88. I codd. leggono *Hanno:* noi abbiam creduto dover seguire le stampe tutte che leggono *N' hanno*, cioè delle dame, delle amate. Gli edd. fior. del 14 citano un verso del Berni nell' *Orlando innam.* « Ogni cristian n' arà cento per stringa. » Il Baldovini nel *Cecco:* « Che de' dami ne vuoi quattro per tasca. » — *v.* 89. *L'asin del*, laur. e ricc. *Far come l'asino* (o *l'asinino*) *del pentolaio* dicesi di chi si ferma a cicalare con chiunque trova; perchè l' asino del pentolaio si ferma ad ogni uscio. Voc. Cr. Ma qui è applicato propriamente agli smanzieri che si mettono a occhieggiare e civettare con ognuna: che è anche più chiaro in questo esempio del *Donzello* di G. M. Cecchi: « ... E cotest' altro Che non istà contento a venti donne? L' asin del pentolaio: anco che questo È vizio della nazione. » — *v.* 93. *ad un*, edd. fior. 14 e 22 e Silv. — *v.* 95. *Come io veggo*, le st. — *v.* 96. Muffaticci. *Muffaticcio*, metaforicamente, mal complessionato (Edd. fior. 14). — *v.* 97. *ignaffi*, Ball. sec. XV, Canz. a b. 1562 e 68, Mol. Nè *gnaffo* nè *ignaffo* son registrati per ora nei Vocabolari: dove però abbiamo *gnaffa:* che secondo l'Alberti vale *birba*, secondo l' Amati, *di naso schiacciato, sima;* ma per il Cesari è *meretrice:* nel qual senso per vero è adoperato anche dal Varchi nella *Suocera*, a. 1, 4, 2. — Ghiozzi: uomini di grosso ingegno ed ottuso, detti così dalla gran testa di questo pesce (Edd. fior. 14).

Buoni a punto a sbavigliare.
Vuolsi ancor la industria mettere
Nello scriver bene e presto
E 'n saper contraffar lettere,
Che la cosa vada a sesto.
Sarà forse anche buon questo,
Ch' io v' insegni un certo inchiostro
Che fie proprio el caso vostro
Se 'l vorrete adoperare.
Nello scriver sie pur destra
Sì che 'l giuoco netto vada.
Chi è pratica e maestra
Tiene un po' el brigante a bada,
Che non paia che alla strada
La si gitti al primo tratto:
Poi conchiude pure affatto
Sanza troppo dondolare.
Sopra tutto tieni a mente
D' andar sempre a ogni festa

V. 101. *E saper*, Canz. a b. 1562 e 68. *In saper*, edd. fior. 14. — *v.* 102. *vadia*, ricc. — VADA A SESTO. Vada in ordine, bene (Edd. fior. 14). Caro, *Lett.:* « Non potrebbe far cosa che tornasse più a sesto. » — *v.* 104. *Che v' insegni*, Canz. a b. 1562 e 68 e st. post. — *v.* 105. *fia*, Canz. a b. 1562 e 68 e st. posteriori: *al caso*, edd. fior. 14 e 22. — FIE PROPRIO 'L CASO VOSTRO. Sarà proprio quel che vi bisogna. — *v.* 107. *sia pur*, Ball. sec. XV, Mol. e Silv.: *fia più*, Canz. a b. 1562 e 68 e edd. fior. 14. — *v.* 110. TIENE.... A BADA. Trattenere e ritardar uno dal suo pensiero e dalla sua impresa (Edd. fior. 14). BRIGANTE: qui forse colui che si briga che si dà faccenda per ottenere il suo desiderio: se pure non è da prendersi per *uomo di bel tempo*, come di Frate Cipolla dice il Boccaccio ch' e' fu « il miglior brigante del mondo. » — *v.* 111-12. ALLA STRADA LA SI GITTI. *Gettarsi alla strada*, assassinare, rubare i passeggieri per le strade: qui, appigliarsi a che che sia che si presenti dinanzi (Edd. fior. 14). — *v.* 112. *el primo tratto*, laur. — *v.* 114. DONDOLARE: consumare il tempo senza far nulla, stare fra il sì e il no (Edd. fior. 14). Onde il *Dondol dondol dondolò* della Canz. a ballo XX. — *v.* 115. *ti sia a mente*, laur., Canz. a b. 1562 e 68, edd. fior. 14. — *v.* 116. *ad ogni*, edd. fior. 14 e 22. — *v.* 115-18. Ovid. *Ars. am.* I: « Sic ruit in celebres cultissima femina ludos .. Spectatum veniunt, veniunt spectentur ut ipsae: Ille locus casti damna pudoris ha-

Che ti sappi una imbasciata
Una lettera portare.
Fuggi tutti questi pazi,
Fuggi fuggi gli smanzieri:
Fa' la casa te ne spazi:
Non ber mai con lor bicchieri.
Oggi qui e colà ieri,
N' hanno a ogni stringa un paio:
L' asinin del pentolaio
Fanno: e sànti anche rubare.
Pigliate uomin ch' abbin senno
E che sien discreti e pratichi
E che 'ntendino a un cenno
E non sien punto salvatichi:
Come veggo ta' lunatichi
Muffaticci goffi e rozi,
Certi gnaffi, certi ghiozi

V. 81. *sappia... ambasciata*, laur. — *v.* 84: *fuggi o gli smanzieri*, cod. laur. — *v.* 86. *co' lor:* le stampe. E questo verso viene a dire: Non volere aver che fare nulla con loro. — *v.* 87. *quivi*, le st. — *v.* 88. I codd. leggono *Hanno:* noi abbiam creduto dover seguire le stampe tutte che leggono *N' hanno*, cioè delle dame, delle amate. Gli edd. fior. del 14 citano un verso del Berni nell' *Orlando innam.* « Ogni cristian n' arà cento per stringa. » Il Baldovini nel *Cecco:* « Che de' dami ne vuoi quattro per tasca. » — *v.* 89. *L'asin del*, laur. e ricc. *Far come l'asino* (o *l'usinino*) *del pentolaio* dicesi di chi si ferma a cicalare con chiunque trova; perchè l' asino del pentolaio si ferma ad ogni uscio. Voc. Cr. Ma qui è applicato propriamente agli smanzieri che si mettono a occhieggiare e civettare con ognuna: che è anche più chiaro in questo esempio del *Donzello* di G. M. Cecchi: « ... E cotest' altro Che non istà contento a venti donne? L' asin del pentolaio: anco che questo È vizio della nazione. » — *v.* 93. *ad un*, edd. fior. 14 e 22 e Silv. — *v.* 95. *Come io veggo*, le st. — *v.* 96. Muffaticci. *Muffaticcio*, metaforicamente, mal complessionato (Edd. fior. 14). — *v.* 97. *ignaffi*, Ball. sec. XV, Canz. a b. 1562 e 68, Mol. Nè *gnaffo* nè *ignaffo* son registrati per ora nei Vocabolari: dove però abbiamo *gnaffa:* che secondo l'Alberti vale *birba*, secondo l' Amati, *di naso schiacciato*, *sima*; ma per il Cesari è *meretrice:* nel qual senso per vero è adoperato anche dal Varchi nella *Suocera*, a. 1, 4, 2. — Ghiozzi: uomini di grosso ingegno ed ottuso, detti così dalla gran testa di questo pesce (Edd. fior. 14).

Se voi dicessi — E' son tanti
Ch' io non so come mi fare, —
Io vi potrei insegnare:
Ma io no 'l vo' però dire.
Quando son tanti manzieri
Che in persona vanno e in petto,
Ch' oggi non son dove ieri

V. 7. *diceste*, edd. fior. 14. A questo verso il Maggi nella cit. *Appendice* osserva: « Tutti i versi debbono essere ottonari; ma ne' versi ottonari l' accento deve battere sulla terza sillaba: dunque: *Se* diceste, *e'* sono *tanti*. » E la correzione passò nell' ediz. Silvestri. Ma il vero è che nella poesia cantata degli antichi, come in quella del popolo di tutti i tempi, v'è gran libertà nella disposizione degli accenti, i quali vengon più presto determinati dall' inflessione della voce nel canto che da una regola certa di prosodia. Fai, leggendo, una breve posa su la terza sillaba, *di*, e scorri leggero sulla quinta, *si-e'*; e sentirai intiera l'armonia dell' ottonario — *v.* 10. *Ma io nol voglio però*, Maggi e Silvestri, qui e al *v.* 18. Ma nè pur qui vi era bisogno di concieri; chi ripensi che gli antichi non solevano elidere i monosillabi, e chi faccia una posa su la terza sillaba, *no 'l*, scorrendo lieve lieve su la quarta, *vo'* — *v.* 11. *tanto smanzieri*, le st. — MANZIERI: qui intendeci, strettamente all' etimologia, cercatori o seguitatori di *manze* o *amanze*, amatori. — *v.* 12. *in persona v' hanno*, edd. fior. 14. Su la qual lezione così è introdotto a parlare il Poliziano stesso nella Farsa *I Poeti* che è nella *Proposta*: « Ti è nota la frase *Stare* o *Andare in petto e in persona* per *Andare* o *Star ritto della persona*, e suolsi dire di quelli che vanno pettoruti e stanno sulla bella vita. Io feci uso di questa dizione nella Ballata *Donne mie* ec.; e alla seconda strofa, parlando dei damerini, dissi: *Quando son tanto smanzieri Che in persona vanno e in petto* ec. Ora questa frase toscana dal toscano mio illustratore non è stata punto compresa. Egli ha sostituito al v. *andare* il v. *avere*, ed ha letto *v' hanno* invece di *vanno*. » Così, in persona del Poliziano, V. Monti. Ma è da avvertire che più comunemente si legge e si dice *Andare in sulla persona* (Sigoli, Viaggio, « Come vanno bene in sulla persona »), e che di *andare in petto* veramente non ci sono altri esempi che questo del Poliziano: v' è però la frase *Stare in petto e in persona* per *Star fermo e immobile in un luogo*: così il Firenzuola, amenamente, nella questione delle lettere col Trissino: « A me pare che senza far cosa del mondo egli [*il k*] si stia in mezzo dello alfabeto in petto e in persona a ridersi di color ec. » — *v.* 13. *Oggi non*, edd. fior. 14. E da tale falsa lezione procedea l' incertezza nell' intendimento di questa stanza: onde il Maggi proponeva di cambiare l' *E che* del v. seg. in *Poichè* (e fu fatto nell' ediz. Silvestri) e di porre un punto fermo nel fine del v. 14.

E che v' hanno pel ciuffetto;
Bigna allora girar netto
E saper tener la pratica
E mostrarsi lor salvatica.
Ma io nol vo' però dire.
Ch' e' son tanti civettoni
Che l' han sopra la berretta;
Vagheggiano a' gonfaloni,
Van dove el pazo gli getta.
Sovvi dir ch' è pazia pretta
A mostrar loro un buon viso,
Che ne lievon poi un riso
Che io no 'l potrei ma' dire.
Dar bisogna lor di pala

V. 14. V' HANNO PEL CIUFFETTO. Non è chiarissimo; come non voglia significare, Vi tengono in lor balía in lor potere. Di questa locuzione i Vocabolari portano esempi solo nei modi figurati, *Avere il leone* o *la fortuna* o *il tempo pel ciuffetto.* — *v.* 15. *Bisogna allora girar retto,* edd. fior. 14. Il Maggi nella cit. *Appendice* proponeva si leggesse *Uopo è* in vece di *Bisogna,* e *netto* l' ultima parola del verso: dove però afferma che il cod. trivulziano legge con miglior lezione *giucar netto. Netto* legge pure il riccardiano. La prima correzione non accettammo; e leggiam meglio *Bigna,* accorciamento che fa il popolo fiorentino della terza persona indicativa di *bisognare,* di cui si trovano esempi negli scrittori borghesi del quattro e cinquecento e che è sempre vivo nella parlata del contado fiorentino. Vedi le Commedie del Fagiuoli. — *v.* 19. CIVETTONI. Metaf. Civettone dicesi di amator finto che vagheggia le donne anzi per vanità e per poterlo ridire, che per amore (Edd. fior. 14). — *v.* 20. L' HAN, cioè *il* cervello. Avere il cervello sopra la berretta significa Procedere inconsideratamente e con poco senno (Edd. fior. 14). Nei Vocabolari non è riportata questa dizione come l' usa il Poliziano, *Averlo sopra la berretta.* — 21. *Vagheggiano i,* edd. fior. 14. Il Maggi propose e il Silv. nella sua ediz. corresse: *Vagheggiando i.* E qui dee voler dire: Guardano all' aria spavaldi e inconsiderati. — *v.* 22. Dove la loro pazzia li trasporta (Edd. fior. 14). Il Maggi propose e il Silv. nella sua ediz. corresse: *Vanno dove il pazzo getta.* — *v.* 24-25. LIEVON, cioè *levano.* Qui gli edd. fior. del 14 ebber la valentia di saper leggere nel codice, *Che è nell' istrioni* (*!!!*) *poi un riso.* Se ne scandalizzava il da ben Maggi, e per mera congettura proponeva d' emendare: *E ne fanno istorie* e riso *Tal ch' io nol potrei mai dire.* — *v.* 27. *Bisogna dar lor di pala,* cod. ricc. e edd. fior. del 14.

E mandarli al generale;
Chè si può chiamar cicala
Chi non dice altro che male.
Ma gli è cosa naturale
Aver un che tu più ami.
Per me lascia gli altri dami,
Fa' quel ch' io non posso dire.

XXVII.[1]

Io vi voglio confortare,
Voi che avete a maritarvi,
Di voler prima provarvi
Con colui che avete a stare.

Qui accettammo la correzione del Maggi passata nell' ediz. Silv.: tali trasposizioni di parole a danno della misura del verso erano arbitrii non infrequenti degli antichi copisti. — Dar di pala: cacciarli, spazzarli via: o, come oggi direbbesi, *pigliar la granata*. — v. 28. Mandarli al generale. Non saprei spiegarlo, se non prendendolo per una variante della locuzione *Spacciare pel generale* (equivalente all' altra tuttora viva, *Stare su le generali*) così interpetrata dal Varchi nell' *Ercol.*: « Si dice di coloro che dimandati o richiesti d' una qualche cosa rispondono finalmente senza troppo volersi ristrignere e venire, come si dice, a' ferri. » — v. 32. *Aver uno*, Silv. — v. 33. *Ma lascia per me gli altri tua dami*, il cod. e gli edd. fior. 14.: *Ma lascia gli altri tuo' dami*, edd fior. 22. Accettammo la correzione del Maggi passata nell'ediz. Silvestri.

1 Questa Ballata trovasi in un libretto di poesie di diversi autori dove ha luogo il *Mantellaccio*, ed è attribuita al Poliziano (Edd. fior. 14). È pure nelle *Ballatette* ec. del secolo XV e nelle *Canz. a ballo* 1562 e 68, notata in ambedue le stampe d' un P. nel principio.

V. 4. Che avete ec. In lingua aulica dovrebbe dire *Con che* o *con cui avete* ec. Ma il popolo toscano non mai, o rado, mette i segni e le preposizioni che la grammatica richiede per la declinazione del pronome *che*, il quale da esso popolo è usato come indeclinabile e assoluto E di questo uso abbondano esempi classicissimi e nobilissimi. Bocc., Dec. X, 8: « Alla qual cosa forse così liberal non sarei, se così rade o con quella difficoltà le mogli si trovasser *che* si trovan gli amici. » e Introd.: « parmi l' ombre di coloro che sono trapassati vedere e non con quegli visi *che* io soleva: » in ambedue i quali passi grammaticalmente doveasi dire *Con che*. Ed altri esempi molti di questo uso del *che* in posizioni diverse potrebbonsi recare dal Boccaccio e dal Petrarca.

I' so ben ch' i' me ne pento,
Ch' io non presi tal partito:
Non arei tanto tormento
Quanto sempre i' ho sentito.
Quand' i' presi il mio marito,
I' credetti aver ben fatto:
Or io trovo che gli è matto,
Nè con lui posso durare.
Io vi voglio. . .
Se la sera io gli ricordo
Che provvegghi da mangiare,
Dice — Tu hai dell' ingordo,
Nè ti posso mai saziare. —
Vo' la borsa trassinare
Per aver de' mie' bisogni,
Trovo ch' è piena di sogni;
Nè mi vale il lusingare.
Io vi voglio. . .
Pur se fossi almen discreto
Che, trovandosi isvogliato,
S' io mangiassi, stessi cheto,
Ch' ogni assai m' ha contentato!
Ho perduto mezo il fiato

V. 7. *avrei*, edd. fior. 14 e st. recenti. — v. 11. *Ora i'*, Canz. a b. 1562 e 68, è st. recenti: *ch' egli è*, edd. fior. 14 e st. rec. — v. 13 e segg. Metaforicamente. — v. 14. *provvegga*, Canz. a b. 1562 e 68, e st. recenti. — v. 15-16. *E' mi dice, ho dell' ingordo Nè mi posso mai saziare*, Ball. sec. XV. — v. 17. Trassinare, Maneggiare. — v. 18. De' miei bisogni. Cioè di quel che mi bisogna: eleganza popolare tuttora viva in Toscana. Anche il Bocc., Dec., IV, 8. « ... possa ... pe' nostri bisogni a Firenze andare. » — v. 19. *Trovola piena*, Canz. a b. 1562 e 68 e edd. fior. 14 e 22. Il Maggi proponeva di leggere *Piena trovola*: e la correzione passò nell' ediz. Silv. Noi accettammo, togliendo via la ridondanza del *la*, la lezione delle Ballatette del sec. XV: *Trovola ch' è piena*. Piena di sogni. Vuota, senza nulla. Così *viver di sogni* e *mangiar sogni* dicesi di chi non ha di che vivere o mangiare. — v. 22. *trovandosi isvegliato*, Ball. sec. XV, dove *isvegliato* è certamente error tipografico invece di *isvogliato*: *trovandolo svegliato*, Canzoni a ballo 1562 e 68, edd. fior. 14 e stampe recenti.

Per gridare e zuppa e pappa.
Sciagurata a chi v' incappa,
Che bisogn' ire accattare.
Io vi voglio. . .
Quand' io vo' certe tre lire
Che più volte mi ha promesso,
Di contar non può finire
Che non facci uno interesso:
Quand' egli ha contato, appresso
E' ne vien moneta falsa.
Per savore e' mi dà salsa:
E conviemmel sopportare.
Io vi voglio. . .
Non ponete troppa cura,
Se vedete sien garzoni;
Chè faran buona misura:
Sempre pagon di grossoni;
Per levar via le quistioni,
Conteranno sette volte;
Nè macinano a raccolte;
Nè bisogna lusingare.
Io vi voglio. . .

V. 27. *c'incappa*, edd. fior 14. V'incappa. S' incontra, si avviene in simil condizione o in simili persone. — v. 29 *quando vo*, Ball. sec. XV. — Tre lire. Di questa metafora o allegoria, di cui si trovano altri esempi nelle Canz. a ballo e ne' Canti carnescialeschi, io non saprei dare spiegazione sicura: ma certo è di senso indecente. — v. 40. *pagan*, edd. fior 14 e st. rec. — Grossoni. Moneta antica fiorentina che valeva ventun quattrini. Qui è detto con equivoco; continuando alla metafora delle *tre lire*. — v. 41. *levare le questioni*, edd. fior. e st. rec. — v. 43. Macinano a raccolte. Si dice de' molini, che macinano a raccolta, « quando per mancanza d' acqua non possono continuo macinare ma aspettano la colta. » Voc. Cr. Qui però è allegoria boccacciana che non importa spiegare. — v. 44. *il lusingare*, Ball. sec. XV.

[INCERTE.]

XXVIII.[1]

E' non c' è niun più bel giuoco
Nè che più piaccia a ciascuno
Ch' esser dua e parer uno:
Chi nol crede pruovi un poco.
Chi non lo sapessi fare
Venga a me che gliele insegni.
Non bisogna adoperare
A 'mpararlo molti ingegni;
Pur che da natura vegni,
Come viene all' asinino
Che non è mai sì piccino
Che non sappi fare un poco.
Già ne viddi una che v' era
Nel principio poco destra,
E poi la seconda sera
Diventò buona maestra.
A un gambo di ginestra

---

1 La presente ballata non trovasi nei codici da me conosciuti nè in veruna moderna raccolta delle poesie di M. Angelo. Ma è nelle *Ballatette* ec. del sec. XV, con in fronte la iniziale P. (la quale è il segno che contraddistingue le ballate del Poliziano, come L. quelle di Lorenzo de' Medici) fra le contenute sotto la prima rubrica *Ballatette del magn. Lorenzo de' Medici e di m. Angiolo Poliziano e di Bernardo Giamburlari e di molti altri:* è anche nelle *Canzoni a ballo* 1562 e 68, veramente senza la iniziale P, ma posta subito dopo l' altra *Io vi voglio confortare* [XXVII in questa edizione] che ha quel segno. Onde le ragioni di autenticità vengono ad esser presso a poco le stesse così per quella come per questa.

V. 1. *Non c' è, donne, il più,* Canz. a b. 1562 e 68. — *v.* 3. *due,* Canz. a b. 1562 e 68. Il Vallera di L. de' Medici dice alla *Nencia*, st. 29, « Vientene..., Ch' io metta le mie bestie fra le tua, Che parremo uno e pur saremo dua. » — *v.* 6. *Ven[illegible] i... glie lo 'nsegni,* Canz. a b. 156[illegible] 68. — Pur. Così le st. Ad alcuno potrebbe parere che si dovesse leggere *Par*. — *v.* 9. Vegni. Venga. — *v.* 12. *Sappia,* Canz. a b. 1562 e 68. — *v.* 13. *Vidi già una che era,* Canz. a b. 1562 e 68.

Le 'nsegnai la prima volta:
Non mi fu fatica molta
A 'nsegnarle sì bel giuoco.
E' bisogna sofferire,
Lasciar far quel che t' è fatto
E lo 'ngegno bene aprire,
Chi imparar vuol a un tratto.
Non è niun sì sciocco e matto,
Che, se 'l giuoco punto dura,
Non gl' insegni la natura;
Chè s' impara a poco a poco.
Par da prima un po' fatica
Fin che l' uom si sia avvezo:
Non è niun poi che non dica
Contento esser po' da sezo:
Chi la danza mena un pezo
Fin che vien quel che altri vuole,
Nulla prima e poi gli duole;
Nè vorre' fare altro giuoco.
Un maestro c' è di scuola
Che bottega di ciò tiene:
Chi avessi una figliuola
Che 'mparar volessi bene,
Se l' è sana delle rene,
Saprà presto il giuoco bello:
Fia come un arrigobello,
Come arà imparato un poco.
E' ci è bene un altro modo,

V. 18. *Gl' insegnai*, Canz. a b. 1562 e 68. — v. 20. *A insegnarli*, Canz. a b. 1562 e 68. — v. 24. *Chi imparare*, Canz. a b. 1562 e 68. — v. 25. *Non è alcun*, Canz. a b. 1562 e 68. — v. 30. *l' uomo*, Canz. a b. 1562 e 68. — v. 31. *alcun che poi*, Canz. a b. 1562 e 68. — v. 35. *L' esser tardi assai gli duole*, Canz. a b. 1562 e 68. — v. 36. *vorria*, Canz. a b. 1562 e 68. — v. 37. *Uno maestro*, Canz. a b. 1562 e 68. — v. 39. *avesse*, Canz. a b. 1562 e 68. — v. 40. *volesse*, Canz. a b. 1562 e 68. — v. 42. *Farà presto*. Canz. a b. 1562 e 68. — v. 43. ARRIGOBELLO « Colui che scontorcendosi e facendo tanti giuochi suona la cassetta... si chiama *arrigobello*. » Varchi, *Ercol.*

Ma gli è più pericoloso;
E per ciò i' non lo lodo,
Per ch' è troppo faticoso.
Pur, se c' è niun voglioloso,
Venga a me che son maestro.
I' gl' insegnerò sì destro,
Che non guasterà ma' giuoco. 52
E non c' è niun . . .

XXIX.[1]

Passerà tuo' giovinezza
Come cosa transitoria;
Di quel ch' or fai tanta boria
Presto fia brutta vecchiezza.
Poco tempo può durare
Questa tua felicità:
Però vuolsi accompagnare
La bellezza e la pietà.

V. 47. *E però*, Canz. a b. 1562 e 68. — v 49. *nïun voglioso*, Canz. a b. 1562 e 68. — v. 52. *mai gioco*, Canz. a b. 1562 e 68.

[1] Questa e le cinque seguenti ballate e canzonette non si trovano nei codd. fiorentini nè nel vanzoliniano e nè pure nelle *Ballate* ec. del sec. XV. Sono però nelle *Canz. a ballo* 1562 e 68 su la fine e lontan dalle altre già riconosciute del N. A., come pure in simili raccolte minori che verremo a mano a mano indicando, ma senza nome d' autore, senza l' argomento dell' iniziale od altro onde si possano con le più consuete norme della critica assegnare a M. Angelo. Primi, credo, gli edd. milanesi dei Classici italiani le impressero, eccetto la XXXII, fra altre poesie del Poliziano [1808], avvertendo: « Questa e le seguenti *Canzoni a ballo* si crede che siano del Poliziano, poichè il brio e l'eleganza con cui sono scritte erano in quel tempo forse solamente proprie del sublime poetico genio di lui: » gl' imitarono gli edd. fior. del 14, notando anch' essi che « vengono generalmente attribuite al Poliziano: » dopo di che niuno ha più dubitato che le sian fattura di lui. Pur, chi ben guardi, gli parrà ben di sentire in qualche luogo un che di più moderno. Questa prima intanto è nelle *Canz. a ballo* 1562 e 68; nelle *Canz. bellissime a ballo nuovamente composte*, Firenze, Simbeni, 1614; in *Stanze ed altre poesie* di A. Poliziano, Milano, 1808; nell' ediz. fior. 1814 ec.

V. 2. *Or n' è*, Canz. a b. 1562 e 68 e st. moderne, eccetto gli edd. fior. 14 che leggono *or vi è*

Sempre verde non sarà,
Com'è or, tuo' giovinezza.
Già gran tempo è trapassato
Ch'io mi fe' tuo servitore:
Or mi vedo abbandonato
Senz'aver mai fatto errore:
Deh pietà di me, signore,
Per la tua molta bellezza.
I' fui pur già degli eletti
Nel più alto e degno stato;
Or mi trovo fra' negletti,
Meschinello isventurato.
Troppo Amor certo è ingrato,
Dando a te tanta bellezza.
Non voler senza cagione
Così tutto abbandonarmi:
Tu non hai però ragione
A voler così lasciarmi:
Lieva ormai per consolarmi
Dal tuo cuor tanta durezza.
Nulla cosa è sì fallace
Quanto il tempo giovinile:
Però rendi oggi mai pace
Al tuo servo tanto umile.
Non suol mai 'n un cor gentile
Com'è 'l tuo regnare asprezza.

XXX.[1]

Che sarà della mia vita,

V. 12. *Che mi fe'*, Canz. a b. 1562 e 68: *Ch'i' mi fe'*, st. moderne. — v. 19. *tra i*, Canz. a b. 1562 e 68. — v. 20. *sventurato*, st. moderne eccetto Mol. — v. 21. *Amore*, Simb. — v. 27. *Leva*, st. moderne eccetto Mol. — v. 30. *giovanile*, Canz. a b. 1562 e 68; come sopra al v. 1 e 10. *giovanezza*, Simb. — v. 34. *Come il tuo*, ediz. mil. 1808 e fior. 1814.

[1] È nelle *Frottole di più autori*. Firenze, Pocavanza, 1562; e nella ristampa del Simbeni, 1614; e in altra senza nota alcuna tipografica:

Se ti parti, o car mio bene?
Viverò scontenta in pene,
Poi che fai da me partita.
Che sarà. . .
Se sforzato è il tuo partire,
M' è noioso aspro et amaro;
Ai sospiri al pianto al dire
Et al viso mostra chiaro:
Ma il tuo onor m' è tanto caro,
Che mi sforzo con prudenza
Sopportar la tua partenza,
Che m' è al cuor grave ferita.
Che sarà. . .
Ben mi duol, se tu ti parti,
Che io non possa seguirti.
Perchè, Amor, sì mi disparti
Dal mio cuore l' alma e i spirti?
Pur non posso contraddirti,
Perchè so che andar ti è forza:
La ragion mia voglia smorza
Ben che al cuor sia gran ferita.
Che sarà. . .

---

ed è anche nelle *Canzone a ballo* del 1562 e 68; poi nelle *Stanze e altre poesie* di Angelo Poliziano, Milano, 1808, e nell' ediz. fiorentina 1814 ec.

V. **2.** *o caro bene*, le stampe moderne. — *v.* 3. *scontento*, Canz. a b. 1562 e 68, e st. recenti. — *v.* 7-12. Per questi versi molto guasti accettammo con una leggiera modificazione le ragionevoli correzioni del Monti (*Proposta*, vol. III, P. II), passate anche nell' ediz. Silvestri. Le vecchie stampe seguite dalla milanese del 1808 leggevano al v. 8. *Et il viso mostra chiaro;* la fior. del 14, *ed il viso mostro chiaro*. In questo verso non accettammo la mutazione che il Monti fa di *mostra* in *il mostro*. Sol che *mostra* s' intenda usato impersonalmente per *apparisce*, *si mostra* (del che abbondano gli esempi nei classici), il senso corre limpidissimo. Tutte poi le stampe al v. 10-11 ... *si sforza... sopra la...* — *v.* 14. Tutte le stampe, a dispetto dell' ordine delle rime richiesto in queste strofe, leggono, *Ch' io non possa seguitarti*. Ed era pur facile il correggere. Nè parrà tanto strana cosa il verso com' è stato corretto da noi, chi ripensi qual libertà nella disposizione degli accenti usavano gli antichi in questa maniera di canzonette. — *v.* 15. *me disparti*, Pocav. e Simb. — *v.* 19. *La cagion*, Canz. a b. 1562 e 68.

Vanne, vale: dico a Dio.
  E la fè che dato m' hai
  Serva, e fa' che sempre mai
  Nel tuo cor sia stabilita.
      Che sarà. . .

XXXI.[1]

Io non l' ho, perchè non l' ho,
  Quel che or mai aver vorria.
  S' io l' avessi, l' averia;
  Ma l' arò quando l' arò.
      Io non l' ho. . .
Lungo tempo son vivuto
  Aspettando d' aver bene
  Da chi sempre m' ha tenuto
  In speranza e ancor mi tiene:
  Ma tal bene mai non viene,
  Et incerte ogn' or promesse
  Vo pigliando ad interesse
  Da chi dice — Io te 'l darò. —
      Io non l' ho. . .
Mille volte dico meco:
  — Tu l' arai, non ti curare. —
  Poi rispondo, e dico: — Cieco,
  Tempo perdi in domandare: —
  E così con tal variare
  In pensier mi struggo e rodo;
  E per me mai non v' è modo

V. 21. *vale e*, Simb.

[1] È nelle *Frottole di più autori*, ediz. Pocavanza 1562, ediz. senza alcuna nota tipografica, ed ediz. Simbeni 1614; poi nelle *Stanze e altre poesie* di A. Poliziano. Milano, 1808, e nell' ediz. fior. 1814.
V. 2. *omai*, editori fior. 1814. — v. 4. *arrò*, edd. milanesi 1808 e fiorentini 14. — v. 5. *Molto tempo*, Canzoni a ballo 1562 e 68. — v. 8. *in speranza ancor*, editori fiorentini 1814. — v. 11. *Ed incerte*, et moderne. — v. 14. *arrai*, editori fior. 14. — v. 17. *in tal variare*, Simb.

D' aver quel che aver si può.
Io non l' ho. . .
Orsù dunque, alla buon' ora !
Io l' arò, ma non so il dì;
Chè d' aver non veggio ancora
Se non ciance in sino a qui.
Ma, se effetto avesse il *sì*
Che ogni giorno ho in pagamento,
Darei fine al vecchio intento
Che sospeso è tra *sì* e *nò*.
Io non l' ho. . .
Io pur penso; e non riesce
L' importuno mio pensiero:
Il desir tanto più cresce,
Quanto men d' averlo spero:
Tal che son dal dolor fiero
Aspettando vinto e stanco.
E di fede pur non manco
Sin che vivo ïo sarò.
Io non l' ho. . .

XXXII.[1]

La non vuol esser più mia,
La non vuol la traditora:
L' è disposta al fin ch' io mora
Per amore e gelosia.
La non vuol esser più mia,
La mi dice, — Va' con Dio,
Ch' io t' ho posto ormai in oblio
Nè accettarti mai potria. —

V. 23. *veggo*, edd. fior. 14. — *v.* 28. *ra 'l sì e 'l no*, Simb. — *v.* 31-2. erenzio nell' *Eunuco*: « Quanto spei t minus, tanto magis amo » (Edd. or. 14). — *v.* 36. *Finchè*, edd. fior. 14.

1 È nelle *Frottole di più autori*, irenze. Pocavanza, 1562; altra ediz. senza nota alcuna tipografica; e Simbeni, 1614; e nelle *Canzone a ballo* del 1562 e 68; poi nelle *Stanze e altre poesie* di Angelo Poliziano, Milano, 1808, e nell' ediz. fiorentina 1814 ec. — *v.* 7. *omai*, Canz. a b. 1562 e 68, edd. milan. 1808 e fior. 14, Mol.

La non vuol esser più mia,
  La mi vuol per uomo morto;
  Nè già mai le feci torto.
  Guarda mo' che scortesia!
La non vuol esser più mia,
  La non vuol che più la segua,
  La m' ha rotto pace e tregua
  Con gran scorno e villania.
La non vuol esser più mia:
  Io mi truovo in tanto affanno,
  Che d' aver sempre il malanno
  Io mi credo in vita mia.
La non vuol esser più mia:
  Ma un conforto sol m' è dato,
  Che fedel sarò chiamato,
  Lei crudel spietata e ria.
    La non vuol esser più mia.

XXXIII.[1]

La pastorella si leva per tempo
  Menando le caprette a pascer fora.
  Di fora fora
  La traditora
  Co' suoi begli occhi la m' innamora.

V. 11. li feci, Pocavanza: *gli feci,* Simb. — v. 14. *segui,* a malgrado della rima, le st. antiche — v. 21. Così il Pocavanza, il Simbeni e l'ediz. anon.: ma la stampa cruschevole del 1562 e 68 corresse per amore di grammatica. *Sarai tu spietata e ria:* e fu seguita da tutti gli edd. più recenti. Veramente, che c' entri quel *tu,* dopo che per tutta la canzonetta s' è parlato d' una terza persona, non s' intende.

[1] È in *Canzoni a ballo,* Sermartelli 1562 e 68; e in *Frottole di più autori,* Pocavanza, 1562; Simbeni, 1614, e altra ediz. senza nota alcuna tipografica; poi, fra altre rime del Poliziano nel tomo VI *Lirici antichi,* Venezia, Zatta, 1784, del *Parnaso italiano* raccolto dal Rubbi: e quindi nell' ediz. fiorentina 1814.

V. 3-4. Le stampe moderne di questi due quinarii, così nella presente stanza come nelle seguenti, fanno un verso solo composto. Abbiam riputato bene seguire le st. antiche che li distinguono. — *V. 5. bei occhi,* Canz. a b. 1562 e 68, Pocav., Silv:

E fa di mezza notte apparir giorno.
Poi se ne giva a spasso alla fontana
Calpestando l'erbette oh tenerelle,
Oh tenerelle
Galante e belle,
Sermolin fresco, fresche mortelle;
E 'l grembo ha pieno di rose e vïole.
Poi si sbraccia e si lava il suo bel viso
La man la gamba il suo pulito petto,
Pulito petto
Con gran diletto,
. . . . . . con bianco aspetto,
Che ride intorno intorno oh la campagna.
E qualche volta canta una canzona,
Che le pecore balla e gli agnelletti:
E gli agnelletti
Fanno scambietti,
Così le capre con gli capretti;
E tutti fanno a gara oh le lor danze.
E qualche volta in sur un verde prato
La tesse ghirlandette oh de' bei fiori;
Oh de' bei fiori,
De' bei colori:

---

begli, Simb., ediz. anonima, edd. fior. 14. — *v.* 8. Quest' *oh* sovente ripetuto pare una inflessione che nel canto anche ai nostri giorni usano i contadini (Edd. fior. 1814.) — *v.* 12. *pieno di rose e vïole,* Canz. a b. 1562 e 68: *pien di rose e di vïole,* st. moderne. — *v.* 14. *le man, le gambe,* Simb.: *le man, la gamba,* edd. fior. 14. — *v.* 17. Pare che manchino alcune parole, che doveano formare il primo quinario componente questo verso, secondo la legge delle altre stanze. — *v.* 18. Accettiamo la lezione dell' ediz. Simbeni, la quale ci pare più propria. Le Canz. a b. 1562 e 68 e l' ediz. Pocav., e con esse il Rubbi e il Silv. leggono *le campagne:* la ediz. anon. *intorno a la campagna:* gli edd. fior. del 14 vide *intorno intorno o le campagne.* — *v.* 20. Alla maniera de' Greci che accordano il plurale de' nomi col singolare de' verbi. L' ediz. del 1578 (?) però ha *ballano,* ma offende la misura del verso (Edd. fior. 1814). *Ballano* leggono in generale tutte le ant. st. Lorenzo de' Medici: « E 'l lieto gregge che ballando in torma Torna all' alte montagne alle fresch'acque. » — *v.* 22 *Fanno i,* Rubbi. — *v.* 24. *con le lor danze,* Simb. con guasto del verso. — *v.* 25. *volta sur,* Simb. — *v.* 26, 27, 28. *di bei,* Simb. e st. mod.

Così le ninfe con gli pastori;
E tutti imparan dalla pastorella.
Poi la sera ritorna alla sua stanza,
Con la vincastra in man, discinta e scalza:
Discinta e scalza
. . . .
Ride e saltella per ogni balza.
Così la pastorella passa il tempo.

XXXIV.[1]

La brunettina mia
Con l'acqua della fonte
Si lava il dì la fronte
E 'l seren petto.
In bianco guarnelletto
Umilmente converso,
Sollimato nè gersa
Non adopra.
Non porta, che la copra.

V. 30. *imparan*. Canz. a b. 1562 e 68. — v. 31-32. Qui le st. st. [illegible] Le prime leggono [illegible] Le seconde [illegible] — D[illegible] [illegible] 44 — v. 38. *si passa*, con guasto del verso, leggono tutte le st. antiche

[1] È nelle *F*[illegible] ec., ediz. ant. [illegible] Simb. [illegible] e nelle *Canz. a ballo* 15[illegible] e 68: poi nelle *Stanze e altre poesie* di Angelo Poliziano, Milano [illegible] e nella edizione fiorentina 18[illegible] — v. [illegible] *Conversa*: si diporta [illegible] Cavalca. Att. ap. [illegible] conversato con [illegible] dove noi conversiamo [illegible] Ma non mi è avvenuto di [illegible] — v. [illegible] — G[illegible] Lorenzo de' Medici [illegible] E per far la faccia [illegible] Bianca ed arient-

Balzi scuffie e gorgiere,
Come voi, donne altiere
E superbe.
Una ghirlanda d' erbe
Si pone all' aurea testa;
E va leggiadra e presta
E costumata:
E spesso ne va alzata
Per sin quasi al ginocchio:
E con festevol occhio
Sempre ride.
S' i' la guardo, non stride
Come queste altre ingrate:
È piena d' onestate
E gentilezza.
Con tal delicatezza
Porta una vettarella
Di sopra la cappella,
Che m' abbaglia.

---

fino. » (Edd. fior. 14). — *v.* 10. Balzi [*balze*, edd. milan. 1808 e fior. 14., Silv.] lo stesso che *balze:* estremità di vesti e adornamenti femminili; o, come oggi direbbesi, guarnizioni. —Gorgieri: collaretti o simil cosa da tenere intorno al collo o alla gola o gorgiera. Buonarr. Tanc. IV, 1: « Porterà al collo una gran gorgiera E un baver alto come una spalliera. » — *v.* 12. *Alte e superbe*, Pocav., ediz. anon., Simb. — *v.* 13. *grillanda*, Canz. a ballo 1562 e 68, Simb., edd. milan. 1808 e fior. 14, Silv. — *v.* 14. *Si pon su l' aurea*, ediz. anon. e Simb.: *Se pone l' aurea*, Pocav. — *v.* 17. *va insaccata*, Pocav.: *va scalzata*, ediz. anon. e Simb. — *v.* 26. Vettarella. Alcun Dizionario vuol che in questo verso s' abbia a leggere *vetterella* (che niuna stampa ha) e s' abbia a intendere *piccola benda* dal latino *vitta*, e pretende che nel verso dopo non *la cappella* scrivesse l' autore ma *le capella*, cioè *i capelli* (!!!). Ma *vettarella* è *piccola vetta;* un ramoscellino, cioè, e qualche fronde che la brunettina poneva al suo cappello come poneva una ghirlanda d' erbe all' aurea testa. — *v.* 27. *De sovra la capella*, Pocav.: *Che sovra la capella*, ediz. an.: *Che sovra la cappella*, Simb. — Cappella: per *Cappello.* È vezzo della lingua toscana il trasmutare al femminile certi nomi che nella lingua comune son maschili. Il Malispini e il Villani hanno *cimiera* per *cimiero* (dell' elmo). In certe parti del senese dicesi la *staccia* per lo *staccio:* che non dispiacque al Petr., se è sua certa frottola attribuitagli da qualche cod. e dal Fiacchi nella *Scelta di rime antiche:* « Fra compare e comare Non si usa prestar *staccia.* » E il Pulci nella *Beca*, st. VIII, ha la *pifferina.* La *cappella* poi del Poliz. non dispiacque al Salvini, che nel volgar. delle *Siracu-*

Alcuna fiata scaglia
  Da me, non per fuggire,
  Ma per farmi languire;
    E poi ritorna.
Oimè! ch'è tanto adorna
  La mia dolce bambina,
  Che pare un fior di spina
    A primavera.
Beato chi in lei spera
  E chi la segue ogn'ora!
  Beato quel ch'adora
    Le sue guance!
Che dolci scherzi e ciance
  Porgon quei duo labbretti
  Che paion rubinetti
    E fraganelle!
Le picciole mammelle
  Paion due fresche rose
  Di maggio, glorïose
    In su 'l mattino.
El suo parlar divino
  Spezzar farebbe un ferro:
  So certo ch'io non erro,
    E dico el vero.
Dà luce all'emispero
  La mïa brunelluccia,
  E con la sua boccuccia
    Pïove mèle.

---

sane di Teocrito ecc. «... Recami il drappo. E la cappella pommi sopra a modo» - E *cappellina* per *picc. la cappella* è nella *Novella del Grasso Legnaiolo.* — v. 29. Scatta: Scappa via, sguizza. È la forma attiva col significato neutro, d'uso non raro nei classici M. Villani, IX. 4: «... in Bologna alzò tanto le nevi.» Uberti, Ditt. I. 21: «La terra aperse non molto da poi:» Crescenzio, v. 33: «Se ne fanno ... taglieri e bossoli, i quali radissime volte fendono.» — v. 34. Così le tre stampe delle *Frottole*, Pocav., ediz. anon., Simb. Le Canz. a b. 1562 e 68 leggono *La dolce brunettina*, e sono seguite dalle st. moderne. Ma avemmo altre riprove che quegli editori mettevano troppo bravamente le mani nelle cose antiche. — v. 41. *O dolci*, ediz. anon., Pocav., Simb. — v. 42. *que' due*, edd. milan. 1808 e fior. 14. — v. 43. *paron*, Pocav. e Canz. a ballo 1562 e 68; e così più sotto al v. 46. — v. 51. *Son certo*, edd. milan. 1808 e fior. 14.

È saggia e ancor fedele.
Non si corruccia e sdegna,
Qualche fiata s' ingegna
Per piacere.
Quand' io la sto a vedere,
Parla ride e motteggia:
Allor mio cor vaneggia,
E tremo tutto.
Oimè, che m' ha condutto
Che, s' i' la sento un poco,
Divento un caldo fuoco
E poi m' agghiaccio.
E molto più disfaccio,
S' i' veggo le sue ciglia
Minute a maraviglia:
O ciel, ch' io moro!
I suoi capelli d' oro,
I denticelli mondi
Bianchi politi e tondi
Mi fan vivo.
Io son poi del cuor privo,
S' io la veggio ballare;
Chè mi fa consumare
A parte a parte.
Non ho ne ingegno nè arte
Ch' io possa laudarla,
Ma sempre voglio amarla
In fin a morte.

V. 57. *Ed è saggia ancor fidele*, Simb. *È saggia et è fedele*, Canz. a b. 1562 e 68 e, mutato *et* in *ed*, le st. moderne. — *v.* 58. *Non se corroccia*, Pocav.: *o sdegna*, Canz. a b. 1562 e 68 e edd. milan. 1808 e fior. 14. — *v.* 59. *se ingegna*, ediz. anon., Pocav., Canz. a b. 1562 e 68: *me insegna*, Simb. — *v.* 60. *Di piacere*, Canz. a b. 1562 e 68 e st. moderne. — *v.* 61. *la vo*, Canz. a b. 1562 e 68 e st. rec. — *v.* 65. M' HA CONDUTTO: sottint.: a tale estremità. In senso morale: Dante, Purg. XI, 158. « Si condusse a tremar per ogni vena. » — *v.* 68. *m' addiaccio*, Simb. — *v.* 69. DISFACCIO. Intransit. assol. per *mi disfaccio* (mi struggo, mi consumo). Petr. Tr. Div. « .. veder mi parve un mondo Nuovo,.. E 'l sole e tutto 'l ciel disfare a tondo. — *v.* 73. *Li suoi*, ediz. fior. 1814 e 22. — *v.* 79. *me fa*, Pocav.

[APOCRIFE.]

XXXV.

Vaghe le montanine e pastorelle,
D'onde venite sì leggiadre e belle? —
— Vegnam dall'alpe presso ad un boschetto:
Picciola capannella è 'l nostro sito,
Col padre e colla madre in picciol letto,
Dove natura ci ha sempre nutrito:
Torniam la sera dal prato fiorito,
Ch'abbiam pasciuto nostre pecorelle. —
— Qual'è il paese dove nate siete?
Che sì bel frutto sopra ogni altro luce.
Creature d'amor voi mi parete,
Tant'è la vostra faccia che riluce:
Nè oro nè argento in voi non luce;
E mal vestite, e parete angiolelle.
Ben si posson doler vostre bellezze,
Poi che fra valle e monti le mostrate;
Chè non è terra di sì grandi altezze
Che voi non fussi degne et onorate.
Ora mi dite se vi contentate
Di star nell'alpe così poverelle. —
— Piu si contenta ciascuna di noi
Gire alla mandria drieto alla pastura,
Piu che non fate ciascuna di voi
Gire a danzare dentro a vostre mura:

V. 1. Vi ha qualche cod. che porta *O vaghe montanine* Edd. fior. 14. E così leggesi nelle *Canzoni a ballo*, Simbeni. Firenze, 1614. — v. 3 *a un*, Simb. — v. 5. *letto*, edd. fior. 14. Silv. — v. 8. *pasciute*, editori milan. 1808. — v. 10 *sovra ogni altro adduce*. edd. fior. 14. Silv.: *sopra ogni altra luce*, Canz. a b. 1562 e 68 e Simb. — v. 15. *pos*[illegible] *vestir*, Simb. — v. 16. *fra* [illegible], le st. moderne. — v. 17. *terre di si grande*, Canz. a b. 1562 e 68 e Mol.; *terra di si grande*, Simb. — v. 18. *foste*, Rubbi e edd. milan. 1808 e fior. 14: *e onorate*. Simb.: *ed* [illegible]*rate*, st. moderne — v. 22. *dietro*, edd. fior. 14, Silv.

Ricchezza non cerchiam nè più ventura,
Se non be' fiori, e facciam grillandelle.

V. 26. *ghirlandelle*, edd. fior. 24.

Questa ballata non trovasi in alcuno dei manoscritti, da me conosciuti, che han rime del Poliziano e nè pure nella raccolta di *Ballate* del secolo XV: sì ben trovasi nelle due raccolte di *Canzoni a ballo* del Sermartelli (1562 e 68) e nell' altra del Simbeni (1614), non però col nome del Poliziano; che anzi l' ediz. Simbeni l' attribuisce al Magnifico, e va nelle stampe Sermartelli fra quelle che non han nome d' autore. Trovasi però nei codici che han rime di Franco Sacchetti e col nome di lui; e a Franco Sacchetti è data in parecchie raccolte di *Rime antiche*: nei codici e nelle stampe che l' attribuiscono al Sacchetti ha molte varietà di lezioni e una stanza di più. Con tutto ciò fin dal secolo passato fu in alcune raccolte (per es. nei *Lirici antichi*, tomo VI del *Parnaso italiano* raccolto dal Rubbi) attribuita al Poliziano; e gli è attribuita da tutte le moderne edizioni delle poesie di lui, incominciando dalla milanese dei *Classici italiani* (1808). Potrebbe credersi che il Poliziano l'avesse raffazzonata per uso di qualche mascherata o festa del tempo suo; e che da ciò procedesse la voce che al Poliziano l'attribuisce. Potrebbe credersi, dico; se nella lezione, con la quale vien data a messer Angiolo, non fosse più irregolare e scorretta che non in quella che ha il nome dell' antico novelliere e poeta. Del quale io la credo, e per l' autorità dei codici, e per la somiglianza che ha con altre ballate pastorali di Franco, e per la semplicità e ingenuità di stile maggiore che non sia nei versi del Poliziano. Forse questa ballata di Franco rimase lungamente nelle bocche del popolo; e di qui certe mancanze e scorrezioni che ravvisiamo nella seconda lezione. Fu quindi ammessa, con altri canti che sono evidentemente popolari e della popolarità hanno anche i guasti, nelle raccolte del Sermartelli: dove il trovarla così graziosa e candida, a comparazione d' altre un po' rozzette e artificiate, fece, a chi le rime del Sacchetti non conosceva, attribuirla al più grazioso e candido poeta del secolo XV. A ogni modo, pongo qui sotto la lezione con la quale è data al Sacchetti dai codici e da molte stampe, seguitando l' edizione lucchese *delle Rime di M. Franco Sacchetti*, presso Franchi e Maionchi, 1853. Gli editori saviamente avvertono: « Questa graziosissima composizione si legge anche fralle Canzoni a Ballo di diversi, edizione 1562, 1568 ec., ma con molte varietà. Fu spesso attribuita al Poliziano ed a Lorenzo de' Medici e stampata come cosa loro, con manifesto errore e con peggior lezione. Una parodia spirituale se ne trova nel Libro delle Laudi di diversi, e comincia: *O vaghe di Giesù o verginelle, Dove n' andate sì leggiadr' e belle?* Vedi l' ediz. del Bonardo a carta 52. »

O vaghe montanine pasturelle,
Donde venite sì leggiadre e belle?
Qual è il paese dove nate sete,
Che sì bel frutto più che gli altri adduce?
Creature d' amor vo' mi parete,
Tanto la vostra vista adorna luce!
Nè oro nè argento in voi riluce,
E mal vestite parete angiolelle.

XXXVI.[1]

Buona roba abbiam, brigata,
E faccianne gran derrata.
No' siàn buon' rivenditore
E di bella roba e nuova,
Da averne sempre onore
Quando altrui po' ne fa pruova.
Cioppe vecchie a noi non giova
Gir vendendo mai nè stracci;
Chè nessuno è a chi piacci
Una cosa stazonata.
Noi abbiàn cioppe a dovizia
E gamurre e gamurrini;
Ma più bella masserizia

Noi stiamo in alpe presso ad un boschetto:
Povera capannetta è 'l nostro sito:
Col padre e con la madre in picciol letto
Torniam la sera dal prato fiorito,
Dove natura ci ha sempre nodrito,
Guardando il dì le nostre pecorelle.
Assai si de' doler vostra bellezza,
Quando tra monti e valli la mostrate;
Chè non è terra di sì grande altezza
Dove non foste degne et onorate
Deh, ditemi se voi vi contentate
Di star ne' boschi così poverelle?
Più si contenta ciascuna di noi
Andar dietro alle mandre alla pastura,
Che non farebbe qual fosse di voi
D'andar a feste dentro vostre mura.
Ricchezza non cerchiam nè più ventura
Che balli canti e fiori e ghirlandelle.
Ballata, s'i' fosse come già fui,
Diventerei pastore e montanino:
E prima ch' io il dicesse altrui,
Sarei al loco di costor vicino;
Et or direi Biondella et or Martino *
Seguendo sempre dov' andasson elle

[1] È nel cod. laur. 33. pl. 41, col titolo di *Canzona delle rivenditore facta dal Politiano*; e di su quello fu pubblicata fra le rime di m. Angelo dagli edd. fior. del 1814. Ma era già a stampa fra i Canti carn. di Lorenzo de' Medici nella Raccolta di *Tutti i trionfi, Carri, Mascherate e Canti carnescialeschi* ec., a cura di Anton Francesco Grazzini, Firenze, MDLVIIII; e nell'altra edizione a cura del can Bracci. Cosmopoli, 1750.

V. 3. *Noi siam*, edd. fior. 14: *ben rivenditore*. Canti carn. 1559 e 1750 — v. 4. *e nuova*, leggiamo coi Canti carn. 1559 e 1750: il cod. seguito dagli edd. fior., ha *buona*. — v. 5 *E d'averne*, Canti carn. 1559 e 1750 — v. 6. *altrui ne fa la prova*. Canti carn 1559 e 1750. — v. 8. *Di rivender mai*, Canti carn. — v. 11-18. Questa stanza nelle cit. edizioni de' Canti carn. è messa terza di numero, e seconda quella che incomincia *Chi 'l vecchiume comprar vuole*. — v. 11. *Noi abbiam*, le st.: *cappe*, Canti carn. — v. 13. *Mai più*.

* Soprannomi di pecore (Editori lucchesi).

Abbiàn poi in panni lini,
O vuo' grossi o vuo' de' fini,
D' un serrato lavorio:
E chi avessi anche desio
D' una coda, fia trovata.
Tra più code, ben sapete
Coste' una n' ha riposta:
Ed in ordin, se vorrete,
Sarà sempre a vostra posta.
Ell' è grande, e poco costa:
Ogni fanciulla l' aocchia,
Perchè l' ha una pannocchia
Grossa e sta bene appiccata.
Chi 'l vecchiume comprar vuole
Per vantaggio e 'n su civanzi,
Quando poi l' adopra, suole
Volger lo drieto dinanzi:
Pur non credo se n' avanzi,
Tanto spesso si ricuce;
Ch' ogni dì si stianta e sdruce
Una cosa trassinata.
Cuffie abbiàn di più maniere,
(Chi ne vuol die danar su)
A bendoni e a testiere:
Pur le tonde s' usan più.
Acque abbiàn di gran virtù

Canti carn. — v. 14. *Abbiam noi ch' è 'mpanni*, Canti carn. 1559: *Abbiam noi che è in*, Canti carn. 1750. — v. 15. *Un de' grossi o un di fini*, edd. fior. 14: *O volete grossi o fini*, Canti carn. cit. — v. 17. *Chi avesse*, Canti carn. — v. 21. *Pur in ordin, se volete*, Canti carn. — v. 24. *adocchia*, st. — v. 25. *Perch' ell' ha buona*, Canti carn. — v. 26. *bene appuntata*, Canti carn. — v. 27. *Chi vecchiume*, Canti carn. — v. 28. *e suoi avanzi*, Canti carn. — v. 29-30. *Quando poi l' adoprar suole, Volga 'l drieto dinanzi*, edd. fior. 14: *Quando poi l' adopra, vuole Volger drieto quel dinanzi*, Canti carn. — v. 31. *ce n' avanzi*, edd. fior. 14: *Pur non crediam se ne*, Canti carn. — v. 33. *ogni dì si straccia e*, Canti carn. — v. 36. *dia danar*, Canti carn. — v. 37. *ed a testiere*, le st. eccetto quella del 1559, che legge *e a*. — v. 39. *di più vertù*, Canti

Per chi non può ingravidare:
Peze rosse usiàn portare
Per chi fussi un po' attempata.
Sì che, se vo' comperrete,
Donne ed uomin, ciò che abbiamo,
Porterèllo ove vorrete:
Questo spesso lo facciamo:
E ne' luoghi ove usïamo
Facciàn l' anno cento accordi,
Dando mille buon ricordi
Alla parte più ostinata.

XXXVII.[1]

— Crudel donna, poichè lasciato hai me
Per un altro amadore,

---

carn. — *v.* 40. *sgravidare,* Canti carn. — *v.* 41. *Pezza rossa usiam,* Canti carn. — *v* 42. *fusse,* Canti carn. — *v.* 43. *Se da noi voi comperrete,* Canti carn. — (*comprerrete,* 1750). — *v.* 43. *quel ch' abbiamo,* Canti carn. — *v.* 44. *Porterenlo,* Canti carn. 1750: *porterollo,* edd. fior. 14, con errore incompatibile, avvertito in nota e non corretto nel testo dagli edd. milanesi 1825 che più emendarono ove meno era bisogno. — *v.* 47. *E nel luogo ove abitiamo,* Canti carn. — *v.* 48. Qui il cod. laur. legge *centi:* gli edd. fior. crederono dovere stampare *certi:* noi con le ediz. dei Canti carnesc. abbiam reputato meglio leggere *cento.*

[1] Fu ultimamente data alle stampe come opera di A. Poliziano dal sig. Domenico Bonanni in un fascicolo per nozze Corsini-Barberini intitolato: *Due Canzoni a ballo di Angèlo Poliziano tratte da un manoscritto della Corsiniana* [N. 94] *ed ora pubblicate per la prima volta,* Firenze, Barbèra, 1858. Ma in vero nè era quella la prima volta che questa canzone a ballo fosse pubblicata, nè essa è del Poliziano. Non è del Poliziano: e ognuno lo può sentire allo stile un po' più diffuso e assai meno elegante di quel di M. Angelo: e ognuno dee crederlo, avvertendo l'errore di mitologia che è nei v. 63 e 64, nel quale è impossibile supporre cadesse mai l'autore della Centuria. Era poi a stampa nelle *Canzoni a ballo* dell'ediz. Sermartelli, 1562 e 68. E chi abbia veduto in questa stampa e nell'altra quattrocentistica delle *Ballatette* le canzoni a ballo di Bernardo Giambullari, per la gran somiglianza dello stile e de'concetti e per l' ordine delle stanze e per l' andamento del dialogo, inchinerà molto ad attribuirla a quel rimatore. Nella ediz. del Sermartel : il dialogo è meglio partito, son meglio distinte le stanze e i versi, ed

Fatto t'hai poco onore
Lasciare il servo tuo senza mercè.
Tenera di anni e bella agli occhi miei
Apparisti nel mondo:
E con lo core e con l'alma mi diei
Al tuo stato giocondo,
Non credendo io che mi mettessi al fondo
Dove 'l tuo cor dimora.
Quel che più mi martora
È che ingannato ogn'ora i'son da te. 12
Se tu sei libera, io soggetto sono
Con onestà servire.
Partendomi da te, guidardon buono,
Deh non mi far morire:
Piacciati alle mie voglie consentire,
Perchè promesso m'hai:
Ch'io sono in tanti guai solo per te. — 19
— Io non ti tolsi mai tua libertà
Nè soggetto notrito:
Osservar voglio mia verginità
Ad un novel marito.
Però omai tu puoi pigliar partito,
Se ciò tua mente agogna.
Questo a me non bisogna:
Non far vergogna a chi onora me. 27
Creder non vuò che tu fossi nè sia
Di me sola servente.
Ma io che ho libra la persona mia
Viver vuò onestamente:
Io non son sottoposta

è più regolare la lezione che nell'edizione del sig. Bonanni: la quale alla sua volta può servire a emendare alcune scorrezioni della Sermartelliana. Io, non volendo ingrossare il mio già troppo grave lavoro con la inutile illustrazione di quel che tengo per fermo non essere del Poliziano, mi contento di riprodurla nella lezione del codice corsiniano che a M. Angelo l'attribuisce.

V. 15. Nel manoscritto: « guidardo. » — *v.* 21. Nel manoscritto: « soggictta. » [Note dell'ediz. 1858.]

A te nè ad uom vivente.
Però non ti dolere;
Sappiti ritenere,
Che in parte fa 'l dovere, e tienti fè. —
— Misericordia, pace, e non vendetta!
Se mai fusti pietosa,
Leva da me questa crudel saetta
Che nel mio cor si posa.
Deh non istar da me, donna, nascosa!
Deh mostrami 'l bel viso,
Qual par del paradiso!
Venuta al mondo se' senza mercè. —
Non isperar mai più veder mio volto
Sì leggiadro e pulito:
Il ben ch' io ti voleva, i' te l' ho tolto:
Altro amor m' ha ferito.
I' spero di pigliar nuovo partito
D' un giovane amadore:
Per marito e signore
Lui voglio al mondo: ed ogn' un sia per sè. —
— O crudel donna iniqua e dispietata,
Considera quant' anni
Tenuta hai la mia vita soggiogata
A' tuoi infelici inganni:
Ed ora in tante pene e tanti affanni
Mi lasci, e fai partita:
Ch' i' mi torrò la vita
Per te, giudea; chè vuò morir per te. —
— Non son Medusa o Medea che i figliuoli
Dètte al padre cibare:
Hotti tenuto in tanti affanni e duoli
Per volerti provare.
Disposta son volerti contentare,
S' i' dovessi morire,
Nè mai da te partire;
E sì non voglio al mondo altr' uom che te. —

RIME VARIE

DI

MESSER ANGELO POLIZIANO.

[LEGITTIME].

I.[1]

Io son constretto, poi che vuole Amore
Che vince e sforza tutto l' universo,

---

[1] Questa canzone fu primieramente stampata fra altre poche cose del Poliziano dopo le *Stanze* e l' *Orfeo* da Caligula de' Bazaleri in Bologna nel 1503, e poi in Venezia nel 1506 da Marchio Sessa e Pietro di Ravani, e da Donato di Monferrato più tardi, che fedelmente riprodussero l' ediz. Bazaleri; e quindi venne senza più ristampata fra le Rime del N. A. dagli editori fiorentini del 1814 e lor seguitatori. E già il p. Affò, che l' avea letta nella stampa del Bazaleri, mostrò non dubitare dell' autenticità di lei, quando, nell' ultima osservazione sull'*Orfeo* tralasciata in questa edizione perchè oggimai affatto inutile, dai *v.* 124-141 di essa canz. trasse argomento che il Poliziano non fosse di sì misera e ignobil condizione come il Varillas voleva. Ma certo quei versi non son da riferire alla persona propria del Poliziano. E quel *segno che rende onore alla patria* si deve intendere dell' insegna dei Medici: « il professarsi così animoso dispensatore dei beni della fortuna è parlare da principe non mai da poeta. » Quest'ultima osservazione è del Maggi, nell'altre volte cit. *Appendice* al vol. III, p. II, della *Proposta*. Il qual Maggi, ammettendo che ALLO STILE la canz. potrebbe *credersi del Poliziano*, riconoscendovi *espressioni che* MOLTO SENTONO *di quelle che leggonsi nelle Stanze per la giostra*, s' indusse a congetturare « o che il Poliziano l' avesse scritta a nome del magnif. Giuliano fratello di Lorenzo, o ch'ella fosse lavoro di Giuliano medesimo. » Troppo rapido, a dir vero, è il passaggio dall' una congettura nell' altra. La si trovò poi in un codice del march. Trivulzio sotto il nome di Giuliano de'Medici il giovane: e sotto questo nome e con altre due canzoni di lui fu stampata dal Silvestri in fine alle *Poesie* del Poliziano. Ma io non vorrei correr troppo donando al duca di Nemours la canzone *Io son constretto*. Vero è ch' egli è uno degl' interlocutori nelle *Prose* del Bembo e nel *Cortegiano* del Castiglione: vero è ch' ebbe nome a'suoi giorni di buon rimatore. Ma le can-

Narrar con umil verso
La gran letizia che m' abonda al core.

---

zoni e i sonetti conosciuti di lui, nella raccolta in morte di Serafino Aquilano, nel Crescimbeni, nel *Poligrafo* [Anno IV], nella *Vita di Leon X* del Roscoe, nell' appendice del Silvestri, son troppo volgari e troppo a questa elegantissima morbida e colorita canzone inferiori, sì che questa e quelle s' abbiano a riputar figliuole d' un solo padre. Di più, vivo e verde esso Giuliano che pur la pretendeva a poeta e come potente signore potea farsi portar rispetto anche in poesia, sarebbesi ella stampata una così bella cosa tra le opere d' un altro autore senza che egli o gli amici suoi lo rivendicassero al poeta *molto magnifico?* A ogni modo, il Maggi e l'autore (forse lo stesso Maggi) dell' *Avviso* posto innanzi alle tre canzoni che sotto il nome di Giuliano de'Medici seguitano nella edizion Silvestriana le poesie del Poliziano, inchinano a credere la canzon in discorso piuttosto del Giuliano ucciso dal Bandini che del Giuliano duca di Nemours. E a ciò li spinge « il sapere dal Comentario sulla congiura de' Pazzi ch' esso pure quel Giuliano faceva de' versi : *scripsit nonnulla carmina mire gravia et sententiarum plena;* e molto più l' affermarvisi ch' egli era *magni roboris et virtutis;* il che riscontrasi con quello che dice la canzone: *Robusto quanto per prova s' intende.* » Del valore poetico di Giuliano il maggiore non avanzano, oltre la testimonianza di m. Angelo, monumenti che ci dien saggio; e la presente canzone, di morbidissimo stile e di molli affetti, non risponderebbe a punto alla lode, *mire gravia et sententiarum plena.* E se fosse veramente sua la canzone, come mai d' un sì grazioso poeta, che anderebbe fra i più eleganti del tempo, che sorpasserebbe anzi in eleganza il fratel suo Lorenzo e pareggerebbe il Poliziano, come d' un sì fatto poeta non avremmo altri saggi, quando ne abbiamo, oltre che del minor Giuliano e di Piero, anche di Cosimo il vecchio? Io credo adunque che Angelo Poliziano componesse questa canzone in nome e in servigio del giovine signore col quale aveva strettissima domestichezza. E non sarebbe la prima volta questa che il Poliziano avesse prestato i suoi versi a Giuliano de' Medici : poichè fra gli epigrammi latini del N. A. havvene uno *in Simonettam*, ove notasi: « Julii est sententia a me versibus inclusa. » E chi sa che alla Simonetta stessa, cantata poi così leggiadramente nella *Giostra*, non sia la canzone indirizzata? E quelle lodi che l' amatore sì largamente si dà, di nobiltà, di ricchezza, di formosità, di vigore, parrebbe più conveniente crederle scritte da un terzo : chè il lodarsi così grossamente in faccia all' amata è permesso soltanto a Polifemo ciclopo nella poesia pastorale. Finalmente; poichè questi versi somiglian tanto per eleganza e morbidezza e colorito ai migliori di m. Angelo; finchè dell' uno e l' altro Giuliano non mi si mostri cosa che almen lontanamente possa esser loro paragonata; io seguiterò a ritenerli per opera del Poliziano.

V. 1. *costretto poichè*, st. moderne. — *v.* 2. « Questo signor che tutto 'l mondo sforza. » Petr. Tr. Am. III.

Perchè, s' io non mostrassi ad altri foro
In qualche parte il mio felice stato,
Forse tenuto ingrato
Sarei da chi scorgessi la mia pace.
Poco sente piacer chi 'l piacer tace,
E poco gode chi si gode in seno;
Chi può tenere il freno
Alla timida sua lingua, non ama.
Dunque, salvando et accrescendo fama
A quella pura onesta saggia e bella
Che matutina stella
Par tra le stelle anzi par vivo sole,
Trarrò del core ardente le parole:
Ma fugga invidia e fugga gelosía
E la discordia ria
Con quella schiera ch' è d' amor nimica.
Era tornata la stagione amica
A' giovenetti amanti vergognosi,
Che 'n varie foggie ascosi
Gli suol mostrar sotto mentite forme:
Quand' io, spiando di mia preda l' orme
In abito straniero e pellegrino,
Fui dal mio buon destino
Condotto in parte ov' era ogni disio.
La bella ninfa, vita del cor mio,
In atto vidi accorto puro umile
Saggio vago e gentile
Amoroso cortese onesto e santo;
Benigna dolce e grazïosa tanto
E lieta sì, che nel celeste viso
Tutto era il paradiso

V. 8. *scorgesse,* st. mod. — *v.* 9. *chel piacer,* St. antiche — *v.* 10. Al contrario, Tibullo: « Qui sapit, tacito gaudeat ille sinu. » — *v.* 17. *dal core,* ediz fior. 14 e 22. — *v.* 22. *giovinetti,* st. mod. — *v.* 25. *Quand' io spiando.* Leggo così con l' ediz. Silvestri, che potè seguire anche un ms. trivulziano: le altre st. hanno, *Quando spiando.* — *v.* 35. Questo verso fu riportato di sopra un ms. trivulziano nella *Append.* al vol. III, p. II. della *Proposta,* e quindi nella ediz. Silv.: in tutte le

Tutto el ben che per noi mortal si spera;
A lei d' intorno una gentile schiera
Di belle donne in atto si adorno,
Ch' i' mi credetti il giorno
Fussi ogni dea di ciel discesa in terra.
Ma quella ch' al mio cor dà pace e guerra
Minerva in atto e Vener parea in volto:
In lei sola raccolto
Era quant' è d' onesto e bello al mondo.
A pensar, non che a dire, io mi confondo
Di questa mai più vista maraviglia;
Che qual più lei somiglia
Tra le altre donne più si onora e stima.
Un' altra sia tra le belle la prima:
Costei non prima chiamesi, ma sola;
Chè 'l giglio e la vïola
Cedono e gli altri fior tutti alla rosa.
Pendevon dalla testa luminosa
Scherzando per la fronte e suoi crin d' oro,
Mentre ella nel bel coro
Movea ristretti al suono e dolci passi:
E benchè poco gli occhi alto levassi,
Pur qualche raggio venia di nascoso;
Ma el crino invidioso
Subito el ruppe, e di sè mi fe velo.
Di ciò la ninfa nata e fatta in cielo
Tosto s' accòrse, e con sembiante umano
Mosse la bianca mano,
E gli erranti capelli in dreto volse;

altre stampe mancava. — *v.* 37. *gentil schiera*, st. ant. Nota che *una gentile schiera* è oggetto dipendente dal verbo *vidi* del v. 30: o pure il periodo è ellittico, e sottintendesi il verbo *era, stava*, o simile. — *v.* 39. Il giorno. Cioè: quel giorno, in quel giorno. Dante, V. Nuova, V: «Allora mi confortai molto, assicurandomi che il mio segreto non era comunicato il giorno altrui per mia vista.» — *v.* 40. *Fusse*, Silv. — *v.* 44. *quanto d' onesto e bello ha il mondo*, Silv. — *v.* 48. *Fra*, st. mod. — *v.* 50. *chiamasi*, st. mod. — *v.* 53. *Pendevan*, st. mod. — *v.* 55. Coro: alla greca, danza. — *v.* 59. *il crine*, st. mod. — *v.* 64. *indietro*, st. mod.

Poi da' bei lumi tanti spirti sciolse,
Spirti dolci d' amor cinti di foco,
Ch' io non so come in poco
Tempo non arsi e cener non divenni.
Questi son gli amorosi primi cenni,
Ch' al cor m' han fatto di diamante un nodo:
Quest' è 'l cortese modo,
Che sempre agli occhi miei starà davante;
Questo il cibo soave, ch' al suo amante
Porger gli piacque per farlo immortale:
Non è l' ambrosia tale
O il nèttar di che in ciel si pasce Giove.
Ma per darmi più segni e maggior prove,
Per darmi del suo amore intera fede,
Mentre con arte il piede
Leggiero accorda all' amorose tempre,
Mentr' io stupisco e priego Dio che sempre
Duri felice l' angelica danza,
Subito, oh trista usanza!,
Indi fu rivocata al bel convito.
Ella, col volto alquanto impallidito,
Poi tinta d' un color di ver corallo,

V. 68. *o cener,* st. antiche. Parmi conveniente l' emenda delle mod. st. che leggono *e.* — *v.* 73. *Questo il cibo soave,* leggo così con l' ediz. fior. 1822: tutte le anteriori hanno *Questo cibo soave.* Il Maggi nella cit. *Append.* propose, *Questo è il cibo;* e addusse l' autorità del cod. trivulziano: e questa terza lezione passò nella ediz. Silv. — *v.* 74. *Le piacque,* Maggi nella cit. *Appendice* con l' autorità del trivulziano, e ediz. Silv. — *v,* 76. Ho accettato l' aggiunta dell' articolo innanzi a *nèttar*, che manca in tutte le altre edizioni, dal Maggi e dal cod. trivulziano onde passò nella stampa del Silv. — *v.* 78. *darmi più,* con oltraggio alla misura del verso, le st. antiche; e quella del Sessa poi, *in terra fede.* — *v.* 84. Così leggiamo col Maggi e col Silv., che seguirono il trivulziano. Le due st. ant. portavano, « *Onde* fu rivocata al bel *colato* (!). » Gli edd. fior. del 13 congetturarono in nota si dovesse legger *convito;* e *convito* restituirono nel testo i lor successori del 22. E gli uni e gli altri, per spiegare in qualche modo la particella *onde,* fecero interrogativa la sentenza. Al fine la vera lezione, da noi accolta nel testo, fu di sopra il cod. trivulziano data dal Maggi nella cit. *Append.* e quindi passò nella ediz. Silv.

— Più grato m' era il ballo —
Mansueta rispuose e sorridendo.
Ma degli occhi celesti indi partendo
Grazia mi fece: e vidi in essi chiuso
Amor, quasi confuso
In mezzo degli ardenti occulti sguardi,
Che accendea dal bel raggio e lievi dardi
Per triunfar di Pallade e Dïana.
Lei fuor di guisa umana
Mosse con maestà l' andar celeste,
E con man sospendea l' ornata veste
Regale in atto e portamento altero.
Io non so di me il vero,
Se quivi morto mi rimasi o vivo.
Morto cred' io, poi ch' ero di te privo,
O dolce luce mia; ma vivo forse
Per la virtù che scórse
Da' tua begli occhi e in vita mi ritenne.
Ma se al fedele amante allor sovvenne
Il valoroso tuo beato aspetto,
Perchè tanto diletto,
Sì rade volte o sì tardo ritorna?
Due volte ha già raccese le sua corna
Co' raggi del fratel l' errante luna,

V. 89. *vidi partendo,* le stampe ant., certo per error tipografico. — *v.* 90-91. Le st. antiche leggono, *vidi messi chiuso Amor qual* ec.: gli edd. fior. del 14 crederon accomodare sciogliendo *messi* in *me sì:* i loro successori del 22 restaurarono la misura del verso seg. leggendo *quale* in vece di *qual:* ma nè dall' una nè dall' altra correzione acquistò punto di chiarezza la sentenza. Il Maggi, l. c., tolse dal cod. trivulziano la correzione bellissima che passò poi nell' ediz. Silv. e che noi abbiamo accettato. — *v.* 93. *del bel raggio,* ediz. Silv. — *v.* 94. *Per trionfo di,* ediz. fior. 1822. — *v.* 96. *maiestà,* st. ant. — *v.* 97. *l' amorosa veste,* certo per errore, la st Sessa. — *v.* 98. *in atto o,* st. ant. « Regalmente nell' atto ancor proterva » Dante, purg. XXX. — *v.* 104. *Da' tuoi,* st. mod. La congiuntiva *e* poi l' abbiamo accettata dal cod. trivulziano, secondo l' *append.* del Maggi e l' ediz. Silv. — *v.* 105. *il fedele.* tutte le stampe. Per togliere l' ambiguità del costrutto, accettammo dalla cit. *Append.* nel testo la variante *al* del trivulziano. — *v.* 109. *sue,* st. mod. — *v.* 110. *Co' razi,* st. ant.

Nè per ancor fortuna
A sì dolce piacer la via ritrova.
Vien primavera, e il mondo si rinnova:
Fioriscon l' erba verde e gli arbuscelli:
Gli innamorati augelli
Svernando empion di versi ogni campagna:
L' una fera con l' altra si accompagna:
El toro giostra e 'l lanoso montone.
Tu donzella, io garzone,
Dalle leggi d' amor sarem ribelli?
Lascerem noi fuggir questi anni belli?
Non userai la dolce giovineza?
Di tanta tua belleza
Quel che più t' ama non farai contento?
Son io forse un pastor che guarde armento,
O di vil sangue, o per molti anni antico,
O deforme, o mendico,
O vil di spirto; onde tu m' abbi a sdegno?
No: ma di stirpe illustre il cui bel segno
All' alma patria nostra rende onore;
In su 'l mio primo fiore;
E qualcuna per me forse sospira.
De' ben che la fortuna attorno gira
Posso animosamente esserne largo;
Chè quanto più ne spargo,
Lei col pien grembo indrieto più ne tira.

V. 111. *per ancor,* così leggiamo col trivulziano cit. dal Maggi e seg dal Silv. Le altre st. *per amor.* — *v.* 112. *dolze,* Sessa. — *v.* 116. *Servando in più diversi ogni campagna,* st. ant. e ediz. fior. 1814: *Servano in più diversi ogni compagna,* ediz. Molinari e fior. 1822. La bellissima correzione, da noi, come già dal Silv., accolta nel testo, fu indovinata dal Monti, *Proposta* [V. III, p. II, *I Poeti*], e autenticata dal cod. trivulziano. — *v.* 118. *il lanoso,* st. mod. Nell' ediz. Silv., parendo che restasse in sospeso la seconda parte del verso, si corresse *e il.* Sciogliendo l' *el* delle st. antiche in *e 'l,* come facemmo noi, abbiam la vera lezione. — *v.* 121. *Lasserem,* Sessa. — *v.* 124. *non el farai,* con danno del verso, le st. ant. Forse: *no'l farai.* — *v.* 133. *De' beni che la fortuna,* st. ant. — *v.* 136. *con pien grembo indietro,* le st. mod.; eccetto Silv., il quale col suo consueto amore alla grammatica legge: *Ella a pien grembo.*

Robusto quanto per pruova s' intende,
  Cerchiato di favor, cinto d' amici.
  Ma benchè tra' felici
  Da tutto 'l mondo numerato sia,
Pur senza te, dolce speranza mia,
  Parmi la vita dolorosa e amara.
  Non m' esser dunque avara
  Di quel vero piacer che solo è il tutto,
E fa' che dopo il fior i' coglia el frutto.

II.[1]

Vergine santa immaculata e degna;
  Amor del vero Amore;
  Che partoristi il re che nel ciel regna,
  Creando il creatore
  Nel tuo talamo mondo;
  Vergine rilucente,
  Per te sola si sente
  Quanto bene è nel mondo:

V. 137-38. Periodo ellittico: sottintendi *sono*, o simile. — *v.* 141, *Dolze*, Sessa. — *v.* 142. *dolorosa, amara,* ediz. fior. 14, Mol., ediz. fior. 22. — *v.* 143. *Non esser*, tutte le st.; eccetto Silv. che accettando una variante del trivulziano, citata dal Maggi, lesse *Non m' esser;* che piacque più anche a noi. — *v.* 145. *i fiori*, Silv.: *io colga il*, st. mod.

[1] È nella *Scelta di Laudi spirituali di diversi eccellentissimi e divoti autori* ec. impressa in Firenze pe' Giunti nel 1578, in-4°; e l' accennò il Crescimbeni nel vol. II, parte II, lib. VI, pag. 335, della *Volgar Poesia*. Primi fra gli editori moderni la ristamparono i fiorentini del 1814, ma non di su la scelta giuntina; che anzi dolgonsi in nota di non aver potuto per mancanza di quella edizione assicurarsi se l' inno da loro stampato fosse una cosa con la *lauda* citata dal Crescimbeni. E la ristamparono con qualche varietà in peggio; non dicono su quale esemplare, ma forse su qualche manoscritto; sebbene i codici fiorentini che da me son conosciuti aver rime del Poliziano non portino questa lauda. La quale fu poi riprodotta di su la *Scelta* giuntina nell' edizione veneta del Molinari [1819], nella fiorentina del Marchini [1822] e nella milanese del Silvestri [1825].

V. 1. *immacolata, degna,* edd. fior. 14. — *v.* 3. *nel ciel regge,* gli stessi. — *v.* 5. Manca, senza che se ne avverta il lettore, nell' ediz. fior. del 1814.

Tu sei degli affannati buon conforto,
Ed al nostro navil se' vento e porto.
O di schietta umiltà ferma colonna;
Di carità coperta;
Ricetto di pietà, gentil madonna,
Per cui la strada aperta
Insino al ciel si vede;
Soccorri a' poverelli
Che son fra' lupi agnelli.
E divorar ci crede
L' inquïeto nimico che ci svia,
Se tu non ci soccorri, alma Maria.

III.[1]

Monti valli antri e colli
Pien di fior frondi ed erba,
Verdi campagne, ombrosi e folti boschi;
Poggi, ch' ognor più molli
Fa la mia pena acerba,
Struggendo gli occhi nebulosi e foschi;
Fiume, che par conoschi

V. 9. *siei,* edd. fior. 14 e 22. — *v.* 10. *E del,* gli stessi. — *v.* 13. Accettiamo la lezione dell' ediz. Silv., e ne riportiamo la nota: « Tutte le st. leggono *Accetta di pietà* ec. Ma qui non può correre *Accetta,* nè come verbo, nè come nome sustantivo in significato di *scure,* nè come adiettivo per *caro, accettevole, ricevuto,* ec. L' emendazione pianissima e naturale ci viene somministrata dalla Proposta. » [cit. *Appendice.*] — *v.* 17. *fra lupi,* edd. fior. del 14 e del 22.

[1] Questa canzone è una delle già impresse: ed il Poliziano scrivendola ha preso norma da quella celebratissima del Petrarca, *Chiare fresche e dolci acque* ec. Trovasi nel tomo I del Crescimbeni, pag. 32 [* *Dell' ist. della volgar poesia, libro primo,* Venezia, Basegio, 1731]; e nell' ediz. del Poliziano per Giuseppe Comino del 1751. [Edd. fiorentini del 1814]. Il Crescimbeni la pubblicò di sul cod. chigiano 1295 (a' suoi tempi) con questa avvertenza: « Comecchè nel codice, onde ella è cavata, sia scritta con barbara ortografia giusta il costume degl' ignoranti trascrittori di que' tempi in ciò infelicissimi, nondimeno io voglio renderla alla vera usata dai buoni scrittori. »

Mio spietato dolore,
Sì dolce meco piagni;
Augel, che n' accompagni
Ove con noi si duol cantando Amore;
Fiere, ninfe, aer e venti;
Udite il suon de' tristi miei lamenti.

Già sette e sette volte
Mostrò la bella aurora
Cinta di gemme orïental sua fronte;
Le corna ha già raccolte
Delia, mentre dimora
Con Teti il fratel suo dentro il gran fonte;
Da che il superbo monte
Non segnò il bianco piede
Di quella donna altera,
Che 'n dolce primavera
Converte ciò che tocca aombra o vede.
Qui i fior qui l' erba nasce
Da' suoi begli occhi, e poi da' miei si pasce.

Pascesi del mio pianto
Ogni foglietta lieta,
E vanne il fiume più superbo in vista.
Ahimè, deh perchè tanto
Quel volto a noi si vieta,
Che queta il ciel qual' or più si contrista?
Deh, se nessun l' ha vista
Giù per l' ombrose valli

V. 13. « Date udïenza insieme Alle dolenti mie parole estreme » Petr., canz. 27. (Edd. fior. 14).— v. 15. Veramente il Crescimb. legge *Mostra*. — v. 16: « Di gemme orïentali incoronata » Petr. (Edd. fior. 14) — v. 17-18. « Cornua cum lunæ pleno simul orbe coissent » Ovidio (Edd. fior. 14). — v. 19. GRAN FONTE: qui per *mare*. Non mi sovvengono esempi antichi: ma su l' autorità del Poliziano usò questa figura il Cesarotti nella traduzione del *Berato* d'Ossian: « Come luna che scende entro 'l gran fonte, » e il Foscolo ne' frammenti dell'*Alceo*: « ... la nuotante per l' icario fonte Isola » — v. 26. *de' miei*, edd fior. 14 e 22 e Silv. Ma che l' erba si pasca *del pianto*, *delle lacrime*, sta: *degli occhi*, no. Qui il *da* fa sentire la derivazione del taciuto umore onde si pasceano l' erbe e i fiori.

Sceglier tra verdi erbette,
Per tesser ghirlandette,
I bianchi e rossi fior gli azzurri e' gialli,
Prego che me la insegni;
S'egli è che 'n questi boschi pietà regni.
Amor, qui la vedémo
Sotto le fresche fronde
Del vecchio faggio umilmente posarsi:
Del rimembrar ne tremo.
Ahi come dolce l'onde
Facean i bei crin d'oro al vento sparsi!
Come agghiacciai, com' arsi,
Quando di fiori un nembo
Vedea rider intorno
(O benedetto giorno!)
E pien di rose l'amoroso grembo!
Suo divin portamento
Ritral tu, Amor; ch'i' per me n'ho pavento.
I' tenea gli occhi intesi,
Ammirando, qual suole
Cervetto in fonte vagheggiar sua imago,
Gli occhi d'amore accesi,
Gli atti vólto e parole
E il canto che facea di sè il ciel vago,
Quel riso ond' io mi appago,
Ch' arder farebbe i sassi,
Che fa per questa selva
Mansueta ogni belva
E star l'acque correnti. Oh s'io trovassi
Dell' orme ove i piè muove!

V. 37. *e gialli,* Cresc.: *e i gialli,* le altre stampe. La nostra lezione cerca accordare ambedue le parti. — *v.* 40. Vedémo per *vedemmo.* — *v.* 45. « Erano i bei crin d'oro all'aura sparsi » Petr. (Edd. fior. 14). — *v.* 52. Pavento, timore. Dante: « ... i'ho pavento Di Malebranche. » (Edd. fior. 14). — *v.* 63. « Che faria gire i monti e stare i fiumi. » Petr. (Edd. fior. 14). *v.* 63-64. « Così avestu riposti De' bei vestigi sparsi Ancor tra' fiori e l'erba; Chè la mia vita acerba

I' non avrei del cielo invidia a Giove.
Fresco ruscel tremante.
Ove 'l bel piede scalzo
Bagnar le piacque, o quanto sei felice;
E voi, ramose piante
Che 'n questo alpestro balzo
D' umor pascete l' antica radice,
Fra quai la mia beatrice
Sola talor se 'n viene!
Ahi quanta invidia t' aggio,
Alto e muschioso faggio,
Che siei stato degnato a tanto bene!
Ben dè' lieta godersi
L' aura ch' accolse i suoi celesti versi!
L' aura i bei versi accolse,
E in grembo a Dio gli pose
Per far goderne tutto il paradiso.
Qui i fior qui l' erba colse,
Di questo spin le rose:
Quest' aer rasserenò col dolce riso.
Ve' l' acqua che 'l bel viso
Bagnolle. Oh, dove sono?
Qual dolcezza mi sface?
Com' venni in tanta pace?
Chi scorta fu? con chi parlo o ragiono?
Onde si dolce calma?
Che soverchio piacer via caccia l' alma?

Lagrimando trovasse ove acquetarsi. » Petr. — *v.* 69. E voi: sottintendi per contrazione, *quanto siete felici.* — *v.* 72. « Prego che appaghi il cor vera beatrice. » Petr. (Edd. fior. 14). *Fra' quai*, leggono gli edd. fior. 14 e 22 con una sconcordanza di genere; perchè *fra'* non può essere se non elisione di *fra i*, e l' antecedente è *piante.* Del resto si sa, e ne abbiamo avuto più esempi in questo volume, che i quattrocentisti volentieri tralasciavano l' articolo innanzi al relativo *quale* e *quali* — *v.* 76. « ... haud equidem tali me dignor honore. » Virg. *Eneide*, I. « ... fosti a tanto onor degnata allora. » Petr. (Edd. fior. 14). — *v.* 79-80. « O quoties et quæ nobis Galatea locuta est! Partem aliquam, venti, divûm referatis ad aures » Virg. ecl. III.

Selvaggia mia canzone innamorata,
  Va' sicura ove vuoi;
  Poichè 'n gio' son conversi i dolor tuoi.

[INCERTE].

IV.[1]

Venite al ballo, giovinetti e donne,
  Intrate in questa stanza,
  Dove balla Speranza,
  La cara iddea degl' infelici amanti.
E ballerem cantando tutti quanti
  Le doglie e gran dolori
  Che soffron gli amadori,
  Chè gentilezza li fa ire stolti.
E voi che senz' amor vivete sciolti,
  Troppo beati !, udite
  L' aspre nostre ferite,
  Che ci son date senz' aver pietade.
Felice un tempo io vissi in libertade,

V. 94. *Poichè in gioia*, leggono gli edd. fior. del 1814.

1 Questa è la prima delle *Due Canzoni a ballo di A. Poliziano*, pubblicate coi tipi di G. Barbèra, nel 1858, per nozze Corsini e Barberini, dal sig. Domenico Bonanni, che la trasse dal cod. 94 della Biblioteca Corsini ove è copiata di sur un perduto codice chigiano. Ad esser riputata autentica, ha presso a poco le stesse ragioni che la canzone precedente, la quale fu pur essa cavata da un codice chigiano. A più d' uno farà caso la soverchia lunghezza e la profusione non sempre elegante e lo stile non sempre vivo e di rado grazioso, che veramente non sono le proprietà delle liriche di M. Angelo: altri poi potrebbe fare riscontri e paragoni fra quelle e questa ed in questa sorprendere qualche rimembranza di quelle. Qui si riproduce dall' ediz. fiorentina con qualche mutamento nella lezione che parve non affatto inopportuno.

V. 2. Questo invito alla danza è ripetuto più volte con versi conformi a modo d' intercalare, e sempre nel secondo verso delle strofe leggesi *in questa danza*. Non è improbabile che anche qui *danza* abbia a leggersi in vece di *stanza*. — *v.* 13. Ricorda quel della *Giostra*, I, 8: « Viveasi lieto in pace e in libertate. »

Fuggendo quelle cose
Che io vedea noiose
Al viver lieto e 'n pace ed in riposo.
Allegro sempre givo e motteggioso
A veder balli e canti,
Feste in pïazza e' n santi,
Dove assai gente potessi vedere.
Di gir tal volta prendevo piacere
Dov' eran le più belle;
Assai donne e pulcelle,
Or questa ora quell' altra, rimirando.
Spesso al compagno dicea, motteggiando,
— Questa mi par più bella: —
Egli a me: — Anzi quella:
Ell' è gran donna, e di gentile aspetto.
Mira il fronte la gola il busto il petto:
Poi que' modesti e tardi
De' vezzos' occhi sguardi
Quanto la fan parer più bella assai!
Guarda quella da canto: *e' non fu mai*
Più sozza o brutta fera:
Gioia! guarda, e sta intera
E fa dell' occhiolin come la capra.
Ell' è pallida, nera, vecchia e macra,
Piccola: ma quel velo

V. 16. Il ms. ha: *E 'l viver lieto* ec. [Nota dell' edizione fiorentina 1858]. — v. 17. Motteggioso. Pieno di motti e facezie, dicendo motti ec. — v. 19. Santi. « Il nome di *santo* si diede per suo proprio alle chiese, che lungamente durò. » Borgh. Vesc. Fior.: Lor. de' Med., *Nencia:* « Io ti veddi tornar, Nencia, dal santo: Eri sì bella che tu mi abbagliasti. » — v. 22. L' ediz. fior. 1858 non mette niun segno distintivo in fine di questo verso; quasi facendo dell' oggetto che è nel verso seguente, un soggetto del verbo *eran* che è in questo. — v. 33. Nel ms. mancano queste parole (*quelle, intendi, in corsivo*). [Nota dell' ediz. fior. 1858]. — v. 35. Gioia. Esclamazione ironica. Così la moglie di Vitale da Pietrasanta, nella nov. CXXIII del Sacchetti: « *Guatando a squarciasacco* il figliastro che tagliava *il cappon per grammatica*, dice: Guatate gioia. » E forse anche in questo verso il *Gioia guardi* è un errore di trasposizione del copista e dee leggersi: *Guarda gioia!*

Ricopre il suo mal pelo,
Mostrando sol la bocca il naso e 'l mento —
Così, scoccoveggiandone ben cento,
Facevam dipartita,
Prendendo nostra gita
Dove s' addirizzava l' appetito.
Tal volta ancor riandavam lungo il lito,
Parlando di gran cose
Sempre a noi dilettose,
Virtù sempre lodando ed onorando.
E s' io veduto avessi un che, cercando,
L' orme della sua manza
Vedesse, dimoranza
Far gli facevo, e arrestavolo un poco.
— Sciocco, dicea: tu ardi, e non sei in foco:
Che pazzia è cotesta? —
Così prendevo festa,
Cagion fingendo di suo cor doglioso.
Ahimè, ch' or sono a mio danno piatoso,
E sono intrato in ballo
Che al mio mal grado ballo!
Seguiam la nostra dolorosa danza.
Sdegno o ragione in me non han possanza
Di tôrmi cotal noia,
Dove pers' ho mia gioia
E trovat' ho quel che sempre mi nuoce.
Guardatevi da questo aspro e feroce,

V. 41. Scoccoveggiandone. Il Varchi nell' *Ercolano* scrive che *scoccoveggiare* s' usa dire « per vilipendere o pigliare giuoco ridendo d' alcuno » e che è « più tosto sanese che fiorentino. » Deriva da *coccoveggia*, come dicesi in alcuni dialetti la civetta e anche un certo giuoco. Vedi *Ball.* XX, v. 22. — *v.* 43. Cioè: prendendo il cammino, incamminandoci. — *v.* 50. Manza: apocope d' *amanza*, donna amata. In questi versi v' è una ricordanza dei rimproveri che Giulio fa agli amanti nella *Giostra*, I, 12 e segg. — *v.* 55-6. Così mi prendevo giuoco di lui, mi sollazzavo, pigliando occasione dalla doglia del cuor suo. *Prender festa* e *finger cagione di* non hanno esempii nei Vocabolarii. — *v.* 59. *Che.* In tal ballo, cioè, in che, nel quale....

O gentil giovanetti;
Prendete altri diletti,
Chè questi non son mai senza veleno.
Ahimè! ch' i' mi consumo e vengo meno!
I' vorrei pur morire,
I' non posso finire
La vita mia: a questo modo spasmo.
E tu pur cruda: ed è pur un gran biasmo
Che in questo modo stenti,
E che tu non ti penti
Straziar chi tanto t' ama e tanto onora.
Ahimè! ch' amore e sdegno pur mi accora,
Due colpi maledetti
A' gentil giovanetti
Che per disgrazia sono in questi lacci.
Uscirò io mai di questi impacci
E di tanto dolore?
Ahimè, crudele Amore,
Per che cagion se' sol senza mercede?
L' onestà tua mi ti fa portar fede,
E fammi in te sperare:
Chè chi si sente amare
Come può star ched e' non ami ancora?
Stolto! io sapea ben che chi s' innamora
Si priva d' ogni bene,
Po' raddoppia le pene
Se non raffrena in lui ogni sua voglia.
Io sempre pur cerco ogni mia doglia
Ed ho in odio me stesso:
Chi è meco d' appresso
Che insieme non si duol de' miei gran danni?
Ahi, dispietato Amor, con quanti inganni

V. 73. E TU PUR CRUDA. Ellissi enfatica. Così nei *Resp. spicc.*: « Io arei gia un'orsa a pieta mossa: E tu pur dura a tante mie querele. » — v. 84. MERCEDE: Pieta. Nei *Resp. spicc.*: « Vinto dalla dureza del tuo petto Ov' io non seppi ancor trovar mercede. » — v. 87-8. « Amor ch' a nullo amato amar perdona. » Dante.

Raddoppi le mie pene!
I' pur or vedo in mene
Quel che ho beffato in altri, e ben mi sta.
Quest' è quel che m' uccide e che mi sfa,
Ch' io vorrei pur uscire
D' esto crudel martíre,
Ma io non posso in me quant' io vorrei.
Vorrei d' amore, amando, i pensier miei
E le voglie privare:
Vorrei potere odiare
Chi m' inimica: e non ne posso niente.
Ch' è a dir che sdegno in me non sia potente
E non abbia possanza
Ch' io non segua speranza
Che ogn' ora più accende in me la face?
Questo sperar pur mi consuma e sface,
E la mia intera fede.
Deh! sciocco è chi si crede
Pietà trovare ove alberga dispetto!
Sciocco chi sempre a figlio sta soggetto
Per aspettarne merto!
Io pur porto coperto,
Per arder più, questo colpo mortale.
Odierò io mai chi gode in farmi male?
E chi mi sdegna sempre
Ed aguzza sue tempre
In darmi doglia pene e gran martíre?

V. 99. *Mene:* me. Idiotismo dei toscani, che a *me* e ad altri siffatti monosillabi usarono nei primi secoli di aggiungere un *e* o la sillaba *ve*, e dissero *mee*, *meve*, per *me:* dal quattrocento in poi aggiunsero più comunemente il *ne*. Del che però non mancano esempi fin del dugento: Iacopone ha: « Cristo c' invita a sene, E dice: Venite a mene. » — *v.* 109-112. Per cavar un senso da questa strofe abbiam creduto dover leggere *Ch' è a*, ponendo l' interrogazione in fine della sentenza. L' ediz. fior. 1858 legge *Che a dir*, senza segno d' interrogazione. — *v.* 114. Sottintendi a *fede* soggetto i verbi *mi consuma e sface.* — *v.* 115. Abbiam creduto dover mutare così la lezione dell' ediz. fior. 1858 che è, *Deh sciocco a chi.*

Troverà mai mercede il mio servire,
  Il mio fedele amore,
  Ed anco il mio dolore
  Ch' io porto sol per te, caro mio bene?
Io pure spero allentar le mie pene
  Perch' io pur amo te:
  E tu devi amar me.
  Quel sospirar non è senza cagione:
Que' dolci sguardi voglion con ragione
  Ch' io speri del servire
  E spetti aver desire
  Da te, perchè tu sei pur la mia donna.
Tu sei della mia vita pur colonna;
  I' t' adoro, i' ti prego:
  Oh dio, che pur anniego
  Nel gran dolor che m' urta e mai non resta!
Legno non ebbe mai maggior tempesta
  In mar per forza o venti,
  Come i miei sentimenti
  Ch' escon per rabbia de' *lor* luoghi sciolti.
Convienci pur soffrire, chè siam stolti.
  Or pigliam miglior via:
  Forse diverrà pia,
  Ripigliando l' usata gentilezza;
Perocchè 'l mio servir non merta asprezza.
  Non venga mai feltà,
  Nè mai senza pietà
  Bellezza vidi: adunque io vuò sperare.
Disperi dunque ogn' un che vuol ballare
  Nella dolente danza,

V. 134. Il ms. *Ch' io speri del mio servire* [Nota dell'ediz. fior. 1858]. — v. 135. Così ha il ms. [Nota dell'ediz. fior. 1858]. Intenderei: Io aspetti di conseguire il mio desiderio da te. — v. 144. Il ms. *Ch' escon per rabbia de' luoghi sciolti* [Nota dell'ediz. fior. 1858]. — v. 145. L'ediz. fior. 1858 ha, *soffrire che siam stolti.* — v. 148. In fine di questo v. l'ediz. fior. 58 mette punto fermo e niun segno poi su la fine del seguente. — v. 150. Così ha il ms. [Nota dell'ediz. fior. 58]. — v. 153. Disperi: così la cit. ediz. fior. Forse *Isperi?*

Dove balla Speranza
Che tempo ci fa perder senza frutto.
Ho io a viver sempre in pianto e in lutto,
Misero a me dolente?
Che io non trovi niente
Pietà nè in me nè in altri al mio dolore?
Troppo beati o voi che senza amore
Vivete in gioco e in festa,
Senza questa tempesta
Dove non valse mai forza nè ingegno.
Guardatevi dall' aspra ira e disdegno
Di questo dio feroce,
Che sempre ivi più nuoce
Dove più gentilezza alberga e trova.
Tristo colui in cui sue forze prova!
Chè gl' insegna far cosa
Sempre a lui dispettosa
E fuggir ogni sua salute e bene.
Amor soffrir gl' insegna mortal pene,
Amor gli dona doglie,
E privalo di voglie
Che sien rimedio ai suoi colpi mortali.
Amor sempre gl' insegna e suo' gran mali,
Ed aver in piacere
Quel che gli è in dispiacere;
Poi gl' insegna a sperare ove più teme.
Amor gl' insegna ogni sua cara speme
Con parole coprire;
Vorrebbela scoprire:
A questo modo gl' insegna stentare.
Amor gl' insegna le sue voglie amare

V. 160. Nell' edizione fiorentina 58 questa proposizione non ha segno interrogativo. — *v.* 164. Petr. « Morte... Contra la qual non val forza nè ingegno. » — *v.* 168. GENTILEZZA qui per arditissima irregolarità di sintassi fa da soggetto di *alberga* e da oggetto a un tempo di *trova*. — *v.* 182. COPRIRE: nascondere, dissimulare. Esempio assai spiccato, e più che non altri citati nei Vocab.

Parer piene di mèle,
E son colme di fèle;
E insegnagli cruciar sempre a suo danno.
Amor gl' insegna allegrar del suo inganno
E d' ogni suo dispetto;
Insegnagli diletto
Soggetto stare ov' egli ha libertade.
Amor gl' insegna sempre aver pietade
Del mortal suo nemico,
Riputarselo amico,
E seguir sempre chi lo fugge e sdegna.
Amor cantando lagrimar c' insegna,
E celar la tristezza
Con la falsa allegrezza;
C' insegna mille volte il dì morire.
I suoi piacer non son senza martíre:
Fuggite questo ingrato;
Ch' egli è troppo beato
Chi senno impara alle spese d' altrui.
Prendete assempro da me, ch' ora in lui
Ho posto ogni mio bene:
Trovomi in mortai pene
Con un dolor che mai non mi disserra.
Oh Dio! che non son io di marca terra
Un rappator tracano,
Un caterchio villano,

V. 188-189. Cruciar... Allegrar sono qui usati senza l' affisso come intransitivi assoluti. Così *dolere* in Guittone [lett. XIV]: « Uomo che di vostra perta perde, e dole di vostra doglia: » *affannare* in Bocc. [Filoc. VIII]: « Per niente affannar vogliamo: » *dilettare* spesso ne' dugentisti; p. e., Nov. ant. XII « chi lee regnare in virtude e diletta in lussuria. » Rimase più lungamente in questo uso *mostrare:* Uberti [Dittam. I, cap. XI]: « .... voi Che negli atti mostrate sì gentile. » — *v.* 191-2. Cioè gl' insegna esser cosa dilettosa lo star soggetto quand' uno è pur di natura sua libero. — *v.* 205. Ricorda il principio d' un *Risp. spicc* « Prendete esemplo, voi ch' Amor seguite, Dalla mia morte. » — *v.* 208. Mai non mi disserra, da' suoi vincoli, dalla cattività in che mi tiene. — *v.* 210-11. Rappator tracano... Caterchio. Queste voci non sono registrate nel Vocabolario, se già non fossero mal copiate nel ms. invece

O suo parente senza coscïenza !
Non a chi vede tocca tal sentenza ;
E chi m' intende, intenda.
Perch' io più non mi stenda,
A buon intenditor basta dir poco.
Usciamo ormai di questo ardente foco,
Perchè morte c' invita
A finir nostra vita
Più tosto che servir senza mercede.
Ben è sciocco colui che in altri crede
Trovar di sè pietà :
Egli usi crudeltà
Pur di sè stessi, e faccisi più male.
Stolt' è colui che tal colpo mortale
Vuol portar con diletto,
E crede star soggetto
Con libertà : costui è troppo stolto.
E se mai valse alcun vivere sciolto
Vincendo pur sè stessi
O l' amor ben rendessi,
Costui è stato come un iddio in terra.
Fuggite l' aspra e tanto mortal guerra

---

di altre. [Nota dell' ediz. fior 1858]. Invece di *rappator* probabilmente ha da leggersi *zappator :* e *tracano* o *tarcano* non è forse diverso da *tarchiano*, che nell'uso di Toscana dicesi a' contadini, e vale *zotico*. *Caterchio* sarà una corruzione di *terchio*, voce antiquata nello stesso significato ; secondo il Bianchini, *Vocab. lucchese*, cit. da P. Fanfani nel *Vocab. dell' uso toscano*. E *marca terra ?* forse *terra della Marca* o *di Marca ?* ovvero è da leggere *marca o terra*, intendendo *marca* per possesso, territorio, contado ? (vedi Ducange.) — *v.* 215. Perch'. Qui vale, Benchè. — *v.* 224. Sè stessi per *sè stesso ;* qui e al *v.* 230 in rima. E pare che questa terminazione in *i* si usasse specialmente quando *stesso* si riferiva a persona ; come nel medesimo caso si seguitò a usare *egli, quegli, questi* in vece *di ello, quello, questo*. Dante, Inf. IX 28 : « Così disse il maestro : ed egli stessi Mi volse. » Lorenzo de' Medici, *Ball. :* « Non mi dolgo di te nè di me stessi. » Ma Dante [Par. V. 133] lo riferisce anche al sole : « Sì come il sol, che si cela egli stessi Per troppa luce. » — *v.* 226. Portar. Sopportare : come più sopra, al v. 128, *porto*. Iacopone : « A te non fu pauroso Per me pena portare. » — *v.* 231. Così ha il ms. (Nota dell' edizione fiorentina 1858.) Forse al v. 229 è da leggere *Volse*.

Di questa ingrata gente,
Che mai sazia si sente
Di straziar chi l' onora teme ed ama.
E se alcun bel figlio amar pur brama,
Non gli scuopra la fede;
Chè qui certo si vede
Che la beltà non è rimunerata.
Preghi 'l poco, ed arà maggior derrata:
E se vi mostrerete,
Sciogliete allor la rete;
Ed elle aràn di voi sempre gran voglia.
Nissuno scopra già mai la sua doglia
Nè la sua passïone;
Perchè niuna ragione
Regna fra loro, e poi pigliano il peggio.
Ahimè! ch' i' mi consumo e pur me 'l veggio;
I' so dar buon consiglio,
E per me non lo piglio:
Ahi legge iniqua, a che m' hai tu condutto!
Io t' amo pure, e spero averne frutto:
Pur però il mio amore,
Ahimè!, con grand' ardore
A pregarti m' invita che m' ascolti.
Convienci pur ballar, chè siamo stolti.
Or seguitiam Speranza,
Che guida questa danza,
E già non resta di straccarci mai.
Sarai tu sazia mai de' nostri guai
E della nostra doglia?
Verratti sempre voglia
Straziar chi tanto t' ama e tanto onora?
Deh! guarda un poco al dolor che m' accora;
Pensa ch' egli è chi t' ama,
Che ogni tuo bene brama,
Quel che tu fai in duol morire a torto.

V. 261-64. Il lettore ricorderà d' aver trovato i sentimenti e le frasi di questa stanza già ripetuti a sazietà nei *Risp. spicc.* ed altrove.

Porgi all' angustie mie un po' conforto;
Ch' egli è pur tempo omai
Uscir di tanti guai
Che ne saro' pietà venuta a' cani.
E, se tu vuoi ch' io mora, al men le mani
Distendi e trâmmi il core;
Chè mi fia grande onore
Potermi gloriar di cotal morte.
Ma, se le dolorose aspre mie sorte
Non ti movono il core,
Movati quello amore
Che t' ho portato con tanta onestà.
Deh! moviti in vêr me ora a pietà
Della mia pura fè,
Acciocchè siano in te
Tutte virtù e bellezze raccolte.
Movati 'l mio servir, che, quante volte
L' orme tue sante vede,
Tante volte si crede
Esser beato senza andare in cielo.
La biltà ancor ti muova che con zelo
Portata t' ho tant' anni,
Non senza miei gran danni.
Deh! increscati di me, caro signore.
Se il ciel degna t' ha fatta in tant' onore,
Deh! non essere ingrata:
Perocchè non t' è data
Bellezza, perchè tu la perda in vano.
Cruccio non tenga in te pensier villano,
Chè sai che un dolce riso

V 279-80. « Movavi l' esserv' io stato amatore Dal dì che vostra etade era anco in erba: » *Risp. spicc.* — *v.* 285-87. Questa astrazione personificata del *servire* parrà senza discrezione non che senza gusto: ma io tengo che s' abbia a leggere *vedo* al v. 287 e *mi credo* al seguente. — *v.* 289. LA BILTÀ. Così ha il ms. [Nota dell' ediz. fior. 1858]. — *v.* 292. SIGNORE, parlando alla donna amata, l' abbiamo trovato spesse volte nei Rispetti e nelle Ballate del N. A. — *v.* 295-6. « E' non ti diè tanta bellezza Iddio, Perchè la tenga sempre ascosa in seno ec.: » *Lett. in istr.*, e altrove.

Qual èsca del tuo viso
Mi fa dimenticare ogni mio sdegno.
Poi la modestia tua pur mi fa segno
D' esser tutta pietosa :
Deh ! non sia sì sdegnosa
In chi sue voglie in te sempre tien tese.
Quella allegra tua fronte, onde si accese
Il mio fedele amare
Che or mi fa lagrimare,
Deh ! lasci l' ira che a morte mi sferza.
Que' vezzos' occhi, ch' amor sempre sberza,
Con quei soavi sguardi
Sempre modesti e tardi,
Deh ! sian pietosi al dolor che m' aspreggia.
Quell' aspetto gentil che falconeggia
Sotto quel turchin manto,
Che dà forza al mio canto,
Omai si porga a me benigno e fiso.
Un bel grato vezzoso e vago riso
Sempre lodato è suto.
Deh ! sia riconosciuto
Una volta da te 'l mio duro fato.
Increscati del mio misero stato :
Vedi ch' io sono in ballo,
Dove dolente ballo :
Or si muova a pietà 'l bel viso adorno.

V. 308. « ... il vostro sangue piove Più largamente, ch' altra ira vi sferza. » Petr. — *v.* 309. Sberza. *Sberzare* manca nel Vocab , ma è forse una cosa con *Berzare* di cui si recano due esempii dalla falsa *Storia di Semifonte* e che è interpetrato : « Colpire, ferire con saettamento o altr' arme da lanciare : » certo son della stessa radice che *Bersaglio*. Qui credo che, per un modo di costruzione irregolare frequentissima nei quattrocentisti, il soggetto di *sberza* sia *occhi* e l' oggetto *amore*, e debba intendersi : Quegli occhi vezzosi che sempre saettano o lanciano amore, ec. — *v.* 313. Falconeggia : si mostra altiero e orgogliosetto, a modo di falcone. Manca nel Vocab. : ma di donna che sia o paia ardita oltre il termine femminile soglion dire le altre donne. *Che aria di falco!* o anche peggio, *Ha un' aria di falcaccio.*

Deh! porgi a me un sol minimo giorno
Di pace e di riposo,
Da poi che m' è nascoso
Ogni piacer al mio viver beato.
Voi altre donne che lo innamorato
Vostro amante vedete,
Deh! pietà un po' prendete
Di sua infelice vita e de' suoi pianti.
Prendete un po' pietà de' vostri amanti:
Non state ingrate mai
In chi sente gran guai
Per voi servire: omai non siate acerbe.
Non divenite mai troppo superbe
Per aver gran bellezza;
Perocchè gentilezza
È molto più lodata che un bel viso.
Non ebbe già mai luogo in paradiso
Un animo crudele:
Porgan dolci medele
L'onestà di una donna e le bellezze.
Lasciate omai l' usar cotante asprezze:
Deh! prendete or piacere,
Che lo potete avere;
E forse che diman vi fie negato.
Quale aspettate voi tempo più grato?
Se non quel ch' io vuò dire,
Quand' empie 'l suo dêsire
L' amante con l' amato in gran diletto.
Non pensate che quel gentile aspetto
In voi sempre dimori;
Perocchè visto ho fiori
Cangiar colore in un corcar di sole.
Rose vidi incarnate gigli e viole
In poco farsi brutte,

V. 335. In: verso. « Il suo amore in lei si raddoppiò: » Bocc. *Dec.* II. 7. — *v.* 343. Medele: latinismo: medicine, rimedii. — *v.* 345-360. I sentimenti le imagini le frasi qui verseggiate si riscontrano tutte nei *Rispetti*

Po' 'n terra star distrutte:
Consuma il tempo ogni cosa terrena.
Il tempo passa in men che non balena,
Come il proverbio dice.
Quant'è colei felice
Che non perde 'l piacer e sallo usare!
Miser ch' indarno quel vuol consumare,
Pensando che ritorni!
Perchè i passati giorni
Render non ci può mai forza nè ingegno.
Ben è sciocca colei che ha a sdegno
Di tōr quel che gli è dato:
Gran tempo l'ha cercato;
Prender no 'l vuole, e poi troppo si pente.
Deh! se alcuna c'è qui che amar si sente,
Non perda i giorni suoi;
Ch' ella si pente poi,
E 'l pentirsi da poi niente gli vale.
Non faccia a sè, per far ad altri, male;
Chè poi troppo si pente,
E non le val nïente;
E 'l penter poi le raddoppia la doglia.
Ami chi l'ama, e segua ogni sua voglia;
Non lasci i piacer suoi:
Se felice esser vuoi;
E 'l penter poi non si può ristorare.
Amate i vostri amanti a voglie pare;
Prendete de' diletti
Co' gentil giovanetti,
Che sien discreti e di beltà famosi.

---

e nelle *Canzoni a ballo* del N. A. — *v.* 365. Quel: riferiscilo a *tempo* del v. 361. — *v.* 380. Penter per *pentire*. Ne vedemmo altri esempi nei *Rispetti*. — *v.* 385. Così nell' ediz. fior. 1858.

[APOCRIFE].

V.[1]

Dalla più alta stella
Discende a celebrar la tua letizia,
Gloriosa Fiorenza,
La dea Minerva agl' ingegni propizia:
Con lei ogni scienza
V' è, che di sua presenza
Vuole onorarti a ciò che sia più bella.
Poco ventura giova
A chi manca el favor di queste donne:
E tu, Fiorenza, el sai;
Chè queste son le tua ferme colonne:
La gloria che tu hai
D' altronde non la trai
Che dall' ingegno di che ogn' or fai pruova.
Le stelle sono stiave
Del senno, e lui governa le fortune.
Or hai, Fiorenza, quello

---

1 Di su 'l cod. magliabechiano 735, cl. VII., ove sta con questa intitolazione, *Canzona composta per M. Agnolo da Montepulciano quando el cardinale de' Medici ebbe il cappello*, la pubblicarono primi fra le *Rime* del N. A. gli editori fiorentini del 1814; e quindi passò in tutte le posteriori edizioni. Ma era già a stampa nella Raccolta di *Tutti i trionfi, Carri, Mascherate e Canti carnescialeschi* ec., a cura di A. F. Grazzini, Firenze, MDLVIII, e nell'altra, fatta dal can. Bracci, colla data di Cosmopoli 1750: e vi era col titolo di *Trionfo della Dea Minerva*, sotto il nome di *M. Agnolo Divizio da Bibbiena*. Al quale la rendiamo volentieri, anche perchè non ha punta somiglianza collo stile del Poliziano, e perchè poco autorevole ci pare il brutto cod. magliab. che al N. A. l'attribuisce.

V. 1. *più chiara*, var. d' un cod. Bracci nelle note ai Canti carnescialeschi del 1750. — *v.* 3. *O gloriosa*, cod. Br., ibidem. — *v.* 4. *alle Virtù propizia*, Cant. Carn. 1558 e 1750. — *v.* 5. *E con lei*, cod. Br. in C. Carn. 1750. — *v.* 6. *Vien*, C. Carn. 1558 e 1750. — *v.* 14. *ingegno lor, ch' or ne fai*, C. Carn. 1558 e 1750. — *v.* 15. *schiave*, C. Carn. 1558 e 1750. — *v.* 16. *ed ei*, ediz. Silv.: *et ei governa la fortuna*, C. Carn. 1558 e 1750.

Che desiam, e tante e tante lune,
Onorato cappello.
Verrà tempo novello
Ch' àrai le tre corone e le due chiave. 21

VI.[1]

IN MORTE
DEL MAGNIFICO LORENZO DE' MEDICI.

I.

Morte, per tôrre il più ricco tesauro
Che fussi sotto il ciel, superba svelse

V. 18. Il codice magl. e l' edizione fiorentina 1814 leggono, *Che desiam è tante lune:* ma il verso deve esser endecasillabo, onde il Maggi nella più volte cit. Appendice propose l' emenda, *Che tutti desiammo, è tante lune.* Già l' ediz. Molinari e la fior. 1822 avevan corretto, ma fuori dell' ordine delle rime. *Che desiam, è tante lune e tante.* Meglio fece l' ediz. Silv., *Che desiammo, e tante e tante lune.* Le due raccolte di C. Carn., che al v. 16 leggono *la fortuna.* qui senza senso hanno. *Che desiavi tanto e tanto: l'una.* Noi accettiamo l'emenda Silv., senza però mutare il *desiam.* — v. 19. *L' onorato.* C. Carn. 1558 e 1750. — v. 21 *Ch' avrai,* ibid.

[1] Questo e il capitolo seguente e il terzetto a modo di epitafio furono pubblicati dagli edd. fior. del 1814 di su 'l cod. ricc. 2599 scorrettissimo (dove Giovanni Mazzuoli detto lo Stradino raccolse parecchie composizioni riguardanti casa Medici), e riprodotti poi dal Molinari 1819 e da altri; finchè il Silvestri gli escluse dalla sua ediz. [1825] con questa avvertenza: « Ho rifiutato i due capitoli in morte di Lorenzo de' Medici inseriti nelle edizioni anteriori alla mia, perchè, a giudizio degl' intelligenti, sono così meschini e vituperati, che sarebbe far grande ingiuria al Poliziano il tenerli per cosa sua: ed un ms. trivulziano gli assegna a Giuliano figlio di Lorenzo de' Medici. » Anche noi non riputiamo questi versi opera del Poliziano, ma non possiam concedere che sien fattura di Giuliano figliuolo di Lorenzo. Ben sentirà il lettore che è un aderente e un favorito di casa Medici, e non un figliuolo e fratello che parla. In più, quando Lorenzo morì, nel 1492, Giuliano non avea che tredici anni. Che che sia di ciò, nel riprodurli, se non altro come documento storico, noi abbiamo tenuto a riscontro il codice riccardiano: ci siam giovati di alcune poche correzioni dell' edizione Molinari: e ve ne abbiamo osate di nostre. Non sono a' fisici permesse le esperienze in *anima vili?*

Un si famoso e prezïoso lauro.
Ben fra tutti e mortali il fiore scelse,
Per riportar le più onorate spoglie
Che mai fussino in terra e più eccelse;
E non pensò lasciare in pianto e doglie
La sua città dolente, per tôr quello
Che 'n ciel di sua bontà buon frutto coglie;
Chè forse per pietà l'aspro coltello
Aría rimesso o la falce affilata
Per far sempre di noi crudel macello.
Ma qual vita fu mai tanto onorata?
Qual glorïosa prole, ornata e franca?
D'onde è ogni virtù nutrita e nata?
Ogni lingua ogn' ingegno ogni stil manca
A cantar di suo' laude senza fine,
Dove ogni tuba risonante è stanca.
Tutte le grazie immortale e divine
Sempre drento a quel petto albergo ferno
Di mille arti e infinite discipline;
Della sua patria uno amor, e un governo
Di carità di zelo inestimabile,
Che han fatto il nome süo sempre eterno.
Mentre fie 'l mondo agli animai durabile,
Mentre del ciel le stelle luceranno,
Durerà tanta fama invïolabile.
Prima e' fiumi a' lor fonti torneranno;
Prima mancheran l' onde al salso Egeo
E' pesci, e i cervi in aria pasceranno,

V. 5. *spoglia,* e, sotto, *doglia, coglia;* il cod. — *v.* 6 *e le più eccelse,* le st. — *v.* 8. Alla fine di questo v. le st. hanno un punto e virgola; e al v. seg. leggono insieme col cod., *Che 'l ciel.* — *v.* 14. QUAL GLORIOSA PROLE: Sott.: *fu mai tanto* ec. Ma questa *prole* che vuol dir qui? forse famiglia? O non piuttosto dovrebbe leggersi *Qual glorïosa* PRODE *ornata e franca?* riferendo *a vita* del verso di sopra tutti questi attributi. — *v.* 22, *un amore, un:* le st. — *v.* 24. *suo mai sempre,* le st. — *v.* 25. *Mentre col,* ediz. fior. 1814 col cod.: *Mentre ch' è 'l mondo,* ediz. Mol. e fior. 22. — *v.* 30. Le st., posta una virgola in fine del verso preced., leggono, *E pesci e cervi* ec. Secondo la nostra inter-

Elicona Parnaso e Pegaseo
  Saranno al monte ove Chimera imbruna,
  Le selve e' monti drieto al tracio Orfeo;
Prima il sole arà lume dalla luna,
  E muterassi in ciel nuovo consiglio,
  Stabile arà suo' rote la fortuna;
Crederrà prima ogn' un Dedalo e il figlio,
  Confise al vento le incerate penne,
  Aver trattata l' aria in tal periglio;
Prima esser avvenuto quel che avvenne
  Di Gerïon dell' idria e del centauro,
  E quel che dicon già che il ciel sostenne;
E' denti del serpente al vello d' auro
  Fatti semenza dell' armata prole,
  Fiamma anelanti l' uno e l' altro tauro,
Con arte finta e magiche parole
  Della famosa maga infurïata,
  Ed oscurar per forza i raggi al sole;
Che mai la tua virtù sia oblïata,
  O lampa o lume a tutto el cristianesmo,
  Padre alla patria tua c' hai tanto amata!
Ahimè ch' in sino al vulgo paganesmo
  T' amava in terra, e il barbaro tributo
  Mandò per gloria di tutto il battesmo;
Genere d' animal mai più veduto
  Nel bel paese esperio, orrendo e grande,
  Dove ogni uman iudizio era perduto.

---

punzione la sentenza risponde meglio a' due versi di Virgilio [ecl. I] ond' è imitata: « Ante leves ergo pascentur in æthere cervi, Et freta destituent nudos in litore pisces. » — *v.* 33. LE SELVE E' MONTI. Sottint., *saranno,* ovvero *si crederà che siensi mossi dietro* ec. — *v.* 40. Di qui a tutto il v. 50 le diverse sentenze dipendono dal *Crederrà prima ogn' un* del v. 37. — AL VELLO D'AURO. Cioè, nell' impresa del *vello d' auro* — *v.* 49. *Sua virtù*, il cod. e l' ediz. fior. 1814. — *v.* 52. *in sino il,* st. VULGO PAGANESMO: volgo del paganesimo, dei pagani. Come non di rado nei trecentisti e dugentisti nostri e nei Provenzali, è qui lasciata la preposizione del secondo caso: Guitt., Lett. « Madonna madre deo: » e il *die giudicio* è comune negli ant. per il *di' del giudizio.* — *v.* 56-57. Accenna al Camelo-

Di questi tanti versi ogn' ora scande
Il bel coro ninfale: in ogni chiostro
Pendon le fronde delle suo' grillande.
El mar la terra e 'l cielo ha ben dimostro
Per l' arco d' Iris per mille colori
Che mancava la gloria al secul nostro.
La pompa e il fasto degl' incliti onori
Perturbò il sol, persegui il ciel con pluvia,
Con tristi auguri d' incendii e vapori.
Era già presso ove il Tevere alluvia
Alla città di Marte e di Minerva
La santa prole; quando il ciel diluvia
Con tanta pioggia, che la suo' caterva
Cogitabunda e stupefatta disse
— Qualche trista novella il ciel riserva. —
Aimè che pochi giorni al mondo visse
Di poi tanto splendor fulgente e claro
In sin dove quel greco i segni misse!
E così di allegrezza in pianto amaro
In un punto fortuna ogn' un rivolta
A deplorare il suo parente caro.
O vanagloria della gente stolta!
O fallace speranza! o viver vano!
Quanto il cielo ha dimostro questa volta

---

pardo mandato in dono con altri rari animali dal Sultano a Lor. nel 1487. *v.* 58. Di questi: cioè di Lorenzo. — *v.* 59. Il bel coro ninfale: Il coro delle Muse. — *v.* 61. *E'l mar,* le st. Si allude a certi fenomeni accidentali da cui si volle prenunziata la morte del Magnifico, come già quella di Cesare: un fulmine cadde, due giorni avanti, su la cupola di Santa Maria del Fiore: per tre notti di sèguito si videro nel cielo strisce di fuoco che partendo da Fiesole andavano a terminare su San Lorenzo, ove erano le tombe di casa Medici. — *v.* 67. Alluvia. Il versificatore toscano con questo brutto verbo, di cui niuno gli vorrà invidiare la creazione, ha creduto di dire quel che i poeti latini in simil caso significavano con *adluit.* Una pioggia grandissima turbò il 22 marzo 1492 l' entrata in Roma di Giovanni de' Medici figliuolo di Lorenzo, che insignito della porpora cardinalizia veniva a prender luogo nel concistoro. Lorenzo moriva il dì 8 d' aprile 1492. — *v.* 78. Parente: padre comune, *padre della patria.*

. . . .
. . . .
. . . .
Esser un fummo d' una vanagloria,
Al sole neve; già tanto esclamato
C' hanne ripieno ogni poema e storia.
Bene questo uman vivere ostinato,
Senza stimare chi è retto o regge,
Dette sempre a ciascun la morte a lato.
O protettor della tuo' santa legge,
Medice nato in pietra, a te ben piove
La dolce manna ch' ogni savio elegge.
Del ciel delizie e del tonante Giove,
Ambrosia e nèttar gustare non pèriti
Per ovviar le tuo' celesti pruove.
Nè di tanti gran fatti e lunghi meriti
Ti curi più; ma, come fussi vile
Tra tante fame de' tempi preteriti,
Sol, se mai fusti pietoso et umile
Quando eri in terra, in ciel ti dài conforto,
O amator del popul tuo gentile.
Lo ardente tuo desir condotto a porto
Avevi, fatto del sacro concilio
Il dolce frutto di tua pianta esorto.
O fortunato e gloriöso filio,
Inclito erede e vero successore
Delle virtù di quel Numa Pompilio;

V. 81-84. Manca una terzina: e da queste difetto procede forse l' oscurità della terzina seguente, versi 85-7. — *v.* 87. *Al sole neve,* così leggiamo con tutte le stampe: il codice ha, *Al sol di neve.* — *v.* 88. *Ben questo umano,* le st. — *v.* 89. *chi ha retto,* ediz. fior. 14 insieme col cod. Ci par ragionevole l' emendazione che è in tutte le altre st. — *v.* 92. Medice alla latina: i latinanti del tempo chiamavano il magnifico *Laurentius Medices.* Nato in pietra. Bisticcio simbolico: Lorenzo era figliuolo di Pietro — *v.* 94. *Dal ciel... dal tonante,* il cod — *v.* 95 *di gustar,* le st — *v.* 98. *fussi a vile,* il cod. — *v.* 105 *Del tuo pianto esorto,* leggono il codice e tutte le stampe. La emendazione parvemi ovvia e ragionevole. — *v.* 106-115. Comprendono

Inradïato di supremo onore;
  Fulgente stella alla religïone;
  Dïamante in un purpureo colore,
Dove appare il vessillo e 'l gonfalone
  Della fede di Cristo, ove risplende
  Castità santimonia e divozione!
Dunque l'anima sua contenta ascende
  Al regno santo del monarca eterno
  Che di somma dolceza el cor gli accende,
Come gl'incliti padri dello inferno.

II.[1]

Pietra è restata in terra per memoria
  Eterna, patria, del tuo gran parente,
  Trionfo, fama, onor, iattanza e gloria.
Questo è 'l dïamante anzi il piropo ardente
  Ch' e gran proceri tua amavon tanto,
  La plebe il vulgo e la patrizia gente.
Ben puoi riporre il tuo funereo pianto
  E più che mai felice alzar la testa
  Ilare e lieta sotto il negro ammanto;
Poi che tanto tesoro ancor ti resta,
  Si prezïosa gemma corruscante,
  A mostrar la tua gloria manifesta.
Osserva già le legge tutte quante,
  Pace, fede, alma concordia e iustizia,
  Sorelle amate da lui tutte quante.
Superbia in fuga al centro precipizia

---

un' apostrofe al card. Giovanni, tutta fuori dell' argomento. — *v.* 116. SUA: di Lorenzo.

[1] Morto un papa, se ne fa un altro. Questo secondo capitolo è in lode di Piero de' Medici, che successe al padre nella signoria, ma non nella prudenza. PIETRA è bisticcio simbolico di Pietro, come *lauro* di Lorenzo.

V. 5. *tuoi amaron*, le st. — *v.* . . PRECIPIZIA: precipita: senza esempii.

Del baratro infernal d'ira e di sdegno;
Discordia, invidia, a casa di malizia;
Tutte scacciate nel tartareo regno,
Figliole della notte, ove Acheronte
Discorre il vecchio sempre d'ira pregno;
Le virtù sante al glorioso monte
Ristrette insieme tutte ad una ad una
Di pietra intorno al tuo limpido fonte.
Ornata d'un tant' uomo la fortuna
E iattabunda par si glorî e rida
Non esser come lei regina alcuna.
Florenzia bella tutta si confida
E dà nelle tuo' braccia, alma colonna
D'Alcide ove di nuovo il ciel si fida:
E viene allegra in oscurata gonna
Per amor di tuo padre, e datti il pondo
Che tiene in man, questa stellante donna.
Or vorre' ben Bruto vivere al mondo
Nella riva dell'Arno, il buon Fabrizio
Succumbere e' Caton che andorno al fondo.
Or pare un campo lato un chiaro indizio
Agli animi gentili, a' divi ingegni
Materia eccelsa senza labe e vizio

V. 17. *Baratro* leggiamo con tutte le stampe: il codice ha *barbero.* — *v.* 18. Discordia, invidia: sottintendi *precipitano.* — *v.* 29. *Si dà,* le stampe: *Addà,* il codice. — *v.* 33. Il cod. par legga *A bene in man.* — *v.* 35-36. Intendi: Il buon Fabrizio e i Catoni che andarono al fondo vorrebbono soccombere per questa patria così ben retta da Pietro de' Medici. Da vero eh? Che sotto la scapestrata signoria di Piero avrebber voluto tornare a vivere i Catoni e Fabrizio e Bruto, è non so se più stupida o stomachevole adulazione del tristo versificatore: ma, a farla a posta, quando costui scriveva siffatti spropositi, era già nato Filippo Strozzi che negli ultimi anni suoi doveva parere e vantarsi Catone in rispetto a Cosimo, nasceva su quel torno Francesco Ferrucci che fu in parte il Fabrizio e in tutto il Decio della gloriosa repubblica figliuola di Roma, e dovea nascer più tardi colui « che diè con braccio forte Il primo duca di Fiorenza a morte. » — *v.* 36. *E' Caton,* le st. — *v.* 37. *In cupo lato,* le st.: il ms. non è chiarissimo: abbiam creduto ragionevole la fatta emendazione. — *v.* 39. Alla fine di

Che per sè stessa sè laudare insegni:
  Pare per la memoria dolce e grande
  De' tuo' proceri patri antiqui e degni.
Sai del laüro tuo quante grillande
  La poetica tuba canta e suona,
  Che tante Atena o Grecia non ispande.
Ma io ti metto solo una corona,
  Che posta alla tua chioma rutilante
  Ti porterà dove el gran Jove tôna.
Nè creder tu che 'l paese africante
  Facessi sol famoso Scipïone
  E nè Lavina un dì Turno o Pallante:
Credi che fu la tuba di Marone.
  E sarebbe Pompeo forse men claro,
  Se non fussi Lucano o Cicerone.
Cato a cui parve già il vivere amaro,
  Se non fussi Plutarco, ancora ancora
  Li costerebbe il suo stran pensier caro.
Marte e la spada che tanto si onora,
  Se non fussi la toga di Minerva,
  Non durere' suo' fama al mondo un' ora.
Roma, sol Tito il paduan conserva,
  Iustin, Valerio del superlativo,
  Immortale la sua nobil caterva.
Cesare, 'l dì che fu di vita privo,

---

questo verso le st. portano un punto fermo e niun segno d' interpunzione ovvero sol una virgola hanno alla fine del v. seg. — *v.* 41. Pare: qui, e sopra [*v.* 37], vale: *apparisce.* — *v.* 51. *E nè Lavinia dì,* codice e stampe: *Turno, Pallante,* stampe. — *v.* 53-4. È presso a poco quello stesso che l' Ariosto in ben altri versi cantò: « Non fu sì santo nè benigno Augusto, Come la tuba di Virgilio suona: L' aver avuto in poesia buon gusto La proscrizione iniqua gli perdona; » ed è quel che avvenne ai più dei Medici. — *v.* 55. Dante, purg. I, di Catone: « ... non ti fu per lei (*libertà*) amara In Utica la morte. » — *v.* 62. Valerio del superlativo: cioè, Valerio Massimo. Ammira il nuovo trovato. La costruzione par che debba esser questa: In quanto a Roma, sol Tito il padovano, Giustino, Valerio Massimo conservano immortale la sua nobil caterva, il gran numero de' gloriosi figli di lei.

Era, se non avea la penna seco,
A rispetto del mar un piccol rivo. 66
Tu, Grecia, se non era Omero teco,
Non sarebbe non ch' altro nominato
Achille o conosciuto mai per greco. 69
E 'l barbaro Annibàl non sare' andato
A perder l' occhio su 'l freddo Apennino
Nè si vittorïoso a Canna stato, 72
S' egli avessi creduto in un mattino
Perder la vita e 'l nome, quando prese
L' anello a bocca e 'l velen serpentino. 75
E quel che superò tanto paese,
Dico Alessandro, arebbe fatto in vano
Si grande sforzo di si grandi imprese. 78
Però l' amava il suo Polizïano
Il tuo buon padre, perchè conoscea
Che tenea sol per lui la penna in mano. 81
Ama ancor tu questa immortale iddea,
Glorïosa virtù, luce diurna
Latina greca arabica e caldea. 84
Ogni uman morto suscitar dell' urna
Ti può per sempre e la Toscana nostra
Revocar dalla gente ima e notturna. 87
Tutti operate colla virtù vostra

V. 82. *immortale idea,* le st. Per questa iddea par che debba intendersi la letteratura in generale, ovvero la gloria la virtù degli studii e delle erudizioni. Come si vede, il da ben versificatore credevasi di predicare *pro domo sua* e di pugnare *pro aris et focis:* ma egli avea tanto che fare con la poesia e col Poliziano, quanto il suo *Valerio del superlativo* con la storia e con Livio. — 85. *uman merto,* le st. Leggendo, come io fo, strettamente al codice, *morto,* abbiamo nel vocabolo precedente l' aggettivo sostantivato *umano* per *ente umano,* il cui plurale, *gli umani,* è riprovato dai puristi come d' uso francese. Latino, dovean dire: l' esempio del nostro versificatore, che pure in lingua può avere qualche autorità, è da aggiungere come più spiccato ai due del Morgante Maggiore, che il Mamiani, reo di leso purismo per avere scritto *gli umani,* recò a sua difesa nella prefazione alle *Poesie,* Firenze, 1857. — *v.* 88-93. Si rivolge a tutti insieme i figliuoli di Lorenzo o a tutta

Egregia e tanta, che mai non ci manca
Materia; tanto lume el ciel vi mostra!;
O divina propago invitta e franca,
Destinata a gran fatti nome e pruove,
Di vita prima che di ben far stanca!
Trofei colossi templi a Roma a Jove,
Aquedutti colonne anfiteatri,
E stagni e terme non più visti altrove,
E simulacri statue e teatri
Non han potuto conservare in fine
La prisca fama degli antiqui patri.
Tutte cose alte immortale e divine,
Ciò che mai fatto fu ne' sette monti,
Pur è converso in cenere e ruine.
Ma chi le Muse esaltano a' lor fonti
Fiorisce sempre pollulante e verde;
E manca porti scetri ostri archi e ponti.
Vedi: il läuro tuo sempre rinverde
Al monte ove tu ancor potrai ascendere:
Chè chi crede altrimenti il tempo perde.
Io ti potrei con mille esempli accendere;
Ma, perch' io ti chiamai piropo ardente,
So che tu ardi ancor tuo conio spendere.
Altro già non sperava questa gente
Di te. Dimostra dunque tanto ardore
Di superar di fama il tuo parente.
La terra e 'l mare e 'l ciel ti dan favore.

---

la famiglia dei Medici. — *v.* 93. Sciupa il magnifico verso del Petr. a proposito di Cammillo, « Di viver prima che di ben far lasso. » — *v.* 105. E MANCA: e vengon meno. Le st., *Nè mancan.* — *v.* 111. Ben finisce con *conio* il panegirico *da conio.*

III.[1]

Morte crudel che in questo corpo venne!
Che dopo morto, il mondo andò sossopra:
Mentre che visse, tutto in pace tenne.

[1] Questo epitaffio mostra essere stato scritto qualche anno dopo la morte del Magnifico, quando la concordia fra' signori italiani era disciolta, e la ruina barbarica sovrastava al bel paese. Non la vide, come non vide la cacciata di Piero de' Medici, M. Angelo Poliziano, morto quasi due mesi innanzi all' entrata di Carlo VIII in Firenze. E qui, dopo cinque anni di studii, più d' una volta interrotti dalla trepida aspettativa e dal tumulto di maravigliosi avvenimenti, non ultimo de' quali la cacciata da Firenze della signoria straniera succeduta alla medicea, levando finalmente la mano da queste povere illustrazioni, oggi 31 maggio 1863, non senza un sentimento come di dolore, mi congedo da te, o glorioso padre del gloriosissimo rinascimento.

FINE.

INDICE ALFABETICO

DEI COMPONIMENTI POETICI CONTENUTI IN QUESTO VOLUME.

INDICE.

RISPETTI SPICCIOLATI.

CANZONI A BALLO E CANZONETTE.

RIME VARIE.

Lightning Source UK Ltd.
Milton Keynes UK
UKHW022004061118
331892UK00014B/1797/P